U0636148

20世纪儒学研究大系

主编：傅永聚　韩钟文

儒家管理思想研究

本卷主编　杜　豫　刘振佳

中 华 书 局

20世纪儒学研究大系
编辑委员会

中国文化的基本精神（代序）

　　在现今时代，做一个中国人，最重要的是具有爱国意识。爱国意识有一定的思想基础。必须感到祖国的可爱，才能具有爱国意识。而要感到祖国的可爱，又必须对于中国文化的优秀传统有正确的理解。中国文化，从传说中的羲、农、黄帝以来，延续发展了四五千年，在15世纪以前一直居于世界文化的前列。15世纪，中国的四大发明传入欧洲，促进了西方近代文明的发展，于是西方文化突飞猛进，中国落后了。19世纪40年代之后，中国受到资本主义列强的侵略凌辱，中国各阶层的志士仁人，奋起抗争，努力寻求救国的道路，经过一百多年的艰苦斗争，终于取得了胜利，于1949年建立了新中国，"中国人民站起来了！"中国文化虽然一度落后，但又能奋发图强，大步前进。这不是偶然的，必有其内在的思想基础。中国文化长期延续发展，虽曾经走过曲折的道路，但仍能自我更新，继续前进。这种发展更新的思想基础，就是中国文化的基本精神。

　　何谓精神？精神即是思维运动发展的精微的内在动力。中国文化中的基本精神，在中国历史上确实起到了推动社会发展的作用，成为历史发展的内在思想源泉。当然，社会发展的基本原因在于生产力的发展，但是思想意识在一定条件下也有一定的积极作用。文化的基本精神必须具有两个特点：一是具有广泛的影响，为大多数人民所接受领会,对于广大人民起了熏陶作用;二是具有激励进步、促进发展的积极作用。必须具有这两方面的表现,才可以称为文化的基本精神。

我认为,中国几千年来文化传统的基本精神的主要内涵有四项基本观念,即(1)天人合一;(2)以人为本;(3)刚健有为;(4)以和为贵。

一　天人合一

天人合一即肯定人与自然的统一,亦即认为人与自然界不是敌对的,而具有不可割裂的关系。所谓合一指对立的统一,即两方面相互依存的关系。天人合一思想在春秋时即已有之。《左传·昭公二十五年》记载郑大夫子大叔述子产之言说:"夫礼,天之经也,地之义也,民之行也。天地之经,而民实则之。"又记子大叔之言说:"礼,上下之纪,天地之经纬也,民之所以生也,是以先王尚之。"这是认为礼是天经地义,即自然界的必然准则,"天经"与"民行"是统一的。应注意,这里天是对地而言,天地相连并称,显然是指自然之天。子产将天经地义与民则统一起来,但也重视天与人的区别,他曾断言:"天道远,人道迩,非所及也,何以知之?"(《左传·昭公十八年》)当时占星术利用所谓天道传播迷信,讲天象与人事祸福的联系,子产是予以否定的。孟子将天道与人性联系起来,他说:"尽其心者,知其性也。知其性,则知天矣。"(《孟子·尽心上》)孟子认为人性是天赋的,所以知性便能知天。但孟子没有做出明确的论证。《周易大传》提出"裁成辅相"之说,《象传》云:"天地交,泰。后以裁成天地之道,辅相天地之宜,以左右民。"《系辞》云:"范围天地之化而不过,曲成万物而不遗。"《文言》提出"与天地合德"的思想:"夫'大人'者,与天地合其德,与日月合其明,与四时合其序,与鬼神合其吉凶。先天而天弗违,后天而奉天时。"这里所谓先天指为天之前导,后天即从天而动。与天地合德即与自然界相互适应,相互调谐。

汉代董仲舒讲天人合一,宣扬"天副人数",陷于牵强附会。宋代张载明确提出"天人合一"的四字成语,在所著《西铭》中以形象语言宣示天人合一的原则。《西铭》云:"乾称父,坤称母,予兹藐焉,乃混然中处。故天地之塞,吾其体;天地之帅,吾其性。民吾同胞,物吾与也。"所谓天地之塞指气,所谓天地之帅指气之本性,就是说:"天地犹如父母,人与万物都是天地所生,人与万物都是气构成的,气的本性也就是人与万物的本性,人民都是我的兄弟,万物都是我的朋友。这充分肯定了人与自然界的统一。但张载也承认天与人的区别,他在《易说》中讲:"鼓万物而不与圣人同忧者,此直谓天也,天则无心……圣人所以有忧者,圣人之仁也。不可以忧言者天也。"天是没有思虑的,圣人则不能无忧,这是天人之别。所谓天人合一是指人与自然界既有区别,而又有统一的关系,人是自然界所产生的,是自然界的一部分,人可以认识自然并加以改变调整,但不应破坏自然。这"天人合一"的观念与西方所谓"克服自然"、"战胜自然"有很大区别。在历史上,中西不同的观点各有短长,西方近代的科学技术取得了改造自然的辉煌成绩,但也破坏了自然界的生态平衡。时至今日,重新认识人与自然的统一,确实是必要的了。

二　以人为本

以人为本是相对于宗教家以神为本而言的,可以称为人本思想。孔子虽然承认天命,却又怀疑鬼神。他说:"务民之义,敬鬼神而远之,可谓知矣。"(《论语·雍也》)认为人生最重要的是提高道德觉悟,而不必求助于鬼神。孔子更认为应重视生的问题,而不必考虑死后的问题。《论语》记载:"季路问事鬼神,子曰:'未能事人,焉能事鬼?'曰:'敢问死!'曰:'未知生,焉知死?'"(《先进》)孔子更不赞成祈祷,《论语》载:"子疾病,子路请祷。子曰:'有诸?'子路对曰:有之,诔曰:'祷尔于上下神祇。'子曰:'丘之祷久矣。'"(《述而》)孔子对于鬼神采取存疑的态度,既不否定,亦不肯定,但认为应该努力解决现实生活中的问题,而不必向鬼神祈祷。孔子这种思想观点可以说是非常深刻的。

这种以人为本的思想,后汉思想家仲长统讲得最为鲜明。仲长统说:"所贵乎用天之道者,则指星辰以授民事,顺四时而兴功业,其大略也,吉凶之祥,又何取焉?……所取于天道者,谓四时之宜也;所壹于人事者,谓治乱之实也。……从此言之,人事为本,天道为末,不其然与?"(《全后汉文》卷八十九)这里提出"人事为本",可以说是儒家"人本"思想最明确的表述。所谓以人为本,不是说人是宇宙之本,而是说人是社会生活之本。

佛教东来,宣传灵魂不灭、三世轮回的观念,一般群众颇受其影响,但是儒家学者起而予以反驳。南北朝时何承天著《达性论》,宣扬人本观念。何承天说:"人非天地不生,天地非人不灵……安得与夫飞沈蠕蠕,并为众生哉?……至于生必有死,形毙神散,犹春荣秋落,四时代换,奚有于更受形哉!"这完全否定了灵魂不灭、三世轮回的迷信。范缜著《神灭论》,提出形为质而神为用的学说,更彻底批驳了神不灭论。

宋明理学中,不论是气本论,或理本论,或心本论,都不承认灵魂不灭,不承认鬼神存在,而都高度肯定精神生活的价值。气本论以天地之间"气"的统一性来论证道德的根据,理本论断言道德原于宇宙本原之"理",心本论则认为道德伦理出于"本心"的要求。这些道德起源论未必正确,但是都摆脱了宗教信仰。受儒家影响的中国知识分子,宗教意识都比较淡薄,在中国文化中,有一个以道德教育代替宗教的传统。虽然道德也是有时代性的,但是这一道德传统仍有其积极的意义。

三　刚健自强

先秦儒家曾提出"刚健"、"自强"的人生准则。孔子重视"刚"的品德,他说:"刚毅木讷近仁。"(《论语·子路》)刚毅即是具有坚定性。孔子弟子曾子说:"可以托六尺之孤,可以寄百里之命,临大节而不可夺也。君子人与?君子人也。"(《论语·泰伯》)临大节而不可夺,即是刚毅的表现。《周易大传》提出"刚健"、"自强不息"的生活准则。《大有·彖传》云:"大有,柔得尊位大中,而上下应之,曰大有。其德刚健而文明,应乎天而时行,是以元亨。"《乾·文言传》云:"大哉乾乎!刚健中正,纯粹精也。"《乾·象传》云:"天行健,君子以自强不息。"乾指天而言,天行即日月星辰的运行。日月星辰运行不已,从不间断,称之曰健,亦曰刚健。人应效法天之运行不已,而自强不息。自强即是努力向上、积极进取。《系辞下传》又论健云:"夫乾,天下之至健也,德行恒易以知险。"这是说,天下之至健在于能知险而克服之以达到恒易(险指艰险,易指平易)。所谓自强,含有克服艰险而不断前进之意。儒家重视"不息",《中庸》云:"故至诚无息。不息则久,久则征;征则悠远,悠远则博厚,博厚则高明。……《诗》云:'维天之命,於穆不已。'盖曰天之所以为天也。'於乎不显,文王之德之纯!'盖曰文王之所以为文也,纯亦不已。"儒家强调不懈的努力,这是有积极意义的。

在古代哲学中,与刚健自强有密切联系的是关于独立意志、独立人格和为坚持原则可以牺牲个人生命的思想。孔子肯定人人都有独立的意志,他说:"三军可夺帅也,匹夫不可夺志也。"(《论语·子罕》)又赞扬伯夷叔齐"不降其志,不辱其身"(《论语·微子》),即赞扬坚持独立的人格。孔子更认为,为了实行仁德可以牺牲个人的生命,他说:"志士仁人,无求生以害仁,有杀身以成仁。"(《论语·卫灵公》)孟子进而提出:"生亦我所欲也,义亦我所欲也,二者不可得兼,舍生而取义者也。生亦我所欲,所欲有甚于生者,故不为苟得也;死亦我所恶,所恶有甚于死者,故患有所不辟也。"(《孟子·告子上》)这里所谓"所欲有甚于生者"即义,其中包括人格的尊严。他举例说:"一箪食、一豆羹,得之则生,弗得则死。呼尔而与之,行道之人弗受;蹴尔而与之,乞人不屑也。"不受嗟来之食,即为了保持人格的尊严。坚持自己的人格尊严,这是则健自强的最基本的要求。

先秦时代,儒道两家曾有关于刚柔的论争。与儒家重刚相反,老子"贵柔"。老子提出"柔弱胜刚强"(《老子》三十六章),认为"天下之至柔,驰骋天下之至坚"(《老子》四十三章)。他以水为喻来证明柔能胜强:"天下柔弱莫过于水,而攻坚强,莫之能先,其无以易之。故弱胜强,柔胜刚,天下莫能知,莫能行。"(《老子》七十八章)老子贵柔,意在以柔克刚,柔只是一种手段,胜刚才是目的,贵柔乃是求胜之道。孔子重刚,老子贵柔,其实是相反相成的。

在中国古代哲学中,儒家宣扬"刚健自强",道家则崇尚"以柔克刚",这构成中国文化思想的两个方面。儒家学说的影响还是大于道家的,在文化思想中长期占有主导的地位。刚健自强的思想可以说是中国文化思想的主旋律。《周易大传》"天行健,君子以自强不息"的名言,在历史上,对于知识分子和广大人民,确实起了激励鼓舞的积极作用。

四　以和为贵

中国古代以"和"为最高的价值。孔子弟子有若说:"礼之用,

和为贵。先王之道斯为美,小大由之。"(《论语·学而》)孔子亦说:
"君子和而不同,小人同而不和。"(《论语·子路》)区别了"和"与
"同"。按:和同之辨始见于西周末年周太史史伯的言论中。《国
语》记述史伯之言说:"夫和实生物,同则不继。以他平他谓之和,
故能丰长而物归之。若以同裨同,尽乃弃矣。"(《郑语》)这里解释
和的意义最为明确。不同的事物相互为"他","以他平他"即聚集
不同的事物而达到平衡,这叫做"和",这样才能产生新事物。如果
以相同的事物相加,这是"同",是不能产生新事物的。春秋时齐晏
子也强调"和"与"同"的区别,他以君臣关系为例说:"君所谓可而
有否焉,臣献其否,以成其可。君所谓否而有可焉,臣献其可,以去
其否。"这称为"和"。如果"君所谓可",臣亦曰可;"君所谓否",臣
亦曰否,那就是"同",而不是"和"了。晏子说:"若以水济水,谁能
食之? 若琴瑟之专一,谁能听之? 同之不可也如是。"(《左传·昭公
二十年》)这是说,必须能容纳不同的意见,兼容不同的观点,才能
使原来的思想"成其可"、"去其否",达到正确的结论。孔子所谓
"和而不同"也就是能保留自己的意见而不人云亦云。"和"的观
念,肯定多样性的统一,主张容纳不同的意见,对于文化的发展确
有积极的促进作用。

　　老子亦讲"和",《老子》四十二章:"万物负阴而抱阳,冲气以为
和。"又五十五章:"知和曰常,知常曰明。"这都肯定了"和"的重要。
但是老子冲淡了"和"与"同"的区别,既重视"和",也肯定"同"。五
十六章:"塞其兑,闭其门,挫其锐,解其忿,和其光,同其尘,是谓玄
同。"这"和光同尘"之教把西周以来的和同之辨消除了。

　　墨子反对儒家,不承认和同之辨,而提出"尚同"之说。墨家有
许多进步思想,但是尚同之说却是比和同之辨后退一步了。

　　儒家仍然宣扬和的观念,《周易大传》提出"大和"观念,《乾·象
传》说:"乾道变化,各正性命,保合大和,乃利贞。"这里所谓大和指

自然界万物并存共育的景况。儒家认为,包含人类在内的自然界基本上是和谐的。《中庸》云:"万物并育而不相害,道并行而不相悖。"这正是儒家所构想的"大和"景象。

孟子提出"人和",他说:"天时不如地利,地利不如人和。三里之城,七里之郭,环而攻之而不胜。夫环而攻之,必有得天时者矣;然而不胜者,是天时不如地利也。城非不高也,池非不深也,兵革非不坚利也,米粟非不多也,委而去之,是地利不如人和也。故曰:域民不以封疆之界,固国不以山溪之险,威天下不以兵革之利。得道者多助,失道者寡助。寡助之至,亲戚畔之;多助之至,天下顺之。"(《孟子·公孙丑下》)这里所谓人和是指人民的团结,人民的团结是胜利的决定性条件。"得道多助,失道寡助",这是今天仍然必须承认的真理。

儒家以和为贵的思想在历史上曾经起了促进民族团结、加强民族凝聚力,促进民族融合、加强民族文化同化力的积极作用。在历史上,得民心者得天下,失民心者失天下,已成为长期起作用的客观规律。在历史上,汉族本是由许多民族融合而成的;在近代,汉族又和五十几个少数民族融合而成中华民族。中华民族内部密切团结而成为一个统一的整体。中华民族是多元的统一体,中国文化也是多元的统一体。多元的统一,正是中国古代哲学家所谓"和"的体现。所谓"和",不是不承认矛盾对立,而是认为应该解决矛盾而达到更高的统一。

以上所谓"天人合一"、"以人为本"、"刚健自强"、"以和为贵",都是用的旧有名词。如果采用新的术语,"天人合一"应云"人与自然的统一",或者如恩格斯所说"人与自然的一致"(《自然辩证法》,人民出版社1971年版第159页)、"自然界与精神的统一"(同上第200页)。"以人为本",应云人本主义无神论。"刚健自强",应云发扬主体能动性。"以和为贵",即肯定多样性的统一。这些都是中国古代哲学中的精湛思想,亦即中国文化基本精神之所在。

以上,我们肯定"天人合一"、"以人为本"、"刚健自强"、"以和为贵"等思想观念在历史上曾经起了促进文化发展的积极作用。但是,历史的实际情况是非常复杂的,许多思想观念的含义也不是单纯的。正确的观念与荒谬的观念、进步的现象与反动的落后的现象,往往纠缠在一起。所谓天人合一,在历史上不同的思想家用来表示不同的含义。例如董仲舒所谓天人合一主要是指"人副天数"、"天人感应",那完全是穿凿附会之谈。程颐强调"天道人道只是一道",认为仁义礼智即是天道的基本内容,也是主观的偏见。在董仲舒以前,有一种天象人事相应的神学思想。认为天上星辰与人间官职是相互应合的,所以《史记》的天文卷称为"天官书",但这不是后来哲学家所谓的"天人合一"。如果将上古时代天象与人事相应的神学思想称为天人合一,那就把问题搞乱了。这是应该分别清楚的。儒家肯定"人事为本",表现了无神论的倾向,但是这并不意味着宗教迷信在中国社会并无较大的影响。事实上,中国旧社会中,多数人民是信仰佛教、道教以及原始的多神教的。但是这种情况也不降低儒家人本思想的价值。"以和为贵"是儒家所宣扬的,但是阶级斗争、集团之间的斗争、个人与个人的斗争也往往是很激烈的。我们肯定"和"和观念的价值,并不是宣扬调和论。

中国文化具有优秀传统。同时也具有陈陋传统。简单说来,中国文化的缺陷主要表现于四点:(1)等级观念;(2)浑沦思维;(3)近效取向;(4)家族本位。从殷周以来,区分上下贵贱的等级,是传统文化的一个最严重的痼疾,辛亥革命推翻了君主专制,但等级观念至今仍有待于彻底消除。中国哲学长于辩证思维,却不善于分析思维。事实上,科学的发展是离不开分析思维的。如何在发扬辩证思维的同时学会西方实验科学的分析方法,是一个严肃的课题。中国学术向来注重人伦日用,注重切近的效益,没有"为真理而求真理"的态度,表现为一种实用主义倾向,这也是中国没有产生自己近代实验科学的原因之一。中国近代以前的社会可以说是以家族为本位。西方近代社会可以说是"自我中心、个人本位",而中国近代以前则不重视个人的权益,这是一个严重的缺陷。五四运动以来,传统的家族本位已经打破了。在社会主义时代,应该是社会本位、兼顾个人权益。

我们现在的历史任务是创建社会主义的新文化,正确认识中国传统文化的长短得失,是完全必要的。

傅永聚、韩钟文同志主编的《20世纪儒学研究大系》,循百年思想学术发展的脉络,以现代学术分类的原则,择选有学术价值、文献价值的代表文章,以"大系"的形式编纂而成,共有21卷,每卷附有专题研究的"导言"一篇。这部《20世纪儒学研究大系》是由曲阜师范大学、孔子研究院、山东大学、复旦大学等单位的中青年学者合力编纂而成,说明了儒学研究事业后继有人。《大系》被列入国家社会科学基金规划项目,又由中华书局出版,这是在弘扬和培育中华民族精神方面做出了一件非常有意义的事情,我感到十分欣慰。编者征求我的意见,于是略陈关于中国文化的基本精神和儒家文化传统的一些感想,以之为序。

张岱年

前　言

傅永聚　韩钟文

儒学犹如一条源远流长的大河,导源于洙泗,经过二千五百多年生生不息的奔腾,从曲阜、邹城一带流向中原,形成波澜壮阔的江河,涉及整个中国,辐射东亚,流向全球,泽惠万方。儒学曾经是中华文化的主流,东亚文明的精神内核。但是进入 20 世纪后的儒学,遭遇到空前严峻的挑战,也面临着再生与复兴的历史机遇。一百多年来,儒学几经曲折,备受挫折,又有贞下起元、一阳来复之象,至 20、21 世纪之交成为参与"文明对话"的重要角色。

牟宗三先生说:"察业识莫若佛,观事变莫若道,而知性尽性,开价值之源,树价值之主体,莫若儒。"(《生命的学问》)儒、道、释及西方的哲学、耶教等都指示人的生命意义的方向,但就中国人特别是中国古代知识分子而言,儒学是安身立命之道。孔子、儒家追求的"内圣外王之道",一直是中国人的人格修养与经世事业的价值理想。"士不可以不弘毅,任重而道远。仁以为己任,不亦重乎?死而后已,不亦远乎?"(《论语·泰伯》)从孔子、曾子、子思、孟子至康有为、梁启超、梁漱溟、熊十力、牟宗三,中国的儒学代表人物就是怀抱志仁弘道的精神去实践自己的生命价值,开拓教化天下的事业与创建文化中国的理想的。中华文化历尽艰难,几经跌宕,却如黄河、长江一样流淌不息，且代有高潮，蔚成奇观，与孔子及其所创建的儒家学派所做的贡献是分不开的。

儒学一直对中华文化各个层面产生着巨大而又深远的影响。儒学统摄宗教、哲学、伦理、政治、教育、艺术等人文社会科学的学术品格及关怀现世人生的精神，使它成为一套全面安排人间秩序的思想体系，从一个人的生存方式，到家、国、天下的构成，都在儒学关怀与实践的范围之内。经过二千多年的传播、积淀，儒学一直影响着中华民族的民族性格、心理结构的形成。然而，进入20世纪，又出现类似唐宋之际"儒门淡泊，收拾不住"的危机，陷入困境之中。唐君毅以"花果飘零"、余英时以"游魂"形容儒学危机之严峻，张灏则称这是现代中国之"意义危机"、"思想危机"。

从19世纪中后期开始，中国社会、文化进入从传统农业社会向现代工业社会、从传统文化向现代文化转型的时代。1905年废除科举制度，1911年辛亥革命推翻了帝制，"五四"新文化运动的兴起，西方各种思潮、主义潮水般地涌入，风起云涌的政治革命、文化革命、社会转型、文化转型，导致了传统士阶层的解体与分化，新型知识分子的诞生与在文化思想领域倡导"新思潮"、"新学说"，激进的反传统思潮的勃兴，现代化进程的启动和在动荡不安中急遽推进，使20世纪中国处于"三千年未有之大变局"的境遇之中，儒学的危机也由此而生。

一个世纪以来，儒学的命运与中国现代化的历史进程相消长，也与学术界、思想界及政治界对儒学与现代化的关系、儒学与西方文化的关系、儒学与全球的"文明对话"的关系所形成的认识有关。从19世纪末至21世纪初，一百多年来，中国的学术界、思想界与政治界围绕着孔子、儒家及儒学的命运、前景问题展开了广泛的、持久的争鸣，而这类争鸣又直接或间接地同传统文化与现代化、中学与西学、新学与旧学、科学主义与人文主义、全球化与中国化、文明冲突与文明对话、西方智慧与东方智慧等等论题交织在一起,使有关儒学的思想争鸣远远超出中国儒学史的范围,而成为20世纪中国思想史、学术史的有机组成部分。

百年儒学的历史大致沿着两个方向演进:一、儒学精神的新开展,使儒学于危机中、困境中得以延续、再生或创造性转化;二、儒家学术思想的研究,包括批判性研究、诠释性研究、创造性研究在内。由于20世纪中国是以"革命"为主潮的世纪,学术研究与政治革命的关系特别密切,故批判性研究常常烙上激进的政治革命的烙印,超出学术研究的范围,并形成批判儒学、否定儒学的思潮,酿成批判论者、诠释论者与复兴论者的百年大论争,并一直延续到21世纪。

回顾百年儒学精神新开展与儒学研究的历程,有一奇特现象值得重视。活跃于20世纪中国思想界、学术界、政治界、教育界的精英或代表人物,都不同程度地介入或参与了有关孔子、儒家思想的争鸣。如:早期马克思主义者陈独秀、李大钊、瞿秋白、李达、郭沫若、范文澜、侯外庐等,三民主义者蔡元培、陶希圣、戴季陶等,自由主义的代表人物严复、胡适、殷海光、林毓生等,无政府主义者吴稚晖、朱谦之等,现代新儒学的代表人物梁漱溟、熊十力、唐君毅、牟宗三、徐复观等,学衡派的代表人物梅光迪、吴宓、陈寅恪、汤用彤等,东方文化派的杜亚泉、钱智修等,新士林学派的罗光等,以及张申府、张岱年等,都参与了有关儒学的争鸣,并在争鸣中形成思想的分野,蔚成中国近代思想文化史上最壮观的一幕。

20世纪中国思想史的复杂性、丰富性远远超出了唐宋之际和明清之际,其思想争鸣具有现代性或现代精神的特色。美国学者列文森在《儒教中国及其现代命运》中以"博物馆化"象征儒学生命的终结,有些中国学者也说儒学已到"寿终正寝的时节"。但从百年儒学的精神开展与儒学研究的种种迹象看,儒学的生命仍然如古老的大树一样延续着。儒学曾经创造性地回应了印度佛教文化的挑战,儒学也正在忧患之中奋然挺立,回应西方文化的挑战。这是儒学传统现代创造性转换的契机。人们在展望"儒学第三期"或"儒学第四期"的来临。百年儒学的经历虽曲折艰难,时兴时衰,但仍是薪火相传,慧命接续,间有高潮,巨星璀璨,跨出本土,落根东亚,走向世界,成为一种国际性的思潮,在全球性的"文明对话"中扮演着重要角色,为人类重建文明秩序提供了可资汲取的智慧。儒学并没有"博物馆化",儒学的新生命正在开始。因此,对百年儒学作系统的全面的反思与总结,是一项具有历史意义与现实意义的学术课题。

　　纵观百年儒学的历程,大致经历了五个阶段,在这五个阶段中,儒学的命运、所遭遇的景况不尽相同,分述如下:

　　19 世纪末至 1911 年辛亥革命为第一阶段　洋务运动、戊戌变法导致儒家经世思想的重新崛起,晚清今文经学的复兴,特别是康有为《新学伪经考》、《孔子改制考》的出版,托古改制,以复古为解放,既开导儒学的新方向,又开启"西潮"的闸门,如思想"飓风",如"火山火喷"。章太炎标举古文经学的旗帜,与以康有为为代表的今文经学派展开经学论争,而这场思想学术争鸣又与政治上的革命与改良、反清与保皇、君主立宪与民主共和等论争交错在一起,显得格外严峻与深沉。诸子学的复兴,西学输入高潮的到来,政治革命的风暴席卷神州,社会解体与重建进程加速发展,传统士阶层的分化与新型知识分子的诞生,预示后经学时代的降临。思想界、学术界先觉之士以"诸子学"、"西学"为参照系,批判儒学或重新诠释儒学,传统儒学向现代儒学转型已初见端倪。

　　以辛亥革命至 1928 年南京政府成立为第二阶段　康有为、陈焕章等仿效董仲舒的"崇儒更化"运动创建孔教会,"五四"新文化运动兴起,吴虞、胡适等提倡"打孔家店",《新青年》派陈独秀、胡适与文化保守主义者梁启超、梁漱溟、杜亚泉等,学衡派梅光迪、吴宓等展开思想文化争鸣,以张君劢、梁启超等为代表的人文主义与以丁文江、胡适、王星拱等为代表的科学主义的论辩,马克思主义者李大钊、瞿秋白等也积极参与思想争鸣,各大思潮的冲突与互动,不论是批判儒学,还是重释儒学及复兴儒学,都有一个共同的特点,就是将儒学的研究纳入现代思想学术的领域之中,使思想争鸣具有了现代性,从而导致儒学向现代思想学术转型。20世纪中国人文社会科学的学科建制、研究方法深受"西学"的影响,有关孔子、儒学的论争已不同于经学时代,且与国际上各种思潮的论争息息相通。以现代西方哲学、科学、政治等学科的范畴、概念、方法去解读、分析、批判或重新诠释儒学,成为一时的学术风气,并出现了"援西学入儒学"的现象。有些思想家、哲学家试图摄纳西学、诸子学及佛学中有价值的东西重建儒学,如梁启超的《儒家哲学》及《欧游心影录》,梁漱溟的《东西文化及其哲学》,冯友兰的《人生哲学》,已透露出现代新儒学即将崛起的消息。

1928年至1949年中华人民共和国建立为第三阶段　30年代后,中国思想界、学术界出现"后五四建设性心态"。吸取西学的思想、方法,以反哺儒学传统,创造性地重建传统儒学,如张君劢、冯友兰、贺麟等;或者回归儒学传统,谋求儒学的重建,如熊十力、钱穆、马一浮等;即使是"五四"时期反传统的学者,在胡适提倡"研究问题,输入学理,整理国故,再造文明"之后,也将儒学作为"国故"的重要组成部分,作为学术史、思想史、文化史的思想资料加以系统的研究。胡适的《说儒》就是一篇以科学方法研究孔子、儒学的示范之作。"后五四建设性心态"的形成,对中国现代学术的建构起了积极的作用。一大批专家、学者参照西方人文社会科学学科建制的原则与方法,分哲学、宗教学、政治学、经济学、伦理学、社会学、法学、史学、美学、文学艺术、教育学、心理学等等,对儒学进行系统的研究,还对不同学科的发展史作深入的探讨。如中国哲学史、中国教育思想史、中国政治思想史、中国学术史、中国伦理学史、中国文化史、中国通史等等,儒学研究也纳入分门别类的学科及学科发展史的研究之中。钱穆在《现代中国学术论衡》中说:"民国以来,中国学术界分门别类,务为专家,与中国传统通人通儒之学大相违异。"将数千年经学、儒学作为学术思想的资源或资料,分门别类地纳入学科专题研究之中,虽然使儒家"内圣外王之道"的"道"变为"学术",由"专门之学"代替"通儒之学",但恰恰是这种转变,才促使了儒学由传统形态向现代形态转型。这一阶段是中国社会动荡不安的年代,令人惊异的是,在动荡的岁月中出现了一个学术繁荣期,学术研究的深度与广度并不亚于乾嘉时代,儒学研究也是如此。"专门之学"代替"通儒之学"乃大势所趋,是现代学术的进步。

抗日战争的爆发、救亡运动的高涨,把民族文化复兴运动推向高潮,为儒学精神的新开展或创造性重建提供了历史机缘。儒学在民族文化复兴的大潮中获得再生并走向现代。1937年沈有鼎在《中国哲学今后的开展》,1941年贺麟在《儒家思想之开展》,1948年牟宗三在《鹅湖书院缘起》中,都强调中国进入一个"民族复兴的时代"。民族复兴应该由民族文化复兴为先导,儒家文化是中华文化的主流,儒家文化的命运与民族文化的命运血脉相连、息息相关。他们认为,如果中华民族不能以儒家思想或民族精神为主体去儒化或汉化西洋文化,则中国将失掉文化上的自主权,而陷于文化上的殖民地。他们期望"儒学第三期"的出现,上接宋明儒学的血脉,对儒学作创造性的诠释,或者会通儒学与西学,使古典儒学向现代思想学术形态转换。以熊十力、贺麟、牟宗三等为代表的新心学,以冯友兰、金岳霖等为代表的新理学,是儒学获得现代性并走向成熟的重要标志。此外,王新命、何炳松等十教授发表

《中国本位的文化建设宣言》(1935年1月10日)，新启蒙运动倡导者张申府、张岱年等提出"打倒孔家店，救出孔夫子"的口号及综合创造论，都体现了"后五四建设性心态"，都有利于儒学的学术研究之开展。

1949年至1976年"文革"结束为第四阶段　余英时在《现代儒学论》序言中指出：20世纪中国以1949年为分水岭，在前半个世纪与后半个世纪，中国的文化传统特别是儒家命运截然不同。1949年以前，无论是反对或同情儒家的知识分子大部分曾是儒家文化的参与者，他们的生活经验中渗透了儒家价值。即使是激进的反传统者，他们并没有权力可以禁止不同的或相反的观点，故批判儒学或复兴儒学之争可以并存甚至互相影响。1949年以后，儒家的中心价值在中国人的生活方式中已退居边缘，知识分子无论对儒学抱着肯定或否定的态度，已失去作为参与者的机会了，儒学和制度之间的联系中断，成为陷于困境的"游魂"。

就实际状况而言，这一阶段的儒学研究或者儒家思想之开展，比余英时分析的还要复杂。其中值得注意的是分化现象：大陆出现批判儒学的新趋向，50年代至60年代中期，以批判性研究为主，除梁漱溟、熊十力、陈寅恪等少数学人外，像冯友兰、贺麟、金岳霖等新理学与新心学的代表人物，都在思想改造、脱胎换骨之后批判自己的学说，即使写研究孔子、儒学的文章，也离不开批判的框框。当时思想界、学术界的儒学研究，多以"苏联哲学"为范式，进行"唯心"或"唯物"二分式排列，批判与解构儒学成为当时的风潮。70年代中期出现群众性的批孔批儒运动，真正的学术研究根本无法进行。儒学已经边缘化了。在港台地区和海外华人社群中，儒学却得到不同程度的认同，移居港台、海外的学者，如张君劢、钱穆、陈荣捷、唐君毅、牟宗三、徐复观、方东美等，继续以弘扬儒家人文精神为己任，立足于学术界、教育界，开拓儒学精神的新方向，成就了不少持之有据、言之成理的"一家之言"。

70 年代后期至 21 世纪初为第五阶段　中国大陆的改革开放，思想解放运动，传统文化与现代化的论争，"文化热"的出现，以及日本、韩国、新加坡等国与香港、台湾地区经济腾飞所产生的影响，东亚现代化模式的兴起，全球化进程中形成的文化多元格局，文明对话，全球伦理，生态平衡，以及"文化中国"等等课题的讨论，使人们对孔子、儒学的研究逐渐复苏，重评孔子、儒学的论文、论著陆续出版，有关孔子、儒学、中国文化的学术会议频繁举行，中国孔子基金会、国际儒学联合会、中华孔子学会、中国文化书院、孔子研究院等学术团体和研究机构的建立，历代儒家著作及其注解、白话文翻译、解读本的大量出版，有关儒家的人物评传、思想研究、专题研究以及儒学与道、释、西方哲学及宗教的比较研究，成为学术界关注的课题。还有分门别类的人文社会科学及自然科学，也将儒学纳入其中作专门研究，如儒家哲学思想、儒家伦理思想、儒家美学思想、儒家史学思想、儒家政治思想、儒家教育思想、儒家宗教思想、儒家科学思想、儒家管理思想等等。专门史的研究也涉及儒学，如中国哲学史、中国经济思想史、中国教育思想史、中国伦理思想史等等，一旦抽掉孔子、儒家与儒学，就会显得十分单薄。此外，原来处于边缘化的港台、海外新儒家，乘改革开放的机遇，或者进入大陆进行学术交流，或者将其思想、学说传入大陆。至 90 年代，出现当代新儒家、自由主义与马克思主义重新论辩、对话与互动的格局，有关"儒学第三期"、"儒学第四期"的展望，儒学在国际思想界再度引起重视，说明儒学的确在展示着其"一阳来复"的态势。

纵观百年儒学的历程，不论在哪一个阶段，不论是儒家思想之新开展，或者是有关儒学的学术研究，都积有丰富的思想资源或文献资料，已经到了对百年儒学进行系统研究、全面总结的时候了。站在世纪之交的高度，我们组织编纂《20 世纪儒学研究大系》，就是为了完成这一学术使命。

　　《20 世纪儒学研究大系》是孔子研究院成立后确定的一项浩大的学术工程,现已列入 2002 年国家社会科学基金项目。《大系》的编纂与出版,实为孔子、儒学研究的一大盛事,必将对 21 世纪的儒学研究产生积极而又深远的影响。

20 世纪儒学研究大系

编选原则及体例

《20世纪儒学研究大系》是一部大型的相对成套的专题分卷的儒学研究丛书,力求通过选编20世纪学术界研究儒学的代表性论文、论著,全面反映一百年来专家、学者研究儒学的学术成果及水平,为进一步研究儒学提供一部比较系统的学术文献。

一、将20世纪海内外专家、学者研究儒学的代表性论文、论著按研究专题汇集成册,共分21卷。所选以名家、名篇及具有代表性的观点为原则,不在多而在精,力求反映20世纪儒学研究的全貌。

二、所选以学术性讨论材料、思想流派性材料为主,兼收一些具有代表性并产生过重大影响的批判性文章。

三、每一卷包括导言、正文、论著目录索引三个主干部分。

四、每卷之始,撰写导言,综论20世纪该专题研究的大势及得失,阐发本专题研究的学术价值和意义,为阅读利用本卷提示门径。

五、一般作者原则上只入选一篇具有代表性的成果,重要代表人物可选2—3篇。

六、所收文章均加简要按语,介绍作者学术生平及本文内容。合作创作的论著,只介绍第一作者。

七、每卷所收文章,原则上按公开发表或正式出版的时间先后为序。

八、所收文章,尽量使用最初发表的版本,并详细注释文章出处、发表或写作时间。

九、入选文章、论著篇幅过长者,适当予以删节,并予以注明。

十、为统一体例,入选文章一律改用标准简化字,一律使用新式标点。

十一、所选文章的注释一律改为文中注和页末注,以保持丛书的整体风格。材料出处为文中注(楷体),解释性文字为页末注。

十二、每卷后均列论著目录索引,将未能入选但又有学术价值与参考价值的论著列出。论文和著作分门别类,并按公开发表和正式出版的时间先后为序。

目　　录

20世纪儒学研究大系

导　言

杜　豫　刘振佳

一

在人类社会的历史发展中,管理作为一门独立的学科是较晚的事情,西方从世纪初泰罗正式提出科学管理至今,不过百年,中国则是在改革开放之后,伴随着经济的建设与发展,才正式提出建设这一学科。然而中国作为一个文明的古国,在其文明的历史建设进程中,以管理求进步不仅成为一种不同历史阶段的共同追求,靠着聪明智慧和深锐思考所构建的管理思想理论,更为中国乃至世界文明史演进和理论创造留下一笔宝贵财富。这其中尤以儒家学说——作为中华民族的本体理论和思想学说,所形成的管理思想、理论体系最为完整,影响最为深刻巨大,在某种意义上说,中华民族几千年来所积淀创造的管理思想理论,是一个以儒家思想学说为基本内质和底色的思想体系。

这个理论体系肇端于孔孟之前的夏商周社会理念意识。然后儒家学说的创始人孔子,在我国文化的轴心时期,基于对先代文化的精心研究,对春秋时期社会变革的深入思考,以社会机制的合理性与人类生存的良性状态为核心构建出他的社会管理思想,从而以其特有的理论科学性、现实性、民族化为儒家管理思想体系的建立奠定了基础,所以有人说,儒家管理思想就是借鉴先代礼乐传统,以孔子思想为核心建立的学说,此种说法不无道理。

不过在孔子之后,儒家管理思想体系为一个动态变化的体系,经历了两千多年封建社会不断发展深化和完善的过程,历代儒家学者,包括历代的统治者在借鉴历史经验,深入研究现实变革的基础上,从孔子学说和儒家学派的本体理论出发,创造性地提出了一些极富创意的管理思想观念,丰富了儒家管理思想理论,使儒家管理思想适应时势,发挥出了巨大的现实效能。

二

中国近百年的管理思想发展史是一个在痛苦中不断反思传统文化,逐渐吸引西方思想文化,在实践中进行艰难实验探索,一步步构建自己思想体系的过程。作为民族为主体核心思想文化的儒家管理思想,在这一过程中经历了不断被解构、批判最后走向新生与发展的科学研究道路,它的理论命运与中国社会经济和政治发展息息相关。其历史流变大体可分为与西方文化的撞击交流期、历史观念颓变期、批判改造衰微期、现代更生重建期。

(一)从鸦片战争到 20 世纪前期,这是儒家管理思想与西方文化的撞击交流期

这一时期由于清朝政府的软弱和长期奉行的闭关锁国政策,在列强们的轰轰炮声中,中国社会逐渐陷入了半封建半殖民地的深渊。失败之惨与亡国之痛使一部分有气节以天下为己任的思想家面对痛苦的现实,不得不对中国的传统和现实做出深刻的反思,对中国几千年所遵循的儒家治国之策进行深刻检讨。从而得出这样的结论:那些长期占统治地位的宋明理学思想"上不足制国用,外不足靖疆圉,下不足苏民困"(魏源《默觚下·治篇》)。龚自珍痛斥皇帝是"霸天下之氏",呼吁废除专制,解救社会的灾难,特别要

"救今日束缚之病"。魏源更是通过撰著《海国图志》表达了对当时社会危机的忧虑与思考，认为当时中国皇权统治除了"堂陛玩愒"便是"政令丛琐"，皇上荒淫无度，专制机构运转不灵是导致社会政治危机的根源，而要解决这一问题，就是要勇于承认中国政治及技术的落后，并能奋起学习外国人的先进思想及技术，一方面学习华盛顿所创立的民主政体，"墨利北洲之部落代君长，其章程可垂奕万世而无弊"（魏源《海国图志后叙》）。对西方实行的公举公议制予以高度评价；另一方面则"为师夷长技以制夷"。在社会上响亮地喊出了"救亡"与"师夷"的口号，引进西方理念改变儒家管理传统观念。在他们之后是王韬与黄遵宪等人，王韬从批判专制统治制度出发，认为"国会之设，惟其有公而无私，故民无不服也"（《重订法国志略》卷十六《国统志》）。强调西方各国实行的民主制度较之封建专制有着巨大的优越性。黄遵宪著成《日本国志》之后，于1877年任驻日本使馆参赞，对日本明治维新实行资本主义制度所发生的巨变表示十分欣赏，所以一方面痛斥中国实行封建专制的弊端"盖自封建之后，尊卑之分，上下悬绝"，另一方面认为中国只有学习日本的经验，实行"君臣上下无甚差别"的政治制度和"全国上下同受治于法律之中"的法制制度，中国才有救亡图存的新生希望。由于又发生了甲午中日战争，最后以中国人的失败而告终，终于又引发了维新变法派对传统儒家管理思想及体制的进一步反思和批判，如谭嗣同疾呼"两千年来之政，秦政也，皆大盗也"，严复则批判儒家政教"少是而多非"，正是这种对传统专制的指斥，"其教化学术非也"，使维新派采取各种方式输入西方民权学说，如谭嗣同将《明夷待访录》一书进行节抄、印刷、秘密分发宣传，严复则翻译林肯黎的《天演论》，亚当斯密的《原富》及孟德斯鸠的《法意》等书，介绍西方资产阶级政治学说和科学知识。康有为撰写出一部为资产阶级变法维新政治主张服务的理论著作《新学伪经考》之后，又借《孔子改制考》，提出了所谓孔子托古改制之说，不惜把孔子打扮成主张改制的人，来宣传他的维新变法主张。梁启超于1899年撰写出《论支那宗教改革》一文，把传统儒家的公羊学和达尔文、斯宾塞的"进化之说"连接贯通起来，表现出极强的托古改制以图维新的倾向。

　　总体分析此种文化的反思与批判对儒家管理思想而言是一种极复杂和矛盾的心理，一方面是"恨其不争"，以西方民主制度为参照，发现其诸多弊端；另一方面是"旧情难舍"，多年沉积而成的依恋情怀，一时难以全部舍弃。仍然将"中学"放到主体的位置，许多挺身而出站在中西对撞的前锋人物，要么逐渐回归到传统的孔孟之道，要么主张中体西用，所谓"器则取诸西国，道则备自当躬，盖万世不变者，孔子之道也"（王韬《韬园文录外编》卷——《杞忧生易言跋》）。"中学其本也，西学其来也；主以中学，辅以西学"（郑观应《盛世危言》卷一《西学》）。康梁更是因留恋传统，认为"今日非西学不兴之患，而中学将亡之为之患"（梁启超《西学书目表·后序》）。最后成了孔孟一派的卫道士。加之当时皇权尤存，儒家社会管理思想有朝廷做保护，所以当时集中在国家政体及政治制度等方面的管理反思没有从根本上对社会产生过影响，其主要历史贡献是为后来进一步推倒封建王朝，从根本上否定儒家政体管理思想腐朽侧面，做了舆论准备，奠定了基础。

　　（二）进入 20 世纪之后，伴随着国体变更等，传统儒家管理思想进入历史观念颓变期

　　这其中有几种主要的社会背景在起作用，一是辛亥革命在中华民族历史上第一次真正推翻了封建王朝的统治，结束了统治中国几千年的专制制度，从而在现实中失去了儒家政治管理思想的基础与保证。尽管南京临时政府成立不到一百天便夭折了，北洋军阀袁世凯篡夺了辛亥革命的胜利果实，旋即为了复辟帝制，于

1912年9月，颁布《崇孔伦常文》、次年初又颁布《整饬伦常令》，称"中华之国，以孝弟忠信礼义廉耻为人道之大经"（《民国经进文编》）。而后又发布《尊孔祀孔会》等，要求各级各类学校恢复祭孔祀孔，并对曲阜的衍圣公孔令贻等予以特加恩渥优待，"所有衍圣公暨配祀贤哲后裔，膺受前代荣典，均仍其旧"（程淯编《历代尊孔记·孔教外论合刊》）。重新掀起一股别有政治企图的尊孔之风。然而毕竟封建王朝大势已去，此股尊孔风很快便如过眼烟云。社会尽管没能如资产阶级民主革命派所愿进入"民主共和国"，但正统的儒家政治管理思想所依赖的基础已不复存在。二是民族工业的逐渐兴起。由于受到西方资本主义的入侵，西方商品经济也对中国传统农业经济带来了巨大冲击，从而为民族资本主义的产生和发展创造了条件。同时西方科学技术的引进，亦为民族工业的兴起起到了促进作用。所以从19世纪70年代民族工商业开始产生，至20世纪，清政府实行"新政"，颁布了《商律》、《公司注册章程》等法规，特别颁布了《华商办理实业奖给章程》，促进民族工商业的发展。加上1914年第一次世界大战爆发，西方列强纷纷忙于战争，暂时放松了对华的侵略和控制，亦为民族工业的发展提供了良机，就这样从1895年到1926年间，民族资本主义工业迅速发展，先后形成了几个较大的集团公司，如荣氏申新，周学熙的华新、耀华集团等，一直到1937年民族工业一直呈上升趋势。抗日战争爆发后，对民族工业带来了严重的冲击，逐渐走向衰微。民族资本主义工商业的产生和发展，不仅使中国社会出现了新的生产关系，工商业的社会经营管理也呈现出完全不同于农业生产经济管理特点，给儒家管理思想提出了新的课题。三是战争特殊历史环境的影响及马列主义思想的输入，尤其是无产阶级政党——中国共产党实行的工农革命政策，在创建革命根据地的同时，对于根据地从行政管理到军事管理，再到所创办工厂的生产经营管理，无不打上根据地特有的借鉴人民军队中官兵一致、民主管理原则,以行政命令管理统帅一切的烙印。正如1934年中华苏维埃共和国人民委员会颁布的《苏维埃国有工厂管理条例》,中共中央组织局发布的《苏维埃国家工厂支部工作条例》等文件所体现的那样,传统儒家管理思想被淡化到了最低点。

所以辛亥革命后的儒家管理思想,体现在政治上则是各党派不同程度地借鉴其某些方面,予以改造后加以运用。如孙中山在创建中华民国之初所创立的以民权主义为特征的政治管理思想。他一再申述:"何为民国?美国总统林肯氏有言曰:'民之所有,民之所治,民之所享',此之谓民国也;何谓民权?即近来瑞士国所行之制,民有选举官吏之权,民有罢免官吏之权,民有创制法案之权,民有复决法案之权,此之谓四大民权也。必具有此四大民权,方得谓纯粹之民国也。"(《民权初步自序》,黄季陆编《总理全集·方略·建国方略之三》)后来孙中山又重新解释了三民主义,将三权分立改为五权分立,以真正建立资产阶级民主制度为中心的民权主义国家。正如有的人所指出的,孙中山的"民权"思想并非完全出自西方的民主政治制度,而是在西方政治思想的导引之下,借鉴传统儒家的"民本"思想而形成的政治观念。"帝国是由皇帝一个人专制,民国是由全国的人民做主;帝国是家天下,民国是公天下"(孙中山《在广州商团和警察联欢会的演说》,《孙中山选集》第572页)。特别是他对《大学》中所说的"格物、致知、诚意、正心、修身、齐家、治国、平天下"极为欣赏。认为"无论外国什么政治哲学家都没见到,都没有说出,这就是我们政治哲学的知识中独有的宝贝,是应该要保存的"(《三民主义·民族主义第六讲》,《孙中山选集》第684页)。从微观上对其政治理论做了完善补充,从而建立起一个"天下为公"的理论大框架,以便实现他的"大同"社会理想。孙中山之后的袁世凯、蒋介石自不必说,他们甚至以儒家信徒相标榜,倡言以儒家学说治天下,只是他们所主张和宣扬儒家学说更多的是出于政治目的,以便笼络人心。在国民党方面倒是一代元勋廖仲恺从"新国家建设"思想出发对儒家所倡导的平均思想,温和政治多有发明。20年代后期中国共产党登上政治舞台,虽然早期共产党的纲领主张多受共产国际和苏联十月革命的影响,接受了马克思、恩格斯、列宁的许多思想观念,并且许多人还受到"五四"新文化运动,"砸烂孔家店"的影响,但毛泽东等人由于受传统教育影响较深,在去北京求学的路上,他还专程到曲阜拜谒了孔庙、孔林等。所以在革命斗争的策略制定,新政权的构想等方面借鉴和改易儒家思想,有着"民本"、"公平"、"大同"等儒家思想的因素。辛亥革命后的儒家管理思想,体现在经济上,是借鉴西方科学管理思想理论改易儒家管理思想,应该说尽管中国近代工业从技术的角度上是在西方先进科学技术的基础上建立起来的,但中国近代资产阶级都是从传统文化教育出身的人,所以他们虽然也借鉴了部分西方工业及商业科学管理思想,如穆藕初等人。但更多的还是运用儒家管理的基本理念,如荣家企业的创始人荣德生就十分推崇战国时期陶朱公所用的计然之策,所谓"尝思陶朱公亿则屡中"。为提高企业效率,他十分重视人才的选拔和培养"人才之盛衰,实关系国运之隆替……为国得人,治国平天下,工业之图,庶有赖焉……可知事业之成,必以人才为始基也"(荣德生《乐农自订行年纪事续编》)。对于优秀人才不拘一格任用重奖,甚至联以姻亲。从30年代始在企业中实行技术人员培训制一直到解放前夕从未停止,将儒家"贤才"管理思想成功地运用到了企业管理中。另外刘国钧经营大成纺织印染公司,提出以"忠信笃教"为厂训,收到明显效果;天津东亚公司的宋棐卿,则在公司的大楼山墙上高悬着"己所不欲,勿施于人","你愿人怎样待你,你就先怎样待人"的大标语,作为东亚公司的厂训,强调要以自我管理来达到全系统管理的思想。应该看到企业家们正是依靠此种借鉴、改易和创造，第一次对儒家管理思想在现代企业中的转换和运用进行了尝试，尽管此种尝试没有及时上升到理论高度来分析，但无疑它对后来中国现代工业经济管理模式的建立，起到了开山作用。

（三）解放以后到改革开放的三十年，为儒家社会管理思想的衰微期

所谓"衰微"一是就大陆来说，儒家学说伴随着苏联模式、文革动乱的冲击，在一定程度上被作为反面内容进行批判或者被潜在隐性地予以继承，变异之后加以运用。二是就海外港台等地尽管"第三期儒家"不遗余力地进行理论的更新与创造，以期通过儒家精义的重新阐释以回应西方社会思想及科技理念的冲击，然而社会的主体已开始全面"西方化"、"现代化"的转换，所以儒家管理思想终于成了主导社会思想理论的辅助和陪衬而处于边角地位。当然在大陆方面，尽管儒家管理思想从公开场合消失，但并不意味着儒家社会管理思想在现实中完全消失。相反它因为历史的惯性和民族心理的定势，还以极隐蔽和深微的方式发挥着现实作用，表现出一种现实特殊变态存在方式，如毛泽东对中国当代社会管理思想的认识与实施。他曾说过："从孔夫子到孙中山，我们应该承继这份光辉的遗产"。对于孔子思想中的封建内容给予批判与清除，所谓"一切奴化的，封建主义的法西斯主义的文化和教育，应当采取适当的坚决的步骤，加以扫除"（《论联合政府》，《毛泽东选集》合订本，第984页，人民出版1964年版）。对于其中有利于革命斗争的内容，如政治上的"正身"、"政者，正也，子帅以正，孰敢不正？"（《论语·颜渊》）演化为革命干部应该起到模范带头作用而被继承；还有爱民，"如有博施于民而能济众"（《论语·雍也》），演化为热爱群众，为人民服务而被继承。特别是社会组织管理的"德治"观，在中国大陆解放初期五、六十年代，毛泽东极力提倡和发扬"共产主义道德"，树立了雷锋、焦裕禄等一大批社会主义的英雄模范人物标兵，号召人们向他们学习，从而大大推进了社会思想革命化的建设，淳化了民风民俗，至今仍然成为人们津津乐道向往的历史阶段。对于社会发展理想目标的设定，固然共产主义是毛泽东从马克思列宁主义思想理论中引入的概念，但在中国的具体运用无疑也受到了儒家"大同"社会的启发和影响，与其有着不可分割的内在联系，从而以一种较高生活富足与道德高尚境界引导人们去为之而奋斗。在经济管理上，将儒家"不患寡而患不均"变异以后，在生产资料公有制的基础上，在分配制度中实行以"平均"为主体的方式，以至于后来产生了严重的"平均主义"和"大锅饭"等问题。依据"君子喻于义，小人喻于利"的原则，在经济和道义关系上坚持绝对的道义高于经济利益，所谓"政治挂帅"，"政治高于一切"，以至于后来被一部分人篡改利用，产生了类似于"宁要社会主义的草，不要资本主义的苗"的诸多谬说，严重地阻碍了社会经济的建设与发展，经过文革动乱，将社会主义经济拖到了崩溃的边缘。在教育管理上，延续儒家"道之以德，齐之以礼，有耻且格"（《论语·为政》）的训条，尽管在道德的内涵上赋予了社会主义，共产主义的内容，但仍然坚持"德、智、体全面发展"，使学生成为"有社会主义觉悟，有文化的劳动者"。这一教育方针的确立从总的方向上没有错误，但在具体施行过程中，由于受极"左"思潮干扰而出现了较大偏差。总之解放后的三十年，大陆传统意义上的儒家思想从名义上消失，以潜在方式仍然在继续推行。

在海外的港台等地区，由于特殊的社会政治背景，如为外国租界语言同化，台湾则因依赖美国的保护而不得不实行对外开放政策等，使这些地区的社会文化，政治观念，经济管理、教育政策等早早受到西方文化的冲击和影响。面对中国传统思想的流失和西化社会趋势，部分受传统教育较深、儒家思想为底质的知识精英以学术研究为号召旗帜,继承和发扬自"五四"新文化运动以来,梁漱溟、熊十力等人的学术精神传统,如徐复观,唐君毅等人,怀着深深的文化寻根意识和对西方现代"物欲"刺激的痛恨,决心以传统"人文"精神,这个熔铸中国历史文化和民本精神的生命大流,去开辟民族发展的"返本开新"的新的演进之路,通过弘扬儒家传统人格精神来挺立起从社会个体到群体的道德主体意识,以净化之后的传统"内圣"之力,去开拓创造出现代民主与科学的新"外王"业绩。1958年元旦,在台的唐君毅、牟宗三、徐复观、张君劢四人联名发表了《为中国文化敬告世界人士宣言——我们对中国学术研究及中国文化与世界文化前途之共同认识》一文,成为当代"新儒家"一个纲领性的文件,分别从儒家的"道统"说"心性之学"、"人文教"等阐释和张扬了传统儒家思想在现代社会的微言大义,在社会上产生了较大影响。从管理学的角度分析,由于第三期儒家主要是在哲学思维层面上进行阐释评判,以期从理论上获得新的成就,加之他们亦多为文化学术中人,主要社会影响在文化学术界,虽然学术研究也曾得到台湾当局有关方面的支持,行政管理上也曾将部分儒家思想理念引入其中,但过于精纯的学术思路和极超脱的文化行为特别缺少具体方法研究的理论构成,终于使"新儒家"的理论学说在现实中难以获得应有的作用,在日益深重的西化风潮中,流落为文化的口号,尤其在现实的具体的管理上难以落实和运用。

(四)20世纪70年代末至今,为儒家社会管理思想的现代更生重建期

　　文革十年动乱结束,中国从经济贫困落后的局面,迅速转向建立社会主义现代化企业和经济管理制度,如何从我国国情出发,借鉴西方先进管理科学理论,学习日本、韩国等发达国家社会管理经验构建出具有民族特色,并卓有成效的中国现代化管理思想及管

理体制成为理论界和实业界一个十分迫切重要的课题。由此开始
了传统儒家管理思想在现实中的现代更生重建期。所谓"重建"之
一是理论界经过"拨乱反正","实践是检验真理的惟一标准"和"改
革开放主旋律"的讨论等一系列工作之后,终于认识到儒家思想学
说作为中华民族一种源远流长的轴心文化,深质文化,尽管我们在
文革之中予以了批判清理,但在现实中完全清洗干净,退出人们的
生活不仅不可能,也不现实,它仍然以自己固有的方式潜在于社会
的方方面面,发挥着作用。中国的现代化之路以民族虚无主义,全
盘西化为途径也完全行不通。一方面要仔细认真地检视儒家思想
学说在现实中的存在形态方式、正负价值等,认识什么是真正的
"精华",什么是真正的"糟粕"。为科学地借鉴利用提供准确依据。
另一方面就是汲取传统儒学精华,经过提升整理,结合海外先进的
管理思想理论逐步构建出具有民族现代特点的管理学科理论。之
三是实业界结合现代企业管理,在理论界的推阐与鼓励下,开始进
行企业管理中儒家思想理论的具体引用和实验。如在职工的管理
中推行"仁爱"管理,让职员在具体细节中体会到企业的情感和关
怀,以增强企业的凝聚力,激发职员的工作潜能;在产品和服务上
推行"诚信"管理,不仅保证产品质量,保证给予服务的所有承诺,
在职工和社会上建立广泛的信誉,以此开拓市场,增加企业在市场
中的竞争能力;再就是"义利并举"、"以义取利",在企业生产经营
的运作过程中更注意社会效益的创造,或以更符合社会公德要求
的产品类型、质量直接服务于社会,或在一定经济效益基础上更多
地投放社会公益事业,以取之于民,运用于民为企业精神等。使企
业体现出了比较鲜明的儒家管理思想特色。

20世纪儒学研究大系

三

从儒家传统管理思想研究著述情况分析,20世纪呈现出前疏后密的极大差异。至80年代以前,尽管理论界和实业界、政治界人不断地提出传统儒家管理思想的理论观点予以评析运用,或褒或贬,或取或弃,然而由于管理学作一门独立的学科理论并没建立,因此更不能以学科的观点和理论思维去进行系统化、专门化、科学的研究描述。进入80年代以后,伴随改革开放,经济建设管理学的研究、中国管理思想史的研究逐渐形成气候,于是以不同方式对儒家管理思想进行梳理观照也渐成重点热点,研究著述分门别类纷纷发表出版,开始了一个儒家管理思想研究的新阶段。这其中可以划分成这样几个不同的理论研究侧面:

(一)关于中国古代儒家管理思想史的研究

早在1984年12月,部分学者自发组织在北京召开第一次中国古代管理思想讨论会,会上发表论文共计20余篇,尽管与会只有20余人,且大都为年老学者,但部分学者还是对中国古代管理思想研究作了开创性的工作,会后由云南人民出版社正式出版《中国古代思想与管理现代化》一书。其中多处涉猎到孔子及儒家思想的历史地位及价值问题。而后1986年9月,召开第二次中国古代管理思想讨论会,会后结集出版《中国传统管理思想的新探索》一书(见企业管理出版社1988年版)。书中除部分学者如潘承烈、沈恒泽、吴慧等人,从不同的角度对孔子、孟子、荀子等人的政治经济管理思想予以评析,认为"儒家学派一般被认为是不好言利的,事实并不如此,孔子就说过:'富与贵,是人之所欲也'……所以,从哪一点看都不能说儒家学派的开山祖孔子不是重视功利的"(《中国传统管理思想史的新探索》第26页);"战国后期,著名的儒家学者荀况,以儒为主,集各家之长,形成了一套比较完整的经济管理思想"(《中国传统管理思想史的新探索》第15页),还专门发表中国人民大学劳动人事学院虞祖尧所撰《先秦儒家经济管理思想初探》及北京农垦管理干部学院王维义所撰《孟轲管理思想刍议》。虞文在纵向分别介绍先秦儒家主要代表人物孔子,孟子和荀子及其主要经济思想的基础上,又从横向上分两个专题"先秦儒家以'见利思义'为中心的管理思想"和"先秦儒家经济管理思想对当前管理现代化的启示",从经济管理这一特定角度,揭示先秦儒家管理思想的内涵及其社会地位,具体分析管理思想的重要性、管理原则、社会管理和人事管理等,作出了比较客观的历史评价。王文则为一横断面的侧写,认为"孔孟不仅是儒家学说的创立者,也是我国古代管理学的大师,研究中国古代管理思想,绝不能回避孔孟的管理思想(《中国传统管理思想史的新探索》第198页)。所以他分别从"主性善、倡养心——修养之道"、"施仁政——治国之道"、"举贤俊——用人之道"、"权衡和乘势——决策之道"四个方面进行评议介绍,尽管还是粗浅的说明,但在当时这也是少有的专门研讨儒家管理思想史的文章。1986年,企业出版社还出版了由几十位学者共同编写的《中国古代管理思想》一书,其中对儒家管理思想史研究的文章有沈祖炜等人写的《孔子以礼治国思想》、《孟子的仁政治国思想》、《荀子礼法结合的管理思想》等。另外在一些学报刊物上还零散地见到一些与儒家思想史有关的文章,如黄朝晖发表于1988年第一期《东岳论丛》中的文章《试论管理构架中的孔子经济管理思想》,马傅发表于1988年第一期《河南财经学院学报》上的文章《孔子经济管理思想试探》。在这一时期中随着中国古代管理思想史研究的逐渐展开,在一些管理思想史的著作中也或多或少地涉及到儒家管理思想的历史评价介绍,如中国经济管理思想史专家、北京大学经济学院赵靖教授在其专著《中国古代经济管理思

想概论》及《中国历史上优秀的经济管理思想》中,分别辟专章对儒
家管理思想从历史的角度予以介绍。经过近十年管理思想史学者
们的努力,至 1990 年苏州企业管理研究所的刘云柏先生终于出版
了迄今为止所能见到的第一本大陆专门研究儒家管理思想的著作
《中国儒家管理思想》(上海人民出版社 1990 年 11 月第 1 版),在
原本多侧面角度、专题研究的基础上,刘先生一方面从现实与理论
的两个方面提出课题研究的基础意义,正如他在"前言"中所说:
"研究中国儒家管理思想,对于建设具有中国特色的社会主义管理
理论体系有着十分重要的意义。今天,我国管理科学的发展决不
意味着管理的外国化,它必须符合本国的国情,体现民族文化的特
色,做到科学化与民族化相结合,重视从我国儒家管理文化和思想
中汲取丰富的营养。"可以说,刘先生的这一观点代表了当时所有
研究儒家管理思想史学者的思维出发点和目的。另一方面在本书
中,刘先生下了很大的力气从历史的发展过程揭示儒家管理思想
的起源和产生,从春秋战国时期社会大变革、管理思想的百家争鸣
的政治原因和中国农业社会管理的经济与文化原因,说明中国产
生儒家管理思想不仅是必然的,也只能是这样一种理论内涵和文
化形态。在这个基础上,他又分两个章节分析"中国儒家管理思想
的演化发展过程及历史轨迹",从"上古华夏文化渊源"到"孔子、孟
子",再到"董仲舒、宋明理学、新儒学管理思想",最后到"当代东西
方文化比较中的儒学管理思想的复兴"。第一次对中国儒家管理
思想史的历史脉络作了全景式的描绘,其理论贡献自不待言。

　　进入 90 年代后,在原来一般性描述基础上,儒家管理思想史
的研究不断深入,一方面是理论的阐释深度逐步加深,如立信会计
出版社 1997 年出版单宝先生的《中国管理思想史》一书。除辟专
章评述"孔子及其儒家的管理思想"以外,还在先秦至近代中国历
史管理思想发展线索中、在各朝代代表人物的评述中,深度分析儒

家思想的影响及潜在流变,呈现出较深的理论色度和质感。另一方面则是史的宽度不断加大。从原本政治、经济等管理领域不断向其他领域拓展。如曲阜师范大学教育系的李如密、韩延明教授于 1990 年所撰《孔子人才管理思想探讨》,从教育学和社会学的综合角度分析孔子如何识才、育才、使才、理才等,表现出较高较宽的理论视野。另外如河南教育出版社 1990 年 7 月出版刘德华先生主编的《中国教育管理史》,也设专题讨论"孔子的教育管理思想",并将儒家有关教育管理的基本观点与各朝代教育制度制定、教育机构设置的关系等,做了较为详细的说明,尽管我们目前还没有见到一本有关儒家管理思想综合研究的专著,但是儒家管理思想的历史线索及其对于中国社会发展的巨大作用使人已有了概貌的了解。

(二)关于儒家管理思想与现代化关系的研究

儒家管理思想作为中国传统思想文化和理论形态,面对中国新的改革开放形势、特别是西方科技文化的涌入与流行,该怎样去面对这一理论现实,去进行合理有效的文化对接,进而实现传统思想的历史转换,让儒家管理思想真正成为当今中国社会的财富与营养,这成为社会管理学者从国情出发不得不思考和研究的课题。早在 80 年代这一课题便进入了学者们的视野,引起了他们的深思,如北京大学经济学院赵靖教授于 1989 年《孔子研究》第 1 期上,发表的《孔子的管理思想和现代经营管理》。作者在文中指出:在孔子的管理思想遗产中,值得研究的很多,他只想集中探讨"重视人的因素,重视教育手段在管理中的作用,重视领导的作用和重视长期战略目标",这些方面对现代的经营管理可以有较为重要的参考和借鉴价值。所以他从现代资本主义经济制度,现代行为科学原理、现代企业运作实践等多个角度透析孔子管理思想与现代思维理念的关系,从比照中发掘现代意义。90 年代后人们对这一课题倾注了巨大热情。1992 年 6 月底至 7 月初,"儒学及其现代意义国际学术研讨会"在四川德阳市举行,由中华孔子学会,四川省孔子研究学会和德阳市对外文化交流协会共同主办。出席会议的中外学者有 264 人之多,共提交论文 157 篇,会后结集出版了部分文章,大家就儒学与现代的关系从多个角度方面进行探索,创获颇丰。尽管许多人的文章并没有冠以管理名称,但实质所论为管理学的问题,如《儒学与现代化的冲突和协调》(李耀先文),《论儒家经济学在东亚的研究与应用》(万青、李小兵文)等。从理论分析到东亚经济实际运用考察析理儒学的现代开新之路。90 年代末,由上海大学、国际儒学联合会等联合发起召开"儒学面向当代 21世纪国际学术研讨会"。从会后所出版的论文集《儒学与 21 世纪中国——构建、发展"当代新儒学"》来看,对"儒家伦理与 21 世纪企业管理"(香港李锦招文)等问题予以了极大的关注。在这过程,孔子基金会和曲阜师范大学儒学研究所等单位也数次发起召开会议,就这一课题进行研讨,其中纪念孔子诞辰 2545 周年所举行的国际儒学讨论会盛况空前,会后结集出版了论文集《儒学与 21 世纪》(上下册)。不仅有关于《儒家管理思想在 21 世纪的应用》(《儒学与 21 世纪》,华夏出版社 1996 年第 1 版,第 1450 页)等儒家管理思想现代化的前卫探讨,同时还有《儒家思想与新加坡的安定繁荣》(新加坡陈荣照、苏新鑫文)、《21 世纪俄国的儒学和社会管理》(L·B·波若罗莫夫文)等世界性宽度研究,从而在更宏深宽广意义上对儒学管理思想现代化进行了崭新探索。除此而外散见于其他学报期刊上的相关论文数不胜数,如《广西大学学报》1997 年第 3期所发黎红雷教授《现代管理学与儒家智慧》一文,作者从管理本质、人性假设、组织原则、行为方式、控制手段、根本目标三个方面,探讨了儒家思想在这六大方面给现代管理实践的启示。《理论探讨》1998 年第 5 期发表吕巧凤先生的《论儒家管理思想与现代管理》,1997 年《学术交流》第 3 期发表孙思溟《论儒家管理思想与市场经济化》等。部分著作中也不乏对此课题的精彩研讨,如 1992年天津社会科学出版社出版李启谦、姜林祥教授主编的《孔子思想与当代社会》一书,在"孔子管理思想与当代社会管理"一章中,从重视人的因素、重视管理秩序的稳定等五个方面分析儒家传统管理思想在现代社会的转换及价值意义,并指出借鉴和运用儒家传统管理思想的可行性和具体措施方法,不仅在理论上具有一定的高度,实际运用过程中也具有极强的实用性和可操作性。另外还有 1997 年黄河出版社出版的骆承烈、张林教授主编的《儒家思想与社会管理》一书,分上编"儒家基本思想与现代管理"和下编"儒家社会管理思想在实践中的应用"两部分,不仅对儒家思想从现代转换的必要性到历史借鉴运用的历史,再到儒家管理思想的基本内涵,更对儒家管理思想在实际社会生活的各个领域提纯、转化、创造性的使用做了比较全面充分的论证,正如作者在前言中所谓"儒家哲学可以为历代管理服务,也可为现代管理服务……大能治国,小能理家。从提出大的治国方案,到具体入微的经济管理;从对民众的教化、诱导,到具体的文化措施,都有随时随地可以应用的普遍性、切实性。"是目前研究儒家管理思想现代应用比较全面的著作之一。在这方面,特别要注意的研究成果一部是唐凯麟、曹刚先生著的《重释传统·儒家思想的现代价值评估》(华东师范大学出版社 2000 年 11 月第 1 版),另一部是方立天、薛君度先生主编的《儒学与中国文化现代化》(中国人民大学出版社 1998 年 10 月第 1 版)。这是两部既有较高理论水准、又论述相当深刻的著作。第二部为 1996 年 11 月中旬,中国人民大学与美国黄兴基金会举办的"儒学与中国文化现代化学术讨论会"专题研讨会论文集,从所收文章的研究方向来看,主要是从文化学的整体高度,分析考察"关于儒学的永恒价值与现代价值——儒学是否具有永恒价值与现代价值;儒学有哪些永恒价值与现代价值;儒学具有永恒价值与现代价值的土壤、根源是什么;儒学如何在现代社会中发挥作用"。这是儒家管理思想现代化需要解决的深层次理论问题。本书尽管没能为我们做出系统全面的回答,但其探究方向无疑具有较高学术价值。唐、曹二位作者的专著是华东师范大学规划出版的"东方学者"丛书之一,作者以较高的理论思维点透析儒家学说,以特定的哲学价值学说为视角,所以尽管不是专门研究管理学,但其所划分的章节实际是围绕着管理学的框架展开,如"道德观念和现代道德建设","儒家法律思想及其现代观照","儒家人学思想及其现代价值"等,无疑是谈社会政治管理问题;"儒家伦理和现代市场经济"及"儒家经济思想和现代市场理性建构"则是现代经济管理的基本范畴。并且上升到哲学的高度来分析儒家管理思想在现代社会实践中转换的理论依据和操作机理。在原来关于这一课题知性了解的基础上,将我们引入到深度思考中,从中认识到原理性、科学性的现代诠释深质,儒家传统管理思想既不是简单地借鉴,更不是平移挪用、其中包含着理论规律的发展与创变,也包含着人们思维的更新与拓展,包含着学术精神对儒学说的层进开掘与发现。所以该著作不只是加深了我们对儒家管理思想的理解认知,更开阔激活了我们的学术视野,堪称一部代表当前儒家管理思想研究水平的优秀学术著作。

(三)关于儒家管理思想与企业实用管理研究

　　怎样将传统的儒家管理思想运用到具体的企业管理之中,早在80年代改革开放之初,一部分有见识、有胸怀、有谋略的企业家便在发展企业的过程中推行"仁爱"策略,比如在职工出现困难时有的采取各种方式予以救助,建立专门性的救助资金,以"爱护"激发职工的内在工作激情和企业向心力;有的实行为职工过生日,集体举行婚礼,选拔休假等等。使职工倍感企业的温馨;有的大胆实行"人才"战略,用高薪和优厚的待遇来吸引人才,逐步形成企业特有的人才优势和潜力,后来许多企业还相继建立"博士后"流动站,让人才到企业中施展才能;有的特意采取"贵和"之术,要求干部和工人实行"同"的待遇,不搞特殊,许多企业为了增强职工的参政意识,提高职工在企业中的地位,设立了职工代表大会,作为职工的代言机构和监督机构。不仅讨论生活福利待遇、工资奖金等问题,而且讨论厂长或经理的工作报告,审议企业的重大决策等,极大地提高了职工执行决策的自觉性;有的在企业经营文化理念的构思和制定上体现出浓厚的儒家文化精神。北京同仁堂药店的"兢兢小心、汲汲济世"、民生实业公司"公司问题,职工来解决;职工问题,公司来解决"(《企业文化》罗长海,中国人民大学出版社1999年版,第473页)等等,对企业的稳定和发展产生了巨大作用。关于企业中如何具体选择使用儒家管理思想,进入90年代之后成为许多学者关注的重点,科研成果层出不穷。这其中比较重要的著作之一是1995年2月四川人民出版社出版的"中华儒学文化系列"丛书,其中由陈德述所著《盛德大业——儒学与企业管理》一书,是专门讨论介绍儒家管理思想在现代企业管理中运用的著作,作者认为儒家思想和现代化是不矛盾的,并且特别适合现代企业管理。该书分八个专题,"现代企业管理的核心、现代企业管理的前提、管理主客体的道德塑造、管理者的价值建构、管理者的精神力量、管理者的识人用人之道、管理者的哲学智慧、企业的形象管理",对如何在企业运作过程中贯彻儒家管理思想理念作了全面构想设计,作者援引古今中外的实例加以证明,更突出了著作的具体性和实用性。之二是1995年9月,中国国际广播出版社出版发行的一套"东方太阳"丛书,是由孔子后裔留日学者孔健所撰写的四本系列著作,其中在《孔子的管理之道》一书中,作者从"儒学是社会管理学"的基本观念出发,更多的借鉴和运用儒家管理思想在日本企业管理中的成功事例,如大阪商人学习儒教、康川家康的"幕府经营管理"、涩泽荣一的"论语人生"、丰田汽车的儒家思想支柱等,具体指出该怎样面对21世纪社会经济的发展学习和运用儒家管理方法艺术,从他所立的章节题目中可以见出,"《论语》中的经营管理秘诀","由《论语》看经营者必备的九个条件","《论语》与企业家成功的九个条件"等。他讲求的是具体方法的转化使用,而不是过多过深的理论论证分析。此著作对于第一线的企业家来说尤其实用有效。在《孔子的经营之道》一书中,作者把"经营"作为一种儒家管理思想的特殊理念,认为孔子的经营思想一直没有人提出,而它"正是今天经济现代化社会、为求更安定、更有效地运营、而对儒家思想进行再认识的结果"。至于怎样引入运用孔子的经营思想,除了人格的修养完善,在政治上借鉴孔子的经营哲学,在人才上借鉴孔子的培育人才哲学,在家庭管理中借鉴孔子的家庭经营哲学以外,在企业经济中还要借鉴孔子的实业经营哲学。这是现代企业经营管理中不可或缺的智慧与方法,而且也越具体越好,比如"情、理、法的经营法则","图小利者大事难成"、"将'礼'与'和'视为经营学的圭臬",详细而具体地介绍了在实业经营中的儒家管理思想运用方法,由于也是引用日本企业成功事例作例证,使人觉得更加可信和可行。对中国大陆的企业家启发尤多。之三是1998年西南财经大学出版社出版发行的一套"中华儒学文化与现代管理艺术丛书"。这是一套极有特点、又有实用价值的著作。它从儒家管理思想的理论方面分别进行阐述,如"道之以德",重点剖析介绍儒家德治与现代管理的道德性;"哲人圣智",讲解的是儒学智慧与现代管理谋略;"安人惠民",说明儒学事功与现代管理的效绩;"知人善任",谈的是儒学尚贤与现代管理用人之道;"以人为本",则主要分析儒学爱民与现代管理的核心。把儒家管理理论观念通过条析缕理,逐一落实到现实运用方法之中。如在《哲人圣智》一书中,将儒家原本抽象的哲理"和而不同"、"中庸之道"、"必也正名"等,一一落实为协调谋略、调控谋略、刚柔谋略、运用谋略、正身谋略、内动谋略、程序谋略等,实现了形上之学与形下之学的对接,让人真正做到不只是知的学问,更是做的学问,现实实用价值尤高。

这里特别要提到的是儒家管理思想作为一门历史传统文化知识,由于历史的原因,还有一些在现代企业管理中不能不予以清理与涤除的糟粕。这方面在 90 年代后,也有人逐渐予以专门研究,对推动儒家管理思想的现实正确使用产生了积极的影响。如张显宏先生发表在《学海》1996 年第 4 期上的论文《"仁治"不是"人治"——浅析儒家管理思想在实践中的扭曲》,对当前儒家管理思想被篡改和扭曲的恶劣现象进行了析理抨击。指出"仁治"既不是长官意志、感情用事,也不是将所有事都用"人治"方式处理,要礼法结合统一。另外胡燕祥先生发表于《理论前沿》1999 年第 8 期《中国儒家传统管理思想对现代企业管理的负面影响》一文,指出由于历史传统中伦理道德,思维方式,心理形态的惯性所致,现实企业管理中存在着严重的重政治轻效益,重专制而轻民主,重人情而轻法制、重情意而轻利益等倾向。它严重地干扰了现代管理体制的建立,必须予以消除和校正。

(四)关于儒家管理思想的文化哲学研究

儒家传统管理思想蕴涵极深极高的哲学原理性。它体现出中华民族哲学观念,思维的基本规律性,从更高层次上去揭示这一社会事象的深质规定性及其本原性,是学术界一项重要课题。在第三期儒家的影响与带动下,大陆学者早在 80 年代逐渐接触这一课题侧面,如 1989 年 3 月,湖南教育出版社发行了张鸿翼的博士论文《儒家经济伦理》一书,对于儒家经济伦理思想进行了开创性的发掘整理和系统研究,详细分析了儒家经济伦理的形成和发展过程,并且着重从社会经济生活的六大方面:经济运行的道德法则,经济关系的道德原则,经济行为的道德规范,经济政策的道德准则,经济管理的道德手段,经济生活的道德价值。全面地揭示了儒家经济伦理的整个理论体系。在下篇中作者着重研究了儒家经济伦理的社会影响,历史地估价儒家经济伦理的社会价值。无论是就研究的方向而言,还是研究的理论深度,都具有极高的学术价值和理论意义。至 90 年代后该方向的研究不断向深度和广度扩展,1997 年广东高等教育出版社出版发行了中山大学黎仁雷教授的学术专著《儒家管理哲学》,著作原为他的博士论文。正如许多专家在评价这一著作的学术价值所肯定的:"(1)他能够超越社会和历史因素,对先秦儒家的人生管理、社会管理和国家管理的理念作了详尽的分析,并建构了"儒家管理哲学论"和"儒家哲学管理观",也因之突显了儒家思想的现代管理本质和理论基础;(2)他能够对儒家伦理所包含的管理性和其管理体系的伦理性作出详尽的分析和综合,因之赋予了'儒家伦理'一个崭新的面貌,提高了吾人对儒家哲学及其现代意义的理解。"(本书成中英《序》,第 13—14 页)无论是儒家管理思想的内在探索还是由管理学去开拓哲学研究的新视野,这都是一部值得一读的好著作。还有 2000 年 1 月立信会计出版社出版的朱明伟的学术专著《中国管理文化论》,其中主要的内容是儒家管理思想的文化阐述。把儒家管理思想提升到文化层次予以分析论证,用作者的话说:系统地总结中国传统文化中优秀的管理思想和艺术,并与古今管理实践结合起来,进行加工、提炼和升华,尽可能使之体系化,以逐步形成中国管理文化理论体系。"这不只是该书的基本内容和特点,同时也是一种儒家管理思想研究的方向。另外还有杨宗兰先生的《文韬武略——博大精深的中国古代管理思想》(国际文化出版公司 1989 年 11 月第 1 版),作者在书中论述了儒家"以人为核心的管理哲学","发达的人性理论",

"尊贤使能的用人之道","科学论断——劳心者治人"等等,作者最后提出,要对中国古代管理思想进行"创造性转化","使之在中国管理现代化过程中不断发挥作用,提供营养,以'中国式管理'为世界文明做出贡献"。

(五)世界各国和地区对儒家管理思想的研究与应用

儒家管理思想作为世界上一门具有独特理论价值意义的科学理论,不仅成为中国社会管理的思想基础,为中国近代以来经济的逐步发展起到了促进作用,同时它还以其特有的理论魅力和现实价值,被世界各国的理论界和企业界所认识和吸收,从而对 21 世纪世界新社会关系的整合和经济发展,特别是东亚儒家文化圈经济的崛起腾飞产生了巨大作用。正像有人所指出的,它已形成了一种儒文化的内在动力,体现出一种特有的东方社会尤其是经济管理的社会理念。

这其中尤以日本最为典型。日本战后曾面临经济重建等一系列社会问题,正是由于在原本日本国内儒学传统的基础上,他们适时汲取儒学社会管理的思想理论精华,从而使日本经济在五六十年代迅速崛起,至 80 年代已成为世界经济强国。据记载儒学在日本的传播始于公元 285 年。公元 604 年,日本圣德太子制定《十七条宪法》,把儒学确定为日本封建主义国家管理的指导思想。公元 1868 年"明治维新",日本开始进入近代资本主义工业化时期,从一开始,日本的部分经济界人士特别是企业家就十分注意对儒家管理思想的思考和运用,如被誉为"日本近代工业化之父"的涩泽荣一,在其发展企业的过程中提出了著名的"《论语》加算盘说",后来他专门写了《论语加算盘》一书,并亲自给员工们讲授利用传统的"仁、义、礼、智、信"去谋取经济利益的道理,反对单纯谋利而不顾社会道义,集中体现出儒家经济管理"经济道德合一论"的精神。尽管关于日本的经济发展有不同的成因说,但比较一致的便是西方科技和日本精神的结合,而日本精神则主要是中国儒学和日本原有的神社精神相结合的产物。所以有人概括在某种意义上说,几乎一亿日本人都是"孔孟之徒"(赖肖尔《日本人》第233页)。具体说来,日本企业家所运用的儒家管理思想有几个方面:一是"仁者,爱人",特别强调突出对人的管理和利用,最大限度地激发员工对企业的向心力,形成忠孝心理。使职员们从工作中获得精神与心理的归属感。以此从内在去调动员工工作的积极性和自觉性。二是"和气生财",就是在企业的运作过程中讲究天和、地和、人和、和谐的环境、和谐的程序、和谐的人际关系等。从而以"和"求"群",获得工作必备的职位感和责任心;三是"诚心诚意",诚信是整个企业所有对外关系的信条,不仅企业内部各方面都讲诚信,对外更是讲究信誉,以诚待人,获得社会消费者的认可,保证企业生产常盛不衰。当然各个企业在运作过程中具体方式方法也各不相同,但基本精神则大体一致。

正是看到了儒家管理思想在具体管理中的价值和意义,所以日本是海外较早专门研究儒家管理思想的国家。在涩泽荣一之后,很快用现代管理观点解说《论语》的著作就出版了几十部,其中如《指导者之书·论语》、《袖珍论语》、《论语处世训》等。当然这其中最为流行的还是《论语加算盘》一书。除此而外一些管理学者则从不同的角度对儒家管理思想进行具体解说,如伊藤肇在《东方人的经营智慧》一书中列举日本企业如何把中国儒家经典中的"管理国家、百官、人民的要谛"运用于实践中,所论也较为深刻。

韩国和新加坡也是20世纪受惠于儒家管理思想较多的国家。朝鲜半岛早在李朝时代就把儒教定为国教。后逐渐积淀为民族文化的主体部分,从而形成了韩国朝鲜民族勤勉、执着、坚韧、特别讲究礼义的民族传统。在借鉴儒家管理思想方面主要是讲究集体团队精神、工作的秩序性、谐调性、诚信为人工作、以关怀天下为己任、不计个人得失等，在更大的方面则崇尚自强、自立、自主、自尊、自爱。以高尚人格精神去从事经济和其他各项工作。韩国的儒家管理思想研究要相对晚些，如1980年《新东亚杂志》编辑部曾对中国100多部古代作品进行专门介绍，以增加国人对儒家经典及思想内容的了解，至90年代后专门性的研究著作不断涌现，如釜山大学日本研究所所长金日坤教授所著的《儒教文化圈的伦理秩序与经济》一书，对儒家管理思想对韩国经济管理，特别是文化观念层面的影响作了较为深刻的分析，指出韩国人受儒教影响而形成的伦理观念，如热爱国家、重视集体、勤劳朴实、发奋图强等精神，发挥了类似欧洲古典学派所说的新教资本主义精神的作用。另外如1993年11月《汉城经济新闻》所发表的《儒教文化对韩国经济的贡献》，也从儒家集体主义的角度深刻分析了儒教对整个韩国乃至东方经济模式的重要意义。

　　新加坡自70年代方才进入"新兴工业国"，由于新加坡多为华人后裔，儒家精神是他们的基本传统观念，正是靠了他们的勤劳俭朴、安分守己、敬老爱幼，有强烈的家庭观念和集体意识，吃苦耐劳，终于披荆斩棘，在借鉴西方科学技术的基础上，不仅取得了个人事业的成功，也推动整个国家进入了工业发达国家行列，为"亚洲四小龙"之一。所以正是在此种社会文化基础上，新加坡在工业化的进程中特别注重儒家传统理论的研究和普及教育，早在70年代，李光耀总理在"教师联合会第二十六周年纪念会"上提出维护儒家传统道德。70年代后期决定在中学开设《儒家伦理课程》，"希望通过孔子学说与儒家伦理的灌输，能帮助下一代在品格与性格方面都有健全的发展"。除了部分学者进行理论研究探讨，撰写专门的文章予以表彰鼓励以外，新加坡主要是在社会管理的各个部门环节由政府统一组织推行儒家思想教育与践行，以此来强化社会传统优良道德建设，回应西方各种颓废、享乐等文化的浸染。

　　除了日本、韩国、新加坡这些运用儒家管理思想的经典范例以外,受他们的影响,东南亚的泰国、马来西亚、印尼、越南等国及香港、台湾地区 20 世纪末期也纷纷加入到借鉴儒家管理思想兴国兴业,稳定社会政治局面,发展经济的行列中来,越南的何叔明曾撰文《孔子的人道主义》,评述孔子儒家思想的现代意义。如印尼拉西约撰《儒教在印尼》(《儒学与 21 世纪》,华夏出版社 1996 年第 1版,第 1012 页)、陈克兴所撰《简论儒学的宗教性》(《儒学与 21 世纪》,华夏出版社 1996 年第 1 版,第 1017 页)、哈克苏·T·T·茵哥所撰《神性之信仰乃儒学伦理道德之精髓》(《儒学与 21 世纪》,华夏出版社 1996 年第 1 版,第 1015 页)等文专门评述儒家思想在印尼社会中的作用意义。这其中就儒家管理思想的学术研究而言,台湾和港澳地区取得的成绩最为突出。台湾关于儒家管理思想的研究始于七八十年代之交,主要人物有成中英教授和曾仕强教授等,主要成果汇编于杨国枢和曾仕强主编的《中国人的管理观》一书中。其中成中英《建立中国的管理哲学》一文,从管理和哲学两个方面,认为中国传统哲学中的重视整体,强调相互关系协调,突出平衡和谐的观念,讲究合一、合德、无碍、圆融等理念,不但可以作为现代管理科学的哲学基础,也是管理自身的重要理论内涵。曾仕强《中国管理哲学精义》明确提出:"所谓《大学》之道,实际就是管理之道。""中国的管理哲学,就是《大学》以经之,《中庸》以纬之。"谢长宏和方清辉《论语显示之儒家思想理念》,力图从《论语》出发,构建一个现代管理的基本框架,从而使儒家的管理理念成为现代管理知识的一部分。专著方面比较有代表性的是曾仕强的《中国管理哲学》和蔡麟笔的《我国管理哲学与艺术之演进和发展》。两书分别就中华主体文化儒家的基本思想精神如何转换为现代管理理念,构建管理思想体系做了深入分析。特别是蔡麟岂在其著作后面附有一篇长文《成功领导的不渝原则——儒家哲学与近代行政理论》,认为"儒家中若干言论,实较近代行政理论,尤为精髓"。把儒家管理思想在现代社会中的价值作了极致性的评价和发挥。在港澳方面,香港中文大学施达郎的《儒家伦理与权威管理》,倒是比较冷静和客观,特别对权威管理中缺乏法治精神,认为这容易导致从心所欲而逾矩。香港孔教学院的汤恩情在其《儒家道宜于普及于庶民》和宋梦昙《儒学与精神文明建设》等文章中极力推崇孔教。总之台湾和港澳地区的理论界和实业界对儒家传统管理思想的研究和使用相对来说比较系统,具有很强的实用性。只是个别评价过高不足取。

　　西方社会关于儒家社会管理思想的介绍评价。较早有1920年德国的韦伯,其《儒教与道》一书,从西方资本主义兴起于新教这一社会逻辑出发,认为儒家伦理思想是抑制资本主义发生的文化因素。后来,列文森的《儒教的中国及其近代命运》一文也对儒学观价值作了否定性的评价。由他们引发了长时间关于儒家社会管理思想现代意义的大讨论。如社会学家伯格,美国哥伦比亚大学副校长狄百瑞等都曾著文予以反驳。除此而外便是散见于各种管理思想史的研究著作中的评述。如美国管理思想史专家小乔治在其《管理思想史》(1972)一书中,援引部分史料,认为"中国人在三千年以前的一些概念已带有当代管理的声调:组织、职能、协作、提高效率程序以及各种控制技术"。美国管理思想史专家雷恩在《管理思想的演变》(1979)一书中,援引沃特豪斯《孔子论文与组织》(载美国《管理学杂志》1972年9月号)一文中的材料,指出孔子哲学主张培养和提高道德品质,以实现合作。这与法家的社会组织管理思想有很大的差异。英国剑桥大学客座教授,加拿大管理哲学家霍金森在《领导哲学》一书中认为儒家讲究文化传统和伦理秩序,保持了人类的尊严。具有极大的社会价值意义。

　　近几年澳大利亚也逐渐成为儒家管理思想研究的新军,如

1988年出版的李瑞智、黎华伦合著的《儒学的复兴》一书,从历史的、现实的、东亚经济分析、中国的改革、西方文化秩序等多个方面,对儒家社会思想进行论述,堪称一部国外研究儒学的力作。另外如里格·里特《面对儒家地球村的西方策略》(《儒学与21世纪》,华夏出版社1996年第1版,第955页)等从国家文化选择和政策制定,国际关系设定等多个方面透视了儒家社会管理思想的人类内涵及现代精神。表现出澳大利亚对儒学的当代关注及借鉴引用的积极心理。

伴随着中华民族艰难曲折的探索与奋斗,儒家传统管理思想研究运用在与西方先进的科技文化,与各种各样的思想理论,与不同的社会制度的碰撞交汇中度过了百年,应当说,这是儒家传统管理思想不断深入开掘发现的百年,也是予以转换提升的百年,尽管由于种种历史原因和条件限制,我们至今还没有形成条理、科学、系统的认识,没有构建出儒家独特的社会管理思想理论体系,特别在与西方社会科学理念的对接和现实具体运用方面还有许多有待澄清、深究的问题,但是作为一种民族原初存在的思想深质,作为一种社会悠久的本体文化思想,其对于百年来中华民族复兴与发展所起的作用,更应予以高度评价,可以说百年儒家管理思想的研究和实验,不仅是中国社会不断进步的理论基础之一,同时也是我国21世纪进入小康社会必须的思想精神力量。

礼 运 注 叙

康有为

　　大漠也，钜海也，泛之而无涯，行之而无途，杳杳茫茫，人之迷方，失路以悲，漂泊可伤者皆是也。浩乎孔子之道，荡荡则天，六通四辟，其运无乎不在。然以其旷博浩溔，举二千五百年之绵蒧，合四万万人民之繁众，并日本、高丽、安南之同文，立于学官，著为国教，诵之读之，尊之服之，而苍苍无正色，渺渺无终极，欲实为孔子之至道也，莫可得而指也。人好其私说，家修其旧习，以多互证，以久相蔽，以小自珍。始误于荀学之拘陋，中乱于刘歆之伪谬，末割于朱子之偏安。于是素王之大道，暗而不明，郁而不发，令二千年之中国，安于小康，不得蒙大同之泽。耗矣哀哉！

　　予小子六岁而受经，十二岁而尽读周世孔氏之遗文，乃受经说及宋儒先之言。二十七岁而尽读汉、魏、六朝、唐、宋、明及国朝人传注考据义理之说，所以考求孔子之道者，既博而勼矣。始循宋人之途辙，炯炯乎自以为得之矣，既悟孔子不如是之拘且隘也。继遵汉人之门径，纷纷乎自以为践之矣，既悟其不如是之碎且乱也。苟止于是乎，孔子其圣而不神矣。既乃离经之繁而求之史，凡数千年国家风俗治乱之故，若是与孔教相因而进退者，得之于战国、秦、汉之间。东汉为美矣，以为未足尽孔子之道也。

　　既乃去古学之伪而求之今文学，凡齐、鲁、韩之《诗》，欧阳、大、小夏侯之《书》，孟、焦、京之《易》，大、小戴之《礼》，公羊、穀梁之《春秋》，而得《易》之阴阳之变，《春秋》三世之义，曰：孔子之道大，虽不可尽见，而庶几窥其藩矣，惜其弥深太漫，不得数言而赅大道之要也！乃尽舍传说而求之经文。读至《礼运》，乃浩然而叹曰：孔子三世之变，大道之真在是矣。大同小康之道，发之明而别之精，古今进化之故，神圣悯世之深在是矣。相时而推施，并行而不悖，时圣之变通尽利在是矣。是书也，孔氏之微言真传，万国之无上宝典，而天下群生之起死神方哉！天爱群生，赖以不泯，列圣呵护，幸以流传二千五百年，至予小子而鸿宝发见，辟新地以殖人民，揭明月以照修夜，以仁济天下，将纳大地生人于大同之域，令孔子之道大放光明，岂不异哉！

康有为乃猎缨敷衽而正言曰：吾中国二千年来，凡汉、唐、宋、明，不别其治乱兴衰，总总皆小康之世也。凡中国二千年儒先所言，自荀卿、刘歆、朱子之说所言，不别其真伪精粗美恶，总总皆小康之道也。其故则以群经诸传所发明，皆三代之道，亦不离乎小康故也。夫孔子哀生民之艰，拯斯人之溺，深心厚望，私欲高怀，其注于大同也至矣。但以生当乱世，道难躐等，虽默想太平，世犹未升，乱犹未拨，不能不盈科及进，循序而行，故此篇余论及他经所明，多为小康之论而寡发大同之道，亦所谓知其不可而为之者耶！若其发礼意之本，极天人之故，抑可以掸先圣制作之意焉。

幼孩不能离襁褓，蒙学不能去严师。害饥渴者，当醉饱以济其虚，不能遽与八珍；病伤寒者，当涤荡以去其邪，不能遽投参术。乱次以济，无翼以飞，其害更甚矣。若子弟成人，尚必服以襁褓；寒邪尽去，尚不补以参苓。泥守旧方而不知变，永因旧历而不更新，非徒不适于时用，其害且足以死人。今者中国已小康矣，而不求进化，泥守旧方，是失孔子之意而大悖其道也，甚非所以安天下，乐群生也，甚非所以崇孔子，同大地也。且孔子之神圣，为人道之进化，岂止大同而已哉？《庄子》建德之国，《列子》甑瓿之山，凡至人之所思,固不可测矣,而况孔子乎! 圣人之治,如大医然,但因病而发药耳。病无穷而方亦无穷。大同小康,不过神人之一二方哉! 窃哀今世之病,搜得孔子旧方,不揣愚妄,窃用发明,公诸天下,庶几中国有瘳,而大地群生俱起乎! 其诸好学高识之君子有以正之。孔子二千四百三十五年,即光绪十年甲申冬至日,康有为叙。

(选自《中国文化精华全集·哲学卷》(三)
中国国际广播出版社 1992 年 3 月第一版)

康有为,初名祖诒,字广夏,号长素,广东南海人。近代著名政治家、学者。一生著述颇丰,有《广艺舟双楫》、《新学伪经考》、《孟子微》、《孔子改制考》、《大同书》等。

作为一代学宗,他秉承中国传统思想,持守以古开新的学术思路,尤其是晚期重新回归儒家学说。对中国传统儒家管理思想多所继承,如"大同"思想的设计和理论基础无不出自孔儒、其所倡行之改制也无不以孔子学说为衣钵,特别是重教化以兴国运民生,从多个方面对儒家管理思想作了近代性的阐释。对近代以来中国社会政治、经济、文化、教育诸项管理思想理论的形成产生了较大影响。《礼运注叙》诸文正是其对儒家社会管理治国理民思想的具体阐发和推行,以"大同""小康"为其理想设计,站在近代高度,欲以更新的"大同""小康"之境界,以新其道,以治其民,表现出较强的继儒而进的思想思维。

20 世纪儒学研究大系

礼 运 注（节选）

康有为

孔子曰：大道之行也，与三代之英，丘未之逮也，而有志焉。大道之行也，天下为公，选贤与能，讲信修睦。故人不独亲其亲，不独子其子。使老有所终，壮有所用，幼有所长，矜寡孤独废疾者皆有所养。男有分，女有归。货恶其弃于地也，不必藏于己；力恶其不出于身也，不必为己。是故谋闭而不兴，盗窃乱贼而不作，故外户而不闭。是谓大同。

大道者何？人理至公，太平世大同之道也。三代之英，升平世小康之道也。孔子生据乱世，而志则常在太平世，必进化至大同，乃孚素志，至不得已亦为小康，亦皆不逮，此所由顾生民而兴衰也。

天下为公，选贤与能者，官天下也。夫天下国家者，为天下国家之人公共同有之器，非一人一家所得私有，当合大家公选贤能以任其职，不得世传其子孙兄弟也。此君臣之公理也。

讲信修睦者，国之与国际，人之与人交，皆平等自立，不相侵犯，但互立和约而信守之，于时立义，和亲康睦，只有无诈无虞戒争戒杀而已，不必立万法矣。此朋友有信之公理也。

父母固人所至亲，子者固人所至爱，然但自亲其亲，自爱其子，而不爱人之亲，不爱人之子，则天下人之贫贱愚不肖者，老幼矜寡孤独废疾者，皆困苦颠连失所教养矣。夫人类不平则教化不均，风俗不美则人种不良，此为莫大之害，即中于大众而共受之。且人人何能自保不为老幼矜寡孤独废疾乎？专待之于私亲而无可恃也，不如待之于公而必可恃也。故公世人人分其仰事俯畜之物产财力以为公产，以养老慈幼，恤贫医疾，惟用壮者，则人人无复有老病孤贫之忧，俗美种良，进化益上。此父子之公理也。

分者限也，男子虽强，而各有权限，不得逾越；峍者巍也，女子虽弱，而巍然自立，不得陵抑，各立和约而共守之。此夫妇之公理也。

更有二禁，世有公产，则巧者仰人之养而不谋农工之业，惰者乐人之用而不出手足之力，以公成其私而以私坏公，则大道隳矣。故不作业不出力之人，公众所恶。然将已刑措，但恶之以示不齿，而人耸劝矣。然化俗久美，传种改良，人人自能去私而为公，不专己而爱人，故多能分货以归之公，出力以助于人。然人之恒言曰天下国家身，此古昔之小道也。夫有国有家有己，则各有其界而自私之，其害公理而阻进化甚矣。惟天为生人之本，人人皆天所生而直隶焉，凡隶天之下者皆公之。故不独不得立国界，以至强弱相争，并不得有家界，以至亲爱不广，且不得有身界，以至货力自为。故只有天下为公，一切皆本公理而已。

公者，人人如一之谓，无贵贱之分，无贫富之等，无人种之殊，无男女之异。分等殊异，此狭隘之小道也。平等公同，此广大之道也。无所谓君，无所谓国，人人皆教养于公产而不恃私产，人人即多私产，亦当分之于公产焉，则人无所用其私，何必为权术诈谋以害信义，更何肯为次窃乱贼以损身名，非徒无此人，亦复无此思。内外为一，无所防虞，故外户不闭，不知兵革。此大同之道，太平之世行之。惟人人皆公，人人皆平，故能与人大同也。

（选自《中国文化精华全集·哲学卷》（三）

中国国际广播出版社 1992 年 3 月第一版）

　　本节《礼运注》通过对孔子大同社会理想的具体解说,联系近代社会实际、尤其从民主维新思想出发,做了全新理念阐析,从而把孔子的社会政教学说,做为社会新管理理论的依据,揭示出中国近代社会管理思想形成以古为新的时代特点。

孟 子 微（节选）

康有为

同 民 第 十

……

万章曰："尧以天下与舜，有诸？"

孟子曰："否。天子不能以天下与人。"

"然则舜有天下也，孰与之？"

曰："天与之。"

"天与之者，谆谆然命之乎？"

曰："否。天不言，以行与事示之而已矣。"

曰："以行与事示之者，如之何？"

曰："天子能荐人于天，不能使天与之天下；诸侯能荐人于天子，不能使天子与之诸侯；大夫能荐人于诸侯，不能使诸侯与之大夫。昔者尧荐舜于天而天受之；暴之于民而民受之。故曰，天不言，以行与事示之而已矣。"

曰："敢问荐之于天而天受之，暴之于民而民受之，如何？"

曰："使之主祭而百神享之，是天受之；使之主事而事治，百姓安之，是民受之也。天与之，人与之，故曰天子不能以天下与人。

"舜相尧，二十有八载，非人之所能为也，天也。尧崩，三年之丧毕，舜避尧之子于南河之南。天下诸侯朝觐者不之尧之子而之舜;讼狱者不之尧之子而之舜;讴歌者不讴歌尧之子而讴歌舜,故曰天也。夫然后之中国,践天子位焉。而居尧之宫,逼尧之子,是篡也,非天与也。

《泰誓》曰:'天视自我民视,天听自我民听。'此之谓也。"

此明民主之义。民主不能以国授人,当听人之公举。《记》《礼运》所谓:"大道之行,天下为公,选贤与能也。"朝觐、讴歌、讼狱所归者,天下归往谓之王。民之所归,即天之所与也。故《书》曰:"灵承于帝","灵承于旅","三人占则从二人"。讴歌、朝觐同,则归多者得举。不之者,言少耳。以民情验天心,以公举定大位,此乃孟子特义,托尧舜以明之。……

万章问曰:"人有言:'至于禹而德衰,不传于贤而传于子。'有诸?"

孟子曰:"否,不然也。天与贤,则与贤;天与子,则与子。昔者舜荐禹于天,十有七年,舜崩,三年之丧毕,禹避舜之子于阳城,天下之民从之,若尧崩之后,不从尧之子而从舜也。禹荐益于天,七年,禹崩,三年之丧毕,益避禹之子于箕山之阴。朝觐讼狱者,不之益而之启,曰'吾君之子也。'讴歌者,不讴歌益而讴歌启,曰:'吾君之子也。'

"丹朱之不肖,舜之子亦不肖。舜之相尧,禹之相舜也,历年多,施泽于民久。启贤,能敬承继禹之道。益之相禹也,历年少,施泽于民未久。舜、禹、益相去久远,其子之贤不肖,皆天也,非人之所能为也。莫之为而为者,天也;莫之致而至者,命也。

"匹夫而有天下者,德必若舜禹,而又有天子荐之者,故仲尼不有天下。继世以有天下,天之所废,必若桀纣者也,故益、伊尹、周公不有天下。

"伊尹相汤以王于天下。汤崩,太丁未立,外丙二年,仲壬四年。太甲颠覆汤之典刑,伊尹放之于桐三年。太甲悔过,自怨自艾,于桐处仁迁义,三年,以听伊尹之训己也,复归于亳。

　　"周公之不有天下,犹益之于夏,伊尹之于殷也。

　　"孔子曰:'唐虞禅,夏后、殷、周继,其义一也。'"

　　此明君民共主之义。民思贤主,则立其子,如法之再立罅礼拿破仑第三也。或民主,或君主,皆因民情所推戴而为天命所归依,不能强也。乱世、升平世、太平世皆有时命运遇,不能强致。大义则专为国民,若其因时选革,或民主,或君主,或君民共主,迭为变迁,皆必有之义而不能少者也,即如今大地中三法并存,大约据乱世尚君主,升平世尚君民共主,太平世尚民主矣。此孟子遍论三世立主之义,其法虽不同,而其因世得宜则一也。

　　　　　　　　(选自《中国文化精华全集·哲学卷》(三)
　　　　　　中国国际广播出版社 1992 年 3 月第一版)

　　本节选自《孟子微》,通过分析君主更叠之理,指出社政管理君、天、民三者之间,民为主体之重要,要想达于升平之世,必须尚民主。康氏取一贯主张借古论今笔法,释孟子为之新意叠出。

论君政民政相嬗之理（节选）

梁启超

博矣哉,《春秋》张三世之义也！治天下者有三世:一曰多君为政之世,二曰一君为政之世,三曰民为政之世。多君世之别又有二:一曰酋长之世,二曰封建及世卿之世。一君世之别又有二:一曰君主之世,二曰君民共主之世。民政世之别亦有二:一曰有总统之世,二曰无总统之世。多君者,据乱世之政也;一君者,升平世之政也;民者,太平世之政也。此三世六别者,与地球始有人类以来之年限有相关之理,未及其世,不能躐之,既及其世,不能阏之。

酋长之世,起于何也？人类初战物而胜之,然而未有舆骑舟楫之利,一山一川一林一泽之隔,则不能相通也。于是乎划然命为一国,其黠者或强有力者即从而君之。故老子曰:"古者邻国相望,鸡犬之声相闻,其民老死不相往来。"禹会诸侯于涂山,执玉帛者万国,彼禹域之大,未及今日之半也,而为国者万,斯盖酋长之世也。

今之蒙古也,回疆也,苗也,黎也,生番也,土司也,非洲也,南洋也,墨洲、澳洲之土人也,皆吾夏后氏以前之世界也。凡酋长之世,战斗最多,何也？其地隔,故其民不相习,而其情不相加,以凡有血气皆有争心,故相戕无已时也。封建世既有一天子以统众诸侯矣,而犹命为多君,何也？封建者,天子与诸侯俱据土而治,有不纯臣之义(见《公羊》何注),观于《周礼》只治畿内,春秋战国诸侯各自为政,可以见封建世之俗矣。其时诸侯与天子同有无限之权,故谓之多君；封建亦一大酋长耳，其相戕亦惨，其战斗亦多。

世卿亦谓之多君，何也？《礼·丧服传》："公士大夫之众臣为其君，《传》曰：'君，谓有地者也。'"盖古者凡有采地皆称君，而仕于其邑，居隶其地者，皆为之民，其待之也亦得有无限之权，故亦谓之多君。世卿之国，亦多战斗，如鲁之季孙氏、郈氏，晋之韩、魏、范、中行氏皆是也。故世卿亦可谓之小封建。

凡多君之世，其民皆极苦，争城争地，糜烂以战，无论矣；彼其为君者，又必穷奢极暴，赋敛之苛，徭役之苦，刑罚之刻，皆不可思议。观于汉之诸侯王及今之土司，犹可得其概矣。孔子作《春秋》，将以救民也，故立为大一统、讥世卿二义，此二者，所以变多君而为一君也。变多君而为一君，谓之小康。昔者秦、楚、吴、越相仇相杀，流血者不知几千万人也，问今有陕人与湘人争强，苏人与浙人搆怨者乎？无有也。昔之相仇相杀者，皆两君为之也，无有君，无有国，复归于一，则与民休息，此大一统之效也。世卿之世，苟非贵胄不得位卿孤，既讥世卿，乃立选举，但使经明行修，虽蓬荜之士，可以与闻天下事，如是则贤才众多，而天下事有所赖，此讥世卿之效也。

虽然，当其变也，盖亦难矣。秦汉以后，奉《春秋》为经世之学，亦既大一统矣。然汉初之吴楚七国乱之，汉末以州牧乱之，晋之八王乱之，唐之藩镇乱之，乃至明之燕王宸濠，此害犹未获息。越二千年，直至我朝，定宗室自亲王以下至奉恩将军凡九等，功臣自一等公以下至恩骑尉凡二十六等，悉用汉关内侯之制，无分土，无分民，而封建之多君始废。汉氏虽定选举之制，而魏晋九品中正，寒门贵族，界限画然，此犹微有世卿之意焉。

虽然，吾中国二千年免于多君之害者，抑已多矣，皆食素王之赐也。凡变多君而为一君者，其国必骤强。昔美之三十七邦也，德之二十五邦也，意之二十四邦也，日本之九十二诸侯也，当其未合也,彼数国者曾不克自列于地球也,其既合也,乃各雄长于三洲。何也?彼昔者方罢敝其民以相争之不暇,自斫其元气,耗其财力,以各供其君之私欲,合而一之,乃免此难,此一君世之所以为小康也。而惜乎诸国用《春秋》之义太晚,百年前之糜烂,良可哀也!世卿之多君,地球各国,自中土以外,罕有能变者。日本受毒最久,藤原以后,政柄下移,大将军诸侯王之权,过于天皇,直至明治维新,凡千余年,乃始克革。今俄之皇族,世在要津,英之世爵,主持上议院,乃至法人既变民政,而前朝爵胄犹潜滋暗窥,渐移国权,盖甚矣变之之难也!

封建世卿之与奴隶,其事相因也。举天下之地而畀诸诸侯,则凡居其地者莫敢不为臣;举天下之田而聚诸贵族,则凡耕其田者莫敢不为隶。故多君之世,其民必分为数等,而奴隶遍于天下。孔子之制,则自天子以外,士农工商(天子之元子犹士也)编为四民,各授百亩,咸得自主。《六经》不言有奴隶(《周礼》有之者,非孔子所定之制),汉世累诏放奴婢,行孔子之制也。后世此议不讲,至今日而满蒙尚有包衣望族,达官尚有世仆,盖犹多君世之旧习焉。西方则俄国之田尚悉归贵族掌辖,法国之田悉为教士及世爵公产,凡齐民之欲耕者不得不佃其田,而佃其田者不得不为之役,自余诸国,亦多类是。日本分人为数等之风尤盛,乃至有秽多、非人等名号,凡列此者,不齿人类,而南北美至以贩奴一事,搆兵垂十年,此皆多君世之弊政也,今殆将悉革矣,此亦《春秋》施及蛮貊之异端也(余别有《孔制禁用奴婢考》)。

(选自《中国文化精华全集·哲学卷》(三)
中国国际广播出版社 1992 年 3 月第一版)

梁启超,字卓如,号任公,又号饮冰室主人,广东新会人,近代著名思想家、学者。平生著述宏富，主要有《饮冰室文集》、《中国历史研究法》、《墨子学案》、《先秦政治思想史》、《近三百年来学术史》等。

　　作为一代学术精英，梁启超大兴革命思想，力主借鉴历史传统精华，充实改易近代社会。在《论君政民政相嬗之理》一文中，从社会管理理论出发，既肯定中国几千年的一君主政的君主制，孔子所定之制，所设小康大同之理，又倡行从君政到民政之变革，继承儒家政体管理思想又做了新的发挥与拓展，被奉为一代社会改革的思想旗帜。

治道和治世

梁漱溟

当此社会构造形成,其形势信有如上文所借用之古语:"自天子以至于庶人,一是皆以修身为本"。士人不过是从乎其形势上之必要,而各为之指点提醒。天子果能应于此必要,而尽他兢兢业业以自维持其运祚之道;士农工商四民亦各能在其伦理上自尽其道,在职业上自奔前程。那确乎谁亦不碍谁的事,互相配合起来,社会构造见其妙用,一切关系良好,就成了治世,此治世有西洋中古社会以至近代社会所不能比之宽舒自由安静幸福。反之,天子而不能应此必要,以自尽其道,四民亦不能,那天子便碍了庶人的事,庶人亦碍了天子的事,种种方面互相妨碍。于是社会构造失其妙用,关系破裂,就成了乱世。此乱世,迫害杂来,纷扰骚乱,不同于阶级革命有其一定之要求方向,及其划然之壁垒分别。"治世""乱世"是我们旧有名词,用在中国历史上切当的。于西洋历史却显然不洽。本章和上几章所说的,社会构造如何,社会秩序如何(特如说社会秩序自尔维持),即是说它的治道和治世之情形。至于乱世及其所以乱者,则将在下章言之。治世和乱世亦只是相对的,难于截然划开。然治道得显其用,以成治业,或治道浸衰而入乱世,其一进一退之间,有心人未尝不觉察分明。

所谓治道何指呢? 放宽说,即指此全部社会构造(特殊政治制度在内),及一切所以维系而运用之者。简单扼要说,则"修身为本"(或向里用力之人生)一句话,亦未尝不可以尽之。而语其根本,则在人类的理性。因为这一切不外当初启发了一点理性,在处处为事实所限之中,勉强发展出来的规模条理,还待理性时时充实它,而后它才有生命。再则,我们径不妨说,此治道即是孔子之道。试看它在过去之得以显其用,而成治世者,不都是靠孔子之徒——士人——在那里作功夫吗?

论起来,具体的礼俗制度为一时一地之产物,极有其时代性和地域性,似不能径以孔子所不及知之后世制作,属诸孔子。况且近二千余年局面之开出在秦,而坏封建以开新局者,明明是战国时那些功利派,那些法家之所为,何曾是儒家? 相反地,儒家之王道思想迂缓作风,从商鞅变法一直到秦并天下,原是被抛弃的。然须知秦运短促正在于此。就在一般对秦诅咒之下而汉兴,汉兴,惩秦之弊,不能不资乎黄老清静儒术敦厚以为治。当时思潮和风气,亦早从战国时之倾向而翻转过来。到汉武帝黜百家而崇儒术,只不过把它又明朗化而已。儒术自汉而定于一尊,成为中国思想之正统,汉室运祚亦以此绵远,不同于秦。是故开出此大一统之局者,不是儒家,而稳定此大一统之局者,则是儒家。事情虽不自它发之,却待它来收功。此后二千年便再不能舍儒者和儒术而求治①。夏曾佑先生在其《中国古代史》上说:"孔子一身,直为中国政教之原,中国历史,孔子一人之历史而已。"好像言之太过,却亦不是随便乱道。

----

① 关于此点,陈顾远《中国法制史》有足资参考者:(一)原书第54页,论儒家思想支配中国,数千年为治之道,终莫能有外。中国法制当然经其化成。中国法系所以独异于人者,即因儒家思想在世界学术上别具丰采所致。(二)原书第29页,论中国法制之最大变动有四:秦商鞅、汉王莽、宋王安石、清康有为等。但法虽变,其间成败所关之一中心势力(儒家)未变。

事情自然没有那样简单。旁人可以诘问:汉初法制率因于秦,而思想作风又取黄老,岂得以一儒家概之?二千多年历史不须细数,总之应该说,儒家、道家、法家(甚至还要加上佛家)杂糅并存,方合乎事实。须知这其间原有一大矛盾在:儒家奔赴理想,而法家则依据于现实。理想上,人与人之间最好一于理而不以力。这末后,原是可以有此一天的。但理想达到之前,却总不免力量决定一切,此即谓之现实。儒家总要唤起人类理性,中国社会因之走入伦理,而远于集团,仿佛有舍力用理之可能。于是他更不肯放弃其理想。但在现实上,力固不能废,而且用来最有效。法家有见于此,如何不有他的一套主张。不独在战国角力之世,他最当时,天下一统之后,中国尽管不像国家,政刑亦还是有其必要。二千年来儒家法家相济为用,自属当然。至道家,又不过介于其间的一种和缓调剂作用。单纯道家,单纯法家,乃至单纯儒家,只可于思想上见之,实际政治上都不存在。按之历史,他们多半是一张一弛,一宾一主,递换而不常。然其间儒家自是居于根本地位,以摄取其余二者。不止实际政治如此,即在政治思想上亦复如此。此无他,就为此时中国已是融国家于社会,自必摄法律于礼俗也。近二千年儒家之地位,完全决定于此社会构造社会秩序逐渐形成之时,不是汉儒们所能争取得来,更不是任何一个皇帝一经他主张,便能从此确定不移的。

说到这里,我们便可以解答这一问题:为什么西洋在中古基督教天下之后,出现了近代民族国家,而中国却总介乎天下与国家之间,二千年如一日呢?此问题之被觉察而提出,是最近之事。在发问者,是把民族国家认作进步的东西,歉恨于中国之未成国家,而亟问其几时才得成一个国家。究竟孰为进步,不忙较量,我们且把中西作一对照:

(一)西欧(欧洲的大半部)当中古时,藉着基督教和拉丁文,形成一种文化统一的大单位,与中国当汉以后统一于孔子的伦理教化和中国文字,颇可相比。

(二)中国人意识上,仿佛知有天下而不知有国家。当时西洋人在他们文化统一的大单位内,恰亦同我们一样。像近代国家之政治的统一,和近代人之国家观念,尚未形成,而当时封建的各政治单位,原都被笼罩的文化统一的大单位下也。

(三)当时基督教会,上从罗马教廷下至各教区,不唯时常干预各政治单位的事,抑且其自身构成一大组织系统,亦仿佛就是一种统治。所以其统一是文化的,而又不仅止于文化。中国在一面是文化统一的大单位时,一面亦常常就是政治统一的大单位。即以天下而兼国家。

(四)但此基督教文化的统一,卒告分裂,而出现了近代西洋各民族国家。于是国家观念乃代天下观念而兴。人们不再统一于文化,而各求其政治之统一。这在中国却不同了。中国之文化统一始终没发生问题,因此亦就始终不改其天下观念。政治上即有时陷于分裂,总看作非正常。如西洋"各求其政治统一"者,曾未有之。

于是就要追问:为什么西洋基督教文化的统一,不免于分裂,而中国文化的统一却二千年如一日呢?此其故,约言之有五点:

(一)凡古代宗教所不能免之神话迷信独断固执,基督教都有。当人的知识日进,头脑日见明利,其信仰自必动摇失坠。儒家本非宗教,完全信赖人类自己,而务为理性之启发,固宜无问题也。

(二)中古以前,基督教出世倾向特著,一旦人们由禁欲思想翻转到逐求现世幸福之近代人生,其何能不有变动分裂发生?然在孔子自始即以郑重现世人生为教,便又没有这问题。

(三)儒家本非宗教,所以无所谓在教与否,亦没有教会之组织机构,其统一不在形式上。基督教与此相反。它有组织,便有分裂,它有形式,便有破坏。而此无拘束无形式的东西却分裂无从分裂起,破坏无从破坏起。

(四)引发西洋之宗教革命的,实为其教会教廷之腐化堕落。在事实上,这一点影响最大,假如没有这一点,则前三点可能不暴露其短。而在中国却又不发生这问题。

(五)当时拉丁文全是藉着基督教会而得通行,为其文化统一形成之一助。然只是通行在上层,于一般人不亲切,不实际。及至宗教革命,肯定了现世人生,人们兴味态度大变,各种语文及其文学,随而抬头。民族自觉自此发生,民族感情由此浓厚。作为精神维系之中心的,就不再是出世宗教,而转移到民族国家。拉丁文字亦随之代谢。文化统一的大单位,至此乃分裂为好多政治统一的小单位。然中国自有所谓“书同文、车同轨、行同伦”以来,全国文字却始终统一。此盖由中国文字以形体符号为主,不由拼音而成。尽管各地方音不同,而不碍文字之统一。尽管古今字体音韵有些改变,隔阂亦不大。其结果,且可使此文化统一的宽度继续加宽(推广到邻邦外族亦用中国文字),深度继续加深(文学情趣、历史记忆、礼俗传习,皆濡染益深)。分裂问题不止未曾有过,恐怕是永不会发生。

今天除蒙古西藏和一些未曾汉化之回族,只是在中国这个政治的大单位内,还没有融合到文化的大单位里,暂时不说外,其余可说早已融合为一体,而不可分了。秦汉是此融合统一之初果,先秦战国还正在费力以求融合之时。中国之文化统一的大单位,原出现于各个政治统一的小单位之后,原是由分而合的。即我们战国七雄,正相当于西洋近代国家之所谓列强。可注意的是:我们由分而合,他们却由合而分。我们从政治到文化,他们却从文化到政治。我们从国家进为天下,他们却从天下转回国家。

这种相反,正为这种相比原不十分相合之故。不合之一根本点,就在以孔子伦理比基督教。二者所以被取来相比,盖为其对于人群同有指导人生价值判断之功用,各居于一文化中心而为之主。又同样标举理想,而放眼到世界(天下观念本此)。但他们本质不同:其一指向于个人道德,其一却是集团的宗教。虽同可以造成社会秩序,而一则启发其心,一则偏乎外铄,深浅迥异。基督教天下之出现,若从其创教说起,真不知经过多少流血斗争。盖凡宗教信仰,信其一为真,则其余必假。是以"基督教不以建立其自身之祭坛为满足,必进而摧毁异教之祭坛"。但儒家在中国之定于一尊,却由时势推移,慢慢演成,及其揭晓,不过轻描淡写之一笔。如史书所载:

　　(汉武帝)建元元年丞相(赵)绾奏:所举贤良或治申、商、韩非、苏秦、张仪之言,乱国政,请皆罢。奏可。

　　这只是朝廷取士不复用百家言而已,没有什么了不起。到后世仿佛变成了宗教一样,则又经过好多年代,渐渐而来的。试问似此浸润深入以渐达于文化统一,岂是他处所有? 又谁能分裂它?

　　且基督教之在西洋,更有不同乎儒家之在中国者。中国文化是一元的,孔子述古,即已集大成。西洋文化渊源有二。希伯来宗教而外,更有希腊罗马之学术法律。正唯前者不足以涵容消化后者,故基督教天下卒为民族国家所起而代。中古文化与近代文化之交替,实即压抑在基督教下之希腊罗马精神之复活。到今天来,社会秩序全依托于权利本位的法律,与基督教已无何相干。国家意识高涨,而天下襟怀不足。面对着"非和平即毁灭"之人类前途,是否还得有希伯来精神再起,实未敢知。

　　张东荪先生尝论西洋文化之所以不断进步,正在其有此互相冲突之二元①。我深承认之。然须知何以有一元,何以有二元?

────────────

① 　见张著《理性与民主》第 12 页。

苦谓历史遭际如此,便欠思索。设非中国古人于人类生命深处有所见,而深植其根本,则偌大空间偌长时间,七个八个元亦出来了,岂容你一元到底! 反之,二元歧出者,正是在浅处植基,未得其通之之道也。又论者群指自儒术定于一尊,而中国遂绝进步之机,我亦不持异议。然须知自来宗教上之不能容忍,思想之每趋于统制,并非全出于人类的愚蠢。一半亦是社会自然要求如此。必要在人生价值判断上有其共同点,而后才能成社会而共生活。大一统的局面出现以后,向之各方自为风气者,乃形见其不同。为了应付大局需要,其势不能无所宗主。董仲舒对策,一则曰"上无以持一统,下又不知所守",再则曰"然后统纪可一,民知所从"。明明就是这一呼求。天下事原来顾到这边,便顾不到那边。

中国文化以周孔种其因,至秦汉收其果,几于有一成不变之观。周孔种其因,是种封建解体之因,是种国家融化在社会里面之因。秦汉收其果,是一面收融解融化之果,还一面在种种问题上收融合统一之果。所谓一成不变之观,即从此中国便是天下(社会)而兼国家的,从此便是以儒家为治道之本而摄取法家在内的。秦汉后的中国,政治上分裂虽不尽免,却不再有:"各求其政治统一"之事,如西洋各民族国家者。一则为中国人差不多已经同化融合到一处,没有各别民族之可言,更为此文化之所陶铸,阶级消纳于伦理,国家隐没于社会,人们定然要合不要分。分则角力,而国家显露;合则政治乃可消极,而国家隐没也。自这民族融合文化统一的大社会来说,合则为治世,为天下太平,分亦就是乱了。三千年来我们一贯精神是向着"社会"走,不是向着"国家"走。向着国家走,即为一种逆转。然国家实为人类历史所必经。于是二千年来局面,既介于封建国家与资本国家之间,更出入乎社会与国家之间。社会组织启导于儒家,儒家所以为其治道之本者此。而法家则所以适应乎国家之需要也。假如不是近百年突被卷入国际竞争漩涡，被迫向着国家走，我们或仍抱天下意识如故，从乎其二千年所以为治者如故。

（选自《梁漱溟全集》，《中国文化要义》。

山东人民出版社 1989 年 5 月第一版）

梁漱溟，中国近代著名思想家，乡村实验派的创始人。著有《中国文化要义》、《东西方及其哲学》、《乡村建设理论》等。被誉为中国现代第三期儒家的代表人物。

本文为其著作《中国文化要义》中的一节，主要从东西文化精神、政治观念、社会结构，生活方式等方面对中国传统社会进行了极其深入的研究。提出一系列改易中国社会的见解。虽然没有正式冠以管理学理论进行探究和创构，然而其分析的基本内容及其理论特质，深含儒家管理思想要义。可以视作近代早期儒家学者对儒家管理思想从现代社会现实出发进行特有观照及论述方式。中西结合，以民族文化为本，无论对于学术还是社会现实，梁漱溟的社会"管理"以古开新论都具有深刻的影响。

新　理　学（节选）

冯友兰

（二）社会之理及各种社会之理

社会可有许多种，前人早已注意及之，如《礼运》所说小康、大同，即是两种社会。在小康之社会中，"天下为家，各亲其亲，各子其子，货力为己"。在大同之社会中，"天下为公，……人不独亲其亲，不独子其子。……货恶其弃于地也，不必藏于己；力恶其不出于身也，不必为己"。公羊家所说三世，亦系说三种社会。于据乱世，"内其国而外诸夏"。于升平世，"内诸夏而外夷狄"。于太平世，"天下远近大小若一"（何休《公羊传注》隐公元年注）。即董仲舒所说三统，亦系指三种社会。现在人亦说有各种社会，如所谓封建底社会、资本主义底社会、社会主义底社会等。昔人及今人此等学说之内容及其是非，我们不论。论此者是社会科学或社会哲学之事，不是哲学之事。所可注意者，即有各种社会。有社会，有各种社会；有社会之理，有各种社会之理。

董仲舒说："道之大原出于天，天不变，道亦不变。"我们亦可如此说。此道即指上文所谓人道说。我们所谓天，是指大全，指宇宙。一切理皆包于宇宙或大全中，人道亦包于宇宙或大全中。所以我们亦可以说："道之大原出于天。"某种社会必依照某种社会之理，方可成立，此理是不变底。可变者是依照此理之实际底某种社会,而不是此理。例如一封建底社会可变为一资本主义底社会。如实际上所有封建底社会,俱变为资本主义底社会,则封建社会之理,即无实例。但实际上虽可无此种社会,而如有此种社会,则必依照此理,所以此理是不变底。

若不专就某种社会之理说,而只就社会之理说,则"天不变,道亦不变"之话,我们更可说。各种社会,虽种类不同,但均是社会。就其为某种社会说,其所依照之理可有不同。但就其均是社会说,则必依照各种社会所公同依照之理。实际上可无社会,但如有社会,不论其为何种社会,则必依照此理。从此观点看,我们更可说:"天不变,道亦不变。"

但若以为我们现在所有之一种底社会,即是唯一种底社会,我们现在社会所依照之理,无论何时何地之人,于组织社会时,均须依照之;若用此意以说"天不变,道亦不变",则此话即为大错。因异时异地之人,虽必有社会,但不必有如此一类之社会。中国往时以为当时所有之一种社会组织,即是唯一底社会组织。以为此种组织,是"放之四海而皆准,质诸百王而无谬"。此话我们亦可以说,不过我们是就理说。我们若如此说时,我们的意思是:无论何时何地,如果有此种社会,则必依照此理;但实际上一时一地,不必有此种社会,可有别种社会,而其理亦是"放之四海而皆准,质诸百王而无谬"。

由上说法,可知不变者是社会,或某种社会所必依照之理,变者是实际底社会。理是不变底,但实际底社会,除必依照一切社会所必依照之理外,可随时变动,由依照一种社会之理之社会,可变成为依照另一种社会之理之社会。一时一地,可有依照某一种社会之理而成为某一种社会之社会;异时异地,又可有依照另一种社会之理而成为另一种社会之社会。

一种社会之理,有其所规定之基本底规律。有某种规律,即有某种社会制度。一种社会之内,有一种社会制度。一种社会之内之人,在其社会之制度下,其行为合乎其社会之理所规定之基本规律者,是道德底;反之则是不道德底。但另一种社会之理所规定之基本底规律,及由之所发生之制度,可以与此种社会不同,而其社会中之人,在其制度之下,其行为之合乎其规律者,亦是道德底;反之亦是不道德底。两种规律不同,制度不同,而与之相合之行为,俱是道德底;似乎道德底标准,可以是多底、相对底、变底。其实照我们的看法,所谓道德底者,并不是一行为合乎某特定底规律,而是一社会之分子之行为合乎其所属于之社会之理所规定之规律。所以无论在何种社会之内,其分子之行为,合乎其社会之理所规定之规律者,其行为是道德底,反乎此者是不道德底。诸种社会之规律,或不相同,或正相反,但俱没有关系。

在中国数十年前所行之社会制度中,就男人说,作忠臣是一最大底道德行为,就女人说,作节妇是一最大底道德行为。但在民国初年,许多人以为作忠臣是为一姓作奴隶,作节妇是为一人作牺牲,皆是不道德底,至少亦是非道德底。用这种看法,遂以为以前之忠臣节妇之忠节,亦是不道德底或非道德底。这一班人对于忠节之看法,是否不错,我们现不论,不过他们用一种社会之理所规定之规律为标准,以批评另一种社会的分子之行为,这种看法是不对底。一种社会的分子之行为,只可以其社会之理所规定之规律为标准而批评之。

我们说有一种社会,有另一种社会。我们承认社会有许多种,此一点于上文已说,此一点亦是我们与朱子一大不同之处。我们以为有社会、有某某种社会,犹之有马、有某某种马,如白马黄马等。有社会之理及其所规定之基本规律,有某某种社会之理及其所规定之基本规律。社会之理及其所规定之基本规律,是凡社会中之分子所皆必须依照者,无论其社会是何种社会。某种社会之理及其所规定之基本规律,则只某种社会中之分子依照之。所以在某种社会内之分子之行为之合乎其社会之理所规定之基本规律者,自此种社会看,是道德底。但此种行为,不必合乎另一种社会之理所规定之基本规律,或且与之相反。所以自另一种社会之观点看,此种行为又似乎是不道德底,或至少是非道德底。但这只是似乎是,因为一种社会内之分子之行为,只能以其社会之理所规定之基本规律为标准,以批评之。其合乎此标准者,是道德底。如是道德底,即永远是道德底。

(六)仁

我们以上所说,是道德或道德底事。道德底事,又可有许多类。每类之道德底事,又各有其理。其理即是普通伦理学书中,所讲之一种一种底道德。我们称之为诸德。就我们讲哲学之立场说,这些诸德,本可以不讲,不过为说明上述之理论,我们于下文亦略讲诸德。我们并不是为讲诸德而讲诸德。我们是为说明我们上述之理论而讲诸德。我们讲诸德,只是一种举例之意。

中国旧日讲五伦五常。五伦是一种社会制度;我们现在不讲社会制度,所以对于所谓五伦,应置不论。五常是我们此所谓诸德。此诸德不是随着某种社会之理所规定之规律而有,而是随着社会之理所规定之规律而有。无论何种社会之内必须有此诸德。所以可谓之常。

五常即所谓仁义礼智信。严格地说,礼并不是一德,不过我们姑从旧说,附带说之。

一社会若欲成为一完全底社会,其中之分子,必皆"兼相爱,交相利"。此可以说是社会之理所规定之规律中之最主要底一规律。实际底社会,没有完全能达到此标准者,然必多少近乎此标准。若其完全不合乎此标准，则是此社会完全不依照社会之理所规定之一主要规律；若其不完全依照此，则此社会即不成其为社会，即根本不能存在。"兼相爱，交相利"，是墨子于《兼爱》篇中所说者。墨子在《兼爱》篇中从功利主义底、实用底观点，说明兼爱所以必要。我们并不赞同墨子的功利主义底观点，不过墨子所说，可以证明一社会中之人之"兼相爱，交相利"，是其社会所以能组成之一主要条件。

"兼相爱，交相利"，是一种道德底事。此种道德底事，即是属于仁之类之事。用朱子的说法，仁是"爱之理"。仁之事，即是爱人，即是利他。这种对于仁之说法，或有不以为然者，但我们用这个意思，可以将旧说中对于仁之说法，全综合起来。

"仁者爱人"，孔子本有此说。他又以"能近取譬"为"仁之方"。朱子注说："譬，喻也；方，术也。近取诸身，以己所欲，譬之他人，知其所欲，亦犹是也。然后推其所欲以及于人，则恕之事而仁之术也。"（《〈论语·雍也〉注》）孔子所说忠恕之道，是"仁之方"，即行仁之方法。"己欲立而立人，己欲达而达人"是忠；"己所不欲，勿施于人"是恕。忠恕之相同处，即是"推己及人"。忠从推己及人之积极方面说，恕从推己及人之消极方面说。推己及人，即是爱人，即是利他。

孟子说："人皆有不忍人之心。"又说："今人乍见孺子将入于井，皆有怵惕恻隐之心。""恻隐之心，仁之端也。"不忍人之心，即恻隐之心，亦即是爱人之心。人皆有此心，故能推己及人。孟子说："老吾老以及人之老；幼吾幼以及人之幼"；"言举斯心加诸彼而已。古之人所以大过人者，无他焉，善推其所为而已矣"。仁人即是能本其不忍人之心，推其自己之所为，使他人亦能如此。如齐宣王好色好货，孟子说：如能于此"与百姓同之"，即可行王政，行仁政。孟子说仁，其主要底意思，与孔子同。

程明道说:"医书言手足痿痹为不仁;此言最善名状。仁者与天地万物为一体。认得为己,何所不至。"如此说仁,仁已不只是我们所谓一种德,而是一种精神状态。有此种精神状态者,觉天地万物与其自己为一体,别人所感者,他均感之。此比推己及人尚须"推"者,又进一层。如此说仁,可以说,仁者不仅爱人;但却不能说,仁不是爱人。关于仁之此义,于第十章中,另有详说。

程伊川说:"仁者,天下之公,善之本也。"又说:"只为公则物我兼照故仁;所以能恕,所以能爱;恕则仁之施,爱则仁之用也。"(《近思录》卷二引)公与私相对,爱人者无私,至少亦不重私。所以说:"仁者,天下之公。"我们所谓道德底行为,以维持社会之存在,为其要素;一社会中之分子之"兼相爱,交相利",是一社会所以能存在之一基本条件,所以仁亦是善之本。

伊川所谓善之本之意义,比我们此所讲者为多。不过就我们的立场说,我们亦可如此说。由上所说,所谓仁,如作一德看,是"爱之理"。爱是事,其所依照之理是仁。

(选自《贞元六书·新理学》,此书初于1938年8月在昆明出版。现由华东师范大学出版社1996年12月再版)

冯友兰,北京大学教授,我国现代著名哲学家,中国现代新儒学代表人物之一。主要著作有《贞元六书》、《中国哲学史》等。

冯友兰为现代哲学一代学宗,长期致力于儒学及儒学史的研究。本文选自《新理学》。主要从社会一般管理原理出发,对社会之"理",按照中国几千年儒家管理学说所设定的道理,对人道、道德诸社会管理理念和范畴进行了深入探讨。一方面认为社会不能没有管理意义的"理"及理性规范,所谓"天不变,道亦不变"。另一方面作为儒家长期所坚持的"以德治国",如"仁"等五常依然是社会人与人之间相处之不易之理,"是一种社会所以能存在之基本条件"。

孔子管理心理学思想二题

陈宝铠

  现代管理心理学中有两个研究课题:一是怎样"知人善任";一是领导者应具备哪些品质特性。这两个问题在从心理学观点对集体组织中行为的各个方面进行研究的管理心理学中(弗兰克·H·M·布莱克勒《组织心理学》,载《实际应用的心理学》,英文版209页)占有重要地位。其实,历来的许多思想家、政治家和军事家也都看到这两个问题的重要,并发表了许多深刻的见解。在管理心理学仍需要直接观察和经验总结作为其研究方法之一的今天,他们的见解是很值得我们分析、评价乃至借鉴的。

  孔子是对中国文化传统产生了巨大影响的思想家。他对"察人、任人"和"领导者"修养方面就有过许多议论。本文试从现代管理心理学角度探讨这些议论的学术价值和科学价值。当然,孔子议论的出发点是"治国",这与现代管理心理学的研究对象——企业组织有很大的不同。但"管理就是由一个或更多的人来协调他人的活动,以便收到个人单独活动所不能收到的效果而进行的各种活动"(小詹姆斯·H·唐纳利等著《管理学基础》中译本18页),从这样一种较广阔的意义来看,二者的基本原理还是有若干共通之处的。另外,"心理学不象其他科学,就连精神病学和社会心理学这样一些已在科学上得到广泛承认的心理学分支,也不能将国外的研究成果'全盘照搬'。如果说它对某一民族行之有效,那也一定是从该民族文化中发展起来的。"(阿姆乌西卡·克氏德佐·泰《黑非洲的心理学》,载《信使》1984 年 3 期 14 页)为了建成植根于我国管理实际的管理心理学,探讨我们民族思想家的管理思想是具有特殊意义的。

察人与任人

现代管理心理学对人进行评定的方法,大致有两类:一类是集中的正式的测量法,包括纸笔测验(智力测验、性向测验等)、投射测验(罗夏墨迹测验、主题统觉测验等)和社会测量法;另一类是日常评定,即在日常生活中不露痕迹地观察和评价个人的方法(H·J·李维特原著,刘君业编译《新管理心理学》114 页)。这后一类方法其实早已被许多人有意无意地采用了,只是现在的研究把它作为一种方法加以系统整理、明确提出罢了。孔子所谈的察人方法,基本就属这类。首先,孔子说对人要"听其言而观其行。"这个见解是他从实际生活中概括出来的:"始吾于人也,听其言而信其行;今吾于人也,听其言而观其行。于予(宰予,他的学生。此人大白天睡大觉)与改是(我改变了看法)。"(《论语·公冶长》)《韩非子·显学篇》记载了孔子这个转变的实例:"宰予之辞雅而文也,仲尼几而取之,与处久而智不充其辩。故孔子曰:'……以言取人乎?失之宰予'。"其次,孔子提出要观察一个人在不同条件下的行为:"父在,观其志;父没,观其行。"(《论语·学而》)再次,他进一步提出观察行为的具体角度:"视其所以(动机),观其所由(为达目的而采用的方法),察其所安(安于什么,不安于什么),人焉廋哉?人焉廋哉?"(《论语·为政》)值得注意的是,孔子还提出了从人所犯错误中察人的方法:"人之过也,各于其党;观过,斯知仁也。"(《论语·里仁》)这种从正、反两方面察人的思想,颇有"叩其两端"的辩证倾向。

　　现代心理学有一社会测量法,不是用测验和专家进行评定,而是由被评定者的同事、上司、下属等来评定。它与民主投票法很相似。这种方法虽然较为有效,但也有弊病,即会给拉拢"人缘"的人带来好处(H·J·李维特原著,刘君业编译《新管理心理学》113页)。孔子对这种方式曾有过精彩的议论:"子贡问曰:'乡人皆好之,何如?'子曰:'未可也'。'乡人皆恶之,何如?'子曰:'未可也;不如乡人之善者好之,其不善者恶之'。"(《论语·子路》)这种"善者"拥戴,"不善者"厌恶的人才是真正的"好人"的思想是很有意义的。孔子提出这样的标准是因为"唯仁者能好人,能恶人"。这就是说,真正品德高尚的人并不是"好好先生"。所以孔子认为一个人被人们厌恶或喜爱,一定是有某种理由。考察这种理由,就可以了解这个人。"众恶之,必察焉;众好之,必察焉"(《论语·卫灵公》)。

　　以上是从品德方面对人的考察。实际上察人必然包含着智力和才能方面的内容。现代心理学引以自豪的成就之一,就是发展了种种察人才智的方法。在这方面,孔子也提出了一些见解。首先他认为人的才智是有差别的:"中人以上,可以语上;中人以下,不可以语上也。"(《论语·雍也》)他对学生智能水平的判断,看来主要是依据学生能否将学到的知识加以融会贯通,并提高自学能力为标准的。"举一隅不以三隅反,则不复也"(《论语·述而》)。不能举一反三,看来是不可以"语上"的。他的学生子贡以这种标准把自己与颜回作比较,说:"回也,闻一以知十;赐也,闻一以知二。"(《论语·公冶长》)承认自己比颜回差。孔子肯定了子贡的这种比法,并且他也以具备理解和融会贯通的能力作依据,对颜回的才能作了较高的评价:他说他对颜回讲学时颜回不言语,却"退而省其私(自己研究),亦足以发(发挥),回也不愚"(《论语·为政》)。这一标准,是很符合孔子的"学而不思则罔,思而不学则殆"的学习心理学思想的。

管理心理学有一重要原则是量才用人,挑选合适的人来担任某些特殊的工作。孔子在这方面不愧是先驱者。比如他评价其弟子仲由、冉求和公西赤时说:仲由可在一千辆兵车的国家负责兵役和军政工作,冉求可当千户人口的县长或总管,而公西赤则可"束带立于朝",担任外交官的工作(《论语·公冶长》)。孔子还在一次回答季康子问话时说:仲由的果敢决断、端木赐的通情达理、冉求的多才多艺,分别是他们能够治理政事的基础(《论语·雍也》)。这明确表达了一种专门工作可由具有不同才能的人来完成的思想。另外,管理心理学在总结"任人"方面的经验时,特别提出要任人唯"长"。"有效的管理者择人任事和升迁,都以一个人能做出什么为基础。所以他的用人决策,不在于如何减少人的短处,而在于如何发挥人的长处。"(P·F·杜拉克著《有效的管理者》中译本85页)孔子在这方面也有精辟见解:"可与共学(一起学习的人),未可与适道(未必可同他一起取得某种成就);可与适道,未可与立(事事依礼而行);可与立,未可与权(通权达变)。"(《论语·子罕》)由此可见,孔子清楚认识到人的品性与才能差异显著,因而主张因事择人。

领导者特性及修养

现代管理心理学研究领导问题时得出结论:一个领导者要想充分发挥自己的作用,关键在于具备领导影响力。这种领导影响力由权力性和非权力性影响力构成。非权力性影响力则由品格、能力、知识、感情四因素构成,它是领导者自身素质和行为所造成的(王伟民《领导行为》,载《管理心理学讲座》264—265页、273页)。统观孔子有关"领导者"特性及修养的论述,我们会发现这些论述大都涉及非权力性因素。而"一个领导者,如果他的非权力性影响力较大,那么他的权力性影响力也会随之提高"(王伟民《领导行为》,载《管理心理学讲座》264—265 页、273 页)。

孔子关于"领导者"特性及修养方面议论较多,也较细致。但他主要是以谈"君子"修养的方式来谈的。"君子"可否被看作是"领导者"? 可从下面二点来看:(一)按当时社会情况,能被称为"君子"的人,一般都有一定的经济基础和政治权力。"孔子所说的'君子',主要是贵族、士大夫的人格"(童书业《孔子思想研究》,载《孔子哲学讨论集》27 页)。孔子说有君子之道,即是善于管理国家,"子谓子产有君子之道四焉"(《论语·公冶长》),就是说子产如何把国家管理得好。(二)孔子自己多次谈到修养个人的目的就是为了管好别人。"修己以安百姓","修己以安人"(《论语·宪问》)。我们知道儒家关于修养的学说有一根本原则就是"修身,齐家,治国,平天下"。这些都清楚地说明修养是为了领导的目的。所以,把孔子所谈的"君子"修养看作是对"领导者"的要求并不牵强。

首先,关于品格方面。孔子大致谈了以下几点:(一)强调"领导者"自身的道德修养。他说:"其身正,不令而行,其身不正,虽令不从。"(《论语·子路》)又说:"上好礼,则民易使。"孔子特别提到领导者的品德对管理活动的影响。说:"书云:'孝乎惟孝,友于兄弟,施于有政'。是亦为政,奚其为为政?"(《论语·为政》)明白指出要以道德修养影响政治。(二)认为领导者要讲信用。他说:"信则人任焉。"(《论语·阳货》)"人而无信,不知其可",就好比"大车无輗,小车无軏(輗軏均为古代车辆的关键部件),其何以行之哉?"(《论语·为政》)(三)要求"领导者"要勇于改正错误。"过,则勿惮改"(《论语·学而》)。因为"君子之过也,如日月之食焉;过也,人皆见之;更也,人皆仰之"(《论语·子张》)。只有"小人之过也,必文(掩饰)"。(四)要严以待己,宽以待人。这样便易消除别人对自己的怨恨。"躬自厚而薄责于人,则远怨也"(《论语·卫灵公》)。孔子把这种行为叫做"修慝"(消除别人对自己隐藏的怨恨)。他说:"攻其恶。无攻人之恶,非修慝与?"(《论语·颜渊》)如果只顾自己利益,"放于利(个人利益)而行,多怨"(《论语·里仁》)。(五)"领导者"要具备"明"的修养。所谓"明"就是:"浸润之谮(点滴而来,日积月累的谗言),肤受之愬(肌肤所受、急迫切身的诬告),不行焉(都在你这里行不通),可谓明矣"《论语·颜渊》。这里应特别提到孔子对谣言与偏见的看法。他说:"道听而途说,德之弃也。"(《论语·阳货》)"又说:"纣之不善,不如是之甚也(不像现在传说的这么厉害),是以君子恶居下流,天下之恶皆归焉。"(《论语·子张》)应该说,孔子的这个见解与现代心理学对社会知觉的一个研究结论——"定型"作用,是基本一致的。所谓"定型"作用即是:人们往往把他见到的人,归于其头脑中存在的关于某一类人的固定形象中,从而影响他对一个人的全面了解。作为领导者,当然要防止这种偏见。(六)领导者要善于控制自己的情绪。要有大家气度。"一朝之忿,忘其身以及其亲,非惑与?"(《论语·述而》)"小不忍,则乱大谋"。(七)孔子说:"君子贞而不谅(讲大信用而不固执于小信用)。"(《论语·卫灵公》)其弟子子夏说:"大德不逾闲(界限),小德出入可也。"(《论语·子张》)由此可见,孔子是提倡灵活对待各种问题的,并不让人拘于死条条。为什么要灵活?孔子说:"君子之于天下也,无适也(没规定要怎么干),无莫也(也没规定不要怎么干),义之与比(只要怎样恰当,就怎么干)。"(《论语·里仁》)所以孔子的学生说:"子绝四——毋意(不凭空揣测),毋必(不绝对肯定),毋固(不拘泥固执),毋我(不唯我独是)。"(《论语·子罕》)孟子则进一步说:"大人者,言不必信,行不必果,惟义所在。"(《孟子·离娄下》)有人解释说:"大人之所以不必信者,惟其为学而知义之所在也。苟好信不好学,则惟知重然诺而不明事理之是非。"(管同《四书纪闻》)由此可见,"言不必信"是强调大原则下的因事而宜,而不是反复无常。总之，孔子认为"领导者要善于通权达变，"可以仕则仕，可以止则止，可以久则久，可以速则速"（《孟子·公孙丑上》）。

其次，才能和知识因素。管理心理学的研究证明，有才能的领导者给企业带来成功，使人产生敬佩感；知识渊博，与各种人都可能有共同话题的领导者，容易使人产生信赖感。这些都有助于提高领导影响力（王伟民《领导行为》，载《管理心理学讲座》209—210页）。而孔子从另一个角度谈了知识对"领导者"的重要。他说："知者不惑。"（《论语·宪问》）并论述了有知与无知跟做管理工作的关系，指出如果不爱学习，也就是说不具备丰厚的知识，一切其他好的品质，都易走向反面。他说："好仁不好学，其蔽也愚；好知（要聪明）不好学，其蔽也荡（缺乏基础）；好信不好学，其蔽也贼（容易被人利用，反而害了自己）；好直不好学，其蔽也乱；好刚不好学，其蔽也狂。"（《论语·阳货》）孔子还明确指出学习的目的是为了实际管理工作的需要："诵诗三百，授之以政，不达（办不通）；使于四方，不能专对（独立谈判应酬）；虽多，亦奚以为？"（《论语·子路》）

再次，感情因素。管理心理学认为：在有信任感、亲切感的人们之间，相互吸引力较大，彼此影响也大。这一点，孔子的弟子子夏有段话可谓透彻已极："君子信而后劳其民；未信，则以为厉己也。信而后谏；未信，则以为谤己也"。（《论语·子张》）这段话说明人们对别人行为的评价，是根据自己的理解来进行的，因此必然受到感情的影响。所以，情感因素对领导影响力的大小是有重要作用的。

另外值得指出的是，孔子有许多关于"君子"即领导者的言谈与仪态的看法和西方有所不同。孔子多次提出"领导者"讲话要慎重。"君子欲讷（谨慎、迟钝）于言而敏于行"（《论语·里仁》），"先行其言而后从之（先实行了，再说出来）"（《论语·为政》）。"君子耻其言而过其行"（《论语·宪问》）。他甚至把言语不轻易出口当作"仁"的一个标准："刚、毅、木、讷，近仁。"（《论语·子路》）因而他很厌恶能说会道的人:"巧言,令色,鲜矣仁。"(《论语·学而》)"巧言,令色,足恭,左丘明耻之,丘亦耻之。"(《论语·公冶长》)他认为"巧言乱德。"(《论语·卫灵公》)而在现代西方管理心理学的研究中,有人认为领导者个性特征的头一条就是"口头表达和文辞方面的天资"(小詹姆斯·H·唐纳利等著《管理学基础》中译本289页)。另外有的西方心理学家认为:"我们已经看到,能够自由而轻松地表达自己思想的人容易成为领导者。作为一种人格因素,这是一位领导者最重要的品质之一。起码在小团体中,外倾、喜爱讲话(甚至或许是强嘴利舌),高的活动水平,以及喜欢为自己的主张辩护都是领导人的特征。"(J·L·弗瑞德曼等著《社会心理学》英文版538页)我们再看孔子的观点:"焉用佞(何必要口才)? 御人以口给,屡憎于人(强嘴利舌同人家辩论,常被人讨厌)。"(《论语·公冶长》)两相对比,差异不能不说是鲜明的。当然,孔子的这些观点是符合他的一贯立场的。他主张"人不知而不愠"(《论语·学而》),认为"不患人之不己知"(《论语·学而》),"不病人之不己知也。"(《论语·卫灵公》)这与西方领导者所努力追求的目标是非常不同的。一个领导者究竟是以口才取胜呢,还是少说空话,多以实际行动作为示范好呢,或是二者可以并行不悖呢? 这是一个值得进一步研究的问题。

孔子对"领导者"特性和修养的种种见解必然受到他的世界观的影响,因此,他的论述多是预想性质的"应该怎样",而管理心理学则力求以客观的立场来求证"是怎样"的问题,虽然这种求证亦未能摆脱价值观念的影响。另外,孔子对领导者特性的论述,从现代管理心理学角度来看,主要涉及"领导的静态结构"。这与西方心理学早期对领导人的研究有一共同倾向:"其焦点都落在领导者本身的特性,尤以心理特性和生理特性为主,而忽略领导者所领导的人群特性,而构成研究变数的不足,陷入偏差的结果。"(李长贵《社会心理学》234—235页)这种把领导者与被领导团体割裂开来,孤立地研究领导者特性的做法当然具有片面性。总之,我们在借鉴孔子的有关思想时,不可不注意到以上两点。

综上所述,孔子"察人、任人"和"领导者"修养的思想在许多方面是值得现代管理心理学借鉴的。但是也应指出,孔子的有些观点较为笼统,并且因时代和阶级立场的不同,需要我们以马列主义、毛泽东思想对其加以分析、鉴别。另外,孔子对"领导者"修养的论述,其出发点表现了中国古代哲学的一种特点:"它最重视的不是确立对于外间世界的认识,而致力于成就一种伟大的人格。……它并不重视对于客观对象的分析、区分、解释、推理……而是把最高的真理,理解为一种德性的自觉。"(高尔太《论美》252 页)因此,与西方心理学对领导人所提的要求相比,孔子更强调"领导者"的道德伦理。这种倾向显然对后世产生了影响。通观若干民间传说和文学作品,我们可发现我国人民心目中的领导者形象往往是集品德之高尚,才智之杰出于一身的"父母官"。这与现代西方的研究更倾向于把领导者看作为一架卓有成效的机器是显然不同的。我国人民重伦理的倾向至今仍然存在。据一个调查:"人们往往比较容易谅解领导人在工作能力、文化水平方面的不足,而无法容忍领导人的不良作风,把办事不公正归因于他的品质问题。"(卢盛忠等《管理心理学讲义》108 页)仅一个调查虽不能说是代表总体情况,但它的确代表了一种倾向。我们进行研究和实际管理时,注意到这点是有益的。

总之,研究和借鉴我国古代对人管理的思想,一会有助于我们理解我国的管理实际;二会开拓我们的研究思路。本文不揣浅陋,意在提请大家注意这个问题。

(选自《山东师大学报》1984 年第 5 期)

20世纪儒学研究大系

陈宝铠,当代心理学家,后移居美国,有《夏洛特·布勒》等译著。

从管理心理学的角度研究孔子的管理思想,为一较新颖学术视角。作者在二十世纪八十年代初便已注意到这一课题,实属独具慧眼。文中也不无新见,指出孔子的管理思想中,当然是从原理上符合心理学一般规律和方法,在更科学合理地"察人与任人",如何从"领导者的特性及修养"上更好地完善自我,提升人格精神境界和道德、学识品位,具有一定深度。这是个有待进一步开拓的领域,陈文也属抛砖引玉之作。

仁的政治思想（节选）

匡亚明

政 治 主 张

先秦诸子的政治主张，反映着不同阶级、阶层、社会集团的利益，因而具有不同的内容和特点。孔子坚持开明的贵族政治，他一方面极力维护封建宗法等级特权，另一方面又照顾到了人民的利益。他要改变社会现状，但不愿去进行周武王那样的革命，而是希望依靠统治阶级自身的"克己复礼"和对被统治者的"道（导）之以德"，"齐之以礼"的办法去恢复仁政德治，这是孔子政治主张的核心和基本特征。同孔子的其它思想一样，孔子的政治主张也具有多面性，既有许多封建性的糟粕，也确实提出了许多带普遍意义的，今天看来仍然是非常可贵的远见卓识，值得认真研究。孔子的政治主张主要有以下五个方面的内容。

（一）忠君尊王

忠君尊王是孔子政治主张的突出内容，也是孔子自己一贯的政治表现。孔子一生恪守周礼，尤其是在君、臣关系方面，丝毫没有一点越轨的行为。他认为，君之所以为君，是因为他地位尊贵，据此，臣子和庶民一定要对君尽忠遵礼，否则就不是仁人。他特别强调：

　　"君使臣以礼,臣事君以忠。"(《论语·八佾》)

　　"唯天子受命于天,士受命于君。"(《礼记·表记》)

《论语·乡党》篇生动地记述了孔子对于君的敬畏。他走过君位,虽然君不在那里,可他仍然毕恭毕敬,面色矜庄,屏着气好像不能呼吸一样,大有在公门内无容身之地的样子,一直到走出公堂、降下一级台阶,面色才稍微轻松一点。足见其恪守君臣之礼的程度。孔子对一切不守礼的行为一概进行抨击。管仲"树塞门"、"有反坫",孔子说他"焉得俭","不知礼";季氏八佾舞于庭,他深恶痛绝,气愤地说:"是可忍也,孰不可忍也!"(《论语·八佾》)

　　孔子非常重视尊王,亦即尊崇周天子。他在《春秋》中尽量维护周王的绝对权威。虽然周天子早已成了空架子,但孔子仍旧大书什么"春王正月"之类的话。什么是"王正月"呢?《公羊传》说:"曷为先言王而后言正月? 王正月也。何言乎王正月? 大一统也。"这是说,先说王,后说正月,是因为正月是由周天子确定的。所以要说王正月,是为了强调周天子以建正月而总统天下政教。又如践土之会,本来是晋国非常不礼貌地把周天子叫去,但如果照实写,就会损害天子的尊严,孔子只好改笔"天王狩于河阳",说成是去打猎。孔子主张行道要通权达变,但在忠君尊王这个大的原则问题上,他十分谨慎,宁肯犯不通权达变的错误,也不能允许因权变损害忠君尊王的原则。季氏家臣公山弗扰,据费邑叛季氏,召孔子参加;晋国大夫范氏家臣佛肸以中牟叛,也召孔子参加。孔子对这两次召聘都曾打算去,他想利用他们与季氏这类私家的矛盾削弱私家势力,以达到"张公室"的目的。尽管孔子有这个念头,但是无论如何,支持公山弗扰和佛肸对季氏等的背叛,就是支持臣对君的背叛。虽然这对于公室是有利的,但毕竟破坏了君臣之义。所以他最终还是放弃原来想去的念头。这两件事,深刻反映了孔子传统的旧等级名分观念。

忠君尊王思想是孔子思想中糟粕的主要表现,对后世影响很大。历代封建统治阶级都曾对这一点极力宣扬,欺骗愚弄人民,以图借助孔子的影响来巩固自己的地位。

(二)仁政德治

"敬德保民"思想在西周初年已十分强调,周初的统治者用"有德"和"失德"来解释自己获得"天命",殷人失去"天命"的原因,这是周人从殷代统治者灭亡的教训中总结出来的一条"重人事"的思想路线。《诗经》中有不少对文王等统治者盛德的歌颂,《尚书》中有不少对周人后代统治者要"敬德"、"明德"、"重德"的反复告诫的篇章,后来统治者失德违礼的现象日趋严重。到了春秋末年,礼崩乐坏,"天下无道",面对这一种局面,孔子继承了西周的"敬德保民"思想,提出了仁政德治的政治主张。孔子的这种主张大体有三个方面的内容,即为政以德,克己复礼,齐之以礼。

为政以德。《论语·为政》篇记录着孔子的这样一段话:"为政以德,譬如北辰,居其所而众星共之。"意思是说,君主如果实行仁政德治,就会像北斗受到众星拱卫一样,受到人民的拥戴。

孔子又说:"泰伯其可谓至德也已矣!三以天下让,民无得而称焉。"(《论语·泰伯》)

泰伯让位于其弟王季,孔子赞为"至德"。因为统治集团内部都能像泰伯那样礼让,自然就能团结一致,决不致于演成互相残杀的局面。

孔子一贯主张重教化,省刑罚,薄税赋,厚施予,企图使封建社会各色人等都能过上安居乐业的生活,这些都属于为政以德的内容。

克己复礼。在孔子看来,统治者不能自我克制生活上的侈靡,政治上的僭越,要实行仁政是不可能的。所以孔子主张"克己复礼"。"克己"就是克制自己的欲望,恪守周礼,不能越轨。当时季氏"八佾舞于庭",是违礼行为,孔子严加斥责。克己是复礼的前提,不克制生活上的侈靡、政治上的僭越,就无法恢复到礼乐有序、天下有道的局面。克己复礼主要是对统治阶级说的,即要求统治阶级提高遵周礼、行仁政的道德自觉性。孔子和先秦儒家这种对统治阶级"上说"的传统,为后世儒家所继承。"上说"与"下教"结合,使得儒生士大夫阶层在长期中国封建社会的政治结构中一直能够起到某种缓冲和调节作用,这是中国封建社会政治生活中一个重要特色。

齐之以礼。如果说"克己复礼"主要是对统治阶级的"上说",那么"道之以德,齐之以礼"则主要是对庶民阶层的"下教"。孔子反对传统的"道之以政,齐之以刑",主张"道之以德,齐之以礼"(《论语·为政》)。孔子还指出前者的结果是"民免而无耻",后者则是"有耻且格"(同上)。把"德""礼"与"政""刑"明确地对立起来,指出两种作法会导致两种结果,这是孔子在治国治民方面的一个大的创见。只强调政、刑,单纯地把庶民置于残暴奴役之下,必然导致阶级矛盾尖锐化。而强调"德"、"礼",这是孔子仁政思想的具体展开,即承认庶民也和贵族一样,是能够"知耻"的人,只要统治者以自身的德行去"示范",被统治者就会像草随风倒一样跟上来。而"齐之以礼"则是使庶民产生羞耻之心的条件,从而改变了传统的"礼不下庶人"的作法,把原来作为贵族专利品的"礼"推广到群众之中,使每一个社会成员都纳入礼的规范之中,以道德礼仪上的平等,冲淡和掩饰阶级地位上的不平等。以后《大学》中的"自天子以至于庶人,壹是皆以修身为本"的观点即渊源于此。从"民免而无耻"到"有耻且格",也就是使被统治者从单纯"不敢"违礼犯上,到不愿违礼犯上,变强制性的约束为内在的心理自觉,这当然是十分高明的统治方法。"齐之以礼"也就是礼下庶人,从表面上讲,似乎是提高了庶人的地位,使得他们有享受礼的资格。实质上却是在被统治者的脖子上增加了一副道德枷锁,把被统治者的肉体和精神全部交给了统治阶级支配,最终成为统治者驱使奴役的牛马。可见,孔子"德""礼"结合的"仁政",虽然比"暴政"对被统治者有利得多,但归根到底,从一定意义上说也是为历代的封建统治者提供了一套十分精巧的对庶民进行"攻心"的方术,为森严的等级秩序裹上一层带有浓厚民族伦理色彩的温情脉脉的纱幕,这当然是孔子本人所始料不及的。

(三)明"夷狄"、"诸夏"之别

孔子一生以维护、恢复"周礼"为己任,他的各项政治主张都是从这一总目标出发而提出的。明"夷狄"、"诸夏"之别,就是其中之一。孔子在这方面的言论虽不甚多,但却牵涉到"民族意识自觉"的大问题,对后世的影响也极为深远,所以有予以论述的必要。

"周礼"成为周王朝建立领主制封建国家政治机构的组织原则之后,其作为周族的典章、制度、仪节、习俗的总称的意义不仅依然存在,而且被扩大推广到整个华夏族的势力范围。在当时,用不用"周礼",已成为区分"夷狄"与"诸夏"的主要标志。如秦国僻处西方,与戎狄杂处,代表宗法传统的周礼的影响很弱(战国末年,荀卿西入秦发现"秦无儒"就是证明),也很少参加诸侯的会盟,"诸夏"各国对秦也就以"戎狄视之"。又如楚是南方大国,文化发展程度并不低于周族的姬姓各国,只因为不用"周礼",也被"诸夏"各国视为"蛮夷"。齐桓公建立霸业时,还专门以"包茅不贡"为借口对楚进行讨伐。可见"周礼"在区分"夷狄"与"诸夏"时的重要意义。由于当时在"夷狄"与"诸夏"之间还存在着严重的民族斗争,这种区分就有着十分重要的现实意义。从西周到春秋末,尽管华夏族在黄河中下游地区已居主导地位,但并未从根本上改变华夏诸国与少数民族杂处的局面,如成周(今洛阳)是周天子的"王畿",可是附近就有伊雒之戎、陆浑之戎。又如卫国为康叔之后,地处殷之故都,本为周初分封时的诸侯大国,但在卫懿公时,和邢国一起被狄人"残破"。救卫存邢,南伐荆楚,北伐山戎是管仲辅佐齐桓公所建立的重要霸业。所以,尽管孔子对管仲僭越违礼颇为不满,但对其"相桓公,九合诸侯,一匡天下"还是十分称许的,并且特别指出它在"夷狄"与"诸夏"斗争上的意义,说:"微管仲,吾其被发左衽矣。"(《论语·宪问》)孔子觉察和意识到当时民族斗争的严重性,从维护周礼到自觉地维护"诸夏"的团结统一,充分肯定管仲在这方面的功绩,这说明孔子是自觉地把维护民族利益作为第一位的大义来看,把管仲的贡献提到"如其仁,如其仁"的高度。比起第一位的"民族大义"来,管仲在其它方面的不足,在孔子看来,都是可以原谅的。这可以说是最早的体现了某种朦胧状态的民族意识的自觉,这种民族意识的自觉的继承发扬光大,就成为一种民族的向心力与凝聚力。中华民族的文化传统几千年来绵延不绝,从未中断,是世界文明发展史上的奇迹,它的出现,应当说与孔子所开始的民族意识的自觉有着一定的思想渊源关系。

关于区别"诸夏"与"夷狄",孔子还有一段著名的议论,即"夷狄之有君,不如诸夏之亡也"(《论语·八佾》)。意思是说,当时"夷狄"虽然"有君",却并不行"周礼",君臣上下的名分有等于无;而"诸夏"那怕无君,但君臣上下、尊卑贵贱的等级秩序照样存在。可见孔子以明"夷狄""诸夏"之别表现出来的朦胧的"民族意识"的自觉不是孤立的,而是和他的君臣等级观念纠缠在一起的。因此,决不能给以过高的、违反历史真实的估计。

孔子的明"夷狄"、"诸夏"之别的政治主张,到秦汉以后逐渐以"明华夷之辨"的命题为历代儒家所继承和发扬。其历史作用也有其二重性。从积极方面看,每当民族危亡之际,总有一批民族英雄以此为思想武器和精神支柱,不顾个人生死安危,挺身而出,伸张民族大义。从消极方面看,也总有些人以此为借口,对内实行民族歧视、欺压少数民族,变成大汉族主义;对外则闭关锁国,以天朝大国自居,僵化保守,流于狭隘的民族主义。这是需要作具体的历史分析,而不宜作笼统一般评论的。

(四)举贤才

孔子认为,自古以来政治上大有作为的君主,其成功的秘密之一,就是举用贤才。所以孔子说:"其人存,则其政举;其人亡,则其政息。……故为政在人。……"(《礼记·中庸》)这是说,政是依赖人去推行的,贤人在位就会有好的政治,否则就不会有好的政治。因此,孔子弟子、做季氏家臣的仲弓问如何为政,孔子便告诉他:"先有司,赦小过,举贤才。"(《论语·子路》)他去看望做武城宰的子游,劈头便问:"你是否发现了人才?"("女得人焉尔乎?")(《论语·雍也》)

孔子弟子子贡谈到贤才的时候,说过如下的话:"文、武之道,未坠于地,在人。贤者识其大者;不贤者识其小者。……"(《论语·子张》)可知贤才必须在大的原则上掌握文、武之道。而孔子心目中的文、武之道,实际上就是他自己的仁与礼相结合的儒者之道。孔子强调君子应该既有仁德,又知礼义,能够从政的贤才,当然也应该是这样的。

孔子强调贤才必须德才兼备又要以德为主。《说苑·尊贤》记载了孔子如下一段话:"人必忠信重厚,然后求其知能焉。……是故,先其仁信之诚者,然后亲之,于是有知能者,然后任之。故曰亲仁而使能。"这一段话很好地阐发了重德的思想。

但是,孔子与后世那些认为有德即有了一切,不必培养才能的儒者不同,主张贤者必须有才。他说:"君子不器。"(《论语·为政》)就是说他们应该具有多方面的才能。他在教学活动中,除了以仁礼熏陶弟子并以文献资料充实其知识之外,还教他们处理政务,管理赋税,主持典礼,接待宾客,等等。使他的许多弟子成为干练的贤才。他重视全才,但对人(即使是贤才)也不求全责备,主张充分发挥他们在某一方面的特长。

孔子举贤才思想的最根本之点,在于冲破宗法制度任人唯亲的禁锢,从贵族之外的各等级中选拔贤才,给贵族政治注入新鲜血液,使之恢复生机。因此孔子认为,用人应看他本人是不是德才兼备的贤才,而不是看他出身的尊卑贵贱。他在谈论仲弓时说:"犁牛之子骍且角,虽欲勿用,山川其舍诸?"(《论语·雍也》)仲弓出身贫贱,但很有才干,这样的人能不能做官呢?孔子用比喻回答了这个问题。耕牛是低贱的,祭祀用的牛是高贵的,耕牛不可用于祭祀。但是孔子说耕牛的儿子,生着赤色的毛,周正的角,虽然不想用它来祭祀,但山川之神是绝不会拒绝它的。这就是说,起作用的是牛本身确实具有"骍且角"的条件,是否"犁牛之子",则无关紧要。因此,仲弓的出身当然不应该影响他的政治前途。

孔子还说过:"先进于礼乐,野人也;后进于礼乐,君子也。如用之,则吾从先进。"(《论语·先进》)这里君子与野人对举,君子指贵族,野人指非贵族的其他各等级的人。孔子说,野人是先学礼乐后做官,君子是先做官后学礼乐。如果选用人才,他要选先学礼乐的野人。可见他看重的是什么人更好地掌握了礼乐,而不是看出身高低贵贱。

经过孔子的倡导,举贤才的舆论越来越受到重视。春秋战国时期,儒、墨、法等各家代表人物都鼓吹尚贤、尊贤、举贤,固然是时代的需要,与孔子的影响也不无关系。

（五）庶、富、教

孔子最高政治理想是大同，但他一生为之实际奋斗的，则是他的近期目标小康。而庶、富、教就是达到小康境界的三个重要目标。

孔子访问列国诸侯的第一站是卫国。在去卫国的路上，弟子冉有给他驾车。孔子和冉有曾有一段关于"庶"（人口兴旺）"富"（生活富裕）、"教"（教育发达）的很重要的谈话（《论语·子路》），这在第一章和第三章中虽已谈到，这里还须从另一个角度再作必要评述。人口众多，生活富裕，发展教育，这三个方面都是就民众说的，因此它们是孔子仁政德治的重要组成内容。

春秋时代，有识之士都认识到，人是一种十分宝贵的资源，有了人就能多辟草莱，多产食粮，使国家富强起来。当时人少地多，不存在人口过剩问题，人多的确是国家兴旺的标志。诸侯与卿、大夫要使人口多起来，有两条途径。其一为徕远人，即使其它地方的民众来到自己的邦国或采邑，为自己劳动；其二是自然增殖。要使这两条途径畅通，必须实行起码的惠民政策，使自己治下的人民能生活下去，而且尽可能生活得好些，能生儿育女，这样自然对远人就有吸引力。孔子赞美卫国人多，不仅因为这是卫国富强之资，也因为这表明卫国执政者能施惠政于民。

如果说在庶的问题上，孔子与当时有识之士乃至一般统治者看法基本一致的话，那末在富的问题上，孔子就超过了他们。一般统治者的惠民政策，只考虑让民众能生活下去，就可以为自己多生产，多缴赋税，多服徭役等等。一句话，在予求关系上，予仅是手段，真正目的是放在求上，而且求得的东西是越多越好。孔子则不同。他认为惠民的主要目的是使民众的生活不断得到改善和富起来（予），而求则是相应的结果。因此，必须采取的办法是"节用而爱人,使民以时"(《论语·学而》),"择可劳而劳之"(《论语·尧曰》),"薄赋敛则民富"(《说苑·理政》),总之是反对苛政,"因民之所利而利之"(《论语·尧曰》)。他认为,这样做才能使人民安居乐业并且逐步富裕起来。孔子坚持封建的等级制度,按照这一制度,不同等级的人应该具有不同的生活水平。但是孔子不希望等级之间过分对立,主张限制对人民的剥削、压迫,使他们也在一定程度上过富裕的生活,也就是用仁民、富民的办法,建设一个和谐的等级社会。

　　但是,孔子并不满足于"富之",还要在富的基础上发展对民众的教育。在这一点上,孔子极大地超过了当时的有识之士。孔子一生从事教育事业,非常重视教育的作用。他反对"不教而杀"、"不戒视成",这也就是主张统治者应该把法律、法令所禁止和所要求的,广泛进行宣传教育,使人民知道,从而免触刑律。他说:"善人教民七年,亦可以即戎矣。"(《论语·子路》)"以不教民战,是谓弃之。"(同上)据此可知,孔子虽然反对君主穷兵黩武,但看到战争不可避免时还是主张以军旅之事教民,使他们不致于在战争中白白牺牲。但上述各项并不是孔子教育民众的根本内容,其根本内容是德与礼。孔子对民众要"道之以德,齐之以礼"(《论语·为政》),企图把贵族的专用品德与礼中可施于民而有利于巩固贵族统治秩序的部分,传播推广到民众之中,加强对民众的思想教化。孔子推行德、礼的教化,可以使民众和贵族的关系和缓一些,使封建文化多少向下层普及一些,毕竟还是有其积极意义的。

　　从上述五个方面考察了孔子的政治主张之后,我们可以总括起来说,以忠君尊王为主导的孔子的政治思想,其基调虽然对当时整个封建社会来说是只能如此的、合理的,但随着封建社会的发展日益显示其落后性与反动性。现在我们回头去看,当然是充分暴露了它的真正封建性和局限性了;但另一方面,以举贤才、庶富教为核心的政治主张,则在一定程度上充分显示了它的人民性,和至今仍有借鉴意义的积极性。这两方面是符合历史唯物主义发展规律的孔子思想内在二重性的必然的合乎规律的产物。

（选自《孔子评传》,齐鲁出版社 1985 年 3 月第一版）

匡亚明,江苏丹阳人,我国当代著名学者,儒学专家。早年曾在战火中创办《大众日报》等。解放后曾任吉林大学党委书记兼校长,南京大学党委书记兼校长,中国孔子基金会会长等职。主要著作有《社会之解剖》、《孔子评传》等。

作者在书中除了从现代马克思主义思想理论出发对孔子生平思想进行了宏观的评析阐发以外,还从孔子学说的现代意义出发对孔子及儒家传统思想与现代社会政治、经济及其社会管理的价值意义进行了探讨。特别指出孔子所论述的"义""利"关系对社会的经济秩序管理仍具有重要意义,它仍然可以从宏观与微观两个方面推动建立起社会合乎目的与标准的经济规范,建设现代化的文明经济管理体制。匡文是改革开放之后较早关注儒家社会管理思想与现代化关系的论述。

论中国的治道（节选）

牟宗三

一、引　言

关于中国以往的治道，本文想讨论三个系统：一是儒家的德化的治道，二是道家的道化的治道，三是法家的物化的治道。

我在"政道与治道"一文中，已指明政道是相应政权而言，治道是相应治权而言，故本文言治道，一方固保持其相应治权而言之意义，一方亦预设着它与政道的关联。我在该文中又说到，中国以往只有治道而无政道，有政道之治道是治道之客观形态，无政道之治道是治道之主观形态，即圣君贤相之形态。本文言治道是预设着这些基本观念为背景的。故读本文者不妨兼取该文读之，如是方可了然本文所论者之切实意义。

中国以往那三套治道的思想都是出现并在义理规模上完成于春秋战国时期。其出现的历史文化背景是对周文的罢弊而发，其现实上的发展完成（即落于实际上的运用），是相应战国时的军国主义以及秦汉一统后的君主专制之政治形态而发展完成。

治道就字面讲，就是治理天下之道，或处理人间共同事务之道。其本质就是"自上而下"的。无政道的治道，尤其顺治道的本质而一往上遂，故言治道惟是自"在上者"言。端本澄源，理固应如是。治道之本义只是一句话："君子之德风，小人之德草。"它表示一种"智慧之明"。是以在上者涵盖愈广,则治道亦随之而愈广大精微。故中国以往对于治道之讲论,已达极端微妙之境界。无论德化,道化,或物化,虽有偏有全,有正有邪,然皆有极深远之意义,非浅薄者所能测,以下试分别言之。

二、儒家的德化的治道

儒家言治道,所以主德化,是由于孔子继承夏商周三代所累积而成之礼乐而然。礼乐,简名曰周文。礼乐本于人之性情,其于人与人间方面之根据,则在亲亲之杀,尊尊之等。亲亲尊尊,亦本于性情。由亲亲尊尊之厘定,则人与人间不徒是泛然地个体之间的一段关系,而且进而举出其特殊的内容,此即是伦常。由伦常,性情,进而点出道德的心性,曰仁与义,至孟子则曰仁义礼智,而由恻隐、羞恶、辞让、是非之心以言之,则"道德的心性"尤显,而"德"之一观念遂完成。礼乐,若徒自外部看,犹只是外在的虚文,然若通过伦常、性情,而至道德的心性之"德",则不是虚文,而是实文,即一是皆"真实心"之流露。礼乐,若从其为文制方面看,则可随时斟酌损益,此可与民变革者,儒家之所以为儒家,不在死守这些文具。然由之所见之伦常、性情,乃至道德的心性(此亦即礼乐之所本),则不可与民变革,此是亘古之常道,定然之大经。儒家之所以为儒家,即在点出这一点,亦即在完成这一个"德"。当时周文罢弊,儒家之以质救文,即在德性的觉醒。从德性的觉醒恢复人的真实心,人的真性情,真生命,藉以恢复礼乐,损益礼乐,创制礼乐。(这只是纳人的生活于礼中,总是维持着礼,而不是死守着某一套特殊的礼。)

儒家的"德"是以亲亲,尊尊,伦常,性情,道德的心性(仁义礼智),来规定。它既不是道家的德,亦不是西方所讲的抽象的义务。

所以礼乐之教即是性情之教,德化即是性情人格之完成。(性情不是我们平常所说的脾性,乃是指道德的真实心言。)所以儒家于治道方面,我们概之三目以为体,此即亲亲尊尊与尚贤。亲亲尊尊是维系人群的普遍底子,而尚贤则是一生动活跃之触角。前两者是伦常,后一者是人格。伦常是纲维网,而人格则是每一个体自己奋发向上完成其自身之德的事。《春秋》为亲者讳,为尊者讳,为贤者讳,此三讳即表示以亲亲尊尊与尚贤为宗主。)所以尚贤完全是紧就"德"而言。由此三目为体,再转就是"正德利用厚生"之三目。此三目较偏于用。而此用中,仍以"正德"为本。亲亲尊尊与尚贤皆正德中事。正德利用厚生即是王道。利用厚生是人民生活的幸福,而讲幸福不能离开德,不能一往是功利主义,唯物主义。当然王道亦不能只是德,必函重视人民的幸福。所以内圣必函外王。外王就须正德以开幸福。从王道方面讲,正德必函厚生。正因为德是指道德的真实心,仁义心言,故一夫不获其所,不遂其生,便不是仁义心所能忍。从个人道德实践的立场上说,律己要严;从政治王道的立场上说,对人要宽,要恕。正德求诸己,利用厚生归诸人.而亦必教之以德性的觉醒。此正所以尊人尊生也。尊生不是尊其生物的生,而是尊其德性人格的生,尊其有成为德性人格的可能的生。若只注意其生物的生,则是犬马视之,非所以尊人也。故厚生必以正德为本。此是儒家言德治之大端。

……(略)

儒家德治,由孔子定其型范。后来儒者以及政治上的基本观念一直遵守不渝。秦汉一统后,君主专制的政治形态(即政体)成立,此"德治"一观念复随之用于其上而扩大,而其基本用心与最高境界仍不变。在大一统的君主专制之形态下,皇帝在权与位上是一个超越无限体。因为治权与政权不分,合一于一身,而其政权之取得又是由打天下而来,而儒者于此亦始终未想出一个办法使政权为公有。是即相应政权无政道。即使让政权寄托在一家世袭上，亦必须有一客观有效之法律轨道以限制之，使政权与治权离。如是方能根绝打天下之路，而维持政权之定常永恒性于不坠。今则政权既不能由一道以为公有，即在一家世袭上，复不能有一道以使政权与治权离，是则打天下以取政权乃为不可免者。如是皇帝在权与位上乃一超越无限体，完全不能依一客观有效之法律轨道以客观化与理性化者。在无政道以客观化皇帝之情形下，儒者惟思自治道方面拿"德性"以客观化之。但是此种客观化是道德形态，不是政治法律的形态。儒者自觉地根据儒家的德治首先要德化皇帝与宰相。皇帝在权与位上是超越无限体，儒者即顺其为无限体而由德性以纯化之，以实之。由德性以纯化而实之，这在古人便说是"法天"。而法天的结果，则是物物各得其所，乾道变化，各正性命。这便是孔子的天地气象。这是慎独上的大洒脱，大自在，全体放下的彻底推开。皇帝如此，方是尽君道。此为圣君，而相则期为贤相。圣、贤是德性上的名词，不是权位上的物质力量。大而化之之谓圣。化就是要你推开一步，让物物各得其所，各正性命。"德"不是空说的，也不是抽象的空挂的。它必须要落实。而它一落实，便落在个人人格上。所以德化，必须"慎独"。这不是向外的抓紧把持，而是归于自己作德性的觉醒。个人生命完全是仁义礼智之德，这便纯粹是天理。如此方可说"法天"，方可说"天地气象"。……（略）故德化的治道其结果反是极权独裁的否定。征之于历史，儒者无一拥护独裁极权之暴君的，德化的治道，在使皇帝让开一步中，必函物各付物，各正性命。天地之德无不函盖，无不持载。这当然是无限而绝对。但天地之德并不把持独裁任何物，而却是让任何物皆各遂其生，各得其所。德化的治道，其极就是法天。故"为政以德，则不动而化，不言而信，无为而成。"圣君贤相能如此，其德是天地之德，使人民忘掉他的权位，使他自己也忘掉他的权位。这就是庄子所说的"人相忘于道术，鱼相忘于江湖。"儒家并不反对此义。忘掉他现实上权位之无限，而进至法天以成德之无限，当然不把持独裁任何物。焉有像今日独裁国家，人民战栗恐怖于党人威权之下，而寝食不安耶？

这种治道之不足处，不是治道本身的问题，乃是政道方面的问题。假定相应政权有政道，民主政治成立，使政权与治权离，则此种治道当更易实现，且反而使自由民主更为充实而美丽。以前相应政权无政道，故此种德化的治道实在是有时而穷，而其实现亦受阻。此实为中国历史文化之大症结。关此本文可不深论。

（选自《牟宗三集》，群言出版社 1993 年 12 月第一版。本文原载《政道与治道》，台湾学生书局 1987 年版）

牟宗三，现代第三期儒家的代表人物之一，一生致力于东方文化，儒家学说、中国哲学的研究。著作有《认识心之批判》、《理则学》、《中国哲学的特质》等数十部。

本文选自其《政道与治道》一书"论中国的治道"一节。作者从哲学家的现实使命及学理研究出发，不仅重视中国社会治道的原理研究，也十分关注儒家学说中的政道与治道，即儒家社会管理思想理论的探讨。从而指出儒家的治国方略、管理思想思维便是"德化"为主体的教化论，通过教化达到道德的主体内化，从而维护社会的平稳发展。这是中国几千年封建社会的基本策略，代表着与西方法治不同的一种治国智慧。在人类社会的未来发展中依然具有不可忽视的重要意义。

创造有中国特色的社会主义管理学
——《中国传统管理思想的新探索》序

邓力群

  中国人首先要知道中国人的事情。现代管理当然必须着重研究现代的经济生活、经济关系。但现代是从过去发展过来的,有它的历史延续性,在延续中有丰富、有发展、有变革。如果我们只知道现代,不知道过去,那就是个很大的缺陷,就不可能更深刻、更完全地认识现代。

  早已有很多同志从事中国古代管理思想的研究。由于同志们的努力,又成立了一个研究会,这很必要。一九八六年九月召开了第二次讨论会。把这项工作长期进行下去,路子对头,对于我们社会主义现代化建设会起好的作用。现在把那次讨论会上发表的论文选编整理为《中国传统管理思想的新探索》一书出版,是一件有意义的工作。我们研究中国的古代,外国人也在研究我们的古代。日本很多大企业都把《孙子兵法》、《三国演义》、《西游记》作为经营管理人员的必读书,从中吸取智慧。这种状况已经引起我们的注意,少数企业也开始进行这样的研究。希望同志们继续研究下去,而且应该和可以比外国人更有成果。

  中华民族几千年来有很多丰富的遗产,需要我们进行整理。整理出来以后,对我们现在的工作有借鉴作用。有借鉴和没有借鉴,是有区别的。我们的立脚点、出发点,是建设有中国特色的社会主义,这是毫无疑问的。在这方面,宝华同志总结了四句话:"以我为主,博采众长,融合提炼,自成一家"。我想,应该按这四句话办。"以我为主"的"我",是指中国社会主义现代化建设。"博采众长"的"众",既包括国外的东西,又包括我们古代的东西。社会主义不同于资本主义。现代的中国不同于古代的中国。我们的每一个地方、每一个部门、每一个企业,也都有自己的特点。因此,我们需要在马克思主义指导下,来分析外国的东西和我国古代的东西。看哪些可以借鉴,哪些应该拒绝。不能搞"国粹主义",凡是古代中国的东西都好,都是宝贝,一字之易都不行。我想,大家不能也不会采取这种态度。前年,我们在企协年会上曾提出要借鉴古代的东西,这是对的,但绝不能"食古不化"。

有两个方面的问题值得注意。一方面,有人觉得中国什么都好,只有中国的好,外国什么都不好;另一方面有人觉得中国一无是处,中华民族没有什么值得借鉴的东西,什么都是外国的好。有的文章就是把我们现在的一切统统都当作封建主义,提出进行政治体制改革就是只要反对封建主义。毛主席讲过,中国历史的遗产中有民主性精华,也有封建性糟粕。中国有几千年的文明史,中国各族人民以自己的智慧和辛勤劳动,创造了举世闻名的成果。近代以来,外国先进,也不是一切先进;中国落后,也不是一切落后。因此,必须抛弃封建性糟粕,但是不能说中国只有封建主义,一切都是封建主义,不能把我们现在的弊端统统归结为封建主义,更不能把我们的长处也归结为封建主义。这不符合实际。既不符合古代的实际,也不符合现代的实际。在我们的研究中,应该吸收古代思想中合理的、对我们有用的成分,排除那些不合理的东西。封建主义思想家、政治家所谓"民可使由之,不可使知之","劳心者治人,劳力者治于人",诸如此类的思想,我们当然不能接受。应该更广泛、更深入地进行古代思想文化遗产的整理,分清民主性精华和封建性糟粕。即使是民主性精华,也要充分考虑今天的实际,不能照搬照套。

我们思想界、学术界有人否定中华民族有任何优良传统,如提出"中国文化是个沙漠",以至于寻根,寻到外国去。先念同志去年春节座谈会上说不能全盘西化,这是有针对性的。中国只能走社会主义道路,不能走资本主义道路,这是人民的选择,是历史的选择,其真理性早已为我党领导的几十年来的斗争和建设的实践所证明。即使如此,还是有人闭眼不看历史、不看实践,更不去考虑人民的意愿,在社会主义中国已经在30多年中取得辉煌成果的今天,重新提出全盘西化,认为凡是资本主义国家的就一切都好,无可挑剔,要全盘照搬。我们主张引进发达资本主义国家的先进技术、先进设备、先进管理经验。我们不能闭目塞听。马克思主义和任何宗派主义、宗派情绪都是格格不入的。它批判地继承自有人类以来的一切优秀成果。无论是社会主义制度还是资本主义制度,只要是进行社会化大生产,总会有共同的东西需要我们去吸收、采用。这是坚定不移的方针。但这个方针不能变成全盘西化,不能照搬资本主义,不能"食洋不化"。我见了一位美籍华人资本家,对我们是很友好的。他说:"我是资本家,要赚钱。我要想到几个月以后、半年以后、一年以后怎么赚钱。可是大陆一些人只想到明天赚钱,更远一点就想不到了,这令我吃惊。"北大有位老教授陈岱荪同志,解放前学的、教的都是资产阶级经济学,解放后认真学习马克思主义经济学,因此既懂得资产阶级经济学,也懂得马克思主义经济学。他有两句很好的话:资产阶级经济学在资本主义社会中都解决不了他们的经济问题,把它照搬过来能解决社会主义的经济问题吗?我看这是至理名言,这是经验之谈,因为他有个比较。

20世纪儒学研究大系

创造具有中国特色的社会主义管理学，这是一个大题目，是一个需要各个方面共同参加、共同努力才能实现的大题目。要实现这个大题目，必须认真总结我们自己社会主义建设中的实践经验，同时又必须研究和吸收外国的和中国过去的好经验。外国的和中国过去的东西，需要在我们的新的实践中得到检验，确定其是否具有现实的生命力。总之，同志们的工作是很有意义的，坚持下去，一定能够取得成功，一定能够在创造具有中国特色的社会主义管理学方面做出自己的贡献。

祝贺《中国传统管理思想的新探索》的出版，祝贺古代管理思想研究会今后取得越来越多的成绩。

（选自《中国传统管理思想的新探索》
企业管理出版社，1988 年 4 月第一版）

邓力群， 曾任中共中央宣传部部长，书记处书记等职。

本文是作者为《中国传统管理思想的新探索》一书所写的一篇序言。文章对中国传统管理思想理论，特别是儒家传统管理思想理论予以充分肯定。并且指出要认清历史文化的真面目，学会使用"二分法"，既要继承精华，又要除其糟粕，只有这样才能真正建立具有中国特色的社会主义管理学，古代管理思想研究也会在今后取得越来越多的成绩。

兼取百家之长，发展管理科学
——《中国传统管理思想的新探索》序

袁宝华

　　我记得 1984 年 12 月，国家经委经济管理研究所召开了第一次中国古代管理思想讨论会。那次会提出了要重视发掘、研究我国古代文化遗产，为探索具有中国特色的社会主义现代化管理科学服务这样一个重要的方针问题，从而在这方面开了个好头。会后，把讨论会上的论文汇集整理，出版了一本《中国古代思想与管理现代化》论文集。这是一本很好的书。在那次会上，我讲了一些不成熟的意见，经济管理研究所的同志把它改写成了序言。时隔将近两年，于 1986 年 9 月，我们又开了第二次中国古代管理思想讨论会。过去的两年，正是党的十二届三中全会作出经济体制改革决定后的两年，我国各方面的工作都大发展了。在这种形势下，我们召开第二次讨论会，是有重要意义的。这次讨论会是一次盛会，参加者的人数比上次增加了三倍，所提供的论文从数量到质量都有很大提高。现在，中国企协古代管理思想研究会的同志从讨论会的论文中经过筛选、编辑，准备再出版一本书，名为《中国传统管理思想的新探索》，我感到很有必要。并愿借此机会，对中国古代管理思想的研究，提出几点意见，以供参考。

　　第一，要解放思想。经济体制改革，在社会上、国际上引起的震动不小。这是一件大的事情,我们没有经验,改革就要改过时的东西,在改革过程中,往往会出现一些自发性、盲目性,看来,只要政治方向对头,这并不可怕,说明大家思想活跃,改革的实践也很活跃。在这种大变革的时代,就要解放思想,大胆探索,实事求是地看待改革中出现的问题,改革不能一个模式,要不拘一格。回头想想,我们的古人,特别是先秦时代,思想是解放的,他们不墨守陈规,不是前人怎么说他就亦步亦趋的。那时,百家争鸣,思想解放,有不同意见,才有争鸣,假如大家都是一个语言,那还有什么争鸣?从这两年改革的实践看,三中全会的解放思想、实事求是的思想路线在改革实践中确实发挥了巨大的作用,在坚持四项基本原则的基础上,把大家的思想从绳索捆绑中解放出来,把广大群众的积极性充分发挥出来。回想1958年"大跃进"前夕,毛主席进行了一系列思想发动的工作。当时他提出了一个口号叫"敢想、敢说、敢干",要超过外国人,要超过古人;要起用年轻人,自学成才的人,不受文凭的限制。他举了好多例子,主要是想把广大群众中蕴藏的社会主义积极性充分发挥出来。这首先要解放思想。当然,"大跃进"的指导思想和方法是错的,这是实践证明了的,历史已作了结论。可是,毛主席当时提出要解放思想,提出要敢想、敢说、敢干,这还是我们的宝贵财富。我们要继续学习和发展毛泽东思想,总不要忘了这些。

　　第二,要有继承性。毛主席说过从孔夫子到孙中山,都要认真进行总结。我们要采取这个态度,从古人给我们遗留下来的宝贵的文化财富中吸取营养,取其精华,从中找出适合我们需要的东西。更重要的是,我们研究古代文化,具体说研究管理思想,要从古代管理思想的论述中找出古代管理思想的规律。当时那些文章、讲演都是有针对性的,都是针对每件事情说的。所以我们研究时不能就事论事,而要从好多文章和讲演中找出它的规律性的东西。如管仲的经济思想,也有它的规律性。他讲经济方面的问题有他的主导思想。要研究他的主导思想。广泛地研究古代经济家的管理思想,可以找出中国古代管理思想的脉络。因为任何一件事、任何一个人、任何一种学科对过去都有它的继承性,只要是有分量的著作,它都有一个承先启后的问题。古代管理思想的价值和重要性就在于把古人的实践,古人经过实践所总结的经验,为古人的后人所继承。而后来的人又继承古人的后人通过实践总结出来的经验。中国几千年的文化有它的继承性,我们研究古代管理思想,正是要做到这一条,要使我们现代的管理思想有个继承性。只有承先才能启后,只有吸取前人的经验和精华我们才有利于指导现在的工作,同时,也为我们的后人留下他们认为宝贵的财富。

第三,要兼取百家之长。马克思主义是不搞宗派主义的。对于吸取外国的先进管理思想、先进的管理经验,我们没有门户之见,好的东西我们都要。对于古代的管理思想同样如此。古代的管理思想在百家争鸣情况下,有各式各样的议论,也有各种观点,好的东西都要吸收,不拘于一家之言。专门研究一家的思想,当然也是需要的,而且要钻进去,既要钻进去,又要跳出来。所以,无论对古代还是现代,都要采取兼取百家之长的方针。这样才能找出古代管理思想的脉络,找出它规律性的东西;或者把古代管理思想总结成若干学派,按它的脉络了解它发展的阶段。我们有这么宝贵的财富,我们这一代人总得把它好好总结一下。我们不是去寻章摘句,而是要进行分析研究,总结过去好的经验,为现在所用,为我们的后人所用。

再从历史上看,真正中国文化发达的时代,就是大量地广泛地吸取外国文化精华的时代,也正是中国最强盛的时代。比如汉唐文化,确实是拿来主义,把包括希腊、罗马的文化,大量吸收到中国来。比如世界上最早的交响乐队就在唐朝,可是唐朝的乐队所使用的乐器,不少是当时来自西方的。唐朝是实行开放政策的,那时的长安城比现在的长安城要大好多倍,城里好多坊里都住着外国人。我们研究古代文化,不要忘了古代文化的发展,也是大量吸收了外国的文化。所以研究古代的管理思想,要破除宗派主义,兼取百家之长。对古人也不能苛求,它有一个时代的限制,有一个生产力发展的限制。他们的管理思想是反映那个时代的要求和生产力发展的状况,无法和现在相比。但是古代管理思想的共同的规律是从实践中来的,而且高于实践。在很大程度上可以作为指导我们现在的工作借鉴,并有利于指导我们建立现代的管理科学。

第四,后人一定要超过前人。过去一些人,把孔夫子捧为"至圣",就是再没有人可以超过他了。孟子是"亚圣",子思是孔子的孙子、孟子的老师,被称为"述圣",只能说孔子说过的话。我们研究古代思想,要破除这些东西。现代生产力发展到了这么先进的程度,现代人超过古人是理所当然的。

对于我国古代管理思想的研究,从第一次讨论会以来,我们取得了很大的成绩。经过这两年大家酝酿、准备,现在又正式成立了中国古代管理思想研究会,这是我们多年来的愿望。我们要把有志于此道的同志,集中在一起,群策群力,把工作推向前进,做得更好。这是我们事业的发展。所以,研究会的成立标志着我们古代管理思想的研究进入了一个新的阶段。第一次讨论会出了一本书,以后,北大赵靖同志又出了一本《中国古代经济管理思想概论》专著。最近又出了一本《中国古代管理思想》的书,这是上次讨论会之后,组织全国 40 多位专家进行编写的,选了 88 位历史人物,分别按人物阐述他们的管理思想,这为我们研究古代管理思想提供了重要资料。这些都是两年以来的成果,我看应该说是一日千里,硕果累累。

最后,我对《中国传统管理思想的新探索》)一书的出版表示祝贺!并殷切希望古代管理思想研究会在创立和发展具有中国特色的社会主义现代化管理科学的伟大事业中不断作出新的贡献。

(选自《中国传统管理思想的新探索》,企业
管理出版社,1988 年 4 月第一版)

袁宝华,原国家经委主任,中国企业家协会会长,中国企业联合会名誉会长。

作为中国企业家协会的负责人,袁宝华一直非常关心企业管理理论的建设和创新,尤其是借鉴传统管理思想为社会主义现代企业管理服务。尽管本文不是针对儒家思想而言,但提出"要从古代管理思想的论述中找出古代管理规律",为我所用,从二十世纪八十年代的特殊社会背景来说,它直接推进了儒家管理思想的研究和借鉴,代表了当时政府部门对儒家为代表的中国古代管理思想古为今用的基本态度和观点,具有开新风的学术价值意义。

儒家思想与工商文明二题

张岱年

1. 子贡货殖与既富且仁

在一般人的印象中,儒家是与经商绝缘的,其实历史的实际情况并非如此。孔子弟子子贡便是长于经商的人。古代经商称为货殖。《史记·货殖列传》首列陶朱、子贡。《论语》记孔子说:"赐不受命,而货殖焉,亿则屡中。"子贡善于推测物价的变化,故能取得成功。孔子并未说货殖是违背道德的。据《论语》所载,孔子死后,子贡宣扬孔子的学说与人格,做了许多工作。《史记》也说:"夫使孔子名布扬于天下者,子贡先后之也。"子贡虽经商,却仍是儒家的一个重要人物。

孟子曾引阳虎之言说:"为富不仁矣。为仁不富矣。"似乎仁与富是不相容的。但是,子贡的情况却非如此。《论语》记载了子贡与孔子的多次问答。《卫灵公》篇:

> 子贡问为仁,子曰:工欲善其事,必先利其器。居是邦也,事其大夫之贤者,友其士之仁者。

《雍也》篇:

> 子贡曰:如有博施于民,而能济众,何如? 可谓仁乎? 子曰:何事于仁,必也圣乎!

这些是关于仁的问答。《卫灵公》篇:"子贡问曰:

> 有一言而可以终身行之者乎? 子曰:其恕乎! 己所不欲,

勿施于人。

《公冶长》篇：

> 子贡曰：我不欲人之加诸我也，吾亦欲无加诸人。子曰：赐也，非尔所及也。

这是关于恕的问答。从这些记载来看，子贡是有志于仁恕的。他自以为做到"不欲人之加诸我也，亦欲无加诸人"，孔子认为他还没有达到这样的水平。但应承认，他主观上是努力去做的。子贡既善于货殖，又有志于仁，可以说是既富且仁。

孔子弟子七十二人，从事于货殖的惟有子贡，足见既富且仁是难能的，然而不是不可能的。据闻近年日本有一个大企业家，利用儒家经典来经营企业，提出"既富且仁"作为基本准则，取得了很大的成功。如果在资本主义市场经济体制下，应提倡既富且仁，那么在社会主义市场经济体制下，更应该实行既富且仁了。仁是一个传统的道德范畴，用现在的名词来说，就是"为人民服务"。中国古代传统重农轻商、重义轻利，固然是一项严重的偏失。（但是，如果是全民皆商、唯利是图，恐怕是要陷于更大的偏失。）资本主义社会重视实利，但也很注意发展精神文明，而且也看重没有近期实际效益的纯理论、纯学术的研究。在社会主义社会中，何能专以盈利为务呢？

有经商才干的文化人不妨去经营企业，在经济发展上做出贡献。大多数文化人还是要安于本务，致力于学术文化的提高。我希望经营企业卓有成就的人也能够对于精神文明做出一定的贡献。近年以来，许多华侨企业家对于祖国的教育事业捐资捐款，可以说确实表现了既富且仁，这是值得赞扬的。

2. 市场经济与文化传统

邓小平同志视察南方的重要谈话和党的十四大报告，开辟了社会主义建设的新局面,使我国改革开放和现代化建设事业进入了一个新阶段。

江泽民同志在十四大报告中说:"我们要继承和发扬中华民族优良的思想文化传统,吸收人类文明发展的一切优秀成果,在生动丰富的社会主义实践中,创造出人类先进的精神文明。"这就是指出,在社会主义市场经济的建设过程中,中国文化的优良传统还是需要继承和发扬的。

中国古代文化建立在自然经济的基础之上。自从80年代实行改革开放以来,延续了几千年的自然经济已经改变了,商品经济在城乡中发展起来。传统的文化思想是否还有应该继承发扬的呢? 事实上,中国文化的优良传统有其不受自然经济局限的内容,这是必须肯定的。例如"自强不息、厚德载物"的文化传统、坚持民族气节的爱国精神,宣扬以人为本位而反对以神为本位的人文思想,都是值得重视、值得发扬的。

中国封建时代,虽然实行重农抑商的政策,但商品经济也早已有一定程度的发展。汉初政论家晁错说:

> 商贾大者积贮倍息,小者坐列贩卖,操其奇赢,日游都市……今法律贱商人,商人已富贵矣。尊农夫,农夫已贫贱矣。

这说明汉代商业还是相当发展的。到宋明时代,商业有更进一步的发展。在哲学领域,也出现了重视工商的思想。如叶适主张"以国家之扶持商贾,流通货币"(《习学记言》)。明清之际的黄宗羲肯定"工商皆本"(《明夷待访录》)。不过没有产生像16世纪西方那样的自由主义思想家而已。

中国古代的商品经济也有一定的优良传统,这就是经商要"货真价实"、"言不二价",不要谎,不欺骗。往昔的商店中常挂着一个牌子,上写"童叟无欺"。这就是重视"信誉"。这是值得赞扬的。

新中国成立之后,商店都是按值定价,在这方面也继续了过去的优良传统。近几年来，个体商贩大增，有很多个体商店可以"侃价"，这也是大势所趋。近来也有人提出国营商店也应"侃价"，这就让人感到难以理解了。商品可以还价即表示原来要价有谎。过去称之为"要谎"。所谓"漫天要价，就地还钱"，其实这是不诚实的表现。不诚实是不应鼓励的。我认为应发扬"货真价实"、"言不二价"的优良传统。

一般的印象是认为儒家是轻视商业的，其实古代儒家并非如此。孔门弟子中就有大商人子贡。孔子并未反对子贡从事于"货殖"。孔子周游列国，可能受到子贡的资助。子贡可以说是具有高度学术水平又善于经商的学者。

孟子引阳虎之言曰："为富不仁矣，为仁不富矣。"将仁与富对立起来，事实上，仁与富并非不相容。孔子论治国之道，主张先"富之"而后"教之"，即认为经济发展是文化教育的必要基础。《管子》所谓"仓廪实则知礼节，衣食足则知荣辱"，已成为人们公认的名言。听说有的日本企业家主张将仁与富结合起来，这是值得注意的。近代以来，有许多经营实业致富的华侨企业家，大量资助祖国的文化教育事业，可以说是既富且仁的典型。在一定意义上，仁与富是相反相悖的。在另一意义上，仁与富也可以是相辅相成的。

仁是精神文明，富是物质文明。我们建设社会主义新中国文化，既要重视物质文明，也要重视精神文明。现在建立了充满生机的社会主义新经济体制，物质文明将大大发展，精神文明也将发展到一个新的境界。中国古称礼义之邦。但是近几十年来，日常生活中有些不文明的表现令人痛心，如随地吐痰，坐公共汽车不让座等等，不但不如西方国家，也违背了本国的良风美俗。随着物质生活的改善，我们期待着精神文明的高度发扬。

（原文选自《张岱年全集》第八卷）

　　张岱年,河北献县人,曾受聘于清华大学。任讲师、副教授、教授。现任北京大学哲学系教授、博士生导师。1989年起任中国哲学史学会名誉会长。主要著作有《中国哲学史大纲》、《真与善的探索》、《求真集》、《中国哲学发微》等。

　　作为中国当代著名哲学史家,张岱年曾在多部著作及文章中涉及到儒家传统管理思想与现代工商文明建设问题。本文主要就儒家"富且仁"与现代市场经济建设管理,特别是市场经济观念构建和经济秩序的维护做了具体分析论证。在一定意义上也是从哲学高度析理传统管理思想的批判继承命题,以使儒家经济思想更好的为现代"两个文明"建设服务。

孔子教育管理思想探微

韩延明　李如密

春秋末期,诸侯割据,社会动荡不安,急需治术之才。孔子适应时代需要,针对官学衰微的状况,以"有教无类"为办学方针广收门徒,创办了当时第一所规模最大的常年性私立学校,破"学在官府"之旧制,开平民教育之先河。此可谓中国最早的具有深远历史意义的教育管理制度的重大变革,开始了"学术下移"的新纪元。孔子一生苦心孤诣办教育所累积的经验是一笔非常宏富的宝贵遗产。本文拟从教育管理学的角度,对孔子这位中国古代私立学校的组织管理者的教育管理思想作一探讨。

一

学校教育是一种有目的、有计划、有组织的培养人的活动。它不仅要制定明确的教育目标,而且要实施有效的目标管理。目标具有导向、激励、衡量和控制作用。目标管理是现代管理理论中的一项重要内容。尽管在春秋时代还未产生"目标管理"这一术语,但孔子作为私立学校的直接管理者,已在一定程度上尝试了教育过程中朦胧状态的"目标管理"。

那么,他是如何进行教育目标管理的呢? 主要是注意在把关定向中引导、监督、检查和调整自己私学培养治国安邦的"弘道君子"的教育目标的实施。他指出,这样的君子应有"智、仁 、勇"三方面的修养,做到"仁者不忧、智者不惑、勇者不惧"(《论语·宪问》。以下略书名)。此外还要注意美育陶冶,"文质彬彬","成人之美"(《颜渊》)。由此可见,孔子是中国古代教育史上第一个提出要使受教育者在"仁"(德)、"知"(智)、"勇"(体)、美几方面都得到全面修养和发展这一教育目标的"先师"。从这点出发,当学生循此目标发展时他就称赞肯定,而当偏离或违背这一目标时他便批评纠正。如学生樊迟向他问及种庄稼之事,他便说:"吾不如老农。"又向他请教种菜,他说:"吾不如老圃。"樊迟出,子曰:"小人哉! 樊须也。"并就此发表了一通大道理:"上好礼,则民莫敢不敬;上好义,则民莫敢不服;上好信,则民莫敢不用情。夫如是,则四方之民襁负其子而至矣,焉用稼?"(《子路》)多少年来,有些人把这段话视为孔子鄙薄农业生产、反对劳动教育的例证。似乎孔子当时只有应允樊迟之请,才是对的。其实对此还应作历史的客观的评述。分析教育现象,研究教育问题,必须掌握教育规律和把握教育目标,孔子的教育目标是培养"士"。而"士"既要有"守死善道"的精神,又要有胜人一等的见解,能献策,善辞令,因而需要具有德行、政事、言语、文学等能力。而"稼"、"圃"技艺,非"士"所必需。何况当时的社会分工是:"百工居肆以成肆,君子学以致其道"(《子张》)。而与社会分工不相吻合的教育是难以立足的。同样,另一个学生冉有因不顾孔子"仁"、"礼"的教诲,而帮助季氏聚敛财物,也受到孔子的严厉批评:"非吾徒也! 小子鸣鼓而攻之可也!"(《先进》)。可见,孔子全力阻止樊迟请"稼"学"圃",坚决抨击冉有见利忘义,强调重视"仁、义、信"是符合教育受制约于社会生产力和生产关系矛盾发展的基本规律的,也是合乎孔子当时特定的教育目标管理的主要内容的,尽管孔子的教育目标带着那个时代、阶级的烙印。

二

教育管理的经验源于教育管理的实践。孔子一生执教四十余年,在学生管理上诸如生源管理、入学管理、学习管理、总务管理和出仕管理等方面,都提出并试行了一些独具特色的管理思想和管理方式。

(一)生源管理。孔子立教的指导思想是"有教无类"。与此相应,他对各种类型的学生都兼收并蓄,一视同仁。在学生来源管理方面,他奉行了"八不"原则:一是不分贵贱;二是不分贫富;三是不分愚智;四是不分勤惰;五是不分恩怨;六是不分老少;七是不分国籍;八是不分美丑(《史记·仲尼弟子列传》)。

(二)入学管理。孔子在生源管理思想上虽然是"有教无类",但在具体招收学生时也有一定的条件和"规矩"。从《论语》和其他史籍有关记载来看,孔子的入学管理主要有以下几点:一是须有人引荐。《雍也》篇载:"子游为武城宰。子曰:'女得人焉尔乎?'曰:'有澹台灭明者,行不由径,非公事,未尝至于偃之室也'。"可见澹台灭明后来成为孔门弟子,与子游的介绍很有关系。相反,对无人引荐而擅入孔门的失礼行为,孔子是大为反感并拒绝接收的。如《阳货》篇载:"孺悲欲见孔子,孔子辞以疾。将命者出户,取瑟而歌,使之闻之。"当然,孔子有时也自己物色学生。如子路原是六色的"野人",好勇斗狠,性情粗暴,曾当面凌辱孔子,但孔子对他颇感兴趣,便"设礼稍诱",罗致门下(《史记·仲尼弟子列传》)。二是须面试考察。《韩非子·显学》篇载:"澹台子羽,君子之容也,仲尼几而取之,与处久而行不称其貌。宰予之辞,雅而文也,仲尼几而取之,与处久而智不充其辩。故孔子曰:'以容取人乎,失之子羽;以言取人乎,失之宰予'。"由此可见,孔子面试至少是从"容貌"和"言辞"两个方面进行考察的。三是须"儒服委质"。学生入学时要郑重地举行拜师礼。先要改穿一定式样的服装,即儒服,要求衣帽整齐,"衣缝掖之衣","冠草甫之冠"(《礼记·儒行》),然后举行一定格局的仪式,并呈交拜师执见礼,叫委质。《述而》篇载:"自行束脩以上,吾未尝无诲焉。"过去有人说,孔子收受"束脩"是剥削,其实不然,"束脩"在当时也只是一种履行入学手续的很微薄的求师"见面礼"而已。

(三)学习管理。孔子认识到教学过程不仅是教师教的过程,更重要的是学生学的过程,因此他非常重视对学生学习过程的管理。主要有以下几个方面:一是端正学习态度。要求学生诚心求教,扎扎实实,切忌浅尝辄止,自欺欺人。他曾语重心长地告诫学生:"知之为知之,不知为不知,是知也"(《为政》)。二是培养学习兴趣。孔子所以将颜回树为学习榜样,主要是因为他笃诚"好学"。他还进一步指出:"知之者不如好之者,好之者不如乐之者,"将乐学看作学习过程的高级阶段,揭示了学习兴趣与学习效果的密切关系。三是注意学习方法。(1)学与习结合。《论语》开宗明义第一句便是"学而时习之,不亦说乎"。主张在学习过程中注意书本理论知识的温习和行为实践的练习或实习。孔子的学生曾参就把"传不习乎"当作他每天应当反省的一项重要内容。(2)学与思结合。孔子不仅强调"好学",而且注重"多思",主张学思并重:"学而不思则罔,思而不学则殆"(《为政》)。(3)学与行结合。主张将所学知识(主要是道德方面)随时应用于生活实际和个人道德行为,学以致用,改过迁善。

(四)总务管理。史料表明,孔子所办学校,是我国春秋末期学生最多的一所常年性私立学校。在这所学校里,有"居堂",作教学场所;有"弟子内",作学生宿舍;还有马厩、仓库等,规模已相当可观。学校的最高管理者当然是孔子。但偌大一所学校,不可能没有人分管日常事务,像生活管理、财务管理、校舍管理、杂务管理等。那这些"分管者"是谁呢?从《论语》提供的一些若明若暗的线索推测,估计是那些孔门弟子中"政事科"的高材生所为。据《述而》和《子罕》篇载:孔子病重期间,子路一面向上苍祈祷,一面"使门人为臣",筹办丧事,都表明他享有主管内务的权力。另据《雍也》篇载,冉求恭请孔子为出使齐国的公西华之母补助粮食,结果自作主张地多发放了五十倍于孔子批准数额的小米,也表明他掌有主管财务的权力。孔子这种让具有一定管理能力的学生参与学校某些管理工作的尝试,对我们今天的学校管理者仍不乏启迪。

(五)出仕管理。孔子从统治者需要不同人才的现实出发,平时十分注意了解每个学生的长处和不足,并因材施教,以备随时向统治者荐举。推荐时如实地介绍其弟子各自的气质、性格、兴趣、能力和特长等。如《雍也》篇载:季康子想在子路、子贡、冉求三人中选择能帮他管理政事的臣僚,孔子就根据他们各自的长处加以推荐,说"由也果"、"赐也达"、"求也艺",均可在政位上独挡一面。《公冶长》篇也载:孟武伯曾向孔子询问其弟子的情况,孔子就给他分别做了介绍:"由也,千乘之国,可使治其赋也";"求也,千室之邑、百乘之家,可使为之宰也";"赤也,束带立于朝,可使与宾客言也"。孔子乐于荐举有组织管理能力的学生出仕,曾应邀推荐出不少学生到鲁国内外参政或从政,故其弟子为官者甚多。《韩非子·外储说左下》就记载说:"季孙养孔子之徒,所朝服与坐者数十数。"

三

德育是我国自古以来教育的核心。孔子的哲学是一种道德哲学,旨在回答社会与人生的问题。反映在教育上,即是非常重视德育在人的发展中的作用。相应地,孔子的德育管理思想也是非常

20世纪儒学研究大系

丰富的。

孔子非常重视学生的德育管理。他认为："德之不修,学之不讲,闻义不能徙,不善不能改,是吾忧也"(《述而》)。在德育管理过程中,孔子主要是用"礼"来约束学生的言行,要求做到"非礼勿视,非礼勿听,非礼勿言,非礼勿动"(《颜渊》),因为他认为"恭而无礼则劳,慎而无礼则葸,勇而无礼则乱,直而无礼则绞"(《泰伯》)。

孔子在进行"约之以礼"的德育管理时,特别注重"举善"即树立榜样的教育作用,以便让学生"见贤思齐"。一方面,以学生中可供效行者为榜样。如名列孔门德行科之首的颜渊,便被孔子作为"安贫乐道、不犯二过"的道德榜样,用来教育其他弟子。他称赞道:"贤哉,回也!一箪食,一瓢饮,在陋巷,人不堪其忧,回也不改其乐。贤哉,回也!"(《雍也》)。另一方面,以先哲仁人和时人中的贤者为榜样。如孔子在《论语》中与其弟子经常谈到许多他认为在道德修养上值得学习的人物,即尧、舜、禹、汤、文、武、柳下惠、泰伯等等。

对于后进学生的德育管理,孔子总是本着两条原则:一是毫不掩饰,及时批评。如"柴也愚,参也鲁,师也辟,由也喭"等,就是对学生缺点的评语,也是分别施教的依据;二是"能近取譬","过勿惮改"。他说:"法语之言,能无从乎?改之为贵。"(《子罕》)"过而不改,是为过矣"(《卫灵公》)。他从不纠缠在学生过去的缺点错误上,而是相信他们一定会在有效的德育管理过程中逐步克服。"成事不说,遂事不谏,既往不咎"(《八佾》),"后生可畏,焉知来者之不如今也"(《子罕》)。此外,他很强调在德育管理方式上要宽猛相济,既要尊重爱护,又要严格要求,主张"宽以济猛,猛以济宽"(《孔子家语·刑政》)。

在德育管理过程中,孔子很重视德育效果的检查。首先,通过视导,检验学生是否真正做到了言行一致。所谓"听其言,观其行"。如孔子有次在检查中发现宰予白天睡觉,便当即批评道:"朽木不可雕也,粪土之墙不可杇也。"并由此总结了自己以前在检查工作上的偏差并引为教训:"始吾于人也,听其言而信其行;今吾于人也,听其言而观其行。于予与改是"(《公冶长》)。其次,通过座谈,了解学生的人生观及志向形成情况。如颜渊、子路侍,子曰:"盍各言尔志?"子路曰:"愿车马,衣轻裘,与朋友共,敝之而无憾。"颜渊曰:"愿无伐善,无施劳。"再次,通过对话,借助评价他人和个人的道德行为来考查学生的道德判断与道德思维能力。其中评价最多的是历史人物和时人,如周公、伯夷、叔齐、纣王、微子、比干、箕子、齐桓公、晋文公、管仲、子产、柳下惠、齐景公、卫灵公等。

在德育管理过程中,孔子还特别注意根据学生不同年龄阶段的生理与心理特征,有针对性地进行道德训诲,以"防患于未然"。他指出:"少之时,血气未定,戒之在色;及其壮也,血气方刚,戒之在斗;及其老也,血气既衰,戒之在得"(《季氏》)。由此可知,孔子的德育管理,是积极地预防在前,而非消极地堵塞基后。

四

学校是培养人才的专门教育机构,而教学则是学校培养人才的主要途径。"孔子以诗、书、礼、乐教弟子,盖三千焉。身通六艺者七十有二人。"(《史记·孔子世家》)"建国君民,教学为先"的教学管理思想就源于孔子。

首先,孔子很重视教学组织管理形式的灵活性和多样化。

(一)分层教学。孔子认识到遗传、环境和教育在人的发展中的作用,并依据遗传素质和智力发展水平把人分为"上智"、"中人"、"下愚"三个层次,从而奠定了"分层教学"的理论基础。他指出:"中人以上,可以语上也;中人以下,不可以语上也。"可见孔子在教学组织管理上首先是将学生划分出层次而后因材施教的,所谓"生而知之者,上也;学而知之者,次也;困而学之者,又其次也,困而不学,民斯为下矣"(《季氏》)。一部《论语》,详细记载着孔子同学生各方面的谈话,但提到名字的,不过四十人左右,而经常与孔子对话的,则不到二十人。这充分说明,孔子在教学实践中是分层次教学的。

(二)分科教学。孔子从学生各自志趣不一的现实出发,把教学科目分为德行、言语、政事、文学四科,并注意培养各科的尖子生。如《先进》篇载:"德行:颜渊、闵子骞、冉伯牛。言语:宰我、子贡。政事:冉有、子路。文学:子游、子夏。"应该指出的是,孔子对那种"游于艺"的科目特别是音乐教学也非常重视。在陈绝粮期间,他仍"弦歌之声不绝",还一再强调"吾自卫反鲁,然后乐正,《雅》、《颂》各得其所"(《子罕》),足见其对音乐教学的充分重视。

(三)侍坐教学。这是一种闲坐谈心、对话交流的教学组织管理形式。如《论语》中的"子路、曾皙、冉有、公西华侍坐"章、"颜渊、季路侍"章等,就生动地反映了当时侍坐教学那种畅所欲言的情形。可以看出,这种形式使得教学气氛融洽、自然。正如《先进》篇所描写的:"闵子侍侧,訚訚如也;子路,行行如也;冉有、子贡,侃侃如也。"

(四)游历教学。孔子在带领其弟子周游列国十三年的历程中,念念不忘因时、因地、因事、因人地对学生进行教育。如"子之武城,闻弦歌之声。夫子莞尔笑曰:'割鸡焉用牛刀?'子游对曰:'昔者偃也闻诸夫子曰:君子学道则爱人,小人学道则易使也。'子曰:'二三子! 偃之言是也。前言戏之耳。'"(《阳货》)另外《礼记·檀弓下》也有记载:孔子过泰山侧,有妇人哭于墓者而哀,夫子式而听之,使子路问之曰:"子之哭也壹似重有忧者。"而曰:"然! 昔者吾舅死于虎,吾夫又死焉,今吾子又死焉。夫子曰:何为不去?"

曰："无苛政。"夫子曰："小子识之，苛政猛于虎也。"这种随时随地不拘形式进行的游历教学也是孔子教学组织管理形式的一大特色。

（五）集体教学。《庄子·渔父篇》载："孔子游乎缁帷之林，坐休乎杏坛之上，弟子读书，孔子弦歌。"《史记·孔子世家》也记载：孔子周游列国去曹适宋中途，还"与弟子习礼于大树之下"。可以说，"杏坛设教"和"大树下习礼"，已是中国教育史上集体教学的萌芽。

（六）个别教学。孔门弟子分别来自不同国家，入学时间又不受限制，因此语言杂咙、出身不等、年龄悬殊、个性互异、水平参差。针对这种情况，"孔子教人，各因其材"，采用个别教学方式。如子路与冉有向孔子问同一问题"闻斯行诸?"孔子分别作了不同的回答："有父兄在，如之何其闻斯行之?"和"闻斯行之"。因为"求也退，故进之；由也兼人，故退之"（《先进》）。

其次，孔子也很重视对教学课程设置的管理，重视编写贯穿其政治意图并适合学生接受能力的教材。《述而》篇载："子以四教：文、行、忠、信。"又载："子曰：志于道，据于德，依于仁，游于艺。"其课程设置，是以其亲自修订、整理的《礼》、《乐》、《诗》、《书》、《易》、《春秋》等为教材，同时也适当学习射、御、书、数等。但他对传统的各科教材不是机械搬用，而是加以"活化"和"深化"，使每门教材均有其独特的纯化道德与丰富学识的作用。他在《礼记·经解》中指出："温柔敦厚，《诗》教也；疏通知远，《书》教也；广博易良，《乐》教也；洁静精微，《易》教也；恭俭庄敬，《礼》教也；属辞比事，《春秋》教也"。尤其可贵的是，孔子在课程设置中排除了鬼神迷信色彩的宗教科目，他在教学中"不语怪、力、乱、神"（《述而》），要求弟子研究人伦、了解人生、熟悉人事、不学鬼术。这对中国几千年来宗教内容一直难于进入教育领域做出了重大贡献。正如范文澜所言："抵抗宗教毒的力量，主要来自儒家学说。"

再次,孔子还很重视教学管理工作中的教学检查环节。主要是通过观察法。《为政》篇载:"吾与回言终日,不违,如愚。退而省其私,亦足以发,回也不愚。"这充分反映了孔子对其教学效果的重视和教学检查工作的及时。检查范围主要是"视其所以,观其所由,察其所安"(《为政》)。

五

"仁"是孔子思想范畴的总的基础。"仁"字在《论语》中出现了105次之多。从字形结构上讲,"仁"字,从"人",从"二",是指正确处理人与人之间的各种关系。教育领域是一个以人为主体的多层次、多因素、多序列、多职能的复杂系统,古往今来,教育管理的根本就是"协调"。而孔子的教育管理思想,正是以重视协调人际关系为其特色的。

其一,是注意协调师与生(教育管理者与被管理者)之间的关系。这主要表现在两个方面:一是师爱生。孔子强调"人"的存在,重视"人"的价值。他对学生满腔热情、关怀备至,一视同仁。弟子陈亢曾向孔子的儿子伯鱼了解在学习上孔子是否对他另有"照顾",回答是"未也"。陈亢最后得出结论:"君子远其子"而"亲其生"。学生伯牛有疾,子问之,自牖执其手,曰:"亡之,命矣夫! 斯人也而有斯疾也,斯人也而有斯疾也!"爱生之情跃然纸上。当其高足颜渊死后,孔子痛惜地说:"噫! 天丧予! 天丧予!"随即亲到颜家吊唁并恸哭不已,生动地体现了师生间的至深情谊。此外,对已走上工作岗位的弟子,孔子也十分关切。如孔蔑与宓子贱同时离校从政后不久,孔子就分别亲临检视,要他们谈工作以来"何得? 何失?"并肯定成绩、批评缺点、鼓励上进。二是生尊师。孟子曰:"爱人者,人恒爱之;敬人者,人恒敬之。"爱是情感的双向流动。孔子对学生的坦诚、关怀与挚爱，自然赢得了学生对他的尊敬、信赖与崇拜。孔子在卫国匡地被围期间，颜渊曾一度失散，后来师生相见，孔子说："吾以汝为死矣，"颜回答曰："子在，回何敢死！"(《先进》)。而当在卫国蒲地再次被围时，贵族出身的孔门弟子公良孺勃然怒曰："吾昔从夫子遇难于匡，今又遇难于此，命也已。吾与夫子再罹难，宁斗而死！"(《史记·孔子世家》)由于他的舍命冲杀，蒲人要求讲和，可见生对师感情之深。孔子死后，其弟子均服丧三年，子贡守墓六年。他们师生间这种相识之深、相爱之切的诚挚精神，至今仍令人仰慕不已。

其二，是注意协调生与生(被管理者与被管理者)之间的关系。如孔子有次批评子路说："由之瑟奚为于丘之门？"门人因此"不敬子路"。孔子看到因自己一时失言而引起了学生间关系的微妙变化，便随即作了补充说明，"由也升堂矣，未入于室也"(《先进》)，以帮助子路和谐关系。另一个学生子贡"方人"，即喜欢对别人评头论足，孔子就委婉地教育他摒弃这种习惯，"赐也贤乎哉？夫我则不暇。"此外，孔子还特别关心学生的交友，提倡"乐多贤友"(《季氏》)，"友其士之仁者"(《卫灵公》)，"勿友不如己者"(《学而》)，从而达到"以友辅仁"(《颜渊》)的目的。孔子再三告诫学生要善于分辨"益友"与"损友"。子曰："益者三友，损者三友。友直、友谅、友多闻，益矣。友便辟、友善柔、友便佞，损矣"(《季氏》)。

其三，是注意协调师生与官民(学校与社会)的关系。观之《论语》，可看到孔子向统治者举才荐贤的记载多处，这是他协调学校与社会关系的一个方面。另一方面，他还注意教育学生协调好与庶民间的关系。他认为："十室之邑，必有忠信，"要虚心向群众学习，礼貌待人。周游列国途中，有次子路落在了后面，一位农民"以杖荷蓧"，看见子路恭敬有礼，便邀他到家住了一宿，还杀鸡蒸糕盛情招待。子路第二天赶上孔子时将此事相告，孔子就催他再回去看望人家一次。孔子本人也很善于协调人际关系,据载他"与人歌而善,必使反之,而后和之"。

孔子认为,要协调好人际关系,必须胸怀坦荡、豁达大度,不要嫉贤妒能,无端猜疑。"君子坦荡荡,小人长戚戚",《论语》中的这两句话,直到今天仍不失为教育管理者应牢记在心的至理名言。

六

教育管理者的素质与修养,历来是直接影响教育管理水平的先决条件。远在几千年前,我们的先民在《尚书》中便提出了管理者应具有的基本品质:"宽而栗,柔而立,愿而恭,乱而敬,扰而毅,直而温,简而廉,刚而塞,强而义。"孔子认为,概括而言,教育管理者在素养上应该"尊五美"、"屏四恶",重"九思"。"五美"指对被管理者要"惠而不费、劳而不怨、欲而不贪、泰而不骄、威而不猛"。"四恶"指对被管理者"不教而杀谓之虐,不戒视成谓之暴,慢令致期谓之贼,出纳之吝谓之有司"(《尧曰》)。"九思"指教育管理者要做到"视思明、听思聪、色思温、貌思恭、言思忠、事思敬、疑思问、忿思难、见得思义"(《季氏》)。具体说来,孔子认为教育管理者在素养上起码应做到以下几点:

(一)以身作则。孔子认为"君子求诸己","躬自厚而薄责于人,则远怨矣!"(《卫灵公》)基于此,孔子特别强调教育管理者的"正心修身"。"苟正其身矣,于从政乎何有?不能正其身,如正人何?""其身正,不令而行;其身不正,虽令不从"(《子路》)。他认为取得政绩,并不只在于严刑峻法,而在于管理者本身的"德"和"善"。孔子本人正是以身作则的表率。

(二)作风民主。《子罕》篇载:"子绝四:毋意、毋必、毋固、毋我",即孔子在教育管理中注意不悬空揣测,不主观武断,不拘泥固执,不唯我是从,而是善于在同学生的平等讨论中听取意见,并鼓励学生"当仁不让于师"。他有时甚至"不耻下问",从学生那里受到启发。《八佾》篇载:子夏问曰:"巧笑倩兮,美目盼兮,素以为绚兮。何谓也?"子曰:"绘事后素。"曰"礼后乎?"子曰:"起予者,商也!始可与言《诗》已矣。"孔子能承认比他小四十四岁的子夏在学问上对自己有所裨益,说明他确有点向学生学习的勇气,也表明他在教育管理中确有点古典的民主精神。

(三)讲信修睦。孔子认为,一名称职的教育管理者,必须"居事恭、执事敬、与人忠"(《子路》),讲信用,言必行、行必果。"宽则得众,信则人任焉"(《阳货》),"以约失之者鲜矣"(《里仁》)。相反,"人而无信,则不知其可也。大车无輗、小车无軏,其何以行之哉?"(《为政》)孔子反复强调这一点,至今仍有积极意义。

(四)自控远虑。孔子认为,教育管理者必须善于控制自己的言行,以大局为重。所谓"小不忍,则乱大谋"(《卫灵公》)。孔子在管理中就能有效地控制自己的不良情绪,做到"温而厉,威而不猛,恭而安"(《述而》)。他指出:"君子所贵乎道者三:动容貌,斯远暴慢矣;正颜色,斯近信矣;出辞气,斯远鄙倍矣"(《泰伯》)。同时,孔子认为深谋远虑,也是教育管理者基本素养的一个重要方面。"人无远虑,必有近忧"(《卫灵公》)。

(五)善于知人。子曰:"不患人之不己知,患不知人也"(《学而》)。教育管理者若要管理过程卓有成效,必须善于知人。如子贡问曰:"乡人皆好之,何如?"子曰:"未可也。""乡人皆恶之,何如?"子曰:"未可也。不如乡人之善者好之,其不善者恶之"(《子路》)。而知人要能慧眼识才,不人云亦云:"众恶之,必察焉;众好之,必察焉"(《卫灵公》)。要进一步深入考察其行为是否表里如一:"论笃是与,君子者乎?色庄者乎?"(《先进》)孔子一直把"知人"作为社会知识的内容之一,如《颜渊》篇载:"樊迟问知,子曰:

‘知人’”。

　　（六）慎言敏行。孔子注重实效，不尚空谈，主张“慎言”，反对“巧言”。因为“巧言、令色，鲜矣仁！”（《学而》）“其言之不怍，则为之也难”（《宪问》）。而“多闻阙疑，慎言其余，则寡悔”。可见，孔子并非反对教育管理者应有较好的语言表达能力，而是反对“言过其行”。他说“君子耻其言而过其行。”“古者言之不出，耻躬之不逮也”（《里仁》），所以要“敏于事而慎于言”（《学而》），“讷于言而敏于行”（《里仁》）。同时，由于教育管理者所处的地位与权力，其言谈举止必然会对人具有影响力或威慑力，因此应该“言必虑其所终；行必稽其所敝”（《礼记·缁衣》）。

　　（七）一专多能。孔子一生“学而不厌”，不仅“博于诗书，察于礼乐，详于万物”，而且“上律天时，下袭水土，粗通武艺”，快跑能追上野兔，举重能顶住城门，还会钓鱼、狩猎、驾车、弹琴、唱歌、划船、游泳和管理政事，在当时的确要算有实际技术的一专多能的人才。正是由于他本人知识渊博，多才多艺，才使他能够在十分困难的情况下得心应手地管理和教育各种各样的学生，使其各得其所。可见，教育管理者本身的“多能”“多艺”，也是保证管理工作卓有成效的条件之一。

　　综上可见，尽管春秋战国时代还没有什么“教育管理学”，但孔子在其长期的教育实践中所尝试、总结与累积起来的有关教育管理的思想却是十分丰富的，值得我们加以认真总结并借鉴其合理成分。

　　　　　　　　　　　　　（选自《孔子研究》1988 年第 4 期）

　　韩延明，临沂师范学院副院长，教授、博士。长期致力于中国教育史，孔子及儒家思想研究。曾与人合作发表《孔子人才管理思想探讨》等多篇学术论文。

　　《孔子教育管理思想探微》，一文独辟蹊径，为二十世纪较早从教育管理学这一特定角度对孔子的教育管理思想进行剖析研究的成果。就孔子整个管理体系的研究而言，无疑是一种新的拓展与丰富。尤其对于孔子创办私学教育的历史框架、孔子教育思想的理论内涵的再认识与史貌廓清，运用管理学理论予以透析，也有着非常重要的学术价值和意义。

礼法相济　重在用人
——学习荀子管理思想的体会（节选）

何　奇

二、礼法相济，表礼法里

　　殷商时期的礼，主要是祭天祀祖的仪式。到了西周，礼成了治理国家，维护社会秩序的行为规范。相传周武王的弟弟周公，为了辅佐武王的幼子成王治理国家，参照殷商时期的传统，制定了《周礼》，完成了礼治。《周礼》是一种以划分尊卑贵贱的社会地位，严守不可改变的等级制度为核心，为维护周种族奴隶制统治服务的伦理规范、行为准则。到西周末，特别是春秋战国时期，由于社会激烈变革，奴隶制逐步向封建制转化，旧贵族走向没落，新势力抬头，奴隶暴动、臣杀君、子杀父的事屡有发生，上不能"让其下"，下不能"事其上"，礼的规范作用逐渐丧失了。于是产生了礼治、法治之争，还有道、墨、刑名各派学说纷纭而出，出现了百家争鸣的学术活跃局面。

　　孔子为维护周种族奴隶制的旧统治，竭力主张恢复周礼，企图用礼的道德规范来调和统治者与被统治者的阶级矛盾，来调节统治者内部上下左右的关系。孔子的礼是一种用伦理原则进行管理的行为规范。他主张严格遵守永远不变的等级制度，"唯上智与下愚不移"（《论语·阳货》），"君子"永远是"君子""小人"永远是"小人"。他提出首先要"正名"，即确定人的身份和社会地位，然后"君君、臣臣、父父、子子"(《论语·颜渊》),各守本分,各按自己的"名分"行事。孔子还主张用义的方法来达到礼的目标,主张"君子"要以身作则,"其身正,不令而行;身其不正,虽令不从";要以道德教化,使"下事上";君子要"见利思义",遇到利与义发生矛盾时,要服从义,即服从统治阶级的整体利益。但孔子这一套,听起来漂亮,在实际生活中却往往行不通,"君子"不听,"小人"更不听。一些有识之士,看到"下边"的无礼是由"上边"逼出来的,于是主张制定统一的法律,不论奴隶主还是奴隶,犯了法,一律依法论处,实行法制。

春秋时期,郑国子产比喻说,火性很猛,人见了害怕,所以很少有人被火烧死,而水性柔弱,人喜欢玩水,因此不少人被水溺死,只有把严厉的法律公布出去,使人像对火一样惧怕,而不敢违犯,才是真正爱护人民。子产曾制定"刑书"并把它铸在鼎上予以颁布,即郑国"铸刑书",以严猛治国。晋国范宣子也制定了法律,也把法律条文铸在鼎上,即晋国"铸刑鼎"。这些可说是法治的萌芽。到了战国时期,魏国李悝制定《法经》,在魏文侯支持下推行法治,使魏国成为七雄之一。特别是早期法家代表人物商鞅,明确提出"治世不一道,便国不必法古"(《商君书·更法》)。他认为,治理国家要随着时代的发展加以改革,不能靠复古,而要靠变法,因循守旧,把古法当作永远不变的教条是不行的。他还强调,有了法就要坚决执行,并认为法治的关键是统治者自己要严格依法行事。他说:"法者,君臣之共操也","明主慎法制,言不中法者,不听也;行不中法者,不事也;事不中法者,不为也"(《商君书·君臣》)。秦国在开始实施商鞅新法时,人们都不习惯,违法之事屡见不鲜。后来秦太子也犯了法,商鞅认为法不能执行,是上层人物违犯造成的,只有依法严处,才能保证法的威严,于是下令割了唆使太子犯法的公子虔的鼻子。这一举动震动了秦国上下,人们再不敢以身试法了。实行商鞅变法十年,使秦民大悦,道不拾遗,山无盗贼,家给人足,乡邑大治,国富兵强。可是秦孝公死后,公子虔等旧势力抬头,商鞅遭车裂而死。商鞅一味强调严刑峻法,使人畏服,忽视了道德教化,造成当他逃到秦国边关想住店时,店主说,商君之法规定没有证件的人不能住,不让他住店。直到这时,他才发现自己执法严苛竟断送了自己的生命。

荀子总结了前人的经验和思想成果,提出了礼法相济的主张。他说:"治之经,礼与刑"(《荀子·成相》)。主张以礼义教化为主,辅之以法律强制。他认为,礼治与法治相结合比单纯的礼治或单纯的法治为好,礼义教化可以防患于未然,"赏不用而民劝(勤),罚不用而民服"(《荀子·非相》)。荀子重视法治,又十分重视礼治。他说:"礼者,治辨之极也,强国之本也,威行之道也,功名之总要也"(《荀子·议兵》),"故人无礼则不生,事无礼则不成,国家无礼则不宁"(《荀子·修身》)。礼是治国的规范,强国的根本、立身处世的总则。但是,荀子对礼的内容作了新的解释,与孔孟的礼有很大不同。

荀子的礼主张"贤能不待次而举,罢不能不待须而废"(《荀子·王制》)。对于贤能的人可以不按等级次序越级提拔,对于疲沓无能的人要立刻废弃。他主张虽然是王公士大夫的子孙,如果不属于礼义之人,可以贬为"下等"人;虽然是庶人的子孙,只要是贤能的,也可以提升为卿相士大夫。这就打破了尊卑贵贱的等级永远不能改变的旧传统。

荀子的礼主张"断长续短,损有余,益不足"(《荀子·礼论》)。在财产分配上要限制、剥夺奴隶主享有的特权,要增加新地主阶级和被奴役者的权利,满足他们应有的欲望。他说:"故虽为守门,欲不可去","虽为天子,欲不可尽"(《荀子·正名》)。守门的"下等"人也好,"天子"也好,都是人,都有欲望,都应该满足,不能因为是"下等"人就可以不满足他们的欲望,也不能因为是国君就可以尽情地享受。在荀子看来,礼的起源就是为了制定合理的分配制度。他说："制礼义以分之,以养人之欲,给人以求,使欲必不穷于物,物必不屈于欲,两者相持而长,是礼之所起也"(《荀子·礼论》)。

荀子的礼实际上包括法的内容。他说:"礼之所以正国也,譬之犹衡之于轻重也,犹绳墨之于曲直也,犹规矩之于方圆也"(《荀子·王霸》)。就是说,礼作为一种行为规范,同衡量轻重的秤,校正曲直的绳和墨,度量方圆的规和矩很相似,是治国安邦,立身处世,判断是非的标准。这与法家把法看作行为的依据十分相似。荀子的学生,法家集大成者韩非说:"释法术而任的心治,尧不能正一国;去规矩而妄意度,奚仲不能成一轮;废尺寸而差短长,王尔不能半中"(《韩非子·用人》),从反面阐述了荀子的思想。因此,荀子的礼,内容极为广泛,包含了许多法治的内容。有人说荀子是"礼表法里""纳法入儒"这是有道理的。

三、有治人,无治法

荀子主张礼法结合,但在他看来更重要的是选贤任能。他说:"有乱君,无乱国;有治人,无治法"(《荀子·君道》)。世上有造乱的国君,没有造乱的国家;有能够治理好国家的人,没有能够治理好国家的法律。他举例说:"羿之法非之也,而羿不世中;禹之法犹存,而夏不世王"(《荀子·君道》)。后羿的射箭技术并没有过时,但不能每代都传给像后羿那样善射的人;夏禹的法仍然存在,但夏不能世代相传为王。法不能独立存在,律例不能自己推行,有善于治理的人,法就能存在,没有能治理的人,法就要消亡。他说:"法者,治之端也;君子者,法之原也。故有君子,则法虽省(简单),足以遍矣;无君子,则法虽具(详细完备),失先后之施,不能应事之变,足以乱矣"(《荀子·君道》)。这段话是很深刻的,精辟地阐述了人与法的关系。制定了法律仅仅是治理的开始,关键是要有贤能的人

20世纪儒学研究大系

来执行,君子是制定法、执行法的根源。法律只有通过贤能的人才能推行;如果掌权的人是君子,法律虽然不完备,也可以在全国推行;如果没有君子,法律虽然详细完备,也不能推行,仍然要乱。

荀子阐述了人与法的关系后说:"故明主急得其人,而闇主急得其势(权势)。急得其人,则身佚而国治,功大而名美,上可以王,下可以霸;不急得其人,而急得其势,则身劳而国乱,功废而名辱,社稷必危"(《荀子·君道》)。明智的国君首先关心的是选贤任能,昏君却首先关心的是急于抓权势。把用人放在第一位,又有一批贤能的人辅佐,国君无需操劳便可以治国安邦,功绩卓著而美名扬,就可以称王、称霸;不重视用人,急于抓权的,国君再劳累也不能避免国家的混乱,不能取得功绩,只能落个臭名,国家就有灭亡的危险。

荀子"有治人、无治法"的思想,对后世有重要影响。曹操和袁绍起兵讨伐董卓时,曾讨论过靠什么统一天下,曹操说:"吾任天下之智力,以道衡之,无所不可。"(《三国志·魏武帝纪》)诸葛亮主张治国以法度为依据,但他认为任用贤才是最根本的。他说:"治国之道,务在举贤",他把人才与治国的关系看成是柱子与房屋的关系,"国之有辅,如屋之有柱,柱不可细,辅不可弱,柱细则害,辅弱则倾","柱以直木为坚,辅以直士为贤"(《诸葛亮集·举措》)。唐太宗认为,"致安之本,惟在得人"(《贞观政要·择官》)。康熙说:"治国家者,在有治人不患无治法耳","政治之道,首重人才"(《清圣祖实录》)。清世宗(雍正)以荀子"有治人,无治法"为座右铭,他常说:"从来有治人无治法,文武之政布在方案,其人有则其政举,朕有治人即有治法。"(王先谦《东华录》)他认为,治理天下以用人为本,其余都是枝叶。

(选自《中国传统管理思想的新探索》
企业管理出版社,1988年4月第一版)

何奇, 中国企业管理协会研究人员。

本文为学术界较早从法德相兼的学术角度阐释荀子作为先秦大儒其管理思想的文章。特别突出荀子在继承和发展原始儒家管理思想,开创儒家管理思想历史新境界方面的巨大贡献。对于理清儒家管理思想史的线索,进一步理解儒家管理思想继古开新、荀子所构建的崭新儒家管理思想对中国当代社会政治、经济管理的借鉴运用等,都有着重要的启发意义。

孔子的管理思想和现代经营管理

赵　靖

一、问题的提出

由孔子开创的儒家思想,长期以来被看成是阻碍中国社会经济发展的重要因素。许多外国人这样看,众多的中国人也这样看。几十年来,如果说这种看法还未被承认为定论,那至少也已是一种颇为流行的观点了。可是,近期以来,这种看法日益受到一些人的怀疑。

本世纪六七十年代以来,东亚地区的经济发展空前迅速,尤其是现代经济大国日本的崛起和所谓亚洲"四小龙"的经济腾飞更引人瞩目。中国的台湾及香港不用说,日本、南朝鲜、新加坡,也都是西方人所说的中国文化"覆盖区"、中国文化影响的"大圆形地带",既然它们的经济在现代能出现高速度增长,又怎能断言儒家思想纯然是阻碍经济发展和现代化的消极因素呢?

于是,一种和上述论点相反的意见开始抬头了,按照这种意见,儒家思想在现代不但不会阻碍经济的发展,反倒可能是非常有利于经济的高速增长;而且,还可对救治现代资本主义的经济弊病和社会弊病有所帮助。

这种意见是否站得住脚,可以暂置不论,但有一点则是确凿无疑的:在现时以及未来的相当长时期中,儒家思想对中国大陆以及东亚的某些地区和国家,都仍会有不可忽视的影响。既然如此,我们要解决我们现代面临的课题,就不能对儒家思想采取置若罔闻的态度。我们要实现现代化,必须立足于历史形成的条件和土壤之上,认真研究传统,科学地认识传统,善于从传统中撷取精华,排除糟粕,才能实现适合自己民族特点的现代化。儒家思想是中国传统文化中最重要、影响最深远的部分。对儒家思想,自然应该持这种态度。

在研究儒家思想同现代生活的关系时,孔子的思想是一个需要特别重视的课题。中国传统的管理思想,不论是它的积极内容或消极内容,都深深打着儒家思想的烙印,儒家的管理思想,则是由孔子奠基的。儒家管理思想的各种基本原理,多是由孔子首先提出来的。

在现代管理思想中,经济管理思想是最发达的部分。而且,经济管理思想的发展,对其他方面管理思想的发展起着带动和影响的作用。但在古代却不是如此。古代的人们对政治、军事、宗教的管理,比对经济管理要更为关心,这些方面的管理思想,也往往比经济管理思想更发达,更丰富。

孔子的管理思想尤其如此。孔子轻视、鄙视经济工作,他认为经济工作是"鄙事",是应该由"小人"干的,不论是生产劳动或经营管理活动都是如此;至于"君子"则只应致力于"修己"、"治人"之道,如果从事生产劳动或经营管理等经济活动,就是舍君子之道而干小人之事,是有失身份的和没出息的。他一再宣扬"君子谋道不谋食"(《论语·卫灵公》。下引《论语》只注篇名)认为士人求学只应是为了做官、食禄,而不应学习从事经济工作所需要的各种知识和本领。他自己年轻时干过许多种经济工作,当过"委吏"(管仓库的小吏),"乘田"(管牲畜的小吏)等,而且干得颇为出色。但他认为这只是由于自己当时地位卑微,所以才不得已而为之,用他的话说

就是:"吾少也贱,故多能鄙事。"(《子罕》)

正因如此,虽然孔子本人对许多经济工作颇为内行,却从不用来教自己的学生。由于孔子对经济工作的这种态度,他对经济和财利问题很少谈,"罕言利"(《子罕》)成了他对学生进行身教的一项内容。在经济管理思想方面,他谈得不多而且很零散;在直接的经济管理思想史上,孔子是不占重要地位的。

但孔子对政治管理问题却是极为重视的。孔子之学千头万绪,概括起来不外他自己所说的"修己"和"安人"两个方面。修己是讲求自我修养,即提高个人道德、文化方面的素养,安人则是指治国、安民之道。孔子认为,修己和安人是他的学说的两个互相联系的方面,二者是一致的:修己做好了,自己在道德、能力方面更完善,也就更有治国、安民的条件和本领。这也就是儒家所宣扬的"内圣外王"之学。孔子的安人思想,也就是他的政治管理思想或国家管理思想。

本文主要是从经营管理思想即微观的经济管理的角度,来研究孔子的管理思想遗产及其对现代经营管理的参考、借鉴的价值;但是,由于孔子的经济管理思想较少而且较零散,不能不以孔子的政治管理思想、国家管理思想为主要研究材料。好在政治管理同经济管理都是管理,二者在许多方面有着共性;政治管理方面的许多基本原理和原则,对经济管理也是适用的。因此,我们可以撇开政治管理方面的具体内涵,专从政治管理和经济管理的共性来研究孔子的管理思想。

在孔子的管理思想遗产中,值得研究的内容很多,本文不拟作全面论列,只想集中探讨以下几个方面,即:重视人的因素,重视教育手段在管理中的作用,重视领导的作用和重视长期战略目标。这几个方面可说是孔子管理思想的最有特征性的内容,同时也是孔子管理思想中对后代影响最深的部分;而我们更感兴趣的,还在于这些方面对现代的经营管理可以有较为重要的参考和借鉴价值。

二、重视人的因素是孔子管理思想的最突出特点

儒家的管理思想，把人的因素放在首位，认为要实现管理目标，决定一切的是发挥人的作用。

孔子在管理中重视人的因素的思想，包括两个方面：一是要把被领导、被管理者作为人来看待，二是在管理工作中要依靠人来把事情办好。

孔子的道德哲学的最高范畴是"仁"。他对仁下过许多定义，其中较为重要的一个是"爱人"（《颜渊》）。

孔子并不是把一切人都看作是同样的，他所说的"爱人"，也不是要对一切人同样地爱。孔子主张，在爱人时要因贵贱亲疏而有所区别，"爱无差等"是儒者所坚决反对的（参见《孟子·滕文公上》）；但是，孔子所谓的"仁者爱人"，也决不主张把任何人排除在爱的对象之外。他自然要厚爱贵者、亲者，但对贱者、疏者也并不主张不爱。

孔子为什么主张把被管理者作为人来对待，并且主张也把"仁"、"爱"的原则应用于他们呢？这是由于，他认为只有如此，才有利于缓和管理者和被管理者之间的矛盾，在双方之间建立和保持一种比较和谐的关系，从而有助于实现管理目标。他说："小人学道则易使也"（《阳货》）。把下层人民作为人来对待，使他参加过去只有"君子"才有权享受的"学道"，是由于他们学道之后更容易接受"君子"的役使，这正是孔子重视人的因素的秘密所在。

要进行管理，必须有一支称职的、优秀的管理工作者的队伍。如何建立并有效地利用这样一支队伍，就是孔子所说的"得人"和

"使人"的问题。

孔子的"得人"是要得到两种人,一种是最高领导者的主要助手,是协助最高领导者掌握全局的人,另一种是在具体的部门或具体岗位上从事具体管理工作的人。

孔子选拔前一种人的标准是"贤"。他把这一种人称为"贤才",强调"为政"的要务之一是"举贤才"(《子路》)。这种贤才不但要心怀经邦安国的大目标,有协助最高领导者驾驭全局的能力,还要有完美的道德品质,能对下属和百姓起表率作用,能够协助最高领导者移风易俗,化民从善。

孔子认为,"得人"首先是要得到这种"贤才"。有了这种贤才,并把他们放在高级领导岗位上,才能把国家真正管理好。孔子称赞舜善于举贤用贤,说:"舜有臣五人而天下治"(《泰伯》)。尧、舜时代是儒家所艳称的"至治之世",而"天下治"得以实现的一个主要原因是得到了五个贤臣,可见"举贤才"对管好国家的作用是多么巨大了。

"得人"除了要得贤人外,还要得到人数更多的能够胜任各种具体工作的人员,也就是具有担任各种专职工作的知识和本领的能人。能人和贤人不同,他们是从事各种专职工作的,他们的"能"也只是对某种专职而言。只要他具有做好某种专职工作的知识和本领,就可以任用他们,给予必要的事权,而不应要求他们有更多方面的知识和本领;在道德品质方面,也不应像对贤人那样高地要求他们。

孔子认为,如果一个国家的各方面具体工作,或者各主要方面的具体工作都能得到能人,就可以维持一个平稳局面,不致发生重大失败,但不能使全局的工作达到理想的、完善的局面。有人问他,既然卫灵公是无道之君,为什么卫国还未丧亡呢?他回答说:"仲叔圉治宾客,祝鮀治宗庙,王孙贾治军旅,夫如是,奚其丧?"

(《宪问》)这几个人多是孔子所指责的"佞人",孔子对他们的道德品质是不满意的,但孔子同时又认为,他们都是具有各自的特长的能人,又担任了各自所擅长的职务,这样,卫国的各项"大政"都能料理好,自然就不致丧亡。

孔子把"得人"看作搞好管理工作的先决条件,认为不论是管理一个国家或一个部门、一个地区,都要首先解决这个问题。他的学生言偃(子游)被任命为武城宰(武城的地方官),孔子一到武城就首先问他说:"汝得人焉耳乎?"(《雍也》)孟轲也把"得人"看作管理国家的最根本、最不容易做好的事情,认为:"以天下与人易,为天下得人难。"(《孟子·滕文公上》)

得人之外还要善于使人、用人,如果得到了贤人、能人而使用不当,不但不能把管理工作做好,反而会造成"贤人裹足"的现象:未进来的贤人、能人会因此不肯进来,已进来的也会因失望而离去,从而使"得人"也成为泡影。

在使人、用人方面,孔子的基本原则是因材施用:对贤人要派贤人的用场,对能人则要派能人的用场。

贤人是能佐助最高领导者驾驭全局工作的人,用孔子的话说,就是懂得治"道"、能"以道事君"的人。对贤人的使用,必须把他们放在"大臣"的地位上,使他们成为领导集团的成员,才能发挥他们的作用。

对具有某一方面知识和本领的能人,在使用方面则应该"器之"(《子路》),即按照他们各自的专长放在最适宜的工作岗位上,正像使用某种特定的工具(器)进行某种特定的操作一样。

孔子称赞他的学生仲由(子路)、冉求(子有),说仲由果断,冉求多才艺,都是"从政"即从事政治管理工作的好材料。当有人问他仲由、冉求是否可作"大臣"时,他回答说:"所谓大臣者,以道事君……今由与求也,可谓具臣矣。"(《先进》)

　　对贤人要安排在"大臣"的地位上,使他们"以道事君";对能人要安排在"具臣"的职位上,使他们以器从政。这就是孔子安排、使用人才的基本原则。

　　孔子的这种重视人的因素的管理思想,是春秋末期特殊历史条件的产物。春秋时代是奴隶制度解体、封建制生产方式逐渐萌生和成长的时期。在奴隶制社会中,主要的生产劳动者——奴隶处于牲畜、工具的地位;奴隶所受的人身奴役和暴力统治最严重,最野蛮,因而对生产最不感兴趣,最无主动性。在这种情况下,对人的管理及对物的管理几乎是等同的,把被管理者作为人来对待的问题不可能提出来。奴隶制的解体及其向封建制的逐渐过渡,使劳动者开始上升到人的地位,虽然农奴或依附农民还不是完全自由的人,但他们毕竟是已被看作"下等人"而不再被看作牲畜了。在这种情形下,对劳动者的管理不是管物而是管人的问题就有可能开始被提出来了。孔子正是在春秋末期奴隶制迅速崩溃的局面下提出领导者、管理者要"爱人"、"得人"的主张来的;他的在管理中重视人的因素的思想,是奴隶制向封建制过渡的时代动向在意识形态领域中的较早的反映。也正因如此,孔子的这种思想必然会随着它所反映的历史动向的进一步明显和强化而得到后起的思想家们所继承、阐发和宏扬,从而使重视人的管理逐渐形成为中国传统管理思想的一个重要特点。

　　在资本主义时代,雇佣劳动代替了以人身依附和超经济强制为特点的封建奴役劳动。雇佣劳动者有人身自由,他们比奴隶、农奴或封建的依附农民能有更多的主动性。但雇佣劳动者和生产资料的关系是对立的;而且,在资本主义条件下,机器设备被看作工厂的主体,劳动者却处于附属的地位。这种情况使得在资本主义发展的很长历史时期中,人的因素在管理过程中仍受不到应有的重视;对人的管理,实际上是把人作为一种"经济人"来管理的,管理工作中强调的是纪律和监督,管理手段主要是奖惩。古典管理科学正是这种情况在理论上的典型表现。到本世纪三十年代,管理科学中的人群关系学派才开始提出,工人不是什么"经济人",而是有理智、有感情的"社会人",劳动效率高低在很大程度上取决于劳动者的情绪。四、五十年代后,行为科学逐渐兴起,人的因素日益受到了管理学者所重视,有些管理学者还明确指出:在管理工作中,管人比管事更重要,对人的管理才是管理工作的中心。

孔子是两千多年前的历史人物,同今天的历史条件差别如此巨大,我们当然不应该生拉硬扯、牵强附会地把孔子重视管人的思想同现代行为科学相提并论。但是,孔子在中国传统管理思想萌芽的时期,首先把管人的问题看作管理工作的重点,承认被管理者的人的地位,从而一开始就为中国的管理思想树立了重视人的管理的传统,这却是值得重视的。

在社会主义条件下,人不仅是有理智有感情的"社会人",而且成了有理想、有觉悟的社会主义劳动者;同时,随着现代科学技术和生产力的发展,智力密集型的经济将越来越发达,越重要。现代生产力的性质和社会主义制度的性质,都使得人的因素对管理工作更为重要,也具备了充分发挥人的作用的条件。孔子重视人的因素、强调管理工作要"得人"和"得人心"的思想,对我们当前实现管理现代化和创立有中国特色的社会主义现代管理科学的任务,无疑含有重要的参考和借鉴作用。

三、对人的管理主要靠教育手段

现代的行为科学认为,既然人不是单纯的"经济人",更不是一般动物,要发挥人的主动性就不能只靠物质刺激和纪律约束,更不应靠暴力强制,而应强调"激发动机",既激发起人们的内在动力,如上进心、自尊心、创造欲、自我实现的要求,等等。儒家所说的"得人心"、"得民心",实际上也属于"激发动机"的范畴。孔子在管理中强调人的因素,其主要落脚点就是要"得人心",孔子管理思想的一切主要原理都离不开这一点。

在孔子的时代,早已存在着多种的管理手段,如行政手段、法律手段、经济手段、教育手段等。对这些手段,孔子都谈论过,但他最重视的则是教育手段。他曾明确地说:"道(导)之以政,齐之以刑,民免而无耻;道之以德,齐之以礼,有耻且格。"(《为政》)这就是说,在对百姓的统治、管理中,单纯或主要依靠行政、法律手段,民只求幸免于罪罚,而不以违令、犯法为耻;用德和礼来诱导、要求百姓,则能使他们明辨是非、善恶和荣辱,就能达到化民从善("格")的目的。

以德、礼来管理百姓是不能采用强制手段的,而只能依靠教育。孔子主张"道之以德,齐之以礼",就表明他认为教育手段比行政、法律等强制性手段更有效。后来,孟轲进一步阐发这种思想说:"善政不如善教之得民也。善政,民畏之;善教,民爱之。善政得民财,善教得民心。"(《孟子·尽心上》)

孔子说的德和礼是指中国古代奴隶制社会中起支配作用的德和礼。不过,我们从研究管理手段的角度,可以撇开孔子的德和礼的具体时代内容,而从他的论点中把握他在管理手段方面着重教育手段的思想。

奴隶制时代的管理,以暴力强制为主要特点,因而在管理手段方面,同暴力强制相联系的行政、法律手段也占据主要地位。孔子批评"道之以政,齐之以刑",强调"道之以德,齐之以礼",正是奴隶制解体时期劳动者地位的变化在他的思想中的反映。

孔子在管理工作中强调教育手段,并不意味着他完全否定其他管理手段的作用。他说"道之以政,齐之以刑,民免而无耻",并不是主张完全不用政、刑。在他看来,管理主要应靠教育手段,行政、法律等手段只能放在次要的地位;而且,在采用行政、法律等手段时,也应同教育手段相辅而行,使民知法、畏法而且耻于犯法。他说:"不教而杀谓之虐。"(《尧曰》)可见,他认为刑罚还是要有的,对犯死罪的人还是要杀的;他只是反对"不教而杀",而不是主张只教不杀。

孔子也并不否定经济手段在管理中的作用。他一再讲:"惠则足以使人"(《阳货》),为政、治国要"惠而不费",而要做到"惠而不费"就要善于"因民之所利而利之"(《尧曰》)。在治国、使民时予民以利和惠,也就是使用经济手段进行管理。

孔子还认为,使用经济手段进行管理,对不同社会等级的人作用有所不同:"君子"或上层人士较重视道德、精神因素,而社会下层等级的人则较着重实际经济利益,因此,在管理手段方面,对劳动者和其他社会下层等级的人,应更为重视经济手段。他说:"君子喻于义,小人喻于利"(《里仁》)。这一论点,正是他主张在管理工作中也需要使用经济手段的理论依据。

在奴隶制生产方式下,奴隶处于牲畜、工具的地位,对生产资料和劳动成果无任何所有权,"利"即经济利益全属奴隶主所有,奴隶是不可能"喻于利"的。在封建制生产方式下,农奴或依附农民有简单的生产工具和家庭经济,在完成对封建主的义务后,能够占有自己的一部分劳动产品,他们对劳动成果以至对生产劳动本身感到一定的兴趣和关心,这正是孔子的"小人喻于利"这一论点的具体时代内涵。

不过,必须指出,孔子虽然承认"小人喻于利",虽然认为在管理中必须使用"利"和"惠"等经济手段,但他并不把经济手段放在首位,而只是把它看作一种次要的、辅助的手段而已。他在谈到对农民的管理时说:"上好礼,则民莫敢不敬;上好义,则民莫敢不服;

上好信,则民莫敢不用情。"(《子路》)领导者只有坚持用礼、义、信治国、治民,则农民自然会安于农耕,农业生产的事自然会搞好。可见,孔子认为在管理农业这种经济管理工作中,占主要地位的也应是道德手段、教育手段。

四、管理工作的成败在领导

孔子管理思想的一个突出的、有特征性的内容,是把领导的状况看作管理工作成败的关键,他一再引用古"圣王"的言论说:"百姓有过,在予一人","朕躬有罪,无以万方,万方有罪,罪在朕躬"(《尧曰》)。他的管理思想的基本原理,主要是对领导人提出的。与现代行为科学中的 Y 理论认为大多数工作者都有积极性、创造性,有做好工作的愿望,如果工作没做好,原因应从领导方面去找的观点相似。

孔子认为,善恶不同,乃是后天的习染造成的。天性相似,是皆善呢,还是皆恶呢? 孔子没有明确说过,但是,他却一贯认为人是可以教育的,不但"君子"可教,"小人"也可教。孔子明确地把下层社会的人也看作可教育的对象,显然是对商、周"学在官府"、"礼不下庶人"等奴隶制传统的公开背离。

既然被管理者可教,如果没有教好,责任自然在上面,所以孔子才极力宣扬"百姓有过,在予一人"的论点。

从管理的关键在领导这种看法出发,孔子对领导者的职责作了一系列的规定:

第一,领导者必须对被领导者起表率作用

孔子把领导者看作教育者,他向自己提出这样一个问题:怎样对被领导者、被管理者进行教育呢? 他认为:身教重于言教,领导者教育别人的最有效的手段,就是以自身的表率作用来感召、带动

别人。他一再说："其身正，不令而行；其身不正，虽令不从。""苟正
其身矣，于从政乎何有？不能正其身，如正人何!"(《子路》)鲁国的
当权者季孙肥(季康子)问孔子怎样为政、治国，孔子回答说："政
者，正也。子帅以正，谁敢不正?""子为正，焉用杀？子欲善而民善
矣。"(《颜渊》)当季孙肥因鲁国多盗而问计于孔子时，孔子回答说：
"苟子之不欲，虽赏之不窃。"(同上)孔子把领导人自身的品质和行
为对群众的影响形象地比做风和草的关系，认为："君子之德风，小
人之德草，草上之风，必偃。"(同上)下面的风气不正，原因是从上
面来的；领导者不先正己，就休想正人! 孔子的这种风行草偃论，
在中国历史上有极为深远的影响。在中国，各方面的管理工作都
摆脱不掉这一点。不论是对国家的管理、对一个地区的管理或一
个单位的管理，都无不如此。直到今天，这种情况仍然十分显著。

　　领导自身的品行、作风会对被领导者有重要影响，这是一个带
普遍性的现象，古今中外都是这样，而在中国恐怕要比在任何别的
国家、任何别的民族都表现得更为突出，更为明显。这是在中国研
究和解决管理问题所必须面对的一个重要现实，不论是处理实际
管理工作或研究管理理论，都决不能忽视这一点。

　　儒家的风行草偃论对领导者提出了作群众表率的要求，但儒
家同时又坚持领导职位的终身制和世袭制①，这同风行草偃论是
不能相容的。领导的素质不可能遗传；而且，它对领导者本人来说
也往往不是一成不变的。按照风行草偃论，必须依据领导者自身
的条件来选择和进退领导者；而领导终身制和世袭制却是不容许
进行这种选择的。因此，风行草偃论在中国封建社会的漫长历史

---

　　①　儒家极力维护周代的贵族世袭的"世卿"、"世禄"制。孔子不仅主张
维护现有贵族的世袭特权，还主张对已被推翻的贵族恢复其世袭地位，提倡
"兴灭国，继绝世"。孟轲更把"仕者世禄"作为其"仁政"的基本政纲之一。

上只能成为封建统治者骗人的理论。

第二，领导者要慎选一批骨干，和领导者一起发挥表率作用，以形成一种良好的社会风气

孔子的风行草偃论，不止是要求最高领导者个人起表率作用，而且要求最高领导者为首的一批人共同起表率作用，或者说，由整个领导集团起表率作用。他认为只有这样，才能在民间造成一种良好的社会风气，从而实现化民从善的目标。他把这种作法叫做"举直错诸枉"，"举直错诸枉，能使枉者直"（《颜渊》），"举直错诸枉，则民服；举枉错诸直，则民不服"（《为政》）。这些话的意思是说：只要找到公忠体国并能对群众起表率作用的贤人（"直"），把他们提拔到领导职务上来，就能倡率起一种良好的社会风气；即使百姓中有些不善的人（"枉"或"不仁"），也会在这种风气影响下改恶从善，从而实现天下大治。

第三，领导者必须取信于民

孔子把"信"作为领导者的一个重要品格，认为它是做好领导工作的基本前提和保证，领导者必须取信于民，一切政令、号召，才能为百姓所接受，听从；否则，百姓对政令、号召就会疑虑，观望，甚至为了担心领导轻诺寡信，朝令夕改而采取"对策"来防护自己的利益，那就必然会引起扰攘，混乱，使国家的管理目标难以实现。孔子特别重视取信于民的问题，强调："信则民任焉"（《尧曰》）。孔子甚至把"民信之"看得比解决民食问题还更重要，当他的学生问他如果在解决民食问题和取信于民二者难以兼顾时怎么办？他毫不迟疑地回答说："去食。自古皆有死，民无信不立！"（《颜渊》）

"民以食为天"，从长远的观点来说，"去食"是根本不可想像的；如果一个政权长期不能解决好民食问题，也就谈不上取信于民。孔子的意思也决不是真的认为可以"去食"，而只是说，如果一个政权得不到人民信任，在一定情况下会比民食问题更严重。的确,当一个政权深得人民信任时,百姓即使忍受一个时期的困难(包括饥荒),也肯于支持它而不致发生动乱;反之,如果不得人民信任,即使未发生饥荒也会出现离心、涣散的倾向。

中国的传统管理思想很重视取信于民的问题。古代的许多政治家、军事家都把"立信"作为推行自己政治、军事目标的先决条件。春秋时代晋文公攻伐原城,事先宣布了攻克的期限。由于守御一方的顽强抵抗,在原城即将攻陷时限期已满。晋文公下令立即撤兵,他手下的将领感到不理解,认为在此时撤兵是功亏一篑,将来再攻要费大得多的代价。晋文公却认为,宣布了的军令就必须信守,"得原失信"是不可取的。一年以后,晋文公再度攻原,仍然事先宣布攻克期限。原人深知晋文公军令如山,说到做到,不敢再抵抗就献城归降了。在孔子以前,这类事例已有很多很多;在政治、军事管理中重视取信于民、取信于众的认识,远非始于孔子。但是,最先以明确的语言来论证这一思想的却是孔子。"自古皆有死,民无信不立",孔子的这一论点把信的问题提到如此高度,它对后代的管理思想影响是深刻的。

第四,领导者必须宽以待人,严以律己。

孔子主张,领导者对被领导者要采取比较宽容的态度,对自己的助手和下属工作人员,只要能完成本职工作,就不应在其他方面过分苛求;在他们有过失时,只要不是重大过错,处理要尽量从宽。他一再说,领导者要"赦小过"(《子路》)。"无求备于一人"(《微子》)。他认为,采取这种宽容态度,容易得到被领导者拥护,从而更愿意为完成领导者交给的任务而努力。这就是他所说的:"宽则得众"(《阳货》)。

但是,领导者对自己却决不可采取宽容的态度。根据儒家风行草偃的理论,领导者如果"不正",就不但不能"正人",而且会上行下效,在被领导者中带起一股歪风邪气,其后果不是被领导者中某些人的"不正"现象可以相比的。因此,孔子强调领导者在宽以待人的同时,要严以律己。他所说的"躬自厚而薄责于人"(《卫灵公》),清楚地表达了这种思想。

第五,领导者要全力做好领导工作,而不要插手具体工作

孔子认为,担任全局的领导、指挥工作的领导者和担任各种具体工作的工作者必须有所分工,而分工的原则就是"器之"与"不器"。

前面谈到,孔子对"使人"主张"器之";但是,他同时又强调"君子不器"。这里说的"君子",指的是负责全局工作的领导者和指挥者,所谓"不器",即不要插手更不应包揽各种具体工作,而要集中力量做好全局的领导工作。他称赞舜说:"无为而治者,其舜也与!夫何为哉?恭己正南面而已矣。"(《卫灵公》)意思是说,由于舜善于领导,选择贤能分别负责各方面工作,虽然他自己什么具体工作也不插手,但却把国家治理得很好。这里说的"无为",不是什么事也不做,而只是说不做不应该由领导人做的事情;至于必须由领导人做的事不但必须做,而且要极其敬慎地("恭己")去做。

孔子的"器之"与"不器"的思想,仅仅用了四个字,却非常准确地表达了领导和被领导之间分工的基本原理!

五、着眼于长期战略目标,反对急功近利

当孔子的学生卜商(子夏)将要出任莒父宰时,向孔子请教怎样为政,孔子回答说:"无欲速,无见小利。欲速则不达,见小利则大事不成。"(《子路》)。

这里,"大事"指长期战略目标,"无欲速,无见小利",则是告诫子夏不可急功近利。

为什么要"无欲速"呢?实现长期的战略目标是一项巨大的工

程,需要付出艰巨的努力,还要具备各方面的主客观条件,在条件不具备或不完全具备时,则要努力创造条件,这都不是在很短时间内能一蹴而就的。如果对实现长期目标缺乏耐心和毅力,急于求成,不等时机成熟就轻率行事,不但达不到目的,还往往会招致重大的挫折,付出不必要的代价。

为什么要"无见小利"呢? 成"大事"即实现长期的战略目标所追求的不是小利而是大利。为了求得这种大利,往往需要舍弃一些小利,而且必须付出相当的代价。如果对小利斤斤计较,势必分散力量,甚至会为小利遮住视线,迷失大方向,造成战略决策上的失误。

管理者应着眼于长期战略目标,不可一味急功近利,这是一条有普遍意义的原理。它不仅对政治、军事管理适用,对经济管理也同样适用;不仅对宏观的经济管理适用,对微观的经济管理也同样适用。一个国家的国民经济管理或一个企业的经济管理都要首先确定自己的战略发展目标,并为实现这一战略发展目标而经过长期艰巨的努力。我国的经济发展战略,要求在本世纪内实现国民总产值翻两番,然后再用半个世纪的时间赶上中等发达国家的水平。在一个十亿人口的大国,又是在半殖民地半封建社会的废墟上起步,要实现这样宏伟的事业,自然是需要一个相当的历史时期的。不认识这种国情,希望在不长时期中赶上和超过最发达的资本主义国家,甚至想在几年之内"跑步进入共产主义",这实际上是超越实际条件和可能的幻想;要想把幻想付诸行动,必然会带来严重的失误和挫折。我们过去吃"欲速则不达"的苦头够多了。

六、以科学态度对待孔子管理思想的历史遗产

以上几个方面是由孔子奠定的儒家管理思想的一些基本原理,是儒家管理思想的精华。孟轲、荀况以及历代儒家的其他某些

代表人物,对儒家管理思想的许多方面有所发展,但总是沿着孔子开创的方向前进的;离开这些基本原理,就谈不上儒家的管理思想。

任何伟大的思想家总不免有自己的历史局限,生活在两千数百年前奴隶制解体时期的孔子,在管理思想方面,也像在他的其他学术思想方面一样,有着许多消极的内容或者糟粕,这是不足为异的。在孔子的管理思想中,对后代消极影响最深、最严重的有下列几个方面:

第一,轻视经济工作的思想

经济管理思想,不论是宏观的国民经济管理思想还是微观的私家财富的经营管理思想,都属于探讨财利问题或者说属于"言利"的范畴。孔子宣扬贵义贱利,自己平素"罕言利",这种态度不仅限制他自己的管理思想在经济方面的展开,使他自己的经营管理思想十分单薄零散,还对后代经济管理思想的发展有极其严重的消极作用。在他的贵义贱利思想的影响下,一切同财利有关的活动都受到读书人的鄙视,经营工商业尤其为士人所不齿。随着封建制度的趋于停滞、僵化,这种风气也愈演愈烈。士人只把读书做官视为"正途",科举不第,做官不成,就宁可"安贫乐道"、穷困潦倒一生,也不肯从事生产、流通活动以自谋生路。儒家的贵义贱利论逐渐在知识和经济活动之间造成了一条无法逾越的鸿沟,严重窒塞着经济思想和经济管理思想的发展,尤其是妨碍知识同工商业经营的结合。如果说,在春秋、战国至西汉中叶儒学的正统思想地位尚未确立时,曾出现过端木赐、范蠡、白杰、吕不韦等有学问的商人,出过像司马迁那样的对经营致富之术感兴趣的大学者;那么在此以后的两千年中,这种情况可就寂寞无闻了。不仅从事私人经营致富活动的人被斥为"小人",连为国理财的人也备受正统思想的维护者们唾骂。历史上的许多卓著的理财家如桑弘羊、刘晏、王安石、张居正等,都无不如此。这种情况对经济管理思想的发展,当然是极为不利的。

第二,维护西周礼制,反对变革的思想

孔子坚持以西周奴隶制全盛时期的礼制作为治国的基本依据,一再信誓旦旦地宣布自己要尽一切努力来"从周"、"复礼",对春秋时代的政治家更改"周公之制"、"周公之典"的行为多采取讥刺、否定的态度。他有时也容许对旧制实行某些改变,但坚持认为变革的范围必须是极其有限的,内容必须是枝节的而非根本的,改变的方式必须是修补的,改良的,即使是对不同朝代的制度也必须如此。他曾说:"殷因于夏礼,所损益可知也;周因于殷礼,所损益可知也;其或继周者,虽百世可知也。"(《为政》)这话的意思是说,后代对前代的礼制,只能是在"因"即沿袭、继承的总原则下稍加损益增减,而不应实行根本性的变革。甚至对整修一座旧仓库,他也赞同这样的主张:"仍旧贯,如之何? 何必改作?"(《先进》)即只须稍加修整("贯"),而不要新建。所谓"因",所谓"仍",都是强调对旧事物的基本态度只能沿袭,如果要加以改变,也只能是在"因"、"仍"的基础上的"贯"或"损益"。

对制度的变革程度和变革方式,取决于这种制度本身的状况而不取决于人们的主观意愿。如果某种制度从根本上说尚未落后于历史形势的要求,自然只应进行局部的调整或改革,而不应人为地掀起全局性的扰动和破坏;但是,当这种制度已经完全腐朽和过时,已经面临土崩瓦解的状况时,还力图保持它而反对作根本性的变更,那就是一种逆历史潮流而动的保守主义了。

应该承认,孔子对当时出现的新事物并不全是采取敌视和否定的态度。但是,孔子对西周奴隶主贵族统治体制——周礼在总体上的维护态度,决定了他的政治、经济思想的基本倾向是保守的。这种保守倾向对后代的影响至深且巨,后代儒家管理思想喜因循而恶改革的保守主义传统,是由孔子肇端的。

第三,把家族宗法制原则引进国家事务的管理中

孔子管理思想中消极作用最大、对后代影响最坏的内容,是他把家族宗法制原则引入国家事务的管理中,这是他主张"从周"、"复礼"的必然结果。西周的奴隶制是一种宗法贵族奴隶制。在这种制度下,王位由王的嫡长子继承,是为"大宗";其他儿子分国而封为诸侯,或在王畿(国王直接统治的疆土)内为卿、大夫而受封采邑,是为"小宗"。这些诸侯、封君的地位由各自的嫡长子继承,他们的其他子弟也各在封疆内受封采邑。诸侯、封君的嫡长子嗣位后,于"王室"为小宗,在自己的封疆内则为大宗,而他们下面的封君则为他们的小宗。除同姓贵族外,还有一些异姓贵族(功臣、同盟者或归附者)也按同样办法逐级分封。各级贵族所占有土地、其他财富以及所享有的政治、文化权利,随自己同王室的亲疏而不同。这样,就由上至下形成了一个按血统关系来垄断国家的经济、政治和文化生活的宗法贵族统治阶梯。孔子坚决主张维护和强化这种体制,他的运用家族宗法制原则来管理国家的思想,实际上是对这种体制的理论化。

孔子把这种思想表达为:以孝、友之道为政,他说:"'孝乎惟孝,友于兄弟',施于有政,是以为政,奚其为为政?"(《为政》)孝、友是处理家族宗法关系的道德原则,孔子认为以孝友之道处理政治事务,就是唯一的为政之道,此外再无所谓为政之道了。这是把宗法家族关系等同于政治关系的典型论点。

在宗法制度下,处理人和人的关系是按照血统的亲疏远近而差别对待的,以宗法原则来处理政治事务,就必然要对同自己有无血统关系的人以及血统关系远近不同的人,在政治上给予不同的对待:在用人方面首先重用亲族,在赏罚方面也因亲疏而异。楚国大臣沈诸梁(叶公)对孔子称赞楚国的一个正直人,说他对自己的

父亲偷羊的行为也肯进行揭发,孔子却回答说:"吾党之直躬者异于是:父为子隐,子为父隐,直在其中矣。"(《子路》)

父为子隐,子为父隐,也就是对亲属的犯罪行为进行隐瞒和包庇,这本身也是一种破坏国法的犯罪行为,可是孔子却把它赞为正直!

儒家的亚圣孟轲则走得更远。当有人设问说,在舜为君主,皋陶作法官时,如果舜的父亲瞽叟杀了人,怎么办?孟轲回答说:皋陶应该执法不贰,舜也不应利用自己的地位和权势禁止皋陶执法,而只能偷着把瞽叟背走,到海滨荒僻的地方隐蔽起来。

如果说,偷羊还是小的犯罪行为,"父为子隐,子为父隐"用的还是比较消极的包庇手段;那么,杀人却是大罪,对杀人犯的转移和掩护则是极其恶劣地破坏国法的行为了。孔子所说的例子还只是一个普通的"直躬者"即"正直"的人,孟轲的例子涉及的却是舜这个为儒家所尊奉的大圣人!

孔、孟把家族宗法伦理关系原则引入国家政治管理领域的主张,在悠久的中国历史上所起的消极作用,实在是难以估量的。它成了任人唯亲、裙带关系、结党营私、幕后交易,……种种社会丑恶现象的理论根据。至今,我们的政治管理、经济管理和社会文化管理等方面,都还深受其害。

在中国的封建时代,孔子的管理思想有广泛、深远的影响,但它的主要影响是在国家管理、政治管理的领域。孔子的管理思想对经济管理的影响,则主要发生在近、现代。

在中国近代出现了资本主义性质的新式工商业后,许多民族实业家在努力学习和采用西方新式管理的同时,也或多或少地从中国传统的管理思想中寻求一些对自己有用的东西,而首先受到注意的自然是孔子的思想。著名的实业家刘国钧在这方面表现得最为明显。刘国钧给自己的企业取名"大成纺织印染公司"。众所周知,孟轲曾称颂孔子为圣人中的"集大成",后代的许多王朝因此封孔子为"大成文宣王"或"大成文宣至圣先师"。刘国钧为企业取名大成,显然是表示自己要师法孔子、以孔子之道来治厂。他还把"忠信笃敬"四字规定为"厂训",这又是从孔子的"言忠信,行笃敬"(《卫灵公》)一语撷取来的。

现代日本的企业家稻盛和夫是以提倡用孔子之道办企业而著名的人物。他强调办企业首要在得人心,认为人心是"经营的基础"。他把自己经营企业的心得写成《人心、精神与京陶(他所办企业的名称)》一书,对运用儒家思想经营企业颇多阐发。丰田企业的创办人丰田佐吉经营管理的座右铭为"天、地、人",这是从孟轲的"天时不如地利,地利不如人和"(《孟子·公孙丑下》)一语而来的。其子丰田喜一郎把这一座右铭增为"天、地、人、智、仁",其孙丰田幸一郎又增为"天、地、人、智、仁、勇"六字,都是从儒家的"好学近乎知(智),力行近乎仁,知耻近乎勇"(《礼记·中庸》)、"知者不惑,仁者不忧,勇者不惧"(《子罕》)等论点汲取来的。丰田家族三代人的经营座右铭清楚地反映出:儒家思想对丰田企业来说简直具有传家思想的性质。日本的有些企业家和管理学者还把《论语》作为培训管理人员的教材,号称日本"工业之父"的涩泽荣一就首先这样;村山孚的《新编论语》一书,更是专从经营管理角度研究《论语》的著作。南朝鲜的学者韩东基,也以研究儒学对现代资本主义企业经营管理的价值而知名。他的"企业在于人"的论点,就显然是儒家"为政在人"的思想在企业经营管理方面的运用。

历代阐发孔子管理思想的思想资料和运用孔子管理思想的实际经验,也和孔子的管理思想本身一样,属于管理思想的历史遗产;它们对我国当前的管理工作,也不同程度地具有参考、借鉴的意义。近代、现代的资本主义实业家运用孔子管理思想的经验,由于是从社会化大生产的经营管理需要来进行这种运用的,他们的经验对我们来说也弥足珍贵。

　　一定的思想、理论一旦形成为历史遗产，它对后代人就成了一种客观存在；不论它所包含的积极内容或消极内容、精华或糟粕，都可能对后人发生影响。但是，后代人从历史遗产中接受什么，那是能够由后代人选择的。不论是对孔子的管理思想本身，还是对后代人研究和运用孔子管理思想的资料和经验，我们都不应该一概拒绝或兼容并蓄，而是要在历史唯物主义的指导下，依据我们社会主义现代经营管理的实践进行检验，科学地分辨什么是其中的积极的、体现着管理过程的基本原理的东西，什么是消极的、违反管理过程的客观规律的东西和过时的东西。只有这样，才能谈得上从历史遗产中获得真正有益的借鉴。

（选自《孔子研究》1989 年第 1 期）

　　赵靖，北京大学经济学院教授，博士生导师，中国经济管理思想史专家。著作有《中国古代经济管理思想概论》、《中国历史上优秀的经济管理思想》等。

　　《孔子的管理思想和现代经营管理》一文是其研究儒家管理思想的代表作。采取的学术思路为从政治管理和经济管理的共性来研究孔子的管理思想，揭示孔子管理思想所具有的重视人的因素，重视教育手段、重视领导作用一系列特点，并指出孔子管理思想中的部分消极影响。对正确认识孔子管理思想内涵，更好地借鉴孔子管理思想搞好当前经济建设和管理工作具有重要参考意义。

谈孔子的管理艺术(节选)

赵 靖

(一)孔子十分重视管理艺术

　　孔子的管理艺术思想,是中国管理艺术遗产中的珍品,它奠定了中国传统的管理艺术的思想基础。

　　孔子的管理思想(包括管理艺术思想),在孔子的学说中是包括在"安人"的范畴之中的。孔子之学,千头万绪,千言万语,落在行事上,其实无过"修己"和"安人"两个方面。《礼记·大学》所讲的格物、致知、诚意、正心、修身、齐家、治国、平天下,与此只是详略之异。因为,从格物、致知、……直到修身,所谈的都是修己的问题;而齐家、治国、平天下,则是从不同范围、不同层次谈论安人的问题。修己是从各个方面(道德、学识、能力,重在道德)进行自我修养,安人则是关于家庭和国家的管理、治理问题。单从国家的管理来说,"安人"也就是"安百姓"。

　　孔子主要是从"为政"、"从政"即国家管理的角度探讨管理问题。古代的国家管理涉及三种人:君、臣、民,从管理一般即不同时代管理的共性考虑问题,可称这三种人为领导者、管理助手及管理对象。

　　孔子认为,修己和安人是相通的,其基本道理是一以贯之的。通过修己,不断完善自己,以影响和带动别人,实现"安人"、"安百姓"的管理目标,这就叫做"修己以安人"、"修己以安百姓"。修己是个人品德的修养,修己的极至就是"圣"的境界;"安百姓"是治国的终极目标,也就是儒家所追求的"王道"。"修己以安百姓",也就是儒家的"内圣外王之学"。内圣外王的境界当然是极高的,所以孔子说:"修己以安百姓,尧、舜其犹病诸!"(《论语·宪问》)意思是说:即使像尧、舜那样的"圣王",也难于完美无缺地做到这种要求。

在修己和安人两个方面,孔子都很重视艺术的作用。他把艺术看作陶冶个人性情、不断完善自我的重要手段,提倡"志于道,据于德,依于仁,游于艺。"(《论语·述而》)在艺术中,他尤其重视音乐。他曾"学琴于师襄"(《孔子家语·新乐》),受过严格的训练。他在齐国时,听到演奏中国古代著名的"韶"乐,以至"三月不知肉味"(《论语·颜渊》)。可见他对音乐的爱好之深和欣赏品味之高。在他的日常生活中,音乐是他不可一日离的东西。在安人方面,他把音乐作为教育、教化的一部分重要内容,不但对学生的教育管理如是,对治理国家、教化百姓亦复如是。他的学生言偃(子游),做鲁国的武城宰,孔子去武城访问,一入境就听见"弦歌之声"。言偃告诉他,这样做是遵循老师的一贯教导:"偃也闻诸夫子:君子学道则爱人,小人学道则易使也。"(《论语·阳货》)可见,孔子一向是把"弦歌"作为教民、为政之道的一部分来教育自己的学生的。因此,人们往往把"弦歌"作为孔门施教、施政的标志。

对孔子而言,艺术不止是他进行管理的重要手段,也是他对管理工作提出的要求。他认为,对管理工作必须讲求管理艺术;合乎管理艺术要求的管理,才是好的管理。

他的学生颛孙师(子张)问他:"何如,斯可以从政矣。"他回答说:"尊五美,屏(摒)四恶,斯可以从政矣。"(《论语·尧曰》)"五美"是:"惠而不费"、"劳而不怨"、"欲而不贪"、"泰而不骄"、"威而不猛"。"四恶"是:"不教而杀"、"不戒视成"(不预告而要求拿出成果)、"慢令致期"(不及早出令而临时限期)和"出纳之吝"(对财物吝付)。可以看出,"五美"都是为了在管理过程中保持和谐、圆融,而"四恶"则会导致磨擦和怨恨。

这里,美和恶正是从管理艺术的角度来讲的。孔子认为,在"从政"即从事国家管理工作时,应该提倡美的即具有艺术价值的管理,避免恶(丑)的即违反艺术要求的管理。从五美、四恶的具体内容看,孔子所要求的是在国家管理工作中,不仅要充分实现管理目标,完成规定的任务,取得预期的成果,还要使整个管理过程进行得尽量平稳、顺畅、圆融,人际关系尽量和谐,少有磨擦和冲突,给人以美的感受。孔子认为,国家的管理工作做到了这种境界就是美的,反乎此就是恶。这样,孔子就以"美"、"恶"的概念和尊美、摒恶的主张,比较明确地提出了管理艺术的问题。

中国的管理艺术遗产并非始自孔子。在孔子以前,有些历史人物在国家管理工作中也表现出相当高的管理艺术才能。例如,辅佐齐桓公成霸业的管仲和辅佐楚庄王问鼎中原的孙叔敖就是这样。流传下来的管仲治齐的某些论点如"下令于流水之原"、"积于不涸之仓"、"藏于不竭之府"(《管子·牧民》)等,也闪现出一定的管理艺术的光芒。不过,他们都还只是在实际管理工作中显示出某些合乎管理艺术要求的做法或主张,而不曾有过比较明确的管理艺术的意识;他们的实际管理工作的某些内容,在一定程度上可以说是美的,但他们却从来没有对国家的管理工作提出过比较明确的管理艺术的要求;他们至多是在实际行事中有些"美"的倾向,却决没有"尊美"、"摒恶"明确认识。

总之,在孔子以前,人们在管理艺术的问题上,都还没能超出直接经验的范围。这种局面,是由孔子"尊五美"、"屏四恶"的论点的提出而突破的。

(二)孔子管理艺术的总原则

　　除了从国家管理的许多重要方面提出管理艺术的美、恶问题外,孔子还为解决好管理艺术问题提出了一个总的原则——"无为而治"。这里,"无为"是指国家的领导者不自为或尽量少自为;"治"是把国家的管理工作充分做好,达到所谓的"大治"。用管理科学的术语说,即实现最佳的管理目标。孔子把舜看作这种高超管理艺术的典型,极口称赞说:"无为而治者,其舜也与! 夫何为哉? 恭己正南面而已矣。"(《论语·卫灵公》)意思是说舜谦恭敬慎地处在最高位上,从容不迫,不躁不乱,而国家的一切工作都自然而然地进行着,而且都做到了恰到好处。这自然是管理艺术的很高境界。

　　无为而治的思想不是孔子所独有,道家在国家管理方面也提倡无为。《老子》就强调说:"为无为,则无不治。"(《老子》第三章)而且,道家对无为的提倡和论证,还远过于儒家;它比儒家更强调,谈得更详备、更有系统,并且有更深的理论基础。儒家自孔子而后,几乎未再有人对无为而治有进一步的发挥;道家则几乎凡言治者无不崇尚无为。在西汉最初几十年,这种思想还成为政治上的指导思想,并在这一思想的影响下出现了一个无为之治的实际典型。

　　不过,道家所说的"无为":不止是一种治术或管理艺术,而是"道"的体现。道家认为:道是"先天地生"(《老子》第二十五章)的宇宙本原,它充塞、体现于宇宙万事万物之中。在道家看来,道自身是无为的,而道在宇宙之间运行的结果,宇宙万事万物都能够自然而然地各有其序、各遂其性、各得其所,达到"无不为"的地步。《老子》所说的"道常无为而无不为"(《老子》第三十七章),就是这个意思。既然道本身是无为的,宇宙间的一切事物,都必须"法道"即遵循道的要求,管理国家也不能例外。只有像道那样"无为而无不为",才能做到"无不治",达到"功成事遂"(《老子》第十七章)的管理目标。

孔子说的"无为而治",要点放在"治"字上,无为是为治服务的,无为而治是一种治术。《老子》的"为无为则无不治",要点放在"无为"二字上。无为是道本身的属性,"为无为则无不治",不过是道的无为之性在"治"即管理方面的体现。换言之,孔子说的无为,基本上属于管理艺术的范畴;道家说的无为,虽然也适用于管理,但它本身却是一个哲学的范畴。如果专就管理的领域而言则可以说:道家说的无为主要属于管理哲学的范畴,而不限于管理艺术的范畴。

无论是孔子说的无为或《老子》说的无为,都绝对没有要人无所事事、什么事也不干的含义。道家说的无为,只是要人们顺应自然而不强为的意思。在自然之势允许为时,还是可以为并且应该为的。不过,道家既然把无为看作道自身的属性,就必然会把无为作为对一切人的普遍要求,而不是对领导者的独特要求。诚然,道家首先是把无为之治看作一种"君道"、"君纲",即作为对领导者的要求提出来的,但却不是把无为的范围仅限于此。道家要求君主、领导者无为,实际上是要求他们率民无为,即以他们自身的无为,为下属和百姓起表率作用,影响、带动整个社会、整个国家人人无为。《老子》在谈到君主"为无为"时说:"常使民无知无欲,使夫智者不敢为也。"(《老子》第三章)这把道家率民无为的用意表达得十分清楚。道家认为:只有使整个社会人人无为,才能使社会生活长期保持安谧、宁静、浑朴、自然,接近于人类原始时代的状况,实现道家"小国寡民"的社会理想。

孔子说的无为,既然基本上是一种治术,它就只能是对领导者的要求,而不会超出此范围之外。无为的含义,只是要求领导者不自为或尽量少自为,而所谓不自为或尽量少自为,其具体内容是不做应由管理助手和管理对象做的事。孔子认为:领导者和管理助手以及管理对象之间,应有明确的分工,凡属管理助手或管理对象职守范围之内的事,应放手让他们自己去做,领导者不应自为。这就是孔子所说的"君子不器"(《论语·为政》)。

孔子是最强调领导的表率作用的。所谓"君子之德风,小人之德草,草上之风,必偃。"(《论语·颜渊》)"政者,正也。子帅以正,谁敢不正?"(《论语·颜渊》)重视表率作用,认为这种表率作用起得怎样,是国家管理成败的关键,这成了儒家政治思想的一个最有特征性的内容。但是,孔子所提倡的表率作用,是就品德、作风来说的,决无老子那种率民无为的含义。在孔子看来,领导者的无为,是以管理助手和管理对象的有为为目的,同时又是以后二者的有为为前提的。领导者对管理助手、管理对象职守范围中的事不插手自为,才可使他们不致处处受到干预和掣肘而不敢为或不能为;另一方面,管理助手、管理对象人人忠于职守,在自己的岗位上奋发有为,才可使领导者实现无为而治。按照孔子的思想,"君子不器",则"君子"的部属和百姓,就必须各司其职,各尽其器。如果后二者也都人人无为和不敢为,那是根本谈不上什么治的,是不可能实现管理目标的。

(三)孔子的用人艺术

要使管理助手有为,首先要选择好一批在品德和能力两方面都优秀,事业心强的人士作为管理助手。孔子称道舜为无为而治的典型,就在于他认为舜的手下人才济济,"唐、虞之际,于斯为盛"(《论语·泰伯》);尤其是有着禹、益、契、弃(后稷)、皋陶五大贤人作为舜的高级助手。禹是中国历史上传诵数千年的治水圣手,后被推为舜的继承人。相传他为治水,九年奔走各地,以致三过自己的家而顾不上回家一次。益善管理山泽,曾被推为禹的继承人。契长于教育,弃是当时的农业专家。皋陶是刚正严明的法官,执法不受任何权势的阻挠、干预。孟轲曾说,皋陶执法,即使舜的父亲瞽瞍杀了人,皋陶也会依法拘捕治罪(《孟子·尽心》)。这五人都是以天下为己任的,又各有专长,同心辅舜,在舜手下形成了一个各称其职、搭配适宜的人才内阁。孔子认为,正是由于他们的奋发有为,才使舜实现了无为而治,所以说:"舜有臣五人而天下治。"(《论语·泰伯》)但是,人才难得,孔子也常有"才难"(《论语·泰伯》)之叹,怎样才能找到一批人数足用的优秀管理助手或骨干呢? 这就需要讲求用人的艺术。

孔子对用人艺术的主张,概括起来,有下列要点:

第一,举贤、举直:即首先选拔若干才、德兼备的人,放在有关键意义的岗位上。这样,一来可以做好这些岗位的工作,二来可以影响、带动处于同一岗位中的工作者,或者邻近岗位上的工作者,使他们有所取法,受到激励而努力工作,从而使广大管理助手和管理干部的作风有所转变。在这种情况下,一些品质不好、不称职而又不肯改弦更张、弃恶从善的管理助手就会被暴露出来或被揭露出来而遭到清除,或者因感到孤立,感到无地自容而自行避去。这就是孔子所说的举直直枉和举直远佞。他说:"举直错诸枉,能使枉者直。"(《论语·为政》),又说:"舜有天下,选于众,举皋陶,不仁者远矣;汤有天下,选于众,举伊尹,不仁者远矣。"(《论语·颜渊》)

第二,举所知:领导人耳目有限,信息难周,不可能一下子找到很多贤人,而人数太少了又不足用,怎么办呢? 孔子解决这个难题的办法是:举所知。他的弟子问他:"焉知贤才而举之?"他回答道:"举尔所知。尔所不知,人其舍诸?"(《论语·子路》)这话的意思是:

领导者可先就自己所知道的贤人选拔上来,委以重任,予以特殊的尊礼,别的贤人知道了,自然会受到鼓舞,主动找上门来;已被重用的贤人,也会同气相求,推荐其他的贤人。这样,人才的来路就广了。这种选拔人才的"滚雪球"式艺术、历史上许多君主、当权者都曾使用过。而孔子则是首先把这种用人艺术由经验上升到理论的。

第三,因材任使:选择了优秀人才,如果不善于使用,就和没找到人才一样,甚至情况会比没找到人才更糟。因为,这会使所找到的人才感到失望、沮丧;还会使本来有意投效而尚未到来的人才闻风气馁,裹足不前。

孔子对使用人才,提出了"器之"(《论语·子路》)的原则。"器之"即因材任使,像对器具一样,什么样的器具派什么样的用场。

在领导者自身的作用问题上,孔子强调"君子不器";在对管理助手的使用问题上,孔子则主张"器之"。这是基于分工的需要而得出的两个不同方面、不同性质的管理艺术:领导艺术和用人艺术。领导人的职责是领导全局,必须把自己的主要精力放在决策和用人上,而不能把自己放在"器"即局部、具体工作执行者的地位;否则就会妨碍自己对全局的观察和指导,也会妨碍管理助手的作为,削弱他们的主动性和责任心。管理助手则是受领导者委托负责局部、具体工作的,他们是因为有各自的专长而被遴选担任某种或某方面工作的。如果他们不具备这种条件,遴选他们担任有关工作就是领导者无知人之明;他们具备这种条件而不把他们摆在合适的岗位上,那就是领导者不善任人。既善于识别管理助手的才具,又善于为他们安排适宜的工作岗位,既知人,又善任,就叫做"器之"。

用人能否作到"器之",这是检验用人艺术的重要标准。历史上能说明这一点的事例,简直俯拾即是。汉高祖刘邦,就是用人善于"器之"的一个极好的典型。他在灭了项羽,一统全国之后,曾和群臣一起总结经验。他自己认为,所以能战胜项羽,就在于自己重用了当世的三个第一流人才,而且各用其所长。他说:"夫运筹策于帷帐之中,决胜于千里之外,吾不如子房;镇国家,抚百姓,给馈饷不绝粮道,吾不如萧何;连百万之兵,战必胜,攻必取,吾不如韩信。此三人,皆人杰也,吾能用之,此吾所以取天下也。项羽有一范增而不能用,此其所以为吾擒也。"(《史记·高祖本纪》)

第四,不求全责备。选拔人才自然是要选拔最好的。但是,人无完人,金无足赤,如果对所要选拔的人,发现他也有某些缺点,还选拔不选拔呢?或者,已经选拔并任用了,却发现他有某些缺点,怎么办?是继续使用,还是予以罢黜呢?

孔子对这一问题的处理原则:"无求备于一人"(《论语·微子》),即对任何人都不能要求他完美无缺。只要他在品德方面大节无亏,在工作能力方面胜任所担负的职务,并且忠于职守,勤于任事,即使发现其有某些缺点,该选拔的仍应选拔,该重用的仍应重用;在使用过程中,如果发现缺点,也要具体分析,只要缺点不致妨害他任职的基本条件,就应继续使用,并给予信任,而不宜遽加罢黜。

刘邦对陈平的任用,是体现了用人不求全责备原则的一个用人艺术典型。刘邦初用陈平时,有人在刘邦跟前说陈平坏话,指责陈平品德不好,有生活作风方面的问题。刘邦责问陈平的举荐人魏无知,魏无知回答说:"臣所言者能也,陛下所问者行也。今有尾生、孝己之行而无益于胜负之数,陛下何暇用之乎?"(《史记·陈丞相世家》)一句话点醒了刘邦:在楚汉相争、胜负未决之际,要重用的是能影响战争胜负的能人,而不是循规蹈矩的老好人。为了生活方面的某些可疑的问题,而不用和不敢重用像陈平这样的大能人,是不智的。刘邦原是一个无文化的农民,他显然不曾读过《论语》之类的书。他的用人艺术和孔子所提出的论点如此吻合,说明孔子所揭示的用人艺术的原理,确实包含着一些有规律性的东西。既然是有规律性的东西,就会在历史上有重复出现的可能,而不管人们是否曾从文献上读到过它们。

(四)孔子的用众艺术

用人艺术是对管理助手而言的,用众艺术是对管理对象而言的。按孔子习用的说法,用众艺术也可称之为使民艺术。

孔子用众艺术的核心思想是:尽量不要使管理对象感到是强制或被迫,而是使其乐为我用。这也就是说:使管理对象对实现管理目标具有主动性。主动性越大,完成管理目标越容易,过程中的磨擦、阻力越小,越能符合管理艺术的要求。

怎样能使管理对象具有主动性呢? 孔子首先强调的是教育。他认为,在要求管理对象为实现管理目标而努力时,如果一味靠命令、规章来强制,甚至通过刑罚之类的手段来威逼,管理对象即使服从,也不会有什么主动性可言。这样,管理过程中就必然出现关系紧张、(监督、管理的)劳费大,而完成任务的质量不高。这样的管理,自然是谈不上什么管理艺术的,自然是没有什么美之可言的。

孔子赞赏首先对管理对象进行教育,使他们认识到实现管理目标的意义,能够(或至少在一定程度上能够)把实现管理目标看作自己的事,从而能够主动地为此而努力。这样,管理工作就会关系和谐、少劳费和损失,而工作效果好,质量高,符合于美的要求。

孔子比较这两种管理手段,认为:"道之以政,齐之以刑,民免而无耻;道之以德,齐之以礼,有耻且格。"(《论语·为政》)意思是:只强调政刑来使民,民勉强服从而中心怨恨;主要靠德、礼来教民,民"有耻且格",乐于从命。两相比较,美、恶是判然有别的。孟轲把以教育作为管理手段能够调动管理对象主动性的道理概括为一句话:"善教得民心。"(《孟子·尽心上》)这把儒家对教育在提高管理艺术方面的作用的认识,提到了一个新的高度。

孔子虽然强调教育的作用,但并不把它作为调动管理对象主动性的唯一手段。他同时也非常重视经济手段的作用。

孔子按照商、周以来的传统,把人分作两种:"君子",即贵族、统治者和"小人",即民、百姓,并提出了"君子喻于义,小人喻于利"(《论语·里仁》)的论点。既然"君子喻于义",要使"君子"为实现某种管理目标而努力,就要靠教育,以德、义来激发其主动性。既然"小人喻于利",要使其有主动性,就必须以实际利益来打动他。孔子显然已经不认为"小人"只是"喻于利"。因为,他一再强调"教民",而且主张使"小人"也"学道",即以仁、义、礼、智来教民。这也就是说:孔子认为"小人"在某种程度上,也能"喻于义"。但是,孔子毕竟明确地认识到:对待平民百姓,对待生产劳动者的管理,离开了物质利益是不行的;而且,利还是这方面管理的特征性的东西。如果不让他们得到一定的利,他们就不可能"喻"(理解),从而也就谈不上什么主动性了。从这种认识出发,孔子对待"小人"或民的管理提出了"惠"的主张,即在要他们完成国家的任务时,使他们自己能得到一定的"惠"即物质利益。

在孔子的时代,君和民、"君子"和"小人"之间的关系,是统治阶级和被统治阶级的对立关系,在这种情况下,教育作为管理手段的作用是有限的;如果认为纯靠教育作为管理手段就可"得民心",那不是幻想,就是欺骗。孔子强调教育而又不把教育绝对化,能够同时看到利、惠在使民、用众中的作用。这正是孔子的识见高人之处。

经济的手段进行管理比纯用政治、法律手段是较为优胜的,因为,它至少不会引起管理对象的强烈反抗和消极抵制(如怠工之类)。不过,孔子并不认为这样的管理方法就是美的。有了"惠",还要看惠是怎样实现的。如果惠是从上面给予的,给予者须为此而有所费,百姓却不会因此而产生主动性,对实现管理目标是没有什么积极意义的。所以,孔子对这种单纯的"惠政"并不认为就是美,而认为只有"惠而不费"才算是美。

对于怎样做到"惠而不费",孔子的主张是:"因民之所利而利之"(《论语·尧曰》),即听任百姓去做他们自认为能够获利的事情,从而为自己谋得利益。他认为这样可使百姓靠自己的力量得到利益,统治者无所烦费,又不致引起抵制、反抗,还可从百姓产生的财利中分取(通过财政手段)一部分,一举得到几个方面的效果,所以孔子把"惠而不费"列为五美之首。"惠而不费"、"国民之所利而利之",可说是孔子在经济管理艺术方面的主要论点。

百姓是生产者,是惠和利的创造者。国家的财政以此为来源,统治者靠此来养活。如果把惠和利说成是从上面给予的,是统治者施惠养民,那只能是纯粹的欺骗和伪善。孔子虽然仍然使用着历来的统治者所习用的"惠民"、"利民"之类的词语,但他认识到这种惠和利主要应靠百姓自己来取得,这毕竟表明他对生产者的主动性在实现管理目标中的作用有了一定的正确认识。

当然,在某些特殊情况下,从上面给予一定的惠和利,也不是不可能的。例如,在发生灾荒的时期,国家对灾民发放赈济粮、赈济款的情况就是。但即使在这种情况下,单纯从上赈济也不是救灾的好办法。因为,这种"惠"不仅会带来费,而且难于激发灾民抗灾的主动性。唐代的著名理财家刘晏,就清楚地认识到这个问题。他对救灾工作提出了一个新的思路:变单纯赈灾为扶助灾民生产自救。他说:"王者爱人,不在赐予,当使之耕耘织。"(《新唐书·刘晏传》)因此,在灾荒来临时,他就采用贷款、贷粮、减税以及收购农村副业产品等办法,鼓励和扶助农民生产抗灾,而尽量避免单纯赈灾办法。

(选自《孔子研究》1998 年第 4 期)

孔子的管理艺术是孔子作为一个政治家、思想家、教育家思想理论的光辉结晶。本文从这一特定学术角度切入析理孔子管理艺术的理论创获和智慧。对于我们深入具体研究孔子的管理思想,总结和提炼这一思想体系中的实用方法和操作艺术,提供了崭新的视角和独特成果。使我们在洞晓孔子管理思想一般原理的基础上,能更好借鉴其历史的经验,为我所用,产生更明确具体的学术效益。

儒家伦理与东亚企业精神

杜维明

　　我非常荣幸,能在这里和大家分享我对于儒家伦理和东亚企业精神的一些想法。我承认,这些想法都是不很成熟的。我知道你们当中大多数人都是直接和商业管理打交道的。我的这些观点对于你们的专业是不是有什么意义,我实在不敢说。在我对于中国思想的整体,尤其是对于儒家伦理进行思考的年月里,我曾经应邀对于各行各业的人作过讲话,和社会学、哲学、宗教、政治学,甚至商业等各种训练的人交谈过。实际上,大约有6年的时间,我曾经参加由科罗拉多州的阿斯本人文科学研究院(the Aspen for humanistic studies)资助的一个项目。这个研究院的主要目的是促进商业界、学术界、政界、新闻界和其他领域的人士之间的对话。我跟一些对于商业管理和伦理道德之间的关系很有兴趣的人交谈过。因此,尽管我要跟大家商讨的题目基本上是学术性的,可是我希望这个题目多少能从伦理、宗教的角度有助于大家对商业管理的探讨。

　　我要探讨的是儒家伦理和企业精神之间的关系。你们当中有许多人可能已经接触到这个问题了。目前,这个课题颇为风行。我不想沿袭近来对于儒家伦理的研究,比如对日本管理风格其中的动力结构的分析,我想从比较文明的角度来探讨这个问题。我将用马克斯·韦伯(Max Weber①)对于新教伦理和资本主义的产生的著名的研究作为出发点。所谓的韦伯理论对于这一类问题所产生的主导影响由来已久。

首先,我想先介绍一下韦伯理论本身——就是韦伯对清教伦理和西方资本主义产生之间关系的观点。我们可以看得出来,韦伯是在广泛的文化的范围内阐明他的观点的。然后,我将就他的看法提出一些相关的课题,并且提出我自己的一些想法。我必须重申,我的这些想法是不成熟的,不过是探索性的实践而已。所以大家共同商讨是非常重要的。我在这里谈的东西还需得到提炼、检验。请大家记住这一点,我下面就开始谈。

韦伯的论点提出了资本主义的兴起——特别是资本主义精神的兴起——和新教伦理之间的一种关系。这个论点本身是根据一种更为广泛的观念性结构推导而来的。作为一位针对马克思主义的批评家,韦伯要想批驳的很多马克思的观点之中,有一条就是马克思有关宗教和意识形态的发展仅仅是经济基础或生产力变化的结果那一个观点。与马克思相反,韦伯企图一方面探索道德和宗教价值之间的关系,另一方面探索促进各种各样经济发展的结构。例如,在他对新教伦理的研究中,他特别注重对于资本主义兴起作出贡献的社会当中理性化与资源的合理调动的形式。

请注意,韦伯并没有提出作为一种宗教伦理的新教伦理和作为一种高度世俗化的过程的资本主义形成之间有什么因果关系。他所指出的只是两者之间可能有某种联系。这个论点在历史上是否是事实,在理论上是不是站得住脚,还有待证明。它的具体内容就是:如果我们具体地看一个人,我们将发现:在他的宗教信仰和

① 　马克斯·韦伯(Max Weber),1864—1920。德国社会学家和经济学家。

他在经济范围行为方式之间有一种联系。

这并不是说：一个个人会有意识地让他的宗教信仰和价值对他的经济行为起作用。当然，他可能会无意识地将他的宗教信仰体系中的价值转化为指导他的经济行为的因素。它并不意味着：心灵分成许多格子，其中宗教和经济的观念和动机是整整齐齐分门别类各得其所。但是，当一个人自然地形成他坚信的价值时，它们可能渗透到他生活中的其他方面去。不过很重要的一点是要认识到，这种渗透本身并不一定就是信仰体系自然形成的一个部分；它往往是不期而至的。吸引韦伯的就是这样的意外的结果，尤其是当它们作为新的经济伦理或新的理性形式出现的时候。

德国哲学家和社会学家约尔根·哈柏马斯① 对于韦伯论点的再思考作出了巨大贡献。1980 年他在柏克莱的一个小规模的教师讨论班上提出他的一些思想。这些观点代表了对于这些论点的最新的思考。哈柏马斯根据他对韦伯论点的内涵的假设解释，列出了三个表格。我先谈谈这些表格。它们为我的讲话提供了一个广泛的基础。随后，我再进一步集中探讨韦伯论点的某些方面。最后，我想就我们对儒家伦理和东亚企业精神之间的关系的探讨中，如何利用韦伯的论点，提出我的想法。

哈柏马斯认为，韦伯注意到了世界上有各种各样的宗教趋向。他所谓的趋向，是对待世界的一种基本方式。在表 1 中，我们看到评价现世的不同方式，可以大致上分为观念上的两极。首先是对世界的否定或对世界的排斥。这种观点基本上否定了此时此地的终极价值。第二是对世界的肯定，这种观点不注重超越此时此地的世界之外的某些东西，而强调在对终极价值的理解中的生命世

---

① 哈柏马斯(Jürgen Habermas)，1929 年生，当代德国社会学家和哲学家。

界的中心地位。

表 1 宗教世界的内容

对世界的评价＼观念或概念的策略	以神为中心的	以宇宙为中心的
对世界的否定	犹太教、基督教	印度教、佛教
对世界的肯定	—	儒学、希腊哲学

哈柏马斯提出两种概念策略，对于我们认为在世界上具有中心权力和价值的事物的描述方式。第一种是以神为中心的。它强调上帝以及人与上帝的统一。另一种是以宇宙为中心的，与上帝无关，而注重人与宇宙万物的统一。从韦伯的观点看来，大多数宗教传统本身含有对世界的摒弃。在这些传统中，其中有一些，比如犹太-基督教传统，是以神为中心的（从某种程度上讲，伊斯兰教也是如此，尽管韦伯从来没有全面地研究过这个传统）。其他一些宗教比方佛教和印度教传统，则是以宇宙为中心的。韦伯没有研究任何肯定世界的以神为中心的传统。他倒是曾经推导出第四种可能性：肯定世界的宇宙中心主义。他提出的例子就是儒家传统。根据韦伯的分类，儒家肯定了此时此地的世界，肯定人与宇宙的统一，其着重点不在于超越世界之外的领域。

一个主要的宗教传统内部的象征性的资源，使我们能够借以评价世界并且发展出一种观念的策略，从而领悟与世界有关或无关的终极价值。此外，这些资源也使我们能够去设想实现至善的方法——不管它是上帝也好，是宇宙也好。这涉及到我们应当采取什么途径，我们应当如何行动，我们又应该做些什么的问题。

现在，我们再来看看表2。哈柏马斯又提出了观念的两极，以描述韦伯的设想中达到至善的方法的范畴。应该指出的是，韦伯对这些术语中的每一个,都有他自己的理解。所谓"积极"或"消极"的意义在以下的讨论中会得到阐明。

表 2　对世界的态度

追求至善的方式 对世界的评价	积极的:苦行主义／ 动态的生命	消极的:神秘主义／ 冥思的生命
对世界的否定	主宰世界	从世界遁隐
对世界的肯定	适应世界	从理论上把握世界

让我们先看看韦伯把否定世界的宗教描叙为积极或消极的,究竟是什么意思。请记住,否定世界,并不一定意味着从形体上脱离日常生活——尽管这种可能性在许多情况下是可以实现的。实际上正如我先前所指出的那样,否定世界意味着对超越此时此地的一些东西的终极价值的肯定。但在世界上如何行动,这仍然是一个问题。

一个人可以一边在世界上扮演一个积极的角色,一边又反对那种认为这个世界中包含有终极价值的观念。这就是韦伯所描绘的基督教的概念(见表2)。他也用了"苦行主义"(asceticism)这个词来描述基督教的一派——加尔文教徒所采取的积极的途径。苦行主义是个意义晦涩的字眼。我们往往把它看作控制肉体欲望的清规戒律。这种苦行主义,在基督教的范畴之内,是为了上帝的荣耀和天国的奖赏而付诸实行的。我们通常把它和修道士的传统联系起来。但苦行主义(asceticism)这个词的词根 askētikes 也有"戒律"的意思。韦伯把苦行主义与另一个新教基督教中的概念——天职或感召业——联系起来。这个概念实际上来自《圣经》。它指的是对于一种"今生"的天职的追求,它与上帝的荣耀起着共鸣。这样一种追求需要戒律。这种戒律渐渐变得规则化、日常化,或者像韦伯所说的,理性化。

证明我们灵魂的纯洁的一种方法——通过戒律而得以实现——是去主宰这个世界。这实际上是自相矛盾的。我们克服自己对世间万物的依附,不是靠了离开它们,而是靠了居住其间并且掌握它们。这个行动证明了我们的精神的纯洁,以及我们对上帝的专一的忠诚。掌握我们的环境的这种实践,作为我们超脱愿望和诱惑的结果,就是我们所谓一个信仰体系的意外后果的一个例证。在这里,尤其重要的是韦伯对于这种途径所下的"转化性的"定义。我们接下来可以看到,他认为这种"转化性的思想"的性质对于某种经济发展的兴起具有核心作用。他真正关心的正是这种联系。不过我们现在暂且不谈。

在这张精神蓝图上,我们该把采取消极途径的否定世界的宗教放在什么位置上呢? 这些传统尽其所能要与此时此地割断联系。这往往被说成是从世界的逃遁。我们在佛教中发现了这一点,在中国,个人实行"出家",离开家庭那意味着切断与家庭、朋友和生活中其他使人难以克服自身的感觉和欲望的种种方面的联系。我们还发现,它也揉合于印度教的个人的生命阶段之中;在依次实现了学生、成家、家人的责任之后,人们便离开家里,隐居林中。以后的时间就是用来根除他们与此时此地的联系上,从而尽量削弱人对物质世界的影响。我们可以看到,这种行为与积极的主宰是大不相同的。然而,二者都是否定世界终极价值的方式。

正如我们追求至善的方式可以是苦行的那样,它也可以采取神秘主义的方式。正像对苦行主义可以以各种方式去理解那样,神秘主义也是涉及许多命题的。大体上说来,它涉及到对于神与我交——或者说与我们视作终极价值的事物(上帝也好,宇宙也好)的联系——的追求。神秘主义代表了人类对于和从精神上被定义为权力中心的终极价值建立和谐关系的寻求。

我们简要地看一下这种寻求是怎样转入实践的。以基督教而言,我们通常把神秘主义与在沉思冥想中祈祷上帝联系起来。有时,我们也认为它与苦行主义的第一种类型有联系,这种类型就是以清规戒律控制肉体和情感的欲望。以佛教而言,神秘主义就是要逐渐理解所有我们认为是真实的和持久的事物事实上是无常的。我们想要把握住这些事物,这种企图给我们造成了巨大的痛苦和灾难。我们依靠对一切感情、思想、事物甚至我们自身的无常的沉思来超脱这种苦难。我们逐渐认识到:一切事物都不具有持久的真实性。这使我们得以逐步从现世中解脱出来,而且如果继续追求到一定地步,便可以导致自我现实的完全寂灭。印度教通过对各种神性(divinities)的沉思,再加上割断一切世俗的联系,把人带进一个神秘的世界,与宇宙相统一。

下一步,我们再来看看肯定世界的传统。我们先简要地谈谈哈柏马斯所谓的追求至善的消极途径。哈柏马斯认为这种消极的途径可以被看作是对于从理论上掌握世界的意义的寻求。他所用的例子是古希腊(一个在韦伯的认识体系中不十分突出的课题)。例如,许多古典哲学家认为在从表面上看来是多元的现实底下还有一个现实,这个更大的现实是可知的,是可以通过推理被掌握的,他们重视知识,把它看作沉思,看作对终极现实的反思。比方说,柏拉图力图懂得什么是善,即是一例。

顺便说一下,把这种途径说成是消极的并不意味着这些人没有参与到世界之中。这只不过是描述希腊人在其精神趋向上如何集中其能力,描述他们所认定的达到至善的最最有效的方法的一种方式而已。他们所依赖的不是日常的经验,而主要是他们的推理的能力。对这种与抽象认识的价值有关的经验价值的估价,是具有特别的重要性的,从我们下边第四个例子中便可以见到这一点。

我们现在就谈到了最后一个例子——一种通过与世界的积极的关系来追求对至善的理解的肯定世界的传统。世界本身就成为一个人借以达到至善的媒介。哈柏马斯遵循韦伯的构想,把儒学归入这一范畴。韦伯把这种途径描述为对世界的适应。究竟这种描述是不是妥当,我们等一下再谈。不过,韦伯之所以用这种方式来概括儒家,是因为他试图把儒家与基督教两相比较。正因为儒家并没有试图以主宰世界作为否定世界的一种方式,韦伯就把儒家的途径描述为对世界的适应。

我先前指出过,韦伯之所以提出这些观念模式,是想用以分析为什么某种经济发展发生在某些地方,而没有在别的地方发生。他最最关切的课题是资本主义的产生和现代化。他所谓的现代化,并不仅仅意味着工业化、都市化或大众传播。他的意思是理性化,或者"自由劳动的理性的工业的组织"。其他的那些现象都可以被纳入理性化的表现的范畴。韦伯所探讨的是,在理性化的发展与一种信仰体系的价值结构和趋向之间,是不是有某种联系?说得更确切一些,某一些传统的思想是不是更容易地适应理性化过程所涉及的那种思想?理性化的潜力是什么?而且,不同的宗教传统和趋向在人类经验的不同方面,从不同的程度上显示了这种潜力。

哈柏马斯(参看表3)认为,首先,可以假定理性化有一个伦理范畴。那就是,它可以通过赋予道德推理以价值,从而充实我们的实践。也可以假定它有一个认识范畴。在这个范畴里,一个人的理解,与其说是指的一个道德推理过程,还不如说是指的对知识的积累、理性化的组织和诠释。其次,并不是所有的传统都在同等程度上遵循一个理性化的程序——世界的理性重建。所以,我们必须探讨的是:在任何一个已有的传统之中,这种程序有多剧烈。我们甚至可以用简化的方法衡量,用比较性的尺度排列出主要传统这种强度的由高到低的水平。

表3　理性化的潜力

理性化的程度 理性化的范围	较高的	较低的	
伦理的	主宰世界如:基督教	遁离世界如:印度教	赎罪(救世)的宗教
认知的	理论上把握世界如:希腊哲学	适应世界如:儒学	宇宙论的/形而上学的世界观
	西方	东方	

让我们再举几个例子来说明这些方面——伦理和认识范畴及理性化的潜力——是怎样相互结合。韦伯考察了基督教,并且注意到它对于赎罪或者灵魂的拯救的关切。作为一种赎罪的宗教,它否定世界,并且试图主宰它。这种救世的关切就得需要确定哪一些行为能够得到赎救。从它对道德推理的强调之中,它得到了体现。通过对世界的掌握,从而掌握人对于这个世界的依附,这一种欲望是通过高度的理性化而实现的(再说一下,我们必须记住,韦伯的分析局限于清教基督教的一支,在其他情况下侧重点的结构一定很不一样)。印度教也关切赎罪——他们所谓的赎罪是对来自轮回再生的约束的赎救。所以,它对于道德理性也给予了高度的评价。可是,由于它否定世界的消极的方式,它的理性化的程度很低。从清教的意识看来,它没有什么必要去主宰世界。

理性化的认识范畴是通过宇宙论和形而上学的诠释的发展而得以体现的。例如希腊哲学把注意力主要集中在阐明世界的理论结构上。这代表了高层次的认识范畴。相反,儒家的传统把它的认识范畴——它的重点是宇宙学的世界观——与低层次的理性化融合到一起。韦伯把这一点看作东方式的途径的特点。

在这里我必须按住话头,强调以下几点。运用任何诸如此类的分类法其危险在于我们会假设所列出的这些门类是不相关的,相互排斥的。正因为我们为了提出假设,用抽象的一般化的语言来表达,所以我们不能够随时提醒我们自己:每一种传统都很有可能在不同的范畴和程度上包含我们所观察到的每一个方面。我们也没有强调传统间的相互影响。而且,我还想要指出:这一种分类法——正如整个儿韦伯论点本身——不是总结性的。不过,它确实给我们提出了一个初步的模式,一种启发我们对儒家伦理进行讨论的方式。我们现在记住这一点,再来谈谈韦伯对中国宗教所作的研究。

根据希伯莱大学的 S·N·艾森施塔特[①] 的看法,韦伯对中国的研究,是更大范围内的双重分析的一部分。我刚才所概括谈到的是第一部分,涉及对于世界主要宗教的理性化的进程的探索。其次,韦伯又探讨了不同宗教传统发展过程的特性。随后,他又把这些特性与他发现的清教发展的显著因素相互比较。根据韦伯的看法,清教的这些因素和现代资本主义的发展息息相关,他还暗示这些因素和官僚制度和科学文明也有关系。韦伯想要确定为什么这种特殊的经济发展没有在其他文化范围中发生,他认为:只要能明确地指出使清教发展有别于其他传统的特征,我们对于这个问题就能得到某种解答。

这一种双重的分析表明:韦伯对儒家伦理的讨论是在一个广泛的范畴中进行的。韦伯在 1920 年出版的题为《宗教社会学》(The Sociology of Religion)的论文集,包括了以下的题目:"概论"、"清教伦理"、"政治派别和资本主义精神"、"世界宗教的经济伦理"、"儒学"以及一篇题作"临时的考虑"的重要文章。这篇文章现在一般被称为"否定世界的宗教及其方向"。换言之,他考察了整

---

① 　艾森施塔特(Samuel Noah Eisenstadt),1932 年生,以色列耶路撒冷希伯莱大学教授。

个世界。他研究了印度教和佛教，他也研究了古犹太教。他甚至试图研究中东的宗教，包括伊斯兰教和早期基督教。他之所以要这样做，是为了寻求在每一个其他传统中可以被称之为清教伦理的"功能相等体"。照他的观点，清教伦理，是一种独一无二的伦理。从历史角度而言，它对西方社会中能与力的理性调动的产生作出了贡献。

韦伯从中建立起在宗教价值——尤其在其能动性的意义方面——和经济性格之间的联系，便是这样一个整体的观念模式，很重要的一点，就是应当认识到，在这一番努力之中，韦伯并不是一个简化主义者或简化论者。他并不想要把复杂的问题简化成一个单独的宗教合成体。他仅仅是想要强调一个人的最初的能动结构的重要性。这种能动结构的重要性在于，它能够有助于理解社会是在何种动力之下去完成某一种、而不是任何其他种的任务。

在这种情况下，韦伯是怎样看待中国的呢？他提出的论点是，中国之所以不能发展理性的、资产阶级的资本主义，是由于缺乏一种可以与新教伦理相比的伦理。他认为：新教伦理培养了一种特殊类型的人品的一体化和人格——新教徒。新教徒排除了在上帝与他自身之间的一切中介物。他从隐秘的内心深处，在他内在的孤独感之中，与上帝直接联系。这种关系促进了个人尊严的意识。它也导致一种与理性的劳动组织相一致的个人主义。因此，遵循新教（或清教）伦理发展而成的人格的一体化，以及与之相关联的个人主义，导致了一种肯定的、转化性的思维方式。韦伯认为中国的宗教，尤其是儒家的伦理，缺乏这样一种思维方式。

在得出此结论之前，他首先探讨和确定了中国社会存在的理性化的形式。他以为：对中国的宗教或者中国的儒家伦理的诠释，必然能导致对传统中国社会的一种提纲挈领的、包罗万象的观点。所以，他研究了中国的金融体系、城市结构和行会组织、官僚政治、税收、家庭关系模式、法律、科举考试等等。他也在不同类型的意识形态控制里发现了一种高水平的理性化。

然而,中国的文化范畴里缺乏一种批判的成分——一种能够把人民动员起来,使他们重新振作,从而导致人们对世界的主宰,导致巨大的资本积累的、转化性的伦理。这里,韦伯特别注重他描述为适应和调整世界的儒家伦理。不像清教伦理那样,这种伦理不倡导个人主义的发展,它也不具有转化性。所以,韦伯认为儒学在这种特殊的联系之中,没有对资本主义的产生作出贡献原因就在于此。

说资本主义从未在中国这样一个被儒家伦理统治的国度里得到发展,表面上,这不过是历史的观察。然而,这几乎已经是老生常谈。要更好地理解这个说法与企业精神有什么联系,我们就需要勾勒出韦伯的课题的另一种体系。这一个想法我得益于弗吉尼亚大学的大卫·利特尔教授①。我认为:这个新体系可以帮助我们深入地考察韦伯的主张。首先,我想用三个命题的形式来概括这个体系。然后,我们可以用这些命题,重新解释在儒家伦理与所谓的东亚企业精神之间的已经受到广泛讨论的、复杂的关系。

第一个命题就是:现代的人面临着许多相互竞争的利益范围。现代世界是建立在一种能动的起作用的理性之上,是全盘受这种理性制约的。社会的理性组织需要制度化和官僚政治化。其较恶劣的后果之一便是在许多不同层次上的分崩离析。在其中一个层次上,就是把经济、政治、审美和知识的关切视作互不相关的利益范围的倾向。一旦划分了这些利益范围,我们就趋向于把它们看成相互脱节、相互竞争的因素。韦伯有时把这种情形称之为"铁

---

① 利特尔(Devid Little),英国弗吉尼亚大学社会学教授。

笼"(the Iron Cage)——现代的思考的人被禁锢其中,无法逃遁。他所谓铁笼,就是特殊化、专业化和官僚政治化的罗网。从某种意义上说来,任何现代社会,必然面临这些从手段上被理性化了的利益范围。

第二个命题涉及我先前提到过的一个观念:即天职或感召的概念。在一个理性化的社会中,每一个利益范围都表现为与我们完全的使命感和道德献身相称。这好像是一种宗教天职。科学是一种天职,政治是一种天职。在商业社会里成功发达是一种天职。反过来,现代的个人具有这样一种天职所要求的规范的信仰。在社会高度专业化的条件下,这些利益范围中的每一个都需要完全的献身。我们必须努力成为最佳者。业余活动或者仅仅是好奇心的满足没有市场。我们把这些规范的信仰作为衡量和判断我们的成就的标准。没有这种全心全意的参与,现代社会中就没有一个利益范围可以存活,更不用说争取优胜了。

所以,第一个命题给了我们一个不同的利益范围相互竞争的世界;在第二个命题里,每一个这样的范围要求排斥其他范围,完全献身。第三个命题是:宗教的价值是前两个命题的中间环节。韦伯特别运用了新教伦理去解释这一点。他那很有说服力的主张是:我们必须懂得清教伦理,从而理解西欧各式各样的有产者是怎么样、是为了什么被促动成为成功的生意人。他也引证早期美国的工业家作为例证。他是这样来解释初具雏型的新教伦理的影响的:"一个真正的预言创造了行为,并且系统地使得行为转向一种内在的尺度或者价值。在它面前,世界被看作是依据着规范而从伦理上被塑造起来的一种物质①"。他所谓的预言指的是个人受

---

① 马克斯·韦伯《中国的宗教》,纽约自由出版社,1968 年汉斯·H·格思英译本,第 295 页。

到感召,要想要做某一件事的那种感觉,其前提便是新教对于一切信徒的教士和教士身份的设想。

韦伯在他对儒家伦理的研究中,心里已经认定了新教伦理的这种特点。他在儒家伦理中所寻找、所发现的都受到这种先人之见的影响。韦伯把新教伦理所促动的转化性的思想来作比较,由此——就像我们刚才所谈到过的——认定了儒家伦理是对于一个人的环境,对世界的现状的能动的调节适应。一个君子儒是非常协调与和谐的。他的行为是理性化的(但仅仅是在低水平上);他并没有全力把自己发展成为系统的专业化的单位。相反,作为一个人,他展示了一种有用的、特殊的复杂性格。他同时是一个业余的画家、诗人、官僚和学者,但是这些身份并不互相排斥。他不是一个成功的有产者。这就是资本主义之所以在中国没有得到相当的发展的诸多社会、政治的原因之一。全力专注于某一种技能或工作而排斥其他行当,不在于这种伦理范围之内。它的精神背景属于一个不同的能动结构。

促动人们以某种方式行动的价值也影响了他们的成功意识。对于加尔文① 宗的新教(the Calvinist Protestant)说来,成功就意味着:靠了上帝的恩惠的前生注定、不期而至的介入,我们得到了报偿。这种前生注定的性质包含着一种困境。若是我们不能做任何事情以保证我们得救,那么我们是不是会同样轻而易举地失去上帝的恩惠? 我们怎么才能知道自己是不是还能得救? 或者是不是已经堕落? 第二代和第三代的加尔文教徒对于这一类问题,体

---

① 　加尔文(Jean Calvin),1509—1664。16 世纪欧洲宗教改革家,基督教加尔文宗的创始者,法国人,其主张和信条适合当时资产阶级激进派要求,他宣称做官执政,蓄有私产,经商赢利,放债取息等。如同担任教士职务一样,均可视为受命于上帝的感召。

验了极大的焦虑。在缺乏可以量度的精神依据时,确定上帝的慈容仍旧照耀着我们的方式之一,就是通过物质的证据和成就。在许多场合下,这种途径代表了基督教精神的一种平凡化、庸俗化。可是,它倒确实有助于说明促进西方资本主义发展的动力的伦理和宗教的本源。

儒家呢,却是被一套要求人在所有水平上使人际关系达到和谐的标准所促动的。这就是韦伯所理解的与世界相调节。与之相一致的,如果我们要想看看庸俗化了的儒家的成功观的话,它首先要通过考试制度以及官府中的升迁来衡量一个人的成就(我强调庸俗化的表现,是为了要指出不管是新教还是儒家,我们所看到的,并不是双方各自设计的内在自我修身过程的方式)。

我想提出的是,在一般情况下,韦伯关于信仰体系的动力组成的论点是正确的。但这带给我们一个新问题:他对中国的思考有什么价值?请记住,他认为儒家伦理抑制了一种实业精神的发展,从而也抑制了资本主义在中国,由此类推,在东亚的发展。可是今天,在东亚的许多不同的地方,我们却看到了资本主义和实业精神的蓬勃发展。是不是韦伯错了?我们是不是能够用他的任何观点帮助我们澄清我们自己的理解?近来,有许多人,包括社会学家、政治学家、经济学家、甚至比较宗教学家,已经在寻找重新解释儒家伦理和东亚企业精神之间关系的方式。

这个讨论实际上有两个阶段。60年代初期,美国的一群学者(历史学家、社会学家和政治学家)开始研究儒家伦理和现代化之间的关系。除了两三个显著的例外以外,他们当中大多数人都深信儒家伦理从基本上说来与现代化、特别是与被理解为理性化的现代化是格格不入的。

这种见解说明了韦伯对于美国学者看待中国和儒学的方式的广泛的影响。他们提出了儒家传统中他们认为与现代化不相容的一些关键价值。首先一条是没有强调个人主义。在新教伦理中十分突出的一种重建社会的巨大动力在儒学中不存在。没有了这种具有高度竞争性的个人主义,他们所熟悉的那种资本形成就不会出现。这种看法的另一面是,儒家学者或者儒学的研究者过于受群体的节制。他们不够独立,过分依赖引导,尤其是政治力量的引导。而且,由于常见的经济政治文化和政府干预的消极影响,经济领域没有能得到全面的发展。自由资本主义是不可能的。结果,市场结构便不能很好地发挥其职能。

进而言之,儒家过于强调对完美的人格的培养,而忽视了一种有能力并且有决心征服自然主宰世界的进取性的人格。正如韦伯指出的,那样一个举止中节的人无疑是讨人喜欢的,可是却很不适合当一个成功的生意人。最后,儒家过于注重传统定义下的智慧。这样一来,智慧的传递是通过经验的理解代代相传,而不是知识和信息的积累。这是一种质量意义上的智慧,而不是一种数量意义上的实验性的知识。

整个讨论最吸引人的方面是 15 年之后的发展。70 年代末期,同一群人,再加上几位年轻的学者,使用差不多完全相同的一系列价值,来解释为什么一种特殊的经营气质和企业精神在东方(特别是在日本)竟然如此成功,已经到了向西方挑战的地步。事实上,1980 年 2 月,著名的政治学家罗德里克·麦克法夸尔在《经济学家》上发表了一篇文章,题为《儒家之后的挑战》(The Post-Confucian Challenge),指的想来是对西方的挑战。他认为,在本世纪 90 年代和 21 世纪初,对西方的真正挑战,不会来自苏联或中东。苏联的挑战基本上是军事上的,中东的挑战主要是经济上的。与之相比,来自东亚的挑战将是全面的,从经济发展的风格一直到基本的价值观。

我对这个问题的看法如何? 我前面提到过,我的观察仍然是试验性的。我目前还在一种探索的状态之中。作为一个中国思想史和儒家哲学的研究者，我一想到儒学和现代化的精神可能很有联系就感到很兴奋。可是，我很希望对这个问题有更加成熟的探讨。由于在儒学研究之外，又受了西方社会科学的训练，我极希望见到对于这个课题的扎扎实实的实验性的研究。我既不想全盘接受这样一种联系的想法，也不想把这个问题束之高阁。我仍旧处在这一番探讨的初级阶段。所以，我很希望得到大家的帮助。

我所提出的主张大体上是这样的：首先，我先假定资本的形成很可能有不止一种途径。从这一点上说，这不同于比方说吧，科学。我们把某一类操作运转和见解看作是科学的范畴。我们不能说有什么中国科学，或者日本科学，或者美国科学。科学是绝对普遍化的。这既是科学的优点，在某种程度上又是其局限。可是，如果把资本的形成，放在涉及一种动力结构的复杂网络的关系中来理解的话，它就可能演化出不同的方式。

韦伯所认定的资本主义精神，强调个人主义，主宰世界，市场结构，竞争，放任主义和对于知识的一种浮士德式的探索。这是一种模式。这种模式在资本主义的形成中无疑取得了很大的成功；就我们所知，它是人类历史上唯一具有成功纪录的模式，首先在欧洲，然后在美国。所以，不足为怪，今天仍然有相当数量的领导人（包括美国的领导人）信奉这种意识形态。他们认定了要发展一种生动活泼的经济体系，唯一的方式，就是依据我刚才描述的这种资本形成的模式。

对于我们中的一些人来说，现在的问题是：是不是还有另外一种途径是确凿的可能。尽管这种可能性牵涉到一系列的矛盾，我们却不可以漠然置之。在美国，这种需求可能不很紧迫，但是在东亚，这却是一个严肃的问题。它不仅仅被日本经济学家们和被丸

山真男①　之类的思想史学家们所提出来,也被许多欧美学者提出
来了。哈柏马斯只不过是其中之一。其他还包括彼得·伯杰(他最
近访问过新加坡)、爱德华·席尔思②、罗伯特·贝拉③、埃兹拉·沃格
尔和吴元黎④。希伯莱大学的艾森施塔特和海德堡大学的施勒赫
特⑤　则从事于一种全面的尝试,要在全球范围内重新考查韦伯的
论点。

　　根据这些新的观点,东亚的经营气质和资本形成的模式有些
什么样的特点? 我想用比较的角度来看这个问题,讨论一下这些
不同的趋向是怎样互相联系的。一方面,个人被看作孤立的实体
和重建社会的力量。另一方面则是把自我理解为关系中心的新型
的经营气质或企业精神。自我的尊严在人类关系网络的范畴中才
具有了意义。这迥然不同于前一种观念:即把个人视作一个孤立
的实体,他只有斩草除根,割断一些基本联系,才能取得独立。自
我,作为各种关系的中心,只有通过人类相互交往和相互关系的形
式,最大限度地发挥它四周的能量和思想,才能实现其尊严。我想
再加上一点,这两种看法不一定是相互牴牾的。

　　他们的不同,也在于他们对权利和义务的看法。第一种观点
的特点是一种强烈的权利意识:"我的权利是什么? 在合法的范围
之内,我可以做些什么?"这一种人对于其自我利益是一清二楚的。

---

　　①　丸山真男(Meruyama Masao),1914 年生,日本思想史学家。

　　②　席尔思(Edwer Shils),1915 年生,美国教育家、社会学家和管理学
家,著有《公立学校系统的财政管理》、《自动化与工业关系》等书。

　　③　贝拉(Robert Neelly Bellah),1927 年生,美国社会学家教育家,现任
伯克莱加利福尼亚大学福特讲座社会学与比较研究教授。

　　④　吴元黎,历任旧金山大学,马克特大学亚洲研究所研究员、斯坦福大
学胡佛战争革命和和平研究所研究员。

　　⑤　施勒赫特(Wolfgang Schluchter),德国海德堡大学社会学教授。

一个不能够认明其自我利益的人,简直就算不得是一个理性的生物。另外一种观点则选择了一种强烈的、有时是有意识的、社会化的责任意识。鼓励人们去问"不是我的权利是什么?"人们所受到期待的,是恪守自己的责任和义务。与此相应的,还有一种对于相互合作的注重。我们必须是一个公司里的成员,或者一个大学里的一分子。作为一个社会集团的整体的一部分,我们必须很少表现利己的动机和欲望。那样做会受到团体里长辈的批评。

对个人对权利的强调扩充到一种普遍的超越一个人的现状的要求,像尤利西斯(Ulysses)一样,去探索的新的疆域。对知识的渴望和追求推动一个人向前,比如浮士德情愿为了新的经验和知识而出卖他的灵魂。当然,浮士德代表的是这种精神走向毁灭性的极端。然而,我们也必须认识到,就人类历史而言,同样这一种精神对于科学的发展和人类知识新地平线的开拓作了重大的贡献。相反,当自我被看作关系的中心时,人就有了一种纪律和约束的意识。这种意识表现为人格的修养、同等严格的身体和精神的自律,并且有时甚至表现为同等的精神的自我实现。

我应该再一次指出:我为了突出讨论的重点,把问题分化成两个极端。让我们不要忘记,在现实中,这两边既不是完全不相容的,也不是全然可以分开的。可是,为了说明问题的需要,从它们更为极端的形式中去看这两种观点是有裨益的。请记住这一点,我下面想谈谈这两种意识的某些社会表现。

表现之一是社交礼节。这是被一个社会中的成员公认为适当而有意义的社交模式。其中不少是人们以为理所当然的习惯性行为。每个社会都有不同程度的仪式化行为。有些社会学家已经注意到,在东西方文化的比较中,一个代表了一种低级的仪式环境,一个代表了高级的仪式环境:例如,美国一般说来是低级的环境,日本则是高级的环境。在一个低级环境的社会里,几乎没有什么现成的或者规范化的礼仪行为。究竟是哪些东西构成正确的社会行为往往是说不清楚的。和这一种模糊性并行的是一种几乎是很有必要的高度的忍让。从某种程度上讲，这可能是社会中文化多样性的结果，比如美国的情形就是如此。

这种标准化行为的缺乏导致了一种困境，即我们从来不能完全确定如何举止。每一次新的交往都要求某种程度的新的礼仪、某一种新的行为模式。每遇到一个陌生人，我们就必须想法通过新的礼仪行为，从而理解这个人。这可能要花费相当的时间。大家知道，我在伯克莱加州大学教了十年书。就美国社会中的人际交往而言，加利福尼亚的礼节环境排在最低的行列。从某种方面上来说，这是很舒服、很放松的。忍让的意识十分强烈，但是在这种低礼仪的环境里——再加上多变的社会的流动性——很难培养持久的、有成果的人际关系。

另一方面，在高礼仪的环境中，人际交往大多遵循得到社会认可的模式。这种社会的成员从小就吸收了这种模式，并不一定意识到他们的行为遵循一种规范的程度。可是，当一个外国人在场的话，这种模式就显而易见了。这个外国人会发现他很不容易和这样一个社会打成一片。他一进房间，他走路的样子、他的衣着和他的举止，样样都表明他不熟悉这种礼仪。他要花好多时间才能学会怎样大方得体地和人打招呼，如何交谈，如何让他的举止与他人协调。不过他一旦懂得了这些礼仪，他就成了这个社会的一员，如鱼得水。高级的或低级的礼仪环境，究竟哪一种更好，我们说不上来。同时，我们必须意识到我们所阐明的性格类型，他们所进行活动的社会环境，在行动上是培养和支持这两种伦理的。

这种社会表现的又一个方面涉及群体的特性。一方面是相抗衡的体系，我称之为（the adversary system）；另一方面则是"信用社区的群体"（fiduciary community）。美国是一个抗衡体系的例子；

儒家的社会则是信用社区的例子。抗衡体系的宗旨在于保证和保护个人的权利。它确认和支持个人的自我利益和竞争。它也是高度法治的。实际上,依据法律的统治被认为具有高度的道德价值。以这些方针为前提,人的相互作用往往是以互相冲突的利益的仲裁和谈判的模式为准绳的。从这个角度去看,美国社会中律师的重要性就变得更可理解了。当然,所谓"信用",也是一个以基本信赖作前提的法律字眼。在一个信用社区里,这种信赖表现为一种对于社会中可以分享的价值的承担。通常,信用社区是有一段很长历史的社会化的结果。它常常涉及一个单独的种族集团。这个集团有很长的历史与文化背景,有分享特殊的礼仪形式的长期经验。否则,信用社区不会轻易产生。

我们对于这个比较再进一步看,就可以看到经济体制也表明了某些这一类的差异、对立。一方面,我们看到的是竞争,放任主义和假定为能够自我调节的市场的重要性。另一方面,我们发现政府的干预和领导也是重要的。这种差别也体现在对知识的获得上。在现代的西方,知识被理解为新的技术和组织事物的新的方式,是受到重视的。这样的知识,即使就其最成熟和最先进的形式而言,也没有必要依靠个人的努力或是教师的参与才能得到传递。我们要想理解当代最先进的物理学,用不着把学习牛顿物理或是爱因斯坦物理当作循序渐进的阶梯。事实上,我们可以由研究作为一个领域的物理学的最新发展入手,学习这一课题上所积累的知识。这个学习过程并不要求学习者经验的转化。通过学习,他对于这门学科知道得更多了。不过,他若是不学习,也可以是依然故我。

在东方的环境中,受到重视和强调的知识是相当不同的。用智慧这个词来形容它最为合适。智慧的传递牵涉到学习者对于一个经验的理解进程中的全部投入。我们从涂鸦乱画开始,逐步学习。直到他能够用思想、言辞和行动表达某种事物时,他才可以声称他知道了这件事物。打一个比方,某人想成为第一流的小提琴家,就去跟艾萨克·斯特恩(Isaac Stern)① 学习。这个人压根儿就不能这么说:"我现在想要根据你所积累的技艺深造。等我跟你学到一定的时间,我就能够跟你拉得一样好,增强我自己的技巧。"大师不能把智慧像包裹一样传给学生好像一件与生活经验没有丝毫关系的东西一样。每一代人必须进行奋斗,才能获得那种传统。

我刚才概括的东西,现在大家应该很熟悉了。历史学家、社会学家、政治学家和比较宗教学家已经认识到了某些群体价值。这些价值我已经作为儒家伦理讨论过了。他们认为这些价值对于一种新型的资本主义的兴起作出了贡献。我记得彼得·伯杰甚至造了一个新词,叫作"现代资本主义(a modern capitalism)"或者"第二次现代浪潮(second-wave of modernity)"。现在有很多种现代资本主义,这是其中之一。这种特殊类型的资本主义强调自我是各种关系的中心,义务感,自我约束,修身,取得一致意见和合作。它高度重视教育和礼仪。它注重信用社区和政府的领导。其经营的风格涉及既学习一整套实际技能又学习如何工作的一种程序和仪式。

根据惯例,我把这些关切总称为儒家伦理。在考察了这种伦理在东亚的表现方式之后,我们不能说它是普遍存在的。我们业已认明了儒家伦理有突出表现的五个地区,它们是日本、南朝鲜、台湾、香港和新加坡。把这些国家全部说成是后儒学国家,这是我不能接受的一种轻率的判断。让我简要地评论一下每个地区,并且把它们与新加坡的情形作出比较,这样可以说清楚我的意思。

---

①　斯特恩(Isaac Stern),1920 年出生于美国的小提琴家,曾来华访问演出。

　　有许多人把日本的经济发展——其成熟和过于简单化的程度各不相同——归因于儒家伦理。至少从某种程度上来说，对日本成功的分析现在的目标是，要在其他环境中借鉴这种成功。然而日本的成功，从很大程度上来说，没有重大的变更就无法借鉴。比方说吧，假定新加坡要发展它自己独特的企业精神。它可以利用其文化中在有意识和无意识的不同层次上已经存在的、大量的儒家伦理。假定儒家伦理在日本也同样存在的话，是什么东西使得日本的经验有所不同呢？理由之一，是日本的民族的个性非常古老，并且相当排外。新加坡是个多民族的社会。它可能深深扎根于其成员的固有的文化之中。这些成员，多少年来，经历了各种转变。然而，这些文化不同于构成日本传统的基础部分的根。新加坡是多文化的，并且有一种在表现集体和个人之间不流动关系的移民心理。日本是有高度礼仪环境、根据等级组成的结构。权威的模式，比如尊敬老人、雇主和任何当权者，是大家习以为常的。这几乎成了第二天性。我和日本客人交往的体会是，他们一般总要利用谈话开头的一段时间，来决定是不是应该使用更客气的称呼，还是使用平辈之间的形式。对于习惯于等级观念的心灵，决定对方是应该被视作低幼、尊长还是平辈，是非常重要的。

　　这一部分是由于日本有长期的封建制度的经历，这是日本有别于其他亚洲国家的特点。在日本文化背景中，封建主义是根深蒂固的。所以，等级制度是被不加批评地全盘接受的。在中国恰恰相反，类似的封建制度从未发生。在南朝鲜的存在也很有限，但无论是香港或是新加坡（当然这里有一段殖民主义的历史，但没有封建制）根本就没有封建主义的历史。实际上，香港的稳定和动力依靠的是英国的行政管理，这是日本、朝鲜或者台湾所完全没有的经验。香港这个例子，从这个特殊的方面来说，是与新加坡的情形相类似的。台湾的情形，以及在某种程度上的南朝鲜（二者同在儒家伦理的影响之下），也是非常不同的。台湾基本上是儒家价值根深蒂固的中国政权，不过，台湾在日本的统治之下有 50 年之久，由此成为日本影响下的一个重要地区。在过去的 30 年当中，台湾受到了美国文化的深刻影响。就政治文化而言，台湾从某些方面可以和南朝鲜相比，但绝不能和日本相提并论。因此，我们可以看得出来，假定儒家伦理或者它所导致的企业精神的类型在这五个地区中都是相同的，这一种看法是不可取的。轻率地支持说一个既定的风格可以顺顺当当地移植到一个陌生的土壤里去，这也是不可取的。

每一个国家必须反思它自身的情形和需要，从而发展出它自己的企业伦理。如果新加坡要想做到这一点，那么最理想的方法便是以开放的心灵学习日本、美国和欧洲的经验。无论如何，要形成这一种伦理，实在有必要参照新加坡的特殊条件。我以为，当然也很希望，儒家伦理的学习能够在中学列为课程，并且对于在今后的岁月里培养和提高这里的劳工力量作出贡献。但是光靠这一点是不能够为新加坡提供它自己的企业伦理的。

我们所谈到的这一种企业精神，一定要把东方和西方的价值结合起来，从而对独特的新加坡的情形作出适当的反应。我们不想排除个人、竞争、法制的观念，甚至也不想排除把自我利益、动力和权利意识结合到一起的观念。这些观念是新加坡社会的遗产，它们是新加坡的财富。新加坡之所以成功，并不是因为一般的新加坡企业家是韦伯所谓的儒者。实际上，从韦伯的观点看来，一个高度理性化的、举止中节的儒者，最最不想做的，莫过于受到一种强烈的欲望推动，为了聚敛财富而聚敛财富。这样的一种人几乎不可能有资格成为传统资本主义意义上的第一流的企业家。所以，那些其他的价值的存在是很重要的。

不过，在一个高度竞争的社会里，展望 80、90 年代的未来，不关心社会效益,而是头脑简单地只注意短期内获得最大利润是不够的。那种清教徒精神或新教伦理对于西方资本主义的产生作出了贡献,但业已导致了诸如极端个人主义和极端权利意识之类的各种各样的问题。正如一位日本社会学家所指出的那样,日本的生产率之所以现在如此令人注目,其原因是它的工程师和律师的比率是七比一,而美国却是一个工程师比七个律师。极端的个人利益导致个人的分裂、代沟和其他同样严重的问题,这些是西方所面临的问题。但是如果新加坡面临到同样的问题,我是不会感到惊讶的。

国家建设,舆论一致的形成和对广泛意义上的教育的强调在当前是非常有必要的。在新加坡,真正的资源是人才资源,也就是脑力,这种脑力怎样被提高、培养和恰当地调动?它怎样才能变得成熟起来,甚至就纯粹的竞争而言、就其本身而言,个人主义的教条不适合应付这些挑战。然而,我们怎样才能既强调个人精神的动力的重要性,而且与此同时,又从那种对于比方说日本的成功作出了贡献的伦理中受益?这是我反躬自问的一个问题。这也是要请大家考虑的一个基本问题。以上是我对这个题目的一些总的想法。

(选自《儒学与工商文明》,首都师范大学出版社,1999年9月第一版。原文刊于作者《儒家传统的现代转化》一书)

杜维明,云南昆明市人。1961年毕业于台湾东海大学,曾先后任教于美国普林斯顿大学和加州大学伯克莱分校,1981年始任哈佛大学中国历史和哲学教授,并任该校宗教委员会主席,东亚语言和文明系主任。主要著作有《青年王阳明行动中的新儒学思想》、《人性与自我修养》以及《儒学第三

期的前景问题　大陆讲学、问题和讨论》等。为当前海外第三期儒家学派的代表人物。

　　本文《儒家伦理与东亚企业精神》是其《儒家传统的现代转化》中的节选部分。作为一名深谙中国历史尤其是儒家思想哲学的著名学者,文中着眼于儒家传统思想的现代转换及世界化研究。用西方社会管理思想对中国传统儒家管理思想进行多维度层次的阐发。对儒家伦理道德,管理哲学思维如何更好地借鉴于社会精神价值重构,运用于现代社会经济、政治、社会各类群体的管理中提出了许多真知卓见。从国际大思维出发,为儒家伦理运用于现代企业,商业管理作了较深入的理论探讨。

经济管理的道德手段（节选）

张鸿翼

我国古代社会的经济管理体制与儒家管理思想的理论特点

我国古代社会在其长期的发展过程中，千百年来逐步形成了一整套独具特色的经济管理体制。这种中国传统的经济管理体制，不仅与所谓资本主义条件下的市场经济管理体制和社会主义的计划经济管理体制根本不同，而且与西欧中世纪封建领主制下的经济管理体制相比，也存在着十分明显的差异。归纳起来，中国古代社会的经济管理体制主要有以下特征：

第一，在地主经济和个体小农经济的基础上，形成了个体经营、分层管理、中央集权的国民经济管理体制。和西欧的封建领主制不同，中国的地主没有独立的立法权和地方自治权，因而其对于依附农民的经济管理也往往需要借助于国家政权以及宗法族权等超经济强制手段来实现；中国的个体小农也不同于领主制下的农奴，不仅自耕农有着完全独立的个体家庭经济，而且即使那些与地主有着租佃关系的佃农，在生产经营上也具有较大的相对独立性和自主性。另一方面，无论是地主经济之间还是个体小农经济之间，都很少发生经济联系而具有极大的分散性，对于这种极分散的经济实体的干预和管理，显然不可能像对市场经济那样通过市场运用经济手段来实现,相反只能通过一种外来的超经济强制即自上而下地运用行政手段来实现。因此,正是在这种经济结构的基础之上,我国古代社会自秦汉以后逐步形成了一整套与中央集权的政治体制融为一体的国民经济管理体制。从国家的最高决策机构即以皇帝为首的中央政府到州县衙门以及各级社会基层组织,形成了一个庞大的金字塔式的社会管理体系,而处在这个体系中的每一个管理机构都同时承担着行政管理和经济管理两种职能。历代王朝正是通过这种一直从中央政府延伸到基层乡村的行政权力来实现其对社会经济生活的直接干预和管理的。

第二,在强调中央集权政府对社会经济的集中控制和强调运用行政手段干预经济方面,这种传统的管理体制与我国解放以后建立的计划经济在形式上不无类似之处,但是在微观经济管理上,后者是在生产资料公有制的前提下对经济实体即企业和农村公社进行直接的计划、经营和管理;而前者则是在私有制的前提下主要通过财政手段即通过赋税徭役的征发来间接地对个体农民经济和地主经济的发展进行干预的。一般说来,历代王朝只能通过对粮食、丝、麻等实物的赋征来引导农民生产,而不能将其行政手段直接伸入到个体经济的内部来决定它具体生产什么、怎样生产以及怎样对生产过程进行直接的管理,而这些问题只能由家长及其家庭成员自己来独立地决定。国家除了对官营工商业、大型水利、交通、宫殿和陵墓工程等进行直接的经营管理外,对于地主经济和个体农民经济,一般只能在尊重他们对生产资料的所有权和经营上的自主权的前提下进行一些适当的宏观调节和干预。

第三,我国古代社会的宏观国民经济管理的根本出发点,是保证国家的财政收入;经济实体的微观经济管理的出发点,是保证个体家庭全体成员生活上的自给自足。这是一种典型的自然经济条件下的经济管理,与以价值和价值增殖为目的市场经济管理有着本质的区别。在这种自然经济条件下,绝大部分社会产品根本不进入市场;国家的赋税也主要以实物形式征收;就是在由国家直接经营的官营工业内,生产也是以满足宫廷需要和供给国家公用为目的而不是以营利为目的;无论是地主经济或是农民经济也都是以实现家给人足为基本经济目标。因此,这种传统的经济管理没有像现代企业中那样对成本、价格和利润等繁复的经济核算,同时由于生产技术的简单和落后,从而没有太多的技术管理,它主要是对"人"即劳动力的管理和组织,而这种对人的管理多是以其人身依附关系为前提的行政强制,这与资本主义雇佣劳动制下主要运用经济手段的管理亦有着明显的差异。即使在官营手工业和官办大工程中,对于以徭役形式征发来的劳动力和雇佣来的工匠的管理,也主要是以种种超经济强制为基本管理手段。

　　我国古代社会经济管理体制的上述基本特点,决定了我国传统的经济管理思想也具有以下几个主要的理论特点:其一,经济实体之间的独立性、分散性以及它们各自对于国家政府机构的依赖性,决定了中国传统管理思想十分强调集中和统一,强调局部服从全局、下级服从上级,强调中央政府的集权决策和地方政府的分层管理,以便实现人际经济关系、经济实体间的经济关系和各等级分层间的经济关系即社会经济结构的整体和谐。其二,由于我国古代社会的经济管理机构始终和行政管理机构结合在一起,因此,传统的经济管理思想也始终同传统的治国理民思想即政治管理思想融汇在一起,虽然像《管子·轻重篇》等其他论著中也有不少关于经济管理的集中论述,但总的说来经济管理思想始终没能发展成为一门独立的思想学说。它作为传统的治国理民思想的一个组成部分,始终同传统的政治思想、法律思想、经济思想以及伦理道德思想有机地结合在一起。其三,由于中国古代社会的经济管理主要是对"人"的组织和管理而不是经济价值和生产技术的管理,这决定了中国传统的管理思想的理论重心也主要集中在对"人"的管理上。在如何实现对"人"的管制问题上,法家强调人身依附关系,主张着重运用法律、行政命令等超经济强制手段来"治民";而儒家则从家族主义宗法观念出发,强调主要通过贯彻道德伦常即运用道德教化的手段来"化民"。事实上,实现对人的管理,不外乎外在强制和心理自律这两大途径,而且二者都是不可或缺的,特别是在地主经济和个体农民经济内部,由于国家的行政权力不能发挥直接的管理作用,因此,要使这种具有独立的经营自主权的经济实体沿着传统的经济制度的轨道运行,便不能不主要通过伦理道德手段来对其加以制约和引导,而这一点正是通过这些经济实体的内部成员对道德规范和道德义务的认知以及在此基础上培养起来的道德自律觉悟来实现的。所以,道德手段在我国传统社会的国民经济管理中,始终是在行政手段之外的一个重要的辅助手段。自秦汉以后,儒法两种管理思想流派实际上逐渐合流,形成了我国古代社会"礼法并重"的正统管理思想。

儒家学说中包含着十分丰富的经济管理思想,这其中既有关于国民经济的宏观管理思想,也有关于地主经济和个体农民经济的微观经营管理思想。从总体上来看,儒家的经济管理思想似乎已经形成了它的一整套理论体系,这主要由以下四个方面组成:(1)人性论以及由此引申出来的管理哲学是其管理思想的理论基础;(2)建立一整套等级名分制度以及与此相适应的等级制社会管理机构是实现其国民经济管理的组织保证;(3)强调对管理者的道德素质培养和对劳动者的道德教化是其进行经济管理的基本手段;(4)富国富民以及在此基础上实现人伦经济关系的整体和谐是其国民经济管理的根本目的。这其中,强调在经济管理中运用道德手段,既是儒家经济管理思想的核心内容,也是其经济管理思想最突出的一个基本理论特点。在本章中,仅就儒家关于经济管理中的道德问题作些集中论述。

儒家的人性论及其管理哲学

在儒家看来,天下及国家的治理说到底是对于民众的治理,而
"治民"之要则在于"善得民心"。那末,怎样才能征服和赢得人心
呢? 当然,前提是首先必须对"人心"或者说对于"人性"要有一个
基本的了解和把握。所以,儒家的经济管理思想及其全部治国理
民学说,都是建立在其人性哲学的基础之上并直接从中引申出来
的。

西方现代管理科学也认为,在经济管理中运用什么样的管理
方式和手段,往往是基于对所谓人性的某种假定或把握。例如,在
现代行为科学和管理科学中很有影响的"X 理论"、"Y 理论"、"Z
理论"所设计的三种不同的管理模式,就是以三种不同的"人性假
设"为前提的。

X 理论和 Y 理论是美国的行为学者麦格雷戈(Douglas
Megregor)对古典管理理论的一种理论概括,他认为古典管理理论
不外基于对人的本性及其行为的以下两种"假设"。

一种假设是:一般人都有一种好逸恶劳并尽可能想要逃避工
作的特性;人皆有安全的要求而缺少志向、抱负,宁愿受人领导、指
挥而不愿承担责任;人皆要求最大限度地满足自己的私利和争取
最大的经济利益,工作的主要目的和兴趣在于为获得经济报酬。
根据这种人性假设,便引导出一种被麦格雷戈称为"X 理论"的管
理理论。这种理论认为,对于大多数人的管理,一方面需要采取金
钱刺激手段,另一方面还必须采用强制、监督并以惩罚相威胁的手
段,因为仅仅用奖赏还不足以战胜人们厌恶劳动和逃避工作的倾
向,而只有通过强制和惩罚才能迫使他们付出足够的努力去完成

和实现组织的目标。因此,X理论的主要组织管理原则,是通过权力实现领导、控制和实行等级制组织原则。

Y理论基于对人性的另一种假设:人并不是天生厌恶工作,如果环境条件有利,人们会觉得工作也如同游戏或休息一样自然;控制和惩罚不是实现组织目标的唯一方法,人们在为自己乐意的工作目标服务中,可以自我指导、自我监督和自我控制;在正常情况下,一般人不但能接受责任,而且能主动承担责任和寻求责任;人们大都注重对其作出的贡献和取得的成就给予奖励和报酬,而这些奖励和报酬中最重要的是自尊和自我实现的需要的满足。从这种人性假设出发,Y理论的主要管理组织原则是,个人目标和组织目标相结合的原则,强调创造一种条件以鼓舞组织成员不断自觉地发挥其自身的能力、知识、技能以及创造性和积极性,来达到组织目标并使其个人目标也得以实现。

Z理论是对前两种理论的综合和发展,它是由美国加利福尼亚大学日裔美籍教授威廉·大内在总结美国与日本现代企业管理经验的基础上提出来的。Z理论以“全面而自由发展的人”的人性假设为前提。它认为,在破除了“人身依附”观念的现代企业中,由“契约”关系所形成的雇佣观念还不足以充分调动人的积极性。现代企业管理实际需要的是一种真正的、全面的人与人之间的信任与平等关系,只有在这种工作环境中,劳动者才可能自主地酌情地灵活处理问题,以便充分发挥自己的才能、潜力和创造性,达到一种全面而自由地发展自己的境界。因此,Z理论不是主张个人与组织的机械结合而是强调个人与整体、职工与企业在利益上和感情上都溶为一体,以改变传统管理方式那种把管理当局同职工相分离、甚至相对立的作法。Z理论主张企业应对职工个人及其家庭给以全面的关怀,培养职工对企业的高度责任感和忠诚精神,强调运用管理组织的平衡力在企业内建立一种彼此平等、彼此信任而合作互助的家庭式亲密关系。

以上对 X 理论、Y 理论和 Z 理论的介绍,绝非是为了拿来与中国传统管理思想进行简单的类比,也并不是想要把中国传统管理思想特别是儒家管理思想机械地归入上述某种理论模式,我只是想说明,上述三种管理理论的思想方法,确实对于我们研究中国传统管理思想包括儒家管理思想很有启发,这使我们第一次看到在中国传统文化中其管理思想与其人性哲学之间有着极为密切的理论联系,甚至可以说前者是直接从后者中引申和演绎出来的。

在中国古代哲学史上,人性问题始终是哲学家们的热门话题,而且形成了形形色色的"人性论"。据张岱年先生的研究,中国古代哲学中的人性论大致有如下种种:性善论、性恶论、性无善恶论、性超善恶论、性有善有不善论、有性善有性不善论、性三品论、性两元论、性一元论等等。对"性"的理解和解释也至少有三种不同的说法,一是指那种"不学而能,非由于习"的"生而自然"之性;二是指人不同于禽兽即人之所以为人之特性;三是指所谓"极本穷原之性",即整个宇宙之本根、本性,乃人所禀受以为生命之根本性。凡此种种人性论的理论焦点,皆集中在性善或性恶即性的善恶问题上(见张岱年《中国哲学大纲》第二篇"人性论")。在这里,我们仅就其中对传统的经济管理思想有重要影响的几种有代表性的人性论,主要是对先秦儒家的人性理论作些分析介绍。

一般认为,在国民经济管理思想方面,法家强调统制干涉,道家力主自然放任,而儒家则持一种宏观集权而微观自主的持中观点。显而易见,这三种不同的经济管理主张乃是分别从三种不同的人性理论引导出来的。

用张岱年先生的说法,道家的人性论属于"性超善恶论"。道家认为人性非善亦非恶,它是自然的、朴素的"性命之情",其中不含仁义,亦不含情欲。因此,道家反对任何对人的道德教化和政治管制,认为这都会破坏自然朴素的人性。他们主张人应该顺性自然、无知无识、无拘无束地生活。在他们看来,人人惟当任其性命之情,不要矫揉造作,不要强制改造或教化引导,如是"无为而无不为",即可达到至治的境界。显然,道家视一切社会管理都是多余的,且有害于保持质朴的人性的事情,他们崇尚自然、主张无为,只能导致社会经济管理上的自由放任。

法家是讲性恶的。法家所谓人之性恶不外表现在以下几个方面:(1)人皆好佚恶劳、求荣避辱、喜乐怕苦:"民之性,饥而求食,劳而求佚,苦则索乐,辱则求荣,此民之情也。"故而,"羞、辱、劳、苦者,民之所恶也;显、荣、佚、乐者,民之所务也"(《商君书·算地》)。(2)人皆"好利"而"恶害","皆挟自为心也"(《韩非子·外储说左上》)。"故民,生则计利,死则虑名"(《商君书·算地》)。"夫凡人之情,见利莫能勿就,见害莫能勿避。……故利之所在,虽千仞之山,无所不止;深渊之下,无所不入焉"(《韩非子·禁藏》)。(3)人皆利己并从此出发去处理与他人之关系,即使是父子、夫妇、君臣之间也是一种利害关系:"故父母之于子女也,犹有计算之心以相待也,而况无父母之泽乎!"(《韩非子·六反》)"故舆人成舆,则欲人之富贵;匠人成棺,则欲人之夭死也。非舆人仁而匠人贼也,人不贵,则舆不售;人不死,则棺不买,情非憎人也,利在人之死也"(《韩非子·内备》)。(4)如有可能,人皆企图偷力为非:"凡人之生也,财用足则隳于用力,上治懦则肆于为非。"(《韩非子·六反》)基于对人性的上述把握,法家主张人君善用赏罚之柄以实现对民众的专制统治和集权管理:第一,严刑峻法以禁民为非;第二,对劳动者使用强迫劳动的政策,强迫农民"疾作"而"不失其功",对其从事的职业、生产的东西、居住的区域都进行全面的管制。第三,人君必须独揽并充分运用对百姓的贫富夺予之权,主张对臣民"予之在君,夺之在君,贫之在君,富之在君"(《管子·国蓄》),对其经济生活实现全面的控制。在法家看来,由于人性自私而好利恶害、好佚恶劳,因此必须运用法律手段、行政手段和经济手段对劳动者实行全面的严格控制和管理,否则,顺人之性便不会有人去"耕战"了,而且社会也势必会陷入争名夺利的动乱深渊。

儒家的人性理论比较复杂,有孟子的性善论、荀子的性恶论、董仲舒等汉儒的性有善有不善论,还有宋明理学的性两元论等等。然而,对于儒家的经济管理思想以及对于传统的国民经济管理体制影响最大的,主要是孔子、孟子和荀子的人性理论及其管理哲学。孔子很少谈及人性问题,《论语·公冶长》篇就记载子贡的话说,"夫子之言性与天道,不可得而闻也。"在《论语》中仅见《阳货》篇记有孔子的一句谈人之习性的话,他说"性相近也,习相远也"。至于"性"是善是恶他却没有说。然而孔子主张对民"道之以德、齐之以礼",即强调把道德教化作为基本管理手段为其后儒家管理思想的发展确定了基本方向,其后孟子的性善论与荀子的性恶论,都是分别从不同的角度强调了经济管理中运用道德教化手段之重要性。

荀子认为,"人之性恶,其善者伪也"(《荀子·性恶》)。他认为人之性恶主要表现在人皆好利、有疾恶、有耳目之欲。他说:"今人之性,生而有好利焉,顺是故争夺生而辞让亡焉;生而有疾恶焉,顺是故残贼生而忠信亡焉;生而有耳目之欲,有好声色焉,顺是故淫乱生而礼义文理亡焉。然则从人之性,顺人之情,必出于争夺,合于犯分乱理而归于暴。"(《荀子·性恶》)荀子所谓的这种人性即是指那种"天之就"、"生之所已然"、"不事而自然"的本能欲望:"若夫目好色、耳好声、口好味、心好利、骨体肤理好愉佚,是皆生于人之情性也;感而自然,不待事而后生之者也。夫感而不能然,必且待事而后然者,谓之生于伪。"(《荀子·性恶》)因此他把人所表现出来的仁义理智等道德属性看作是"生于伪"即人为"化性而起伪"的结果,而不视其为人之本性。从这种人性论即性恶论出发,荀子不赞成顺人之性和对人放任自然,而主张对人加强控制和管理。他主张通过四种手段来实现这种控制和管理:(1)经济手段:通过产品分配或物质奖励等方式来满足人的物质欲望,使劳动者在物质生活上仰赖于君主及其管理者;(2)制度手段:通过建立等级名分制度,对人的社会政治地位和经济地位给以全面的限定,并使其"皆以制度行"而不得逾越;(3)法律手段:为了防止和抑制人们违反和逾越等级名分制度以及相互争财夺利,必须严刑峻法,对人的经济行为及其他社会行为给以必要的法律强制;(4)道德手段:通过隆礼贵义的道德教化来培养人的道德觉悟和自律精神,从而以保证人们自觉地服从社会道德规范和法律准则。作为儒家学者,荀子尤为强调道德教化的作用,在他看来,即使在不得不运用法律等强制手段时,辅之以道德手段,亦可以减少甚至消除人们在心理上对于国家、君主以及管理官吏的控制和管理的抵制或反抗情绪。

应该说,荀子的性恶论及其管理哲学对法家特别是对韩非影响很大,而且在实际上对秦汉以后形成的管理体制也产生了深远的影响,我国古代社会的国民经济管理体制事实上也一直是采用了经济、行政、法律和道德这四种手段并用的方式。但是,荀子的上述思想观点在经典儒学中始终没能占居主导地位,而对儒家的管理思想真正发生巨大影响的则是孟子的性善论人性哲学。

正如张岱年先生所指出的,孟子与荀子首先在什么是"人性"的问题上就理解极为不一致。在孟子看来,"口之于味也,目之于色也,耳之于声也,鼻之于臭也,四肢之于安佚也:性也,有命焉,君子不谓性也"(《孟子·尽心下》)。这就是说,口好味、耳好声、目好色等,虽是人生来就有的本能,但这种本能欲望在禽兽中也同样具有,故而不得称其为人性。那么,什么才是人性呢? 孟子认为应该是指人所以为人即其不同于禽兽的那种独有的特性。孟子认为人之特性就是人生来就具有的四大善端："人皆有不忍人之心。……所以谓人皆有不忍人之心者,今人乍见孺子将入于井,皆有怵惕恻隐之心,非所以内交于孺子之父母也,非所以要誉于乡党朋友也,非恶其声而然也。由是观之,无恻隐之心,非人也;无羞恶之心,非人也;无辞让之心,非人也;无是非之心,非人也。恻隐之心,仁之端也;羞恶之心,义之端也;辞让之心,礼之端也;是非之心,智之端也。人之有是四端也,犹其有四体也。"(《孟子·公孙丑上》)他强调恻隐之心、羞恶之心、辞让之心和是非之心都是"人皆有之",因此,"仁义礼智,非由外铄我也,我固有之也"(《孟子·告子上》)。和荀子不同,他不是从客观社会而是从人的主观心理引申出仁义礼智这些伦理道德,并强调人所以为人即不同于禽兽就在于人有这些道德属性。当然,人生来就具有这四大善端,只不过是具有"善"的可能性,而不能保证每个人一生中必然为"善"。孟子认为不良的社会环境常常会使人们丧失这些善端而走上为恶的邪路,因此,他强调一方面应改良社会环境、行仁政除暴政、虐政、苛政等不良政治,为人们保持和发展本身固有的善性创造一个良好的外在条件;另一方面,还应加强道德教化,以便"求其放心",即把失去的善良本心再寻找回来并保持下去。

　　显而易见,从孟子的上述人性理论出发,必然会推导出以下管理哲学和管理主张:第一,由于人皆有恻隐之心和辞让之心,所以人并不是生来就损人利己的,相反却是相互怀有同情心,能够互相关心、互相帮助、互相礼让。只要把人性中这种善性保持并发挥出来,人们便不会互相争财夺利,相反则会通过对他人的同情和礼让来自然地、自觉地来协调人与人之间的经济关系及其他社会关系。第二,由于人皆有是非之心,那末,人们是可以通过自己的主观判断和选择来正确地决定自己的经济行为和其他社会行为,因为人们都知道什么是对的、什么是错的、什么事情应该做和什么事情不应该做,而不一定非要别人的强制命令才能把事情做好。也就是说人们可以通过自我指导、自我监督、自我控制来实现自我管理,而未必在任何条件下都需要他人或组织的强制管理。第三,由于人皆有羞恶之心,因此,只要明确什么是高尚、什么是下贱、什么是道德的、什么是不道德的,便能影响和引导人们的社会行为。故而法律惩罚和物质刺激并不是绝对必需的管理手段,而运用道德上的褒贬扬抑来刺激人的羞恶之心,即采取精神鼓励和道德批评也同样能够对人的经济行为给以有效的管理和引导。基于这种人性理论和管理哲学,儒家形成了自己的一套与法家、道家都不尽相同的经济管理思想主张。儒家不赞成法家完全运用法律等强制手段对人们的经济生活进行全面的干涉和控制,也不赞成道家那种顺其自然的完全放任的无为作法,而主张运用道德手段即通过道德教化来引导和影响人们的经济行为,虽然儒家并不根本排斥和否认法律手段、行政手段和经济手段的必要性,但他们尤为强调道德手段对于管理经济生活及其社会生活的重要作用。

对于人君和政府在社会经济管理中的职能和任务,儒家认为主要是"勤恤民隐而除其害也"(《国语·周语上》);"夫牧民之道,除其所疾,适其所安,安而不扰,使而不劳,是以百姓劝业而乐公赋"(《盐铁论·未通》)。"利之而勿害,成之勿败,生之勿杀,与之勿夺,乐之勿苦,喜之勿怒,此治国之道,使民之谊也"(《说苑·政理》)。这些说法的一个中心意思,就是说国家的经济管理的基本任务是去除那些妨碍和有害于人民正常经济生活和社会生活的社会隐患,为人们自主地从事正常的耕织生产创造一个有利的良好社会条件。至于对人们日常世俗经济行为的管理,应该主要靠道德教化培养起人们的道德自律来实现,而不必对其施加过分的行政强制。孟子就十分重视道德教化,他认为,"善政不如善教之得民也。善政民畏之,善教民爱之;善政得民财,善教得民心"(《孟子·尽心上》)。董仲舒也认为"教化不立而万民不正也",他说,"夫万民之从利也,如水之走下,不以教化堤防之,不能止也。是故教化立而奸邪皆止者,其堤防完也;教化废而奸邪并出,刑罚不能胜者,其堤防坏也。古之王者明于此,是故南面而治天下,莫不以教化为大务"(《汉书·董仲舒传》)。儒家相信道德的力量,在他们看来,人性是善的,只要通过道德教化发扬人之善性,在经济生活中人们便会自己并且自觉地做到自我道德管理而正确地决定应该做什么和不应该做什么,因此,人君和政府对人民的管理关键在于"隆礼贵义"、"以礼义伦理教训人民"(《新书·辅佐》),即明确道德规范和是非准则,而法律等强制手段则是用来惩罚和禁止那些失其本心而又不接受道德教化的人的罪恶行为的。所以,儒家总是把道德手段视为经济管理的基本手段,而把法律、行政和经济等手段视为其道德手段的辅助和补充。儒家这种管理思想既不同于法家和道家的管理思想,而且也与我国古代社会实际的管理体制、管理政策及其真正指导这种经济管理体制运行的正统管理思想有极大的不同和差别。儒家的这种"重道德主义"的管理思想实际上只是在理论上设计了一种理想化的管理模式。

经济管理中道德手段的运用

所谓在经济管理中运用道德手段,就是通过道德教化不断地、反复地向人们灌输一种道德原则、规范和道德价值观念,并以此来调节社会经济关系、约束人们的经济行为和指导人们的世俗经济生活,从而实现对国民经济发展的非强制性管理和引导。

那末,儒家又是如何来向人们灌输有关经济关系的道德原则、经济行为的道德规范等一整套伦理经济思想观念呢?归结起来,儒家所强调的道德教化手段不外以下三个方面。

强调为上者作道德表率以身教化

在儒家看来,为上者倘能"为政以德"、人君本身具有崇高的道德素养,乃是其治国安民、赢得人民拥戴的关键。儒家认为,人君以身教化将会对他的臣民产生极大的道德影响,其"化民"的作用甚至胜过法律及其他任何行政手段。孔子就十分强调,人君欲为政,必先"正其身"。《论语》记载,季康子问政于孔子,孔子就回答说,"政者,正也。子帅以正,孰敢不正!"(《论语·颜渊》)季康子患盗,问于孔子,孔子也是同样的回答:"苟子之不欲,虽赏之不窃。"(同上)孔子甚至认为人君以身教化可以完全代替刑罚。他对季康子说,"子为政,焉用杀? 子欲善而民善矣。君子之德风,小人之德草,草上之风,必偃"(《论语·颜渊》)。他认为,"苟正其身矣,于从政乎何有? 不能正其身,如正人何?"(《论语·子路》)他的结论是,"其身正,不令而行;其身不正,虽令不从。"荀子也认为,人君"有能化善,修身正行,积礼义、尊道德,百姓莫不贵敬、莫不亲誉。"(《荀子·议兵》)可见,人君具备高尚的道德修养,乃是其获得人民拥戴和保证他的政令顺利推行的前提条件。因此,为上者首先应该为民作出道德表率,这是因为"下之事上也,不从其所令,从其所行。上好是物,下必有甚者矣。上之所好恶,不可不慎也,是民之表也"(《礼记·缁衣》)。故而,"上好仁,则下之为仁争先人"(《礼记·缁衣》)。"故君民者,章好以示民俗,慎恶以御民之淫,则民不惑矣"(《礼记·缁衣》)。儒家主张"自天子以至于庶人,壹是皆以修身为本"(《礼记·大学》),人君只有首先修其身、正其行,方能治国平天下。从这个意义上说,人君有"德"便有了一切:"是故君子先慎乎德,有德此有人,有人此有土,有土此有财,有财此有用。德者,本也;财者,末也。"(《礼记·大学》)人君作为一国之主、众望所归,他倘能为民表率、以身教化,便能在全国人民之中造成良好的道德风尚。在儒家看来，"故上之化下，犹风之靡草也。……未有上仁而下残，上义而下争者也"（《新语·无为》）。所以，儒家认为王者之政贵在化之，即贵在道德教化："政有三品，王者之政化之，霸者之政威之，强者之政胁之。夫此三者，各有所施，而化之为贵矣。"（《说苑·政理》）以德化民，便能收到君不劳而民自治的效果："先王见教之可以化民也，是故先之以博爱，而民莫遗其亲；陈之于德义，而民兴行；先之以敬让，而民不争；导之以礼乐，而民和睦；示之以好恶，而民知禁。"（《孝经·三才章》）倘能如此，一切刑罚强制看来都是没有必要的了。

那末，儒家认为人君应该在哪些方面对其臣民作出道德表率呢？具体说来，与经济管理有关的主要有三个方面。第一，重德而轻财，无与民争利。儒家反对人君"言利"，因为这势必引起其臣民竞相争利，"故天子好利则诸侯贪，诸侯贪则大夫鄙，大夫鄙则庶人盗。上之变下，犹风之靡草也。故为人君者明，贵德而贱利以道下"（《说苑·贵德》）。荀子认为，"君子者，治之源也。官人守数，君子养源，源清则流清，源浊则流浊。故上好礼义，尚贤使能，无贪利之心，则下亦将綦辞让、致忠信而谨于臣子矣"（《荀子·君道》）。相反，"上重利则利克义"、"上好富则民死利矣"，如此上行下效交互征利，国家"安得不乱！"（《荀子·大略》）所以，儒家主张"王者不畜聚，下藏于民，远浮利，务民之义，义礼立则民化上"（《盐铁论·禁耕》）。为上者倘能做到"贱货而贵德，重义而轻利"，不与民争利，百姓也会自然地"于财也辞多而就寡"，从而造成"上下交让"（《盐铁论·世务》）的道德风尚。第二，禁于民者不行于上。《说苑·政理》篇中记载着这样一个史实：景公好妇人而丈夫饰者，国人尽服之。景公使吏禁之而不能止，便问晏子这是什么原因，晏子答道，"君使服之于内而禁之于外，犹悬牛首于门而求买马肉也。公胡不使内勿服，则外莫敢为也"。景公采纳了晏子的建议，首先禁之于内宫,结果"不旋日而国莫之服也。"晏子认为,对于人君来说,"禁之以制而身不先行也,民不肯止。故化其心莫若教也"(《说苑·政理》)。因此,他主张"明其教令,而先之以行义;养民不苛,而防之以刑辟。所求于下者,不务于上;所禁于民者,不行于身。守于民财,无亏之以利;立于仪法,不犯之以邪;苟所求于民,不以身害之。故下之劝从其教也"(《晏子春秋·内篇问上》)。基于这一思想,儒家认为,要使人民务本耕织而不为末作淫巧,人君首先必须做到不好珍奇怪异之物;要使人民克勤克俭、去除社会奢靡之风,为上者也须首先节制嗜欲、自养有度。例如《说苑·反质》篇中记有管仲谏桓公的一段话,就是说的这个意思:齐桓公谓管仲曰:"吾国甚小而财用甚少,而群臣衣服舆马甚汰,吾欲禁之,可乎?"管仲对曰:"臣闻之,君尝之,臣食之;君好之,臣服之。今君之食也,必桂之浆,衣练紫之衣、狐白之裘,此群臣之所奢大也。诗云,不躬不亲,庶民不信。君欲禁之,胡不自亲乎?"桓公曰:"善。""于是更制练帛之衣,太白之冠,朝一年而齐国俭也。"《说苑》所记管仲的这段话,同样也反映了儒家的思想主张。在儒家看来,为上者必须言行一致,以身教化,无论提倡什么或是禁止什么,都须躬亲力行为民表率;相反,如果对人民严令多禁,而自己却为所欲为,要求百姓节衣缩食、苦行禁欲,而自己则荒淫无度,骄奢淫佚,就绝不会得到人民的信任和拥戴,纵然仰赖严刑苛法也终不免落个身败国亡的下场。第三,远佞人、举贤才,尚贤使能。人君是否贤明有德,还表现在能否任用贤能的人,而且,尚贤使能也是其实现"德治"所不可缺少的组织保证。孔子就十分强调"远佞人"(《论语·卫灵公》)、"举贤才"(《论语·子路》),他认为"举直错诸枉,则民服;举枉错诸直,则民不服"。(《论语·为政》)他甚至还认为,"举直错诸枉,能使枉者直"。对此,他的学生子夏进一步解释道:"富哉言乎! 舜有天下,选于众,举皋陶,不仁者远矣。汤有天下,选于众,举伊尹,不仁者远矣。"(《论语·

颜渊》)孟子也认为,仁君为政,必使"贤者在位,能者在职"(《孟子·公孙丑上》),他劝诫人君"急亲贤之为务"(《孟子·尽心上》),"尊贤使能,俊杰在位"(《孟子·公孙丑上》),否则,"不用贤则亡"(《孟子·告子下》)。荀子认为,"人主之患,不在乎不言用贤,而在乎不诚必用贤"(《荀子·致士》)。关键在朝中用人真正能够做到"贤能不待次而举,罢不能不待须而废"(《荀子·王制》)。他提出"好同"和"尚贤使能",主张用同一的道德准则来挑选并任用贤能的人。他认为尚贤使能最要紧的是"在慎取相"即善于择相,因为相是百官之首。他说,"强国荣辱在于取相矣!身能、相能,如是者王"(《荀子·王霸》)。在儒家看来,一方面能否任用贤良,关键在于人君是否贤明有德,因为"凡奸人之所以起者,以上之不贵义,不敬义也"(《荀子·强国》)。另一方面,一个贤明的君主能否实现其治国理想也关键在于他用人是否得当。如果用人不当,奸佞之人横行朝野,不仅人主无法实现其对国家的治理和以德化民的理想,而且还会导致整个社会风气的道德沦丧。因此,儒家强调,人君不仅自己应该修身正行、为人表率,还应该注重并善于选拔和任用有德有能的官吏,这也是实现其对社会生活包括经济生活的贤明管理所必需的组织保证。

要求国家各级官员重道德修养以身作则

在儒家的文献中,除了讲"君道",还有大量关于为臣为仕的论述,这不仅在儒家诸子的著述中都处处可见,而且还有不少的"臣道"专论。例如,《荀子》中有"臣道"、"致仕"篇,《新语》中有"辅政"篇,《新书》中也有"辅佐"、"官人"、"大政"等篇,《说苑》中还编有"臣术"篇。这些专论大都是讲人臣如何辅佐人君治国安民的规范和方法,其中主要内容是对于国家官吏即社会生活的各级、各方面管理干部所应具备的道德素质的论述。归纳起来主要有以下几个方面:

　　第一，儒家强调国家官吏应该具备的第一道德素质，是对君主及其国家的忠诚和忠于职守的责任感。

　　儒家主张"君使臣以礼，臣事君以忠"（《论语·八佾》）。因此，为人臣首先要忠顺尽职。荀子就说，人臣应该"以礼待君，忠顺而不懈"（《荀子·君道》）。他指责那种"上不忠乎君，下善取誉乎民"者为"篡臣"，而赞誉那些"上忠乎君，下爱百姓而不倦"者为"功臣。"（《荀子·臣道》）《忠经》也写道，"为臣事君，忠之本也，本立而后化成"。而这种"忠"之内容不惟在于奉君忘身、临难死节，还在于正国安人、忠于职守："夫忠者，岂惟奉君忘身、徇国忘家、正色直辞、临难死节已矣，在乎沈谋潜运、正国安人、任贤为理、端委而自化。"（《忠经·冢臣章》）"故君子之事上也，入则献其谋，出则行其政，居则思其道，动则有仪，秉职不回、言事无惮，苟利社稷，则不顾其身。"（《忠经·百工章》）贾谊也强调人臣应该做到，"国有法则退而守之，君有难则进而死之"，"不贪于财，不淫于色，事君不敢有二心"（《新书·官人》）。在《说苑·臣术》篇中，刘向也写道："人臣之术，顺从而复命，无所敢专，义不苟合，位不苟尊，必有益于国，必有补于君。"儒家是强调"孝悌为本"的，然而当尽孝与尽忠发生冲突时，儒家显然主张国家官吏应该以尽忠为重。《说苑·立节》篇记有这样一段故事：楚士申鸣入朝为相，居三年，白公为乱，杀司马子期。申鸣将往死之，父止之曰，"弃父而死，其可乎？"申鸣曰，"闻夫仕者，身归于君而禄归于亲。今既去子事君，得无死其难乎？"遂辞父而往，因以兵围之。后来白公为解围而劫申鸣之父为质，并且对申鸣说："子与吾，吾与子分楚国，子不与吾，子父则死矣。"申鸣则流着泪说道："始吾父之孝子也，今吾君之忠臣也。吾闻之也，食其食者死其事，受其禄者毕其能。今吾已不得为父之孝子矣，乃君之忠臣也，吾何得以全身。"后来他杀了白公，他的父亲也死了，他在忠孝不能两全的困惑下也自杀了。刘向把这个故事编入"立节"

篇,可见他是赞赏申鸣这种气节的。

　　然而,从儒家学说本身来看,儒家并非是提倡"愚忠",相反他们则强调"从道不从君"。荀子认为,"从命而利君谓之顺,从命而不利君谓之谄,逆命而利君谓之忠,逆命而不利君谓之篡。不恤君之荣辱,不恤国之臧否,偷合苟容,以持禄养交而已耳,谓之国贼"(《荀子·臣道》)。所以,他主张如果君有"危国家殒社稷"之大过,人臣就应冒死争谏,勇于"抗君之命"、"以安国之危、除君之辱"、"以成国之大利"。故而,荀子极为赞赏比干、子胥之类争臣,而主张"从道不从君"。儒家强调的"忠"并非只是对人主个人的忠诚,实际上是以国家和社稷的利益为最高原则。故而,儒家所讲的"君道"和"臣道"都服从于他们所理想的礼义道德。儒家强调国家的各级管理官员对君主及其国家的忠诚,就是要求这些官员忠于自己的职守,服从君主的集权决策,完全向代表国家利益的君主负责,以便实现中央政府对社会经济生活的集中、统一的管理和控制。

　　第二,儒家强调国家官吏应该具有廉洁奉公的献身精神。

　　儒家认为,"臣下竭力尽能以立功于国,君必报之以爵禄"(《礼记·燕义》)。然而对于人臣来说,不仅不应主动索要爵禄,甚至还应具有克己奉公的自我牺牲精神。孔子就说,"事君,能致其身,"(《论语·学而》)"事君,敬其事而后其食"(《论语·卫灵公》)。荀子也认为人臣应该"出死无私,致忠而公","不敢有私决择也,不敢有私取与也,以顺上为志"(《荀子·臣道》)。儒家反对"食禄之君子,违于义而竞于财,大小相吞,激转相倾"(《盐铁论·错币》),反对国家官吏"倍公任私,各以其权,充其嗜欲"(《盐铁论·执务》)、"因权势以求利"(《盐铁论·贫富》)的以权谋私的行为。《说苑·臣术》篇指责那种"安官贪禄,营于私家,不务公事"、"专权擅势,持招国事,以为轻重于私门,成党以富其家"者为"具臣"、"贼臣"。儒家强调为人臣应该"治官事则不营私家,在公门则不言货利,当公法则不阿亲戚,奉公举贤则不避仇雠"(《说苑·至公》)。晏婴也认为为臣之道的核心就在于不谋私利而廉洁奉公,他说:"见善必通,不私其利;庆善而不有其名;称身居位,不为苟进;称事授禄,不为苟得;体贵侧贱,不逆其伦;居贤不肖,不乱其序;肥利之地,不为私邑;贤质之士,不为私臣;君用其所言,民得其所利,而不伐其功。此臣之道也。"(《晏子春秋·内篇问下》)晏子本人就是这样,他"衣十升之布,脱粟之食,五卵苔菜而已",他"宅近市"、"衣食弊薄"、"妻老且恶"、"乘弊车驾驽马",甚至一件裘皮穿了三十年,但他多次辞却齐景公的封赐,并且说,"君使臣临百官之吏,臣节其衣服饮食之养,以先国之民,然犹恐其侈靡而不顾其行也"(《晏子春秋·内篇杂下》)。可见,晏子深知为人臣必须以身作则为民表率,在他的身上也集中体现了儒家所倡导的那种廉洁奉公的贤臣精神。

儒家主张,"贤臣之事君也,受官之日,以主为父,以国为家,以士人为兄弟。故苟有可以安国家利民人者,不避其难,不惮其劳,以成其义"(《说苑·建本》)。诚然,儒家把人君看作为一国之主,国家和人民利益的总代表,因此,他们所提倡人臣的这种献身精神,在实际上都表现为对人君的忠诚和献身,而在他们看来这也即是为"安国家利民人"而献身了。

第三,儒家强调国家官吏应具有群体意识和互助合作精神。

儒家固然也不否认国家各级管理官吏应该具有一定的管理能力素质,即要求他们"临事守职"而能"胜其任"(《说苑·臣术》),但是,儒家并不特别强调管理者一定要具有出类拔萃的能力,然而却十分强调他们必须具有较强的群体意识和善于互助合作的集体主义精神。儒家认为,所谓培养管理者的群体意识,首先在于要求他们对自己所处的社会政治地位、所承担的社会管理责任以及各自与其上下级之间的关系都须有一个明确的认识,以便自觉地、主动地去与外界社会环境协调。故而孔子讲,"不知礼,无以立","礼"既是做人之本,也是国家官员安身立命之所在。作为国家的各级管理者,首先必须在"礼"中找到自己的位置,从而作到"守职"、"安位"。孔子讲"不在其位,不谋其政",曾子也说,"君子思不出其位"(《论语·宪问》)。这就是要求为官不可越位谋权,不可过问和插手不属自己职权范围的事情,而应该安位守分。荀子认为士大夫应该作到"修饰端正,尊法敬分,而无倾侧之心,守职修业,不敢益损"(《荀子·君道》)。尽管在我国古代社会历朝官场中无时无处不存在着激烈的争权争职之官场竞争,然而这绝非是儒家的臣道理想,相反,儒家无所谓正当的晋升,但他们更为强调"安位守分"。在儒家看来,国家各级管理者倘能都做到"在上位不陵下,在下位不援上",各尽其职即完成自己应承担的管理职能,才能互相和谐不争而统一于人君,从而实现整个社会群体的和谐统一和社会管理机制的协调运行。

儒家不仅强调国家官吏首先做到安分守位以实现与他人的消极协调,而且还主张他们发扬互助合作精神以实现与群体的积极协调。孔子讲,"道不同,不相为谋"(《论语·卫灵公》)。因此,共同的道德价值,一致的道德感情乃是人们相谋共事的前提条件,显然,在具备这一前提条件的基础之上,儒家是主张并且也认为人们是能够互助合作的。孔子不仅主张人们各自都应该"躬自厚而薄责于人"(同上),即不要苛求别人而严于律己,还应该积极地推己及人去帮助别人,他所说的,"己欲立而立人,己欲达而达人",即是说的这个意思。对于国家各级官吏及管理者来说,这种合作精神首先表现在要自觉地服从君主及自己上级官员的领导,包括遵从他们的决策和接受他们的指令并向他们负责;其次是在同级官员同一管理机构内部应该善于合作,服从家长制或称为长老制的决策和管理方式:尊者、贵者、长者便应自觉地负起领导和管理责任,卑者、贱者、幼者就应该自觉地服从领导和管制。在儒家看来,这是一种分工合作,不应出现任何竞争或争权争职的现象。故而荀子说,"少事长,贱事贵,不肖事贤,是天下之通义也。势不在人上,而羞为人下,是奸人之心也"(《荀子·仲尼》)。由此可见,儒家强调的合作绝非是一种人格平等的协作,而是以名分等级制度为前提的"合作"。显然,这种"合作"的实现,是以人们在人格心理上的优越感和自卑感的平衡为前提的,它使人们在比自己卑贱的人面前有一种优越感,从而利于其自觉地承担起领导者的责任,同时,也使人们在比自己高贵的人面前有一种自卑感,以压抑竞争心理从而使其自觉地服从他人的领导。在儒家伦理中,社会群体的和谐,名分等级制度的贯彻,不同身份等级的人们的互助合作的实现,这一切都是靠道德教化培养起来的这种道德心理来实现的。

推崇圣贤者为道德典范扬善抑恶

树立高尚的道德典范、批评和谴责那些不道德的人或事,这是儒家扬善抑恶、进行道德教化的另一个重要手段。

《孟子·滕文公上》记载,"滕文公为世子,将之楚,过宋而见孟子。孟子道性善,言必称尧舜"。此不惟孟子一人,言必称圣贤,行必法先王,这一直是儒家学派的一大思想传统。儒家赞誉尧舜的仁义禅让之风;表彰大禹治水三过家门而不入的克己奉公精神;颂扬周文王、武王行仁政、爱百姓以及惩暴除恶灭纣兴周的宏伟业绩;推崇汉初文帝、景帝对己勤于政俭于身、对民轻徭薄赋与民休息的贤明之治。这一切虽不免把这些古圣先贤理想化,但其要旨皆不外为后世帝王树立道德榜样,以教化他们像这些古圣先贤一样去作一个行仁政、爱百姓的贤明君主。在此同时,儒家也总是不遗余力地揭露桀纣和秦始皇等无道之君,谴责他们纵其嗜欲而暴虐于民,以告诫后世人君切不可重蹈这些暴君昏主自取灭亡之覆辙。

对于国家官吏、士大夫及庶民百姓，儒家也同样通过树立正反两方面的典型来引导、教化他们向善去恶。从赞扬伊尹、周公等辅主为政的贤相名臣，到推崇颜回之类安贫乐道的士大夫，再到其对庶民百姓勤于耕织、忠顺孝悌的说教，都体现了和寄托了儒家对于一个有道德修养的臣民所应具有的道德人格的理想设计。在儒家学说的深层意识中，甚至包含着一种"善恶报应"的宗教意识。他们总是在告诫人们有德者昌而丧德者亡，对于人君帝王是这样，对于士大夫和庶民百姓也不例外，有好的道德修养便能人安事顺，相反不修礼义、唯利是图便不免会受到恶的报应，或招来杀身之祸。在儒家的著述中可以找到不少的这样正反两方面的例证。因此荀子就说道："故君子隆师而亲友，以致恶其贼，好善无厌，受谏而能诫，虽欲无进，得乎哉？小人反是，致乱而恶人之非己也，致不肖而欲人之贤己也，心如虎狼，行如禽兽，而又恶人之贼己也，谄谀者亲，谏诤者疏，修正为笑，至忠为贼，虽欲无灭亡，得乎哉？"(《荀子·修身》)又说："先义而后利者荣，先利而后义者辱。荣者常通，辱者常穷，通者常制人，穷者常制于人，是荣辱之大分也。材悫者常安利，荡悍者常危害；安利者常乐易，危害者常忧险；乐易者常寿长，忧险者常夭折，是安危利害之常体也。"(《荀子·荣辱》)儒家就是这样向人们苦口婆心地说教，通过树立正反两方面的人格典型，并指出善恶者两种必然的、相反的归宿和结果，来实现其扬善抑恶引导人们向善的目的。

虽然儒家并不排斥对人们采用物质奖励和刑罚强制来管理他们的社会行为，但儒家更强调精神鼓励，他们主张向人们灌输一种崇高的道德信仰，赋予人们一种高尚的道德荣誉并以此来引导人们向善，同时也主张运用道德批评来抑制人们的非道德行为。这种"道德手段"对于我国古代社会国家的经济管理也有极大影响，历代王朝在对社会经济生活实行行政管理的同时也都十分重视道德教化，并且时常树立一些"先进典型"来引导和影响人们的经济行为。例如，汉武帝曾几次把卜式的事迹"布告天下，尊显以风百姓"，就反映了表彰这种"典型"有着极其显明的政治和经济意图。据《汉书·卜式传》记载，"时汉方事匈奴，式上书，愿输家财半助边。……岁余，会浑邪等降，县官费众，仓府空，贫民大徙，皆卬给县官，无以尽赡。式复持钱二十万与河南太守，以给徙民。河南上富人助贫民者，上识式姓名，曰，'是固前欲输其家财半助边。'乃赐式外繇四百人，式又尽复与官。是时富豪皆争匿财，唯式尤欲助费。上于是以式终长者，乃召拜式为中郎，赐爵左庶长，田十顷，布告天下，尊显以风百姓"。汉武帝表彰卜式这样"义形于内"的道德典范，显然是为了引导和号召富人向国家输财助费，以满足当时国家的经济需要。不惟汉武帝是这样，几乎历代王朝都采用这种方式，根据不同时期国家政治、经济和军事上的某种需要，寻找并树立某种"先进典型"以"布告天下，尊显以风百姓"，即通过这些道德典范的感召力来引导人们的各种社会行为，以实现对社会生活的道德教化管理，包括对社会经济生活的道德管理。

　　儒家把道德教化视作经济管理的基本手段，而把法律、经济和行政手段只是看作其道德手段的辅助而已，这显然是过分地夸大了道德手段在经济管理中的实际作用。事实上，在我国整个古代社会，儒家始终也没能实现他们这种以伦理治天下的理想。但是，强调在社会管理包括经济管理中运用道德手段，这确实反映了我国传统社会经济制度和政治制度的巩固和发展的客观需要。我国传统的经济制度的长期稳固，除了其经济结构本身的原因外，事实上还一直仰赖于另外两种力量的结合，这就是内聚力与外控力的结合。如果说法律和行政手段是一种外在的强制性控制力量的话，那末道德教化、思想教育则是一种作用于人的心理从而实现社会经济心态协调、统一的一种非强制性的内聚力,这二者对于维持社会经济制度的稳定都是不可或缺的。例如,秦二世而亡的历史教训便充分说明了这一点。经过了春秋战国时期的长期社会动荡,随着传统的宗法名分制度的瓦解,人们的传统宗法伦理观念也受到了很大的冲击,在这样的条件下秦始皇统一六国而建立起了中央集权的统一国家。然而由于他只是片面地强调严刑峻法,即只是单方面地采用强制性的外控力而忽视了伦理道德的重建,以致人心涣散甚至一些旧贵族总是试图恢复旧制度和复辟旧王朝。这使得刚刚建立起来的中央集权的君主专制制度缺乏一种与其相适应的强有力的内聚力,人们在心理上、思想观念上对于这个新制度还不认识、不适应甚至还不能自觉地接受,在这种情况下不注重对人的伦理观念、政治观念及经济观念的教化引导,单方面靠刑法强制自然不会维持太久了。所以贾谊在他的《新书·过秦论》中就明确指出,秦所以二世而亡,除了其"赏罚不当、赋敛无度、天下多事"使百姓困穷不堪的原因外,单方面"繁刑严诛"而"礼义不施"、"先诈力而后仁义"不能不是一个重要的原因。在总结亡秦的历史教训的基础上,汉儒也继承了先秦儒家的传统,十分强调礼义治国,注重道德教化,为汉王朝巩固其统治地位和维持其社会经济制度的稳定奠定了思想基础。

国民经济管理的基本职能在于调节社会经济运行的机制,而对于"人"的管理的基本宗旨则在于协调不同的利益阶层和集团以及个人之间的社会经济关系。然而,在儒家看来,社会经济关系归根结蒂是由人伦关系决定的,因此,他们认为只要首先理顺人伦关系,社会经济关系亦自然而然地被理顺了。故而儒家强调"圣人面南而治天下,必自人道始矣"(《礼记·大传》)。他们强调在经济管理中运用道德手段,其目的也就是在于通过沟通道德感情、协调人伦关系来调节人与人之间的经济关系。儒家把统治与被统治、支配与被支配、管理与被管理以及人与人之间的利益关系都化为一种尊卑长幼、父子兄弟的人伦关系，并且认为通过沟通人们之间的道德感情便能在整个社会经济管理体制中造就一种家族式的和睦、和谐气氛，他们认为这样便可以减少以至完全消除人们之间在经济利益上可能出现的对立和冲突。当然，这只不过是儒家的一种理想主义的美好愿望，然而也不可忽视，儒家这种家族主义伦理确实对于我国传统社会经济运行的机制发生了极大的道德调节作用；它在分散的小农经济和中央集权的经济管理体制之中灌输了一种统一的道德价值观；它在一定程度上引导人们从事"正当"的生产活动并抑制了"非分"的经济行为；它教导国家各级管理官吏在效忠、献身于以君主为代表的中央政府及其国家这一统一目标下同心协力、各尽其职地完成各自的管理职能；它劝诫人君帝王正确地行使其干预和管理社会经济的权力。这一切确实对于我国传统社会经济制度的巩固和发展以及社会经济机制的正常运行长期以来一直发挥着积极的文化作用和影响。

（选自《儒家经济伦理》，湖南教育出版社 1989 年第一版）

张鸿翼，1976 年毕业于北京大学中文系。现为北京图书馆参考研究部研究人员。主要致力于中国经济思想史及其他中国传统思想文化研究，有《儒家经济伦理与社会经济发展》等论文发表。

在其学术专著《儒家经济伦理》一书中，作者从历史与哲学的两个方面，深入考察了儒家经济伦理史的形态和哲学内涵。所选本节文字，主要从经济管理的道德原理、特别是中国古代社会经济管理体制和儒家道德思想、社会管理思维关系上,分析儒家经济伦理思想的理论意义和历史科学性,指出从社会一般的经济管理规则和运行规律来讲,儒家经济伦理思想仍具有巨大的理论与现实价值意义。从哲学的高度分析儒家经济伦理思维及儒家管理思想的特点等,本文所作的理论分析具有较高的理论层次和学术价值。是儒家管理思维哲学化研究的主要成果之一。

中国儒家管理思想的演化
发展过程及历史轨迹（节选）

刘云柏

第二节 孔 子

上古华夏文化的渊源流向何处？如何使几十世纪华夏民族创造的优秀文化成果成为中国管理思想发展的主导潮流？这是上古华夏文化解体后，中国管理历史所面临必须解决的问题。当时春秋战国期间诸子百家展开了激烈的论战、争鸣、思辨和探索，产生了儒、法、道、墨、兵、农等诸说。其中儒家管理思想最完整、最全面、最彻底地继承和发展了华夏文化，反映了经过华夏生活的汉民族的共同心理和愿望。可以说，上古时代的管理意识和实践是通过儒家管理思想的改造、放大、创新而走向文明社会的。

中国儒家管理思想作为一个独立的体系正式形成，是通过孔子完成的。

孔子（公元前 551—前 479 年），名丘，字仲尼，鲁国陬邑（曲阜东南）人。其先世为宋国贵族。他是春秋末期思想家、政治家、教育家，儒家学派的创始者。孔子少"贫且贱"，"故多能鄙事"。及长，在鲁国，曾任"委吏"（司会计）和"乘田"（管理畜牧）等小官。学无常师，相传曾问礼于老聃，学乐于苌弘，学琴于师襄。中年，聚徒讲学，从事政治活动。年五十，鲁定公时，升为司空、司寇、行摄相事。后率弟子们周游卫、宋、陈、蔡、齐、楚等国,晚年致力于文化教育,总结上古至战国这段历史时期社会在政治、经济、军事、科技、文化、教育等方面的管理经验、思想、观念、行为,将它们加以抽象,进行哲学的思辨。当然,就那时的生产力发展水平所限,孔子不可能就儒家管理思想单独地著书,只是广泛地通过他的有关著作而表现出来。孔子整理《诗》、《书》等古代文献,删修《春秋》,宣传"仁"即"爱人",提出"己所不欲,勿施于人"、"己欲立而立人,己欲达而达人"等论点,即所谓"吾道一以贯之"的"忠恕"之道。又以孝悌为仁之本,以为"仁"的执行要以"礼"为规范,他说:"克己复礼为仁",又说:"非礼勿视,非礼勿言,非礼勿动。"(《论语·颜渊》)强调"礼",但认为"礼"须从属于"仁"。"仁"以维护贵族管理等级和秩序为目的。他也表现了对管理主体价值的重视。提倡"博施于民而能济众",并尊重管理者独立的人格:"三军不可夺帅也,匹夫不可夺志也。"(《论语·子罕》)在管理世界观方面,相信有人格意志的"天","获罪于天,无所祷也"(《论语·八佾》),但又把天看成是自然之物,"天何言哉?四时行焉,百物生焉,天何言哉?"(《论语·阳货》)在孔子看来,整个管理世界的哲学依据是二重的,一方面是世界彼岸精神的派生,另一方面是自在之物,人们可以认识思考;在管理规章和礼仪上,重视祭祀,但不怀疑鬼神的存在,认为"祭如在,祭神如神在"(《论语·八佾》),"敬鬼神而远之"(《论语·雍也》);对于管理规律的认识,相信"天命",强调"知命"、"不知命,无以为君子"(《论语·尧曰》),但又主张管理者充分发挥能动性,在管理决策上,采取积极的态度,表现了"发愤忘食,乐以忘忧,不知老之将至"(《论语·述而》)的乐观精神。提倡为实现"仁"的最高管理道德境界而献身;在管理认识论和方法论上,承认主体决策"生而知之","惟上智与下愚不移"。强调"学而时习之",提倡"知之为知之"、"不知为不知"的求实态度。重视管理思维和实践的结合,提出"温故而知新"等命题。反对主观和墨守陈规。"子绝四,毋意、毋必、毋固、毋我"(《论语·子罕》)。又说:"非敢为佞也,疾固也。"(《论语·宪问》)并自称"无可无不可"(《论语·微子》),表现出复杂的管理活动的灵活性,但认为整个社会管理发展有某些不带根本性的变化。"殷因于夏礼,所损益可知也;其或继周者,虽百世可知也"(《论语·为政》)。从管理思想和管理行为的角度,肯定周代管理制度不能永存,对于周朝的管理规章、制度亦有所"损益";在"百世"的管理历史中,后代对于前代都是有所损益的。在管理教育方面,首创私人讲学风气,主张"有教无类"、"因材施教"的教育方法,并有"学而不厌,诲人不倦"的精神。竭力反对培养言行不一、阿谀奉承的"乡愿"式的人物,但轻视"学稼"、"学圃"等农业生产管理知识,等等。

孔子的思想在中国的经济发展史、社会史、哲学史、教育史和文化史上占有特殊地位。二千五百多年来,孔子的管理思想对中国管理的发展,对我国社会在各领域的管理生活,有着十分积极的作用。

孔子管理思想产生的历史阶段,是奴隶制与封建制剧烈冲突的时代。西周末期出现了"私田",随着"私田"的扩大与发展,在经济上形成瓦解公田制的基础。鲁宣公十五年实行"初税亩"的农业管理政策,按田亩征收税赋的制度流行起来,进一步打破了公田和私田的界线,使公田私田化了。这样便进一步加速了奴隶制的瓦解。平民与贵族、奴隶与奴隶主、新兴封建势力与奴隶主贵族以及奴隶主内部的矛盾激化,造成诸侯争霸、兼并土地的战争日益频繁,奴隶的逃亡与暴动连绵不绝,陪臣犯上作乱的事件层出不穷,奴隶制王权不可避免地衰落,由此相关的管理机制、规章也残缺破碎。这时,急需从一个新的历史起点上来构思、造就中国管理的全部问题。对于这一历史过程和任务,孔子曾作过这样的概括:"天下有道,则礼乐征伐自天子出;天下无道,则礼乐征伐自诸侯出。自诸侯出,盖十世希不失矣;自大夫出,五世希不失矣;陪臣执国命,三世希不失矣。天下有道,则政不在大夫。天下有道,则庶人不议。"(《论语·季氏》)因此,孔子所处时代和面临的历史层次,正是中国奴隶制向封建制转变的过渡时期。它是孔子管理思想产生和形成的一般原因,第一个层次的原因。

此外,鲁国的思想文化传统与现实矛盾对孔子管理思想的形成有较多的影响。孔子与鲁公室的关系,与三桓势力及其家臣们的关系,以及孔子在周游列国时同各种势力的关系,都对孔子如何构思管理思想有着直接关联。这是孔子管理思想形成的特殊原因,第二个层次的原因,进而也说明第三层次的原因,即孔子的家世对他管理思想的影响。孔子临终前,自称是"殷人",说明他了解自己是殷微子启,宋孔父喜的后裔。大约在孔子三十四岁时就有所闻。当然孟僖子病危,称孔子为"圣人之后",嘱家臣送其子孟懿子和南宫敬叔师事孔子,曾郑重其事地叙述了孔子的贵族家世(《左传》昭公七年)。此后,孔子的社会地位便逐步得到提高,这对孔子思想的影响是不可忽视的。这就形成孔子管理思想独特风貌的个别原因。

对于这些不同层次的影响,既不能等量齐观,也不应互相割裂。总的来说,一般原因是根本的,特殊原因与个别原因则是具体而微的体现,它们作为现实存在的因素,是相互贯穿起来的,有其主要的联系线索和独特的联系方式,从而构成与决定了孔子的生活环境和生活道路,形成了孔子的管理思想体系。研究历史人物的管理思想,应当因人而异地弄清楚决定其管理思想的社会因素的结构形式。研究得越详尽、越明确,就越能全面地揭示出特定的管理思想体系怎样被特定的社会存在所决定,其管理思想的基本倾向为什么是这样而不是那样的。

　　维护旧的管理制度是孔子管理思想的基本倾向,他的大量的崇古非今、颂扬周礼、指斥新兴势力的论点,就足以证明这一点。

　　孔子不能逾越的界限,就是周礼。因为,孔子的仁学,并不是周礼的对立物,而是它的补充。仁的主要方面是维护奴隶制的宗法制,用"爱人"观念加强血缘联系,以消解统治者亲族内部的冲突,使礼制获得维系的精神力量。本来是"乐以道和"、使"礼乐"结构形式变成了"礼仁"的结构形式。"仁"处于配"礼"的地位,目的仍在于维护礼制,"仁"次要方面由亲到疏,推己及人,己所不欲,勿施于人,有差等地把"爱人"观念按宗法模式扩展到整个社会。这里确有一些新的管理思想因素。

　　从孔子管理思想的社会根源和基本倾向看,孔子管理思想是代表了奴隶制贵族的利益,但对新兴阶级和下层人民有一定的让步。这种让步,在统治阶级趋向没落,无力恢复昔日统治及社会经济管理正常秩序的时候,是常有的现象。为统治阶级服务的管理思想家,并不是在任何时候、任何问题上都把统治阶级的政治、经济利益挂在嘴上,只为无限制的剥削压迫行为叫好的。相反地,他们可能对某些统治集团损害本阶级长远利益的政策与行为进行抨击,却在一些不损害本阶级根本利益的问题上说一些有益于被统治者的话。如果因此就认为他代表了人民或平民阶级,那就等于把现象当成了本质。

　　综上所述,如何从总体上把握儒家管理思想的特征,可以从以下三个方面考虑:

　　(一)儒家管理思想是管理合理主义

　　儒家管理思想不同于道家离形去智的主张,也不同于佛家不取形象的般若智慧。儒家主张多闻多见,对见闻加以理性的判断,可疑的部分加以排除,确定的部分则摄取于言行之中,故儒家管理思想可谓为"合理主义"。但儒家管理的合理主义以认识人间问题为中心,对于形而上、神秘的存在予以排斥。这种管理合理主义让人们止于知的世界,不同于那种未知世界也想用理性去加以裁断的科学合理主义。

(二)儒家管理思想是管理理想主义

另一方面,儒家既不同于法家和其他俗学讲求功利的现实主义,也不同于佛老的隐遁的"超越主义",而是以人伦为根本的管理的"理想主义","万物一体"是儒家"理想主义"的体现。儒家管理的"万物一体"思想既不像佛老把世界看作虚无,也不像法家强调物物皆对立。它认为万物实有,自他对立而又一体。佛老的管理虚无主义和超越主义否定管理生活和人伦,法家的管理功利主义和现实主义产生物物对立的弊害,只有儒家管理思想所主张的"万物一体"能使管理主体以内在的心为本体,并将其实现于外在的管理生活中,达到内外一致,心事一体。

(三)"天人合一"

儒家管理思想体系从天开始,过渡到人,经过知行范畴,最后达到天人合一。儒家管理的"天人合一",既不是按人和自然看作无分别的浑沌一团,也不是把二者绝对对立起来,而是承认二者相互区别、对立下的二者统一。

孔子作为统治阶级的管理思想家,是十分自觉的。他"祖述尧舜、宪章文武",完全以三代文化传统的代表者、捍卫者自居,以"天下有道"者的面貌出现于当世,毫不隐讳自己的使命是复兴周礼。在奴隶制处于崩溃的前夜,他第一个从理论上系统地总结了奴隶制社会的管理经验,第一个系统地整理了和总结了中国的传统管理文化,用了半个世纪的时间去传播这种管理文化。正是这两个总结,代表了孔子管理思想的全部价值,奠定了孔子在中国管理思想史上的地位;也正是这两个总结,引来了后人的颂扬和批判。

不可否认,孔子及其创立的儒家管理思想在中国管理思想中有长期的、深刻的影响,占有重要地位。孔子从二十二岁开始"设教闾里",直到七十三岁病逝为止,办私学达五十余年,即使在为官的几年里和周游各国的颠沛中也从未中断过。汉代司马迁曾说:"孔子布衣,传十余世,学者宗之。自天子王侯,中国言《六艺》者折中于夫子,可谓至圣矣!"(《史记·孔子世家》)孔子对中国传统管理文化的巨大影响,是和他辛勤的管理实践和教育活动分不开的。

孔子的管理学说是儒家管理学派的思想基础。它既有消极的影响,又有积极的影响。我们应该根据实际情况,对孔子及其管理思想进行全面的考察,作出历史的辩证的分析。

孔子有哪些主要贡献呢?第一,孔子是第一个从事大规模管理学科研究的学者、教育家,在客观上为战国时代的行政、国家、教育、文化等方面管理科学研究的百家争鸣开辟了道路。

第二,孔子提炼并宣扬了上古时代流传下来的关于公共管理规则的处世格言,提出了以"泛爱"为管理内容的仁说。

第三,孔子重视人的问题而不重视神的问题,提倡积极有为的乐观精神,要求在日常管理行为中体现崇高理想,从而为中华民族的管理思想奠定了基础。

现在对上述三点分别论述如下:

(一)在春秋末期,诸子百家学风鼎盛,兴起了私人讲学之风。孔子整理了上古时代的管理文化典籍,以《诗》、《书》、《礼》、《乐》、《易》、《春秋》教授弟子,把以前为贵族所专有的管理文化学术传授给一般平民,这是有巨大的进步作用的。

孔子自称"述而不作",实际上有自己的"一贯"之"道"。当时,墨、道、名、法各家,各自立说,但讲学议政,探讨国家管理之规律,实际上是从孔子开始的,这有重大的历史意义。

(二)列宁在《国家与革命》中说:"只有在共产主义社会中,……人们既摆脱了资本主义奴隶制,摆脱了资本主义剥削制度所造成的无数残暴、野蛮、荒谬和卑鄙的现象,也就会逐渐习惯于遵守数百年来人们就知道的,数千年来在一切处世格言上反复谈到的,起码的公共生活规则,自动地遵守这些规则……"① 这就是说,自从原始社会以来,人类社会管理生活中就有一些共同的规则,这主要表现在人们熟知的处世格言之中。在西方是如此,在中国也是如此。

孔子的管理伦理的一个特点,就是他讲述了许多重要的处世格言。例如《论语》记载:"樊迟问仁,子曰:'居处恭,执事敬,与人忠,虽之夷狄,不可弃也。'"(《论语·子路》)

"子张问行,子曰:'言忠信,行笃敬,虽蛮貊之邦,行矣。言不忠信,行不敬笃,虽州里,行乎哉?'"(《论语·卫灵公》)

"子贡问曰:'有一言而可以终身行之者乎?'子曰:'其恕乎!己所不欲,勿施于人。'"(同上)

孔子对弟子的这些教导,实际上都是表述基本的公共管理生活规则的格言。"与人忠"、"言忠信"之忠,都是原始意义的管理伦理准则,指尽心帮助别人,不是忠君之忠;"执事敬"、"行笃敬"之敬,指专心一意,认真负责。这些都是人生处世的基本要求。"己所不欲,勿施于人"更是人与人之间相互关系的基本准则。在阶级社会中,这个准则虽不可能贯彻到底,但也在一定范围内有所体现,否则社会的管理秩序就不能维持了。

孔子用一个最高的管理伦理范畴"仁"把所有的公共管理规则统率起来。"仁"的核心意义是"爱人",亦即关心别人。这种宣扬"人类之爱"的管理思想,在阶级社会中虽然不可能真正实行,但也有一定的实际意义。"仁"的学说反对管理生活中的"苛政",要求

① 《列宁选集》第3卷第247页。

社会主管者对人民实行宽惠,这固然是为了维护封建管理制度,但在客观上对人民还是有一定好处的。

孔子肯定管理者都有独立的意志,他曾说:"三军可夺帅也,匹夫不可夺志也。"(《论语·子罕》)匹夫即是普通的管理者,他们都有自己的意志,不肯屈服于别人。孔子把人与禽兽区别开来,《论语》记载:"厩焚,子退朝,曰:伤人乎? 不问马。"(《论语·乡党》)这就是肯定人具有高于禽兽的价值。当然,在孔子的管理心态中,人民是要为统治者服务的。他曾说过:"君子学道则爱人,小人学道则易使也。"(《论语·阳货》)他评论子产"有君子之道四焉:其行己也恭,其事上也敬,其养民也惠,其使民也义"(《论语·公冶长》)。这表现了孔子对待人民的态度,既要"使民",又要"养民",而且使民要有一定原则。孔子强调"使民以时"(《论语·学而》),含有保护管理主体的意义,是有利于经济的发展的。

孔子反对任意杀戮人民。《论语》载:"季康子问政于孔子曰:'如杀无道以就有道,何如?'孔子对曰:'子为政,焉用杀? 子欲善而民善矣。君子之德风,小人之德草,草上之风必偃。'"(《论语·颜渊》)孔子主张进行道德教化,维系管理者之间的联系和生存,反对随意杀戮,这是仁爱学说的具体表现。

总之,以仁为最高管理伦理范畴的道德学说,虽然有明显的阶级性和历史的局限性,但还是有一定进步意义的。

(三)斯大林在《马克思主义和民族问题》中提出关于民族的特征的学说。他认为,一个民族,除了有共同语言、共同地域、共同经济生活之外,还有"表现于共同文化上的共同心理素质"。他说:"各个民族之所以不同,不仅在于他们的生活条件不同,而且在于表现在民族文化特点上的精神形态不同。"(《斯大林全集》第 2 卷第 294 页)中国是一个多民族的国家,其中人数最多的是汉族。在春秋战国时代,汉族有其"表现于共同文化上的共同心理素质",而这一共同民族心理的管理思想基础是由孔子奠定的。

孔子重视人的问题而不重视神的问题,重视今生而不重视"来世",强调主体管理精神生活的重要,要求在现实的管理生活中体现崇高的理想。这些是孔子管理思想的特点,也是中国传统管理文化的特点。

孔子认为,人的管理活动最重要的事情是培养管理精神,提高管理精神境界,在日常管理生活中实行"仁"德,使自己的管理行为符合于"仁的准则。《论语》记载孔子说的话:

"不仁者不可以久处约,不可以长处乐,仁者安仁,知者利仁。"(《论语·里仁》)

"富与贵,是人之所欲也,不以其道得之,不处也;贫与贱,是人之所恶也,不以其道得之,不去也。君子去仁,恶乎成名?君子无终食之间违仁,造次必于是,颠沛必于是。"(同上)

这就是说,富贵并不是主体管理目的所应追求的价值,管理伦理才是人生所应追求的。"仁者安仁"一语虽然简略,却有深刻含义,这就是认为仁乃是一种管理的内在价值,实行仁德并不是为了别的目的。

先秦时代,儒、墨并称"显学",道家出于隐士,虽非显学,亦有很大的潜在势力。法家的政治学说亦受到一些执政者的赞许。哪一家会成为华夏民族管理思想的铸造者,尚在未知之数。经过长期的竞争,孔子管理思想终于取得胜利。这不是偶然的,是由于孔子管理学说最有利于华夏民族管理行为和意识的发展。

从管理效益及功利上考虑,墨家重视劳动,有显著的优点;但墨家过于刻苦,难以普遍推行。道家重视本体论的研究,对于哲学的发展有重大贡献;但道家宣扬"因循无为",让人们脱离实际斗争,道家管理思想在民族斗争中不能起积极的作用。法家宣传专制主义,"权使其士,虏使其民"(鲁仲连语),残酷地奴役人民,人民是忍受不了的。秦朝推崇商鞅、韩非,终于"二世而亡"。孔子重视文化教育,主张积极有为,关切人民的愿望,肯定人有高于禽兽的价值。这样,孔子的管理思想就掩诸家而为世所重了。

(四)孔子在管理认识论方面也提出了一些关于认识方法的格言,例如:

"学而不思则罔;思而不学则殆。"(《论语·为政》)

"吾尝终日不食,终夜不寝,以思,无益,不如学也。"(《论语·卫灵公》)

"知之为知之,不知为不知,是知也。"(《论语·为政》)

这宣示了"学"与"思"的联系,既要学习前人的经验,又要进行认真的思考,力戒以不知为知。这些命题,闪耀着真理的光辉,在今天还是必须肯定的。

当然,孔子管理思想也有严重的缺点,如鄙视农稼,反对公布刑律等等,表现出严重的阶级局限性。以孔子为代表的中国古代管理思想,从其产生起,就包含着合理科学的内核,也存在着许多严重的缺欠,这都是我们应该清醒地认识的。

孔子管理思想在很大程度上还只是一种理性的精神胞胎,它不具备直接参与或指导于社会管理实践的功能。要使孔子管理思想逐步形成为封建社会管理活动的主导思想、封建管理文化的精神支柱,并进入主体管理实践,就需对孔子管理思想进行全面的改造和发展。这种改造和发展,第一步是通过孟子实现的。

第三节　孟　子

孟子(约公元前372—前289年),名轲,字子舆。邹(今山东邹县东南)人。思想家、政治家、教育家。受业于子思门人。历游齐、宋、滕、魏等国,曾任齐宣王客卿。因主张不见用,晚年退而与弟子万章、公孙丑等著书立说。自称"乃所愿,则学孔子"、"序《诗》、《书》,述仲尼之意"(《史记·孟子荀卿列传》),将孔子"仁"的管理观念发展成"仁政"学说。认为仁政"必自经界始",主张"省刑罚,薄税敛","制民之产,必使仰足以事父母,俯足以畜妻子,乐岁终身饱,凶年免于死亡"(《孟子·梁惠王上》),让"有恒产者有恒心"(《孟子·滕文公上》),然后"谨庠序之教,申之以孝悌之义"(《孟子·梁惠王上》)。声言以"距杨墨"为己任,称"以力假仁者霸,……以德行仁者王",用"王道"、仁德排斥法家的刑力和霸业。针对当时"天下无道"的状况,倡言"保民而王",以土地、人民、政事为诸侯之三宝,肯定"民为贵,社稷次之,君为轻"(《孟子·尽心下》),认为"得其心,斯得民","得其民,斯得天下",阐述了儒家的"重民"思想。但强调"重民"的目的是"驱而之善",使"民之从之也轻"(《孟子·梁惠王上》),进而又提出"劳心者治人,劳力者治于人。治于人者食人,治人者食于人,天下之通义也"(《孟子·滕文公上》)。还提出先王"有不忍人之心,斯有不忍人之政",从性善论出发,为其仁政学说提供论证。认为人性本善,具有天赋的仁、义、礼、智"四端",不虑而知的"良知"和"不学而能"的"良能"。赋"天"予道德的属性,以"天命"为决定自然和社会人事的主宰。发挥"尽其心者知其性也,知其性则知天矣"和"存其心,养其性,所以事天也"(《孟子·尽心上》)的认识论主张,把"知天"、"事天"看成尽量扩充本心和发扬"善性"的过程。又认为"养心莫善于寡欲",要"反求诸己",排除感官物累,"善养吾浩然之气",以达"万物皆备于我"的境界。进而断言:"学问之道无他,求其放心而已。"(《孟子·告子上》)把治学和认识问题归结为如何找回散失本心的心性修养问题,阐述了认识论和伦理学相统一的"天人合一"说,对后世中国儒家管理思想的演变和发展有很大影响。

孟子继承和发展了孔子的"仁"的管理价值理论,这种"仁"的核心是保护和促进当时社会生产力的发展,形成稳定的较有效益的管理机制,并在这个基础上使新兴的封建社会管理制度、主体关系、精神意识、实践行为得到了实现,推动了封建社会经济的发展。孟子管理思想有以下几方面特征:

（一）讲求仁义涵摄的管理财利

孟子和孔子一样,也非常重视讲求仁义涵摄的管理财利。他完全继承了孔子"先富后教"的思想纲脉,而作了进一步的阐扬,还提出了富民的许多具体管理办法,如置民恒产,适时耕作,保养资源,平衡供求,推动商业发展的种种税务制度等。这些都是孔子管理思想的纲脉,但却未被孔子具体地列举出来。孟子加以继承而发展,形成了一套发展经济的相当精密的管理理论。

然而,孟子的遭遇和孔子一样。他的管理为一切社会发展的基础、管理是国家首要建设的看法,也没有得到世人的正视和重视,而对他讲述的"何必曰利"的话,却产生了误解。例如西汉时代的司马迁、东汉的王充、近人梁启超等都认为孟子的"何必曰利"的实质是排斥人们管理行为的功利要求,鄙视管理效益,极少谈以至不谈经济管理财利。以上种种误解,都是由于没有精细地辨别孟子之所谓"利"的真正义旨而造成的。

孟子的"何必曰利"是指人们对"利"的求取行为合乎仁义,便自然可要,而且也必须要;如果求取的行为不合乎仁义,则不可要,不应该要。

孟子见梁惠王,王曰:"叟,不远千里而来,亦将有以利吾国乎?"

孟子对曰:"王何必曰利? 亦有仁义而已矣。王曰何以利吾国? 大夫曰何以利吾家? 士庶人曰何以利吾身? 上下交征利,而国危矣。万乘之国,弑其君者,必千乘之家。千乘之国,弑其君者,必百乘之家。万取千焉,千取百焉,不为不多矣。苟为后义而不先

利,不夺不餍。未有仁而遗其亲者也,未有义而后其君者也。王亦曰仁义而已矣,何必曰利?"(《孟子·梁惠王上》)

宋牼将之楚,孟子遇于石丘。曰:"先生将何之?"曰:"吾闻秦楚构兵,我将见楚王,说而罢之;楚王不悦,我将见秦王,说而罢之,二王我将有所遇焉。"

曰:"轲也请无问其详,愿闻其指,说之将何如?"

曰:"我将言其不利也。"

曰:"先生之志则大矣,先生之号则不可。先生以利说秦楚之王,秦楚之王悦于利,以罢三军之师,是三军之士乐罢而悦于利也。为人臣者,怀利以事其君;为人子者,怀利以事其父;为人弟者,怀利以事其兄;是君臣、父臣、父子、兄弟终去仁义,怀利以相接,然而不亡者,未之有也。先生以仁义说秦楚之王,秦楚之王悦于仁义,而罢三军之师,是三军之士乐罢而悦于仁义也。为人臣者,怀仁义以事其君;为人子者,怀仁义以事其父;为人弟者,怀仁义以事其兄;是君臣、父子、兄弟去利,怀仁义以相接也,然而不王者,未之有也。何必曰利?"(《孟子·告子下》)

细察孟子的这两段话,便知他的"何必曰利"的"利"实是和合仁、合义之利相对的一切不仁不义之利。他是针对国与国之间、君与臣之间、父与子之间、兄与弟之间,大家都抛弃了仁、义,而变为以不仁、不义的战争、掠夺、计较、利用的手段去开拓求取不仁不义的利而发的。这样开拓求取的利,没有保障可以和平地得到、可以安然久享,这是真正的不可得之利。孟子所讲的就是这种为仁、义所涵摄的利。这种利,本来就是讲仁、义而落实在人的日常管理行为中,落实在管理效益上讲时所不能不讲的课题。所以,孟子说"何必曰利","亦有仁义而已矣",要人怀仁义以事政、事民、事君、事臣、事父、事兄等,一切皆怀仁义从事管理活动之,实不是要人不谈管理中一切的利,他只是转从谈仁义入手,要人循管理正途来开拓求取一切利的生息取予,都通过合仁、合义的行为来达成而已。

《孟子·公孙丑下》说:

公孙丑问曰:"仕而不受禄,古之道之?"曰:"非也。"

又《孟子·滕文公下》说:

非其道,则一箪食不可受于人。如其道,则舜受尧之天下,不以为泰。

《孟子·离娄下》说:

孟子曰:"可以取,可以无取,取,伤廉;可以与,可以无与,与,伤惠。"

《孟子·万章上》说:

孟子曰:"……伊尹……非其义也,非其道也,禄之以天下,弗顾也;系马千驷,弗视也。非其义也,也其道也。一介不以与人,一介不以取诸人。"

《孟子·万章下》说:

万章曰:"君馈之粟,则受之乎?""受之。"

孟子的这些话,一再地说明人对管理经济财利的取予收授,都要取决于仁义之宜,要以合仁、合义为依归。只要是不合乎仁义的,小至一根草这样的小利,都不予人、取诸人;大至他人禄我以天下这样的大利,我也决不受取。孟子看待管理经济财利之取、予的态度非常认真严厉,他绝没有叫人不要管理的功利和效益,只是要人取之有道而已。

(二)仁政的首务在发展管理

孟子非常重视合理的管理效益,从他以开拓合理的管理效益作为他的所谓"仁政"的首要政务目标,便可得到很合理的证明。

孟子主张统治者必须行"仁政",而行"仁政"又必须先从管理建设开始,是有时代背景的原因的。

《孟子·公孙丑上》说:

　　且王者之不作,未有疏于此时者也,民之憔悴于虐政,未有甚于此时者也。

　　孟子生活的时代,是中国历史上长期缺乏管理指导思想及主管者的时代,人民的生活困苦,管理行为低劣,当时国家主管者大都好战,逞暴力、张霸道、行虐政。

　　《孟子·尽心下》说:

　　不仁哉!梁惠王也。……梁惠王以土地之故,糜烂其民而战之,大败;将复之,恐不能胜,故驱其所爱子弟以殉之……

　　孟子的这些话表明,当时国君、良臣"辟土地,朝秦楚,莅中国",为的并不是要造福整个社会人群。他们"不乡道,不志于仁。他们的管理目的只是为了满足自己的私欲,申张自己的霸道,求不仁不义的富贵权力。他们"兴甲兵、危士兵","糜烂其民"来管理国家,这是何等的无道,失尽理性。所以,孟子说这样的国家主管者根本就是"桀";这样为君"辟土地,充府库","约与国"以战的所谓"良臣",根本就是"民贼"。这不是为君、为臣的正确管理行为。

　　《孟子·离娄上》说:

　　争地以战,杀人盈野;争城以战,杀人盈城。

　　这是对当时战争非常激烈,人命伤亡非常惨重的描写。交战国为了夺取土地,争获城池,往往一番厮杀以后,满城遍野,尽布死尸,亡命无数。战争制造了无数人的不幸,破坏了社会经济管理正常的运行,此时管理仅是国家主管者疯狂屠杀无辜生灵的兽行,是人类社会莫大的悲哀。这在孟子看来是罪不容恕的。

　　《孟子·梁惠王上》说:

　　狗彘食人食而不知检;涂有饿莩而不知发,人死,则曰:"非我也,岁也。"……

　　庖有肥肉,厩有肥马;民有饥色,野有饿莩,此率兽而食人也。兽相食,且人恶之;为民父母,行政,不免于率兽而食人,恶在其为民父母也。……彼夺其民时,使不得耕耨,以养其父母;父母冻饿,兄弟妻子离散。……

乐岁终身苦,凶年不免于死亡。

又《孟子·梁惠王下》说:

凶年饥岁,君之民老弱转乎沟壑,壮者散而之四方者,几千人矣,而君之仓廪实,府库充,有司莫以告,是上慢而残下也。

国家管理主管者张霸道,行虐行,频频发动战争,征用壮丁,对社会生产和管理破坏甚大。人民不但"凶年不免于死亡",就是"乐岁"也是"终身苦",完全没有为生之乐。孟子非常痛心于当时国家主管者实行这种错误的管理决策,眼看着以"政"杀人,竟然还不以不忍卒睹为然。因此,孟子只好大声疾呼国家统治者应该有"不忍人之心",要能以不忍人之心来行"不忍人之政"。

孟子的"仁政"管理思想,既然是由反对霸道虐政的祸害人民而来,便自然要极力反对争霸破坏社会管理的不义行为,而主张国家主管者确实负起以人民的利益为重的管理职责,完全负起造福人民的使命,使人民的物质、精神生活都能丰裕富足,快乐幸福。而为要达到这样的管理国家理想,孟子和孔子一样,认为必须先有良好的管理建设,极力主张施行仁政王道必须首先从发展全社会的管理开始。

《孟子·滕文公上》说:

夫仁政,必自然界始。经界不正,井地不均,穀禄不平,是故暴君污吏,必慢其经界,经界既正,分田制禄,可坐而定也。

所谓正其"经界",就是把公有和分配给人民私有的"井"字形田地的界线作清楚正确的划分,使得公有的百亩和分配给每家所私有的百田之间的界线都经划得恰当妥善。孟子主张由此开始做起,意思是要国家主管者首先公正不阿地推动公家和私人以农业为主的管理活动,这也就是说,"仁政"的首要政务就是从事"管理建设",开拓合理的管理效益。这是圣君贤相的职责,是圣君贤相关心爱护人民所刻不容缓的管理目标,也是关心爱护人民最具体的管理行为的表现。

(三)开拓管理旨在富乐民生

孟子把管理建设作为仁政的首要政务,用意是要借此来富裕民生,使人民能丰衣足食,安居乐业。

孟子主张国家主管者要从事合仁、合义的经济管理活动,以爱民的具体管理行为表现出管理上的一切合仁、合义的利益属性的道德行为,亦即仁政的管理措施与行为来富裕民生,他还提出了不少具体对策。这些具体建议可归纳为以下五项。

1. 置民恒产

置民恒产是孟子认为当时国家主管者对人民应作的尽仁尽义的管理行为。孟子之所以有这种建议,是因为当时人民赖以为生的土地实在非常有限。如果国家主管者对人民要做出既仁且义的管理决策,便要适量的置民恒产,因为这样做是符合新兴地主阶级的利益以及封建土地关系的基本管理规律的。

孟子主张一定按每户人口的多寡和土地肥瘦的不同,作适当的规划安排,斟酌分配,以达到"居者有积仓,行者有裹粮"(《孟子·梁惠王下》),"农有余粟,女有余布"(《孟子·滕文公下》)的理想。

2. 适时耕作,保养资源

孟子主张在经济管理中,一方面要讲求各项经济生产的最高成果,另方面也要顾及长远的经济利益。这显示出孟子对经济发展具有非常实际而又高远的管理战略眼光。孟子认为不论是农业、渔业、林业、畜牧业、纺织业,生产的管理都必须强调适时,同时又要保养资源,才能收到最大可能的生产功效,享有长远的经济效益。孟子具体指出,谷食的种植,桑蚕的树养,都要适时,要"深耕易耨",才能谷不胜食,帛足供需求。鱼鳖的捕捉,材木的采伐,鸡豚狗彘的畜养,也都要适时的取大舍小,不误繁殖,使得资源的取用和保养两得其宜,这样,才能鱼鳖不可胜食,材木不可胜用,鸡豚狗彘足供需求。近功远利都设想周到,这是很有现代经济精神的管理理论。

3.平衡供求,因质异价

平衡供求,更是现代管理理论的主要方法。孟子认为当生产丰盛、出现了狗彘食人食,或生产贫乏、出现了途有饿莩的现象时,统治者实不能推卸责任。他们应该在生产过剩、供过于求时,以合理的价格加以收购;在生产不足、求过于供时,则开启仓库,赈济民生。这种平衡供求的做法,不但能收平时预为防饥、急时足供赈济之利,实更具保护生产者和消费者的合理利益的意义。这是造成一个物价稳定、人民丰衣足食的富裕安乐的社会的必要条件。

此外,孟子提出商品的价格主要应该由商品本身素质的优劣来决定,这也是很有价值的管理理论。这个理论是针对许行、陈相主张统一市价的说法而提出的。《孟子·滕文公上》说:

从许子之道,则市贾不贰,国中无伪,虽使五尺之童适市,莫之或欺。布帛长短同,则贾相若;麻缕丝絮轻重同,则贾相若;五谷多寡同,则贾相若;屦大小同,则贾相若。

曰:"夫物之不齐,物之情也。或相倍蓰,或相什百,或相千万。子比而同之,是乱天下也!巨屦小屦同贾,人岂为之哉?从许子之道,相率而为伪也,恶能治国家?"

许行、陈相都认为市场上的商品,凡是同一类属的,只要数量相同,则价格即应一样,这种只以数量决定价格的理论,完全忽视了物品本身的素质原有的优劣之别。物品的效用有高低之异,以至需求有多寡,生产有难易等种种情况的不同。所以,许行、陈相统一市价的主张是一种很不合理的想法,它无法维持一个公平合理的自由企业市场的存在与发展。而孟子的提法,则能使生产者与消费者的利益两相顾全,国家的自由企业市场得以存在与发展,这是置诸现代也不遑多让的很有价值的管理理论。

4．推动商业的发展

一般人往往都以为儒家是轻商的。然而,作为儒家至圣的孔子实无轻商的言论,而作为儒家亚圣的孟子则更重商,一再表示国家必须积极推动商业的发展。孟子认为,如果没有商业活动,则各地的产品便无法交换,整个国民经济管理便无法运行。

《孟子·公孙丑下》说:

古之为市也,以其所有易其所无者,有司者治之耳。

这是对古代商业兴起的渊源之描述。

《孟子·滕文公下》说:

子不通功易事,以羡补不足,则农有余粟,女有余布。子如通之,则梓匠轮舆,皆得食于子。

这是孟子更明确地再度指出商业有通功易事,相互辅人,为生活福益的功能。他肯定必须有商业社会人群的生活,才有人人都能分业其事,通享其功的意义,形成一种各各相辅而皆可不断补足改进发展的管理局面。反之,没有商业管理活动,人身、心都陷于痛苦,生产不能发展,社会生活无法进步。

5．薄税以富民

孟子主张薄税,用意也和孔子完全一样,旨在富民。

《孟子·梁惠王下》说:

师行而粮食,饥者弗食,劳者弗息;睊睊胥谗,民乃作慝。方命虐民,饮食若流;流连荒亡,为诸侯忧。

国君一旦兴师远行,百姓的存粮便被吃个精光,以致饥饿贫困。这是因为统治者横征暴敛、"夺民之财"(《孟子·滕文公下》)的关系。孟子觉得人民对昏暴败恶之君没有增加纳税的义务,就是连种种已有的税令,孟子也主张尽量减省。

《孟子·尽心下》说：

有布缕之征，粟米之征，力役之征。君子用其一，缓其二。用其二而民有莩，用其三而父子离。

这些话显出孟子是倾向于单一税制的。统治者如果实行布缕、粟米、力役三征的政策，则百姓要家破人亡了。如果实行其中两项，民间也会出现饿莩。所以，孟子认为贤明的统治者都实行单一税制。同时，孟子还主张轻税，"薄其税敛，民可使富也"（《孟子·尽心上》）；在国家、在君王而言，则由于民既富，便虽"取于民有制"，仍极丰厚，只要君、臣皆能"恭俭礼下"以治国，则国家、君臣也都一并富裕。

(四)仁者无敌奠基于管理的成功

孟子论仁政首重管理，他的目的除要统治者促进国家的经济繁荣，让人民享有富裕幸福的生活之外，还把经济建设的成功看成是仁者奠定无敌的基石。

《孟子·梁惠王上》说：

今王发政施仁，使天下仕者皆欲立于王之朝，耕者皆欲耕于王之野，商贾皆欲藏于王之市，行旅皆欲出于王之涂，天下之欲疾其君者欲赴愬于王。其若是，孰能御之？

统治者通过管理，推动经济建设，置民恒产，教民适时生产，保养资源，平衡供求，适度薄税，则人民物质、精神生活日益有所改善和提高，易有礼义，国家一片繁荣，民生无疆幸福。这样，不独能使自己的国民心悦诚服，且也能使天下的仕、农、商、旅，乃至各国怨民都心悦诚服，乐于要来当官、耕种、经商，旅游，来申诉自己国家不行仁政的困苦，形成一种近悦远来的现象。

所以，孟子的所谓"仁者无敌"，实是建基于首重管理而来的成果。仁者无敌，从文讲，是通过管理把国家建设得异常富裕美善，令人欣羡不已，从而使得天下人归心，四方诚服；从武讲，则国民皆有恒产,确实享有管理的福益,因而有高度的卫国之心,有向心力、凝集力,保有一种"配义与道","至大至刚"(《孟子·公孙丑上》)的超常力量,用以振兴国家,保卫家园。

总览孟子的管理思想和观念,他和孔子一样,也是非常重视讲求合理的管理财利的。他只是鄙视不仁、不义的利,鄙视以不仁、不义的手段去求取管理财利而已。对于合理的利,他认为实应讲求。这种利是为仁义所涵摄的,讲求仁义原本就可开拓,同时也是必须开拓出这种利来的。

孟子认为,当时统治者的管理行为是反仁义的,他们连年发动战争,张霸道,行暴政,残虐人民,弃仁义以求利,想开辟土地却用兴兵甲的方法,实是非常没有理性的。要想莅中国,扶四夷,应当反其道而行之,改以从事符合仁义的管理行为。首先把经济管理搞好,使得人民都富裕安乐,以争天下人之归心,四方国家之诚服,这样才真能达到王天下,无敌于天下的管理境地。

儒家管理思想自从西周以来,尽管一直处于正统地位,但它并没有真正在统治者的管理意识中起到主导作用。西汉建立后,统治阶级急需恢复生产,发展经济,消除各种学派间的斗争,加强统治阶级内部在治理国家的管理思想上的统一,发挥上层建筑的作用。儒家管理思想必须"废黜百家",进行一番巨大的加工,以适应当时中国历史发展的需要。这项工作首先是由董仲舒来进行的。

(选自《中国儒家管理思想》,上海人民出版社 1990 年 11 月第一版)

刘云柏,苏州企业管理哲学研究所研究员。

其所著《中国儒家管理思想》一书,为改革开放,市场经济条件下我国较早系统研究儒家传统管理思想的著作。作者分别从儒家管理思想的起源和产生、儒家管理思想在中国历史上的发展演化过程及历史轨迹、儒家管理思想的文化基本内容和特征、儒家管理思想与西方管理思想之比较、儒家管理思想在现今企业管理中的应用等,全方位透析儒家管理思想的历史与现实价值意义。所选本节文字,主要对孔子及孟子的社会管理思想进行了较为全面的分析。指出孔子的管理思想形成的社会基础、理论内涵特点等,尤其对孟子的管理思想特征做了较为深入的剖析。对于在当时历史条件下,从发展经济角度推阐理解正确科学的社会经济管理,建立新的社会管理思想理论体系具有一定的意义和影响。

孔子的经济管理思想

石世奇

孔子的经济管理思想是其治国思想的一部分。治国思想也就是国家管理思想。孔子是关心国家管理的。他到一个国家,"必闻其政"(《论语·学而》)。他和不少人谈论过国家管理问题,回答过不少"问政"。他教学生也教如何管理国家。学生中也有以"政事"——也即国家管理为专长的。政事、国家管理当然也包括了对国家经济事务的管理。"治其赋"就属于经济管理。孔子主持鲁国政事虽然只有短短的三个月,但在经济管理方面也作出了成绩。后来司马迁在记载孔子的政绩时,就专门提出"粥羔豚者弗饰贾",价格公平被列为重大政绩之一(《史记·孔子世家》)。孔子虽然没有专门论述经济管理,但他在谈论其他问题,特别是政事时,涉及到经济管理的许多方面,形成了具有自己特色的经济管理思想,对后世有深远影响。

一、经济管理的目标和出发点

孔子经济管理的目标是其治国目标的一部分,并服从于其治国目标。

孔子虽然有一个模糊的理想目标,这就是后世儒家概括的大同之世,但他为之奋斗的却是一个近期的,也即后世儒家所概括的小康之世的目标。这个目标是以西周为样板的。他认为西周的治国原则和方法是好的,应该作奋斗的目标。他说:"周监于二代,郁郁乎文哉! 吾从周。"(《论语·为政》)又说:"如有用我者,吾其为东周乎?"(《论语·阳货》)他按照自己对西周制度的理解,把治国的目标,也即国家管理的目标定为:人们的一切行为都以礼为规范,"君君臣臣父父子子"(《论语·颜渊》),"礼乐征伐自天子出"(《论语·季氏》),以等级制为主体的社会秩序的稳固,人与人的关系的和谐。他的经济管理目标是从属于这个总目标,并为之服务的。根据我们对孔子经济管理思想的了解,他的经济管理目标可以概括为以下三点:1. 人与人之间的经济关系的和谐;2. 富;3. 庶。

人与人之间的经济关系的和谐,主要是统治者与被统治者之间关系的和谐。这是整个社会秩序、人与人之间关系和谐的基础。富,主要指民富。但民富并非最终目标。孔子主张富而后教。民富了才易于接受教,经过教才易于统治。在孔子看来,民富是达到人与人之间、特别是统治者与被统治者之间经济关系和谐的保证。庶,指人口众多。在孔子看来,庶是治国取得成效的结果和标志。

孔子的经济管理的原则和方法是以他对人性的认识为前提的,从此出发形成了他的经济管理思想。孔子继承了春秋以来形成的关于人性的观点,即认为人们都有追求物质财富的欲望。

他说:"富与贵是人之所欲也","贫与贱是人之所恶也"(《论语·里仁》)。他说"人"之所欲,"人"之所恶,就是讲一切"人"的"欲"与"恶",也就是说追求物质财富的欲望是任何人都一样的,包括了君主与小人。孔子认为小人是追求利的,这是很明确的,他曾说"小人喻于利"。但是,孔子也认为君子同样是追求利的。孔子自己当然是君子。他就说:"富而可求,虽执鞭之士,吾亦为之"(《论语·述而》),就是说,如果财富可以追求,就是拿着鞭子给市场看门,维持秩序,孔子也会干的。他自己年青时就干过委吏和乘田,管理仓库、看管牛羊,并且学过各种谋生的技艺。他还认为在一定的条件下,君子如果追求不到富贵,而过着贫贱的日子,是可耻的。"邦有道,贫且贱焉,耻也"(《论语·泰伯》)。

既然不分君子小人都有追求高贵的欲望,那么,逻辑的结论就是各种人的人性是相差不多的。孔子说:"性相近也,习相远也。"(《论语·阳货》)认为人有求富的欲望,是春秋时流行的观点,但认为人性相近,则是孔子的进一步的发展。这种观点的出现,也是时代的产物。侯外庐说:"'性相近'正是小人'疾贫'与君子求富的相似前提之下才可能产生的。"他认为这与"春秋末年财富的权力手段的变迁","财产所有的多元化或下降"有关。"这个时代,已经不是像西周的'国有富'的严密制度了,自由民已经参与了财产私有的活动。"(《中国思想通史》,第一卷,第 145 页—146 页)学术界对于春秋时代的社会性质有不同的看法,要具体说明当时的经济状况的变化与这一思想的关系也是困难的。但有一点是清楚的,就是这时有了更多的人去追求富贵,更多的庶人参加到追求富贵的行列中去。富贵已不完全是天生的、祖辈传下来的,也即不完全是世袭的了,而是在相当广泛的范围内靠个人去追求。孔子的思想反映了这一变化。

二、经济管理的原则与政策

(1)规范人们经济行为的道德原则

孔子的治国目标是以等级制为主体的社会秩序的稳定与和谐。但孔子又认为人性是追求富贵的。这样,人们追求富贵的行为就会与社会秩序的稳定、和谐发生矛盾。

人们虽然都有追求富贵的欲望,但追求的结果并不一样,有的人可以求得富贵,有的人就追求不到,而处于贫贱的地位。同时,人们在追求富贵中,所取得的富贵也有程度上的差别。这种贫富贵贱上的差别就会产生矛盾。

孔子并不认为贫富的差别是不合理的,但他认为这种差别有可能造成严重后果,成为动乱的根源。孔子说:"贫而无怨难。"(《论语·宪问》)贫者也要追求富,求之不得而不怨恨是很难的。贫而又怨,那就危险了。"好勇疾贫,乱也"(《论语·泰伯》)。勇者又痛恨贫,就会犯上作乱。他还说:"君子固穷,小人穷斯滥矣。"(《论语·卫灵公》)君子穷还能坚持,小人穷就无所不为了。当然,在孔子看来,富者之间争夺财富也会造成动乱,人们在追求富贵的过程中,也会与其他人发生矛盾。

因此,孔子提出了调节人们物质利益关系的道德原则——"见利思义"。在孔子看来,用义来限制利,有利于社会安定、和谐。如果在人们的求利活动中没有限制,就会给个人、社会和统治者带来祸害灾难。

对于个人,孔子说:"放于利而行,多怨。"(《论语·里仁》)只是依据个人利益来行动,会招致怨恨。这个"利",当然不仅是物质利益,但包括了物质利益。

对于社会和统治者,孔子说:"小人有勇而无义,为盗。""君子有勇而无义,为乱。"(《论语·阳货》)小人有勇而无义,就会为"盗",抢劫财物,成为土匪强盗。君子有勇而无义,危害就更大,会"为乱",作乱犯上,成为乱臣贼子。所以,孔子认为君子应该"义以为上",把义作为最尊贵的品质。讲义是有莫大利益的。"义以生利"(《左传·成公二年》)。

那么,"利"和"义"的内容是什么呢?

"利"就是利益、好处。在与"义"相对而言时,《论语》中时有讲得,如《季氏》中有"见得思义",有时讲"取",如《宪问》中有"义然后取,人不厌其取"。可见这个"利"就是物质利益。关于"义",孔子讲过"礼以行义,义以生利"(《左传·成公二年》),以礼制推行义,义产生利。孔子还讲过"君子义以为质,礼以行之"(《论语·卫灵公》)。在孔子看来"礼"的本质是"仁","人而不仁如礼何?"(《论语·八佾》)可见,符合"仁"的行为是"义",为了行"义"而制定的礼仪制度就是"礼"。所以依礼而行就符合义。

究竟什么样的求利行为是不义的? 孔子没有全面论述。根据现有文献可以看出,以下几点是被认为不义的:

1. 偷盗抢劫是不义的

孔子说:"小人有勇而无义为盗。"(《论语·阳货》)无义者为盗,也就是为盗是不义的。可见,孔子是维护私有财产不受侵犯的。侵犯了私有财产是不义的。

2. 统治者聚敛、兼并以增加财富是不义的

《论语》记载:"季氏富于周公,而求也为之聚敛而附益之。子曰:'非吾徒也,小子鸣鼓而攻之,可也'。"(《论语·先进》)聚敛就是搜刮民财。季氏已很富有,可是冉求还帮他聚敛,孔子反对。历来的学者一般均认为所谓冉求为之聚敛,是指季氏由按丘征收军赋改为按亩征收军赋。这种改变究竟是怎么一回事,不大清楚。从《左传》、《国语》记载来看,这种改变之后,军赋加重了。孔子主张"敛从其薄",按照"周公之典"来征收,认为如"贪冒无厌",改变征收军赋的办法也不能满足要求。对这件事的认识和评价在学术界是有争论的。但这并不影响我们所作的孔子反对统治者聚敛的结论。因为主要在于对这种改变的性质有不同看法,而改变之后军赋增加了这一事实大家是承认的。

孔子还认为置关收取商税是"不仁"。鲁大夫臧文仲置六关收税,孔子反对,认为这是臧文仲的三不仁之一。

季氏将征颛臾,孔子也反对。他反对通过征服、兼并来占有别国的财富和人民。

3.有权势的人与民争利是不义的

孔子说臧文仲三不仁,其一是"妾织蒲"。香蒲叶可编席、篓等。为什么"妾织蒲"是不仁的呢?

《左传·文公二年》说臧文仲"废六关",《孔子家语》说臧文仲"置六关"。"废"也作"置"解。所以"废六关"也即"置六关"。因为这是与民争利。《史记·循吏列传》中有一段是讲鲁相公仪休,"食茹而美,拔其园葵而弃之。见其家织布好,而疾出其家妇,燔其机,云'欲令农士工女安所雠其货乎?'"他的理由是,"使食禄者不得与下民争利,受大者不得取小"。《史记》中的这一段,可以作为孔子说臧文仲"妾织蒲"为不仁的注解。"妾织蒲"已是不仁的,如果有权势的人经营其他获利的事业,当然就更是不仁的、与民争利的了。

从以上材料可见,用"义"来约束求"利",主要是维护私有财产不受侵犯,限制统治者过多地征敛、与民争利。

根据"见利思义"的道德原则,孔子认为贫者在追求不到利时,就应该"贫而无怨",进一步要"贫而乐"。总之,就是安贫。他说:"饭疏食饮水,曲肱而枕之,乐亦在其中矣。不义而富且贵,于我如浮云。"(《论语·述而》)他还说:"富与贵是人之所欲也,不以其道得之,不处也;贫与贱是人之所恶也,不以其道得(去)之,不去也。"(《论语·里仁》)不义的富贵是不能要的。追求富贵,摆脱贫贱,要看是否正当,不正当的就不能去追求,也不要摆脱。因此,要提倡安贫。颜回就是"贫而乐"的样板:"一箪食、一瓢饮,在陋巷,人不堪其忧,回也不改其乐。贤哉回也"。(《论语·雍也》)

但是,在符合义的条件下,个人不但可以追求利,而且应该追求利。孔子认为,对于君子,"邦有道,贫且贱焉,耻也"(《论语·泰伯》)。政治清明,如果不能凭个人的德才取得富贵,那就说明你没有本领,德才不行,这是耻辱。相反,如果在"邦无道"时,既富且贵,那就说明你与无道的当权者同流合污了,也是可耻的。

(2)调节统治者与被统治者间物质利益关系的政策主张

孔子虽然鼓吹"见利思义",但是他也感到真正懂得义的人并不多。"君子喻于义,小人喻于利"。小人是只懂利不懂义的。君子也并不是都懂得义,有相当多的君子是"有勇而无义"的。只有为数不多的"成人",也即是完人,才能真正懂得义,作到"见利思义"。他说:"见利思义,见危授命,久要不忘平生之言,升可以为成人矣。"(《论语·宪问》)孔子把"见利思义"作为"成人"的条件之一,可见真正作到是很不容易的。因此,用"义"来规范人们的经济行为的作用就很有限了。

为了维护统治秩序,包括维护私人财产不受侵犯,孔子也赞成用"猛"的办法。《左传·昭公二十年》记载,当时郑国多盗,这是由于继子产之后执政的大叔"不忍猛而宽"。盗起之后,大叔后悔没听子产宽猛结合的遗言,于是兴兵镇压,"尽杀之,盗少止"。孔子评论说:"善哉! 政宽则民慢,慢则纠之以猛。猛则民残,残则施之以宽。宽以济猛,猛以济宽,政是以和。"在孔子看来,在一定条件下,"猛"是必要的,他主张"宽"、"猛"结合。但是,他也认为"猛"的办法毕竟不是理想的办法。他曾说:"道之以政,齐之以刑,民免而无耻。"(《论语·为政》)因此,他在主张以道德和刑政规范人们的同时,还提出一些调节人们物质利益关系的政策主张。这种政策主张主要是使民能够通过正常的活动求得一定的"利",同时限制统治者对民的征敛,以使民能保留一定数量的财富,以适当满足其欲望。这种政策主张也就是孔子的富民主张。其政策主张主要有:

第一,"因民之所利而利之"

《论语》中记载了尧曰:"四海困穷,天禄永终。"(《论语·尧曰》)就是说天下的百姓都陷于困苦贫穷,上天授予的禄位也就永远终止了,统治就垮台了。《论语》是专门记载孔子和其弟子的言论的书,为什么把尧的话也编进去了呢? 这可能是孔子在教育学生时经常称引的话,所以编《论语》时就编进去了。如果这个估计不错的话,这就说明孔子十分关注百姓的生活,认为百姓贫困是不利于统治者的统治的。因此,孔子提出了富民的主张。

子适卫,冉有仆。子曰:"庶矣哉!"

冉有曰:"既庶矣,又何加焉?"曰:"富之"。

曰:"既富矣,又何加焉?"曰:"教之。"(《论语·子路》)

人口已经不少了,下一步就是使他们富起来,富了之后,再给以教化。可见,孔子是把富民作为礼乐教化的基础。在孔子看来,人是欲富贵的,"小人喻于利"。如果不能使小人获得一定的利,使其欲望得到一定的满足,礼乐教化无从施行,社会秩序也无法安定。

为何使民富呢?

孔子提出了"惠而不费"的原则。这就是使民得到好处,但是统治者又要无所耗费,在孔子看来真正广泛地给人民以好处,又能帮助人民生活好,是很高的境界,并非一般统治者能做到的。《论语》中记载:子贡曰:"如有博施于民而能济众,何如? 可谓仁乎?"子曰:"何事于仁! 必也圣乎! 尧舜其犹病诸!"(《论语·雍也》)所以,能做到"惠而不费"就不错了。

"惠而不费"的办法就是"因民之所利而利之"(《论语·尧曰》)。"因",就是顺应的意思。"因民之所利而利之"就是对人民谋取利益,采取顺应听任的态度。当然,这种顺应听任也是有条件的,即在符合义的条件下,人民能够在哪方面取得利,就听任其取利。这样,统治者不需要有什么花费,人民就可以富起来。这就是放宽政策,使民有比较广阔的求利途径。

孔子还赞扬过舜的"无为"。他说:"无为而治者其舜也与? 夫何为哉? 恭己正南面而已。"(《论语·卫灵公》)一般均解释为"所任得其人,故优游而自逸也"。如果我们把它和"因民之所利而利之"联系起来考虑,把"无为"理解为不仅舜个人"无为",而且包括以舜为首的整个政权在治国上采取无为的原则,似乎也是可以的。甚至更准确些。可以说孔子是中国古代经济放任主义的最早代表人物之一。

第二,敛从其薄,使民以时

赋役是统治者与被统治者之间物质利益关系的主要方面。

孔子在赋税上主张"敛从其薄(《左传·哀公十一年》),少收一点,不要过重。在徭役上主张"使民以时",使农民在农忙季节能够从事农业劳动,不要误了农时。这种赋役政策有利于调节国家的统治者与民的关系。一方面可以使民保留更多的产品和必要的劳动时间,有利于生产,有利于富民;另一方面统治者也可以获得更多的政治与经济好处。不但有利于统治稳固,而且"惠则足以使人",能够使老百姓供统治者驱使。同时统治者也可取得更多的物质财富。

汉代刘向编的《说苑》记载了孔子的一段话:鲁哀公问政于孔子,对曰:"政有使民富……"哀公曰:"何谓也?"孔子曰:"薄赋敛则民富……"公曰:"若是,则寡人贫矣。"孔子曰:"诗云'恺悌君子,民之父母',未见其子富,而父母贫者也。"这段话的意思是,薄赋敛可以使民富,民富了,君主也不会贫。《孔子家语》中也有类似记载。这两种书成书较晚,对其可靠性有不同看法。但《论语》中记载了孔子的学生有若的一段类似的话:"哀公问于有若曰:'年饥,用不足,如之何?'有若对曰:'盍彻乎?'曰:'二,吾犹不足,如之何其彻也?'对曰:'百姓足,君孰与不足! 百姓不足,君孰为足?'"(《论语·颜渊》)把这些材料联系起来,可以看出,在孔子看来,"敛从其薄",不仅是使民富的政策,而且是使君富的政策。为什么"敛从其薄"会使君富呢? 这实际上是指征收的赋税少了,使民有更好一些的生产条件和更高一些的积极性,使其收入增加,尽管税率较低,但最终君主可以征收更多的财富。这样,在统治者与被统治者的物质利益关系上达到了某种和谐:民富、君富、上下俱富。

孔子的"敛从其薄"和"使民以时"的思想后来被概括为"轻徭薄赋",成为中国封建社会的一种理想盛世的德政,成为衡量一个王朝政治是否清明的重要标志,并在以后一些朝代恢复发展经济中发挥了积极作用。

第三,节用

孔子主张俭。他曾评论奢与俭,说:"奢则不好,俭则固。与其不好也,宁固。"(《论语·述而》)"奢"与"俭"虽然都不理想,但在这两者之间选择,他还是选择了"俭"。这可能是与他认为"以约失之者鲜矣"(《论语·里仁》)有关。"俭"虽然是对一切人的要求,但孔子是着重要求统治者的。"俭"反映在治国原则上就是节用、节财。孔子说:"道千乘之国,敬事而信,节用而爱人,使民以时。"(《论语·学而》)"节用"是治理千乘大国的几条原则之一。《史记·孔子世家》中记载齐景公问政于孔子,孔子曰"政在节财",把"节财"放在更为突出的地位。这里讲的"节用"、"节财"是指统治者的开支,包括作为政权机构的一切开支都要"节"。《论语》中记载"鲁人为长府。闵子骞曰:'仍旧贯如之何? 何必改作?'子曰:'夫人不言,言必有中'"(《论语·先进》)。"为长府"是翻修金库。孔子主张"节财",因此,他赞成闵子骞反对"为长府"的主张。在孔子看来,"节用"与"敛从其薄"是一个问题的两个方面。"节用"是财政开支的原则,"敛从其薄"是财政收入的原则。只有"节用",才能"敛从其薄"。"节用"是"敛从其薄"的保证。节用是以礼的要求为标准,按照礼来开支就是"俭",超过了礼的要求就是奢。如果违背了礼的要求,奢侈无度,那就无法做到"敛从其薄"。这种节用思想对后世有相当大的影响,成为人们观察评价一个政权、一个君主好坏的重要标准。这种节用思想是有积极意义的。

孔子也要求一般百姓俭。颜渊死后,孔子不赞成用"椁",不赞成厚葬。一般百姓的俭,在孔子看来也是非常重要的,这里调节统治者与被统治者的物质利益关系的一个重要方面,是"贫而乐"和社会和谐的基础。

(3)调节统治者之间物质利益关系的主张

"见利思义"是调节一切人之间的物质利益关系的道德原则。而调节统治者之间的物质利益关系的原则具体化为"不患贫而患不均,不患寡而患不安"(《论语·季氏》)。《论语·季氏》记载孔子针对季氏将伐颛臾说:"丘也闻有国有家者,不患贫而患不均,不患寡而患不安。盖均无贫,和无寡,安无倾。"(同上)这里所讲的"不患贫而患不均,不患寡而患不安",是指"有国有家者",即作为诸侯大夫不患自己的"国"和"家"贫,不患自己的"国"和"家"人民少。因此,这里所讲的"贫",是相对的。诸侯大夫之间的贫富问题,只是财富占有得多些少些的问题,并非绝对的贫。这里所讲的"均",并非指平均分配。孔子没有平均分配的思想。他是承认贫富差别的。《说文》说:"均,平徧也。"即无所不平之意。而"平",《说文》解释为"平舒也"。我们认为,这里的"均"应理解为平和、均衡。孔子是主张"富"和"庶"的,但是他为什么反对季氏伐颛臾以增加财富和人口呢? 这是因为,他认为通过征伐以增加财富和人口,会破坏原有的均衡与和谐,因而是不义的。他认为诸侯大夫间只要维持原有的均衡与和谐,社会就是安定的,无倾危之虑,也就无所谓"贫"和"寡"。可见,他把"均"、"和"、"安"看作统治者的根本利益。这反映了孔子维护现有秩序和利益格局的立场。以后,一些人把孔子所讲的"不患贫而患不均",理解为对一般人的分配原则,理解为平均分配,是不符合孔子的原意的。

(4)增加人口的措施:来远人

孔子把"庶",即人口众多看成经济管理所要达到的一个目标；同时,这又是一国治理得好的一个标志。当时劳动生产率很低,每个劳动者所能提供的剩余劳动是很少的。一个诸侯国要想成为富强的国家,需要有更多的人口。这样,才能提供更多的剩余产品,更多的劳役与兵源。孔子要实现自己的理想,建立一个安定和谐的社会,国家的富强是一个必要的条件。因此,孔子也是向往人口众多的。孔子没有提出为何使人口自然增长得更快的措施。这可能与当时人口自然增长十分缓慢的现实有关。因此,孔子主要是把人口增长寄希望于人口的机械增长,既吸引其他诸侯国的人口。他向往"远者来",希望"四方之民襁负其子而至"(《论语·子路》)。

孔子认为,"远人不服,而不能来也"是治国的一个失误。在他看来,只要把国家治理好,统治者与被统治者的关系和谐,就会吸引其他诸侯国的人民。他曾说:"上好礼,则民莫敢不敬;上好义,则民莫敢不服;上好信,则民莫敢不用情。夫如是,则四方之民襁负其子而至矣。"(同上)"远人不服,则修文德以来之。既来之,则安之"(《论语·季氏》)。

这种"来远人"以增加一国人口的作法,实际上也在破坏各国人口、财富原有的均衡。"来远人"使得一国人口的增加必然使别国人口相应减少。这种人口消长变化,孔子是赞成的。这说明孔子并不赞成按原有等级来规定所统治的人口。在孔子看来,一个诸侯国统治的人口多少,不应由原有的等级来决定,而应由国家治理得好坏来决定。治理得好的诸侯国就应该统治更多的人口;而治理得不好的诸侯国,人口流失是必然的。孔子"来远人"的主张,一方面反映了社会经济的变化,出现了一批具有一定人身自由、可以流动迁徙的劳动者;另一方面反映了当时各诸侯国势力消长的事实。孔子虽然从原则上讲,主张维护固有的秩序和均衡,但同时又提出具有打破这种秩序和均衡的具体主张。这是孔子思想中的一个矛盾。这种矛盾的存在,说明孔子思想的复杂性,也说明孔子思想中具有顺应历史发展的一面。

从上述管理思想可以看出,孔子在提出这些管理主张时,着眼于统治者的长远利益和根本利益。他提出的规范人们经济行为的道德原则和调节人们物质利益关系的政策主张,都是符合统治者的长远利益、根本利益的。"见利思义",虽然也限制了统治者的某些利益,但只要维护了"义",也就维护了统治者的长远利益、根本利益。"敛从其薄"当然限制了统治者的征敛,但有利于统治者的稳固。同时,"敛从其薄"有利于富民。在孔子看来,民富了,君也就自然富了。孔子关于应着重考虑长远利益、根本利益的思想是非常明确的。他曾说:"人无远虑,必有近忧。"(《论语·卫灵公》)又说:"无欲速,无见小利。欲速,则不达;见小利,则大事不成。"(《论语·子路》)不但要有"远虑",成"大事",考虑到长远利益、根本利益,而且要讲究实效,考虑实际效果,不要图快。这些思想都是很精辟的。正是由于孔子着重于统治者的长远利益、根本利益,所以,和当时着眼于眼前利益的统治者存在较大的矛盾。这也就是孔子的思想在当时没有受到统治者的重视,而在以后二千多年的封建社会中具有深远影响的根本原因之一。

(选自《烟台大学学报》哲学
社会科学版,1971 年第 1 期)

石世奇,北京大学教授。

孔子的经济管理思想,是儒家管理思想理论,特别是经济管理思想的基础和出发点。孔子经济管理思想的研究是二十世纪末学术界的热门话题,本文以国家政策的一般原则为出发点对孔子经济思想进行透析评价,对孔子经济管理思想在宏观上对封建社会国家政权组织结构的影响、对国家经济策略的制定等认识理解具有较大的启发,表现出较新的学术思维。

孔子的管理思想与当代社会管理(节选)

李启谦　姜林祥

《论语》一书中有着极为丰富的管理思想。中国古代即有赵普宰相"半部《论语》治天下"的美谈。在当代,一些发达国家的企业家和管理学家在建立他们本国的现代管理科学中,也都十分重视并注意吸取以孔子为主的我国古代诸子百家的思想。不但写出了大量论著,而且用之于实践取得了显著成效。如美国北卡罗莱纳大学教授克劳德·小乔治在其《管理思想史》和美国俄克拉荷马大学教授胡伦的《管理思想的发展》等书中,都论述了孔子在管理思想方面作出的主要贡献,并给以较高的评价。孔子思想对于日本企业的管理,更是发挥了不可忽视的作用。尤其是孔子的中庸思想和礼乐思想,对于企业内部如何协调人事关系、平衡日常秩序,都有着极为深刻的影响,特别是对于实现为顾客的"过度"服务,更起到了重要的基础思想和理论指导作用。正因为如此,《论语》一书,几乎是企业各层管理人员的必读书,因而仍然畅销至今。也正是为适应企业的生存、发展与竞争,日本的《论语》研究工作也是很深入和全面的。被称为日本"工业之父"的涩泽荣一,就是一位专门从企业管理角度研究孔子的先行者。他认为《论语》中有算盘,算盘中有《论语》,提倡以《论语》加算盘的思想开展经营。日本学者村山孚先生就写有《新编论语》一书,书中把《论语》与管理联系起来。日本鼎鼎大名的企业家松下幸之助、土光敏夫都是信奉孔子思想的人物。如松下幸之助于 1981 年元旦过后,在日本各大报刊出松下电器公司整版广告,上写"命知五十年"的大楷毛笔字,即是取自《论语》中"五十而知天命"的话。据说,战后以来,日本关于《论语》一书的研究和评论专著居然达五十多种,有的竟连续印刷十几次,大有供不应求之势。儒家的为人信条,至今仍然在深深地影响着日本人的修身、治家和企业管理。

《论语》中的管理思想源于孔子的管理实践。孔子作为一位胸怀抱负的政治思想家,具有相当的管理素质与从政才能。对此,他十分自信:"苟有用我者,期月而已可也,三年有成。"(《子路》)据《孟子·万章下》载:"孔子尝为委吏矣,曰会计当而已矣;尝为乘田矣,曰牛羊茁壮长而已矣。"他五十一岁任"中都宰"(今山东汶上县长官),实行养生送死,长幼异食,男女别途,器不雕伪等措施,"一年,四方皆则之"。后来又"由中都宰为司空",主管建筑和道路。因政绩卓著,又"由司空为大司寇"(《史记·孔子世家》),掌管司法,兼理外交。诉讼注重调查、闻下情,分别研究,公正处理,意在"必也使无讼乎"(《颜渊》);外交则"有文事者必有武备,有武事者必有文备"。在鲁齐"夹谷之会"中,以大司寇身份摄行相礼的孔子随机应变,折冲樽俎,以弱胜强,保全国格,充分显示了其外交论辩才能。相传他在由"大司寇行摄相事,与闻国政"后,洽于舆情,力行改革,"三月而鲁大治"。据《韩非子·内储说下·六微》记载:"仲尼为政于鲁,道不拾遗。"《荀子·儒效》也有记载:孔子任司寇期间,"沈犹氏不敢朝饮其羊,公慎氏出其妻,慎溃氏逾境而徙,鲁之粥牛马者不豫贾,必蚤正以待之也。"是说当时骗人的羊贩老实了,骂街的泼妇被休了,骄横的流氓搬家了,市侩们不敢哄抬物价了。孔子的行政管理才干由此可见一斑。尽管孔子从政为期不长,但后来聚徒讲学,游说列国,其教育目的主要还是培养学生"求仕行道"的从政能力。他本人也始终没有放弃步入政坛的雄心宏愿:"沽之哉,沽之哉,我待贾者也。"并且孔子每"至于是邦也,必闻其政……温、良、恭、俭、让以得之"(《学而》)。这些广泛而扎实的管理实践活动,为孔子的管理思想的形成奠定了深厚而坚实的基础。正因为孔子的管理思想来源于实践,在一定程度上反映了管理活动的某些客观规律,所以才富有强大的生命力。

我们今天认真地挖掘、整理、研究、借鉴孔子的管理思想,将有助于建设有中国特色的现代管理体系。因为实践证明,一个国家或地区要想发展自己的经济,必须同时探索并形成适应本地区本民族实际情况的管理方式,而不能照搬别人的现成经验或模式。因为管理在涉及到生产力方面所采用的一些管理方法、管理技巧,固然基本上到处都能应用;但在涉及到生产关系时,则随各国的政治、经济、社会、教育等体制,以及文化传统、价值观念等的不同而异。同时,研究孔子管理思想中的精华,也有助于使中国的管理方式,根植于我国肥沃的历史文化土壤之中,以吸收其养料,使之发扬光大,为中华民族的振兴,为炎黄子孙跻身于世界经济发展前列作出应有的贡献。可见,只满足于对孔子管理思想作"浅层开发"是不够的,还必须要作进一步的"深层发掘",并阐明其在现代社会管理中的价值所在。

第一节　重视人的因素

从管理哲学的角度来看,孔子管理思想的最大特色就在于改"天道"的研究为"人道"的研究,也就是说,孔子是以社会人的管理作为自己关注的对象的。其实,我国古代几乎所有的思想家,不论是唯物的还是唯心的,包括孔子,都莫不主张"人为贵",即如《孙膑兵法·月战》所说:"间于天地间,莫贵于人。"这种"人贵论"的思想,从《尚书·泰誓》篇所说的"惟天地,万物父母。惟人,万物之灵"起,直至龚自珍所说的"天地至顽也,得俊虫(指人)而灵"止,绵延两千多年,构成中国整个古代思想的优良传统。曾整对整理《尚书》作出重大贡献的孔子,自然是这种"人贵论"思想的倡导者与发扬者。孔子提倡仁道,推行仁政德治,其根本的目的和手段就是"爱人"。在孔子看来,只有"爱人",亦即重视人的因素,才能治理好"千乘之国"。这样,孔子在中国传统管理思想萌芽的时期,首先把管人的问题看作管理工作的重点,使重视人的因素构成了孔子管理思想的出发点,从而一开始就为中国的管理思想树立了重视人的管理的传统,这是值得注意的。

在西方,从本世纪初泰勒提出科学管理,开始重视定量的、分析的方法以来,经过几十年的变迁,管理的重心正在从对"物"的管理转向对"人"的管理。因为市场的竞争,企业的竞争,归根到底是人才的竞争。70年代后期以来管理方面的畅销书,也几乎无一不是涉及对于人的管理。从某种意义上甚至可以说,现代管理学发展的历史正是从不见人、忽视人到发现人,逐渐重视人的历史。随着科学技术的发展,随着社会生产力的提高,人在管理活动中的地位将日趋重要。因为先进的技术手段要靠人的主动性来创造,要靠人的创造性使用发挥效益。正如毛泽东同志所说:"一切物质因素只有通过人的因素,才能加以开发和利用。"(《论十大关系》,人民出版社1976年版,第15页)因此,现代管理认为,每一个管理者都必须将主要精力放在对人的管理上。美国著名经济学家肯尼思·布兰查德主张,在每个经理桌旁的座右铭上都应该写有这样一句话:"最有价值的一分钟是投资于人的一分钟。"(《一分钟经理》)C·佛郎希斯也说:"我深信一个企业最大的资本是'人'。重视他们的价值,既是为了物质利益,也是为了履行道义上的责任。"迈文斯进一步认为:"管理者应该把人的资源放在首位。"这都告诉我们,人是现代管理活动的中心。日本成功的管理实践也证明了这个道理。如日本丰田汽车公司1938年建厂，四十年后成为世界上最大的汽车公司之一，其产品在许多技术经济指标上超过了欧美先进国家。丰田经理石田退三有句名言说："事业在于人……任何工作，任何事业，要想大为发展，最要紧的一条就是'造就人才'。"(《商魂十八条》)常务董事神谷正太郎也颇有同感："推动和发展企业的是人，也就是职工。"(《跟着汽车化前进》)可见，孔子重视人的因素在管理中的作用的思想，是与现代管理学经历了由物到人的转折，将人看作管理活动中心的观点息息相通的，只不过孔子的思想产生于两千多年前的中国罢了。

孔子在管理中重视人的因素，首先表现在他对人的价值的尊重，即把被管理者作为人来看待。孔子认为"仁者爱人"(《颜渊》)。虽然不是把一切人都看作同等的，"爱人"也不是要对一切人同样地爱，但是显然不主张把任何人排除在爱的对象之外。如有一次，马棚失火，孔子退朝回来，首先关切地问询"伤着人了吗?"而"不问马"。另据《论语·乡党篇》记载，孔子"式负版者"，是说每当孔子乘车遇见背着国家户口薄的人，便俯身伏在车前横木上，以示敬意。他还说："人能弘道，非道弘人。"(《卫灵公》)即人的才能能够把道发扬光大，不是道可以把人的才能扩大。可见，在孔子对人的认识中，人的主体性已昭然若揭。因此，孔子对那种无视人的尊严甚至肆意践踏的做法是深恶痛绝、坚决反对的。如对于当时用人殉葬的态度，孟子曾经转述说："仲尼曰：始作俑者，其无后乎?"(《孟子·梁惠王上》)孔子连用俑偶殉葬都是坚决反对的，可见他对以人殉葬制度的痛恨。把人特别是被管理者当作人来看待，在今天看来是不成问题的，然而在从奴隶制向封建制过渡的春秋战国时期，这却是一种非常先进的思想。

孔子重视人的因素，其次表现在孔子提倡用人道的方式进行对人的管理。孔子一方面大力宣传提倡仁政德治，一方面坚决反对用虐杀等不人道的方式进行强制性管理。如子曰:"不教而杀谓之虐;不戒视成谓之暴;慢令致期谓之贼;犹之与人也,出纳之吝谓之有司。"(《尧曰》)是说不先进行教育便加杀戮,叫做虐;不事先告诫而要求立即成功,叫做暴;下达可以缓慢执行的命令而要求限期完成,叫做贼;同样是给人财物而舍不得拿出去,叫做吝啬。孔子认为符合人道的社会管理,要在"度于礼"、厚施予、"省刑罚、薄税敛"、"节用而爱人"、"使民以时"、"使民如承大祭"、"博施于民而能济众"。他曾赞扬子产"其养民也惠,其使民也义"(《公冶长》),这里所说的"惠"是恩惠的意思,"义"是合乎道理、不虐待的意思。他还提倡"因民之所利而利之","择可劳而劳之"(《尧曰》)。认为只有普遍推行符合人道的管理方式,才能真正使一方臣民"老者安之,朋友信之,少者怀之"(《雍也》)。因此在孔子看来,"道之以政,齐之以刑,民免而无耻;道之以德,齐之以礼,有耻且格"(《为政》)。治理国家,只靠法律刑政是不行的。用刑罚来统一人们的行动,只能使百姓因为害怕而不敢做坏事,却不能使人有知耻之心,自觉地不做坏事。而"道之以德,齐之以礼",却可以起到刑政、法律所不能起的作用,使百姓有知耻之心,自觉行善,走上正道。虽然孔子的这种仁政德治的思想,在当时的社会条件下不可能付诸实施,但是却给我们今天的社会管理寻找一条积极的途径,提供了有益的启发,即要用人道的方式进行管理,才能收到良好的效果。

　　孔子重视人的因素,再次表现在他强调人才乃是搞好管理工作的先决条件。孔子认为上至管理一个国家,下至管理一个部门、一个地区,都要首先解决管理人才的问题。他指出,"为政在人","其人存,则其政举;其人亡,则其政息"。还说:"依贤固不困,依富固不穷,马蚿斩而行者何,以辅足众也。"(《说苑·杂言》)是说依靠人力和财力,国家就不会遭受艰难,陷于困境。百足虫砍断了照样行走,因为还有众多的脚助行。因此,要想管理好国家,使之繁荣

昌盛,长治久安,必须拥有众多的人才,并发挥其作用。孔子根据
"舜有五人而天下治"(《泰伯》),"汤有天下举伊尹"(《颜渊》)的历
史经验,认为当时卫灵公无道而未有亡国,正是由于他任用了"仲
叔圉治宾客,祝鮀治宗庙,王孙贾治军旅"。但同时孔子认为人才
难得,他曾慨叹"才难,不其然乎? 唐虞之际,于斯为盛"(《泰伯》)。
因此,孔子特别重视"得人"的问题。他的学生言偃被任命为武城
的地方官,孔子一到武城就首先问他说:"汝得人焉耳乎?"(《雍
也》)应该说,孔子这种重视人的因素的管理思想,对我们当前实现
管理现代化和创立有中国特色的社会主义现代管理科学的任务,
无疑具有重要的参考和借鉴作用。

第三节　重视领导者的品格

孔子在其具体管理实践中,充分看到了领导者的巨大影响力。
他曾把领导人自身的品格和行为对群众的影响,形象地比做风和
草的关系,认为"君子之德风,小人之德草,草上之风,必偃"(《颜
渊》)。意思是领导人的作风好比风,老百姓的作风好比草。风向
哪边吹,草向哪边倒。下面的风气不正,原因是从上面来的;领导
者不先正己,就休想正人! 在这里,孔子着重强调了领导者的品格
的管理学意义。他认为身教重于言教,领导者教育别人的最有效
的手段,就是以自身的表率作用来感召、带动别人。同时,为了团
结广大群众为共同目标奋斗,需要有一股精神力量。孔子认为,这
种力量的源泉来自领导者的优良品格。所谓"为政以德,譬如北
辰,居其所,而众星拱之"(《为政》)。即用道德来治理国政,自己便
会像北极星一般,在一定的位置上,别的星辰便都环绕着它。因为
在孔子看来,"有德者必有言"(《宪问》),"德不孤,必有邻"(《里
仁》)。是说有道德的人不会孤单,一定会有志同道合的人来和他

做伙伴。孔子还曾举历史上以德治政的典范人物为统治者们树立榜样,如尧舜禹有天下而毫不为己,"巍巍乎其有成功也,焕乎其有文章"(《泰伯》);泰伯三让天下,可谓至德,"民无得而称焉"(《泰伯》)。

现代管理学也告诉我们:领导者本身要具有号召力,这就是所谓威信。一个领导者或管理者只有取得了下属的信任,使他们都愿意遵循自己的主张,才能形成强大的内聚力。在《剑刃》一书中,戴高乐总统曾指出:一个领导者为了说服别人遵循他的路线,需要权威。他写道:领袖"必须能够确定他的权威"。法国著名管理学家亨·法约尔认为:"制止一个重要领导人滥用权力和其它缺点的最有效保证是个人道德,特别是该领导人的高尚的精神道德。""领导作出榜样是最有效的工作方法之一。"这就是说,重视领导者的品格也是现代管理学者强调的。

那么,作为"风行草偃"或"众星拱之"的强大影响力所赖以存在的基础的领导者的威信,究竟如何才能形成呢? 孔子认为,"君子求诸己,小人求诸人"(《卫灵公》)。就是说,领导者威信的形成,只能也必须依靠领导者个人的自我修养,而不能凭借地位、金钱、权势等其它任何别的什么东西。那么,领导者应该具备哪些优良品格才能在群众中树立自己的领导威信呢? 远在几千年前,我们的先民在《尚书》中便提出了领导者应具有的基本品质:"宽而栗,柔而立,愿而恭,乱而敬,扰而毅,直而温,简而廉,刚而塞,强而义"。孔子认为,概括而言,领导者在素养上应该"尊五美","屏四恶",重"九思"。"五美"指对被管理者要"惠而不费、劳而不怨、欲而不贪、泰而不骄、威而不猛"。意思是君子给人民以好处,而自己却无所耗费;劳动百姓,百姓却不怨恨;自己欲仁欲义,却不能叫做贪;安泰矜持却不骄傲;威严却不凶猛。"四恶"指对被管理者"不教而杀谓之虐,不戒视成谓之暴,慢令致期谓之贼,出纳之吝谓之有司"(《尧曰》)。意思是不加教育硬加杀戮叫做虐;不加申诫便要成绩叫做暴;起先懈怠,突然限期叫做贼;同是给人以财物,出手悭吝,叫做小家子气。"九思"指管理者要做到"视思明,听思聪,色思温,貌思恭,言思忠,事思敬,疑思问,忿思难,见得思义"(《季氏》)。即看的时候,考虑看明白了没有;听的时候,考虑听清楚了没有;脸上的颜色,考虑温和么;容貌态度,考虑庄矜么;说的言语,考虑忠诚老实么;对待工作,考虑严肃认真么;遇到疑问,考虑怎样向人家请教;将发怒了,考虑有什么后患;看见可得的,考虑我是否该得。总的说来,孔子认为一个好的领导者应具备以下优良品格:

其一,志向远大

一个领导者应具备远大的志向和强烈的事业心,古今中外概莫能外。孔子就曾和人谈论过自己的志向,以及雄心勃勃的施政计划。如"老者安之,朋友信之,少者怀之"(《公冶长》),"吾其为东周乎","苟有用我者,朞月而已可也,三年有成"(《子路》)。通过施行仁政德治,使"近者悦,远者来"。孔子认为,一个正直的有远见的领导者,应做到"笃信好学,死守善道,危邦不入,乱邦不居。天下有道则见,无道则隐"(《泰伯》)。即坚定地信奉道义,努力学习它,誓死保全它。不进入危险的国家,不居住祸乱的国家。天下太平,就出来工作;不太平,就隐居。他的学生曾参也认为,作为一个士、君子,必须以致使天下太平富裕为己任,要一心为着追求和实现这一目的,所谓"仁以为己任"(《泰伯》)。至于个人的生活好坏是不须计较的。他说"士志于道,而耻恶衣恶食者,未足与议也"(《里仁》)。意思是读书人有志于真理,但又以自己吃粗粮穿破衣为耻辱,这种人,是不值得同他商议的。孔子认为,只要能实现理想和志向,甚至虽苦犹乐,乐在其中,所谓"饭疏食,饮水,曲肱而枕之,乐亦在其中也"(《述而》),即吃粗粮,喝冷水,弯着胳膊做枕头,也自有乐趣存在。这是一种多么高尚的精神境界啊!

其二,以身作则

孔子一再强调,领导者"其身正,不令而行;其身不正,虽令不从"(《子路》)。统治者本身行为正当,不发命令,事情也行得通。但如果他本身行为不正当,纵使三令五申,百姓也不会信从。还说:"苟正其身矣,于从政乎何有? 不能正其身,如正人何!"(《子路》)即假若端正了自己,治理国政有什么困难呢? 不能端正自己,怎么端正别人呢? 有一次,鲁国的当政者季康子问孔子怎样为政、治国,孔子意味深长地回答:"政者,正也。子帅以正,谁敢不正?""子为正,焉用杀? 子欲善而民善矣。"(《颜渊》)意思是政字的含意就是端正,您自己带头端正谁敢不端正呢? 您治理政治,为什么要杀戮? 您想把国家搞好,百姓就会好起来。当季康子因鲁国多盗而问计于孔子时,孔子不客气地说:"苟子之不欲,虽赏之不窃。"(《颜渊》)即假若您不贪求太多的财货,就是奖励偷抢,他们也不会干。可见,孔子明确要求从政的人特别是君相,要能品行端正,正直无私,以身作则,率先垂范,这是每一个从政管理者首先必须具备的优良品格。所以,当学生子路问政时,孔子这样回答:"先之,劳之。"请益,曰:"无倦。"(《子路》)孔子之所以如此重视领导者以身作则的良好品行,是因为在他看来,领导者的品行直接影响着下属的品行。所谓"上好礼,则民莫敢不敬;上好义,则民莫敢不服;上好信,则民莫敢不用情"(《子路》)。即统治者讲究礼节,百姓就没有人敢不尊敬;统治者行为正当,百姓就没有人敢不服从;统治者诚恳信实,百姓就没有人敢不说真话。"君子笃于亲,则民兴于仁;故旧不遗,则民不偷"(《泰伯》)。意即在上位的人能用深厚感情对待亲族,老百姓就会走向仁德;在上位的人不遗弃他的老同事、老朋友,那么老百姓就不致对人冷淡无情。其实,领导自身的品行、作风会对被管理者有重要影响,这是一个普遍性的现象,古今中外都是这样。如明代学者高攀龙曾说:领导者"轻财足以聚人，律己足以服人，责宽足以得人，身先足以率人。"日本大企业家松下幸之助也说："把工作授权给部下去做，的确是一件很重要的事情，但是身为主管，必须以身作则，有随时可以挺身而出的气魄。"

其三，知人善任

古人云："智莫大于知人。"(《淮南子·泰族》)作为管理者若要管理过程卓有成效，必须善于知人。有一次樊迟问仁，孔子回答："知人。"(《颜渊》)还说，"不患人之不己知，患不知人也"(《学而》)。而做到知人，要在能慧眼识才，不人云亦云。如子贡问曰："乡人皆好之，何如？"子曰："未可也。""乡人皆恶之，何如？"子曰："未可也。不如乡人之善者好之，其不善者恶之。"(《子路》)要努力做到"众恶之，必察焉；众好之，必察焉"(《卫灵公》)。在听其言、观其行的时候，要注意深入考察其言行是否表里如一："论笃是与，君子者乎？色庄者乎？"(《先进》)。即对于那些总是推许言论笃实的人，要仔细甄别这种笃实的人是真正的君子呢？还是神情上伪装庄重的人呢？以真正做到"君子不以言举人，不以人废言"(《卫灵公》)。同时，知人之后还须善任，只有善任才能服人。哀公曾问："何为则民服？"孔子回答说："举直错诸枉，则民服；举枉错诸直，则民不服。"(《为政》)是说把正直的人提拔出来，放在邪曲的人之上，百姓就服从了；若是把邪曲的人提拔出来，放在正直的人之上，百姓就会不服从。因为"举直错诸枉，能使枉者直"(《颜渊》)。孔子还进一步认为，管理者应该具有识人之胆：一是要注意识才于困境之中。如子谓公冶长："可妻也，虽在缧绁之中，非其罪也。"(《公冶长》)即显示了孔子卓越的识才之胆。二是要注意识才于未萌之际。即所谓潜人才，这是相对于已成为人才的显人才而言的。注意识别潜人才于才能未萌发之际，也可看出一个人的识才之胆。在这方面，孔子也为我们作出了榜样。如"南容三复白圭，孔子以其兄之子妻之"(《先进》)。意思是南容把"白圭之玷,尚可磨也;斯言之玷,不可为也"的几句诗读了又读,孔子于此看到了南容潜在的才质,便把自己的侄女嫁给他。孔子还认为,领导者应该具有破格用人的魄力。即不论门第、不论地位、不论年龄、不论亲疏、任人唯贤。现代管理学也把知人善任作为领导者的优良品格之一。如日本管理学家占部都美就认为:"公正客观地依照实际成绩的大小识别人才,具有大胆起用人才的魄力并且善于及时地发现人才,是衡量一个人是否有现代化能力的首要因素。"

其四,讲信修睦

孔子认为,一名称职的领导者,必须"居事恭、执事敬、与人忠"(《子路》),讲求信用。言必行、行必果。所谓"宽则得众,信则人任焉"(《阳货》)。宽厚就会得到大家的拥护,诚实就会得到别人的任用。"以约失之者鲜矣"(《里仁》),因为对自己节制、约束而犯过失的,这种事情总不会多的。与此相反,孔子认为"人而无信,则不知其可也。大车无輗,小车无軏,其何以行之哉?"(《为政》)意思是作为一个人,却不讲信誉,不知那怎么可以。譬如大车子没有安横木的輗,小车子没有安横木的軏,如何能走呢?所以,孔子反复强调为人要忠信,时时处处都不能忘记。"言忠信,行笃敬,虽蛮貊之邦,行矣。言不忠信,行不笃敬,虽州里,行乎哉?立则见其参于前也,在舆则见其倚于衡也;夫然后行"(《卫灵公》)。这段话孔子说得形象而恳切,是说一个人言语忠诚老实,行为忠厚严肃,纵到了别的部族国家,也行得通。言语欺诈无信,行为刻薄轻浮,就是在本乡本土,能行得通吗?站立的时候,就仿佛看见"忠诚老实忠厚严肃"几个字在我们面前;在车厢里,也仿佛看见它刻在前面的横木上;时时刻刻记着它,这才能使自己到处行得通。孔子对于讲求信用在人立身处世中的重要性认识得非常深刻,他曾说过:"君子信而后劳其民,未信,则以为厉己也;信而后谏,未信,则以为谤己也。"(《子张》)也就是说君子必须得到信任以后才去动员百姓;否则百姓会以为你在折磨他们。必须得到信任以后才去进谏,否则君上会以为你在毁谤他。孔子认为,特别是对领导者来说,甚至应当把"民信之"看得比解决民食问题还重要才是。当他的学生子贡问他,如果在解决民食问题和取信于民二者难以兼顾时怎么办?他毫不迟疑地回答说:"去食。自古皆有死,民无信不立!"(《颜渊》)可见,孔子把"信"作为领导者的一个重要品格,认为它是做好领导工作的基本前提和保证,领导者必须取信于民,一切政令、号召,才能为百姓所接受、听从;否则,百姓对政令、号召就会疑虑、观望,甚至为了担心领导轻诺寡信、朝令夕改而采取"对策",来防护自己的利益,那就必然会引起扰攘、混乱,使国家的管理目标难以实现。

其五,自控远虑

孔子认为,领导者必须善于控制自己的言行,以大局为重。所谓"小不忍,则乱大谋"(《卫灵公》)。小事情不能忍耐,便会败坏大事情。孔子在其管理实践中就能有效地控制自己的不良情绪,做到"温而厉,威而不猛,恭而安"(《述而》)。温和而严厉,有威仪而不凶猛,庄严而安详,这正是善于自我控制的最佳表现。他谆谆告诫管理者们说:"君子所贵乎道者三:动容貌,斯远暴慢矣;正颜色,斯近信矣;出辞气,斯远鄙倍矣。"(《泰伯》)在上位的人待人接物有三方面应该注重:严肃自己的容貌,就可以避免别人的粗暴和懈怠;端正自己的脸色,就容易使人相信;说话的时候,多考虑言辞和声调,就可以避免鄙陋粗野和错误。还说:"君子有三变:望之俨然,即之也温,听其言也厉。"(《子张》)即君子的形象应有三种不同的表现:远远望着,庄严可畏;向他靠拢,温和可亲;听他的话,严厉不苟。也就是说,领导者只有善于自我控制,才能在被管理者心目中树立起完美的形象。与此同时,孔子认为深思远虑,善于运筹谋

20世纪儒学研究大系

划,也是领导管理者基本素养的一个重要方面。他认为,"人无远虑,必有近忧"(《卫灵公》)。后来,司马光深受其影响,曾说:"道前定则不穷,事前定则不困,人无远虑,必有近忧。"(《司马温公文集·远谋》)在孔子看来,只有远虑其后,才能预防在先,他曾表示:"听讼,吾犹人也。必也使无讼乎!"(《颜渊》)意思是审理诉讼,我同别人差不多。一定要使诉讼的事件完全消灭才好。而这只有靠深谋远虑、预防在先,才能做得到。同时,也只有高瞻远瞩,着眼未来与发展,才能有长远的战略规划。孔子对"庶→富→教"社会发展与管理规律的深刻揭示,即显示了他在这方面的远见卓识。如子适卫,冉有仆。子曰:"庶矣哉!"冉有曰:"既庶矣,又何加焉?"曰:"富之。"曰:"既富矣,又何加焉?"曰:"教之。"(《子路》)孔子一方面主张领导者应该深思熟虑、高瞻远瞩,同时还要求领导者注意英明果断,不坐失良机。如季文子三思而后行,子闻之,曰:"再,斯可矣。"(《公冶长》)是说季文子每件事考虑多次才行动,孔子听到了,说:"想两次就可以了。"又有一次学生冉有问:"闻斯行诸?"孔子回答说:"闻斯行之。"即听到一件道理就应该去实行,不要犹疑不决以误事。

其六,慎言敏行

孔子十分注重实效,不尚空谈,主张"慎言",反对"巧言"。他认为"一言以为知,一言以为不知,言不可不慎也"(《子张》)。君子由一句话表现他的有知,也由一句话表现他的无知,所以说话不可不谨慎。甚至于"一言可以兴邦,一言而可以丧邦"(《子路》),所以他说:"为之难,言之得无讱乎?"(《颜渊》)即做起来不容易,说话能够不迟钝吗? 正因为言之意义重大,才不可不慎。孔子极力主张领导者需要"慎言"的原因亦在此。他认为"多闻阙疑,慎言其余,则寡尤"(《为政》)。孔子对"巧言"是深恶痛绝的,认为它非但无益,反而有害,是不道德的表现。他说:"巧言、令色,鲜矣仁!"(《学而》)。即花言巧语,面目伪善,这种人,"仁德"是不会多的。"其言不怍,则为之也难"(《宪问》)。一个人如果大言不惭,他实行起来就不容易。孔子本人也是非常注意"慎言"的,特别是在评论他人时,更可见孔子的"言"之"慎"。如子贡讥评别人,孔子便对他说:"赐也贤乎哉? 夫我则不暇。"(《宪问》)意思是你就够好了吗? 我就没这闲工夫。暗含规劝的忠告在这里就表达得非常委婉。再如"由也升堂矣,未入于室也"(《先进》)。是说子路嘛,学问已经不错了,只是还不够精深罢了。在肯定在先的基础上,又指明其不足和努力方向,就很好地照顾到了在众弟子面前评论子路时所产生的语言效果。对于那些玄而又玄、不切实际的问题,孔子更是避而不谈,所谓"子不语怪、力、乱、神"、"子罕言利与命与仁"(《子罕》)。以至于连他的高足弟子之一子贡也说:"夫子之文章可得而闻也;夫子之言性与天道,不可得而闻也。"(《公冶长》)意思是老师关于文献方面的学问,我们听得到;老师关于天性和天道的言论,我们听不到。需要指出的是,孔子主张领导者要"慎言",并非反对领导者应有较好的语言表达能力,而是怕因"言过其行"、言行不一,而给被管理者造成不良影响。他告诫管理者们说:"君子耻其言而过其行。"(《宪问》)即说得多,做得少,君子以之为耻。"古者言之不出,耻躬之不逮也"(《里仁》),古时候言语不轻易出口,就是怕自己的行动赶不上。所以孔子要求管理者努力做到"敏于事而慎于言"(《学而》),"讷于言而敏于行"(《里仁》),"先行其言而后从之"(《为政》),意即言语要谨慎迟钝,工作要勤劳敏捷,对于要说的话,先实行了,再说出来。因为领导者所处的地位与掌握的权力,其言谈举止必然会对人具有影响力或威慑力,因此作为领导者应该注意"言必虑其所终;行必稽其所敝"(《礼记·缁衣》),要说话算数,注意影响。

其七,君子不器

孔子曾说:"君子不器"。这里说的"君子",指的是负责全局工作的领导者和指挥者;所谓"不器",指不要插手更不应包揽各种具体工作,而要集中力量做好全局的领导工作。他曾称赞舜说:"无为而治者,其舜也与! 夫何为哉? 恭己正南面而已矣。"(《卫灵公》)意思是说,由于舜善于领导,选择贤能分别负责各方面工作,虽然他自己什么具体工作也不插手,但却把国家治理的很好。这里说的"无为",不是什么事情也不做,而只是说不做不应该由领导者做的事情;至于必须由领导人做的事不但必须做,而且要极其谨慎地"恭己"去做(赵靖《孔子的管理思想和现代经营管理》,《孔子研究》1989 年第 1 期)。孔子的这种思想对后世影响颇深,如唐代李延寿在《北史·柳彧传》中就这样说:"劳于求贤,逸于任使。"即寻求人才应多花精力,使用人才则不应管得太细碎。《盐铁论·刺复》中也说:"任能者,责成而不劳;任己者,事废而无功。"两种管理方式,两种不同的结果。可见,领导者做到"君子不器"是符合管理规律的。现代管理学也非常强调这一点,如美国著名管理学家 H·米勒就认为:"真正的领导者不是要事必躬亲,而在于他要指出一条路来。"也就是说,领导行为主要是发挥属下每个人的最大能量,来达到总体规划的目的,而不能局限于某项具体业务之中。其实,孔子所说的"君子不器",还有另外一层意思,即领导者不能像器皿那样,只有一才一艺,而应做到多才多艺,才能熟悉管理过程,适应管理全局工作的需要。孔子管理实践的成功,恐怕与其本人的多才多艺也不无关系。他曾说"吾少也贱,故多能鄙事","吾不试,故艺"(《子罕》)。

其八,灵活变通

孔子认为,"君子之于天下也,无适也,无莫也,义与之比"(《里仁》)。即君子对于天下的事情,没有一定要怎样做,也没有一定不要怎样做,而是要根据实际情况怎样做适宜便怎样去做。又说,

"君子贞而不谅"(《卫灵公》),意思是君子固守正道而不计较小信用。孔子认为,作为领导者应该能做到可上可下,能进能退。他曾称赞楚令尹子文三次晋爵无喜色,三次降职无愠色的做法。提倡"天下有道则见,无道则隐"。即天下太平,就出来工作;不太平,就隐居。因为在孔子看来,"邦有道,贫且贱焉,耻也;邦无道,富且贵焉,耻也"(《泰伯》),意思是政治清明,自己贫贱,是耻辱;政治黑暗,自己富贵,也是耻辱。他自己也是这样做的。孟子就曾称赞孔子为"圣之时者也",说:"孔子之去齐,接淅而行;去鲁,曰:'迟迟吾行也,去父母之道也。'可以速而速,可以久而久,可以处而处,可以仕而仕,孔子也。"(《孟子·万章下》)是说孔子离开齐国,不等把米淘完,漉干就走;离开鲁国,却说:"我们慢慢走吧,这是离开祖国的态度。"应该马上走就马上走,应该继续干就继续干,应该不做官就不做官,应该做官就做官,这便是孔子。孔子的这一思想直接影响到大思想家孟子。孟子也认为:"大人者,言不必信,行不必果,惟义所在。"(《孟子·离娄下》)即有德行的人,说话不一定句句守信,行为不一定贯彻始终,与义同在,依义而行。应该说,这种灵活变通又不失原则的品质,也应成为现代管理者的基本素质之一。

其九,民主求实

孔子认为,民主的作风是领导者必备的优良品格。他本人便作过这方面的努力,而成效显著。所谓"子绝四:毋意、毋必、毋固、毋我"(《子罕》),是说孔子杜绝了四种不良作风,做到了不悬空揣测,不绝对肯定,不拘泥固执,不唯我独是。孔子与其弟子谈话,唯恐搞成"一言堂"。就声明在先,"以吾一日长乎尔,毋吾以也"(《先进》)。意思是虽然我年龄比你们稍长一些,但不要因此而不敢说出自己的意见。并且每一次座谈,总是尽量通过启发诱导,让别人充分发言,自己最后才谈个人看法。孔子非常反对独断专行和放任自流的领导作风,指出作为领导不要把个人意见强加于人,所谓

"己所不欲,勿施于人"。而应注意倾听下属的意见,"不耻下问",以作决策的参考。亦即曾子所说的"所恶于上,毋以使下;所恶于下,毋以事上;所恶于前,毋以先后;所恶于后,毋以从前;所恶于右,毋以交于左;所恶于左,毋以交于右"(《礼记·大学》)。孔子认为,作为领导者还应注意实事求是,不搞虚夸。"知之为知之,不知为不知,是知也"(《为政》)。反对"亡而为有,虚而为盈,约而为泰"。同时要多做实事,取信于民。深刻指出安民要在抓住"民、食、丧、祭"四个方面。民,就是人口的繁殖;食,就是人民的吃饭问题;丧,就是人口的死亡问题;而祭,就是悼念活动。孔子认为,这四件实际工作做好后,安民问题也就迎刃而解了。这是很值得我们今天的领导管理者们深思的。

其十,坦荡无隐

孔子认为领导者必须胸怀坦荡,豁达大度。"君子坦荡荡,小人长戚戚"(《述而》)。是说君子心地平坦宽广,小人却经常局促忧愁。又说,"士不可以不弘毅,任重而道远"(《泰伯》)。读书人不可以不刚强而有毅力,因为他负担沉重,路程遥远。孔子主张领导者为仁求义而不挟私利,不患得患失。他说:"鄙夫可与事君也与哉?其未得之也,患得之,既得之,患失之。苟患失之,无所不至矣。"(《阳货》)鄙夫,难道能和他共事吗?当他没有得到职位的时候,生怕得不着;已经得着了,又怕失去。假若生怕失去,就会无所不用其极了。孔子还提倡领导者为政不隐,办事公开。他曾说:"二三子以我为隐乎?吾无隐乎尔。吾无行而不与二三子者,是丘也。"(《述而》)意思是说你们这些学生以为我有所隐瞒吗?我对你们是没有隐瞒的。我没有哪一点不向你们公开,这就是我孔丘的为人。这充分显示了孔子作为教育者的高尚品格,成为孔子赢得学生们广泛爱戴的心理基础和前提条件。孔子还说,"天下有道,则政不在大夫;天下有道,则庶人不议"(《季氏》),即天下如果有道,政权不会在大夫手里；天下如果有道，老百姓就不会议论国家政治了。而怎样才能做到这样呢？那就要靠领导者胸怀坦荡，不挟私利，为政不隐，办事公开。当然这在当时的社会是不可能实现的，但孔子的这种思想却能促使今天的领导管理者们深思。

由上可见，孔子把领导者优秀品格的修养看得很重要，甚至是管理工作成败的关键因素。他一再引用古"圣王"的言论说："百姓有过，在予一人"，"朕躬有罪，无以万方，万方有罪，罪在朕躬"（《尧曰》）。意思是古圣王认为，百姓如果有罪过，应该由自己来承担。自己如果有罪过，不能牵连天下万方；而天下万方如果有罪过，则应归由自己一个人来承担。孔子在此引用这些话，意在强调领导者的责任重大。可以说，孔子管理思想的基本原理，主要是对领导者提出的。这与现代行为科学中的 Y 理论认为大多数工作者都有积极性、创造性，有做好工作的愿望，而如果工作没做好，原因应从领导方面去找的观点相似。

孔子重视领导者个人品格的管理学意义的思想，构成了儒家管理思想的特色之一，在中国历史上产生了极为深远的影响。如儒家认为，社会是一个等级结构体，最上面的结构是"天下"，其下是"国"，再下是"家"，底层是"人"。这四个层次具有同构性，它们都由君臣、父子、夫妇、兄弟、朋友五大关系所维系。每一个"人"都处于这五大关系之中，而又由"人"构成了"家"，由"家"构成了"国"，由"国"组成了"天下"。并且上层结构以下层结构为构成的根柢，可以按这种关系层层下推。据此，儒家提出了他们关于社会管理的逻辑次序，认为管好个人是管理好社会的起点。"古之欲明明德于天下者，先治其国；欲治其国者，先齐其家；欲齐其家者，先修其身；欲修其身者，先正其心；欲正其心者，先诚其意；欲诚其意者，先致其知；致知在格物。物格而后知至；知至而后意诚；意诚而后心正；心正而后身修；身修而后家齐；家齐而后国治；国治而后天下平。"(《礼记·大学》)这就表明,社会这个多层结构的自组织过程由最底一层,也是构成社会系统的最小单位开始,然后一级一级向上升,最后达到全社会的有序。在这个社会系统的组织过程中,个人的学习和修养起决定作用(刘长林《儒家社会管理思想刍议》,《孔子研究》1987 年第 2 期)。领导者必须注重自己个人良好品格的修养。

第五节　重视管理秩序的稳定

孔子的管理思想中的另一重要特点,就是重视建立稳定的管理秩序。因为它符合统治阶级的利益,所以对中国封建社会两千多年的稳定发展起了重要作用。据说,汉高祖刘邦争得天下后,他的谋士陆贾,经常在他面前谈论诗、书、礼、乐的问题,后来刘邦气愤地说,我是在鞍马上用武力争得的天下,怎么能去搞诗、书之事呢? 陆贾就回答说,你在鞍马上争得天下,可是你能继续在鞍马上治理天下吗? 刘邦无以回答(见《史记·郦生陆贾传》)。后来刘邦当皇帝遇到麻烦时,叔孙通又建议他用儒家的办法处理问题,理由是"夫儒者,难以进取,可与守成"(《史记·刘敬叔孙通传》)。刘邦接受了这一建议后,才尝到了当皇帝高贵的好滋味。叔孙通这句话更指明了以孔子为代表的儒家学说的特点:它虽不能用于争夺天下或变革社会,但是当夺得天下后,可以用来安定局面(李启谦《论孔子思想在现代社会中的价值》,《齐鲁学刊》1989 年第 1 期)。就是因为它特别强调建立一个稳定的管理秩序。孔子在这方面的主要观点有:

其一,建立统一的中央集权制

孔子主张国家实行统一的中央集权制,制礼作乐和出兵征伐的大权应操在天子手里,上下级的权限不能轻重倒置,上下倒置的政权是不能维持长久的。他认为："天下有道,则礼乐征伐自天子出;天下无道,则礼乐征伐自诸侯出。自诸侯出,盖十世希不失矣;自大夫出,五世希不失矣;陪臣执国命,三世希不失矣。天下有道,则政不在大夫。天下有道,则庶人不议。"(《季氏》)孔子主张国家政权统一,有利于管理的进行,含有进步意义。但他还看不清实现统一的道路,而寄希望于名义上的共主周天子,试图用改良的办法实现统一,这是无补于社会发展的。不过,孔子的这一思想,特别是在大一统的封建社会里,对于维护国家统一,形成共同的民族心理,起了不可忽视的影响。孔子在统一思想指导下,反对诸侯、大夫、家臣僭越礼制的活动。比如:"三家者以《雍》彻。子曰:'相维辟公,天子穆穆',奚取于三家之堂?"(《八佾》)这是说,鲁三家在祭祀宗庙之后,不应该唱《诗经·周颂》的一篇叫做《雍》的诗。因为只有天子祭祀宗庙后,在撤去祭品时才能唱这首诗。孔子对季氏"八佾舞于庭"也十分反对,因为这乃是天子所用的礼,而季氏是大夫,怎么有资格用呢,所以孔子对季氏说:"是可忍也,孰不可忍也?"(《八佾》)再比如,祭祀泰山是只有天子和诸侯才能干的事,季氏是大夫,按礼是不能干的。因此,孔子就希望他的在季氏手下办事的学生冉有来阻止这事,但是冉有却说不能,于是他大发感慨、责备冉有(见《八佾》)。以上事例说明孔子非常希望国家能实行统一的中央集权制,为稳定管理秩序奠定社会基础。

其二,明确等级名分的制度标准

孔子针对春秋末年出现的礼崩乐坏、天下大乱的不稳定状态,针锋相对地提出恢复旧时秩序,加强社会管理的主张,即所谓"正名"。有一次,齐景公向孔子问政,孔子就回答说:"君君、臣臣、父父、子子。"(《颜渊》)意思是君臣父子应各守其名分。齐景公听后对此非常重视,连连称是:"善哉! 信如君不君、臣不臣、父不父、子不子,虽有粟,吾得而食诸?"(《颜渊》)齐景公是说:太好了! 如果君不行君道,臣不行臣道,父不行父道,子不行子道,尽管有粮食,我能吃得上吗? 具体说来,在君臣关系上,孔子主张"君使臣以礼,臣事君以忠"。在父子关系上,孔子主张父慈、子孝。他坚持尊卑长幼关系,认为不能以下犯上。他进一步认为孝悌的思想对防止犯上作乱有重大作用。他的学生有若曾说:"其为人也孝悌,而好犯上者,鲜矣;不好犯上,而好作乱者,未之有也。"(《学而》)孔子甚至将明确并贯彻君臣父子的名分,视为当时为政的当务之急。因为在他看来,"正名"与国家的兴盛、民心的稳定有直接关系。学生子路曾问孔子:"卫君待子而为政,子将奚先?"孔子答以"必先正名乎!"子路对此不理解,说了句相反的话,孔子把他狠狠训斥了一番,然后说:"名不正,则言不顺;言不顺,则事不成;事不成,则礼乐不兴;礼乐不兴,则刑罚不中;刑罚不中,则民无所措手足。"(《子路》)所以在孔子看来,明确端正等级名分的制度标准,是当时建立稳定的社会管理秩序的关键。

其三,强调必要的社会分工

孔子认为,必要的社会分工,可以促使管理日益精细化,提高管理的效益。他曾说,"百工居肆以成其事,君子学以致其道"(《子张》)。可见,体脑的分工观念已在孔子思想中十分明确了。所以,当他的学生樊迟表示要跟他学种庄稼学种菜时,孔子十分不满,严厉地批评了樊迟,并说他这是"小人"的想法,提出在上位的人只要重视礼、义、信,百姓就会主动地来归附(《子路》)。在孔子看来,上与下、君子与小人的社会分工是相当明确的,相比较而言,他更重视上和君子在社会管理中的作用。这种社会分工思想体现了社会发展的必然趋势,深刻地影响了后世的思想家。如孟子就继承并发展了孔子的社会分工思想,他认为:"有大人之事,有小人之事。……故曰:或劳心,或劳力;劳心者治人,劳力者治于人;治于人者食人,治人者食于人,天下之通义也。"(《孟子·滕文公上》)意思是有官吏的工作,有小民的工作。……所以我说,有的人劳动脑力,有的人劳动体力;脑力劳动者统治人,体力劳动者被人统治;被统治者养活别人,统治者靠人养活,这是通行天下的共同原则。社会分工的出现,应该说是历史的进步。孔孟的社会分工思想正是反映了这种历史的进步,为社会管理秩序的稳定起了重大作用。只不过这种思想后来为统治阶级所利用,成为剥削人民、压迫人民的理论依据,产生了不可否认的消极影响,这是我们应该注意的。

其四,重视榜样的表率作用

孔子认为管理秩序的建立与稳定,与树立什么样的榜样,进行什么样的导向分不开的。他曾致力于为人们树立多方面、多层次的榜样形象,以供人们模仿效法:如推贤让能的尧、舜、禹,不毁乡校的子产,以礼治国的周公,安贫乐道、立志好学的颜渊,不念旧恶的伯夷、叔齐等。并在树立正面榜样的同时,还注意运用反面典型来警诫人们,如暴虐乱施的桀纣,不务正业的原壤等。教导人们自觉加强个人修养,"见贤思齐,见不贤而内自省也","择其善者而从之,其不善者而改之"。以维护稳定的社会管理秩序。实践证明,这是行之有效的办法。孔子的榜样教育思想、特别是通过榜样教育而建立稳定的社会管理秩序的主张,对我们今天搞好社会管理,维护安定团结的局面,有着非常重要的启发意义,值得我们认真地总结、整理、研究并借鉴其合理的内核。

其五,注意在推行仁政德治的同时"辅之以刑法"

孔子强调管理者要"导之以德,齐之以礼"(《为政》),但并不因此而忽视刑与法在管理中的意义和作用。他曾说"君子怀刑"(《里仁》),刑即法度,意即君子是关心法度的。那么,怎样执行法度呢?孔子很赞成郑子产关于为政宽猛的遗言,折衷子产的话说:"政宽则民慢,慢则行之以猛。猛则民残,残则施之以宽。宽以济猛,猛以济宽,政事以和。"(《左传·昭公二十年》)在《孔子家语》中也记载有孔子言论:"圣人治化,必刑政相参焉。太上以德教民,而以礼齐之。其次以政导民,而以刑禁之。"因为在他看来,"刑罚不中,则民无所措手足"(《子路》)。据载,孔子本人在任鲁国司寇执掌政刑期间,就不仅实施"仁政礼治",而且执法不阿,公正无私,政绩显赫,并声言:"听讼,吾犹人也,必也使无讼乎。"(《颜渊》)对此,汉代董仲舒称颂道:"至清廉平,路遗不受,请谒不听,据法听讼,无有所阿,……断狱屯屯,与众共之,不敢自专。"(《春秋繁露·五行相生》)可见,孔子这种德主刑辅、宽猛相济的管理思想,是体现了管理辩证法的。

其六,提倡个人自觉地"约之以礼"

孔子认为,作为社会成员的个人应该"约之以礼"(《颜渊》),达到"立于礼"的最终目的(《泰伯》)。在孔子看来,"不知礼",便"无以立"(《季氏》)。所以他非常注意引导其弟子们学习礼乐。因为他认为:"恭而无礼则劳,慎而无礼则葸,勇而无礼则乱,直而无礼则绞。"(《泰伯》)意思是注重容貌态度的端庄,却不知礼,就未免劳倦;只知谨慎,却不知礼,就流于畏葸懦弱;专凭敢作敢为的胆量,却不知礼,就会盲动闯祸;心直口快,却不知礼,就会尖刻刺人。其实,孔子所说的"礼"是与"仁"分不开的,或者说"礼"的精神内核乃是"仁"。所以孔子才说:"人而不仁,如礼何?"(《八佾》)即一个人没有仁心,他怎么实行礼呢? 当其学生颜渊向他问"仁"时,孔子便从仁又答到了礼。说:"克己复礼为仁。一日克己复礼,天下归仁焉。为仁由己,而由人乎哉?"是说约束自己,一切都照着礼的要求去做,就是仁。一旦做到了这一点,天下就都称赞你是仁人了。实行仁德全在于自己,还能靠别人吗? 颜渊又问具体应如何去做。孔子回答得十分明确,那就是要"非礼勿视,非礼勿听,非礼勿言,非礼勿动"(《颜渊》)。在孔子看来,如果每个人都自觉地按照礼的规范来行事,那自然整个社会的管理秩序都是井井有条的了。当然,孔子所强调的礼无论从内容到形式,都已不能适应现代社会的需要。但是其重视个人修养,实现人人自觉,从我做起的思想,对我们不仍有一定的现实启迪吗?

（节选自李启谦、姜林祥主编的《孔子思想与当代社会》一书,天津社会科学出版社,1992年10月第一版。本节由李如密教授执笔）

李启谦,曾任曲阜师范大学孔子研究所所长、教授。有《孔门弟子研究》等著作。

由李、姜二位教授所主编的《孔子思想与当代社会》一书,从原始儒家精神与现代社会的对接关系上探讨孔子思想在现代社会的价值和意义,用马列主义的立场、观点和方法,在分清孔子、儒家思想精华与糟粕的基础上,把孔子、儒家思想与现代文明建设有机结合起来,着力找出二者的契合点。其中"孔子的管理思想与当代社会管理"一节,从整体上对孔子的管理思想进行"深层发掘",阐明其在现代社会管理中的价值所在,具有较高的学术价值和较深的理论创意。

20世纪儒学研究大系

李觏管理思想试析

宇文举

北宋前期,江西有两大闻人:王安石以变法名,李觏以"能文"名(《王临川文集》卷77《答王景山书》)。李觏的学识、文章及为人风操,不仅为东南士流推服、宗师,即在整个朝野士大夫中的声望,亦当与宋初"三先生"并。

李觏以"草泽书生"言天下治乱;《礼论》、《周礼致太平论》、《平土书》、《富国》、《安民》、《强兵》策等,所表达出的管理主张,标示了宋代管理思想的另一意向。剖示李觏管理思想是有益的。

一、管理根本是规范秩序制度;从最基层单位
开始,将人际行为与经济活动密而为一

李觏管理思想,一本于礼,崇礼备极到了无以复加。言礼,"生民之大也"(中华书局1981年8月版《李觏集》卷2,《礼论等六》。下均据此,且亦惟注篇名),"大则无事不包"(《礼论后语》),"穷天地,亘万世,不可须臾而去"(《礼论等六》);高则为"人道之准,世教之主","圣人之所以治天下国家,修身正心,无他,一于礼而已"(《礼论第一》)。如说,"推进《礼经》,准的世教",在当时思想界"成一家之言"(余靖语,《外集二,名公手书》,《余侍郎三书》之一)。

礼,实就是规范的秩序制度。礼即法,是"法制之总名"(《礼论第五》),是"顺人之性欲而为之节文者也"(《礼论第一》),或"因人之情而把持之,使有所成就者"(卷28,《书·与胡先生书》)。"制度,礼之实也"(卷16,《富国策第三》)。"礼禁乱之所由生犹坊止水之所自来也"(卷5,《周礼致太平论·内治第六》),是"轨范"(《礼论第六》)人的。

凡所封建的政教伦纪、礼乐政刑,李觏概以礼包之,而乐政刑等制度,却视为礼的支、辅,若手足,非为本。"本"是什么?

　　饮食、衣服、宫室、器皿、夫妇、父子、长幼、君臣、上下、师友、宾客、死丧、祭祀,礼之本也。(《礼论第一》)

衣食住用,是基本经济生活,夫妇以至于宾客,是基本人际关系;奉祀鬼神,借信仰以肃穆基本经济生活和人际关系,即"礼之本"就是基本经济生活和人际关系两大翼。这两大翼又须保有一个常度,"丰杀有等,疏数有度;贵有常奉,贱有常守;贤者不敢过,不肖者不敢不及。此,礼之大本也"(《礼论第一》)。即基本经济生活秩序和人际行为规范,是管理的最根本所在。

李觏著《周礼致太平论》,企借《周礼》而"有为"(《致太平论·序》),是书生的迂阔。言"虽浅",但"皆自大处起议论"(《附录三·叙文·孙甫正德本直讲李先生集序》引朱子语),足以标见其管理关键的两大翼。

《致太平论》六目五十篇,《国用》一目则居十六,是重点。述《国用》宗旨,"利用厚生,为政之本,节以制度,乃无伤害"(《致太平论·序》);即管理重点在调和、节制社会基本经济生活的秩序、制度,以利生产发展。

《国用》虽为重点,篇最多、量最大;但在《致太平论》中,却居次第二而《内治》居首。《内治》虽表言"正宫壶",实则为"示天下"(卷5,《周礼致太平论·内治第十六》)、"化天下"(《内治第一》),是为了天下众庶之家。夫妇、父子、子孙的个体家庭,既是社会基本的生活单位,又是耕织结合的基本生产组织单位。《内治》最终目的,"既为之立其家,又使之有其业","民不庶且富者,未之信也"(《内治第七》)。标明李觏于发展生产,繁荣社会经济,不断调衡社会经济秩序制度的管理,须先从最基层的基本生产单位开始。

在社会整体秩序制度和个体行为规范的次第上,李觏认为须先从个体行为规范着法,而个体行为规范,又须从社会最基本的基层组织单位——"家"着手,所谓"天下之理,由家道正"(《致太平论序》)。家的本根是男女夫妇,"有夫有妇,然后为家"(《内治第七》);夫妇关系,"人道所重"(《内治第一》),是人的"大欲"(《内治第四》)、"大伦"(《内治第六》)。夫妇正,"内和理"、"家长久"(《内治第六》),上养父母、下育子孙,"生民之本,于是乎在"(《内治第七》),夫妇和,和一家,和宗族、乡党、宾客、师友,入则"孝悌",出则"忠义",所谓"家可使得孝子,国可使得忠臣矣"(卷13,《致太平论·教道一》)。凡此,不脱儒家一贯说教。但个体家庭却是千百年中国封建社会最基本的基层生活生产单位,以夫妇之核心的"孝悌",是凡所人际关系最基层的始初关系,这是生当其时的任何人都超越不了的。在这根本的历史局限下,李觏却表白了这样的管理思想,即管理的根本是调适社会秩序制度以达规范,经济秩序则是一切秩序的基础。社会秩序制度,特别是经济秩序,须先规范个体行为,须从社会最基层单位的始初关系开始。在最基层单位的始初关系中,耕织生产生活活动与和谐的夫妇关系,是密结为缺一不可的一个问题的。

二、调衡本末以理顺经济秩序,规范经济制度

李觏以儒者身份公开言利。"人非利不生"、"欲者人之情",

"不贪不淫而曰不可言，无乃贼人之生，反人之情"（卷29，《杂文·原文》）。财利的重要，视作"为政之本"；"治国之实，必本于财用"，"圣贤之君，经济之士，必先富其国焉"（《富国策第一》）。这在前此儒者中从未有过。如果说，宋代理学思潮的上溯，可以宋初"三先生"为权舆，则李觏便是宋代功利主义的滥觞。

李觏集中讨论财利，既有五十篇《致太平论》的《国用》十六篇，又有专论《富国策》十篇。"国用"、"富国"、"财用"，是指与"民生"相对的，有别于社会经济的国家财政，但论述宗旨却是如何发展生产，繁荣社会经济；直接作法重点，并不在财政事务自身的制度，即非为"巧筹算，析毫末"，而是"强本节用，下无不足而上则有余"（《富国策第一》）。《国用》、《富国》各自内容分量的轻重，也明白反映了这一点。

《国用》十六篇论述中，直接纯粹为严密财政管理制度的，是第一的"量入为出""专款专用"；第二，国家财政与皇室财政两大系统的关系处置；第十，严格会计计账制度。名虽言财政税收如第三，主张恢复人头税，旨在促社会游惰；第九，"任土作贡"，是借赋税的物以平衡社会经济生活；第十五、十六的"均役""安富"，是以公平徭役负担以利社会生产。即第十四中的"舍货贿之征"以及"杀邦礼"、"减王膳"等财政入出制度上的权宜作法，亦旨在凶荒疾疫情况下，安定社会经济生活秩序，与"禁贵卖"以平市价同一目的。这些虽都是明言财政，实则是借财政手段以管理社会经济。至如第四，田制上主张"经界"、"限田"，旨在社会上"人无遗力，地无遗利"；第五，设"水官"，为社会统筹农田水利；第六，简器修政，官府组织社会生产；第七，罚用，促游民力本；第八，设礼俗禁令、使民"惜费"，吏治"钩考"、使吏不敢"厚敛"伤民。这些，都直接纯粹为社会经济作法。而第十一的"操市井之权"，第十二的运用价格政策以及严格市物质量管理，就更是平衡、调节社会经济生活的国家经济干涉和管制措施。第十三的义仓,则是社会救济措施。《国用》显然以社会经济为重。至于《富国策》就更为突出。

《富国策》十篇,言国家财政唯第一的"节用",目的还在"损上益下",使最高统治者"日损之又损之,以文景之心为心,则天下幸甚"(《富国策第一》)。其他九篇,全为社会经济作法。如第二,"务本""抑末","限人占田";第三,严格上下等级制度以行用金银布帛;第四,驱游民归本之法;第五,驱缁黄的利害;第六,改进平籴以利农本;第七,改进义仓以善荒政;第八,操币权,去恶钱绝盗铸;第九、第十,主盐茶"通商"以畅通贸易。《富国策》其实,纯粹为社会经济作法。

综观《国用》、《富国策》有关社会经济诸措施制度,除如简器修政、官为组织民间生产,设水官、统筹水利设施等少数直接作法外,他多为宏观调控措施;财政是作为宏观调控的重要杠杆。在财政重要杠杆之外的诸种措施,既有政治的、法律的,亦有经济的。经济措施主要是对工商市场经济活动的管理,如市场物价、市物质量、货币铸造敛散以及谷物贸易等,也有在市场活动之外从日常民生消费上着法。消费上着法,既有严格上下等级制度的强硬行政措施,亦有社会生活风尚方面的倡导。……总之,是综合运用各种手段。

凡所作法,不论是直接组织参与还是宏观的调控,都紧紧围绕封建个体农业生产的稳定这个中心;以农为本,极力维护、保障以利发展。这是由当时生产力水平和社会经济总体状况决定的。"生民之本食为大"(卷19,《平土书·序》),"人所以为人,足食也"(《卷6,《致太平论·国用第一》);"民之大命,谷米也"(《富国策第二》),"谷出多而民用富,民用富而邦财丰"(《国用第四》),在以农业为基础的中国封建社会中,也只能有这样的认识。当生产力水平还没有达到一定程度,农业生产也只能是五口家、百亩田、五亩桑,夫妇耕织结合的个体小农业。农业的根本是土地问题。稳定发展农业生产,须基本上解决广大农业劳动者与土地结合,即"人无遗力,地无遗利"。鉴于兼并盛行,于是,李觏提出"田均"(卷20,《潜书》一)、"平土";"平土之法,圣人先之"(《平土书·序》)。不仅在《国用》《富国策》中各立专篇论述经界"限田",且在散见书文中屡屡提及,更有《平土书》二十章的长篇学术论作。

农为本,工商即末。虽视工商为末,却并不以为工商无足轻重,而是除"琱琢"、"机巧"、"侈靡"、"珍异"侈奢品的生产和流通外,凡所"用物"(《富国策第四》)的工商经济活动,都持完全肯定态度。本、末只是表示国民经济结构中,地位的主次轻重。对末虽亦言抑、言驱,目的在保障稳定农业生产所必须的劳动力;驱的是相率"逐末"的"蚩蚩细民",抑的是"大贾蓄家"对细民的兼并,不是限制、禁止、打击工商经济活动及工商业者,而是设法维护以利通畅。因而,宏观调控以稳定农本的中心,除作法直接增强农业生产者自身能力外,重点即在调适农末关系,关键即是对工商市场经济活动的措施、制度。

对工商市场经济活动,主导思想是放任,具体则是综合诸法,干涉与放任并用。如工商竞趋的"亡益"奢侈品,有见其"利亡算""故民优为之",以致农民"逐末"而"工商日多";"利亡算"的原因在社会生活风尚"淫侈无度,以奇相曜,以新相夸"。所以,驱而归本的主张,是在市场活动之外,在消费领域,从社会生活风气上倡导,即所谓"复朴素而禁巧伪。朴素复,则物少价;巧伪去,则用有数。利薄而不售,则或罢归矣"(《富国策第四》)。

对市场活动主导的放任思想,突出表现在力主盐茶"通商"上。放任通商,即有"蚩蚩细民"相率"逐末"的问题。但李觏认为,放任通商,"大贾蓄家射时而趋,细民何利焉?非逐末之路也"。相反,"文峻网密"而限制通商,"富厚重慎之子,罔游其间。故蚩蚩细民以身易财者入焉"(《富国策第十》)。用放任通商以驱相率逐末的农业劳动者,足见其特看重市场自由竞争规律的自发调节。这是典型放任主义。

对市场经济活动,主导思想虽为放任,但却要防止"大贾蓄家豪夺""并兼",主张国家"操市井之权"。"天之生物,而不自用,用之者人;人之有财,而不自治,治之者君"。"君不理,则权在商贾;商贾操市井之权,断民物之命"(卷8,《国用第十一》)。因而,向来干涉主义管制调控手段,如管仲"轻重"、李悝"平籴"、耿寿昌"常平",都给予肯定(卷8,《国用第十一》)。即鄙为"聚敛之臣"的桑弘羊,其"均输""平准"之设,亦予赞可(卷7,《国用第九》)。特别是向来关涉农商直接关系的"平籴"法,基于谷物产品"贱则伤农,贵亦伤农"的见解,更主张增本扩大营业以行改进(《富国策第六》)。

盐茶虽同主"通商",茶则"一切通商""官勿卖买,听其自为,而籍茶山之租,科商人之税"(《富国策第十》)。是完全放任。盐则"官鬻盐而粜与商人,使自行之,既权其息,因取关市之税","有息焉,有税焉"(《富国策第九》)。在专卖中引入通商,是干涉与放任的结合。

对市场经济活动,综合诸法,干涉与放任并用,就不能简单视为重本轻末,而是调控、平衡以洽适农商关系,达到农商相辅并进以稳定整个经济生活秩序。

三、从行为规范中规范行为,规范行为以充实内在人格

儒家规范个体行为称"修身",行为达到规范即合于礼,谓"身正"。所以"修身"而达"身正",传统格言是"正心、修身",从"正心"始。"心正"即明白事理,内在人格具备仁义智信之"性"。但仁义

智信之性,又有先天、后学之别;"圣人"先知是生而具备,后知"贤人"是从学而得。怎样学?宋代理学家唱言心性义理,提出"格物致知"的"格致"之学,即格验客观事物以明白事理,达到仁义智信之性的具备。但,一,"格致"之学内涵广阔,包括各个方面,于用以规范个体行为的对象,既不具体,亦非直接。二,"格致"的"物""验"也只是实物实证的考究,非为现实生活活动的实践,且始终局限于单个个体的"我",是"我格""我致"。

与之相对,李觏直接明白地提出"学礼""知乎仁义智信之美而学礼以求之","礼得而后仁义智信亦可见"(《礼论第四》)。因而说,"圣人之所以治天下国家,修身正心,无他,一于礼而已"。礼既是心正、行端的标准、准则,更是"正心""修身"即学习的对象和方法途径。其观点即为:用以规范个体行为的对象是礼,要学礼;规范的方法途径是从礼中学,在行为规范之中规范行为,亦即在现实制度规范之中,行而后知。与理学相较,在如何规范个体行为上,既具体,又直接;而且,自始就把个体的学习置于现实行为的实践之中。

个体现实的行为,是人与人相互间关系的行为,不是各个体的"我"独往独来,不与"我"外的任何"他"毫无关系。那末,从"行"的实践中学,就必须置于"我""他"组成的"共体"关系之中去学。这即体现为六目《致太平论》,而《内治》一目列居首位。"内治"即治家,规范"家道"。"家"是社会最基层的组织"共体",最原始的行为是夫妇男女之道。大而天下国家,最小也是夫妇男女,将人始终置于我、他相关联的"共体"关系之中,就不同于理学家始终个体的"我格我致"。不仅如此,而且更指出个体我,若脱离现实规范的行为,特别是关乎天下国家根本制度的礼,即使内在人格充实,具备仁义智信之性,但因始终在"我心"驰骋之中,不免有"率私意,附邪说,荡然而不反",就会有"非礼"的即违背根本制度的仁义智信

（《礼论第四》）。

李觏的从礼、学礼以致性，即"修身、正心"，是由外向内的功夫；其他儒家的"正心、修身"，是由内向外的功夫。两种主张、两个途径，李觏视为"终一"而"始异"；"始之所以异者，性与学之谓也"。"圣人者，根诸性者也。贤人者，学礼而后能者也。圣人率其仁义智信之性，会而为礼，礼成而后，仁义智信可见矣。""贤人者，知乎仁义智信之美而学礼以求之者也。礼得而后仁义智信亦可见矣"（《礼论第四》）。"圣人制礼"，其唯心主义历史观可置而不论。重要的是所谓"贤人"即"中人"中"学而得其本者"（《礼论第四》），即为"中人"广众设法。那末，与他儒者的由内达外相较，如理学，就只能是专门学问家的学理，是儒学的哲理化、学术化；李觏则是直面广众的管理学家，是儒学的实务普及化、功利化。

李觏由外向内的功夫，时人即有责其"好怪，率天下之人为礼不求诸内而竞诸外，人之内不充而惟外之饰焉，终亦必乱而已矣（《礼论后语》引章望之语）。无疑是对李觏学说的曲解。于是，李觏进一步从现象与本质及内外因辩证统一关系上，论证了由外向内的合理性。

> 夫有诸内者必出于外，有诸外者必由于内。……故天下之善，无非内者也。圣人会其仁义智信而为法制，固由于内也。贤人学法制以求仁义，亦内也。谓兰之青、朱之赤，固其质也。布帛之青赤则染矣。然染之而受者，亦布帛之质也。以染铁石则不久矣。是故贤人学法制以求仁义，亦内也。（《礼论后语》）

内而外现的质，和外"染"而"受"的质，就是同一的社会关系，以及在这现实具体关系之中的实践行为。

总之，不论李觏还是稍后形成的理学家，都是在封建新的历史形势下，严高个体人格要求。区别在，一重内在人格的充实，一重外在行为的规范;一主由内在充实而规范外在,一主由规范外在而充实内在。其实,两者本就密联为一,同时互动,不是主观人为所能任意割裂的。

李觏思想剖析本可止笔,但有个历史现象须特指出。

中国封建社会至宋代,发展到了一个新的历史阶段。与前相较,财产私有愈益强化,封建的人身依附愈见松弛,个体活动愈显"自由",农工商业生产活动日渐活跃,从而造就了超越以往时代的繁荣的社会经济。与之相应,意识形态领域,风气宽舒,学术探讨自由,以致硕果累累,形成了前此历代都为之逊色的辉煌繁璨的思想文化。但从思想成果主流的动向来看,无论重内重外,亦无论由外致内,由内达外,都是严高个体人格要求。如果说重内到极端,以至脱离现实而唱言"存天理,灭人欲","饿死事小,失节事大"的如理学家,但高唱利欲的功利主义如李觏,亦有"养天性,灭人欲"(卷13,《论太平论·教道一》)之说。"人欲"指惟计一己个人之"私利""利欲"而不计其他。对此,李觏和理学家同都主"灭",法即由各个体自身人格的高拔而能"雇他",能够在他、我关系行为中,自制、自约,由个体的自制自约以达天下国家"整体"的均衡。这种思想主张的动向,恰与据以为基础的,活生生的现实生活活动异趣。

如果说,个体人格内在的充实和外在行为的规范,旨在处置各个体相互间的关系,以达整体关系和谐;那末,各项社会制度,特别是经济体制制度的规范,即是处置类归为几股经济势力的、群体之间的相互关系,以制衡、调适整体经济的运行。这种制衡、调适,不论用何法,即如对市场活动的经济干涉或放任,对某一经济势力或群体言,亦就是制约,旨在有效加强宏观调控。李觏迥别于理学家的思想表现,尤其在此。

如果说,各经济势力或群体,相互间亦是"我""他",相对于社会总体亦是"个体"与"整体"关系的话,那末,不论是人际行为的规范,还是经济活动的规范,都是个体严高,宏观强控,以整体利益为重。宋代思想成果中这一主流动向,与现实的活动,就非同体与象的关系。

学术界似乎流有这样观点:整体观念是整体活动现实的反映。随整体日渐瓦解,个体活动日渐频繁,思想意识领域的动向,就必呈整体观念日衰,个体观念日强。这不仅不合中国封建社会自唐宋以来所呈的历史现象,且在思想意识与现实关系的理解上,似有照镜子般机械、绝对之嫌。这是值得探讨的问题,顺此提出以求共商。

(选自《史学月刊》1992年第2期)

宇文举,陕西财经学院经济研究所教授。长期致力于中国古代经济管理思想史的研究,先后有多篇论文发表。

其《李觐管理思想试析》一文,为儒家管理思想史中较早针对后儒人物进行专门探讨的文章之一。作者从儒家经济管理思想的历史流变出发,紧紧抓住李觐经济管理思想中儒家意蕴内涵进行个案分析,不只是拓展了儒家管理思想史的空间,也揭示出在宋代理学倡行之后社会管理制度及社会思想变化的某些特质,丰富了儒学研究的内容。

魏征以德治国之道

孙中信

魏征(580—643)，大唐名相，中国古代著名的政治家，以敢于犯颜直谏而闻名。他学识渊博，深谋远虑，颇具治国之才，曾参与朝政，先后进谏二百余事，十万多言，提出了许多治国良策，为国家的安定，贞观盛世局面的开创立下了汗马功劳，作出了杰出的贡献。唐太宗李世民把他当作一面明察得失的"镜子"，给予了极高的赞赏。贞观十二年，因生皇孙，太宗下诏宴请公卿，席间，太宗极为高兴，对侍臣说："贞观以前，从我平定天下，周旋艰险，玄龄之功无所与让。贞观之后，尽心于我，献纳忠说，安国利人，成我今日功业，为天下所称者，惟魏征而已。古之名臣，何以加也。"(《贞观政要》第33页，上海古籍出版社出版。以下凡引此书，只注页码)魏征作为封建社会的名臣，其治国谋略虽然受到历史的和阶级的局限，但某些真知灼见，仍然具有借鉴意义，为后人所称道。他的治国谋略集中体现在唐人吴兢编著的《贞观政要》这部政论性的历史文献之中。本文即以《贞观政要》一书为主，论述魏征的治国之道，以就正于方家。

一、治国不可失其道

魏征认为，治国不可失其道。贞观十一年，魏征在向唐太宗上的一道奏章中总结了历代君主失败和灭亡的教训之后，得出结论说:"臣观自古受图膺运,继体守文,控御英杰,南面临下,皆欲配厚德于天地,齐高明于日月;本枝百世,作祚无穷。然而克终者鲜,败亡相继,其故何哉? 所以求之,失其道也。殷鉴不远,可得而言。"(第 4 页)历代君主失败和灭亡的原因全在于他们没有采用正确的治国之道,施暴政,弃仁政,没有以德治国。

接着,魏征以隋朝灭亡的教训说明了这个道理。他说,隋朝统一天下,军队强大,声威远播万里,震动遥远的异域,为什么只存在短短的三十多年呢? 是因为隋炀帝推行夏桀的暴政,而不实行仁政的结果。隋炀帝依仗自己的富足强大,不考虑后患;驱使天下的老百姓满足自己的奢欲,耗尽天下的财物供自己享受,占有天下的美女,寻求远方的珍宝;大兴土木,宫室苑囿装饰华丽,楼台亭榭构筑峻伟,无休止地征发徭役,连年不断地穷兵黩武,心狠猜忌,君臣上下互相蒙蔽,致使身死人手,子孙灭绝,被天下人所耻笑。

魏征认为,以德治国有两种办法,他说:"圣哲乘机,拯其危溺。八柱倾而复正,四维弛而更张。远肃迩安,不逾于期月;胜残去杀,无待于百年。今宫观台榭,尽居之矣;奇珍异物,尽收之矣;姬姜淑媛,尽待于侧矣。四海九州,尽为臣妾矣。若能鉴彼之所以失,念我之所以得,日慎一日,虽休勿休。焚鹿台之宝衣,毁阿房之广殿,惧危亡于峻宇,思安处于卑宫,则神化潜通,无为而治,德之上也。若成功不毁,即仍其旧,除其不急,损之又损。杂茅茨于桂栋,参玉砌以土阶,悦以使人,不竭其力。常念居之者逸,作之者劳,亿兆悦以子来,群生仰而遂性,德之次也。"(第 5—6 页)换言之,一是时常吸取隋朝灭亡的教训,虽有美德而不自恃,通过自身的精神修养对老百姓进行潜移默化的教育,思想与百姓相通,无为而治,这是以德治国的最好为法;二是办那些急于要办的事情,老百姓高兴的事就派他们去做,但不耗尽他们的精力,时常想到作工人的辛苦,使天下所有的人都仰仗国君而性情归于纯朴,这是以德治国的另一种办法,是次等的办法。

二、"思国之安者,必积其德义"

魏征受唐太宗之命,将自古以来帝王子弟成败的经验教训辑录成书,取名为《自古诸侯王善恶录》。他在该书的序言中总结了历代藩镇、诸侯、屏翰重臣,有封国有家族的人兴盛灭亡的经验教训之后说:"臣辄竭愚诚,稽诸前训,凡为藩为翰,有国有家者,其兴也必由于积善,其亡也皆在于积恶。故知善不积,不足以成名;恶不积,不足以灭身。然则祸福无门,吉凶由己,惟人所召,岂徒言哉!今录自古诸王行事得失,分其善恶,各为一篇,名曰《诸王善恶录》,欲使见善思齐,足以扬名不朽;闻恶能改,庶得免乎大过。从善则有誉,改过则无咎。兴亡是系,可不勉欤?"(第126—127页)历代帝王的兴盛都是由于积德行善,灭亡全在于恶行积聚。积善、行恶事关国家兴亡之大事,诸王应当自勉。

他认为,德行、礼义是治理国家的基础,诚实信用是国君的保证,德行、礼义、诚实、信用,是国家的大纲,不能一刻没有它。贞观十年,魏征上疏说:"臣闻为国之基,必资于德礼,君之所保,惟在于诚信。诚信立则下无二心,德礼行则远人斯格。然则德礼诚信,国之大纲,在于君臣父子,不可斯须而废也。故孔子曰:'君使臣以礼,臣事君以忠。'又曰:'自古皆有死,民无信不立。'文子曰:'同言而行信,信在言前;同令而行诚,诚在令后。'然则言而不行,言无信也;令而不从,令无诚也。不信之言,无诚之令,为上则败德,为下则危身,虽在颠沛之中,君子之所不为也。"(第180页)

魏征认为,要使国家政局得到安定,国君必须积其德义,注重品德修养,行为端正,这是治国之本。自身品行端正,国家就不会混乱。魏征曾上疏唐太宗说:"臣闻求木之长者,必固其根本;欲流之远者,必浚其泉源;思国之安者,必积其德义。源不深而望流之远,根不固而求木之长,德不厚而思国之理,臣虽下愚,知其不可,而况于明哲乎!"(第 8 页)贞观初年,魏征在回答唐太宗关于治国的要领时说:"古者圣哲之主,皆近取诸身,故能远体诸物。昔楚聘詹何,问其治国之要。詹何对以修身之术。楚王又问理国何如?詹何曰:'未闻身理而国乱者。'"(第 1 页)强调国君自身品德修养的重要。

三、"居安思危,戒奢以俭"

魏征用正反两个方面的经验教训论述了为政之道,必须居安思危,戒奢以俭的道理。他说:"人君当神器之重,居域中之大,将崇极天之峻,永保无疆之休,不念居安思危,戒奢以俭,德不处其厚,情不胜其欲,斯以伐根以求木茂,塞源而欲流长也。"(第 8 页)

魏征认为,追求奢侈华丽,犹负薪救火,扬汤止沸,这是最下等的治国方法,不可取。他说:"若惟圣罔念,不慎厥终,忘缔搆之艰难,谓天命之可恃,忽采椽之恭俭,追雕墙之靡丽,因其基以广之,增其旧以饰之。触类而长,不知止足,人不见德,而劳役是闻,斯为下矣。譬之负薪救火,扬汤止沸,以暴易暴,与乱同道,莫可测也,后嗣可观!夫事无可观,则人怨神怒。人怨神怒,则灾害必生,灾害既生,则祸乱必作,而能以身名全者鲜矣。"(第 6 页)

贞观十五年,魏征回答唐太宗关于守天下是困难还是容易的问题时说:"观自古帝王,在于忧危之间,则任贤受谏。及至安乐,必怀宽怠,言事者惟令兢惧,日陵月替,以至危亡。圣人所以居安思危,正为此也。"(第 11—12 页)贞观六年,魏征说:"自古失国之主,皆为居安忘危,处理忘乱,所以不能长久。今陛下富有天下,内外清晏,能留心治道,常临深履薄,国家历数,自然灵长。"(第 16

页)认为统治者只有居安思危、戒奢以俭，才能使国家绵延长久，国势避免一天接一天、一月接一月地衰落下去，甚至灭亡。

四、"才行俱兼，始可任用"

人的才行对于治理国家起着重要作用。魏征认为，要使天下淳化，国家得到安定富强，必须选取那些有真才实学的，不能重用作风浮华的，安排那些忠厚的，不能留用那些浅薄的，即要"取其实，不尚其华，处其厚，不居其薄，则不言而化，期月而可知矣！"（第97页）

魏征十分重视官吏的选拔，强调选拔官吏首先必须仔细查访他们的品行，才能与德行都具备，才可以任用。他说："今欲求人，必须审访其行。若知其善，然后用之，设令此人不能济事，只是才力不及，不为大害。误用恶人，假令强干，为害极多。但乱代惟求其才，不顾其行。太平之时，必须才行俱兼，始可任用。"（第90页）

魏征还主张通过考核官吏的工作成绩来决定贬斥和升迁，考核他们是好是坏来决定取舍，不能让他们自己举荐。他认为，了解别人是困难的，自知之明也不容易，何况愚昧昏庸的人总是自以为贤能，夸耀自己的长处，如果让他们自己举荐，恐怕会滋长浮薄竞争的不良风气，不利于品德的修养。贞观十三年，魏征回答唐太宗说："知人者智，自知者明，知人既以为难，自知诚亦不易。且愚暗之人，皆矜能伐善，恐长浇竞之风，不可令其自举。"（第93页）杜绝了官吏的自荐之道。

五、忧民之所忧、乐民之所乐

魏征认为，老百姓是国家的根本，根本牢固国家才能得到安宁。贞观十三年,魏征担心唐太宗不能最终保持俭朴节约,近年来又很喜欢奢侈放纵,上奏章说:"昔子贡问理于孔子。孔子曰:'懔乎若朽索之驭六马。'子贡曰:'何其畏哉?'子曰:'不以道导之,则语仇也,若何其无畏?'故《书》曰:'人惟邦本,本固邦宁。'为人上者奈何不敬?"(第296页)规劝唐太宗保持晚节。

魏征强调,君王要像爱护自己的子女一样爱护老百姓,忧其所忧,乐其所乐,把老百姓的心愿当作自己的心愿。隋朝通事舍人郑仁基的女儿是个容貌美丽的绝代佳人,没有谁能比得上她。贞观二年,文德皇后访寻到后,请求留在后宫,作为妃嫔,太宗聘此女,封为充华。诏书已发,但册封使者尚未出发。魏征听说这个女子已经许配给陆家,急忙进宫见太宗说:"陛下为人父母,抚爱百姓,当忧其所忧,乐其所乐,自古有道之主,以百姓之心为心,故君处台榭,则欲民有栋宇之安;食膏粱,则欲民无饥寒之患;顾嫔御,则欲民有室家之欢。此人主之常道也。今郑氏之女,久已许人,陛下取之不疑,无所顾问,播之四海,岂为民父母之义乎?臣传闻虽或未的,然恐亏损圣德,情不敢隐。君举必书,所愿特留神虑。"(第64页)以忧民之所忧、乐民之所乐为国君所必备的品德。

治国必须取信于民,不可随便更改自己的主意,政策法令不可朝令夕改,像春夏秋冬失去秩序那样不守信义。贞观三年,唐太宗下诏:关中免除二年租税,关东免除一年赋税徭役。不久又有书文说:已抽调服役的壮丁仍遣发服役,已缴纳的租税,仍献纳完毕,明年再合计作为依据折合计算。魏征上书说:"臣伏见八月九日诏书,率土皆给复一年。老幼相欢,咸歌且舞。又闻有敕,丁已配役,即令役满折造,余物亦遣输了,待明年总为准折。道路之人,或失所望。此诚平分百姓,均同己子。但下民难与图始,日用不足,皆以国家追悔前言,二三其德。臣窃闻之,天之将辅者仁,人之所助者信。今陛下初膺大宝,亿兆观德,始发大号,便有二言,生八表之疑心,失四时之大信。纵国家有倒悬之急,犹必不可,况以泰山之安,而辄行此事! 为陛下为此计者,于财利小益,于德义大损。臣诚智识浅短,窃为陛下惜之。"(第66页)强调了信义在治国之道中的重要性。

(选自《孔子研究》1993年第3期)

孙中信,铁道部党校教授。

唐代是中国历史上复兴儒学,以儒家学说治理天下的重要时期,这其中以唐太宗实行科考取士、魏征等名臣进谏推行文化礼治最具特点。所以对魏征等人的社会管理思想进行探究评析是中国古代管理思想史上不可缺少的一环。《魏征以德治国之道》一文填补了这一空白,本文从魏征继承儒家德治思想、行于唐代初期社会管理实践出发,具体析理儒家传统管理思想与中国社会历史之关系,在理论上颇有深见创获,为研究儒家传统管理思想史提供了具体的参例和证据。

“知治一致”的管理认识论(节选)

黎红雷

哲学认识论是关于人类认识的起源、本质、发展过程及其规律的学说。中国古代哲学的认识论即其知行观,具有德(伦理道德)事(客观事物)并举、知行合一、力行实践的特点。这些特点,体现在儒家管理哲学中,就是融认识、道德、管理于一炉,使修身与治国相结合,知行与管理相一致,言行与用人相统一,从而形成“知治一致”的管理认识论。

一、认识论与知行观

在西方哲学史上,对于认识论的专门研究,是近代以后的事。在英文中,古典认识论称为 gnosiology,指一种精神活动,包括知识性和非知识性的认识活动。由于 19 世纪实证主义思潮的影响,现代认识论则仅限于知识性的活动,英文称为 epistemology,又称为 theory of knowledge,指“关于知识的理论”,故又称“知识论”。它研究的主要内容包括认识(即知识,下同)的前提、基础、本质和结构,认识发生、发展的过程及其规律,认识的真理性标准等等。

中国古代哲学的知行观既包括知识性的,也包括非知识性的认识和实践,因此,严格地说,它是一种古典认识论。但它也同样涉及到认识的来源、认识的过程、求知的方法以及检验认识真伪的标准等现代认识论所包涵的几乎所有问题。因此,即使是从现代认识论(知识论)的角度来看,知行观也不失为一种认识论。

"行",其本义为道路,读为 hāng,《尔雅·释宫》:"行,道也";引申为行走,读为 xíng,《说文》:"行,人之步趋也";又引申为行动,《商君书·更法》:"疑行无成,疑事无功";又引申为行为,《墨子·经上》:"行,为也",《礼记·乐记》:"政以一其行";引申为行事,《礼记·坊记》:"民犹贵禄而贱行",郑玄注:"行,犹事也,言务得其禄,不务其事";引申为德行,《周礼·地官·师氏》:"敏德以为行本",郑玄注:"德行,内外之称,在心为德,施之为行"。概而言之,"行"含有行走、行动、行为、行事、德行等意思。

"知",《说文》:"知,词也。",段玉裁注:"'词也'之上当有'识'字。"据此,"知"的本义即为知识,《论语·子罕》:"吾有知乎哉? 无知也";或为认识,《礼记·大学》:"故好而知其恶";或为知道,《尚书·皋陶谟》:"知人则哲";或引申为知觉,《荀子·王制》:"草木有生而无知";引申为智慧,读为 zhì,徐灏《说文解字注笺》:"知,智慧,即知识之引申",《荀子·富国》:"以养其知",杨倞注:"知读为智"。概而言之,"知"字含有认识、知识、知道、知觉、智慧的意思。

据现有资料,最早把"知"和"行"联系起来,作为一对哲学范畴的,当推《左传·昭公十年》中的"非知之实难,将在行之。"另,《古文尚书·说命中》中:"知之非艰,行之惟艰",据说是殷高宗时代大臣傅说的话;但清代学者已考证今本《古文尚书》乃东晋时人梅赜所作,不足为据。我们今天可以肯定的是,至少在春秋战国时期,对于"知"和"行"及其相互关系的论述,就已经为当时的思想家所注意,此后并成为中国古代认识论的基本内容,贯串中国哲学史发展的始终。

概括起来,知行观作为中国哲学特别是儒家哲学的认识论,具有以下三个特点,一曰德事并举,二曰知行合一,三曰力行实践,即是从认识对象、认识途径、认识目的等方面分别展现出自己的特色。

　　首先,从认识对象看,中国哲学特别是儒家哲学主张"德事并举"。这里所谓"德",指人们内心的道德修养,"事"指外界存在的客观事物。中国古代知行观作为认识论的最大特点,就是它的不纯粹性,它既是对人们内心道德修养的认识,也是对外界客观事物的认识,是道德认识论与一般认识论的混合体。

　　本来,在古希腊哲学中,苏格拉底也曾经提出"善即知识"的命题。但是,对于自然万物本质的探讨,一直是西方哲学本体论的主流,与此相联系,西方哲学的认识论比较"纯粹",即主要是对于外界客观存在事物的认识。而中国哲学的本体论是"天人合一",既探讨世界的本原也研究人类的本质。与此相联系,中国哲学的认识论就不那么"纯粹",它既要认识客观存在的外界事物,也要研究人类自身的道德行为——这二者之间的联系与区别,用《礼记·中庸》上的话来说,就是"道问学"与"尊德性",用北宋哲学家张载的话来说,就是"见闻之知"与"德性之知"。而在德与事、尊德性与道问学、德性之知与见闻之知、道德认识论与一般认识论之间,不同的哲学家虽有所侧重,但并无截然的分野。即以先秦儒家诸子而言,在孔子的认识论中,二者混为一体,孟子侧重于对道德修养的认识,荀子侧重于对外界客观事物的认识。但他们都是德事并举的。

　　孔子提出:"生而知之者上也,学而知之者次也;困而学之,又其次也;困而不学,民斯为下矣。"(《论语·季氏》)他自称是"学而知之者",十分强调学习的重要性。孔子首倡私人讲学的风气。从他的教学内容看,"子以四教:文,行,忠,信"(《论语·述而》)。四教之中,后三者都属于道德修养的范围。"文"则指古代的文化典籍,包括《诗》、《书》、《礼》、《乐》、《易》、《春秋》等。其中既有对于客观外界事物的认识,又有对于人们道德修养的启示。以《诗》为例,学生们既可以从中了解当时各国的风土人情、花鸟虫鱼等社会知识与自然知识，又可以从中陶冶自己的道德情操。故孔子说："小子何莫学夫诗？诗，可以兴，可以观，可以群，可以怨。迩之事父，远之事君；多识于鸟兽草木之名。"（《论语·阳货》）由此可见，在孔子的认识论中，对于道德修养的认识和对于外界事物的认识是混杂在一起的。

孟子在认识来源方面，极力发挥了孔子"生而知之"的思想；而在认识对象方面，则着重探讨人们内心的道德修养。他说："人之所不学而能者，其良能也；所不虑而知者，其良知也。孩提之童无不知爱其亲者，及其长也，无不知敬其兄也。亲亲，仁也；敬长，义也；无他，达之天下也。"（《孟子·尽心上》）孟子认为人的道德观念是先天就具有的，所谓认识就是对于内心道德意识的体验。因此，他极力抬高"心之官"的作用，称之为"大体"；而贬低"耳目之官"的功能，称之为"小体"（《孟子·告子上》）。但是，在谈到一般认识论的时候，孟子却又承认："圣人既竭目力焉，继之以规矩准绳，以为方员平直，不可胜用也；既竭耳力焉，继之以六律正五音，不可胜用也；既竭心思焉，继之以不忍人之政，而仁覆天下矣。"（《孟子·离娄上》）这就把"耳目"对于外界事物的认识，同"心"对于道德观念的认识，提到同等重要的位置。

荀子从孔子的"学而知之"出发，着重论述了人类对于外界客观事物的认识。他说："凡以知，人之性也；可以知，物之理也。"（《荀子·解蔽》）在荀子看来，认识是人的感觉器官同外界事物接触的结果。他说："心有征知。征知，则缘耳而知声可也，缘目而知形可也，然而征知必将待天官之当簿其类然后可也"（《荀子·正名》）。这里，荀子所论述的是一般认识论。而另一方面，荀子又指出："正义而为谓之行。所以知之在人者谓之知。"（《荀子·正名》）这里所谓"知之在人者"即上述所谓"凡以知，人之性"；所谓"正义之行"即道德品行。这就表明，荀子认识论的归结点依然落在道德修养之上。荀子说:"礼义者,圣人之所生也;人之所学而能,所事而成者也。"(《荀子·性恶》)这里把一般人的道德行为说成是后天学习的结果,确实比孟子高明;但依然把道德观念说成是圣人的产物,就表现出同孟子一样的迷误,即不懂得从人类社会生活的实践本身来说明道德的起源。这也是中国古代道德认识论的共同缺陷。

其次,从认识途径看,中国哲学特别是儒家哲学主张"知行合一"。

"知行合一"本来是明代哲学家王守仁所极力宣扬的思想。他指出:"知是行的主意,行是知的功夫;知是行之始,行是知之成。"(《传习录上》)一方面,王守仁看到"真知即所以为行,不行不足谓之知"(《传习录中》),主张知行并进,具有一定的辩证法因素。另一方面,王守仁却又主张"知行本体即是良知、良能"(《答陆元静书》),强调"一念发动处,即便是行了"(《传习录下》),这就把"行"等同于"知",走向形而上学的唯心论。正如王夫之所批评的那样:"其所谓知者非知,而行者非行也。知者非知,然而犹有其知也,亦惝然有所见也;行者非行,则确乎非其行,而以其所知为行也。"(《尚书引义三》)

但是,"知行合一"命题又并不是王守仁个人的"专利"。在王守仁之前,明代理学家谢复就明确提出:"知行合一,学之要也。"(《明儒学案·崇仁学案》)在王守仁之后,陈确也指出:"不知必不可为行,而不行必不可为知,知行何能分得。……言不行由不明,不明由不行,是知行合一之证也。"(《陈确集·别集卷十六·大学辨》)这里从知行相须并进、相互依赖、相互联系的角度论证了"知行合一"命题,比王守仁有更多的合理性。

此外,据说王守仁的"知行合一说"是批评程朱的。但程颐本人却说过:"人既能知,岂有不能行。"黄宗羲据此作出断语:"伊川先生已有知行合一之言矣。"(《宋元学案·伊川学案上》)至于朱熹,则提出"知行常相须"的命题,认为"知之愈明,则行之愈笃;行之愈笃,则知之益明"(《朱子语类·卷一四》)。这也就包含了"知行合一"的意思。

王夫之批评王守仁的"知行合一"说,指出后者"销行于知"的谬误,确实打中要害;但王夫之并不因此而抛弃"知行合一"命题中的合理因素。他说:"知行相资以为用。唯其各有致功,而亦各有其效,故相资以互用;则于其相互,益知其必分矣。同者不相分用;资于异者,乃和同而起功,此定理也。不知其各有功效而相资,于是而姚江王氏知行合一之说是借口以惑世。"(《礼记章句·中庸篇》)王守仁所说的"知行合一",只看到知行的统一,不看到知行的对立,这实际上是把二者等同了。如果既看到统一,又看到对立,像王夫之那样用"知行相资"来解释,那么,就是用"知行合一"的提法也未尝不可。

在我们今天看来,所谓"知行合一"、"知行相须"、"知行相资",在本质上都是一致的,即都是关于知行之间对立统一关系的不同表述。相比之下,"知行合一"的提法更加明快一些。所以,我们把"知行合一"作为贯串中国哲学认识论发展始终的基本特点。当然,这样说,并不排除在"知行合一"的命题中同样存在着唯物主义与唯心主义、辩证法与形而上学的区别①。

即以先秦儒家诸子而论。孔子主张"学而知之",其所谓"学",实兼知行二义,"行有余力,则以学文"(《论语·学而》)。学习的过程就是修身的过程,修身的过程也就是认识的过程。孟子发挥"生而知之",主张"仁义礼智,非由外铄我也,我固有之也,弗思耳矣"。

---

①　毛泽东在《实践论》中,把马克思主义哲学关于认识与实践相统一的理论称之为"辩证唯物主义的知行统一观",即是对中国哲学史上各种知行统一观的积极扬弃。

故曰,'求则得之,舍则失之'"(《孟子·告子上》)。在他看来,上天所赋予的只是道德的素质("善端"),人们只有加强道德修养("善行"),才能真正成为有德之人。这就是道德观念(知)与道德修养(行)的统一。荀子在孔子"学而知之"思想的基础上,较全面地论述了知和行的相互关系。他说:"君子博学而日参省乎己,则知明而行无过矣。"(《荀子·劝学》)这里,"博学"是求知,"参省乎己"是践行,知行相互促进,共同进步,就可以做到"知明而行无过矣"。相对而言,荀子的"知行合一"观以"行"为基础,具有唯物主义的倾向;孟子的"知行合一"观以"知"为基础,具有唯心主义的倾向。而无论是孔子、孟子还是荀子,他们都主张知行并进,知不离行,行不离知,因而都具有某些辩证法的因素。

最后,从认识目的看,中国哲学特别是儒家哲学强调"力行实践"。

中国哲学的传统从来就不是坐而论道,而是躬行实践的。哲人们不是为认识而认识,而是为人生而认识;不是就知识论知识,而是就现实论知识。因此,在知行关系中,中国哲学更看重行,特别是人的道德行为。南宋哲学家朱熹讲过一段很有意思的话,其大意是:论知行,功夫全在行上。如果不去躬行实践,只是说说而已,那么,孔门弟子就没有必要多年不离开老师了。因为孔子的知识,"只用两日说便尽",但真正实行起来,一辈子也不一定做得到。这说明孔子的教育是"讲说时少,践履时多"(《朱子语类·卷十三》)。这就是儒家强调"力行实践"的特点。

事实正是如此。孔子主张:"弟子,入则孝,出则悌,谨而信,泛爱众,而亲仁。行有余力,则以学文。"(《论语·学而》)这里强调道德行为是认识的基础,把道德修养看得比读书学习更为重要。"贤贤易色;事父母,能竭其力;事君,能致其身;与朋友交,言而有信。虽曰未学,吾必谓之学矣。"(《论语·学而》)这里更直接把道德践履等同于知识学习了。行在学先,行就是学,学包括行,学好的标准即在于行——由此可见孔子对于行的重视。

孟子在学生问自己有什么特长时,回答道:"我知言,我善养吾浩然之气。"(《孟子·公孙丑上》)在这里,对于别人的认识了解和对于自己的道德修养,是相提并论的。孟子认为,上天赋予了每个人仁、义、礼、智四种道德观念的萌芽,即所谓"四端":恻隐之心,羞恶之心,辞让之心,是非之心。"凡有四端于我者,知皆扩而充之矣,若火之始然,泉之始达。苟能充之,足以保四海;苟不充之,不足以事父母。"(《孟子·公孙丑上》)这就是说,要把道德的可能性变为道德的现实性,全靠个人的力行实践。因此,孟子主张:"强恕而行,求仁莫近焉。"(《孟子·尽心上》)特别强调"行"在道德认识论中的作用。

荀子的侧重点在一般认识论。在这方面他也同样把"行"放到十分突出的地位。荀子指出:"不闻不若闻之,闻之不若见之,见之不若知之,知之不若行之。学至于行之而止矣。行之明也。明之为圣人。圣人也者,本仁义,当是非,齐言行,不失毫厘;无它道焉,已乎行之矣。故闻之而不见,虽博必谬;见之而不知,虽识必妄;知之而不行,虽敦必困。"(《荀子·儒效》)在荀子看来,"行之"是认识的最高阶段,如果不去实行,即使知道得再多,也会陷入困境。这就在全面论述知行关系的基础上,适当突出了行在认识中的地位和作用。

中国哲学特别是儒家哲学认识论的上述特点,对于它的管理哲学带来了深刻的影响。在认识对象方面,儒家讲"德事并举",所谓"修身"实际上是"治国"的基本方法,其道德认识论与管理认识论有着十分密切的联系。在认识途径和认识目的方面,儒家主张"知行合一",重视"力行实践",对于管理实践更具有十分重要的意义。这一点,直到今天也不容忽视。成中英教授认为:"'知行合一'的关系若用于现代管理科学,其意义乃十分重大:管理决策不仅是知的作用,也是行的作用。如果没有行的承担,所谓决策也只是纸上谈兵而已,因而缺乏意志的执行力。如果没有知的指引,所谓决策也就变成瞎子摸象,因而缺乏理知的确定性了。杜鲁克(引者注:又译德鲁克,现代美国管理学家)分析管理决策因素即是就'知行合一'的精神立言的。"①

在儒家管理哲学中,德事并举、知行合一、力行实践的认识论特点,反映在管理实践上,就是"知治一致"的管理认识论。

二、修身与治国

"修身"与"治国",是儒家管理哲学的重要课题。孔子提出:"苟正其身矣,于从政乎何有? 不能正其身,如正人何?"(《论语·子路》)孟子进一步发挥道:"人有恒言,皆曰,'天下国家。'天下之本在国,国之本在家,家之本在身。"(《孟子·离娄上》)。又说:"君子之守,修其身而天下平。"(《孟子·尽心下》)荀子专门写了一篇题为《修身》的文章,并且论证了修身是治国的根本。他说:"请问为国? 曰:闻修身,未尝闻为国也。君者仪也,民者景也,仪正而景正。君者槃也,民者水也,槃圆而水圆。"(《荀子·君道》)总之,在先秦儒家诸子的思想中,修身与治国,道德哲学与管理哲学是密不可分的。

《礼记·中庸》进一步把修身、治国同儒家哲学的知行观联系起来,形成一套独具特色的"道德——管理认识论"。它指出:"天下之达道五,所以行之者三:曰君臣也,父子也,夫妇也,昆弟也,朋友之交也:五者天下之达道也。知、仁、勇三者,天下之达德也,所以行之者一也。或生而知之,或学而知之,或困而知之,及其知之一也;或安而行之,或利而行之,或勉强而行之,及其成功一也。子

---

① 成中英:《文化·伦理与管理》,贵州人民出版社,1991年版,第233—234页。

曰：'好学近乎知，力行近乎仁，知耻近乎勇。知斯三者，则知所以修身；知所以修身，则知所以治人；知所以治人，则知所以治天下国家矣'。"在这里，认识上的"知"，道德上的"行"，管理中的"治"，三者是相互一致的。

《礼记·大学》则提出一个融修身、治国与知行于一体的简明公式，即所谓"三纲领、八条目"。三纲领即："大学之道，在明明德，在亲民，在止于至善。"八条目即："古之欲明明德于天下者，先治其国；欲治其国者，先齐其家；欲齐其家者，先修其身；欲修其身者，先正其心；欲正其心者，先诚其意；欲诚其意者，先致其知；致知在格物。"

"八条目"是独具特色的中国式类推逻辑结构。从起点看，由格物而后致知，致知而后诚意，诚意而后正心，正心而后修身，修身而后齐家，齐家而后治国，治国而后平天下。从终点看，欲平天下而先治国，治国而先齐家，齐家而先修身，修身而先正心，正心而先诚意，诚意而先致知，致知而先格物。在形式上，好比一串链条，环环相扣，节节相连，先后相应，首尾相顾。在内容上，好比一块合金，融认识论、道德观、管理学于一炉。就知与行的关系而言，寓知于行，寓行于知；就德与治的关系而言，寓德于治，寓治于德；就知行与德治的关系而言，寓知行于德治，寓德治于知行。对于这八个条目及其相互关系，历来颇引起人们的兴趣。但以往人们多从认识论或道德观的角度论述，现在我们着重从管理的角度分析。

关于"格物"、"致知"，《大学》本身并没有进一步说明。东汉郑玄解释道："知，谓知善恶吉凶之所终始也。格，来也，物，犹事也。其知于善深，则来善物；其知于恶深，则来恶物。"（《礼记正义》）这里把认识上的得失与道德上的善恶相提并论，比较符合《大学》的本意。《大学》指出："《康诰》曰：'惟命不于常！'道善则得之，不善则失之矣"；"是故君子有大道，必忠信以得之，骄泰以失之"；"小人之使为国家，灾害并至。虽有善者，亦无如之何矣"。这就进一步把认识的得失、道德的善恶同国家的治乱密切联系起来。按照《大学》的思想,作为管理者,应该根据管理活动的需要,随时调整自己的道德行为和管理行为;并充分意识和积极发挥自己的道德行为对于被管理者的深刻影响。因此,讲"格物致知",从管理者的角度看,那就要通过各种实例认识道德与管理的关系,体会各种客观道德准则的意义和作用,从而提高修身与治国的自觉性。

关于"诚意",《大学》指出:"所谓诚其意者,毋自欺也"。诚意就是不要自己欺骗自己,以保持意志的纯洁专一。人们的品行修养,既然是一种道德自觉,就要诚心诚意,不要三心两意,更不要虚心假意。"小人闲居为不善,无所不至,见君子而后厌然,掩其不善,而著其善。"小人所谓"善"是装出来的,他们当面一套,背后一套,满口仁义道德,满肚子男盗女娼。这当然为君子所不齿。正人君子就应该做到表里如一,口实兼至,特别要注意"慎独"的功夫,做到"不欺于暗室"。"此谓诚于中,形于外,故君子必慎其独也。"因此,讲"诚意",管理者就要自觉地把客观的道德准则变成个人发自内心的道德行为。

关于"正心",《大学》指出:"所谓修身在正其心者,身有所忿懥,则不得其正;有所恐惧,则不得其正;有所好乐,则不得其正;有所忧患,则不得其正。"朱熹注:"盖是四者,皆心之用,而人所不能无者。然一有之而不能察,则欲动情胜,而其用之所行,或不能不失其正矣。"愤怒、恐惧、快乐、忧虑,都是人之常情;但是,如果任其放纵而不加控制,就会使管理者失去判断事物是非的能力,是为"不正",亦为"失其心"。"心不在焉,视而不见,听而不闻,食而不知其味。"因此,讲"正心",管理者就要注意克制自己的情绪,始终不偏离正确的道德准则和管理目标。

关于"修身",《大学》指出:"所谓齐其家在修其身者:人之其所亲爱而辟焉,之其所贱恶而辟焉,之其所畏敬而辟焉,之其所哀矜而辟焉,之其所敖惰而辟焉。故好而知其恶,恶而知其美者,天下鲜矣!故谚有之曰:'人莫知其子之恶,莫知其苗之硕。'此谓身不修不可以齐其家。"这里的"辟"即为"僻",意思如上段所谓"不正",即"偏"。如果说,"正心"中的"偏"是由于自然的感情流露而引起的;那么,"修身"中的"僻"在很大程度上却是人们主观价值取向的产物。"莫知其子之恶"是为溺爱,"莫知其苗之硕"是为贪婪。溺爱者不明,贪婪者无厌,这就是"僻"的危害。凡事皆有个度,亦皆有正反两个方面,人们要做到不偏不倚,"好而知其恶,恶而知其美",的确不容易。因此,讲"修身",管理者就要站得正,坐得稳,走得直,真正以身作则,成为部下的表率。

关于"齐家",《大学》指出:"所谓治国必先齐其家者,其家不可教而能教人者,无之。故君子不出家而成教于国:孝者,所以事君也;弟者,所以事长也;慈者,所以使众也。"我们知道,儒家哲学的背景是以宗法血缘关系为基础的社会制度。适应这一背景,儒学把"家"作为社会组织中的基本单位,也是培养国家管理者的重要课堂。人们在家庭中所接受的道德教育,可以直接用来管理国家,这就是所谓"君子不出家而成教于国"。现代社会的管理者,当然不可能直接从家庭中培养出来;但不可否认,良好的家庭教育对于个人(包括社会管理者)的成长确实是十分重要的。此外,所谓"齐家"也可以理解为对家庭的管理。作为人类社会的一种管理活动,毫无疑问,家庭管理同其他社会组织(包括国家)的管理有着某些共同点。儒家过分夸大这一共同点是不正确的,但完全否认这一共同点也是不明智的。

关于"治国平天下",《大学》指出:"所谓平天下在治其国者:上老老而民兴孝,上长长而民兴弟,上恤孤而民不倍,是以君子有絜矩之道也",这里所谓"絜矩之道",其实就是孔子所一贯主张的"己欲立而立人,己欲达而达人"(《论语·雍也》),"己所不欲,勿施于人"(《论语·颜渊》)的推己及人的"忠恕之道"。其具体内容就是《大学》所说的:"所恶于上,毋以使下;所恶于下,毋以事上;所恶于前,毋以先后;所恶于后,毋以从前;所恶于右,毋以交于左;所恶于左,毋以交于右:此之谓"絜矩之道",按"絜矩"本来是尺度的意思。所谓"君子有絜矩之道",就是要求管理者自觉地接受伦理道德的约束,并以这种约束作为自己管理行为的尺度。"是故君子先慎乎德。有德此有人,有人此有土,有土此有财,有财此有用。"管理者只有搞好道德修养,以身作则,才能达到治国平天下的目的。

以上八个环节,层层紧扣,不可或缺;但又不是平起平坐,相互并列的。在这个前后一贯的逻辑体系中,"修身"处于主导的地位,"治国"是最终的目的,而"知行"则是联结其中的基本线索。

首先,"修身"是八条目的核心。《大学》指出:"自天子以至于庶人,壹是皆以修身为本。其本乱而末治者否矣,其所厚者薄,而其所薄者厚,未之有也!"修身是格物、致知、诚意、正心之"本",因为后四者只是修身的方法,应该从属于修身的目的;如果离开这一目的,所有方法就会产生偏向而失去意义。修身又是齐家、治国、平天下之"本",尽管后三者是修身的理想,但为了实现这些理想,则又必须从修身做起。《中庸》上说:"知所以修身,则知所以治人。"只有知道怎样修养自己,才能知道怎样管理别人。治人、治国、治天下都是"治己"即修身的外化与扩大。

以修身为本,这一思想同先秦儒家是相通的。据《论语·宪问》记载:"子路问君子。子曰:'修己以敬。'曰:'如斯而已乎?'曰:'修己以安人。'曰:'如斯而已乎?'曰:'修己以安百姓。修己以安百姓,尧舜其犹病诸?'"子路和孔子的回答,层层推进。孔子认为,管理者应该以个人的道德修养为基础,进一步扩展到处理好管理阶层内部的关系,再进一步扩展到处理好管理者与被管理者之间的关系;要想把后一种关系处理好,连尧舜那样的圣人也很难做到。

所以,管理者应该时刻不忘记个人的道德修养——"修身"。

其次,"治国"是八条目的宗旨。在《大学》中,"八条目"是"三纲领"的具体化,而所谓"三纲领",实际上就是治国平天下的施政大纲。所谓"明明德",《大学》说:"《康诰》曰:'克明德';《大甲》曰:'顾是天之明命';《帝典》曰:'克明峻德';皆自明也。"朱熹注:"天之明命,即天之所以与我,而我之所以为德者也"。"结所引书,皆言自明己德之意。"这就是说,治国者必须明确自己的"天赋使命",加强道德修养,以更好地治理国家。所谓"亲民",即"新民",《大学》说:"汤之《盘铭》曰:'苟日新,日日新,又日新。'《康诰》曰:'作新民。'《诗》曰:'周虽旧邦,其命惟新。'是故君子无所不用其极。"这就要求治国者要千方百计提高自己的道德素质,"能新其德以及于民",使个人、民众、国家、社会与日俱进,不断更新。所谓"止于至善",《大学》说:"为人君,止于仁;为人臣,止于敬;为人子,止于孝;为人父,止于慈;与国人交,止于信。"这就明确规定了管理者与被管理者善行的标准,目的在于巩固和安定国家的统治秩序。总之,"三纲领"无一不是治国的大纲。"八条目"把"三纲领"具体化,而又以修身为核心,实际上就是让修身服务于治国的根本目的。

修身以治国为宗旨,这一思想同先秦儒家诸子也是相通的。荀子在《富国》篇中指出:"仁人之用国,将修志意,正身行,伉隆高,致忠信,期文理。"在修身的基础上,广泛使用人才,积极发展生产,努力讲求仁义,这样就可以做到"为名者否,为利者否,为忿者否,则国安于盘石,寿于旗翼。人皆乱,我独治;人皆危,我独安;人皆失丧之,我案起而制之。故仁人之用国,非特将持其有而已也,又将兼人。诗曰:'淑人君子,其仪不忒,其仪不忒,正是四国。'此之谓也。"在儒家看来,淑人君子之修身,从来就不仅仅是"独善其身",而是"兼济天下"的。管理者的道德水平提高了,就可以作为人民的表率,把国家治理好。

最后，知行观是联结八条目的基本线索。明儒来知德在其所著《大学古本序》中说："大学之道，修身尽之矣。修身之要，格物尽之矣。"孙中山先生也指出："这种正心、诚意、修身、齐家的道理，本属于道德的范围，今天要把他放在知识范围内来讲，才是适当。"①实际上，大学之道，既是修身之道，又是治国之道，而同时又是认识之道。它所讲的修身与治国的道理，是在人们的认识程序中展现出来的。"格物→致知→诚意→正心→修身→齐家→治国→平天下"，这一程序即是从认识的来源说到认识的实践。虽然所直接论及的是人们对于道德的知与行，以及治国的知与行，但同儒家的整个知行观又有千丝万缕的联系。

把修身、治国与知行连为一体，这一思想同先秦儒家诸子也是相通的。孟子论知行，主要讲个人的道德践履，但同治国的认识和实践也有十分密切的关系。他说："爱人不亲，反其仁；治人不治，反其智；礼人不答，反其敬——行有不得者皆反求诸己，其身正而天下归之。"(《孟子·离娄上》)在孟子看来，正己之行即所谓"修身"与治人之行即所谓"治国"是互为表里，互相促进的。其连接点就是修身治国者的知(认识)和行(实践)。正是在这个意义上，我们才肯定儒家关于"修身"与"治国"的论述是一种管理认识论。

三、知行与管理

儒家的管理认识论，内容比较复杂，既有从道德认识的角度论述修身与治国的联系；也有从一般认识的角度，论述知行与管理的关系。关于前一个方面，我们已在第二节分析过了；这一节我们着

---

① 《孙中山全集》第 9 卷，中华书局，1986 年版，第 247 页。

重论述后一个方面。

早在春秋末年,郑国大夫子大叔向子产请教治国的方法,子产回答说:"政如农功,日夜思之,思其始而成其终,朝夕而行之。行无越思,如农之有畔,其过鲜矣。"(《左传·襄公二十五年》)这里把管理比作农夫种田。种什么,怎么种,种下去以后将会得到什么收获,都要心中有数,反复考虑,全盘计划,使管理的行为就像精心耕耘的农田那样,井井有条。这样,管理者就会不犯或少犯错误。

如果说,子产强调的是认识的方法——"思"的重要性;那么,孔子更强调的是认识的途径——"学"的必要性。孔子认为认识有三种途径:"生而知之者上也,学而知之者次也;困而学之,又其次也。"(《论语·季氏》)但孔子郑重声明:"我非生而知之者,好古,敏以求之者也。"(《论语·述而》)因此,孔子特别强调学习的重要性。他首开私人讲学的风气,广招学生,号称"弟子三千,贤人七十"。所谓"仕而优则学,学而优则仕"(《论语·子张》),就是把治国之事与治国之学结合起来,培养知治一致的、适应当时社会需要的各方面的管理人才。

这里有一个具体案例。子羔是孔子最年轻的学生之一,对"治国之道"的学习还没有入门,子路就提拔他当费县的县长。子羔经验不足,弄得费县不治,人心荒芜,纷争不绝。对此,孔子提醒子路说:"用人要适得其所,叫一个对于管理的知识和经验都不足的人去当县长,这岂不是害了他?"子路不以为然,应声回答:"既然有一个必须管理的地方,又有必须被管理的民众,为此而全力以赴,本身不正是学习吗?子羔到头来一定能学会治国治民的大道理,不给他这样的机会,他又怎么能够成为一个管理者呢?"对于子路的诡辩,孔子非常生气,说:"所以我特别讨厌那些强嘴利舌的人。"①

----

① 伊藤肇:《东方人的管理智慧》,光明日报出版社,第17页。

这里孔子对子路的批评，正反映了他对管理之"知"的重视，是"学而优则仕"的一个注脚。

但是，孔子也并不是那种提倡"死读书"的迂夫子。另外一个例子则说明了他对于管理之"行"的重视。据《论语·公冶长》记载，孔子十分赞赏他的学生宓之贱，说道："君子哉若人！鲁无君子者，斯焉取斯？"宓子贱为什么得到孔子这么高的评价呢？据刘向《说苑·政理》记载：宓子贱和孔蔑都是孔子的学生，并一起当官从政。有一次，孔子问他们："自从你们从政以后，觉得有什么收获什么损失呢？"孔蔑回答："公事繁忙，原来跟老师您所学习的东西根本无法温习，所以知识无法发明，这是一大损失。"宓子贱则回答："从政以后，原来跟老师学习的东西，现在可以付诸实践，这就使知识得以发明。这实在是一大收获。"孔子听了，十分称赞宓子贱，连声说道："这个人真是君子啊，这个人真是君子啊！如果鲁国没有君子，这个人从哪里得到这种好品德呢？"在这个案例中，孔蔑把管理实践同知识学习对立起来，认为管理事务繁忙，作为管理者根本没有时间去学习，"以是学不得明也"。与此相反，宓子贱把管理实践与知识学习结合起来，把在老师那里学到的知识，在管理的具体实践中认真实行，"是学日益明也"。如此看来，孔子之所以称赞宓子贱，正是肯定他这种学以致用，力行实践的精神。又，据《孔子家语·子路初见篇》记载：孔蔑问"行己之道"，孔子对之以"知而弗为，莫如弗知"，也是告诫他要把知与行结合起来，即要把管理知识的学习与管理活动的实践结合起来。

荀子继承了孔子这种知行相互作用，相互发明的思想，进一步指出："不闻不若闻之，闻之不若见之，见之不若知之，知之不若行之。学至于行之而止矣。行之明也。明之为圣人。"（《荀子·儒效》）对于管理者来说，只有多闻多见，才能取得正确的知识；而任何管理知识，都必须运用于管理实践，才算得上是明白事理，才能成为优秀的管理者。

在此基础上，荀子着重探讨了管理认识的方法问题，他指出："故治之要在于知道。人何以知道？曰：心。心何以知？曰：虚壹而静。心未尝不藏也。然而有所谓虚；心未尝不满（按：当为"两"）也，然而有所谓一；心未尝不动也，然而有所谓静。人生而有知，知而有志，志也者，藏也；然而有所谓虚，不以所已藏害所将受谓之虚。心生而有知，知而有异，异也者，同时兼知之；同时兼知之，两也；然而有所谓一；不以夫一害此一谓之壹。心卧则梦，偷则自行，使之则谋；故心未尝不动也，然而有所谓静；不以梦剧乱知谓之静。未得道而求道者，谓之虚壹而静。作之：则将须道者之虚，则入；将事道者之壹，则尽；将思道者之静，则察。知道，——察、知道，行、体道者也。虚壹而静，谓之大清明。万物莫形而不见，莫见而不论，莫论而失位，坐于室而见四海，处于今而论久远，疏观万物而知其情，参稽治乱而通其度，经纬天地而材官万物制割大理，而宇宙理矣。恢恢广广，孰知其极！羊羊广广，孰知其德！涫涫纷纷，孰知其形！明参日月，大满八极，夫是之谓大人。夫恶有蔽矣哉！"（《荀子·解蔽》）

这段话比较长，其中心论题却只有四个字，曰："虚壹而静"。在荀子看来，管理的首要问题在于"知道"，即认识管理的客观规律。而管理者对于管理规律的认识，又必然受到各种主客观条件的限制，这就是所谓"蔽"。何为蔽？"欲为蔽，恶为蔽，始为蔽，终为蔽，远为蔽，近为蔽，博为蔽，浅为蔽，古为蔽，今为蔽。凡万物异则莫不相为蔽，此心术之公患也。"（《荀子·解蔽》)，因此，管理认识的根本问题就是"解蔽"——清除各种偏见。"圣人知心术之患，见蔽塞之祸，故无欲、无恶、无始、无终、无近、无远、无博、无浅、无古、无今，兼陈万物而中县（悬）衡焉。"（《荀子·解蔽》)这里的"衡"即标准，而标准又只能来自客观事物及其规律本身。所以"解蔽"、"悬衡"的总理最终还是落实到"知道"。"人何以知道？曰：心。心何以知？曰：虚壹而静。"——就引出了荀子管理认识论的中心命题——"虚壹而静"。

所谓"虚"，指管理认识的包容性。在荀子看来，人的思维器官是"心"（现代科学则证明是"大脑"），而"心未尝不藏也，然而有所谓虚"。人生来就有知觉，有意志，这就是所谓"藏"，但却不能以主观的感觉歪曲客观的事物，这就是所谓"虚"。只有保持"虚心"，才能不断接受新的事物，从而不断提高认识水平。荀子指出："心者，形之君也而神明之主也；出令而无所受令。自禁也，自使也，自夺也，自取也，自行也，自止也。故口可劫而使墨云，形可劫而使诎申，心不可劫而使易意，是之则受，非之则辞。故曰：心容，其择也无禁，必自见，其物也杂博，其情之至也，不贰。"（《荀子·解蔽》）心作为认识思维的器官，具有自在、自由的特点，是是、非非的能力。它对于外界事物的选择不受任何限制，而又自然地表现出来；它对于外界事物的认识极其广博，而又专门致志，不至于疑惑不定。"心"的这种包容性决定了人类认识的包容性。

所谓"壹"，指管理认识的专一性。荀子指出："心未尝不两也，然而有所谓一。"人心生来就有知觉，可以认识不同的事物；但不能以对这一事物的认识而妨碍对另一事物的认识，这就是所谓"壹"。"将事道者之壹，则尽"。在荀子看来，对于"道"即客观事物总体规律的认识最能体现认识的专一性。他说："身尽其故则美。类不可两也，故知者择一而壹焉。农精于田而不可以为田师，贾精于市而不可以为市师，工精于器而不可以为器师；有人也，不能此三技而可使治三官；曰：精于道者也，精于物者也。精于物者以物物，精于道者兼物物。故君子壹于道而以赞稽物。"（《荀子·解蔽》）这里特别强调管理知识的专门性。农民有种田的知识却不可以当"田师"，商人有买卖的知识却不可以当"市师"，工匠有制造器物的知识却不可以当"器师"。作为各个专业领域的管理者,即所谓"田师"、"市师"、"器师",除了专业的知识以外还需要掌握管理的知识。而作为国家和整个社会的管理者更需要掌握一般的管理知识,这就是"道"——对于自然和社会一般规律的认识。在荀子看来,管理者只要专心致志于认识和把握管理之道,就能够担当起社会管理的责任。

所谓"静",指管理认识的稳定性。荀子指出:"心未尝不动也,然而有所谓静。"人心一刻也不会停止活动,有意使用它的时候,就是正常思考,无意使用它的时候也会胡思乱想,甚至就在人们睡觉的时候也还会做梦,而做梦也就是"心动"的表现。(现代科学则证明,人的大脑细胞在睡眠时也在活动。)所以,"心未尝不动也"。但是,正常的人决不会让梦想和幻觉干扰自己的认识,这就是所谓"静"。荀子指出:"凡观物有疑,中心不定,则外物不清;吾虑不清,则未可定然否也。"(《荀子·解蔽》)例如:在黑夜中行走,看见横卧的石头却以为是老虎,看见树木却以为是站立着的人,这是因为黑暗蒙蔽了他的眼睛。喝醉酒的人企图一步跨越百步之沟,却以为只有半步之遥;低头走出城门,却以为只是矮小的房门,这是因为酒精扰乱了他的神经。用手按住眼睛,本来是一个东西却看成两个东西;用手掩着耳朵,本来没有声音却听成有声音,这是因为外力影响了他的感觉器官。所以,人们一般都不会把幻觉当成正确的认识,而做出正常的决定。从山上往下看,牛就像羊一样小,但人们不会由此下山去牵"羊";从山下往上看,树木就像筷子一样细,但人们不会由此上山去折"筷子";水反映着景物的倒影,但人们不会据此而评价景物美不美;盲人仰视天空看不到星星,但人们不会据此而确定星星有没有。这是因为:"以此时定物,则世之愚者也。彼愚者之定物,以疑决疑,决必不当。夫苟不当,安能无过乎?"(《荀子·解蔽》)因此,管理者也决不会在情况不明、心神不定的形势下做出决定,而要保持心中的平静,即维持管理认识的稳定性与准确性。

荀子认为,管理者一旦做到"虚壹而静",就进入了"大清明"的境界。在这种境界中,管理者对于万物的一切形象都能够进行辨别,一切能够辨别清楚的,都能够加以归类,一切能够归类的,都不会搞错它们的本来位置。这样,管理者坐在家中就可以了解天下,处于当今而可以论述往古未来,通观万物而掌握它们的实际情况,考察社会的治乱而通晓它的法则,治理天地而利用万物,掌握自然和社会的普遍规律,从而使整个世界都得到治理——一句话,就获得了对于管理之道的正确认识。

四、言行与用人

言行关系是儒家管理认识论的重要内容。在儒家哲学中,"言行"往往是同"知行"相互联系而又相互发明的。

"言"的本义即为说话,《说文》:"直言曰言,论难曰语"。所谓"言"即为直接了当地表达个人内心的想法,扬雄《法言·问神》:"言,心声也"。这大概就是汉语成语"言为心声"的出处。"言"是思维认识器官"心"的声音,这样,"言"就同"知"发生了联系。用我们今天的话来说,语言是思维的外壳,而认识则是思维的内容。内容是离不开形式的。心中有知,发之为言,故言与知即为表里关系,二者密不可分。墨子说"言必有三表"(《墨子·非命上》),他所说的"言",就是在"知"的意义上使用的。荀子说:"言而当,知也"(《荀子·非十二子》)刘向《说苑》引孔子的话说:"故君子知之为知之,不知为不知,言之要也;能之为能之,不能为不能,行之至也。言要则知,行要则仁,既知且仁,夫何有加矣哉?"这里也是把"言"和"知"的意思混合起来使用的。如此看来,言行关系实质上也就等于知行关系。

先秦儒家诸子十分重视言行关系。孔子讲"知行"都是分开来说的；而讲"言行"却常常对而举之。例如："君子欲讷于言而敏于行"（《论语·里仁》）；"先行其言而后从之"（《论语·为政》）；"听其言而观其行"（《论语·公冶长》）。孟子把"知言"作为自己的长处（见《孟子·公孙丑上》）。荀子更是借用孔子和哀公对话的形式，把"知"、"言"、"行"三者合而论之，指出："是故知不务多，务审其所知；言不务多，务审其所谓；行不务多，务审其所由。"（《荀子·哀公》）这即是以"所知"、"所谓"、"所由"的客观事物及其规律为共同基础，把知与言、言与行、知与行都统一起来。

儒家把言行一致作为对管理者的一项基本要求。儒家提倡"人治"，主张"为政在人"（《礼记·中庸》）；因此，对于管理者自身素质的要求就特别高。《礼记》专门有一篇《表记》。说的就是管理者如何成为被管理者的表率。其中指出："是故君子服其服，则文以君子之容；有其容，则文以君子之辞；遂其辞，则实以君子之德。是故君子耻服其服而无其容，耻有其容而无其辞，耻有其辞而无其德，耻有其德而无其行。"这里，把管理者的服饰、仪表、言论、德行联系在一起，认为它们必须相互般配，才称得上是一个合格的管理者；否则，就应该以之为耻。孔子说："古者言之不出，耻躬之不逮也。"（《论语·里仁》）孟子说："故声闻过情，君子耻之。"（《孟子·离娄下》）《礼记·杂记下》也指出："居其位无其言，君子耻之；有其言无其行，君子耻之。"这里说的都是同一意思，即管理者必须做到言行一致。

儒家对于管理者之"言"的重视，特别反映在《礼记·缁衣》这段话中："王言如丝，其出如纶；王言如纶，其出如綍。故大人不倡游言。可言也不可行，君子弗言也；可行也不可言，君子弗行也。则民言不危行，而行不危言矣。"如果管理者的话像一根线，它的影响就像一根绳;如果管理者的话像一根绳,它的影响就像一条大索。所以,作为居于上位的管理者,讲话一定要十分慎重,绝对不可以戏言,更不能倡浮夸之言。这就要求管理者:说得到而做不到的,那就不要说;做得到而说不出的,那就不要做。这就是所谓"言行一致"。

在管理实践中,如何做到"言行一致"呢? 儒家提出两个建议。一个是少说多做,孔子说:"君子欲讷于言而敏于行。"(《论语·里仁》)《礼记·缁衣》指出:"言从而行之,则言不可饰也;行从而言之,则行不可饰也。故君子寡言而行,以成其信。"管理者对人许诺得少,而实现得多,就容易取得威信。另一个建议是说到做到,孔子主张"先行其言而后从之"(《论语·为政》),做不到的就不要说,说过了的就一定要做得到。《礼记·表记》指出:"君子不以口誉人,则民作忠。故君子问人之寒则衣之,问人之饥则食之,称人之善则爵之。"管理就是要解决被管理者的实际问题,不要"口惠而实不至"。总之,管理者对自己的一言一行都必须十分谨慎,时刻不忘记以自己的言行作为被管理者的表率。"君子道人以言,而禁人以行。故言必虑其所终,而行必稽其所敝,则民谨于言而慎于行。"(《礼记·缁衣》)管理者与被管理者都按照言行一致的原则去做,言必信,行必果,上下齐心,就无往而不胜。

既然"言行一致,是如此重要,那么,它就必然成为儒家考察、辨别和选择、使用管理人才的重要标准。儒家十分重视管理人才的选拔。孔子首先提出"举贤才"的思想。据《论语·子路》记载:"仲弓为季氏宰,问政。子曰:'先有司,赦小过,举贤才。'曰:'焉知贤才而举之?'子曰:'举尔所知;尔所不知,人其舍诸?'"这里特别强调,要提拔你所了解的人才。也就是说,"举才"的关键在于"知才"。所以,孔子说:"不患人之不己知,患不知人也。"(《论语·学而》)《大戴礼记·王言》指出:"仁者莫大于爱人,知者莫大于知贤,政者莫大于官贤。"《尚书·皋陶谟》也指出:"知人则哲,能官人。"总之,"举才"就要"知才","官贤"就要"知贤","官人"就要"知人"。

那么,如何"知人"呢? 儒家采用的是"言行一致"的标准。首先是"知言",孔子说:"不知言,无以知人也。"(《论语·尧曰》)其次是"观行",孔子说:"听其言而观其行。"(《论语·公冶长》)

关于"知言",孟子有一段很精彩的论述。他的学生公孙丑问他有什么特长,孟子回答说:"我知言,我善养吾浩然之气。"那么,什么叫"知言"呢? 孟子接着解释道:"诐辞知其所蔽,淫辞知其所陷,邪辞知其所离,遁辞知其所穷。"(《孟子·公孙丑上》)他的意思是说,和别人说话时要洗耳恭听,如果对方说的是些偏颇的言词,就知道他是一个无法看清事物整体的人;如果对方说的是些荒唐的言词,就知道他是一个充满困惑的人;如果对方说的是些邪恶的言词,就知道他是一个不合道理的人;如果对方说的是些吞吞吐吐的言词,就知道他是一个陷入困境的人。总之,由言知人,这就是孟子的高明之处。

孟子的"知言",还有一个颇具独创性的做法,那就是在听话时要注意观察对方的眼睛。他说:"存乎人者,莫良于眸子。眸子不能掩其恶。胸中正,则眸子瞭焉;胸中不正,则眸子眊焉。听其言也,观其眸子,人焉廋哉?"(《孟子·离娄上》)眼睛是心灵的窗户。一个人的心理状态,往往通过眼神表现出来。心正,眼睛就清澈明亮;心不正,眼睛就污浊昏暗。听对方讲话的同时,注意观察他的眼睛;那么,这个人的善恶又能往哪里隐藏呢?

从一句话就能判断一个人的好坏,从一个眼神就能了解一个人的善恶——这种"察言观色"的方法固然不错,但大概只有像孟子那样的"圣人"才能够做到。孟子为了实现他的政治理想,到处奔波,游说诸侯,屡遭挫折,因而才培养出比较敏锐的观察力。所以,他才自称"知言"而"知人",仅仅听对方之"言",又观察对方之"眼",就可以了解一个人。但是,对于普通人来说,要毫无差错地使用孟子的方法,恐怕就不那么容易了。因此,对于一般的管理者来说,儒家"知人"的另一个方法——"观行",似乎更有实用价值。

关于"观行",孔子有过一段十分著名的话,他说:"始吾于人也,听其言而信其行;今吾于人也,听其言而观其行。于予与改是。"(《论语·公冶长》)从上下文看,这段话是针对"宰予昼寝"而说的,但对于一般的"知人"的方法却有普遍意义。按宰予是孔子的一个学生,人很聪明,口齿伶俐,但就是不爱学习,有一次竟然在课堂上呼呼睡大觉。于是,这才引出孔老夫子的一段感慨。又据《史记·仲尼弟子列传》记载,孔子说过:"吾以言取人,失之宰予;以貌取人,失之子羽。"子羽即澹台天明,也是孔子的一个学生。其人相貌生得相当丑陋。他本来打算师从孔子,孔子却认为他素质不行,恐怕成不了什么气候。勉强受业以后,子羽离开孔子独自修行,到长江一带讲学,随从的弟子有三百人,在各诸侯国都颇有名气。就是对子羽这么一个长相不好却颇有内秀的学生,孔子开头还不想当他的老师。这是以貌取人所造成的失误。而对宰予这么一个说的是一套而做的又是另一套的学生,孔子开头却颇为信任,这是以言取人所造成的失误。正反两方面的对比,使孔子认识到,既不能以貌取人,也不能以言取人,而要看对方的实际行为。"听其言而观其行",才是正确的知人之道。

那么,具体来说,如何"观其行"呢?孔子提出了三条原则:"视其所以,观其所由,察其所安。人焉廋哉?人焉廋哉?"(《论语·为政》)在孔子看来,考察一个人的行为,观察他这样做的方法,了解他这样做的动机,就可以知道对方是什么样的人了。行为比言论更重要,方法比行为更重要,动机又比方法更重要。一个人的言行是这样,观察一个人的言行更应当如此。孔子举例道:"论笃是与,君子者乎?色庄者乎?"(《论语·先进》)意思是说:人们总是推许言行笃实的人,但这种人究竟是真正的君子呢,还是只在神情上伪装庄重的人呢？这就要全面考察其言论、行为、方法和动机。

这里有一个案例，正是孔子"观其行"原则在管理活动中的具体运用。法家的创始人之一李克（别名李悝），本来是子夏的学生，也就是孔子的再传弟子。据《史记·魏世家》记载，魏文侯准备任命宰相，当时有两个人选，一个是魏成子，一个是翟璜，两人各有千秋，不相上下。究竟选拔谁好呢？文侯举棋不定，便请教李克，李克并不正面回答，只是提出了选拔人才的五条基本原则："居视其所亲，富视其所与，达视其所举，穷视其所不为，贫视其所不取，五者是以定之矣。"文侯据此确定了以魏成子为相。

李克这里所提出的五条原则，其实正是孔子上述三条原则的继承和发展。所谓"居视其所亲"，就是观察一个人在无官无职的时候都亲近些什么人；"富视其所与"，就是观察一个人在富裕时都施予给什么人；"达视其所举"，就是观察一个人在处于高位时都推举些什么人；"穷视其所不为"，就是观察一个人在不发达的时候是否不做不正确的行为；"贫视其所不取"，就是观察一个人在贫困的时候是否不贪心索取。——这些，的确都是考察一个人特别是管理人才的重要角度。比如，"达视其所举"，魏成子和翟璜都位居高官，也都向魏文侯推荐人才。但成子所推荐的是文侯可以拜之为师的一类人才，而翟璜所推荐的却只是一些可以为将的人才。这其中的水平高低自然也就可以看出来了。

"知其言"、"观其行"，就能知人；而知人就要用人。对管理人才的考察和辨别，其目的还是在于选拔和使用。儒家要求治国者言行一致，这在用人问题上也是如此。荀子说："人主之患，不在乎不言用贤，而在乎不诚必用贤。夫言用贤者，口也；却贤者，行也；口行相反，而欲贤者之至，不肖者之退也，不亦难乎！"（《荀子·致士》）他以捕蝉的例子来比喻。捕蝉者以火把照蝉，蝉见火反投，因而捕之。那么，要想捕到蝉，火把就要明亮。如果火把不明亮，只是摇动大树,蝉也不会自己飞来。"今人主有能明其德者,则天下归之若蝉之归明火也。"(《荀子·致士》)要想得到管理人才,治国者光打雷不下雨是不行的,关键的是要拿出爱人、用才的实际行动。

那么,治理国家要使用什么样的人才呢?儒家所依据的也是言行一致的标准。荀子借用孔子与哀公论"治国之士"的形式,指出:"所谓士者,虽不能尽道术,必有率也;虽不能遍美善,必有处也。是故知不务多,务审其所知;言不务多,务审其所谓;行不务多,务审其所由。故知既已知之矣,言既已谓之矣,行既已由之矣,则若性命肌肤之不可易也。"(《荀子·哀公》)现实中的管理人才不可能是十全十美的。他不一定完全精通治国的原则和方法,但必定有所遵循;不一定做到尽美尽善,但必定有所坚持。所以,对于管理人才的要求是:知识不在于多少,而要审察所认识的是否正确;言论不在于多少,而要审察所说的是否在理;行动不在于多少,而要审察所做的是否适当。知、言、行三者都审查清楚了,那就要像保护自己的生命和体肤一样,不可轻易改变。

由此,荀子进一步分辨了四种不同的管理人才。他指出:"口能言之,身能行之,国宝也。口不能言,身能行之,国器也。口能言之,身不能行,国用也。口言善,身行恶,国妖也。治国者敬其宝,爱其器,任其用,除其妖。"(《荀子·大略》)既能说又会做,说到做到的管理人才最高一等,可以担当治国的大任,他们是国家的宝贵财富。会做不会说的管理人才次一等,可以从事具体的管理事务,就像专门的器物一样。会说不会做的管理人才又次一等,也可以根据他们的特长,在管理中发挥某种作用。而那些嘴上说好话,实际上干坏事的人,则像妖魔鬼怪一样,只能给国家带来灾难。因此,治国者就要区别不同情况,量材录用,"敬其宝,爱其器,任其用,除其妖",使之各得其所。

总之,在儒家看来,"言行一致"是管理者的基本准则。在管理活动中要遵循这一准则,在管理用人中更要遵循这一准则。言行一致,知行一致,知治一致,这就是儒家管理哲学的认识论。

（选自《儒家管理哲学》第二章,广东省
高等教育出版社,1997 年 8 月第二版）

　　黎红雷,海南省琼海县人,中山大学哲学系教授。主要进行中国哲学、中西比较哲学、管理哲学、企业文化等方面的研究。出版著作有《现代管理与儒家智慧》、《走向管理的新大陆——企业文化概论》等。

　　其《儒家管理哲学》一书,是二十世纪大陆学者集中从哲学层面研究儒家管理思想的代表成果之一。正如书中的"内容简介"所谓"本书抓住儒家管理哲学的基本精神——以人为中心,以正人正己为途径、由此而展开了它的管理哲学和哲学管理观,作者站在现代管理的角度,重新审视和分析古代儒家的'治国之道',取其精华,去其糟粕,力图把它转化成当代社会管理的宝贵财富"。本节所选文字一方面是着眼于理论在哲学上的提升与深化,以揭示儒家管理思想的深质内涵;另一方面全力推进儒家传统管理思想的现代转换,以借鉴历史精华,为社会主义经济建设精神文明建设提供理论支持。其学术理论具有较高的价值意义。

20世纪儒学研究大系

儒家管理哲学研究概况

黎红雷

对于儒家管理哲学(管理思想)的专门研究,无论是在国内还是在国外,都是近年的事(日本则稍早一些)。现将有关情况介绍如下:

1. 欧美

欧美对于中国儒家管理思想的介绍,主要散见在各种管理思想史的研究著作中。美国管理思想史专家小乔治(C. S. George, Jr.)在其《管理思想史》(*The History of Management Thought*, 1972)一书中指出:"中国人早就以其智慧著名,但对他们的管理思想却很少有人进行研究。可是,《孟子》和《周礼》等古籍却表明中国古人已经了解组织、计划、指挥和控制的某些原则。"他依据吴国桢《中国古代政治理论》一书中的材料,引用儒家经典《周礼》中关于宰相职责的一段话,指出,这表明"中国人在三千年以前的一些概念已带有当代管理的声调:组织、职能、协作、提高效率的程序以及各种控制技术。"他又依据陈焕章《孔子及儒家的经济原则》一书中的材料,引用《孟子·滕文公上》的"有大人之事,有小人之事"一段话,说明"中国古人还很强调专业化",即管理分工的原则。

美国管理思想史专家雷恩(D. A. Wren)在其《管理思想的演变》(*The Evolution of Management Thought*, 1979)一书中指出:"孔子留芳百世主要是因为他从事的道德教育,其次才是由于他提倡按才能提升官员的制度。"雷恩根据哈恩和沃特豪斯《孔子论人与组织》(载美国《管理学院杂志》1972 年 9 月号)一文中提供的材料,指出:"孔子哲学的确同当时的法家主张有矛盾。法家试图通过法制,利用奖惩的办法保证任务的完成,而孔子则主张培养和提高人民的道德品质,以实现合作。形式主义者和博爱主义者之间,制度和个人之间的斗争由来何等长久!"

英国剑桥大学客座教授、加拿大管理哲学家霍金森(Ch. Hodgkinson)在其《领导哲学》(*The Philosophy of Leadership*,1983)一书中指出,儒家所主张的领导者"珍视传统的伦理观、文化或秩序。他力图借助组织的工具,而使得有教养的伦理标准与具有历史连续性的人类尊严永存不朽。"

综上所述,西方管理学界对于儒家乃至整个中国古代管理思想的了解,由于语言文字和文化背景的限制,目前仅处在介绍阶段,还谈不上深入系统的研究和整理。

2.日本

日本是属于"儒家文化圈"的国家,早在公元 604 年圣德太子当政时,在所制定的《十七条宪法》中就已经把儒学作为治国的指导思想。因此,在日本,对于儒家治国之道的应用,应该说是由来已久的。明治维新以后,适应日本工业化的需要,涩泽荣一等人提倡"论语加算盘"即"经济道德合一说"。涩泽本人晚年还亲自讲授《论语讲义》,笔录出版的成书长达千页。这就开创了从现代管理的角度研究儒家哲学的先河(参见本书余论第二节)。

日本现代管理思想家伊藤肇指出:"日本企业家只要稍有水准的,无不熟读《论语》,孔子的教训给他们的激励,影响至巨,实例多得不胜枚举。"其实,有关这方面的研究论著也是"不胜枚举"。据统计,自涩泽荣一之后,从现代经营管理的角度解说《论语》的专著,在日本就出版了数十部。其中有:《指导者之书:论语》(作者为日本协和银行董事长色部义明)；《袖珍论语》(作者为日本第一生命保险公司社会长矢野恒太)、《论语处世训》(片山又一郎著，评言社出版)等。

伊藤肇则在《东方人的经营智慧》一书中，列举了日本企业家如何把中国儒家经典中有关"管理国家、百官、人民的要谛"奉为圭臬，套入"如何管理企业、干部、员工"的事实，并加以分析和说明。

例如，该书列举孔子的"问人不问马"，说明企业经营者要以人为中心，关心员工，爱护顾客。列举孔子的"不学诗，无以言"，说明企业经营者要有"诗心"，如此一来，器量自生，不会斤斤于小利，凡事都着眼于远处，胸襟自然开阔。列举孔子的"后生可畏"，说明企业领导者要有眼光，培养年轻人，发掘他们非凡的本质，使之成为企业的栋梁。列举子夏的弟子李悝的"居视其所亲，富视其所与，达视其所举，穷视其所不为，贫视其所不取"，说明企业要以此作为识别和选拔管理人才的标准。列举孔子的"其身正，不令而行；其身不正，虽令不从"，说明居高位的企业领导人，务必洁身自爱，取得员工和客户的信任，从而带动部属。列举孔子的"修己以安百姓，尧舜其犹病诸"，说明经营者要有足以使部下信服的人格，才能取得其他干才的协助，从而成就事业。列举荀子的"利而不利也，爱而不用也，取天下者也"，说明企业经营者要时刻不忘大众，使利润还原于社会，这才是企业生存的途径。列举《十八史略》所记载的尧舜之治，说明无为而治是经营手法的极致，而要做到这个地步，经营者就必须有崇高的仁德，以德服人，有感化的功夫……如此等等，不一而足。

综上所述，日本对儒家管理思想的研究，着眼于适应现实的需要，各取所需，为我所用，实用性强而理论性弱，比较零碎而缺乏系统性。

3. 我国台湾省和港澳地区

我国台湾省学术界对于中国管理哲学的研究,始于七八十年代之交,提倡者有成中英教授(美国夏威夷大学哲学系)和曾仕强教授(台湾交通大学管理科学研究所)等。由杨国枢和曾仕强主编的《中国人的管理观》汇集了这方面的研究成果。

其中,成中英在《建立中国的管理哲学》一文中探讨了建立中国管理哲学的可能性。他指出:"中国哲学包含了丰富的人生与社会智慧。基于其对整体思想的重视与发挥,显然能为管理科学提供一个哲学的基础,把重视技术的科学管理推向灵活的整体思想管理。"他具体论述道:中国哲学重视整体观念,强调整体中个体间相互依存的关系,突出平衡及和谐的观念,重视合一、合德、无碍、圆融等理念,有关宇宙及本体的观念永远与具体的人生实际密切结合,所包含的丰富的哲学理念与命题具备了极宽广的说明性与极深刻的表达力。这些特点表明:"以中国哲学为管理科学的哲学基础,并从而建立及发展中国管理哲学,既合乎文化传统的自然需要,又合乎管理思想发展的趋势。今日管理决策所需要的整体性、依存性、调和性、创新性、变通性与实践性也都可以据此发展开来。管理之学不但是技术与知识的领域,也将是智慧的园地了。"作者还特别点明:"中国管理哲学的发展,不但显示了中国哲学对管理科学及管理问题的现代贡献,也为中国哲学的内在生命提供了一个发展的良机。"

曾仕强在《中国管理哲学的精义》一文中指出:"所谓《大学》之道,实际上就是管理之道";中国的管理哲学,就是"《大学》以经之,《中庸》以纬之"。他从中发现中国管理哲学的精义,包括:(1)管理之道,在修己,在安民,在时常调整;(2)管理的共同任务,在发扬人类最高的文化,表现人类最高的道德;(3)决策的过程是:知止而后有定,定而后能静,静而后能安,安而后能虑,虑而后能得。(4)管理者修己,须合仁与知,而各得其宜;(5)修己、安人,都要日新又新。

谢长宏和方清辉在《论语显示之儒家管理理念》一文中，"尝试以《论语》一书为对象，设计一套研究程序，参考现代管理的概念架构，筛选其中与管理有关的事实与言论，使用'管理语言'，经由创造性转换过程赋予其管理上的涵义并将之整理分析，使论语中的管理理念有系统地具体呈现，而使儒家的管理理念有可能成为现代管理知识的一部分。"他们认为，《论语》所蕴涵的管理理念可分为八大领域，包括理想的管理状态、管理者的角色认知、管理者的行为准则、管理者的能力评价、主管或干部的选任原则、指导部属的原则、主管与部属的关系发展、整体组织的发展等，并有列表详细说明。

在专著方面，最有代表性的是曾仕强的《中国管理哲学》和蔡麟笔的《我国管理哲学与艺术之演进和发展》。

曾著的目的是"在追求新的融合：一方面使中国的道德理想和艺术精神，能充分溶化于现代管理之中；一方面也希望西方的管理，能够在中国走出一条崭新的道路，表现出真正中国化的特色。"该书分别论述了管理与心灵问题、管理与人性问题、管理与认识问题、管理与道德问题、管理与社会进步问题、管理与艺术问题等方面，每一方面均罗列西方人的观点，我国先哲（包括儒、道、墨、法家）的主张，以及在现代管理上的运用等三个部分，在古今中外的比较中展现中国管理哲学的风采。最后，作者提出要以"安人"为中心来建构中国管理哲学：（1）关于管理本质论，"这要根据'天人合一'哲学以及国父'心物合一'哲学来解决'管理究竟是什么'的问题。"（2）关于管理内容论，"这要根据'安宁哲学'来阐明什么才是管理的对象，也就是哪些才是管理的内容。"（3）关于管理方法论，"这要根据道德与艺术的原则来阐明管理究竟应采取何种方法，才能达成安宁的使命。"（4）关于管理目的论，"这要根据我国先哲的指引,使管理真正能够达到安宁的目的。"(5)关于管理价值论,"这要依据安宁的是否维护、巩固、增进来判断管理实施的结果,有否价值"。

此后,曾仕强先生还陆续出版了《中国的经权管理》(与刘君政合作),《中国的经营理念》等。在后一部书中,作者提出中国管理的"M理论"。"M"取自英文"人"(man)、"中庸"(medum)与"管理"(management)三词的字首。"M理论"的内容可以归纳为三项:(1)人性可塑,员工是可能改变的;(2)员工如果关心工作,就会适时应变;(3)管理者和被管理者都是人,彼此都需要被了解和同情。而"安人之道"、"经权之道"和"絜矩之道"则是"M理论"的三个向度。

蔡著则认为:"我国管理哲学与艺术,系独立发展而来,自成体系,郁郁焕焕,智慧洋溢。亦间有与西说合者,盖理事治人,智者所见偶同耳。我国以管理军政所得之学说、原则等,用之于'治生'谋利……西人率以谋利为先,其所归纳而有效诸说,反为军政等机构所援摅。然就管理体系言,一切原理原则,盖可推之四海而皆准也。组织之性质纵异,而管理原理则一也。"该书把《易经》作为中国管理创造性观念的源流,进而分列儒、道、墨、法、兵、纵横各家的管理观,而以"大同"目标作为各家管理哲学的共同归宿。作者指出:"就所述六家言,概略论之,儒、道、墨重在哲理,法、兵、纵横偏于艺术,其间绝对分野则无,然各有所长,班生所云'得其折中'尚恐不足,似一视环境而决之为妙,且须综合用之,似未可拘泥偏执也。"

蔡著附有同一作者的一篇长文《成功领导的不渝原则——儒家哲学与近代行政理论》。该文认为:"儒家中若干言论,实较近代行政理论,尤为精邃。儒学虽不能为我们摧敌致果,亦不能为我们制造坚船利炮,更不能教我们生产氢弹,登陆月球,但能使我们团结上下,振作士气,建立健全的组织气候,为行政领导所必须。欲富国强兵,维护人人努力向上的情绪;欲人人奋发扬厉,任重道远,实非儒学莫办。"甚至推而广之,"此一内圣外王,天人合一的文化,确足以弥补西方当前之大弊,而解决人类文化之严重危机。如此,则儒家哲学非但为行政领导上所不可缺,且为拯救世人精神上彷徨迷惑之心灵的宝贵药石了。"这就把儒学在现代管理中的作用抬高到无以复加的地步。

但是,也有些作者对此持冷静分析的态度。香港中文大学施达郎先生在《儒家伦理与权威管理》(收入《中国式企业管理的探讨》一书,经济管理出版社,1985年)一文中指出:"权威管理有利有弊,端视组织结构、环境条件及领导与被领导类型而定。不过,长远而观,由于儒家思想只从人的善性方面去设想和要求自律,而没有预防和惩治不合伦理规范行为之强制办法,权威管理乃易流于从心所欲而逾矩。"作者认为,儒家管理思想的缺陷,就在于法治精神之匮乏,"伦理只有在法治的前提下维持,始有意义。伦理与事理平行,权威才有民主的平衡;将伦理扩及至对人、财、物、环境的规范,权威始有管理的意义。"

综上所述,我国台湾省和港澳地区学者对于儒家管理哲学的研究,既比较系统,且具有强烈的实用性。对于个别学者不恰当地抬高儒学在现代管理中的作用,则不足取。

4. 我国大陆

70年代以前,我国大陆学者对于儒家管理思想的研究,散见在各种政治思想史、经济思想史、哲学思想史、法律思想史、社会思想史的论著中。80年代以来,适应改革开放的新形势和现代化管理的需要,对于包括儒家在内的"中国管理思想史"的研究,引起人们的重视,逐渐作为一门独立的学科而分化出来。

1984年12月,在北京召开了第一次中国古代管理思想讨论会,此后这种讨论会每隔二三年举行一次,至今已举行了四次。前两次讨论会的论文分别结集为《中国古代思想与管理现代化》、《中国传统管理思想的新探索》,其中不少涉及到儒家管理思想及其哲学基础的研究。

1986年,企业管理出版社出版了由全国几十名专家学者共同编写的《中国古代管理思想》一书,其中涉及到儒家诸子的管理思想。沈祖炜在《孔子以礼义治国的思想》一文中指出:孔子的管理思想有一部分涉及经济管理,而大部分却是和治理国家或管理社会的主张紧密联系在一起的。由于孔子特别主张用'礼'和'义'这些儒家的道德规范来协调统治者上下左右的关系,来调节统治者与被统治者的关系,因此孔子的管理思想同他的伦理思想交织在一起,是一种主张按照伦理原则进行管理的思想。"作者在文中具体论述了孔子"以礼为核心的管理目标"、"以义为特征的管理方法"和"以礼义为原则的经济管理思想"等。

程麟苏在《孟子的仁政治国思想》一文中指出,孟子"提出了一系列管理国家的方法。这些思想是孟子整个思想的一个重要组成部分,对后世影响甚大"。作者在文中具体论述了孟子关于"得民心者得天下"、"以佚道使民"、"任贤使能,安富尊荣"、"居安思危,未雨绸缪"、"重根本救治之道,轻小恩小惠之赐"等管理思想的内容。

刘枫在《荀子礼法结合的管理思想》一文中指出,荀子总结前人的理论,"在管理国家政治和经济事务的方法上提出了近乎法家、刑名家的主张。不过,荀况在讲法治时并不排斥礼治,也没有把赏罚作为治理国家的唯一手段。他认为礼、法结合比单纯的礼治或法治有更多的优越性"。作者具体论述了荀子"以性恶论为基础的行为理论和以礼节欲,以求为准的分配原则"、"劳动创造财富和制天命而用之的管理思想"、"以群和分为特点的社会生产组织原则"、"发展农业,保护自然资源"、"发展工商业的措施,禁止私自制造奢侈品的原则"、"生产和消费的平衡原则"、"上下俱富以政裕民的思想"等。

中国经济管理思想史专家,北京大学赵靖教授除了在他的专著《中国古代经济管理思想概论》和《中国历史上优秀的经济管理思想》涉及儒家的管理思想之外,还专门发表了《孔子的管理思想和现代经营管理》一文(载《孔子研究》1989 年第 1 期)。文中指出:"从政治管理和经济管理的共性来研究孔子的管理思想,可以说孔子的管理思想中最有特征的内容,是重视人的因素,重视教育手段,重视领导的作用和重视长期战略目标。而孔子的管理思想中对后代消极影响最深、最严重的是,轻视经济工作,反对改革和把家族宗法制度引进国家事务的管理中。孔子的管理思想对经济管理的影响,主要发生在近、现代。孔子的管理思想以及近现代资本主义企业家运用孔子管理思想的经验,对于我们当前的管理工作都不同程度地具有参考、借鉴的意义。"

张鸿翼在其博士论文《儒家经济伦理》(湖南教育出版社,1989年)一书中指出:"儒家是主张伦理治国的,在他们看来不仅任何社会问题都和伦理道德有关,而且任何社会问题的最终解决都有赖于人伦道德关系的协调。因此,只要理顺人伦道德关系,其他如经济关系、政治关系、甚至国家间的外交、军事关系等等社会关系似乎都可以自然和谐了。对于社会经济问题,儒家尤为强调伦理道德的至关重要。儒家把实现人伦道德之和谐视作社会经济发展的崇高价值目标,由此出发,他们为人们的社会经济生活确立了一系列道德原则和道德规范。而这一整套伦理经济思想观念,千百年来对我国人民的社会经济心态以及对社会经济的实际发展都产生了极其深刻的文化影响。"该书依儒家经济伦理的形成、内容、命运分为上中下三篇,其中有一节专门论及了"儒家的人性论及其管理哲学",指出:"儒家的经济管理思想及其全部治国治民学说,都是建立在其人性哲学的基础之上并直接从中引申出来的。"最后,作者用"无可奈何花落去,似曾相识燕归来"这句古诗来比喻儒家思想在现代社会的命运。他说:"儒家经济伦理固然具有许多'美好'之处,然而在中国社会由传统社会向现代社会转变的历史阶段,它必须也必然会难以挽回地'落去';但是,我们也不必对其命运过分伤感,也许为期不会很久,当我国社会也步入'后工业社会'的时候,传统的儒家文化之'燕'也许会再次'归来'的。到那时,它一定会一扫当年之陈腐老气而换上一身充满生气之翎羽,并将引导人类奔向社会文明的又一个明媚的春天。"

杨宗兰在《文韬武略——博大精深的中国古代管理思想》一书中认为,中国古代管理思想作为一种早熟的文化,"形成了对社会管理全部领域(除主要的政治领域外有军事、经济、意识形态、科技等各领域的管理)的探索和多方位视野(除宏观管理哲学外有人性心理、伦理道德、法律制度、决策方法、组织构架、措施手段等各个层面)的考察,从而共同构成了一个多元化的博大精深、完整系统的思想文化体系","其涉猎管理领域之广博,构成的总体系之完整,也不是现代西方哪一个民族国家所能比拟的。可以这样说,我们今天所碰到的重大管理问题,中国古代管理思想家们或直接或间接、或整体或局部、或明确或隐约、或深刻或浮浅、或抽象或具体、或实质或表面,或理性或直觉地提出来过"。作者在书中论述了儒家"以人为核心的管理哲学"、"发达的人性理论"、"尊贤使能的用人之道"、"科学的论断——劳心者治人"等等。作者最后提出,要对中国古代管理思想进行"创造性转化","使之在中国管理现代化过程中不断发挥作用,提供营养,以'中式管理'为世界文明作出贡献"。

刘云柏在《中国儒家管理思想》一书中指出:"中国儒家管理思想在我国的管理史、哲学史、社会史、教育史和文化史中占有特殊地位。研究中国儒家管理思想既不是为了尊崇它,也不是为了贬斥它,而是把这个学说及其影响作为科学研究的对象,实事求是地作出科学评价。并在建设具有中国特色的社会主义管理理论体系时从中汲取丰富的营养。"作者指出:"儒家管理思想的核心是'仁'、'礼'、'中庸'。孔子指出'为政以德',孟子提出仁政学说,《大学》提出'修齐治平',《礼记·礼运》提出'天下为公',这些都是儒家管理的基本思想。"作者认为,儒家管理思想的优点是:积极的入世精神,强烈的道德色彩,顽强的再生能力,以及注重中和的思想方法。儒家管理思想的缺点则是:在管理价值上,重视主体道德的扶植,忽视力量的培养,知识的研讨和功利的追求,造成德力分离、德智分离和义利分离的不良倾向。在管理决策上,重视"形而上"的研讨,而忽视"形而下"的探求,造成"重道轻艺"的不良倾向。在主体管理思维方式上,强调"尊经"、"征圣"、"法古",而忽视个性的培植、创造性的发挥和多样性的追求,造成死板僵化的管理格局。该书所研究的"儒家"上起先秦下至"现代新儒学",但不包括荀子和其他儒家派别。

综上所述,我国大陆学术界对于儒家管理思想的研究,适应新时期"以经济建设为中心"的需要,大多是从经济管理入手,至于儒家行政管理思想的研究则刚刚开始,而对于儒家管理哲学的研究更是一个需要开拓的课题。

（选自《儒家管理哲学》一书的附录,
广东高等教育出版社,1997年第二版）

本文为作者《儒家管理哲学》一书的附录,主要介绍儒家管理哲学的海内外二十世纪末研究动态情况。为我们更深入了解儒家管理思想在世界范围内的研究、传播、影响,提供了一份较为详细的资料。并且对儒家管理哲学研究这一课题的世纪前沿有了新的了解。在某种意义上也是这一课题的世纪总结。

孔子管理思想概说（节选）

李才远

一、管理目标论

孔子在他的社会管理实践活动中，着重从社会的宏观管理方面，明确地提出了宏伟的社会管理目标。这主要表现在他的"庶、富、教"、"安"思想和"大同"社会的理想上。

《论语·子路》篇这样记道："子适卫，冉有仆。子曰：'庶矣哉！'冉有曰：'既庶矣，又何加焉？'曰：'富之'。曰：'既富矣，又何加焉？'曰：'教之。'"孔子和他的弟子冉有的这段对话很有意思。孔子认为，要管理好一个国家，从宏观目标上来说，一要保持一定的人口数量，二要使老百姓的生活日益富足，三要对全民实施教育。在另外一些场合，孔子也强调要使"百姓足"，要"有教无类"。孔子是从"富"与"教"，亦即从物质和精神两个方面来规划国家的宏观管理目标的。在他看来，只有使经济发达，人民生活富裕，使教育普及，人民道德完善，才能达到国泰民安的目的。在《论语·宪问》篇我们看到，当子路问怎样成为有德有为的君子，即成为卓有成就的社会管理者时，孔子回答说："修己以敬"，"修己以安人"，"修己以安百姓"。这就是说，要认真地修炼自己，使自身具有高尚的道德和卓越的才能，从而通过严肃的管理工作来使所有的人即被管理者都得到安乐。孔子认为，"富民"与"教民"，最终都是为了"安民"。这既有利于当时统治秩序的巩固,也有利于人民的安居乐业,有利于社会的稳定与发展。孔子的这个关于国家宏观管理目标的主张,虽然是在维护封建统治秩序的前提下提出来的,但其思想意义,已远远超出了封建制度的藩篱,在很大程度上反映了国家宏观管理的一些本质要求和基本规律,因而具有普遍的意义。

关于孔子的"大同"社会理想,《礼记·礼运》做了这样的记载:"大道之行也,天下为公,选贤与能,讲信修睦。故人不独亲其亲,不独子其子;使老有所终,壮有所用,幼有所长;矜寡孤独废疾者皆有所养;男有分,女有归。货,恶其弃于地也,不必藏于己;力,恶其不出于身也,不必为己。是故,谋闭而不兴,盗窃乱贼而不作,故外户而不闭。是谓大同。"在这段话中,孔子给我们描绘出了一幅大同社会的美好图景。这正是孔子社会宏观管理目标思想的集中表现。孔子认为,"富民"、"教民"、"安民"的最后结果,就是使社会进入到一个和谐美满和道德高尚的理想境界。

三、专项管理论

从社会的宏观管理来看,孔子不仅对管理目标、管理原则提出过许多深刻的见解,而且在社会的行政管理、经济管理、军事管理、人才管理等方面,也有过一些卓有见地的论述。这些专项管理论,也是孔子管理思想的重要组成部分,且在今天仍有其可资借鉴的现实意义。本文先对其行政管理、经济管理的论述作一初步探讨。

(一)论行政管理。孔子认为,从事行政管理,主要应抓住以下几条:

一要"正名"。子路问孔子:"卫君待子而为政,子将奚先?"孔子回答说:"必也正名乎!"当子路进一步问,为什么一定要从"正名"做起时,孔子解释说:"名不正,则言不顺;言不顺,则事不成;事不成,则礼乐不兴;礼乐不兴,则刑罚不中;刑罚不中,则民无所错手足。故君子名之必可言也,言之必可行也。"(《论语·子路》)。孔子认为,"正名"是"为政"的首要措施。因为,作为管理者的名分不正,说话就不顺当;说话不顺当,事情就办不成功,事情办不成,礼乐、刑罚都弄不好,百姓便无所适从。齐景公问政于孔子,回答说:"君君,臣臣,父父,子子"(《论语·颜渊》)。有其名,就应当行其实,名实应相一致。这是孔子正名思想的具体运用。毛泽东同志对孔子的"正名"思想评价说:"'正名'的工作,不但孔子,我们也在做,孔子是正封建秩序之名,我们是正革命秩序之名,孔子是名为主,我们是实为主,分别就在这里。"(《毛泽东书信选集》第144—145页)毛泽东同志这段话,对我们是颇有启发的。

二要"知礼"。孔子主张"为国以礼"(《论语·先进》)。孔子把体现宗法等级社会制度和行为规范的"礼",看作是社会政治生活中最重要的东西。他说:"不知礼,无以立也"(《论语·尧曰》)。他认为"礼"是治国之据,立身之本,任何人在日常生活中都必须事事依礼而行,即做到"非礼勿视,非礼勿听,非礼勿言,非礼勿动"(《论语·颜渊》)。他要求为君者要"使臣以礼"(《论语·八佾》),对老百姓要"约之以礼"(《论语·雍也》),人人都要"克己复礼"(《论语·颜渊》)。在孔子看来,周朝的礼仪制度,经过"损益",最为完备,对社会秩序的管理,作用极大,理应加以维护和遵从。所以孔子说:"周监于二代,郁郁乎文哉! 吾从周。"(《论语·八佾》)"上好礼,则民莫敢不敬"(《论语·子路》);"上好礼,则民易使也"(《论语·宪问》)。说到这里,孔子管理思想的保守的一面和他所谓"礼"的阶级本质也就显露了出来。原来"礼"的作用,是通过加强对老百姓的思想行为的控制,最终为巩固封建统治秩序服务。

三要"爱人"。孔子曾说:"君子学道则爱人。"(《论语·阳货》)孔子认为,作为社会管理者的志士仁人,必须把自己的工作对象真正当人看待,并且认真加以爱护。孔子在自己的生活实践中,就表现出了对人的真正的关心。据《论语·乡党》篇记载,有一次孔子家里的马厩失了火,他退朝回来,首先问伤人没有,而不问马。孔子在回答"仲弓问仁"时说:"出门如见大宾,使民如承大祭。己所不欲,勿施于人。"(《论语·颜渊》)这就突出地表明,孔子认为仁者待人,应取尊重和平等的态度。这对于消除管理者与被管理者之间的某种对立情绪是至关重要的。从行政管理的角度来说,仁者"爱人"与"泛爱众"(《论语·学而》),还包含有另一层意思,这就是孔子重人事而轻鬼神的思想。"季路问事鬼神",孔子说:"未能事人,焉能事鬼?"又问死是怎么回事,孔子说:"未知生,焉知死?"(《论语·先进》)在当时的条件下,孔子虽未否定鬼神的存在,但他依据其丰富的知识和阅历,认为应当重现实,尽人事,而迷信鬼神,于事无补。所以当樊迟"问知(智)"时,孔子回答说:"务民之义,敬鬼神而远之,可谓知矣。"(《论语·雍也》)他认为,专心地引导人民走向道义,对鬼神存而不论,敬而远之,这才是为政者应有的正确而明智的态度。

四要"守信"。所谓守信,就是说话算数,诚实无欺。孔子提倡"主忠信"(《论语·学而》),把"信"与"忠"看成是君子应该具有的两种主要的政治品德。因此,他要求"道千乘之国"的人,即从事国家行政管理的人,一定要"谨而信"、"敬事而信"(《论语·学而》)。说话做事,都要严肃认真,讲究信用。孔子认为,是否守信,关系重大。对管理者来说,"信则人任焉"(《论语·阳货》);对被管理的民众来说,"民无信不立"(《论语·颜渊》),"上好信,则民莫敢不用情"(《论语·子路》)民众没有信心,国家就不能建立和巩固。上层管理者诚实守信,老百姓中就没有人敢于不讲真话。就管理绩效来说,"信以成之"(《论语·卫灵公》)。守信就能使事情得到成功。正因为这样,所以子夏说:"与朋友交,言而有信"(《论语·学而》);曾子每天都要反省自己的三件事,其中也有"与朋友交而不信乎"(《论语·学而》)。就说明,由于孔子的谆谆教导,他的这种思想已在他的学生们中深入人心,并且成了他们行动的准绳和自觉要求。

(二)论经济管理。在国家的宏观经济管理方面,孔子也提出过一些含意深刻的见解。就其主要的说来,有以下几点:

其一,"政在节财"。孔子生活的时代,社会生产力的水平还很低,以解决衣食问题为主的农业、手工业经济,因受到自然条件的种种限制,还不能充分满足人们的物质生活需要。所以当齐景公再次"问政于孔子"时,孔子回答说:"政在节财"(《史记·孔子世家》)。他认为节约资财,应是国家财政的一项总方针。当孔子谈到治理"千乘之国"的战略措施时,也明确地提出了"节用"(《论语·学而》)一项。

其二,"敛从其薄"。在国家税收政策的制订上,孔子从"仁者爱人"、"克己复礼为仁"的指导思想出发,主张"敛从其薄(《左传·哀公十一年》),征税十分之一。鲁哀公问孔子的学生有若:"年饥,用不足,如之何?"有若回答说:"盍彻乎?"为什么不实行十分抽一的税率呢?哀公又说:"二,吾犹不足,如之何其彻也?"有若对曰:"百姓足,君孰与不足?百姓不足,君孰与足?"(《论语·颜渊》)有若对哀公的答话,完全符合孔子"薄赋敛则民富"(《说苑·理政》)的思想。孔子一贯反对苛政,反对统治者过度聚敛财富而加重老百姓的负担。在当时的鲁国,"季氏富于周公,而求也为之聚敛而附益之"。孔子知道此事后非常生气,对他的学生们说:冉求"非吾徒也。小子鸣鼓而攻之,可也!"(《论语·先进》)孔子贯彻"敛从其薄"的态度非常坚决,凡与此相违者,他都深恶痛绝。这或许也就是他所谓"唯仁者能好人,能恶人"(《论语·里仁》)论断的具体表现吧!

其三,"使民以时"。古代的经济生活,主要依靠农业生产。决定农业生产收成好坏的主要因素,是土地、人力、天时。孔子深知,农事活动必须按时令进行，必须爱惜劳力和农业劳动时间。因此，他认为应当把"使民以时"（《论语·学而》）作为"道千乘之国"（《论语·学而》）的一项大政方针来考虑，即征调民力，要在农闲时间。在先秦时代，真正关注经济管理的思想家，都对此重要问题提出过类似的看法。如管子说："无夺民时，则百姓富。"（《国语·齐语》）孟子说："不违农时，谷不可胜食也。"（《孟子·梁惠王上》）荀子说："春耕、夏耘、秋收、冬藏，四者不失时，故五谷不绝而百姓有余食也。"（《荀子·王制》）孔子"使民以时"的思想，在历史上承前启后，影响深远。

其四，"惠而不费"。孔子在回答子张问怎样便可以"从政"的问题时，提出"尊五美"中的头一条主张，便是"惠而不费"。子张进一步问："何谓惠而不费？"孔子解释说："因民之所利而利之，斯不亦惠而不费乎？"（《论语·尧曰》）这是说，就着人民能得到利益之处去使人民得到利益，这不就是给了人民以好处而自己却无所耗费吗？孔子的这种主张，也是贯彻他的"养民""富民"和"节用而爱人"（《论语·学而》）思想的具体表现。当有人问子产是怎样一个人时，孔子回答说"惠人也"（《论语·宪问》），是一个对人民宽厚慈惠的人。他评价子产"有君子之道四焉"，而四中之一，便是"其养民也惠"（《公冶长》）。子产的养民政策，的确给人民带来了实际的恩惠。孔子主张在经济管理上采取惠民而不破费的方针，虽然最终目的是为了"惠则足以使人"（《论语·阳货》），让老百姓更好地服务于统治者的长远利益，但这种主张也会给老百姓带来直接的经济利益，而且在一定程度上能调动劳动者的生产积极性，因而具有管理的合理性和历史的进步意义。

（三）论军事管理。孔子主张以礼让治国，对军事问题，常常避而不论。如卫灵公问他布阵之法，孔子说："军旅之事，未之学也。"（《论语·卫灵公》）而且说了这话之后，第二天便离开了卫国。但事实上,孔子是懂军事管理的。如孔子的学生冉有为季氏带兵打了胜仗,当冉有被问及他的这种军事本领是从何而来的时候,他明白地回答说:"学之于孔子"(《论语·卫灵公》)。通观《论语》和《史记·孔子世家》,我们便可看到,孔子对军事管理,也确有以下一些含意深刻的见解:

首先,主张加强战备。孔子认为,"足食、足兵、民信"(《史记·孔子世家》),是立国的重要保证。孔子说:"有文事者必有武备,有武事者必有文备"(《史记·孔子世家》)。他要求做到文武兼备,有备无患。战争问题,为"子之所慎"(《论语·颜渊》)。孔子对于战争问题,一直采取十分谨慎的态度。他从战备和爱民的观点出发,强调平时就应加强对士卒和民众的教导与训练。孔子说:"善人教民七年,亦可以即戎矣"(《史记·孔子世家》);"以不教民战,是谓弃之"(《论语·述而》)。他认为,只要让经过训练的人民去作战,才有胜利的可能;否则,便是让人民白白去送死。

其次,力主军权集中。孔子说:"天下有道,则礼乐征伐自天子出;天下无道,则礼乐征伐自诸侯出。"(《论语·子路》)这是说,天下太平,制礼作乐和出兵打仗,都决定于天子;天下混乱,制礼作乐和出兵打仗,便决定于诸侯。孔子指出,要是军权不能高度集中,出兵打仗之事竟然"自诸侯出","自大夫出"(《论语·子路》),乃至"陪臣执国命"(《论语·季氏》),那么国家统一的政权就难以长久保持下去了。孔子尤其反对诸侯国之间的不义之战,反对"谋动干戈于邦内"(《论语·季氏》)。因此,他竭力主张军权应高度集中于"天子"。

再次,讲究谋略战术。子路问孔子:"子行三军,则谁与?"孔子回答说:"暴虎冯河,死而无悔者,吾不与也。必也临事而慎,好谋而成者也。"(《论语·季氏》)这是说,赤手空拳地去和老虎博斗,不准备船只便去渡河,这样莽撞从事死了都不后悔的人,我是不和他共事的,我所要找来与我共事的,一定是面临战斗便小心谨慎,善于谋略而能取胜的人。在孔子看来,军旅之事,必须慎之又慎,决不能只逞匹夫之勇,不讲究谋略战术。

(四)论人才管理。孔子认为,要治理好一个国家,首要的问题,是选用贤才担负国家管理重任。"鲁哀公问政",孔子说:"政在选臣。"(《论语·季氏》)"子游为武城宰",孔子首先问道:"女得人焉耳乎?"(《论语·述而》)可见,是否得人才,是孔子所最关心的问题。"仲弓为季氏宰",向孔子请教怎样管理国家政务。孔子回答说:"先有司,赦小过,举贤才。"(《史记·孔子世家》)就是说,给你的工作人员带好头,不计较别人的细小过失,同时注意选拔优秀人才。仲弓又问:"焉知贤才而举之?"孔子回答说:"举尔所知;尔所不知,人其舍诸?"(《论语·雍也》)孔子不仅提出了"得人"、"举贤才"的主张,而且还着重指出了选拔优秀人才的重要作用。孔子说:"举直错诸枉,能使枉者直。"(《论语·子路》)子夏对樊迟说:"富哉言乎!"这话的含义多么丰富啊!并接着举例解释道:"舜有天下,选于众,举皋陶,不仁者远矣;汤有天下,选于众,举伊尹,不仁者远矣。"(《论语·子路》)孔子还说:"举善而教不能,则劝。"(《论语·颜渊》)提拔好人,教育能力弱的人,他们也就会勤勉了。孔子还认为,提拔贤才不仅可以避免坏人混进执政队伍和教化不正的人,而且还可以提高管理者的威信,使民众诚服于政府的管理。鲁哀公问孔子:"何为则民服?"孔子说:"举直错诸枉,则民服;举枉错诸直,则民不服"。(《论语·颜渊》)

孔子不仅论述了选拔优秀人才的重要性,而且指出人才难得和智在知人。针对"舜有臣五人而天下治"等历史事实,孔子感叹道:"才难,不其然乎?"(《论语·为政》)当樊迟问怎样才算有智慧时,孔子说"知人"(《论语·为政》),即善于识别人才。因此,孔子对于人之是否贤才,主张进行认真考核,而且从人才的培养和管理实

践中,总结出了以下考核原则和方法:

第一,"听其言而观其行"。《论语·为政》篇记载孔子说:"视其所以,观其所由,察其所安,人焉哉?人焉哉"?孔子说他这个"知人"的方法,也是由片面到全面,从实践中逐步总结出来的。他说:"始吾于人也,听其言而信其行;今吾于人也,听其言而观其行。于予与改是。"(《论语·泰伯》)这是在"宰予昼寝"的事情发生之后,促使他改变了考核人的方法,由原来的"听其言而信其行",改变为"听其言而观其行"。孔子虽然强调"观其行",但并不否认"听其言"的必要性。孔子说:"不知言,无以知人也。"(《论语·颜渊》)不善于辨别言论的是非曲直,也不能真正地了解一个人。孔子要求从言与行的统一上去考查一个人,看其是否做到言行一致。

第二,"众恶必察"与"众好必察"。孔子的学生子贡问:"乡人皆好之,何如?"孔子说:"未可也。"子贡又问:"乡人皆恶之,何如?"孔子说:"未可也;不如乡人之善者好之,其不善者恶之。"(《论语·公冶长》)因此,孔子总结说:"众恶之,必察焉;众好之,必察焉。"(《论语·尧曰》)孔子认为,对于世俗之毁誉,不能盲目信从,还必须深入实际,进行认真考察,弄清事实真相,从而得出反映全面真实情况的正确结论。

第三,"不以言举人,不以人废言"。孔子认为,在举荐人才的时候,不要因为某人话说得好听就提拔他,也不要因某人有了过失而对他讲的正确的话也一概加以否定。这就是孔子所说的,"君子不以言举人,不以人废言"(《论语·子路》)。孔子还说:"巧言令色,鲜矣仁!"(《论语·学而》)

第四,"小知"与"大受"。孔子认为,对于所要提举的人才,都应该经过认真的考验。他说:"吾之于人也,谁毁谁誉?如有所誉者,其有所试矣。"(《论语·卫灵公》)谈到考验的方法,孔子认为,对于不同的人,则应有不同的方法。他说:"君子不可小知而可大受也,小人不可大受而可小知也。"(《论语·卫灵公》)孔子的这种方法,是符合从实际出发,对不同的对象采用不同的方法的辩证思维原则的。

第五,"无求备于一人"。在《论语·微子》篇中有这样一句话:"无求备于一人。"对于任何一个人,都不要求全责备。孔子在谈到如何使用和对待人才时说:君子"及其使人也,器之",小人"及其使人也,求备焉"(《论语·子路》)。这是说,在君子手下工作很容易,他使用人的时候,能按照各人的特长去分配任务。在小人手下工作很难,他使用人的时候,百般挑剔,求全责备。君子与小人对待人才的态度,是截然相反的。在《论语·子张》篇中,子夏说:"大德不逾闲,小德出入可也。"意思是说,人的重大节操不能逾越仁义礼的原则界限,而其它小节有些出入则是可以的。这正是对孔子不把人当成完人来苛求思想的具体解说。孔子还说:"后生可畏,焉知来者不如今也?"(《论语·子罕》)孔子认为,青年人虽然尚不成熟,但也有其优势,而且他们正在成长,前途远大。因此,从发展的观点看人,就更不应该求全责备了。

四、领导素质论

这里说的"领导",是指社会的宏观管理者。在孔子看来,要担负起"治国平天下"的管理工作重任,必须从多方面进行学习和修养,从而使管理者自身具有与其身份和任务相称的素质。概括起来说,孔子所论及到的管理者应具备的思想道德与文化能力等素质,主要有以下几点:

(一)"仁者不忧,知者不惑"。孔子认为,能担负治国安民历史重任的"君子",首先必须是"仁者"、"知(同智)者"。他说:"君子道者三"(《论语·子路》):"仁者不忧,知者不惑,勇者不惧"(《论语·子罕》)。作为"君子",必须做到不忧虑,不迷惑,不畏惧。孔子认为,志士仁人"任重而道远。仁以为己任,不亦重乎?死而后已,不亦远乎?"(《论语·宪问》)由于治国者以推行仁德为终身奋斗之目标,所以他胸怀坦荡,"不贪"(《论语·宪问》),"不忧","内省无疚"(《论语·泰伯》)。由于智者能知人知言、知时知世,所以能遇事不惑。孔子说:"仁者安仁,知者利仁。"(《论语·尧曰》)孔子又说:"知者乐水,仁者乐山。"(《论语·颜渊》)有智慧的人,乐于观水,以水的特性比喻人的智慧。因为水,可深可浅,可明可暗,能曲能直,能缓能急,看去柔弱,实则坚强。这正是智者机动灵活、通权达变智能素质的形象表现。有仁德的人乐于观山,以山比德。因为山,巍然屹立,宽大为怀,可以使草木生长,鸟兽繁衍,给人类带来了很大的利益而它自己则一无所求。这正是仁者"薄施于民而能济众"(《论语·里仁》)的仁德的生动表现。

(二)"博学于文,约之以礼"。孔子认为,作为社会宏观管理者的"君子",还必须具有广博的知识,懂得社会的各种礼仪,并用以规范自己的行动。孔子说:"君子博学于文,约之以礼,亦可以弗畔矣。"(《论语·雍也》)"以约失之者鲜矣。"(《论语·雍也》)《论语·子罕》篇亦云:"颜渊喟然叹曰:'夫子循循然善诱人,博我以文,约我以礼'。"孔子诱导学生一方面努力获得广博的文化知识,一方面又用礼节来约束自己。孔子不但教育他的学生要"志于道,据于德,依于仁"(《论语·雍也》),而且还要"游于艺"(《论语·里仁》)。即不仅要有远大的志向和崇高的仁德修养,而且还要多才多艺,对于礼、乐、射、御、书、数六艺,能做到融会贯通,灵活运用。当季康子问:冉求这个人,可以使用他管理政事吗?孔子回答说:"求也艺,于从政乎何有?"(《论语·述而》)冉求多才多艺,让他管理政事有什么困难呢?孔子还说:"君子不器。"(《论语·述而》)朱熹在注释《论语》"君子不器"这句话时说:"器者,各适其用而不能相通。成德之

士,体无不用,故用无不周,非特为一才一艺而已。"(《论语·雍也》)
这就是说,孔子认为一个立志为政治国的人,不应该像器具一样,
只有一个方面的用途,而应该全面发展,具有多方面的知识和才
能。

(三)"叩其两端","过犹不及"。以中庸为特征的思想方法论,
也是孔子极力推崇和讲究的。他说:"中庸之为德也,其至矣乎!
民鲜久矣。"(《论语·为政》)他认为中庸是人的思想道德修养达到
最高境界的表现。关于中庸思想方法的运用,孔子举例说:"吾有
知乎哉? 无知也。有鄙夫问于我,空空如也,我叩其两端而竭焉。"
(《四书集注·论语·为政》)意思是说,有人向他请教,他没有现成的
答案,他仔细地询问了那个问题的正反两个方面,然后加以分析,
尽可能给了提问者以满意的回答。这正如《礼记·中庸》在阐述孔
子的中庸思想时所说:"执其两端,用其中于民。"要坚持用"中",就
必须把握"两端"。所谓"两端",即矛盾的对立双方;"中",即对立
双方的统一、协调、平衡的联结点。因此,"叩其两端"的方法,是含
有两点论、反对片面性的合理因素的辩证思维方法。孔子还从他
的"执两用中"观点出发,提出了"过犹不及"命题。有一次,子贡问
孔子:"子张和子夏,哪一个更强些?"孔子说:"子张有些过头,而子
夏显得不及。"子贡接着问:"这样说来,是不是子张好一些呢?"孔
子说:"过犹不及。"(《论语·雍也》)这是说,过头和不及一样,都不
好。用现在的话说,就是"左"和右都不好。孔子认为,只有无过无
不及的中正才是恰到好处。同时,只有把握"两端",才能更好地坚
持和运用"中",才不至于偏向"左"或偏向右。因此,孔子的"叩其
两端"、"过犹不及",或无过无不及的思想方法,正是孔子中庸思想
方法论原则的具体表现。当然,孔子的中庸思想,不谈矛盾的斗争
与转化,这有其理论上的严重缺陷。但他比较深入地探讨了事物
矛盾的统一、平衡与协调,在一定程度上揭示了质与量的辩证关

系,强调为了保持事物质的稳定性,必须反对"过"与"不及",这的确是对辩证法做出的可贵贡献。毛泽东同志曾说:"'过犹不及'是两条战线斗争的方法,是重要思想方法之一。一切哲学,一切思想,一切日常生活,都要做两条战线斗争,去肯定事物与概念的相对安定的质。"(《毛泽东书信选集》第145—146页)。正因为这样,毛泽东同志肯定"孔子的中庸观念是孔子的一大发现,一大功绩"。因此,它的积极意义,是值得我们今天的管理者加以继承和发扬的。

(四)"和而不同"、"群而不党"。在谈到对待各种不同的意见和人物应取何种态度和方法时,孔子明确提出:"君子和而不同,小人同而不和。"(《论语·先进》)"君子矜而不争,群而不党。"(《论语·子罕》)这意思是说,君子听取各种不同的意见而达到最后的和谐,不是只听一种意见或专听与自己相同的意见,而小人的作法则刚好与此相反;君子对人态度庄重而不随意争斗,总是合于人群而不闹宗派。从思想方法上说,"和而不同"还含有这样的意思:单一的因素不能构成完美的事物,只有多种因素的和谐统一,才能构成丰富多采的完美的事物。孔子以人的风度修养为例指出:"质胜文则野,文胜质则史。文质彬彬,然后君子。"(《论语·雍也》)从社会历史观上说,"群而不党"的命题,是要求作为为政治国的管理者,必须面向广大人民群众,而不要把自己陷在狭小的宗派圈子里。这就是孔子在谈到自己的志向时所说的,要使"老者安之,朋友信之,少者怀之"(《论语·卫灵公》)。这也是他的学生们所体会到的,要"尊贤而容众,嘉善而矜不能"(《论语·雍也》),要"博施于民而能济众"(《论语·公冶长》)。孔子还说:"君子周而不比,小人比而不周。"(《论语·子张》)君子团结群众,不和少数人勾结;小人则与此相反。"容众"、"济众"与"周而不比",都是强调"群而不党",面向民众。这正是孔子"泛爱众而亲仁"(《论语·雍也》)的人本思想的具体表现,也是管理者应具有的群众观点。

(五)"见贤思齐","见得思义。"孔子说:"见贤思齐焉,见不贤而内自省也"(《论语·为政》)。这是说,看见贤良的人,就应该想到向他看齐;看见不贤良的人,便应该反躬自省,看自己有没有与他类似的毛病。在谈到有可得的利益应取何种态度时,孔子明确指出,要"见得思义"(《论语·学而》),首先考虑应得不应得。孔子认为,应该"先事后得"(《论语·里仁》),先付出劳动,然后再获得报酬。要做到"敬其事而后其食"(《论语·季氏》),才算合乎道义。孔子的这个思想,是对他以义统利原则的贯彻。所以他的学生子张也说:"士见危致命,见得思义。"(《论语·颜渊》)读书人看到国家遭到危险,便肯豁出生命去挽救;看见自己有可得的利益时,便考虑是否应该得到。孔子一生坎坷,在贫困中度过。他说:"不义而富且贵,于我如浮云。"(《论语·卫灵公》)俗语所谓"疏财仗义人钦佩,财上分明大丈夫",其思想渊源,便出自孔子。这种思想的积极意义,自然是值得现今的管理者加以认真思考和发扬的。

(六)"笃信好学","不耻下问"。孔子认为,"笃信好学,守死善道"(《论语·子张》),即坚定地相信仁德道义,并努力学习它,誓死保全它,是以仁义治国安民的君子必须具备的重要条件。对孔子的这个要求,他的学生心领神会。所以子夏说:"博学而笃志,切问而近思,仁在其中矣。"(《论语·述而》)广泛地学习,坚守自己的志向,恳切地发问,多思考当前的问题,仁德也就在这中间了。子张也说:"执德不弘,信道不笃,焉能为有?焉能为亡?"(《论语·泰伯》)对于仁德,行为不坚定,信仰不忠实,像这种人,有他不为多,无他不为少。对于社会管理者来说,坚定的信念和崇高的品德固然是重要的,但要能有效地治国安民,还必须具有实际工作的能力。为此,孔子反复强调说:"不患人之不己知,患其不能也"(《论语·子张》);"君子病无能焉,不病人之不己知也"(《论语·子张》)。

孔子说:"君子求诸己,小人求诸人。"(《论语·宪问》)君子严格要求自己,小人苛刻对待别人。孔子要求他的学生都能做到"躬自厚而薄责于人"(《论语·卫灵公》)。为了获得多方面的知识和才能,孔子又提出了"敏而好学,不耻下问"(《论语·卫灵公》)的要求。而孔子自己"入太庙,每事问"(《论语·卫灵公》),且认为这是"知礼"的表现,就为他的学生和世人做出了虚心学习的榜样。

(七)"敏于事而慎于言"。孔子认为,君子笃信好学的品德表现在为政治国的实际工作中,就应该是"敏于事而慎于言"(《论语·公冶长》),即对工作勤劳敏捷,说话却很慎重。类似的话,孔子还讲过许多。如说:"言思忠,事思敬"(《论语·八佾》)。"其行己也恭,其事上也敬"(《论语·学而》)。"君子欲讷于言而敏于行"(《论语·季氏》)。意思都是说,言语要忠实谨慎,工作要严肃勤敏。为什么要勤敏呢?孔子说:"敏则有功。"(《论语·公冶长》)勤敏才有效率,才有功绩。言与行相较,孔子更看重行。他说:"君子耻其言而过其行。"(《论语·里仁》)君子对说得多、做得少感到羞耻。他解释说:"古者言之不出,耻躬之不逮也。"(《论语·阳货》)古时候的人之所以言语不轻易出口,就是怕自己的行动跟不上。因此,孔子主张"先行其言而后从之"(《论语·宪问》)。对于要说的话,先自己实行了,然后再说出来。孔子的这种"敏于事而慎于言"的思想,对于我们树立少说多做、讲求实效的管理工作作风,显然是有现实指导意义的。

(八)"择善而从,不善而改"。孔子认为,一个肩负治国安民重任的人,在其管理工作实践中,必须随时做到"择善而从,不善而改"。孔子举例说:"三人行,必有我师焉;择其善者而从之,其不善者而改之。"(《论语·里仁》)孔子认为,一个人要在实践中不断完善自己,就要有高度的道德自觉性,要像曾子"吾日三省吾身"(《论语·为政》)那样不断反省自己,以便随时发现缺点错误,并及时加以改正。人非圣贤，谁能无过？关键在于对待过错的态度。"君子之过也，如日月之食焉：过也，人皆见之；更也，人皆仰之。"（《论语·述而》）由此可见，光明磊落的君子，改正了错误，品质更可贵，威望更崇高。与君子对待错误的态度截然相反，"小人之过也必文"（《论语·学而》）。小人对自己的错误，总是千方百计加以掩饰。这种文过饰非的态度，显然是孔子所坚决反对的。孔子一再教导他的学生说："过则勿惮改"（《论语·子张》）；"过而不改，是谓过矣"（《论语·子张》）。有了错误，不要惧怕改正；有了过错不改正，那就更加错误了。所以孔子说："不善不能改，是吾忧也。"（《论语·学而》）他诚恳地劝告那些犯有缺点和错误的人，不要错上加错，还是"改之为贵"（《论语·卫灵公》）。管理工作的实践性很强，变动性极大，情况异常复杂，在实际进行中出现这样或那样的缺点错误实在难于完全避免。这就要求管理者始终保持清醒的头脑，随时采取"择善而从，不善而改"的果断而明智的态度。

以上所说，是对孔子管理思想丰富内容的概略叙述。抚今追昔，人们不难看到，在中外管理史上和当前的管理实践中，孔子的管理思想都有其重大而深远的影响。今天，我们在弘扬中华民族的优秀传统文化的时候，本着马克思主义关于"管理二重性"的教导，对孔子的管理思想以及古今中外的一切管理思想，进行有选择、有分析的发掘与借鉴，以促进适合中国当前国情的现代管理思想体系和管理体制的形成，无疑是有着积极意义的。

（选自《西南师范大学学报》
〔哲学社会科学版〕，1993 年第 2 期）

本文《孔子管理思想概说》，分别从管理目标、管理原则、专项管理、领导素质等方面来评析孔子的管理思想理论，作者以现代管理理论为参照系进行比附对照,不失为一新角度。尤其在分项管理论中,分别从行政管理、经济管理、军事管理、人才管理方面加以分析论证,使文章更具实践启发教育意义,获得正确的认识与方法。

利国利民
——管理者的价值建构(节选)

陈德述

一、立德立功

儒家的价值观,不论是他的价值定向,价值选择,价值追求,还是价值判断,都讲究利人,利他,利于社会的群体,都讲究对国家和民族的贡献,这样的价值观培养了中华民族的自强不息,无私奉献,杀身成仁,热爱祖国的优秀民族传统,造就出了无数志士仁人和民族英雄的永垂千古的光辉业迹。

根据《论语·公冶长》的记载,有一次孔子和颜渊、子路讨论志向的问题。首先孔子叫颜渊和子路先谈各自的志向,子路先说:"我愿意把自己的车马、衣服、皮裘和朋友共同享受,即使破烂了,我也没有丝毫的怨言"。接着颜渊讲:"我愿意不炫耀自己的好处,也不表白自己的功劳"。孔子似乎对学生的志向不怎么满意,没有表示什么态度,于是子路请孔子谈自己的志向。孔子说:"使老人过着安乐的生活,使朋友之间互相信任,使年轻人怀有人生理想"。孔子的志向比他的两个学生都站得高一些,子路的利他太局限,颜渊只强调自己的内在道德修养,而孔子站在一个更广泛的角度,表明自己的利他利人的志向。在批林批孔的时候,说孔子是一个栖栖皇皇的,开历史倒车的,企图复辟奴隶制社会的丧家之犬。其实,孔子周游列国,不外乎是说服各诸侯的君主,推行他的利民、利于社会文明发展的德治政治,实现他的人生理想而已。这说明孔子是有高度社会责任感的。

孟子的人生价值理想是把不忍人之心推广到整个社会,说服统治者实行王道政治即仁政。孟子的仁政是从仁心出发的,以民为本的,育民富民的善政。孟子为了推行他的政治理想和人生抱负,也和孔子一样到处游说。在游说中经常遇到许多的困难,于是孟子给自己规定了一条原则,那就是"穷则独善其身,达则兼济天下"。孟子对宋勾践说:"你喜欢游说各国的君主吗? 我告诉你游说的态度。别人理解我,我自得其乐;别人不理解我,我也自得其乐"。宋勾践问孟子:"要怎样才能自得其乐?"孟子回答说:"崇尚道德,喜好仁义,就可以自得其乐了。所以,士人穷困时,不失掉礼义;得意时,不离开正道;穷困时不失掉礼义,所以能保持自我;得意时不离开正道,所以百姓不致失望。古代的人,得意时,恩泽普施于百姓;不得意时,修养个人的品德,以此表现于世人。穷困时便独自修养身心,得意时便使天下的百姓都得到好处"。也即是说,孟子看来,在自己穷途潦倒的时候,不要悲观,不要丧失信心,看不见前途,要修养自己,等待时机,积蓄力量,以待将来发挥作用。相反,在自己的事业顺畅的时候,要多为百姓办好事,使天下的百姓都得利益和好处。孟子认为,推行善政的目的是要使百姓受其利,如果是借此机会聚敛财富,那百姓就畏惧这样的善政,而丧失民心。可见,孟子所倡导的人生价值观是利他利民的。

"立德,立功,立言"是古人倡导的"三不朽",也就是我国先哲们的人生理想和对人生价值意义的看法。《左传·襄公二十四年》鲁国叔豹与晋国范宣子讨论怎样才能死而不朽时说:"太上有立德,其次有立功,其次有立言,虽死不废,此之谓三不朽"。为什么只有立德、立功、立言才能不朽呢? 那是因为人的生命是短暂的,人的形体是要回归自然的,只有人的高尚品德,为国家民族所建立的功业以及言论或著书立说,才能永垂青史,昭然后世。由此出发,人的一生就不应该追逐名利,追逐高官厚禄,贪图享乐,而应该去完善自己的人格,建立高尚的道德情操,为人民大众、为国家民族毫无保留奉献自己的青春和全部智慧,建功立业;或留下至理名言,或探索宇宙、自然、社会以及人生奥秘,丰富人类的文化知识宝库。这样的人将会是不朽的。

明清之际的早期启蒙思想家唐甄十分强调利民富民的价值观。他认为一个儒者的价值就在于他能有功于民,有功于世,否则是没有价值的。他在驳斥"儒者不计功"时强调:"儒之为贵者,能定乱除暴,安百姓也。若儒者不言功,则舜不必服有苗,汤不必定夏,文王不必定商,禹不必平水土,弃不必丰谷,益不必辟原湿,皋陶不必理兵刑,龙不必怀宾客远人,吕望不必奇谋,仲尼不必兴周,子舆不必王齐,荀况不必言兵",如果以上那些古代的贤人,只求洁身自好,与普通老百姓有何区别呢?唐甄认为,作为一个官员首先要廉洁,对于贪官必须要加以严惩。但是作为一个官员,只廉洁,只求洁身自好,那不是一个好官。一个真正的好官,必须要养民富民,否则和贪官没有多少区别。他说:"为其廉乎? 廉而不能养民,其去贪吏几何? 为其才乎? 才而不能养民,其去酷吏几何?"廉洁的和有才干的官员必须要使民能丰财厚利,若廉止于洁身,才止于决事,使自己虚名在外,百姓却处于贫困和痛苦的生活之中,这样的官员并不是好官。政府官员最根本的任务,是要富民。这就是唐甄所倡导的利民富民的价值观。

著名诗人臧克家在一首诗中说:有的人活着他已经死了,有的人死了他还活着。如果一个人心中只有一个自我,只知道为自己谋私利,只知道贪图享乐,甚至损人利己,他即使活着也等于已经死了。可是有的人即使已经死了,他还活着,他的精神,他的思想,他所建立的功业,却永远活着。不少的人都想不朽,但是有的人却不知道怎样才能不朽。例如,我们在旅游风景区,经常可以看到有的人用刀在建筑物上,竹子上,树干上刻上"某某到此一游",我想其用心是想不朽,一个无名小卒怎么可能不朽呢? 这样做既破坏了文物和风景,又不能达到自己的目的,应该说是不道德的。一个人要想真正的不朽,只能努力学习文化科学知识,改造自己头脑中的个人主义,树立正确的人生观,兢兢业业地把自己的智慧和才干献给社会,作出实际的功效来。例如陈景润把自己毕生的精力都用去研究哥德巴赫猜想,并获得了巨大的成就,在数学史上占了一席之地,他的事业将是永恒的。

以前,人们普遍有采取"光宗耀祖"的价值追求,这个观念曾被批判为是"封建主义"的糟粕,但是,我们应该看到,其中含有很有价值的东西。一个平庸的人,一个遗臭万年的人能够光宗耀祖吗? 一个能够光宗耀祖的人,必定是一个有益于大众的人,有功于社会的人,对国家和民族大有贡献的人。这样的价值取向虽然带有一些宗法社会的色彩,但它对社会,对国家,对民族是很有意义的价值取向,何必要去反对它呢? 这对于那些个人主义者们,成天无所事事,只图个人享乐,甚至损人利己,违法乱纪的人来说,生活得要有意义得多。

人来到世界上,他首先享受了先辈们创造的价值,如果没有先辈们创造的价值,人就不可能发育、成长。所以当人长大以后,就应当为他人,为社会创造价值。人类只有不断地创造价值,才能不断地发展、进步。创造价值的人,要消耗价值;只有不断的创造价值,人才能有价值消耗。所以,在这一点上也可以看出,人与人之间是相互依赖的。人享受自己和他人所创造的价值,享受他人所创造的价值比享受自己创造的价值要大得多。人如果不创造价值,就失去了自身的价值。人只有树立为他人,为社会创造财富的价值观,为民为国作出奉献的价值观,人类社会才能和谐与进步。

一个企业树立什么样的价值观,是一个企业能否获得成功的关键。企业价值观的培育、总结、归纳、完善是要依靠企业的领导、经理、企业家们的创造性智慧和远见卓识的。一个有雄心壮志的,有才华的,有胆略的企业家,如果自己没有利他、利民的价值定向,没有带领企业树立起为国为民的、服务社会的企业价值观,他的企业就不可能兴旺发达,自己的雄心壮志也不可能实现。

二、普利天下

儒家有一句名言,叫做“修齐治平”。此话出自《四书》中第一本《大学》。这里的“大学”不是指现在的高等学府,而是指儒家的一部经典。《大学》原来是儒家重要经典之一《礼记》中的一篇,宋代朱熹把它与《中庸》、《论语》、《孟子》合编成为四书。《大学》的内容主要是讲“三纲八目”,所谓“三纲”是指:明明德、亲民、止于至善。“八目”指:格物、致知、诚意、正心、修身、齐家、治国、平天下。“三纲八目”的目的是要国治而天下平。

《大学》说:古代想要使天下人人都能发扬善良美德的人,首先要治理好自己的国家;要想治理好自己的国家,先要整肃好自己的家庭;要想整肃好自己的家庭,先要修养好自身;要想修养好自身,先要端正自己的心志;要想端正自己的心志,先要诚实自己的意念;要想诚实自己的意念,先要极大地丰富自己的知识;丰富知识的途径,在于穷究事物的道理。为什么说经过这样八个步骤,就能平治天下呢?《大学》继续论述道:穷究了事物的道理,知识就丰富了;知识丰富了,意念就诚实了;意念诚实了,心志就端正了;心志端正了,自身就修养好;自身修养好了,家也就整肃好了;家庭整肃好了,国家也就治理好了;国家治理好了,天下也就太平了。

《大学》关于治国平天下的思想,有以下几个方面:(1)要树立一个衡量方正的原则,在上位的领导者首先要做到,然后才要求你的下属、左右做到,这叫做"絜矩之道"。(2)要得民心,要民众的拥护才能保持得着政权,"道得众则得国,失众则失国"。(3)财富分配要合理,否则会失去民众的拥护,"财聚则民散,财散则民聚"。财富聚集在少数人手里,百姓就远离政府;相反,如果财富比较合理地分配到民众中去,百姓就拥护政府。(4)举贤任贤,"见贤而不能举,举而不能先(早一些),慢也;见不善而不能退,退而不能远(疏远),过也"。(5)要取信于民。(6)发展生产,节省开支。(7)治理国家不要"以利为利,要以义为利",如果以利为利,那么灾害一定会到来。

儒家的这种三纲八目思想,也主张立德立功,它在历史上产生过极深刻的影响,它导人提高思想道德修养,导人去建功立业。我们的先辈们在这样的思想指导下,为国家和民族的生存与发展,作出过许多丰功伟绩。日本松下电器公司办的商业学院,把《大学》中的"明德、亲民、至善"作为他们学员研修的目标。他们把"三纲"作了创造性的全新的解释,"明德"——是指竭尽全力身体力行实践商业道德;"亲民"——是指至诚无欺地保持良好人际关系;"至善"——是指为实现尽善尽美的目标而努力。日本人把这样的思想运用到企业管理中,获得了很大成功。从立德出发,最后要求要立功,要有功于民,有功于国,有功于世,这些应是我们企业追求的目标。

一个企业首先要生产出质量合格的产品。质量问题不仅是一个技术的、或管理的问题,而且是一个企业的价值观问题。要对消费者负责,对顾客负责,首先要保证产品的质量。产品质量是优等的,那么售后服务相对就会少得多。如果产品的质量不好,售后服务不管做得多么好,那也只是舍本而求末,结果适得其反。所以根本的问题是质量本身的问题。有一些厂家或不法之徒,由于他们的价值观完全被扭曲了,他们只图个人或小集团的私利,生产出一些假冒伪劣产品,坑害群众,损害消费者的利益,这些必定要受到谴责,乃至受到法律的制裁。此外,还有一些厂家生产出一些质量不合格的产品,有的产品甚至使人丧生,如电热器漏电,煤气炉漏气,致使死人的事不少见。这些不合格产品与假冒伪劣产品在性质上有所不同,但它所产生的效果却是一样的。因此,产品的质量问题是衡量一个企业是否真正做到利民的问题,同时也是一个企业的形象问题。一些厂家不重视自己企业的形象,广告上乱吹,实际上完全是另外一回事,使顾客受骗上当。所有这些问题,归根到底是一个企业的价值观问题。在市场经济条件下,一些没有树立正确价值观的经营者和厂家,容易受纯金钱的驱使,只讲金钱,不讲社会公德,不讲社会效益。一个真正树立了为民为国的企业,他们绝不会不负责任地使消费者和国家受到不必要损失。

　　要不断开拓新的产品。我们的民族是一个勤劳的富于智慧的民族,我们的祖先为人类的文明发展作出过极重大的贡献,今天我们更应该继承先辈们的传统,为人类文明的发展作出新的更大贡献。这就要求我们,要不断地革新、创造、发明,要有开拓进取的精神,不要保守,不要理论脱离实际,不要几十年一贯制地生产出没任何变化的产品,要提高产品的技术性能,要提高产品的质量,要提高产品的审美价值。随着人们生活水平的提高,人们对商品的要求,不但需要使用价值,还要求审美价值。在开拓的新产品中,应该做到使用价值和审美价值的统一。只有不断地开拓新产品,才能不断地满足国内市场的需要,也才能在国际市场上具有竞争能力。我们不只要赚国内人民的钱,还要更多地赚外国人的钱。只有这样才能更多地为国家积累财富,才能达到利国利民的目的。这就是实现了普利众生,兼善天下。

（选自《盛德大业——儒学与企业管理》，
四川人民出版社，1995年2月第一版）

陈德述，1937年12月生，四川南川人，四川省社会科学研究院哲学研究所研究员。主要著述有《廖平学术思想研究》（主编）、《明清实学思潮史》（合撰）、《儒家文化论》、《周易入门》等。

本文为《盛德大业——儒学与企业管理》中的一节。主要分析如何建构管理者的价值观。其中从中国社会特殊历史传统出发，汲取传统儒家人格精神及价值观是作者主要论点之一。认为儒家的价值观不论是它的价值取向、价值选择、价值追求还是价值判断，都是一种有利于社会的民族美德。达于普利天下的境界，真正以忘我的精神路线行"三纲八目"，那更是人生的典范。是每一个管理者要想真正实现自己的理想、做出人生伟业必须具备的心理素质和生命价值观念。这也是历史文化传统一份宝贵的智慧资源。

儒家治国方略导论（节选）

曹德本

一、儒家治国方略的宏观架构

儒家治国方略是指儒家在治国主张方面的方案和策略，是封建社会治国平天下的根本决策，它不是一时的权宜之计，也不是孤立的政治措施，而是儒家通过融会各家思想所形成的基本的治国指导方针，是在长达两千年之久的封建社会中起重大作用的庞大的思想体系。从它的宏观架构来看，是以哲学思想、伦理思想和政治思想所构成的三位一体的有机整体，形成了既有哲学理论基础又有伦理准则的独具特色的中国传统伦理政治观。

在哲学思想中，儒家提出了天命观、天道观、天理观，对宇宙的本体作了精微的探究，儒家并不是孤立地阐述宇宙本体论，而是把宇宙本体与社会人事密切联系起来，讲天命同时也讲人命，讲天道同时也讲人道，讲天理同时也讲人理，讲天命、天道、天理是为人间立定秩序。董仲舒讲："圣人副天之所行以为政。"（《春秋繁露·四时之副》）二程讲："圣人奉天理物之道。"（《攻集卷二》）朱熹讲："盖三纲五常，天理民彝之大节而治道之本根。"（《朱子大全·延和奏礼》）陆九渊讲："天子重明于上，代天理物，承天从事。"（《荆门军上元设厅皇极讲义》）王阳明讲："圣人所以为圣，只是此心纯乎天理。"（《传习录上》）儒家从哲学的高度构筑天人合一的理论框架，贯穿于儒家治国方略形成和发展的全过程,在其间,有的以天上的神权为地上的封建王权进行论证,有的主张人道不违背天道,人理不违背天理,来论证天下国家的治理,尽管形式和内容不尽相同,但有一点是共同的,就是以哲学思想论证封建统治秩序的合理性。

在伦理思想中,在以天人合一的哲学思想作为理论框架的基础上,重点阐发了修身治国之道。例如,孔子讲:"不能正其身如正人何?"(《论语·子路》)《中庸》讲:"子曰'知所以修身,则知所以治人;知所以治人,则知所以治天下国家矣'。"孟子讲:"修其身而天下平。"(《孟子·尽心下》)《大学》讲:"身修而后家齐,家齐而后国治,国治而后天下平。自天子以至于庶人,壹是皆以修身为本。"《礼运》讲:"承天之道,以治人之情"。儒家构筑了人性观、修养观、境界观一整套伦理思想,主张人性禀于天性,宗旨在阐发先天所禀的人性之善恶,必须靠后天的修养,扬善去恶,达到理想的道德境界,从而为儒家治国方略确立了伦理准则。

在政治思想中,在以哲学思想作为理论基础,以伦理思想作为行为准则的基础上,儒家提出了一整套治国基本观点,诸如仁政观、民本观、君臣观、义利观等等,从而构成了儒家治国的完备思想体系,它兼容各家思想,在其发展过程中,适应时代的变革而与时俱新。它形成于春秋战国之际,在汉代处于独尊的地位,经过隋唐时期的儒释道融会和冲击,到了宋代,随着封建制的巩固而臻于完善,在封建社会中后期一直处于主导地位。

总之,儒家治国方略是根据《大学》中"格物、致知、诚意、正心、齐家、治国、平天下"的设计蓝图,系统地阐述了"穷理、正心、修己、治人之道"(朱熹《四书章句集注·大学序》),这种宏观结构就是,究天人之际,明修身之道,述治国宗旨,即从哲学的高度认识宇宙,以伦理准则规范人生,最后归结为封建社会的治国平天下。无论是从立论的高度,还是触及的深度,以及涉及的广度,都可以看出,儒家治国方略是一套博大精深的思想体系。

二、儒家治国方略的主体性质

所谓儒家治国方略的主体性质,是指在整个传统思想中,在与外来思想的融合、冲击中,儒家治国方略居于主导地位,它得到封建社会的尊崇,贯穿于封建社会整个历史的发展过程,并为民族承受力所认同,这些诸多因素,使儒家治国方略形成了民族意识的主体性。具体地讲,这种主体性的标志有以下几个方面:

(一)从所处地位来看,儒家治国方略处于正统的地位。在春秋战国时代,从孔孟到荀子,标志着儒家治国方略的形成,到了汉武帝时开始"独尊儒术",使儒家治国方略应用于封建社会的现实生活,经过隋唐漫长的历史时期,儒家治国方略与佛、道几经冲击、融合,并援引法家思想而逐步发展,到了宋代,发展为程朱理学,使儒家治国方略成为完善阶段的封建社会的官方哲学,以后,在封建社会中后期,儒家治国方略一直处于正统地位。

(二)从各种思想分析来看,在与各种思想的相互冲击和融会中,儒家治国方略居于主导地位。春秋战国时期,学术上出现了儒、墨、道、法等各家思想流派,汉代以后,"儒道传而墨法废"(《论衡·案书篇》),随着历史的发展,儒家兼采法家,援引道家,兼容佛教和道教,出现了冲击、融合的局面,儒家治国方略在这种冲击融合中,采各家之所长,以适应时代的需要,但主导地位不但没有丧失,反而更加充满生机。

(三)从思想发展历史来看,儒家治国方略贯穿于封建社会的整个历史过程。儒家治国方略是适应中国封建专制社会的思想意识,在自身发展过程中,始终服从这一宗旨不移,无论是封建帝王的更替,朝代的变迁,儒家治国方略自从应用于封建社会的现实以后,尽管思想发展呈现曲折性,但它贯穿于封建社会的整个历史过程,这是中国历史上任何其它思想所不能比拟的。

（四）从民族接受程度来看,儒家治国方略的基本精神已深入民心,为中国封建社会各民族所认同。在儒家治国方略中,有宝贵的精神财富,也有滞后的消极因素,作为民族文化的遗产,已经形成了浓厚的历史积淀,成为民族精神的凝结,它深深地扎根于民族心理、民族性格之中,正因为"儒之道义可为"（同上）,才具有如此广泛的民族接受程度。

总之,儒家治国方略以其庞大的思想体系,经得起外来思想的冲击,并与各家思想融会贯通,形成了不失主体性的思想意识,它具有广泛的民族接受程度,在封建社会中基本上起着主导作用,从而具备了儒家治国方略的主体性质。

三、儒家治国方略的国情氛围

儒家治国方略作为具有民族意识主体性的思想主张,它的形成和发展在历史上决不是一个孤立的现象,它深深地根植于中国封建社会的土壤,是由中国封建社会的基本国情所决定的,儒家治国方略的国情氛围主要表现在以下几个方面:

（一）从经济基础来看,决定于以农业为主的封建社会的经济基础。中国在长期的封建社会中,是一个以自然经济为基础的农业国,是以从事农业为主的文明古国,这种经济的特点是自给自足,土地是基本的生产资料,国家关于政治、经济的决策离不开土地问题,生产方式具有相对的稳定性,人民的最大愿望是求得一块土地,并世世代代辛勤耕耘,以求得温饱,安居乐业。历史上,商所以亡,其原因主要在于君主不问农耕,不问民间疾苦,战国群雄争霸,凡重视"耕战之术",体察民情,则称王称霸,七雄之一的秦国因重耕战,最终征服六国而统一中国,这是历史的经验,也是儒家制定治国方略所必须认真考虑的现实。

(二)从社会制度来看,中国封建社会是以家族制为基础的封建专制的社会制度。小农经济以一家一户为生产单位,以家长制为管理方式,家族制是社会制度的基层单位,从家到国构成了社会的机体,从秦代开始直至清朝,形成和确立了延续两千年之久的封建中央集权制的君主专制政体。另一方面的特点是多民族的统一体,民族凝聚力显得尤为突出,社会的安定、民族的团结是一个不容忽视的问题。儒家治国方略既适应了封建专制政体的需要,也适应了多民族统一的需要。

(三)从文化背景来看,基本上是封闭状态下的思想继承。中国是一个大陆国家,在长期的封建社会中处于封闭状态,其间时有文化交往,但没有发生明显的异化,两汉之际佛教传入中国,当初也靠儒家思想才得以扎根,后来逐步形成具有民族特点的中国佛教,出现了儒家对佛教的吸收和兼容。在没有较大的文化冲击的状态下,儒家思想得以缓慢平静的发展。这种发展,一方面靠各种思想之间的融合,另一方面靠儒家思想自身的传承,即以解经、注经和师承的方式代代相传,这种封闭状态下的思想继承,保存了儒家风格,特征得以延续,它构成了儒家治国方略形成和发展的文化背景。

总之,儒家治国方略根植于中国封建社会的土壤孕育滋长,具有中国特点的经济基础、社会制度、文化背景构成了儒家治国方略得以形成和发展的国情氛围。

四、儒家治国方略的现实品格

儒家治国方略的现实品格是指治国主张与实行的统一。一种思想主张是否具有现实品格,一方面取决于现实社会对这种思想主张的需要和运用程度,另一方面也取决于这种思想主张为现实社会服务的程度,儒家治国方略在思想主张与实行的统一方面,充分体现了这两方面的特点,从而具有现实品格。

第一,封建帝王以儒治国,治国主张因时制宜。

中国封建君主专制社会进入汉代以后,基本上尊崇儒家治国方略,朝代更迭,以儒治国的宗旨不易,而且随着时代的变革,为了适应社会的需要,儒家治国方略也因时制宜,随时代发展而发展,体现了与时俱新的精神。

在春秋战国时期,是中国奴隶制向封建制的转换时期,一方面是百家争鸣的学术繁荣的景象,另一方面是群雄争霸的局面,儒家作为一家之言开始形成,孔子作为儒家的创始人,提出了德治主张,其后,有代表性的思想家和典籍有《中庸》、《孟子》、《大学》、《荀子》等,都提出和论述了儒家治国的基本思想,荀子作为儒家治国方略形成的标志,他适应时代的需要,从社会现实出发,系统地阐述了礼治、仁政、富国、足民、君臣之道、义利之辩等一系列思想主张,为儒家治国方略运用于封建社会做好了思想准备。

在秦朝时期,是中国封建制确立的时期,秦运用法家"耕战"思想灭六国之后,面临的首要问题是以法治统一天下,在这方面,法家思想主张起到了一定的历史作用,以儒治国平天下的主张还没有提到日程上来就十五载而亡。尽管如此,在秦代也有法儒统一的倾向,儒家治国方略开始受到封建君主的重视。据《史记·秦始皇本纪》所载,秦始皇二十八年,琅玡刻石中讲:"以明人事,合同父子,圣智仁义,显白道理……尊卑贵贱,不逾次行。"讲述了儒家所主张的仁义之政和道德纲常;在秦始皇三十二年刻石中讲:"武殄暴逆,文复无罪,庶心咸服",也讲到了儒家的宽民之政。这些都说明,在秦代,虽然没有实行以儒治国的方针,但也开始注意到法儒统一的问题,后世儒家总结秦亡的教训,重新倡导儒术,开始步入以儒治国的轨道。

在汉朝初期，为吸取秦朝由于"繁刑严诛，吏治刻深；赏罚不当，赋敛无度"（贾谊《新书·过秦中》）导致灭亡的教训，汉初统治者在一个由战乱到平治的转换时期采取了与民休息的治国方针，运用黄老思想，以道家清静无为思想揉和儒法而刑德并举，汉高祖刘邦任用法治，"肖何攈摭秦法，取其宜于时者，作律九章。"（《汉书·刑法志》）另一方面命"陆贾造《新语》"（《汉书·高帝纪下》），文帝"初既位，施德惠天下"（《史记·孝文本纪》），景帝下诏"不受献，减太官，省繇赋，欲天下务农蚕"（《汉书·景帝纪》），从汉高祖到文景之治，基本上采取黄老思想并辅以儒家德治，这时，儒家治国方略虽然还没有提到日程上来，但已开始注意到以儒治国的问题。在其间，应该指出的是，陆贾是一个向儒家治国转换的关键人物，他总结秦亡的教训，提出以儒治国的主张，他以儒为主，融会道家，提出"君子握道而治，依德而行"（《新语·道基》）。陆贾是促进汉代重儒的关键人物，开启了以儒治国的先声。

在两汉时期，到了汉武帝时，国家政治上的统一和经济上的繁荣，建立了封建大一统的社会格局，思想文化的统一也提到日程上来，以儒治国平天下便成了当务之急，只有儒家治国方略才能起到这种作用。这时，儒家以经学的形式表现出来，出现了研究、注释儒家经典的汉代经学，官方的提倡促进了儒家经典的权威；今文经学、古文经学、谶纬神学是三种研究经学的形式，这时的经学已成为官学，当时置《书》、《诗》、《礼》、《易》、《春秋》五经博士，并有儒者进入仕途参与政治，从而为实施儒家治国方略铺平了道路。董仲舒从现实需要出发，以儒为主，吸收道家、法家、阴阳家的思想，作《春秋繁露》，将儒学神学化，以天上的神权为地上的封建王权作论证，促成了"罢黜百家，独尊儒术"的局面，使儒家治国方略居于统治地位，这是巩固中央集权专制的需要。东汉初，章帝建初四年

(公元 79 年)召开白虎观会议,班固等人编撰《白虎通义》,宣扬"三纲六纪"的神秘性,标志着东汉经学与神学的结合更为密切,使谶纬成为钦定法典,经学走向神秘化。

在魏晋时期,由于东汉末年的动乱,社会的动荡,三国鼎立,群雄争霸,打乱了大一统的政治局面。另外,还由于汉代经学的繁琐性和谶纬的神秘性,儒学丧失了独尊的地位,以董仲舒为代表的天人感应神学目的论和谶纬迷信经过黄巾起义的冲击和王充等人的批判,不能作为正统思想存在下去,在信仰危机的时代,学术上出现了儒道合流的趋势,儒学走向玄学化,出现了魏晋玄学,这是魏晋门阀士族一方面维护儒家纲常名教的统治地位,一方面追求绝对自由、精神空虚的理论上的表现。这一时期,代表人物如王弼"好论儒道",郭象会通儒道,"夫圣人虽在庙堂之上,然其心无异于山林之中"(《庄子注·逍遥游》),何晏、王弼以"贵无"说论证了自然为本、名教为末的思想主张,嵇康、阮籍提出了"越名教而任自然"的思想主张,裴頠的《崇有论》力图维护名教,向秀、郭象提出了"名教"即"自然"的思想主张,这些思想主张,都带有儒道合一的倾向,试图在任自然与崇名教之间寻求一个合适的治国方略。在这一历史时期,是儒家治国方略随着社会的动荡而出现曲折的时期。

在唐朝时期,这是儒家治国方略与佛道融合并开始复兴的时期。武德年间,京都立国子监,以儒家经典作为入仕必读经书,贞观初,令颜师古考定《五经》,命孔颖达编《五经正义》,唐太宗对儒、释、道抱着兼收并蓄的态度,但尤重儒学,他说:"朕今所好者,惟在尧、舜之道,周、孔之教,以为如鸟有翼,如鱼依水,失之必死,不可暂无耳。"(《贞观政要》卷六)韩愈在振兴儒学方面发挥了很大作用,他的道统说将自己说成是孔孟的正统传人,重点论述"性三品"说和"治心"、"治世"等思想主张。尽管如此,在唐朝时期,儒家治国方略仅处于佛道融合的时期,并开始出现复兴的趋势。

宋明时期是封建中央集权专制处于完善阶段,并开始走向衰落的时期,也是社会矛盾、民族矛盾比较尖锐的时期。由于现实社会的需要,新儒家融会儒释道,建立了更为精深的宋明理学,成为居于统治地位的官方哲学,儒家治国方略又开始居于统治地位。在这一时期,封建君主重儒治国,如宋太祖赵匡胤讲:"朕欲武臣尽读书以通治道",并"大重儒者"(《宋史·太祖纪》),宋太宗赵光义即位之初,令李昉等编撰《太平御览》、《太平广记》等,宋真宗赵恒"作《崇儒术论》,刻石国学"(《宋史·真宗纪》),宋仁宗赵祯曾到国子监参谒孔子(见《宋史·仁宗纪》)。在这一时期,出现了身居显位,把儒家治国方略推行于政事的政治家,如北宋的司马光、王安石和明代的张居正等人,也出现了著名的理学思想家,如张载、二程、朱熹、陆九渊、王阳明等人。在宋代,值得提出的是,由于时代在发展,社会矛盾的突出,儒家内部有识之士针对时弊和性命义理的空谈,提出了功利之学的思想主张,这种主张是以陈亮、叶适为代表,是儒家治国方略与时俱新的理论表现。

明清之际(这一时期主要是指明代中叶至清代中叶)是儒家治国方略走向衰微、面对现实寻求新的途径的时期。这一时期,尽管封建统治者以儒治国的宗旨不变,但在儒学进步思想家那里却表现出时代的觉醒。这一时期,有一些不可忽视的社会现实状况摆在面前,一是中央集权专制进入衰落时期,二是资本主义萌芽在明中叶以后开始出现,三是西学开始对中学的冲击。与这种社会现实状况相适应,思想上出现了两股思潮,一是实学思潮,二是反君主专制思潮,这两股思潮都是儒学内部发展变化的产物,是明清之际儒学中进步思想家适应时代的发展而提出的思想主张。

关于实学思潮。实学思潮是明清之际社会发展的产物。明代中叶以后,资本主义开始萌芽,作为新的生产关系必然在思想观念上有所反映;另外,宋明理学空疏衰落的风气已经不能适应社会发展的需要;西方的科学技术也开始传入中国,在中国思想界引起震荡。这一时期,儒学中一些进步思想家适应了时代的要求相继提出了自己的实学主张。"实学"思想源于儒家经世致用的思想因素,程颐提出过"治经,实学也"(《遗书》卷一)的概念,但作为一种思潮,则出现于明清之际,这时,有人把经世致用称为"实学",如以顾宪成、高攀龙为首的东林学派主张"学问必须躬行实践"(《高子遗书》卷五),"随时为吾民,此士大夫之实事也"(《高子遗书》卷八)。作为一种社会思潮,必然有它的总体特征,实学思潮是儒学在明清之际新的历史条件下提出的以经世致用为总体特征的学术与现实政治相结合的思想主张,是儒学与时俱新的表现形态。实学思潮具有启蒙性质,为中国传统思想向近代化的转换开启了先河。这一时期,出现了像罗钦顺、王廷相、黄宗羲、王夫之、颜元、顾炎武等别开生面的进步思想家,其中有著名的儒学大师,也有代表市民阶层的思想家。从总体上讲,实学思潮是儒学在新的历史条件下的发展,是维护封建制度前提下的思想主张。

关于反君主专制思潮。与实学思潮相联系,在这一时期,一些进步思想家提出了反对君主专制、限制君权的思想主张,如黄宗羲提出"天下之大害者,君而已矣"(《明夷待访录·原君》),提出"分治"的主张;顾炎武提出"分权"、"众治"的主张。这是儒学中进步思想家适应时代的发展,针对君主专制的积弊而提出的思想主张,是儒家治国方略在新的历史条件下的发展。

总之,在明清之际,无论是实学思潮,还是反君主专制思潮,都停留在思想界的觉悟阶段,只是一种时代的呼声而已,并没有居于统治地位,但这两股思潮在理论上的贡献是很大的,开启后世的历史作用是不可磨灭的。

第二,儒家学者积极入世,思想主张注重践履。

儒学治国方略的现实品格还取决于思想本身为现实服务的程度,在这方面,更多地体现于儒家学者积极入世的参与意识,以及思想主张本身注重践履的内在机制。

关于儒家学者积极入世的参与意识,这是自孔子以来儒家一贯倡导的经世致用学风。儒家强调人的社会责任,把修身治国平天下看成是义不容辞的己任,臣对君、子对父、民众对国家都负有责任,这种积极入世的精神,一方面表现为参与精神,一方面表现为忧患意识。孔子讲:"天下有道则见,无道则隐。"(《论语·泰伯》)"尚有用我者,期月而可,三年有成。"(《论语·子路》)孟子讲:"如欲平治天下,当今之世,舍我其谁也。"(《孟子·公孙丑下》)荀子讲:"天有其时,地有其材,人有其治,夫是之谓能参。"(《荀子·天论》)范仲淹讲:"先天下之忧而忧,后天下之乐而乐。"(《岳阳楼记》)张载讲:"为天地立心,为生民立命,为往圣继绝学,为万世开太平。"(《张子语录·语录中》)二程讲:"穷经以致用。"(《遗书》卷四)朱熹讲:"自古无不晓事情底圣贤,亦无不通变底圣贤,亦无关门独坐底圣贤。"(《宋元学案·晦翁学案上》)叶适讲:"立志而不存于忧世,虽仁无益也。"(《叶适集·赠薛子长》)顾炎武讲:"保天下者,匹夫之贱,与有责焉耳矣。"(《日知录》卷十三《正始》)"君子之为学,以明道也,以救世也。"(《文集》卷四《与人书二十五》)"自一身以至于天下国家,皆学之事也。"(《文集》卷三《与友人论学书》)《周易》中讲到了忧患意识,如:"作《易》者,其有忧患乎!""君子安而不忘危,存而不忘亡,治而不忘乱,是以身安而国家可保也。"(《周易·系辞下》)正是儒家这种积极入世的参与精神和为国家为民族的忧患意识,激励着历代志士仁人振奋起民族精神,甚至在民族危亡关头,挺身而出,捍卫国家和民族的尊严。

关于思想主张注重践履的内在机制,这是儒家思想的活力之所在,儒家强调后天习行、道德践履,通过修养趋善去恶,达到理想的圣人境界,这是立世做人的毕生奋斗目标,也是约束人的行为的伦理准则。虽然儒家所讲的践履多指道德意义上的行为,但激发人们实际去做以获得行为效果的精神,具有现实性的意义。

总之,一种思想主张向现实生活转化的程度,一方面取决于社会对这种思想主张的需要和贯彻推行程度,另一方面也取决于思想主张本身为现实服务的程度,只有二者的结合,才能体现思想主张的现实品格。儒家治国方略正是在这两方面的结合上表现出自己的本质特征,因而具有现实品格。

五、儒家治国方略的现代展望

儒家治国方略讲修身治国平天下,这是中国封建社会的基本治国主张,是适应中国封建社会的基本国情的,是依据以农为主的小农经济模式而提出的。在中国封建社会,虽然也讲富国足民,讲发展经济,但只限于以农为主的经济范围。现在,时代变了,历史发展了,今天讲经济建设,讲生产力,讲市场经济,这是时代的要求,因为我们正处于向现代化转换的历史时期,古人也讲"不期修古,不法常可",所以,儒家治国的整个方略对今天来说已经不适合了,在当代,复兴传统儒学是行不通的。但是,历史是一个连续的过程,有一种继承性贯穿其中,思想文化也是同样,必须结合现代社会的特点,公正地对待历史文化遗产,在传统与现代化之间架起一座合适的桥梁,这样,就必须对儒家治国方略予以现代展望。

关于现代化社会,海内外学术界提出了诸多意见,因各国的国情不同,很难下一个统一的定义。新加坡学者徐文祥有过这样一种表述:"学者们一般上认为'现代化'社会应包含以下的特征:(1)某种程度的自力更生的(Self-Sustaining)经济成长——在完成了由维持生计经济到高科技工业化经济的过渡时期以后,经济成长有足够的能力逐步提高生产力和消费。(2)在文化传播方面有一个非宗教而理性的规范。(3)让全体国民都有参加政治决策的途径。(4)社会流动性的增加(诸如人身行动、社会地位的升降,以及精神生活的选择),打破门阀制度,实行选贤任能的制度。(5)社会中每一个人的生活方式,包括外在的行为和内在的修养,也在配合上述所提的这几点而相应地有所调整和演化。现代化社会是一个发展过程,在实现现代化社会的过程中,各国因国情所系而具有不同的特点。"

在实现现代化社会的过程中,传统文化面临着向现代化的转换。对于儒家治国方略的现代展望,应从宏观上和前途上两个方面进行分析。

从宏观上讲,主要有以下几个方面:

(一)重视思想文化历史继承性的特点。历史上各个时期的思想,都与以前的思想成果有着继承关系,这种历史继承性,就其内容来讲,是从历史上形成的某些思想材料出发,并在此基础上进行加工和改造,在新的历史条件下与时俱新,有所发展。就其形式来讲,主要是从过去继承下来的既有方式和方法,并在此基础上对这些方法进行改造,使之更加适合日益发展了的内容。正是这种继承关系的依次出现,才形成了人类思想发展的生动的历史进程。儒家治国方略无论在内容上还是在形式上都具有这种历史继承性。就其形式上讲,有的通过注释经典的形式表现出来,有的通过师承关系而表现出来,有的通过各种思想的融合而表现出来;就其内容上讲,儒家治国方略一些固有的概念、范畴、观点一代一代不断丰富和发展,由贫乏到完善、由简单到复杂、由萌芽状态到逐步清晰,在这一发展过程中,每一阶段的成就都是在继承前人成果的基础上而展现的。对儒家治国方略的现代展望,必须充分注意这种历史继承性特点。儒家治国方略既包含了民族精神的凝结,又包含了正反两方面历史经验的总结,既包含了对宇宙、人生、社会认识的积极成果,又包含了中华民族的传统美德,它的合理的价值取向,可以在实现现代化的过程中继承和弘扬。

(二)充分认识人类思想文化总体与民族思想文化个体的辩证关系。思想文化是人类文明的产物,它是人类共有的财产,有着共同的性质和发展规律,从而构成人类思想文化的总体,作为一个国家、一个民族的思想文化也有它的发展历史,从而形成民族思想文化的特殊性。人类思想文化是在各民族思想文化的相互渗透、相互借鉴、相互补偿中得到提高的,从人类思想文化的总体出发考察民族思想文化,可以看出,传统向现代化的转换是历史的必然趋势。正确处理好总体和个体的关系,就是要充分认识到当代世界的进步和人类的前途,这样,回过头来,才能充分认识自己。所以,必须站在人类思想文化总体的高度,才能认识民族思想文化的个体,并通过个体把握总体的全局。

(三)正确处理中国传统思想文化与西方进步思想文化的关系问题。从理论上认识到人类思想文化总体与民族思想文化个体的辩证关系问题,还必须正确处理中国传统思想文化与西方进步思想文化的关系问题。在面临西方思想文化的冲击时,如何处理中国传统思想文化与西方进步思想文化的关系问题,是一个不容回避的现实问题,这个问题在中国近代历史上就没有得到妥善的解决。中国文化发展道路问题是中国近代很多思想家都在致力探索的课题,在寻求中西文化融合的道路上,产生了"师夷长技以制夷"、"中体西用"、"君主立宪"、"民主共和"等主张和思潮,在曲折的近代思想文化发展历程中,人们思索着,争论着,一些进步思想家出于救亡图存的历史责任感,在西学引进方面做了大量的工作,但由于对传统的东西没有系统而公正的清理,不是主张机械的结合,就是主张全盘引进,在近代历史上留下深刻的教训。这一历史表明,中国传统思想文化固然要与西方思想文化相融合,但不能全盘西化,对外来的思想文化必须作一番符合本国特点的文化选择,找出传统思想文化与西方进步的思想文化之间的结合点。一种民族思想文化如果没有外来文化相融会贯通,必然出现落后的趋势,无论是古埃及文化还是古希腊文化,它们的兴衰充分证明了这一点。在各种思想文化融会冲击的当代历史条件下,基础雄厚的中国传统思想文化一定能经得起西方思想文化的挑战,因为事实上,传统思想文化与外来思想文化二者并不是绝对对立的,例如日本文化就是经过融合外来思想文化而与时俱新,而本身不失传统的主体面貌。在对儒家治国方略的现代展望中,必须以宽阔的胸怀,容纳西方思想文化中进步的东西,正确处理好传统思想文化与西方进步思想文化相融合的问题,只有这样,才能使传统价值的中心系统不但不能丧失反而更加充满生机。

(四)正确处理民族意识的主体性与现代化的时代性的关系。在对待传统思想文化方面,应该看到中国传统的民族思想文化是一个相对独立的系统,它有自身的发展历史,从而形成了民族意识的主体性,它构成民族意识的主流,是经过历史上的盛衰变迁而延续不绝的思想意识,它决定着中国传统思想文化的风格和特点。中华民族意识的主体性与现代化的时代性的关系,应该指出的是,传统思想文化中的民族意识的主体性只有向现代化发展才能呈现时代性的生机,而现代化的时代性,必须是民族意识主体性与现代化的时代特点相适应。民族意识的主体性与现代化的时代性如果处于水火不相容的对立之中,就不能实现传统向现代化的转换。

(五)正确处理经济发展与文化层次的关系。随着中国经济的发展,在实现现代化的过程中,应该做到经济发展与文化层次的统一,要防止文化沙漠化,在这方面,要有整体的忧患意识。现代化社会的进程,需要高层次文化与之相适应,需要人格、国格的培养和理想、信念的树立,这样,必须弘扬中华民族的优良传统,振奋民族精神,增强民族凝聚力,提高中华民族的整体素质。

（选自《儒学与廿一世纪》〔下〕,
华夏出版社,1995 年 11 月第一版）

曹德本,吉林大学政治学理论博士生导师。主要著述有《中国政治思想史》、《试论张载的认识论》、《关于中国传统文化的思考》等。

儒家治国方略是儒家社会管理思想的核心问题。曹德本《儒家治国方略导论》一文对这一课题做了较为全面深入探讨研究,从思想体系的完整性、科学性上,分析了其内质、外延,并且从封建社会的历史流变以及现实品格中去分析治国方略的价值意义。尤其是对"儒家治国方略的现代展望",更使课题具有了文化的教育与指导意义,使现代人能够在正确认识传统文化的继承与发展基础上,从儒家治国方略精华出发,全面做好社会主义的行政管理工作。

《论语》中的经营管理秘诀（节选）

孔 健

以儒教为基础的日本的经营管理

"孔子阐述原理,日本人实践原理"。如前所述,孔子是教授理论,而日本人则把这种理论付诸于实践中了。确实,这句话极为恰当地表现了日本人的特点,甚至恰当地说明了中国人与日本人对待孔子教诲的不同表现。

虽然日本人也拥有自己众多的古典著作,但并没有能创造出一个能与《论语》相媲美的理论体系。日本人很推崇《论语》。并且,通过各自对其的不同理解,在各种实践中积极地运用了《论语》的理论。

例如,在政界中,很早就已吸收了《论语》的学说。早在圣德太子的时候,儒家思想就在当时制定的《十七条宪法》中有所体现。此后,随着社会的变迁,到了德川家康的时代,儒家思想一直作为幕府统治的精神支柱存在着。即使是到了近代,历任首相也都是儒学大家。其中,安冈正笃更是被作为宰相学的宗师而为世人所敬仰。

在经济领域也是如此。

我在第三章中介绍过的大阪商人就是明证,其中以被誉为"日本资本主义之父"的涩泽荣一最为典型。这些实业家都把《论语》

作为经营指南或行动准则极力推崇。

因此,日本人是受到了中国人的巨大影响。在这个影响过程中,日本人积极地引进吸收了中国的古代经典著作。特别是以《论语》为首的四书五经。即使是在近代,日本也不是只借助欧美的力量发展,而一直灵活巧妙地运用了儒家思想。

就是说,日本虽然在科学技术这种"硬件"领域中不得不借助欧美的力量,但是在经营管理的"软件"领域中儒家思想起着主导的作用。因此,日本的经营管理之道就是日本企业在人事、管理等方面对中国儒家思想的具体运用,也可称之为"儒道"。

"以民为先"是经营管理的核心

什么叫经营管理? 概括地说,就是:管理者为了不断推动社会、经济的发展,满足人们物质生活的需要而对经济活动所运用的计划、组织、指挥以及调节监督等手段。

在经济领域中,孔子显示了其杰出的经营管理思想。

现代的社会与孔子的时代是不同的,是靠复杂的体系运动着的。然而,单纯地看这个复杂系统的关系的话,也只不过是需求与供给的关系。可贵的是,孔子所处的时代尽管生产关系还比较单纯,而正是在这种时代中,孔子创造出了能为后世复杂生产关系的时代运用的丰富的经济管理思想。

孔子"以民为先"的经济管理目的与欧美专门追逐利润的经济管理思想形成了鲜明的对照。在他看来,优先考虑人民的利益和国家的繁荣,给人们以好处和恩惠、谋求安定才是经济管理的目的。这在本书第四章所介绍的《论语》中"因民之所利而利之,斯不亦惠而不费乎?"的话中可以看出孔子的这种思想。在第四章,是从"不景气时不能不考虑职员的利益"的角度解释这句话的。从经济管理来看,这或许就是孔子思想的核心。这句话的意思如前所述,就是说假如能使人们安心致力于工作的话,就能做到不花无用的经费和给予人们以好处。

总之,管理机构的人如果做到给职员对其有利的工作使职员对工作有积极性,那么结果就能提高企业的经济效率。只要企业不像欧美那样只把利润作为第一要素考虑,而是同时考虑到职员与企业的利益,进行正确的管理,那么自然会有成果,利润也会随之而来的。

很多的管理者在自己的岗位上感到责任重大,同时又急于做出成绩。这样一来,有时就会导致只顾追逐利润而不考虑部下们的利益。从而堕入为了管理而进行管理的怪圈,这样反而会使机构无效运转。

在这个意义上,孔子的管理决窍就是:创造使职员安心工作的环境,信任职员,把工作交付给他们,结果利润就会上升。

顺便谈一下,住友银行的原副董事长岩泽正二先生是一位《论语》爱好者。他根据自己在经营管理者的岗位上多年的实践,总结出三十二条心得。

其中第十七条明确地写着,"对知道该干什么的人应常嘉奖";第十九条说,"能使职员充分休息的人才能使职员努力工作";第三十二条说,"不自己一个人干,要交给别人干。只要一疏于监督的话,干活的人就会失去干劲"。

这些都是表现孔子管理思想精髓的精辟之论。

靠强权管理必将失败

组织的管理者有两种类型。一种是靠非常和睦的人际关系信赖部下,同时希望部下也信任他们的"软性"类型;另外一种是管理者使职员畏惧自己,但一旦不施加压力就会约束不了部下的类型。

前者是理想的类型,结果也就不言而喻了。相反的,后者看上去很"有序",但双方是否真有相互信赖的关系呢? 这就不得而知了。这种情况下常伴随着错走一步就导致整个组织崩溃的危险。对这两种管理方法,孔子如何看呢?

孔子在《论语·子路篇》中说:"上好礼,则民莫敢不敬。"意思是,统治者重视礼法,主持正义,履行诺言,人们就会爱戴他、钦佩他,向他表示诚意。也就是说,孔子认为以德管理组织,施行"仁政"是上策。他在同子路的谈话中还说道:"'善人为邦百年,亦可以胜残去杀矣。'诚哉是言也!"(《论语·子路篇》)孔子认为,善人治理国家一百年,也可以克服残暴消除杀戮了。这话说得很有道理。与此同时,孔子否定了靠强权进行管理的做法。这与孔子的"仁政"、"礼治"、"德治"思想是一致的。他在《论语·为政篇》中这样阐述:光靠法律、命令的政治训导人们、约束人们,人们就会只是为逃避制裁,而不做坏事,但不会真正有是非廉耻之心。原文为:"道之以政,齐之以刑,民免而无耻。"这就说明了强权政治的负作用,会事与愿违的。无怪孔子还说:"举枉错诸直,则民不服。"(《论语·为政篇》)孔子认为,当权臣横行,以邪曲取代正直时,人们不会听从命令。

的确,当上司常施加压力、严惩工作中失误者的时候,失误在某种程度上或许会减少。部下每个人都拼命避免失误,可是,他们毕竟是人,不是神。既然是人,有时就难免失误,一旦出现失误,他们要遭到严厉的惩罚。这样,他就会因害怕失误,或者不敢大胆工作,或者把失误拼命掩盖起来。并且,对这种严厉上司的命令也不会真心诚意地服从。也就是所谓的阳奉阴违。这样,组织实力就会削弱,也就做不出成绩。这正是孔子否定强权治理的原因。

正因为这样，孔子在《论语·阳货篇》中说，"宽则得众，信则人任焉，敏则有功，惠则足以使人。"这就是说，对人民宽大仁慈就能得到人民的拥护，热心工作就会出成绩；对人慈惠别人就甘愿为你所用。

管理法则——情与理

孔子的经营管理、组织管理学在以人为主的"软性管理"领域中，其特点得到了充分指挥。这种"软性管理"的重要特点就是情与理。

首先，谈一下"情"。孔子认为，经营最关键的是人。人在有经营目的、技巧等以前就已存在了，所以必须以此为出发点。经营好坏在于人自身。因此，孔子强调，所谓的实际经营就是抓住人心，实施管理。他认为在管理过程中，被管理的是具有感情的人，所以用感情打动他们是经营的基础，也就是说，用感情打动人才是成功的经营。无视他们的感情进行经营必将受到挫折。这在孔子"节用而爱人，使民以时"(《论语·学而篇》)的话中也有体现。意思是爱惜人力，在用人时，必须考虑他们的利益，避开农忙季节。在经营上就是经营者要考虑员工的利益，进行有效的管理。这样做的结果是员工积极性被调动了，产生了工作的动力，最终事业也会取得成功。因此，在事业成功中，"情"是必不可少的。

其次，谈一下"理"。这个理即道理。是指做人的道理，做职员的道理。孔子认为，经营者必须把这种理教给职员。也就是说，凡是明智的经营者都应以身作则，用理指导人们，让人们按理从事工作。

孔子有"君子务本，本立而道生"(君子致力于根本，那么道理、法则就会产生出来)(见《论语·学而篇》)的话。这意味着在经营管理中要进行教育活动。在这个意义上说,道理的教育是经营者重要的工作。

孔子在经营管理中重视情与理,认为只有具备这两个条件才算具备了成功经营的条件。

可是,这话说起来容易,做起来难。这是因为,为了用感情打动别人,管理者必须有相应的能力;想让别人懂理,自己必须熟知、深悟理才行。

顺便提一下,孔子对人性极为重视。他对人性有这样的阐述:"性相近也,习相远也。"(《论语·阳货篇》)意思是说,人的天性本是相近的,但因为教养、习惯不同才造成了差异。就是说,人并不是天生就有智力、能力差异,而是由后天的环境造成的。

经营者和职员共同学"道"

在实际的经营中,组织管理是相当困难的。如果企业经营顺利的话,组织就有活力,规模也会不断扩大。可当组织的规模超过一定限度后,各种问题也就出现了。这时,企业也会遇到困难或停滞不前,或成绩下降,甚者导致彻底失败。这种时候克服困难的关键在于企业或组织领导者有没有见识与度量。在这方面,"领导人的见地决定企业规模"一语正中要害。

如领导者见识广、度量大,则组织就能有大发展。例如松下电器公司的松下幸之助,索尼公司的盛田昭夫和井深大这一对搭档,还有本田宗一郎。这些经营者虽然都是白手起家,但都把自己的企业发展成了世界闻名的大企业。这是因为他们凭着自己的见识,形成各自不同的经营特色,再加上他们卓越的管理才能与用人的度量,才能达到如此成就。

同样也有以白手起家,通过经营不动产、高尔夫球场形成企业集团而掌握大笔财富,但却因泡沫经济的崩溃陷入困境的经营者。其失败原因并不只是受当时经济状况和运气的影响,经营者见识短、度量小恐怕是主要的因素。

那么,为了使企业免受挫折,到底什么是必要的呢? 为此,组织的管理又该如何呢?

在《论语·阳货篇》中,子游向孔子引用了言偃的一句话:"君子学道则爱人,小人学道则易使也。"这句话说明"道"与"治民"的关系,其意就是君子得道就懂得爱别人,小人学道就容易对上顺从,容易听使唤。但在经营管理中就不同了。若把"君子"套到经营者、管理者身上,把"小人"套到职员身上,就会出现下述的情况。

经营者、管理者要是完全走自己的路,有事业心,自己能愉快工作也能指挥部下,就能达到目标。为此,他要学习很多事情。职员要是多参加技术培训、讲座进行学习,就能提高其销售能力与生产能力。这实际上可以在企业内部以 QC(质量管理)学习小组、讨论会等形式实现。这样一来,学习机会就增多了,剩下的就是靠个人的热情与努力了。如果双方都使劲的话,企业就肯定能取得进步。

家庭和组织管理的关键——孝悌

家庭是社会的细胞,所以家庭管理也就成为社会管理的缩影了。那么,孔子对于作为社会管理雏形的家庭管理的思想到底是什么呢?

孔子的时代是封建时代。为了维持那时的社会秩序,孔子把"孝悌"作为基本伦理准则。日本权威辞书《广辞苑》对"孝悌"的解释是："对父母尽孝,扶伺兄长。"简单地说,就是日本人所说的孝顺行为。顺便说一下,在《论语》中,"孝"字出现了十九次,"悌"字出现了四回。这说明孔子相当重视"孝"和"悌"。

这种"孝悌"是儒教社会的基础。没有"孝悌"的话,就维持不了家庭秩序、社会秩序,社会也就不能发展。孔子认为管理家庭、社会这样的组织的基础是一种集团性的规律,维持这种规律的就是"对父母尽孝,扶伺兄长"。

这种情况在企业的经营管理中也是一样的。企业中必须有秩序,否则就无法发挥出集团的优势来。维持这种秩序的就是"孝悌"。

就是说,作为"孩子"的职员要尊重作为"父亲"的经营者;反之,经营者也要考虑到职员的利益,并尽力保护这种利益。日本企业管理的历史经验证明,这种植根于孔子学说、使企业组织内部秩序得以维持的做法,对企业的管理是成功的。

然而,这对于现在年轻的一代也许是不可理解的。他们也许会认为,"'孝悌'这个词是属于上个时代的";或这样反驳,"对于不值得尊敬的经营者、上级,我不能尊敬他们"。即使他们不那样想,但由于"个人的自由是最重要的"这种西方思潮的蔓延,"孝悌"被否定也是很自然的。

大多数日本人之所以能享受像现在这样的富裕生活,是因为经济的发展,这种发展靠的是家族主义的管理方式。既然如此,也就当然不能把"孝悌"加以否定。

现在,日本企业正在改变上下级的关系。这是为了谋求公司内部的秩序。在这种情况下,就是要建立良好的人际关系。"孝悌"与这并不是对立的。建立良好的人际关系必须以相互理解为起点,而贯穿于始终的基本准则就是被解释为"对父母尽孝,扶伺兄长"的"孝悌"两字。在这个意义上,维持包括日本在内的儒家社会的"孝悌"观念虽已很古老，却也可以说随着时代的发展变革而被赋予新的意义，成为一个崭新的话题。

孔子的学生有若说："君子务本，本立而道生。孝弟(悌)也者，其为仁之本与！"(《论语·学而篇》)这里，前一句话是说，君子树立了仁道，就有能力齐家、治国、平天下；反过来的话，连家都不能管理，就谈不到管理组织和企业了。后一句话强调孝悌是仁道的根本。

而管理组织和企业，就必须从"孝悌"(仁道的根本)出发。这就是我们的结论。

人才的基本条件

我们中国有句成语："事在人为"。意思是说，事情的成功全取决于人的主观努力。从企业管理的角度理解，无论有多好的办法，多么高的成功率，如没有人才的话也是枉然。

关于企业的人事管理、人才培养这方面，《论语》也教给我们很多方法。虽然那些教导都是孔子在二千多年前阐述的，但至今仍可以把这些方法照搬活用。

首先，孔子阐述了人才的基本条件。

"今之成人者何必然！见利思义，见危授命，久要不忘平生之言，亦可以为成人矣。"(《论语·宪问篇》)

意思是：现在的世界中，即使称为完人的人，也不是必须什么都完美。看到"利"想到"利"是否符合"义"；在必须牺牲时勇敢地献出生命；无论何时都不忘记诺言，并付诸于行动。这样的人可称为"成人"，亦即全人，完人。

"成人"不是指年龄而言，而是指人格而言。同时，也可用来称呼杰出的人物。

孔子认为，人才并不一定就是完人。人才只是能依理做事，勇于牺牲，遵守诺言而已。

在儒家思想中，把优秀的人才看作君子。比孔子还要早半个世纪以上的襄仲曾说过："非君子安能治国"，就是说，不是君子就没有资格治理国家。这也可以就企业管理、人事而言。

儒家认为，给人格未成熟的人以政权，就像让不会用刀的小孩拿刀一样，反而会使其受到伤害。因此，不应让"小人"掌权。

对企业和企业内的组织来说，如让人格、实际能力均不成熟的人作领导，那么，企业及企业内的组织就会受到损害，最后导致整个企业的崩溃。

因此，选领导时注意"君子"与"小人"的区别就变得极为重要了。

使员工对工作"乐此不倦"是上策

关于使人才各尽其能，各展所长，《论语》里还有这样的话："子曰：知之者不如好之者，好之者不如乐之者。"（《论语·雍也篇》）孔子指出，对于任何事业和学问，懂得它的人不如喜爱它的人，而喜爱它的人又不如以亲身从事它为乐的人。这就阐明了领导者如何调动人的积极性、使人对工作"乐此不倦"的策略。

研究者能在研究中得到乐趣，他就会废寝忘食。虽然工作时非常辛苦，非常耗费时间，但从中得到的乐趣往往能把这些全部抵消掉。这就是所谓"乐此不倦"的境界。

但这种情况并不仅限于研究界。在企业家中有一些人不擅长在办公室发号施令而喜欢投身第一线指导经营活动。如将这些人束缚在办公室里，他们就会觉得像被关进监狱一样，无法施展所长了，对工作也会感到厌倦。但一旦让他们在经营活动中施展所长的话,他们就会如鱼得水,焕发活力,干出优异成绩来。因此,让他们到实际经营活动中去,对他们来说,是最为"乐此不倦"的。

领导者有自己的"乐此不倦"的领域,他也应该在实际工作中为职员提供这种"乐此不倦"的环境。"经营之神"之称的松下幸之助,就有一句名言:"让想做的人去做"。

在这方面,曾受幸之助培养的九州松下电器分公司的原经理青沼博二曾这样说过,"如果问顾问(指幸之助)怎么说的话,还是那句话:'让想做的人去做'。当然,有时也会有某部门某人并不适合干某事的情况,这是正常的。可是,在极大多数情况下,他的话能激发当事人对工作的热情和兴趣,从而努力工作。因此,即使是领域不同且又违反原则,那也确是令人愉快的裁决。'让想做的人去做',听到过几次后,细加体味,感到这不愧为恰当的裁决。"(引自《向松下顾问学到的事》)

企业是要靠人进行活动的,企业活动与人性也决不是无关的。反之,如不充分调动人的积极性,企业就会夭折。在这方面,松下幸之助深知,使职员对自己从事的事业"乐此不倦"的做法是怎样使人才充分发挥作用,为企业带来利益。如果把松下幸之助的人事管理方法作为原则采用的话,就能充分发挥每个人不同的才能,使企业焕发活力,员工也就不会不满,大家就能追随经营者。这样,企业就自然地走上了发展的正轨。

的确,对孔子"知之者不如好之者,好之者不如乐之者"的充分理解、运用,正是企业走向成功的捷径。

(选自《孔子的管理之道》,中国国际
广播出版社,1995年9月第一版)

孔健,又名孔祥林。作家、孔学研究专家。多年来致力于孔学研究和中日文化交流,现任《中国巨龙》周报《日文版》新闻社社长兼总编辑。曾参与主编《孔子文化大典》,著有《真说人间孔子》、《孔子的人生哲学》、《论语与日本企业》、《孔子家的家训》等 20 余部著作。

1990 年以后,作者集中精力撰写了一套"太阳丛书",分别为《孔子的人生之道》、《孔子的处世之道》、《孔子的经营之道》、《孔子的管理之道》。其中《孔子的管理之道》等书从管理学上广泛参例日本经营管理中的一些经验,从日本人深入研究《论语》中的管理思想、借鉴孔子学说精华入手,探索儒家传统思想中的管理理论。由于所借鉴实例具体细致,具有可借鉴的广泛意义,所以对于提炼升华传统儒家管理思想,尤其是实现与现代经济管理、世界经济管理理论的对接应用,推动传统思想逐步走向现代,走向具体经济生活,具有重要的理论与现实意义。

儒学管理思想在 21 世纪的应用

周桂钿

儒家有丰富的管理思想。这些思想有宏观、抽象、灵活的特点，与法家的严格、严厉、微观、具体的特点，互为补充。秦代仅用法家思想，摒弃儒家思想，很快便被推翻。汉代杂用霸王之道，用法家的霸道思想与儒家的王道相结合，作为统治法则，取得成功。在独尊儒术的时候，能用儒术决狱断案，像董仲舒那样，毕竟少数。多数人还是按法律办案，因此有酷吏之称。对于国家的宏观管理，主要还是儒家思想。从汉以后的两千年封建社会中，儒家思想占主导地位，被奉为一切社会活动的规范和指导思想。下面分几个方面讲儒家管理思想在 21 世纪的应用。

一、管理者的素质

儒家首先强调的是管理者的个人文化素质。《大学》中有格物致知、正心诚意、修身齐家、治国平天下的说法，强调从自身做起，自身又是从内在思想开始。内在思想可以包括道德修养和知识学问两方面，古称"尊德性"和"道问学"。孔子强调身正者才能胜任政治管理者。他说："其身正，不令而行；其身不正，虽令不从。"又说："苟正其身矣，于从政乎何有？不能正其身，如正人何？"(《论语·子路》)如果管理者自身行为端正，那么，被管理者就会跟着端正，用不着盯着他们,政治不是很容易吗? 还有什么困难呢? 如果自身不端正,那怎么管别人呢? 即使下了令,群众还是不肯服从。自己有毛病,无法要求别人没有。自己没有的品德,也不能要求别人具有。董仲舒认为政权最高代表皇帝,同时也应该是人民仿效的道德榜样。他说:"故为人君者,正心以正朝廷,正朝廷以正百官,正百官以正万民,正万民以正四方。正四方,远近莫敢不壹于正,而亡有邪气奸其间者……王道终矣。"(《举贤良对策》)这"正"的过程,是以人君为中心逐渐向外扩大的过程,也是榜样力量的推广过程。人君只要自己"心"正了,就能引导整个社会沿着正道发展,这样就不会有什么歪门邪道出现。董仲舒再三向汉武帝提出勉强学问,提高个人文化素质,抑制私欲,谨微慎始,充分认识自己是国家的根本,万民的榜样,一举一动、一言一行,都会在人民中产生广泛的影响。宋明时代理学家反复讲的心性修养,也都是强调社会管理者首先要提高自己的道德水平和思想能力。

　　儒家强调管理者本身素质的思想在两千多年的封建社会中是一贯的。进入现代社会以后,这种思想是否还适用呢? 是否可以应用于 21 世纪呢?

　　西方管理学是以企业管理为主,只强调如何收集信息,分析情报,研究决策以及如何实施决策和应变等一系列技术性手段,没有提到或者以为根本不需要注意管理者的道德问题。因为企业有私有的,只要经营有方,能赚钱就行了。对于社会管理者来说,就不能这样。21 世纪的现代社会,民主会更加普及,绝大多数社会管理者从选举中产生。在社会舆论高度透明下,谁会给有劣迹的、道德败坏的人投票呢? 把肮脏灵魂暴露于光天化日之下,就会失去一切选票。要进入社会管理层,必须有高尚的道德和实际的能力,这是首要的。家庭出身,从事职业,财产多少等其他条件都退居次要地位,甚至可以忽略不计。

　　现在有一种说法,儒家思想只能用于个人的伦理修养,与政治无关。儒家思想可以用于伦理政治,不能应用于民主政治。

　　这种说法,值得商榷。民主政治是通过民主选举,投票产生社会管理者。投票者是有伦理思想的。投票者的伦理观念自然要影响,甚至决定了投谁的票。如果儒学伦理观念深入人心,那么,儒学也就影响了民主政治。伦理影响了社会管理者的产生,也会影响一个方案的通过。美国总统想任用自己的故交好友,国会根据此人的好色贪杯,投票予以否决。这就是伦理观念在民主政治中起作用的典型例子。尼克松总统由于水门事件而被迫辞职,日本有些首相由于丑闻披露而下台,都说明伦理观念对民主政治的深刻影响,当然,伦理思想是社会思想的综合因素,一般不是某一学派的唯一观念。儒家伦理思想具有很强的渗透力和相当的合理性,对世界人民的伦理观念是会产生很大影响的。因此,儒家重视管理者的品质必将渗入世界伦理观念,而影响21世纪的民主政治。据此,我们培养21世纪新人的时候,必须十分重视培养他们的伦理道德,提高文化素养,使他们成为21世纪的文明新人。

二、仁义为本

　　封建时代的君臣关系,上下级关系,官民关系,说到底都是管理者与被管理者的关系。孔子所谓"君君、臣臣、父父、子子",可以理解为君要有君的样子,臣要有臣的样子。也可以现解为君要在君的名分上,臣要在臣的名分上,不能错位。与"不在其位,不谋其政"的说法相一致。各得其所,是孔子的第一要求。

　　其次,在君臣关系上,孔子说:"君使臣以礼,臣事君以忠。"(《论语·八佾》)至于君使臣不以礼,臣如何对待君,孔子没有说。也就是说,孔子只有正面论述。有大丈夫精神的孟子则显得锋芒毕露,他说:"君之视臣如手足,则臣视君如腹心;君之视臣如犬马,则臣视君如国人;君之视臣如土芥,则臣视君如寇仇。"(《孟子·离娄下》)孟子认为君臣关系是相对应的,根本不存在绝对权威、绝对服从的依附关系,而是相互协调、相互配合的友好关系。对于作威作福摆臭架子的君王,孟子认为:"说大人则藐之,勿视其巍巍然。"(《孟子·尽心下》)他认为"君为轻",别看他十分威严的样子,他说话时要藐视他,不要被他的威严吓得说不出话来。

仁义是儒家的最重要的伦理,因此,孔孟之道,也称仁义之道。"仁者爱人"是先秦原始儒家的观念。西汉董仲舒对此作了阐扬,提出"人之法,在爱人,不在爱我"。又说:"人不被其爱,虽厚自爱,不予为仁。"(《春秋繁露·仁义法》)仁是指爱别人,不是爱自己。爱自己不算仁。他又举例说,春秋时代一个诸侯王晋灵公,他召诸位大夫来拜见他,他在台上用弹丸弹射他们,诸位大夫跑来跑去躲避弹丸。晋灵公觉得很开心。晋灵公以弹射大夫取乐,是一种特殊的精神享受,是爱己的表现,但他不算仁,因为没有爱别人。晋灵公讲究吃,有一次要吃熊掌,膳宰就去煮熊掌。熊掌难熟,晋灵公等不及,要想吃熊掌,不听劝阻,强要膳宰给他熊掌,一吃不熟,更为恼火,就把膳宰杀了,肢解以后,让人抬走。晋灵公为吃好而杀膳宰,爱的是自己,不爱别人,因此,不能算仁。爱别人也不应该仅仅是自己的亲属。

21 世纪的社会管理者如果利用公民给的权力,为自己谋取种种私利,那么,公民必将抛弃他们。因为他们不爱公民。

儒家把义作为正确处理君臣关系的重要原则。孔子说:"君子之仕也,行其义也。"(《论语·微子》)当官为了"行义"。孟子说:"义之于君臣也……命也。"(《孟子·尽心下》)义这么重要,是君臣关系的关键。实际上是等级社会的准则。董仲舒对义作了新的阐述,认为义是对错误思想行为的纠正,而且主要是对自己错误的纠正。他说:"义之法,在正我,不在正人。"又说:"我不自正,虽能正人,弗予为义。"(《春秋繁露·仁义法》)不能纠正自己的错误,只会纠正别人的错误,像手电筒那样,只照别人,不照自己,或者一味地整治别人,这种人也不能叫义。董仲舒举了楚灵王和齐桓公的例子。楚灵王带兵入侵陈国,"灭人之国,执人之罪人,杀人之贼,葬人之君",做了一系列符合义的好事,但是,由于楚灵王自身不正,利用讨贼的机会,灭了别人的国家,使陈国臣民大失所望。因此楚灵王不能算行义的人。齐桓公攻楚时经过陈国,战胜后班师又到陈国。陈国大夫辕涛涂劝齐桓公沿海东征。齐桓公东征时陷入沼泽地,受到挫折,又返回陈国,把辕涛涂抓起来,因为他欺骗了齐军。辕涛涂为什么欺骗齐军?齐军前番经过陈国时,纪律差,扰民严重,陈国人民非常反感。辕涛涂代表人民的愿望,不想让齐军再过陈国,因此希望齐军东征,绕过陈国回去。齐桓公不整顿自己的队伍,去抓住了别国的大夫,说明不会正己只会整人,也不是符合义的人。

　　董仲舒认为只会整人,自身又不正的人,不能算义。"楚灵王讨陈、蔡之贼,齐桓公执辕涛涂之罪,非不能正人也;然而,《春秋》弗予,不得为义者,我不正也。"(《春秋繁露·仁义法》)

　　根据仁义原则,有了利益,首先要想到被管理者,这是"爱别人"的仁的原则。出了问题,首先要检查自己的错误,改正错误,这是"正自己"的义的原则,仁义之道,就是爱人正己的原则。如果有了利益,首先自己捞到,不顾别人,发生问题,责任推给别人,给自己开脱,同时整别人。这些人当然不是仁义之人。管理者实行仁义原则,才会得到被管理者的真心诚意的拥护,才能办好一切事业。现代技术可以用仪器、电脑,监视、控制每一个人的行为,技术先进了,人异化了,不能充分发挥人的主动性、积极性、创造性。人在电脑控制下,也像在奴隶主、监工监视下一样,都是奴隶的角色,失去主动性,同时失去积极性和创造性。管理者与被管理者之间要减少敌对情绪,增加感情融通,提高各方面人的工作乐趣,在和为贵的社会氛围中,发挥作用,这才能各尽所能。

三、竞争机制

感情融通,形成和谐的社会环境。和谐固然是好的,但如果没有竞争机制,社会就缺乏活力,发展就比较缓慢。要引入竞争机制,就需要加强法制。用法制来保证公平竞争,鼓励先进,督促后进。

一些发达国家法制比较健全,发展中国家由于经济、政治的急速变化和转轨,旧制度的改革和新制度的建立都要在实践中逐步实现,法制不可能一下子就健全起来。中国正是迅猛发展时期,一系列法制都有待于健全,在 21 世纪,健全法制成为中国管理者至关重要的任务。

没有规矩不能成方圆,没有法制,只靠人的自觉性无法使社会有序化。这是人所共知的道理。孟子说:"徒法不能以自行,徒善不足以为政。"只有善良的愿望和高尚的情操,还不足以从事政治。政治是一门管理学,是一种艺术,必须学习,才能做好。这学习不仅要读书,而且要在实践中学习。因此,21 世纪的社会管理者不仅要学习与被管理者的情感交流,而且要掌握一套管理的艺术。政治管理中必须有一套健全的法制。现在,人们极力呼吁的"法治",实际上就是健全的法制。我们承认有自觉行善的好人,但只能是少数。全国需要很多管理者,没有这么多自觉的好人,所以需要法制来限制或制约他们,没有法制,只有人治,显然是不行的。但是,有了法制,不健全,毛病也很多。我国就处于这个状态。例如贪污浪费问题,请客送礼问题,伪劣商品问题,偷税漏税问题,都有法规,由于不健全,在实行中常打折扣,以致无法根本解决。当然,如果有了健全的法制,是否就万事大吉了呢? 还是孟子说的,徒法不能自行。法制不能自己实行,需要人去实行,而人的品德和水平则是关键。执法者水平很低,不能正确理解法律条文的意思,不能领会法制的精神实质,在实行中必然会出现各种偏差。因此,有了法制以后,提高执法者的素质就显得极为重要。执法者就是管理者。

总之,要建立完善的公平竞争机制,必须建立健全的法制和培养素质高的管理者。儒者强调"学而优则仕",学习好的可以当官,这里包含竞争意识,也包含要提高管理者的素质的内容。要选拔高素质的人才充当各级管理者,应该从竞争中产生。竞争机制应该深入社会的各个方面。

四、重义轻利

关于义利关系问题,儒家是主张重义轻利的。进入市场经济以后,重义轻利受到了批判。我认为,重义轻利没有错,批判重义轻利也没有错,错在于理解。

利,以刀割禾,指收获,引申为收成、成果、物质利益。

义,以兵器对羊,指宰羊。儒家引申为"宜",指切肉,引申为分配成果,再引申为合理分配,转义为合理。合理处事为义。

在物质生产过程中,合理分配仍然是关键的一项,上自国家,下到基层单位,所有管理者都要极端重视物质的合理分配问题。

春秋时代,晋国大夫里克说:"夫义者,利之足也;贪者,怨之本也。废义则利不立,厚贪则怨生。"(《国语·晋语二》)在这里,义和利相联,而与贪相对。管理者没有私心,对大家共同创造的成果能进行合理分配。这是义。义能提高群众的生产积极性,可以取得更多的利。如果管理者私心重,把大家共同创造的财富据为己有,这就是贪。贪会引起大家的埋怨。义与贪对立,说明义是不贪的意思。不贪不是不要利,而是合理取利,"义然后取"。

孔子认为义利问题是政治的重要内容,也是管理者所应关注的大事。他说:"礼以行义,义以生利,利以平民,政之大节也。"(《左传》成公二年引)礼就是制度,礼的规定就是为了保证分配的合理(义)。实行合理分配,才能生产更多的物质财富(利)。物质财富能够满足人民的生活需要,人民才能安居乐业,维持社会安定。这是政治的关键。晋国大夫丕郑说:"义以生利,利以丰民。"(《国语·晋语二》)丰民,就是富民。平民,就是安民。

孔子曾说:"君子喻于义,小人喻于利。"(《论语·里仁》)君子和小人是社会地位不同的两部分人,君子是统治人民的管理者,小人是被统治的劳动者。喻是明白、知道。管理者应该明白如何分配成果才合理,才合乎义;小人只知道自己能得多少利。君子知道义的原则,所以不能随便取利,"见利思义","义然后取"(《论语·宪问》)。如果不合理,那么,再好的东西也不要。孔子是这种态度,孟子也是这种态度。

这里需要解释一种误解。有些学者以为儒家重义轻利,是不要利,或者以为利不重要,是可有可无的东西。利是要的,个人要,孔子教学收取束脩,社会也要,没有利,何以平民、富民?为什么要"利"还要思"义"呢?义是合理分配,是对少数人利用权利谋私,贪得无厌,多占无限的一种限制,是协调上下级以及民众之间的各种利益关系。所以,作为君子这类管理者应当思义。如果自己作出了巨大贡献,获得丰厚的报酬,那是受之无愧的。孟子说:"安富尊荣。"(《孟子·尽心上》)如果不合乎义,就是"禄之以天下,弗顾也,系马千驷,弗视也。"(《孟子·万章上》)孔子又说:"君子之仕也,行其义也。"(《论语·微子》)君子当了官,就是管理者,管理者的责任就是合理分配各方面的利益,首先是物质利益。

提高工作效率,增加劳动产品,满足人民生活的各方面需求,这是大义,是社会管理者所必须尽力追求的。人民的大利,是管理者的大义。管理者以权谋私,假公济私,贪污受贿,中饱私囊,这都是违背义的,是贪,是私利。可见,所谓义利之辨,所谓重义轻利,都是提倡重在谋公利,反对损害公利的私利。儒家并不是反对一般的私利,正当的私利可以得,不得也不对。立功不受赏,升官不增禄,当得不得,应取不取,都不是儒家的主张。秦汉时代的儒家对此有批评,宋明时代的儒家对此也有批评。朱熹的学生陈淳在《北溪字义》的《义利》一节中说:义是天理,利是人欲。货财、名位、爵禄等都是利,自己对这些利都不计较,"当取而取","当得而得","当然而然",就是义,就是天理。相反,当取不取,不当取而取,就是不义。原思当官,嫌俸禄太高,要减少,这是不义。刘备顾恋刘表的私情,不忍心夺取荆州,也是不义。孟子说:"行一不义,杀一不辜,而得天下,皆不为也。"(《孟子·公孙丑上》)董仲舒说:"正其谊不谋其利,明其道不计其功。"陈淳对孟子和董仲舒这些说法评价很高,认为是少有的纯义的议论。简单地说,陈淳认为,不管物质利益多少,只要合理,取不取,都是义,只要不合理,取不取,都是不义。

根据儒家的观点,科学家卖发明专利,获得很多钱,这是合理的,是义。企业家承包企业经营,赚了很多钱,按合同提取利润分成,钱虽多,也是义。当然,如果拿出部分钱赞助文化教育和慈善事业,那也是义。如果不取,反而不义。这应该是 21 世纪管理者所要注意的问题。从现在来看,不义的表现主要还是管理者以权谋私,不当取而取。

五、大同理想

全世界有许多学派,提出许多理想。我以为,为多数人谋利益的理想,就是高尚的,为越多的人谋利益的理想,就越高尚,为全人类谋利益的理想,就是最崇高的。儒家典籍《礼记·礼运篇》中提到"天下为公"的大同理想就是为全人类谋利益的崇高思想。

《礼运篇》讲"选贤与能,讲信修睦",是对管理者的要求,要道德和能力都是高水平的,又能守信用讲团结。当然都应该是能为大家办事的人。"人不独亲其亲,不独子其子",这是儒家推己及人、推己及民的思想,与墨子的兼爱、西方的博爱,都有一致之处。为全人类谋利益,最重要的是能否给弱者以最大的照顾。西方讲优胜劣汰,是淘汰弱者,对于弱者来说,是十分残酷的。弱者没有得到应有的照顾,就不是最崇高的理想。《礼运》认为在大同世界,使老人能够安享晚年,儿童有健康成长的良好社会环境。矜、寡、孤、独以及残废者,都能得到供养。两千多年前能提出这种比西方近代思想家的理想更加符合人道主义的理想,实属难能可贵。对于青壮年,《礼运》提出"壮有所用",壮年有充分展示自己才华的机会,有充分发挥作用的地方。在婚姻上,外无旷夫,内无怨女,使有情人都成眷属。对于劳动产品——货物,不必都藏在自己那里,但反对随意丢弃,造成浪费。对于出力的事情,就怕自己参加不上,不一定为了自己。在这种社会中,没有人勾心斗角、尔虞我诈,也没有盗窃乱贼。所以,外面的大门都不必关闭,当然也就不需要城郭沟池,更不需要军队、警察。

管理者要确立两个目标,一个是具体的、在短期内能够实现的近目标,一个是远大的、在很长时期中才可能实现的远目标,即崇高理想。没有近目标,只有远目标,容易陷于空泛而不切实际。没有远目标,只有近目标,又容易产生追求近期效益而陷于鼠目寸光,不能有大的发展,也不能保证在健康文明的方向上发展。远大理想虽然不能实现,但它能引导人们走向光明、走向文明,走向开明。在实践中有导向作用。因此,儒家的大同理想虽然经历两千多年尚未实现,它却有重大意义和深远影响。它的"天下为公"被孙中山所题写,与共产主义理想有相通之处,其高明于此可见一端。

六、展望21世纪的中国管理

时代的特征,决定了管理者的特征。了解了过去,就能知道现在,并可以推知未来。以史为镜,可以知兴替。

到了21世纪,科学的巨大作用,对技术的决定性影响,将被新领导所认识。而科学要上高峰,没有雄厚的经济实力,没有相当高的理论思维水平,没有相应发展的教育,没有健全的法制,就无法实现。经济学、哲学、教育学和法学为人们所瞩目,显得十分突出。到那时,有远见卓识的领导者都会看到这一点。社会管理者将有相当数量来自文化素质较高的企业家和科教文卫系统的学者。

在管理方式和手段方面,也会有较大发展,首先使用电脑管理将成为普遍现象,其次,民主、文明的管理将成为时尚,成为社会主流,各个企业内部和谐团结与对外竞争同时并存。管理方式,世界各国有趋同性,而中国儒家的仁义思想在管理中应用,将成为世界管理者学习的内容,特别是东南亚地区。中国儒家的管理思想汇入世界思潮,成为世界流行管理学的重要方面和内容。

(选自《儒学与廿一世纪》〔下〕,

华夏出版社,1995年11月第一版)

周桂钿,福建长乐人,现为北京师范大学哲学系主任,教授、博士生导师。兼中国哲学史学会副会长。主要著作有《董学探微》《虚实之辨》等。

　　在《儒学管理思想在 21 世纪的应用》一文中,作者从中国
传统儒家管理思想的基本范畴及要求出发,具体分析了儒家
人格思想与 21 世纪的管理者素质要求,仁性理论、学习思想、
义利观念等在未来管理中的具体应用,特别是"大同"社会理
想对管理理念的整体提升与导向。从而指出 21 世纪的社会
管理将是一个充满文化性与人文精神管理的世纪,是一个与
儒学管理思想自然暗合的时代。儒家管理思想将凸现其巨大
的历史意义与现实意义。就儒家传统管理思想前瞻性研究来
说,本文具有一定的学术价值意义。

孔子的管理哲学·实践精神·实践程序

周伟民

几千年来,中国传统社会的国家管理理论一直延续不断,但它的基本形态,是在春秋战国时期形成的;当时社会处于历史更迭过程之中,诸子百家中的孔子——儒家,与其他学派一样,共同点是司马谈所指出的"务为治者也"(《史记·太史公自序》)。儒家的思想,像孟子所指出的是"集大成"者(《孟子·万章下》),即将周代以前的典章制度加以总结,所谓"尧舜禹汤文武周公之治,集于孔子"(王鼎《近思录集注序》)。这说明,儒家思想,从一开始即与管理联系在一起。

儒家的管理理论,虽然涵盖面极宽,但毕竟侧重于国家行政管理;在传统的农业社会中,尤其是在宗法制的小农社会中,涉及经济管理、企业和商业管理,是谈不上运用的。只有在近代,新兴的民族实业家,才比较清楚地、甚至是有意识地接受孔子——儒家管理思想的影响,并在经营管理活动中加以运用。日本在这方面,比起我国,着了先鞭,运用与发挥都做得比较好。不过,日本对儒家的管理思想的吸收,多数是一些从事企业经营的企业家出于实用的需要,结合实际,拿来运用,而从文化的高度,将儒家的管理哲学与管理实践精神加以研究,着实难以看到。

"允执其中"的管理哲学

管理哲学,指的是管理工作者的世界观,也可以说是管理者世界观的理论化和系统化,是管理者世界观的总和。这种管理的世界观,在每一个经营管理者的头脑中都必然存在,而且是一种不自觉的自在性的存在,很少有人能将自己的管理经验上升为管理理论,并进而提炼成管理哲学。作为理论形态的管理哲学,是在一个相当长的时期内,对管理的实践经验进行哲学的反思,然后进行概括和抽象的产物。中国的社会管理,有文献可征的,从尧的时候开始,已经积累了丰富的经验,孔子对这些管理活动作出概括,提出了"允执厥中"(《论语·尧曰》)的管理哲学。

"允执厥中",一作"允执其中"。允,信也。刘宝楠《论语正义》说:"'执中',谓执中道用之。"接着,他引《礼记·中庸》的话:"子曰:'舜其大知也与!执其两端,用其中于民。'"又说:"执而用中,舜所受尧之道也。用中即中庸之义,自尧发之,其后贤圣论政治学术,咸本此矣。"(刘宝楠《论语正义》,中华书局1990年3月北京第1版第75页)这样看来,中庸之道,从一开始讲的就是国家管理,是尧的管理实践经验的总结,是中国最古老的最高层次的管理哲学。

"允执厥中",即中庸。这一古老的管理哲学,历来有许多误解,最普遍最通俗的误解是说成"滑头"。或者说是两端取中间,骑墙,不偏不倚,等等。我们要还"中庸"的本来面目,从管理哲学的角度理解,中庸即中道。"中",在物界,说一个器物的中心点,这说法完全是一个假定。比如一个人站在房子的中间,说他是中,那是对四周而言,实际上还是"边",因为从特定的一边观察,站立者必在左、右或前、后,所以还是边;没有绝对的中。这是就物理位置上说的。如果从思维角度、从世界观角度解释,"力量均衡了就是中"

（南怀瑾《论语别裁》，复旦大学出版社 1990 年 9 月上海第一版，第 901 页）。所以说，"中"并非一个物品两端折中；它是抽象的、思想上的持平，是一种动态的在整体中的平。中国传统讲"水平不流"、"人平不语"，说的是活动中的状态。相反的，则是"不平则鸣"，一不平就要乱。管理的根本道理在持平，即是管理所及的范围内做到"平"；能使各个方面都在动态中保持力量的均衡，恰到好处，即是中庸。

梁启超在总结孔子的思想学术特点时说："时中两字确是孔子学术的特色。"他又说，事物在不同时空中，形态是各异的，即"移步换形，刻刻不同"（转引自曾仕强《中国的经营管理》，台北《经济日报》出版 1985 年台北第 1 版，第 7 页）。因为管理是动态的，管理的主体和客体都是变动不居的，时间、空间及人事的变异性是极大的。"允执厥中"的管理哲学，联系到时空及人，则要求随着时间空间及人事的变迁而变迁，不断有新的应变，所以又要求"与时偕行"、保持"日新又新"。即是随时随地都能够保持力量的均衡、恰到好处。

那么，在管理过程中，怎样判断是否恰到好处？我们借用晋代陆机在《文赋》中的两句话："应感之会"和"通塞之纪"。"纪"亦"会"之意；均有"机"义，应与感和通或塞，其中都有一种机遇寓于其中，这里需要管理的主体，以一种灵敏的体会去把握和作出判断。

管理的效果，在所管理的范围以内，一定会从被管理者的态度上反应出来。"感应"是一种心理活动和表现过程，管理的实施，被管理者内心一定有所"感"，是好是坏，是赞成或反对，先由内心感得；于是，由"感"生发出"应"，即表现在态度方面是积极或消极，"应"的客观存在又烘托出员工们的"感"来。一个单位，上下左右之间，有感有应，才有管理存在。"通塞"也是一个道理，组织内部，彼此之间,或通或塞,这都需要管理者能够有一种敏感,即善于察机微。"机微"一说,儒家在管理方面是十分重视的。朱熹在《大学·诚意》章中有"审机"的提法,在明代曾经在四朝中任职,做过宰相的邱浚作的《大学衍义补》,本着朱熹的思路,补《审机微》一章。因为邱浚在总结自己"治天下之事,应天下之变,成天下之务"时,首先在审机微。从管理的角度出发,在纷繁复杂的事理中,"能寻其头绪之所自起,究其末流之所必至",都能预先了然胸中,管理的成功就有把握。反之,"若待其事理之显著,而一念之失,一着之差,欲有所为,亦已无及矣!"(邱浚《大学衍义补·审机微》)即是说,缺乏事先的体察。等到不良的具体事实已经出现,就来不及再挽回了。

作为一种管理哲学,"允执厥中",对管理者的实践,是富于指导性的。

"虚以控实"、"静以制动"的实践精神

"无可无不可",是孔子总结了一系列历史人物的言论行动后得出的处事的准则;孔子用这个准则,依照不同时间,不同空间和不同人事状况,灵活地做到"有若无,实若虚"(《论语·泰伯》),藉此在管理中,倡导一种"虚以控实"、"静以制动"的管理实践精神。

这里讲控讲制,指的是管理的基本手段,控制的手段所控制的对象包括对人、事、物和行为的控制。儒家管理哲学中所论的主要是对人的控制,用"克己复礼"(《论语·颜渊》)作为语言和行动规范,对人的外在行为进行控制,以"温柔敦厚"的道德导向进行内在控制。孔子在管理方面的控制,是适应中国古代社会管理实际需要而提出的。但对现代社会的管理,孔子的理念,是有一定的启发的。

"有若无,实若虚"的观念,在管理中有着特定的含义。管理,一般分为管理哲学、管理科学和管理技术这样相互结合的三个层次。关于管理哲学,前文已有说明,管理科学是有关管理的完整系统的具体理论体系,管理技术则是具体的操作。管理哲学是"虚",管理科学及管理技术是"实"。前者是世界观,看不见,摸不着,后者是方法,具体而明确。管理所依循的具体的明确的行为规则,是受着管理世界观的支配和控制的。这样,只有虚才能控制实,谓之"以虚控实"。换句话说,存在于管理者脑海中的管理世界观,必须作用于实在的具体管理科学和技术,即通过对这些具体的行为规则进行分析、选择、判断,并在这过程中指导着管理,这样才能明确地显现出它的功能。

除了虚实以外,《论语》还提出了"有"、"无"两个范畴。关于"有"与"无"的观念,道家说得最多,尤其是《道德经》一书。《道德经》第一章说:"无,是天地的本始;有,是万物的根源。"这里的"有"与"无",作为范畴,是否接受了《论语》的启示,存而不论。但《道德经》中的"无",包含着不可闻见的客观存在的客观规律,也包含想象主体观念中的想象物(庞朴《稂莠集——中国文化与哲学论集》,上海人民出版社 1988 年第 1 版,第 335 页)。可见,老子所说的"无",并不是零,而是不可及见的幽隐的"无",它含藏着无限未显现的生机,"无"也就蕴涵着无限的"有"(陈鼓应《老子注译及评介》,中华书局 1984 年北京第 1 版,第 63 页)。所以《论语》说:"有若无"。管理者把握好这个富于生机的幽隐的规律,作出"有"的决策;然后依据决策,选用具体的管理科学和管理技术。"天下万物生于'有','有'生于'无'。"管理科学、技术及措施,产生于管理者的决策,即"有",而决策又决定于管理者的世界观,即"无"。

在虚实、有无的观念导引下,孔子在管理中有相应的"身正令行"论述。他说:"其身正,不令而行;其身不正,虽令不从。"(《论语·子路》)又说:"苟正其身矣,于从政何有?不能正其身,如正人何?"

(《论语·子路》)鲁国的当权者季康子问孔子怎样为政,孔子回答说:"政者,正也。子帅以正,谁敢不正?"(《论语·颜渊》)政字的意思就是端正。"端正",是虚、是无,法令是实,是有。虚可以控实,无可以生有。管理者的品质和行为对被管理者的影响,孔子以风和草的关系,作出十分生动的比喻:"君子之德风,小人之德草。草上之风,必偃。"(《论语·颜渊》)风是看不见的,但风能让草倒下。风,无形,属虚;但无形才最有力。

就管理的整体观念来说,孔子也认为以虚控实。他说:"道之以政,齐之以刑,民免而无耻;道之以德,齐之以礼,有耻且格。"(《论语·为政》)这段话中,"道",借用为"导",即引导、诱导的意思。"政",是狭义的,非广义上的指国家行政管理的"政",而是定指政法。"格",本来有多种含义,如解作"来"、"至"、"正"或"敬"的;但《礼记·镏衣》引孔子的话说:"夫民,教之以德,齐之以礼,则民有格心;教之以政,齐之以刑,则民有遁心。"这里的"遁"即逃避的意思。而逃避的反面应该是亲近、归服、向往。这样,上文的"格"解释为"人心归服"。据此,孔子原话的大意是:用政法来诱导他们,用刑罚来整顿他们,人民只是暂时地免于罪过,却没有廉耻之心。如果用道德来诱导他们,用礼教来整顿他们,人民不但有廉耻之心,而且人心归服(杨伯峻《论语译注》,中华书局 1958 年版第 13 页)。对实的有形的政法和刑罚,比起虚的无形的道德礼教来,只能达到表面上的浅层次的管理。因为有这样的观念,所以孔子才自述道:"听讼,吾犹人也。必也使无讼乎!"(《论语·颜渊》)意思是说,审理诉讼,我同别人差不多。一定要使诉讼的事件完全消灭才好。此处是"无"胜于有。孔子将观念上的无、虚,当作是主导的,目的是在管理中,将"德治"、"礼治"与"法治"在实践中作比较,让"德治"在理论和实际操作上,始终处于核心的主导的地位。

虚和无,从管理认识的角度说来,是指管理认识的包容性,这一方面是指能接受新事物；另一方面，也即强调管理者应经常保持一种良好的精神状态，一种好的心境。虚怀若谷，心灵不要沾着于某一点上，不要因偏见而偏执一端，要能做到虚而静，静是指管理认识的稳定性。这里强调管理者要用虚静的、不浮躁、不急切的情怀，冷静地听取各种意见和正确地处理纷繁复杂的矛盾和冲突。虚和无，还包含着要求管理者做到坦荡荡，不能心胸狭隘，更不必因各种规范而心常戚戚，自己主宰自己，心灵充分自由；同时，也要使全体员工能心情舒畅地、合乎规矩合乎法度地充分发挥才能，发挥人的全部潜能，充分地体现出人的价值与尊严。

"博学之，审问之，慎思之，
明辨之，笃行之"的实践程序

在管理体系方面，西方的传统，决定了西方管理中强烈的理性精神；而孔子的管理思想，是一种人文的取向，建立以人为中心的管理体系。这里面有人之所以为人的目标，肯定人的潜能和人所具有的极大的可塑性，并在人自己节制欲望、自我修养、自我规范的过程中，逐渐实现人格的自我完善，达到理想人格的目标。围绕着人的道德自我完善，管理的各个方面，都离不开人。

人之所以为人，首先是因为具备了认识的能力。孔子的认识论，即在知行观。孔子主张"学而知之"，或者是"学而时习之"（《论语·学而》）。这些地方所讲的"学"，兼有知与行的意义。"行有余力，则以学文。"（《论语·学而》）学习的过程与修身的过程相一致，修身的过程也就与认识的过程同步了。《中庸》第二十章，对孔子——儒家的知行观有一个具体而明确的表述："博学之，审问之，慎思之，明辨之，笃行之。"意思是说，广泛地学习知识，详尽地探讨事物的原因，慎重地思考行为的得失，明确地辨别是非，并且切实地

去实践。这里面论述了学习、思考与实践的深刻联系。它本身也是为管理者的管理提供了实践的程序。

对于管理者说来,管理要以知识为基础。所以,孔子一再强调学习的重要性。他说:"吾尝终日不食,终夜不寝,以思,无益,不如学也。"(《论语·卫灵公》)他不但反复说明学习在人生自我修养中的重要地位与作用,而且积极地开办学校,亲自授徒。他在《论语·学而》中告诉学生,要好学,应该做到的几件事:"食无求饱,居无求安,敏于事而慎于言,就有道而正焉,可谓好学也已。"意思是说,吃食不要求满足,居住不要求舒适,对工作勤劳敏捷,说话却谨慎,到有道的人那里去端正自己,这样,可以说是好学的了。这实际上是将知与行,即学习与实践结合起来。他积极倡导一种社会风气:"仕而优则学,学而优则仕。"(《论语·子张》)做官了,有余力便去学习;学习了,有余力便去做官。将管理的实践与学习管理的知识统一起来,知与治相一致。《论语》还强调学习时要联系管理的实际工作多思考,而且是多研究当前的问题:"博学而笃志,切问而近思,仁在其中矣。"(《论语·子张》)这些地方,实际上是提出了管理者的标准和培养切合当时社会所需要的各种管理人才的途径。

孔子关于管理的知与行的观念,在他对自己的学生南宫适和宓不齐的评价中表现得很突出;我们也可以在这一评价中逆揣孔子关于理想的管理者的模式。孔子的学生很多,他对学生曾分别在不同的方面给予诸多肯定和称赞,但从来不轻意以"君子"赞许自己的学生;而在学生中,唯独称南宫适和宓不齐两人是君子。

《论语·宪问》:"南宫适问于孔子曰:'羿善射,荡舟,俱不得其死然。禹稷躬稼而有天下。'夫子不答。南宫适出,子曰:'君子哉若人!若德哉若人!'"南宫适以历史人物为例,提出尚力者不得善终,尚德者终有天下。这段话的意思是说:南宫适向孔子问道:"羿擅长射箭,擅长水战,都没有得到好死。禹和稷自己下地种田,却得到了天下。这些历史事实,怎样去理解?"孔子没有答复,南宫适退了出来。孔子道:"这个人,好一个君子! 这个人,多么尊尚道德!"孔子从南宫适的问话中,判断他是崇尚道德的人,所以称赞他是"尚德"不尚刑的"君子"。南宫适的"德治"的管理思想,与我们前面一节所摘引的孔子的思想是完全一致的:"道之以政,齐之以刑,民免而无耻,道之以德,齐之以礼,有耻且格。"即是说,能够"为政以德"(《论语·为政》)。在管理工作中,以道德力量来感化人民,这样,便可以不用繁刑重罚而人民自然归服。具备这样的管理观念的人,是孔子认为的理想的管理者。

　　孔子称许为"君子"的另一个学生是宓不齐。《论语·公冶长》载了孔子对宓不齐的评价:"君子哉若人! 鲁无君子者,斯焉取斯?"意思是说,这人是君子呀! 假若鲁国没有君子,这种人从哪里取来这种好品德呢? 孔子作出这样的评价是有原因的。据刘向《说苑·政理》记载:有一次,孔子问学生宓不齐,从政以后觉得有什么收获和什么损失呢? 宓不齐回答:"从政以后,原来跟老师学习的东西,现在可以付诸实践,这就使知识得以发明。这实在是一大收获。"孔子听了,说了上述的一番称赞的话。这就是宓不齐把管理实践与知识学习结合起来,把在老师那里学到的知识,在管理的具体实践中认真实行,"是学日益明也"。孔子是充分肯定他的学以致用,力行实践的精神。

　　根据孔子的思路,管理的程序,大而言之,即"修己"与"安人"两项。《论语·宪问》:"修己以安人"、"修己以安百姓"。"修己",是对管理主体说的,即要通过自我修养来养成作为一个管理者所应有的管理者素质,又能经常对自己的管理行为进行自我约束。"安人",是管理主体对被管理者进行指导、管理和使用的过程,并使被管理者各得其所,安居乐业,讲信修睦,平安相处。"修己"与"安人",既是一种社会理想,又是管理的程序。这个程序,是在实践中完成的。《论语·雍也》说："君子博学于文,约之以礼,亦可以弗畔矣夫!"这是指管理者要广泛学习,又有"礼"的约束,在实践中作决策时,也就可以不致于离经叛道了。孔子又要求管理者能有一种"知之为知之,不知为不知"(《论语·为政》)的态度。因为管理者不可能是全才,知道就是知道,不说不知道;不知道就是不知道,不假装知道。只有这样,才是聪明智慧。有这样的一种态度,被管理者的"知"才能充分发挥,如果管理者装作什么都"知",员工只好以"不知"来满足他的虚荣。这样,管理者以一人的"不知"为"知之",结果是大家都"不知"。所以,孔子又说"要学而时习之"(《论语·学而》),学而不厌!

关于"笃行",孔子有过多种劝导。首先,管理者应该有向上升进的进取精神:"君子上达。"(《论语·宪问》)其次,管理应"与时偕行","日新又新",有一种不断革新的勇气。第三,管理要懂得"止于至善"(《大学》)。"止"释作"立",即立场,说的是采取最合适的立场,"至善"包含着至佳、至当、适时、适切等方面(转引自曾仕强《中国的经营理念》,台北经济日报出版,1985年台北第1版,第164页)。总而言之,管理者的管理实践,应该追求一种较高的境界:"从心所欲,不窬矩。"(《论语·为政》)

孔子的管理理念,在两千多年的漫长岁月中,直到今天,曾经有过不同的历史命运,大而言之,先是作为中国社会农业文明中的"治国之道",在近代,从涩泽开始,日本人在工业文明中,把它改造成为一种富于生命力的"企管精神",现代,进入后工业社会,像新加坡,又将它奉为社会的"救民药方"。对孔子的管理哲学、实践精神、实践程序,进行批判继承,进行革命性扬弃和转换,是可以为今天的管理服务的。

(选自《海南大学学报》〔社会科学版〕,1995年第3期)

周伟民,海南大学文学院教师。

　　本文从宏观的哲学高度,针对孔子管理思想所体现的哲学原理实践精神、实践程序等进行更为宏阔的形而上的分析,特别作者强调孔子管理哲学的"实践"性品质。不仅突出了孔子管理哲学的特色,也具有较高、较新颖的学术见解。从而对于我们从哲学原理的深度去理解把握孔子的管理思想具有较大的启发和借鉴意义。

论孔子的管理思想及其现代意义

尹砥廷

孔子的管理思想,已深深地融入了民族文化传统之中,渗透到民族的心理、伦理、风俗、审美、艺术等各个方面,因此,要了解中国的国情,要了解中华民族主体的管理性格,就必须了解和研究孔子的管理思想,这对于建设具有中国特色的社会主义管理理论体系有着十分重要的意义。

一、孔子管理思想的核心是人道感化的心治主义

孔子所处的春秋时代,是一个经济大发展、社会大变革的时代。铁器和牛耕在农业上的使用,使生产力大幅度地提高,原来"狐狸所居,豺狼所嗥"(《左传·襄公三十年》)之野,"蓬蒿藜藋"(《左传·昭公十六年》)丛生之地,逐渐垦辟出来,充分显示了人征服大自然的威力。而连续发生的反抗压迫、剥削的阶级斗争,像陈"役人相命,各杀其长,遂杀庆虎、庆寅"(《左传·襄公二十三年》)、莒君庚舆暴虐,被国人赶跑(《左传·昭公二十三年》)等事实,则证明人民群众在社会生活中所起的重大作用。所以,春秋时代,人口的多寡,往往标志着生产能力的高低,影响到经济的兴衰;而人心的向背,则决定着战争的胜负,关系到国家的存亡。孔子作为这一时代的伟大哲人,他提出治国的方略,必然高度重视人的因素,认

真研究如何去管理人。他总结了上古以来我国在政治、经济、军事、文化、教育等方面的管理经验，从而形成了具有民族特色的、重视人的管理思想体系。

所以孔子管理思想的基本内容就是要求把人当人，重视人的主体价值。他从"仁"的哲学思想出发，响亮地提出了"爱人"(《论语·颜渊》，下引《论语》只注篇名)这个人道主义的口号，发展了春秋以来的重民思想，并使之具有更深刻、更丰富的人道主义内容。在物和人面前，孔子重视的是人，当马厩失火，孔子最关心的是："伤人乎？不问马。"(《乡党》)对于残害人的行为，孔子极为憎恨，就连作俑殉葬，孔子都咬牙切齿地诅咒"其无后乎"，原因是"为其象人而用之也"(《孟子·梁惠王章句上》)。在天和人面前，孔子认为"夫民，神之主也"(《左传·桓公六年》)，他虽然不否认上帝鬼神的存在，但却怀疑鬼神的支配地位与祸福人类的作用，所以他从来"不语怪力乱神"(《述而》)，从来就"敬鬼神而远之(《雍也》)，并申明："未能事人，焉能事鬼？"(《先进》)如果说以上是孔子重视人的实际表现的话，那么充分肯定人的力量，则是孔子重视人的一个具体内容，孔子曾称赞管仲说："桓公九合诸侯，不以兵车，管仲之力也。"(《宪问》)对于个人在社会生活中所起的决定作用，孔子给予了高度的评价，正因为如此，所以他在管理中特别强调"以天下与人易，为天下得人难"(《孟子·滕文公上》)，认为管理成功的决定因素是"得人"，有了人就有了一切，得贤才得天下。孔子的学生子游为武城宰，孔子到武城劈头问的第一句话是："汝得人焉耳乎？"(《雍也》)孔子赞颂尧舜为"至治之世"，就是从这个角度出发的，他说："舜有臣五人而天下治。"(《泰伯》)在孔子看来，人得其所，才得以用，是最理想的社会管理模式。所以他强调使用人的时候要衡量各人的才德去分配任务，即"使人也，器之"(《子路》)，这才是真正的爱人和重视人。"爱之能勿劳乎？"(《宪问》)但一定要使得其所，因材施用，对于那些用人不当的现象，孔子极为不满，当子路使子羔为费宰，孔子就指出这是"贼夫人之子"，子路加以解释，孔子毫不客气地斥责道："是故恶夫佞者。"（《先进》）可见量才而用，不勉为其难，是孔子爱人的一个基本原则。

管理工作的中心是对人的管理，管理目标的实现在于发挥人的能动作用，首先在于得人心，心服才能"居其所而众星拱之"（《为政》），这样的管理才能是有效的管理。孔子指出："道之以政，齐之以刑，民免而无耻；道之以德，齐之以礼，有耻且格。"（《为政》）据杨伯峻先生解释，"政"指"政治"；"格"指"人心归服"（《论语译注》，1980 年中华书局版，第 12 页），可见孔子积极主张的是"心治"而不是"力服"。孔子指出："鞭扑之子，不从父之教，刑戮之民，不从君之政，言疾难行。故君子不急断，不意使，以为乱源。"（《说苑·杂言》）不急功近利，不拘于一时一事，而是高屋建瓴，放眼长远，提出治平天下的方略，这就是孔子重视管理主体价值，主张"心治"的内核，这就是历代统治者夺取政权后，总是要供起孔子这尊偶像，以孔子的管理思想为指导的原因；也是孔子生活在"兼并"、"尚力"的春秋时代，推行其"道"而屡次碰壁，"累累如丧家之狗"（《史记·孔子世家》），但在身后漫长的封建社会中，却倍受敬重的原因。

心治的手段在于感化，在于利用一个较为宽松的社会外部环境，让管理者能按自己的意图，逐步使人"心服"的一种软硬兼施的功夫。所以孔子十分赞同周公提出的"明德慎罚"（《尚书·康诰》）的主张，认为这是管理天下的法宝，孔子曾无限向往地说："郁郁乎文哉！吾从周。"（《八佾》）他反对滥用刑罚杀戮，指出："善人为邦百年，亦可以胜残去杀矣。"（《子路》）当季康子主张杀掉坏人来亲近好人时，孔子反问道："子为政，焉用杀？"（《颜渊》）甚至连狱讼孔子都主张废除，他说："听讼，吾犹人也。必也使无讼乎！"（《颜渊》）孔子的这种"泛爱众"（《学而》）的思想，在滥杀无辜的春秋时代，是重视人的主体价值,充满了人道主义色彩的进步主张。

尊重管理者的独立人格,是孔子心治感化的基本原则。作为有理智、有感情的"社会人",其思想、气质、性格、爱好,千差万别。"人心之不同,如其面焉;吾岂敢谓子面如吾面乎?"(《左传·襄公三十一年》)所以,承认人的个性,尊重人的人格,就成为感化的先决条件,孔子深谙此道。一次,子路和冉有同时问孔子:"闻斯行诸?"孔子对冉有说:"闻斯行之?"对子路却说:"有父兄在,如之何其闻斯行之?"(《先进》)这就是根据不同个性采取的教化手段,冉有平日做事退缩,孔子要给他壮胆;子路性急敢为,孔子有意压压他。孔子虽然主张"爱"有等差,但在尊重管理者的独立人格这点上,是将所有人同样看待的,他说:"三军可夺帅也,匹夫不可夺志也。"(《子罕》)肯定了普通人也各有自己的意志,是"不可"夺的,是应该受到尊重的。对于那些能在逆境中保持独立人格的人,孔子给予了热情的歌颂:"岁寒,然后知松柏之后凋也。"(《子罕》)以松柏傲风寒霜雪为喻,赞扬坚强不屈、忠贞不渝的高贵品格。他提倡一个人应该"不降其志,不辱其身"(《微子》),坚持操守,保持独立人格,对那"可以托六尺之孤,可以寄百里之命,临大节而不可夺"(《泰伯》)的人予以极高的评价,称他们为"弘毅"之士。因此,他也十分尊重每一个人的人格,对学生是"循循然善诱人"(《子罕》),从不将自己的意志强加于对方;对邻里乡党是"恂恂如也",敬谨恭顺,从不妄发议论;即使对"瞽者,虽亵,必以貌"(均见《乡党》),礼待敬重,爱护备至。事实是最公正的裁判,对管理对象的尊重,必然赢得被管理者对自己加倍的尊重。孔子对学生深沉真挚的爱,换来了学生衷心的拥戴,他周游列国,即使在"厄于匡"、"困于陈、蔡"这种最困难的情况下,弟子也总是跟随着他,共患难,同命运,打不散,一起苦度难关,原动力就来自弟子们"中心悦而诚服也"(《孟子·公孙丑上》),可见"心治"在管理过程中所产生的"近者悦,远者来"(《子路》)的吸引力和向心力,是无法用数字来计量的。这在现代的管理活动中,应该说是可以吸取的。

"己欲立而立人,己欲达而达人。"(《雍也》)这是孔子人道感化的心治主义对管理者提出的基本要求,是尊重人,重视人的主体价值的实际行动。它首先要求管理者以人为重,先人后己,这样才能建立起信任感,具有凝聚力,保证管理行为得以顺利实施。而其最终的目的是实现自我价值,因为"立人"与立己,"达人"与己达,是对立统一的关系,在一个集团内部,作为一位领导者和决策者,如果人皆"立"且"达",事业能得以兴旺发达,那一己的"立"、"达"也就自在其中了。为此,孔子又提出了:"己所不欲,勿施于人"(《颜渊》)的主张,以此进一步协调好管理关系,这是从人之有真性情,恶虚伪,尚质直的本性出发,以"律己"为基础,使同事之间心灵相通,友善相处的一种"心治"手段。孔子认为,如果人人恪守这一原则,首先考虑别人,将"不欲"留给自己,那么人皆可以为尧舜了。孔子不向子夏借雨伞(事见《孔子家语》),虽然有不少矫饰、护短的成分,但也不能排除"律己"、尊人的因素。孔子要求的这种内在自我道德约束,是他管理思想的一个重要组成部分,是针对春秋末期那强侵弱、众暴寡的现实,企图从心灵感化入手,重新调整管理关系的一种主张,对缓解紧张的人际关系,是具有进步作用的。

对于管理活动中反馈的各类信息,孔子提出了"内省"的处理主张。他说:"吾日三省吾身"(《学而》),这是要求管理者以静观默想的方式,对实践活动进行整体审视,在信息反馈的不断循环往复中,使人的心灵得以净化,以实现管理主体的自我完善,孔子认为,这是一切管理活动的基点。而评判信息的真伪、是非的标准,孔子的划线分界是:"见贤思齐焉,见不贤而内自省也。"(《里仁》)要求向贤者看齐,与不贤绝裂,在心中筑起一堵拒邪绝恶的铁壁铜墙。为了防止"内省"可能出现的偏差,孔子又特别强调:"毋意,毋必,毋固,毋我。"(《子罕》)要求在处理信息时,不主观揣测,不绝对武断,不固执己见,不唯我是从。并认为,如果人皆如此,那么一个尽善尽美的管理环境即可出现了。所以,孔子区分"君子"与"小人",也就在于:"君子求诸己,小人求诸人。"(《卫灵公》)这种自我反省的律己意识,有效地节制了个人欲望的泛滥,减少了在管理活动中随时可能出现的人与人之间的冲突,调解了管理关系,指出了人的伦理规范,肯定了个人对其他人的意义。

总之,孔子管理思想的核心就是重视人,管理工作主要就在于感化人心而"得人",激励人释放出无穷尽的能量来,使管理获得最好效益。在今天,我们对此当然不能毫无批判地接受,但剔除其阶级的偏见,抛开其时代的局限,孔子管理思想中重视人的因素这一基本原则,是可以继承的。随着现代科学技术和生产力的发展,智力密集型的经济将越来越发达,这样,人的作用也就会越来越显著,人的潜能的发挥,对集团、企业的发展将起着不可估量的作用。如果还把人等同于机器一样的物件,作为"经济人"来管理,只注意条例、秩序、纪律、惩罚,而不着眼于充分调动人的积极性,千方百计开启人们心灵的窗户,让人乐于献出自己的聪明才智,解放这一潜在的生产力,那么,企业在国际大循环的竞争中是不可能取胜的。在人民当家作主的社会主义国家里,如何进一步增强人民的主人翁意识,将是我们实现现代化管理的一个重要内容。

二、提高管理主体的素质是孔子管理思想的基本内容

孔子管理思想博大庞杂,但总括起来不外"修身"和"爱人"。修身是管理对人的内在要求,爱人是管理对人际关系所提出的原则,修身是爱人的基础,爱人是修身的必然结果,二者都要以提高人的素质为前提。所以孔子把提高人的素质看成是管理工作成败

的关键,他谆谆告诫弟子:"汝为君子儒,勿为小人儒。"(《雍也》)要求提高文化水准,成为"儒";提高道德修养,成为"君子"。在学习上做到"默而识之,学而不厌"(《述而》);在德行上做到"无终食之间违仁,造次必于是,颠沛必于是。"(《里仁》)这是提高人的素质的具体内容。而要提高人的素质,仅靠行政、法律等强制办法是不能奏效的,主要得从教育入手,"善政不如善教之得民也。善政,民畏之;善教,民爱之。善政得民财,善教得民心。"(《孟子·尽心上》)强调通过教育,化民从善的重大作用。孔子开创的平民教育,并为此献出了几乎毕生的精力,就是企图以教育为手段,推行其道,实现其"美政"理想。孔子认为,通过教育可以达到:"君子学道则爱人,小人学道则易使也。"(《阳货》)这包括两个层面,其一是辅弼之臣的"君子",通过教育以增进才学,完善品格,遇事就能直言忠谏,协助天子驾驭全局,治邦安民;其二是通过教育,训练出一批又一批能干事、又乐于干事的"小人",让他们按管理意图认真地从事各项具体的工作,这样一个稳定而完美的管理局面就会出现。而衡量管理主体素质提高的标准,那就是"礼",要"齐之以礼"(《为政》),用"礼"来严格约束自己,接受这一来自外部的控制,做到"非礼勿视,非礼勿听,非礼勿言,非礼勿动"(《颜渊》)。而要达到这一精神境界,孔子又认为只有首先"克己",然后才能"复礼",即只有抑制自己,才能使言语行动都合于礼的规范;可见心灵感化、修养道德的教育工作,在孔子管理思想中始终占着最重要的位置。

　　提高管理主体的素质,对"君子"与"小人"而言,主要是"君子"。孔子说:"君子之德风,小人之德草,草上之风,必偃。"(《颜渊》)这是用形象的比喻,说明在上者的品德、作风,对在下者的重要影响,强调在上者表率作用的重要,可谓一语破的。用现代管理语言来说,就是教育者首先受教育,作为领导者必须首先具备较高

的道德修养,用自身的模范行动去感召和带动群众。风行则草偃,
上行则下效,这是一个普遍的社会现象,在我们这样一个深受封建
奴化思想毒害的国度里,提高在上者的素质使之"文质彬彬,然后
君子"(《雍也》)也就更为重要。对于教育的内容,孔子强调德才并
重:"子以四教:文、行、忠、信。"(《述而》)要求通过教育提高思想和
文化两个素质,使之在是非面前"能好人,能恶人"(《里仁》),对自
己能"行己有耻"(《子路》),遇事掌握分寸。而道德情操是否高尚,
文化修养是否提高,检验的标准则是实践,所以孔子特别强调要
"听其言而观其行"(《公冶长》)。这些关于提高人的素质,特别是
提高领导者素质的主张,在任何时候都是正确的,只是社会存在决
定社会意识,品德修养的具体内容随时代的不同而有所不同罢了。
因此,继承孔子管理思想中这份宝贵的遗产,对现代管理工作者有
着十分重要的意义。

　　所以,正人必先正己,这是孔子对领导者提出的一个基本要
求,他一再说:"其身正,不令而行;其身不正,虽令不从。""苟正其
身矣,于从政乎何有? 不能正其身,如正人何!"(《子路》)强调领导
者提高素质的重要,指出这是搞好管理工作的前提。对此,孔子还
作了更为具体的说明,他说:"政者,正也。子帅以正,孰敢不正。"
(《颜渊》)认为领导者如果一身正气,那么他所管辖的部门或地区
就绝无歪风;领导者的模范行动,将是无声的命令,领导者如果身
先士卒,那么他所领导的事业就会兴旺发达,所以当季康子苦于盗
贼太多,向孔子求教时,孔子答道:"苟子之不欲,虽赏之不窃。"
(《颜渊》)领导者严以律己,是管理工作好坏的关键。孔子认为,领
导者不仅要严于律己,还要乐于自责,更要敢于承担责任,他借商
汤祈天的祝词,表达了这一思想,(汤)曰:"朕躬有罪,无以万方;万
方有罪,罪在朕躬。"(《尧曰》)将天下万方的所有罪责,归于自己一
人来承担,何等宽宏的气度和仁爱为怀的胸襟,这就是想象中的古

代圣君贤主,这就是孔子要求当政者应具备的基本素质。孔子极力美化唐虞盛世,称颂禹汤文武,是为当政者树立楷模,其用心是良苦的,但在"世卿""世禄"、官职终身制的封建社会里,这一理论只可能成为统治者手中摆弄的骗人术。而对于最高领导者来说,个人表率作用重要,善于选拔素质好的人来担任各级领导则显得更为重要,这是提高管理整体素质的一个决定性因素,是各项措施得以实施的首要条件。鲁哀公问孔子,怎样才能使老百姓服从,孔子说:"举直错诸枉,则民服;举枉错诸直,则民不服。"(《为政》)说明贤者在位与恶人当道,会出现两种完全不同的局面。樊迟问仁,孔子的回答也是:"举直错诸枉,能使枉者直。"(《颜渊》)指出有了素质好的领导,就能有效地遏止奸邪小人施展其鬼蜮伎俩。所以孔子一再强调:"其人存,则其政举;其人亡,则其政息。"(《礼记·中庸》)为政在人,这是已被历史反复证明了的,自古以来政治上有作为的君主,其成功的秘诀,就是选用德才兼备的人,组成一个素质好的统治集团,造成良好的社会风尚,从而实现天下大治。

管理者要严于律己,同时要宽以待人,"躬自厚而薄责于人"(《卫灵公》),这是一个事物的两个方面,是衡量管理者素质好坏的一个重要标准。一位出色的管理者,对己严,而对人绝不会过分苛求,坚持"大德不逾闲,小德出入可也"(《子张》)的原则,对人看大节,对小事则取宽容态度,即"赦小过"(《子路》),"无求备于一人"(《微子》),因为只有这样下属才能乐于干事,喜于出力,管理目标才能实现,自己也才能获得大家的拥戴,即所谓:"宽则得众"(《尧曰》)。另外,孔子还把"言而有信"(《学而》)作为管理者应具备的一种品格,他说:"人而无信,不知其可也。"(《为政》)强调"信"是做好管理工作的前提和保证。孔子特别强调在上者必须首先取信于民,政策要符合民意,守信兑现,要保持相对的稳定,这样人心才能安定,管理工作才能正常开展,"言忠信,行笃敬,虽蛮貊之邦,行矣。"(《卫灵公》)如果政策朝令夕改,百姓诚惶诚恐,由于疑虑忧惧而纷纷采取对策,这就会引起混乱与动荡。所以孔子十分注重取信于民,他说:"自古皆有死,民无信不立。"(《颜渊》)将信提到如此高度,这是孔子在管理理论上的一大贡献,因为任何工作都要人去完成,领导者只有诚以待人,讲究信用,才能使人安心去完成工作任务,管理才会真正产生效益。而对一个企业来说,搞竞争,则更需要坚持"信誉第一",这样在竞争中才能立于不败之地;产品不能取信于民,企业是根本无法生存的。孔子从他的义、信一体,"信近于义"(《学而》)的思想出发,提出"见利思义","义然后取"(《宪问》),就是强调致富谋利离不开"信",取财要循之以道。这对于一个企业家来说是非常重要的,如果他仅仅把目光集中在企业的经营上,而不从发展国家、民族的经济愿望出发,不使自己企业的命运与社会的发展紧密联系在一起,遵循高尚的管理道德规范,而投机取巧,苟营于货利,那么"货悖而入者,亦悖而出"(《大学》),所得的不义之财,必然会丧失于不正当的经营之中,导之企业破产倒闭。因此,从义、信之辨的传统管理思想中吸取合理成分,是管理工作者一项十分重要的任务。

对事业具有献身精神,是管理品德修养的最高峰。孔子把具有道德完整性的人称作仁人,赋予极其崇高的地位,树立起道义上的绝对权威,这是漫长的封建社会中,光照人间的与黑暗势力相抗衡的健康力量。这种人如果在朝,则以民为本,敢于犯颜直谏,襄助政务,匡正过失;如果在野,也能"举世皆浊我独清,众人皆醉我独醒"(屈原《渔父》),以天下为己任,对朝政施加影响,他们"先天下之忧而忧,后天下之乐而乐",具有大智大勇,善于坚持也敢于坚持原则,"邦有道,如矢;邦无道,如矢。"(《卫灵公》)在生与义二者不可兼得的情况下,则不惜牺牲生命,"志士仁人,无求生以害仁,有杀身以成仁。"(《卫灵公》)他们在生活上无过高要求,在事业上

20世纪儒学研究大系

却兢兢业业,为追求真理而勤奋不倦,"食无求饱,居无求安,敏于事而慎于言,就有道而正焉。"(《学而》)这一道德修养目标,吸引了历代无数有志之士为达到它而砥砺一生,他们在孔子这一学说的鼓舞下,"富贵不能淫,贫贱不能移,威武不能屈"(《孟子·滕文公下》),成为有道德、有学问、有管理才能、对人民高度负责、对事业无限忠诚的人,胸怀成仁之志,而做出了出色的业绩。

提高管理主体素质,要通过教育逐步增进个人的品德修养,也要通过人才流通,实现优化组合,这样才能达到整体提高的目的。孔子说:"士而怀居,不足以为士矣。"(《宪问》)就包含着人才合理流通的因素。事实证明,一个集团内部,在管理上如果不经常进行人才交流,那就形成不了"流水不腐"的良性循环,内部就缺少活力和生机。孔子生活的时代是一个人才流动交往频繁的时代,诸侯争霸,竞相揽士,为人才的流通提供了一个较为宽松的社会环境;在一个国家里,士的进出也显得十分自由,用则留,不获重用,"则可卷而怀之"(《卫灵公》),或去国远乡,另寻新主。这样双向选择的结果,带来了春秋战国时代思想的活跃和学术的繁荣,加速了当时社会变革的步伐,促进了生产力的发展,充分发挥了人在管理中的作用。历史有力地证明,一个管理者如果要求所用的人没有短处,其结果只可能造就一个平庸的组织,所谓样样好,必然无一样好,现实中往往是才干越高的人,其缺点也越显著,有高峰必有低谷,要求每人都是十项全能是办不到的。所以,一位素质高的管理者,必然刻意于避人之所短而着眼于展其所长,经过精心的优化组合,使长短互补,彼此利用,组成一个有效的管理集团,这样管理才能达到一个较完善的境界。孔子对子产治郑就曾大加赞赏,他说:"为命,裨谌草创之,世叔讨论之,行人子羽修饰之,东里子产润色之。"(《宪问》)当时郑国作为一个小国,处于晋楚两大的夹击之中,却能保持自己国家的独立地位,靠的就是这配合默契的"一班人"

的管理集团效应,"是以鲜有败事"(事见《左传·襄公三十一年》)。孔子又说:"工欲善其事,必先利其器。居是邦也,事其大夫之贤者,友其士之仁者。"(《卫灵公》)这是在谈如何交朋结友,也是在阐述进行人员组合的原则,指出最佳的选择是上事其"贤者",下友其"仁者",这样就获得了"善其事"的先决条件,各项管理才有实施的可能性;否则就像工匠无合适的工具一样,根本无法顺利开展工作。集团内部组织结构如何合理设置,企业人事安排如何组合配搭,这是提高管理整体素质,实现有效管理最关键的问题。孔子站在他那一时代的高度,在这方面所提出的一些理论,有许多是可资借鉴的,许多经验对我们来说也弥足珍贵。

三、坚持稳妥,力主中和的管理方法

我国自古以农立国,而民族文化主要发祥地的黄河流域,其自然条件之恶劣又给农业的发展带来了许多困难,世世代代的艰苦奋斗,使我们民族具有了坚韧不拔的毅力,养成了一种重实际而黜玄想的民族性格,正如章太炎先生所说:"国民常性,所察在政事日用,所务在工商耕稼,志尽于有生,语绝于无验。"(《章太炎政论选集》下,第 689 页)这种民族性格,促使中国管理文化沿着稳妥求实的方向发展,其间经孔子总结概括,而形成了"诚意正心,修身齐家治国平天下"的管理思想,于是这一思想长期来就支配和统治着人们的管理意识和行为。

在管理活动中,孔子首先表现出现实主义和理性主义态度,他强调人们应该把注意力集中到有实际意义的目标上来,如果离开现实去探讨那些无法确定的问题,将毫无意义。当子路问服事鬼神的方法和死是怎么回事时,孔子回答说:"未能事人,焉能事鬼?""未知生,焉知死"(《先进》)重人事而轻鬼神,重今世而轻来世的求实精神,就是孔子在管理的实施过程中,要求从我做起,从身边做起的思想基础,也就是"修身齐家治国平天下"按如此顺序排列组合的理论依据。这一管理思想,使我们民族在经世致用、脚踏实地、埋头苦干等方面有过出色的表现,正如《周易大传》所说:"天行健,君子以自强不息。"其中所包含的积极入世,主张有所作为,不畏艰险,勇于事功等精神,以及那种"发愤忘食,乐以忘忧,不知老之将至"(《述而》)的超脱生死的人生态度,在历史上起过巨大的作用,成为管理主体最大限度地发挥自己的光和热,树立起强大的事业心,并以顽强意志去成就这一事业的原动力,构成了我国民族管理文化的独特风貌。

孔子认为,天是管理的最高范畴,是德性修养的最高准则,他曾说:"大哉尧之为君也,巍巍乎! 唯天为大,唯尧则之。"(《泰伯》)应该说这里的天已超出上帝神的概念,是指"行健"不止,"厚德载物"的宇宙实体,即广大的自然界。所以孔子才认为:"四时行焉,百物生焉,天何言哉!"(《阳货》)又说:"逝者如斯夫,不舍昼夜。"(《子罕》)这说明孔子已意识到整个管理世界是处于"运行"、"产生"、"消逝"的不断转换交替之中,是一个充满矛盾的、对立的统一体,这样,管理的过程也必将是一个运动变化的过程。基于这样的认识,孔子在管理方法上,提出了"无可无不可"(《微子》)的灵活性原则,这就为人们从事各种管理活动,打开了一个新的思路,使管理者在瞬息万变的复杂管理经营中,不至于机械地墨守成规陷自身于困境;使管理者能坚持管理唯物论,对具体情况进行具体分析,一切从管理实践运动的实际出发;在处理问题时能自觉地将原则性与灵活性结合起来,从而作出正确的决策判断,寻找出一条适中的切实可行的道路来。今天,我们研究孔子的这一思想方法,扬弃其中唯心的成分,古为今用,对于扫除本本主义的流毒,可以说是一件有意义的事。

　　孔子说："述而不作，信而好古。"(《述而》)有些研究者据此认为孔子在文化上是一个无所创作的守旧者，在政治上是一个刻意维护周礼的复古者。其实，这种看法并不完全符合历史事实，孔子只是出于对历史传统的尊重，而寓作于述，或以述为作的。正如朱熹所说："然当是时，作者略备，夫子集群圣之大成而折衷之。其事虽述，而功则倍于作矣，此又不可不知也。"(《论语集注·述而》)这个评论是有根据的，孔子曾说过："殷因于夏礼，所损益可知也；周因于殷礼，所损益可知也，其或继周者，虽百世可知也。"(《为政》)明确地肯定了后代对前代之礼的损益，赞同历史在不断变化发展的观点。孔子又说："行夏之时，乘殷之辂，服周之冕，乐则韶舞。"(《卫灵公》)可见孔子对古代的管理制度、方式、内容、典章等，也不是全盘接收，是要经过选择，才有所取。与此同时，孔子还进而提出了"温故而知新"(《为政》)的命题，强调学习历史、学习古人("温故")的目的，在于有所发现、有所创造("知新")，这样才可以"为师"，才值得提倡和效法。而对那些食古不化，不能灵活运用的书呆子，孔子并不赞同，他说："诵诗三百，授之以政，不达；使于四方，不能专对，虽多，亦奚以为？"(《子路》)这些都表明，孔子不是一个历史的复古主义者。但这些材料也说明孔子所强调的改革，是依附在"旧"的躯壳上的"损益"和"知新"，是只限于在某些方面进行增减或兴废，而不是从根本上的变革，所以他承认历史有变化，却不承认有根本的变化，这种述古而不主张复古的思想，在管理方法上必然是求稳妥而主中和，形成一种重视传统的管理特征。这种不割断历史，尊重传统的观念，在当今来说，对于那些一谈管理现代化，就一味 A、B、C、D，心、眼一齐向"外"的人来说，我想是有警醒作用的。因为任何管理实践，如果脱离了民族的历史文化、心理感情、思维模式等，而去简单地照搬西方的管理理论和方法，是根本行不通的。实践证明，只有在接受外来管理文化时，尊重本民族的传统文化,吸取本民族的管理经验,一切从中国的实际出发,才能建立起具有中国特色的管理科学新体系。

在管理活动中,孔子处理矛盾的方法是坚持不偏不倚的中庸之道,主张保持矛盾的平衡和稳定。他说:"中庸之为德也,其至矣乎,民鲜久矣。"(《雍也》)孔子在自己的理论与实践中,始终贯彻了这一思想,遇事是"叩其两端而竭焉"(《子罕》),站在中的立场上,求得问题圆满解决的办法。孔子特别反对"过"和"不及",一次子贡问孔子:"'师与商也孰贤?'子曰:'师也过,商也不及。'曰:'然则师愈与?'子曰:'过犹不及。'"(《先进》)孔子的这段对话说明质与量的关系,量的过与不及都会引起事物质的变化,所以他不要过头,也不要不及。有人认为这是折中主义,其实不然,"过犹不及"强调的是中,强调的是矛盾的统一和协调,要防止和避免走极端。所以在人与人之间的各种关系上,孔子十分痛恨那种"同乎流俗,合乎污世"(《孟子·尽心下》)的迁就调和,他说:"乡愿,德之贼也。"(《阳货》)对那没有是非原则的好好先生,孔子斥其为败坏道德的小人,可见孔子的这一思想方法,和含糊苟且、不分善恶不同,它是要求"执其两端,用其中于民。"(《礼记·中庸》)是要"允执其中"(《尧曰》),要求面对复杂的事物,要时时得中,审时度势,妥善处置。这是体验到整个管理世界是一个充满矛盾的世界,将管理过程看成是一个对立统一的过程,而对管理客体发展本质作出的正确解释。

所以,在孔子管理思想中,一方面反对过头和不及,肯定事物的变化超过一定的限度就要转向反面,要求坚守中的原则;一方面提倡"和而不同",强调矛盾对立面的和谐,反对取消矛盾对立面的差异,这是同一方法论的两种不同表现形态,包含着深刻的管理辩证法。孔子认为,君臣不同意见的协调,即具备了"和",是政通人和的唯一途径:"君所谓可而有否焉,臣献其否以成其可;君所谓否而有可焉,臣献其可以去其否,是以政平而不干,民无争心。"有效的管理就好像"济五味,和五声",是综合各种矛盾,达成统一协调的结果,如果上谓可,下亦曰可;上谓否,下亦曰否,这就"若以水济水,谁能食之?若琴瑟之专一,谁能听之?同之不可也如是。"(以上均见《左传·昭公二十年》)孔子之所以反对"同",就是因为它只执其一端,一切以上为准,形成一言堂,这样的管理必定失败。因此孔子极力主张执两端而用其中,把握对立的双方,求得矛盾的统一与和谐,他说:"质胜文则野,文胜质则史。文质彬彬,然后君子。"(《雍也》)认为只有让文质两端相互协调地保持下来,使文质互补,这样才算是完善的。在孔子看来,孤立、单一的因素不能构成完美的事物,只有对立因素的统一和谐才能形成完美的事物,这对于我们如何正确处理管理活动中的各种事物之间的复杂关系,是很有启发的。事实上,一位出色的管理者,往往是善于听取各种意见,集思广益,从不同的议论、反映中寻求解决问题的办法,从而作出正确的决策,使自己的集团和企业在竞争中不断进取。

在孔子的管理方法论中,还有一个突出的特征就是乐教感化,松紧相济。他说:"兴于诗,立于礼,成于乐。"(《泰伯》)把礼乐联系在一起,并将"乐"提到关系事业完成与否的高度来看待,这是极有思想深度的。对此,荀子曾加以阐释:"故乐在宗庙之中,君臣上下同听之,则莫不和敬;闺门之内,父子兄弟同听之,则莫不和亲;乡里族长之中,长少同听之,则莫不和顺。故乐者,审一以定和者也,比物以饰节者也,合奏以成文者也;足以率一道,足以治万变。"(《荀子·乐论》)用"乐"作为管理的一种重要方法,并予以高度评价,这在古典管理理论中是不多见的,究其思想根源,也只不过是"文武之道,一张一弛"的具体运用。孔子曾说:"乐云乐云,钟鼓云乎哉?"(《阳货》)又说:"志于道,据于德,依于仁,游于艺。"(《述而》)可见孔子是要人们游憩于钟鼓音乐之中,彼此交流情感,相互促进了解,在欢快的氛围中最终达到管理任务的圆满完成,所以从设"乐"的目的看,它确已完全超出了"钟鼓"娱乐的范畴,其志在"道"而其形在乐,管理手段显得十分精巧和高明。这在今天,对于我们如何加强企业的内部团结,促进上下了解,为进一步提高工作效率创造条件,提供了参照系。

四、以血缘家族为纽带的管理组织形式

孔子的管理学说是一种感化人心的哲学,它宣讲血亲情谊,奉行各种伦常观念,强调人在管理中的和谐关系,血缘家族成了社会聚集的纽带,整个社会形成了以家族为基因的管理组织形式,一切管理活动都紧紧地与婚姻的组合、血缘的关系、嫡庶的演变结合在一起,从而导致华夏文化中对家族血缘连结的强烈的伦理意识。

这一现象的产生,是有其历史渊源的。我国由原始社会向奴隶社会的过渡,基本上是平稳的,没有发生过砸碎旧机器的彻底暴力革命。从有关史料看,我国进入阶级社会,氏族首领是随着时代的进化逐渐演变成为奴隶主贵族的,氏族社会的解体完成得很不彻底,这样氏族社会的宗法管理制度及其管理意识大量得以保存下来。而奴隶社会发展成为封建社会,同样又是在一个极其缓慢的过程中进行的,很长一段历史时期内,两种社会因素并存共生的结果,使宗法家长制进一步得到完善和巩固。而小农自然经济的长期延续,又给宗法管理思想的流传繁衍提供了理想的温床,这正如钱穆先生所说:"中国以农立国,五口之家,百亩之地,几乎到处皆然。父传子,子传孙,亦皆历世不变。"(《现代中国学术论衡》,岳麓书社出版《凤凰丛书》之一。1986 年版,第 37、38 页)所以,血缘家族的管理组织形式,是氏族宗法管理机制的孑遗,又是封建宗法土地制的积淀。血缘家族的管理体制,在我国古代可以说是一以

贯之，父亲在家庭主宰一切，君主在全国则为严父，全国上下人等均为其子民，"普天之下，莫非王土；率土之滨，莫非王臣"（《诗经·小雅·北山》）。同姓同宗，嫡系相传的代代王朝，就是这种家天下的最好注脚，宗法管理关系渗透到了社会管理生活的最深层。

　　这种血缘家族的管理组织形式，表现出了对先考的普遍崇敬，祖宗成了中国管理道德的本位，这大概就是我国古代文化中对祭祀如此重视，对传统如此尊崇，对"行莫丑于辱先"（《司马迁《报任少卿书》》）如此痛心疾首的原因所在吧！而作为维系这一管理组织形式最有效的方法，那就莫过于孝道，所以"孝"成为中国古代管理者立论的基点。孔子说："弟子入则孝，出则悌。"（《学而》）"出则事公卿，入则事父兄。"（《子罕》）家族组织与行政组织的一致，使在家孝悌者，在政治上则能忠顺。所以，"其为人也孝悌，而好儿犯上者，鲜矣。"（《学而》）在孔子看来，孝悌是管理者首先要抓住的根本："君子务本，本立而道生。孝悌也者，其为仁之本与！"（《学而》）孝是家族管理组织形式的第一块基石，成为团结群体，聚合人心的一股道德力量。所以在孝悌两者之间，孔子更重视孝，他说："父在，观其志；父没，观其行；三年无改于父之道，可谓孝矣。"（《学而》）要求"事父母，能竭其力"（同上），不仅在于赡养，更需要有敬重之心，孔子说："今之孝者，是谓能养。至于犬马，皆能有养，不敬，何以别乎？"（《为政》）斥责不敬重父母的人如同禽兽。对待父母应该是："生，事之以礼；死，葬之以礼，祭之以礼。"（同上）这就是孔子论孝道的大致内容。与此同时，孔子又进一步论述了孝是由父母对子女的爱引起子女对父母的爱，是舐犊之情的回报。一次，宰我对"三年之丧，期已久矣"大发议论，孔子批评道："予之不仁也！子生三年，然后免于父母之怀。夫三年之丧，天下之通丧，予也有三年之爱于其父母乎！"（《阳货》）父母对子女的哺育，子女对父母的敬重，都是天经地义的，几千年来中华民族发扬了其中的积极因素,形成了特有的父慈子孝的道德风尚。但孔子的孝道,主要是强调儿子的顺从,要儿子恭谨到连父母的过错也帮着包庇,"父为子隐,子为父隐,直有其中矣。"(《子路》)将家族利益摆在真理正义之上,充分显示出宗法观念的狭隘。这在我国历史上,产生过许多消极的影响,特别是血缘家族的管理组织形式,成了任人唯亲、裙带关系、结党营私、"一人飞升,仙及鸡犬"等丑恶现象的孳生地和避护所,至今在各项管理中,我们还深受其害。但奇怪的是深深困扰我们的这种"家族意识",在当今的日本却成了企业发展的"法宝",日本的企业家们竟大力提倡家族观念,使企业不仅成为每个成员的工作劳动场所,而且是休息娱乐之地,精神寄托之处,企业是家庭、村庄,又是俱乐部,职工与企业紧密粘连。依附企业,普遍产生的归宿意识,使他们以旁人无法理解的信任和亲密关系进行整体合作,共同为企业的生存和利益而奋斗。这一事实表明,在某种条件下,孔子的管理思想,可以迸出新的火花,产生出特殊的功能。

在血缘家族的管理组织形式中,等级是森严的,子必须从父,臣必须从君,不许逾越雷池半步,这极大地阻碍了人的创造力的发挥,抑制了人的主观能动性,使人的完善和义务失去了自觉。那么,怎样使人都能尽职尽责而维持这一管理机器的正常运转呢?那就是忠。孔子的忠首先是指对人诚实负责的态度,他要求"居处恭,执事敬,与人忠。"(《子路》),经常检查自己:"为人谋而不忠乎?"(《学而》)这是普通人与人之间的相互忠诚恭敬,平等互惠,是协调人际关系、加强内部团结、提高管理效率的一种手段,这在现代管理中有可借鉴之处。但孔子的忠,主要是指对上竭心尽力,是极不平等的,但这却为管理决策的顺利实施提供了保证,舍此而企图维持父子相传的家天下,是不可思议的。但孔子又认为:"君使臣以礼,臣事君以忠"(《八佾》)。孟子对此说得更加明确:"君之视

臣如手足,则臣视君如腹心;君视臣如犬马,则臣视君如国人;君之
视臣如土芥,则臣视君如寇仇。"(《孟子·离娄下》)孔子离鲁而游列
国,这是主要的原因,可见孔子的忠,与后儒渲染的忠,有相当大的
差别,但其消极影响还是极为明显的。千百年来,成千上万的管理
个体,按一定的等级秩序经过编排组合,在"忠"的意念支配下,共
同拥戴着神圣不可侵犯的皇上,专制与独裁,使整个社会形成了一
种可怕的扼杀机制,不断摧残一代又一代的管理精英。当然,历代
儒者以君为国家和民族的代表或象征,提倡为国尽忠献身,对于发
扬民族正气,起了激励人心的作用,但这是另外一回事,因为孔子
再三强调过:"微管仲,吾其被发左衽矣。"(《宪问》)维护民族的尊
严,保卫国家的统一,从来就是中华民族的优良传统。

　　血缘家族的管理体制,在道德规范上,要求人与人之间的关系亲
如一家,相互交往必须彼此尊重,礼貌相待,对己庄重严肃,对人谦虚
和顺,这与"孝悌"这一家族管理原则是一致的,与强调人际关系的和
谐这一总要求也完全合拍。孔子说:"色思温,貌思恭。"(《季氏》)并认
为这是成为君子的条件。他反对那种虚伪做作、不真诚的态度:"巧
言、令色、足恭,左丘明耻之,丘亦耻之。"(《公冶长》)对待工作孔子则
强调"事思敬"(《季氏》),可以说"恭"、"敬",是孔子对职业道德提出的
基本要求。无独有偶,在现代西方的企业经营管理中,为了扩大利润,
增强企业竞争力,也在大搞什么服务第一,微笑的公关形象等等,这和
几千年以前孔子提出的"恭敬"原则是相通的,既然如此,孔子管理思
想中的这份遗产,我们责无旁贷地应予以发掘整理。

　　为了使家族式管理达到井然有序而又充满活力,孔子一方面
要求人顺从和安分守己,另一方面又要求人具有智勇而敢作敢为,
这是一对矛盾的统一体,二者都受礼的制约。说得更明确一点,前
者是对一般被管理者作出的规定,后者是对各级管理决策者提出
的要求。孔子说:"君子道者三","仁者不忧,知者不惑,勇者不惧"

（《宪问》）。这是说智、勇和仁一样，是君子所应具备的。将"智"、"勇"作为管理者应具备的品格，这是有见地的。不具备智，就不会随机应变，不能"必也临事而惧，好谋而成者也"（《述而》）；不具备勇，就不愿去开拓、进取，缺少竞争意识。这种智勇精神，对现代企业管理者来说，是十分需要的。

　　孔子的管理思想是一种伦理型的思想，它肯定人的价值，肯定现实管理行为的积极入世精神，注重"中和"的管理方法，强烈的道德色彩，以及顽强的再生能力，"都具有民族精神的标记"（黑格尔《历史哲学》），三联书店1956年版，第104页），有着不容置疑的成就和长处，它与西方的管理方式相比，显得那样的温馨、和谐、对称与协调。因此，引起了西方现代管理学家们对儒学的浓厚兴趣，他们妄图从中寻求调解西方社会生活中普遍存在的人与人之间的敌对意识、冷漠和不信任感，上层经营者与工人之间的隔阂加深等现象的缓冲剂。这样，使人们重新激起了对孔子思想的探求，在"东亚文化圈"中掀起了一个来势不小的当代新儒学运动，这是很值得我们重视的文化现象。当然，我们不能提倡复制传统文化，但也不可忽视传统文化的潜在力量，我们应该将孔子管理思想中合理的成分与现代管理思想有机结合起来，形成富有中国特色的新的管理体系，为改革开放和经济建设服务。

（选自《吉首大学学报》1995年第4期）

　　尹砥廷，吉首大学教授，主要著述有《论孔子的经济思想》等。

　　《论孔子的管理思想及其现代意义》一文，对于孔子管理思想从思想核心到管理主体、管理方法、管理组织形式进行了较为全面的探讨分析,所提出的"人道感化的心治主义"、"中和管理方法","血缘家族为纽带伦理意识"观点,相对一般性的评析介绍而言,更具深度理论文化色彩,对于人们从更深文化机理上去分析把握孔子管理思想具有较大的价值。

儒家社会管理学说评析（节选）

唐　镜

一、"以义统利"——儒家社会管理的价值取向

　　管理的价值问题是管理理论和管理实践活动中的一个核心问题。道德以"义"为本，经济以"利"为先。西方管理理论的重点是在企业管理和经济管理，追求的是利润、投资报酬率，期望的是财富的不断增长，实力不断发展，经济不断加速。因此，在管理的价值取向上是一种功利价值。义利这杆"天平"明显地向"利"的一方倾斜。而儒家管理学说则是一门建立在自给自足的自然经济基础上的封建国家社会管理学说。它是以建立统一、和谐、安定的社会秩序和祥和的人际关系为管理目标的，其管理是一种道德的进路，伦理价值是其管理的最高价值。

　　义利的平衡、和谐，是社会协调、稳定、安宁及发展的重要前提，故儒家管理学好作义利之辩。在儒家看来，管理者的职责就是要正确处理好"义"与"利"的关系。对于义利关系的回答，儒家管理学的基本观点是"以义统利"。它包含以下几个方面的内容：

　　第一，"义主利从"。儒家普遍认为，人的伦理道德价值应高于物质、经济的功利价值。孔子主张"君子义以为质"（《论语·卫灵公》），"君子义以为上"（《论语·阳货》），荀子也认为"凡为天下之要，义为本"（《荀子·强国》），要求作为国家社会管理者的"君子"，

应该把"义"放在主导的地位。所谓"君子喻于义"(《论语·里仁》),就是说君子(管理者)应该明白、通晓义,亦即在管理动机和管理行为的价值取向上应以"义"为重,而不要带有任何功利的性质。

按照孔子和儒家的义利观,"义"就是仁心之决断。它不考虑是否给行为主体带来实际的功利,也就是说义本身具有不为功利价值决定的独立价值,即伦理价值。这种伦理价值表达的是社会的良心和公正,是为人的正直、正道。这从孟子的论述中可以得到应证。孟子说:"夫义,路也。"(《孟子·万章下》)又说:"义,人路也。"(《孟子·告子上》)"义,人之正路也。"(《孟子·离娄上》)孟子还说:"义之实,从兄是也。"(同上)直接把义表示为一种伦理观念和伦理秩序。所以在儒家看来,由义出发的行为,其价值甚至可以无需他人的肯定和赞许。孔子说:"人不知而不愠,不亦君子乎?""不患人之不己知"(《论语·学而》)。强调的是惟求心之所安的道德价值。表现的是一种独立的道德人格。

也正是在这个意义上,董仲舒提出了"正其宜不谋其利,明其道不计其功"(《汉书·董仲舒传》)的忠告。意在提醒作为社会的统治者和管理者,一方面不可谋求一己之私利;另一方面也不要刻意地追求功利价值,应把社会伦理道德价值放在首位。用现在的话来说,就是要求政府官员不能自私自利,也不能计较一时之近功,搞短期行为。因为"见小利则大事不成","放于利而行,多怨"(《论语·里仁》)。这清楚地表明儒家管理学的价值取向是放在伦理道德价值上的。

但是,儒家并不绝对地排斥利。在不与义对立的情况下,儒家并不轻视利,更不反对国家、社会之公利,也不否定百姓对物质利益的追求。孔子说的"小人喻于利",实际上就包含着对"民"之"利"的肯定。在儒家看来,"富与贵,是人之所欲","贫与贱,是人之所恶也。"(同上)因此,管理者必须"因民之所利而利之"(《论语·

尧曰》），只有"足食、足兵"则"民信之"（《论语·颜渊》）。因此，儒家把"利民"、"富民"、"惠民"作为安人的一项重要内容，要求统治者"博施于民而济众"（《论语·雍也》）。但富民、利民本身不是目的。富民是为了安民，是为了统治秩序的稳定和社会的安宁，为了"止于至善"。其落脚点还是在其伦理价值上。因为在儒家看来，民只有有了"恒产"才能有"恒心"（《孟子·滕文公上》），只有先富民而后才能教民。

第二，"以义求利"、"义而后利"。在管理的价值取向上，儒家一方面承认对物质利益追求的合理性和必然性，孔子说："富与贵，人之所欲也"（《论语·里仁》），"富而可求也，虽执鞭之士，吾亦为之。"（《论语·述而》）荀子更明确肯定："饥而欲食，寒而欲暖，劳而欲息，好利而恶害，是人之所生而有也。"（《荀子·荣辱》）另一方面又认为不能以"利"为首出，而必须导之以"义"，使取"利"行为在道德原则的规范之下而达到善化。所以孔子说："不义而富且贵，于我如浮云。"（《论语·述而》）"富与贵，……不以道得之，不处也。"（《论语·里仁》）孟子也认为"非其有而取之非义也"（《孟子·尽心》），"非其道，则一箪食不可受于人；如其道（义），则舜受尧之天下，不以为泰"（《孟子·滕文公下》）。这就是说，富贵的可不可得，贫贱的可不可去，都要用道义的原则来确定取舍。"见其可欲也，则必前后虑其可恶也者；见其可利也，则必前后虑其可害也。而兼权之，孰计之，然后定其欲恶取舍。"（《荀子·不苟》）所以好的管理者是以义取利，先义而后利。"先义而后利者荣，先利而后义者辱"（《荀子·荣辱》），也正是在这个意义上，孟子对梁惠王说："王，何必曰利，亦有仁义而已矣。"（《孟子·梁惠王上》）这就告诫统治者，不应以个人私利作为考虑问题的出发点，先利后义，常常得不到利，先义后利，反而可以得到最终的利益。"以义求利"、"义而后利"的管理价值要求是"富贵不能淫，贫贱不能移"（《孟子·滕文公上》），

"穷则独善其身,达则兼善天下。"(《孟子·尽心上》)

第三,"以义制利"、"舍生取义"。儒家比较清楚地认识到了人的私欲是无限的。而且一定条件下的社会生产是无法满足不断膨胀的私欲的需要的。因此,如果不对私欲加以限制,那么,人们就会在追逐私利中磨擦、冲突,社会就会陷入无序状态。"上下交征利,而国危矣。"(《孟子·梁惠王上》)为了使社会有序,为了使社会财富得到合理的分配,使人们的私利在不同程度上都得到适当的满足,儒家提出了"以义制利"的管理思想。所谓"以义制利",其实质就是以利他主义限制极端利己主义;以利国、利群体对个人主义的限制;以利整体对局部利己主义的限制;以长远根本利益对一时之利和小利的限制。"义胜利者为治世,利克义者为乱世。"(《荀子·大略》)有效的管理就是要"使其欲利不克其好义"(同上)。其理想的状况就是"修身莫善于寡欲"。自觉地以道德情感来制其欲望,并能在"利"与"义"发生冲突时,"见利思义"以至于"舍生取义"。从这个意义上看,我们也可以说儒家是"重义轻利"的。

三、"道之以德,齐之以礼"——儒家社会管理的控制手段

控制,是管理的基本手段,也是最重要的手段。法国古典管理学派的代表人物法约尔,就把控制规定为管理的五个职能之一。现代管理科学讲的控制,包括对人、事、物、行为等各个方面的控制。儒家的管理控制理论的着眼点主要是对人的控制。

孔子说:"道之以政,齐之以刑,民免而无耻;道之以德,齐之以礼,有耻且格。"(《论语·为政》)把"德"和"礼"作为社会管理的根本手段。儒家充分认识到"人"是社会治乱的最根本性的因素,因此把对社会的管理控制归结为对人的控制,把对人的控制又归结为对人心的控制。因此,通过教育贯输儒家的仁义道德观念,便成为

了儒家控制社会思想、稳定社会秩序的重要手段。

所谓"道之以德",强调的就是以伦理道德价值为导向的内在控制。亦即所谓的"治心"。内在控制的作用就在于它能启动人们的道德自觉,把管理者的目标、宗旨、价值内化为被管理者自己的目标、宗旨和价值观念,并以此来控制和规范自己的行为。这样,管理就不单是外在的强制,而成为内在的自觉了。管理者和被管理者的关系也就不再是对立的,而是一致的、协调的。被管理者也不再是简单的被动受体,而成为了自主管理的主体。这就是"有耻且格"的意义。

对于"道之以德"的"治心"式的内在管理和控制的意义,孟子作了比较明确的阐述。他指出:"以力服人者,非心服也,力不赡也;以德服人者,中心悦而诚服。"(《孟子·公孙丑上》)以力服人和以德服人的管理效果是截然不同的。只有让被管理者心悦诚服,他才能将自己的行为自觉地纳入管理者所期望的轨道,从而形成强大的内聚力和凝聚力。屈于压力不得不服,则容易使管理者和被管理者之间产生隔阂,出现矛盾,以至于对抗和冲突。所以孔子和儒家坚决反对"不教而诛"的简单做法。儒家认为法制的实施,尤其是刑罚一类的惩罚性的措施的施行,要以道德的教化为前提,即先教后罚。"不教而杀,谓之虐。"(《论语·尧曰》)不教而杀这是残民、暴民。这一思想是极为深刻的。在儒家看来,道德教化是管理的核心,要想使政治措施迅速推行,管理者就要以身作则;要使人们心悦诚服,管理者就要施行仁政;要使人们自觉遵守法律纲纪,就要"教以人伦"。所以"道之以德"实际上包括"正己"、"行仁政"、"教以人伦"三个方面的内容。

所谓"齐之以礼",是儒家主张的以礼义、礼法制度为规范的外在控制手段。孔子把"齐之以礼"作为"道之以德"的补充而相提并论,认为二者都是使百姓"有耻且格"的管理手段。在儒家看来:

"礼者,法之大分,类之纲纪也。"(《荀子·劝学》)"夫礼者,所以定亲疏,决嫌疑,别同异,明是非也。"(《礼记·曲礼》)"礼",一方面是人的内在本质的规定和道德理性的外在表现,另一方面又包含社会的典章制度和行为规范的内容。所以孔子说:"不学礼,无以立"。不懂得礼就不懂得协调人际关系的行为规范,就不能立身处世,就不可能获得事业的发展和进步。所谓"齐之以礼",也就是要从制度、规范、礼节、仪式等方面去规范、统一人们的行为,使之符合管理者的要求。

在儒家看来,"礼"既是管理者和被管理者道德修养的标准,又是"治民"(管理)的标志,更是治国的依据。荀子明确指出:"礼之于正国也,如权衡之于轻重也,如绳墨之于曲直也。""礼者,人之所履也","礼者,政之挽也。"(《荀子·大略》)在这里,礼是具有某种强制性的规范性意义。用孔子的话来说,就是"克己复礼",也就是要约束自己和管束自己,使自己的一言一行都合于礼。其具体的要求就是"非礼勿视、非礼勿听、非礼勿言、非礼勿动。"(《论语·颜渊》)所以在管理活动中,"齐之以礼"就是一种规范性制度的外在控制。

从现代管理理论的角度来看,儒家"道之以德"的"治心"式的内在控制手段,就是我们现在所讲的软管理;"齐之以礼"的"礼治"主张就是我们现在所讲的硬管理。软管理在于建立共同的价值观念和道德精神,硬管理在于建立统一的行为规范。强调从内外、软硬两个方面对人们进行有效的管理,这是儒家管理学说的一大特色,也是东方式管理优于西方式管理的一个重要方面。

正因为如此,进入八十年代以后,西方管理学明显地呈现出东方化的趋势。最典型的就是企业文化作为一种新的管理理论和管理模式越来越受到了重视。1981 年美国哈佛大学教授特雷斯·E·迪尔和麦肯齐咨询公司顾问阿伦·A·肯尼迪合著的《企业文化》一书的问世,标志着企业文化理论的诞生。1983 年勃伦乍特与约翰逊合著出版了《一分钟经理》,米勒推出了《美国企业精神》,1985年 T·莫尔、L·刘易斯等编著出版了《组织文化》,R·基尔曼、M·萨克斯顿等编著了《赢得公司文化的控制》等,把企业文化研究推向了一新的阶段。其核心内容就是主张企业必须有自己独特的指导思想、经营哲学,有明确的价值准则、道德规范、文化生活,用崇高的精神力量说服人、吸引人、团结人、鼓励人。也就是说,管理作为一种文化现象在西方刚性管理的基础上呈现出柔性化的趋势。

四、"群分论"——儒家社会管理的社会组织论

组织,是管理活动的支点和管理秩序建立的基础和前提。法约尔明确地把"组织"规定为现代管理的五个基本职能之一。马克斯·韦伯是西方管理学中最早系统探索和研究社会行政组织管理理论的学者。他在《经济和社会》一书中,比较系统地阐述了他的社会行政组织理论。韦伯认为,任何组织都必须有某种形式的权力作为基础,才能实现管理的目标,只有权力才能变混乱为有秩序。韦伯指出,在理想的行政组织体系中,为了实现其目标的全部活动都将划分为各种基本作业,进行最大限度的社会分工。他认为理想的行政组织体系的结构应分为最高领导层、行政官员层、一般工作人员层三个层次。在行政管理中实行所谓的科层结构(参见李耀君《西方管理思想史》,山西经济出版社 1987 年版第 117—182 页)。

对比韦伯的行政组织理论,我们认为儒家在二千多年前,就已经形成了自己比较完整和系统的国家社会组织管理理论。这一理论主要体现在孔子的"正名"思想中,而荀子的"群分论",则是儒家社会组织理论的完备形态。儒家"群"、"分"、"伦"、"序"等范畴,实

际上已经涉及和接近现代管理理论中的组织功能、组织结构、组织形态等问题。

儒家十分重视社会、国家管理秩序的建立。儒家学说的创始人孔子针对春秋时期社会"礼崩乐坏"的社会动乱和政治、伦理秩序的混乱,提出了"正名"的治理方案。所谓"正名"就是要纠正人们对"名位"、"名分"规定的背离,使他们实际拥有的权力、享受的待遇、所尽的义务及思想言行,符合其"名位"、"名分"。消除"大夫"、"陪臣"所攫取的按其名位不应拥有的权力,僭用不应享用的礼数,如"礼乐征伐自诸侯出"、"陪臣执国命"、"八佾舞于庭"、"三家者以《雍》彻"、"季氏旅于泰山"(《论语·八佾》)等。正名的核心是要通过兴礼乐,整顿纲纪,重建"君君、臣臣、父父、子子"的社会政治、伦理秩序。从政治角度看,孔子正名思想确实是要维护现存的社会秩序,但从社会管理角度来看,孔子正名思想却涉及到了管理组织结构、管理的层次、管理的职位与职权、管理者的素质与权威等管理组织学的最一般、最普遍的问题。

其实任何管理都有一定的管理层次和管理分工。社会管理的等级是客观存在的。因此管理组织系统中的"名分"、"名位"这也是不以人的意志为转移的。原始社会有酋长、首领、巫师;封建社会有皇帝、宰相、臣僚;现代社会有总统、总理、部长、省长;企业中有总裁、总经理、厂长、车间主任……"名位"是管理中无法回避而又举足轻重的问题。毛泽东同志在对孔子"正名"思想评价时说:"'正名'的工作,不但孔子,我们也在做,孔子是正封建秩序之名,我们是正革命秩序之名,孔子是名为主,我们是实为主,分别就在这里。"(《毛泽东书信选集》第144—145页)由此可见,孔子"正名"的思想在管理学上是有普遍意义的。

荀子继承了孔子"正名"的社会组织管理思想,提出了"群分论"的社会管理组织理论。荀子认为人类必须要"群"才能生存。

人是社会的动物,人与动物的区别就在于"人能群,彼不能群。"(《荀子·王制》)所谓"群"不仅仅是"聚群而居",而是一种自觉的社会组织形态。"人何以能群,曰:分。"(同上)荀子清楚地看到了"分"对人类社会组织的重要作用,"人之生不能无群,群而无分则争,争则乱,乱则穷矣。"(《荀子·富国》)

在荀子那里,"分"首先是一种社会分工和职业结构。荀子根据当时社会状况,划分出四种职业类别,即"农农、士士、工工、商商"(《荀子·王制》)。荀子认为,社会结构中的这四类人要各安其位,各负其责,"农分田而耕,贾分货而贩,百工分事而劝,士大夫分职而听,建国诸侯之君分土而守,三公揔方而议,则天子共已而矣。"(《荀子·王霸》)这就是说,职业分工明确,社会组织结构合理,国家就安定了。

第二,"分"也是一种组织手段和国家的管理职能。荀子指出:"有分义,则普天下而治;无分义,则一妻一妾而乱。"(《荀子·大略》)所谓分义,就是以义定分,即制"礼"以分。圣王、君子的天职就是要"制礼义以分之。"(《荀子·礼论》)荀子说:"圣王衍财以明辨异,上以饰贤良而明贵贱,下以饰长幼而明亲疏;上在王公之朝,下在百姓之家,天下晓然皆知其所非以为异也,将以明分达治而保万世。"(《荀子·君道》)把"分"看成是人类组成社会的根本原则,是治理国家的根本方法。即所谓"无分者,人之大害也;有分者,天下之本利也。"(《荀子·富国》)正因为如此,荀子在《王制》篇中详细论述了国家管理机构的构成及其职权。荀子的"序官"是对中国古代封建社会国家组织管理活动和组织机构的一种理想性的描绘。《荀子》和后来被儒家推崇为经典的《周官》建立和构造了古代中国行政组织管理机构的完备体系,为后来的封建官僚制度和官制提供了理论依据。

第三,"分"还表示的是一种社会等级结构,是社会有序化的标志。荀子认为："分均则不偏,势齐则不壹,众齐则不使。"(《荀子·王制》)也就是说,名分、名位相等就不能统治,权势一样就不能集中统一,大家地位相等就无法管理。因此,要做到上下齐一,必须是不齐,只有差别,才能齐。"上下有差,明王始立。"(同上)只有"分明"才能"使群"。所以要求社会必须建立合理的社会管理的等级结构。这里,荀子从维护封建等级秩序出发,触及到了"群"和"分"的矛盾同一性,把握到了社会管理所需要的客观秩序。所以"分"既是"群"的基础,又是"群"的有序化的标志。所以荀子说:"君君、臣臣、父父、子子、兄兄、弟弟,一也;农农、士士、商商,一也。"(《荀子·王制》)

第四,"分"也还是一种伦理结构。"义以分则和,和则一,一则多力,力多则强,强则胜物。"(同上)义分就是"礼"的伦理结构,就是"君君、臣臣、父父、子子"。"君臣、父子、兄弟、夫妇,始则终,终则始,与天地同理,与万事同久,夫是之谓大本。"(同上)在荀子和儒家那里,"分"是一种"贵贱之等、长幼之差,知、贤、愚、能"之分(《荀子·荣辱》)。认为只有以礼义的伦理标准进行分工、分职组织起来的社会才能稳定,才能产生整体的力量,才能胜物。

总之,"群分"论的社会组织理论,是"君臣、父子、兄弟、夫妇"的伦理结构与"君子"、"小人"的阶级等级结构和"劳心者治人、劳力者治于人"的"智、贤、愚、能"结构相统一的封建国家管理组织结构理论。总体上是为封建统治服务的,但它却涉及到了社会组织管理的一般性问题。在人类管理思想史上占有极其重要的地位。

五、"中庸之道"——儒家社会管理的方法论原则

"中庸之道"是儒家学说中的一个核心内容,也是儒家社会管理学说的一个根本方法和准则。儒家管理学非常崇尚"中庸"。孔

子说:"中庸之为德也,其至矣乎。"(《论语·雍也》)这就是说,中庸作为人们本着仁的行为去处理一切事物的总的法则,是最正确而不能变易的了。

中庸的核心是"过犹不及"(《论语·先进》)。朱熹解释说:"中者,不偏不倚、无过不及之名,庸,平常也。"他又引用程子的话说:"不偏之谓中,不易之谓庸。中者,天下之正道,庸者,天下之定理。"(《四书集注·中庸章句注》)"过犹不及"反对的是背离中道的两个极端。

儒家把中庸之道的哲学方法论运用于其社会管理学说之中,提出了"执其两端,用其中于民"(《礼记·中庸》)的一系列的管理方法论原则。

第一,在管理的价值取向上,孔子提出了"君子之于天下也,无适也,无莫也,义之与比。"(《论语·里仁》)即把辨别是否合于义的法则作为"中"的标准。在儒家看来,"中庸"首先必须是善的,不善则不是"中庸"。这就是说,"中庸"首先是按"义"作出的行为。"君子之仕也,行其义也。"(《论语·微子》)管理者的行为只有建立在"义"的基础上,才是符合中庸之道的。

第二,在管理的措施和手段上,儒家总的原则是"道之以德,齐之以礼",实行伦理道德教化的软管理与礼、法、制度的硬管理的统一。在儒家看来,软、硬管理,如果片面强调任何一种,都不会取得理想的管理效果,都是两个极端。儒家认为,管理的理想模式,应该是礼法的硬约束与德教的软约束,制度的外约束与道德良心的内约束,自律与他律的有机结合。即孔子所主张的"宽猛相济"。"政宽则民慢,慢则纠之以猛;猛则民残,残则施之以宽。宽以济猛,猛以济宽,政是以和。"(《左传·昭公二十年》)具体来说:在政治上,儒家主张"君子和而不同"(《论语·子路》)把"和而不同"作为处理君臣上下,即不同管理者、管理阶层之间关系的方法论原则;在经济上,儒家主张"惠而不费"(《论语·尧曰》),认为经济上的"惠而费","出纳之吝"(《论语·尧曰》)都是违反中庸之道的法则的。

第三,在管理者的行为趋向上,强调"中行","不得中行而与之,必也狂狷乎!"(《论语·子路》)也就是要求尽量做到兼有狂、狷两者的优点,而去其二者的缺点。"中行"的具体标准是:"和而不同"(《论语·子路》)、"同而不比"(《论语·卫灵公》)、"惠而不费,劳而无怨,敬而不贪,泰而不骄,威而不猛"(《论语·尧曰》),等等。这也是儒家中庸之道在人格理想上的体现。

第四,在社会人际关系的协调和处理上,儒家提出了"以直报怨,以德报德"(《论语·宪问》)的基本方法和准则。孔子认为"爱之欲其生,恶之欲其死,即欲其生,又欲其死,是惑也。"(《论语·先进》)这就是说,在处理人际关系时,管理者需要抑制个人的情感、好恶,要掌握分寸不可意气用事,从一个极端走向另一个极端。"以德报怨"和"以怨报怨"都是错误的,只有"以直报怨"才是符合中道的。

那么如何才能保持管理活动中的中道而无"过",无"不及"呢?儒家提出了"中和"、"中正"与"时中"三个基本管理原则。

所谓"中和",就是要坚持一种和谐、统一的价值取向,也就是说要把自然、社会和人看成是一个相互联系、生生不息的生命大系统,强调社会的人与人之间,人与自然之间要有机融合、适当调理、和谐统一、措置得当、无"过"无"不及"。"发而皆中节"(《中庸》)便是"中和"的旨趣。它的核心就是强调"和为贵"。

所谓"中正",就是社会的"正义"与"公正"。儒家社会管理学的一个核心内容,就是要以仁义道德来匡扶社会正义,以消除社会政治的偏险不正。孔子的人道主义,孟子的王道主张,荀子的王制路线,其目标是要使社会恢复"中正",即以仁义来统束天下。荀子提出"权险之平"的主张,突出地表明了儒家要求恢复社会正义的主张和要求。郭沫若先生把荀子的"权险之平"解释为"权其险侧使归于平正"（转引俞荣根《儒言治世》第 81—82 页）是很有道理的。"权险之平"，恢复社会正义的一个基本手段就是孟子提倡和主张的"汤放桀"、"武王伐纣"。由此可见，儒家的中庸之道，并不是不讲斗争的一团和气。他们是讲斗争，是讲革命的。"中和"是服从"中正"的，"中和"是以"中正"为前提的。顾炎武主张"以汤武之仁义为心"，张载提出"为天地立心"，主张和强调的都是社会的正义和公正，这个"心"就是仁义之心。中庸与仁义的统一，反映了儒家社会管理学说的方法论与价值论、本体论和目的论的统一。这也是儒家中庸之道的精义所在。

所谓"时中"，就是依"时"而处"中"。也就是说，"中"是一个动态的变化发展过程。"时中"就是要在动态中求"中和"；在变化中取"中正"。孔子说："殷因于夏礼，所损益，可知也；周因于殷礼，所损益，可知也。其或继周者，虽百世，可知也。"（《论语·子罕》）在儒家看来，历史在前进，时代在发展，社会管理的方法和原则，也要适时变化，有所损益，于变中有不变，于不变中有变。儒家认为管理活动的过程，既有常规性，又因受多种变动不居的因素的影响而具有变易性。因此要求管理者既要遵循一定的管理标准、界限，同时又要反对"必"、"固"，不能不顾条件而死守某一固定的标准。理想的管理活动，既要依道而行，但又不能处处拘泥常规，而必须通权达变，相机行事。所以，所谓"时中"，就是"通权达变"。它蕴涵着审时度势、与时更新、推陈出新等一系列的价值判断、价值选择和管理艺术。孟子认为："执中而无权，犹执一也。所恶执一者，为其贼道也，举一而废百也。"（《孟子·尽心上》）可见，"权"与"时中"表现的是管理活动中的原则性与灵活性的高度统一；是"毋意、毋必、毋固、毋我"（《论语·子罕》）和"非敢为佞也，疾固也"（《论语·宪问》）的生动体现。包含了极其丰富的管理辩证法。

儒家社会管理学说提出的社会控制和社会协调问题,是任何社会都不能忽视的问题。社会控制是人类实践的必然要求,是人类促使社会系统的有序性和自己活动有效性的必要手段。在本质上,社会控制是人类对自己本身的一种管理。在社会学意义上,社会控制是指用一定手段来规范和约束人们的行为,把人们的社会生活限制在某种社会秩序中。在社会历史观意义上,社会控制则是指人类在创造社会历史过程中的一种自觉活动,是人类从事任何活动所不可缺少的因素,是社会发展的必要环节,是人类社会存在的一种形式。儒家学说,可以说是人类管理思想史上较早,也较自觉地探讨社会控制问题的学说。儒家"富之"、"教之"的管理思想实际上涉及到了物质文明与精神文明这个社会控制的最基本的东西;儒家"劳心"与"劳力","治人"与"治于人"的划分,实际上是客观回答和解决了阶级社会中社会控制的主客体的区分问题;儒家"治人"、"安人"的思想则是把社会控制看成对人的控制,社会管理就是对人的管理,自觉或不自觉地解决了社会控制的本质问题;儒家提出的"君臣、父子、夫妇、兄弟、朋友"五伦关系问题,也涉及到了社会控制的组织问题;"德治"、"礼治"思想则涉及到了社会控制中的自律与他律的关系问题。总之,在儒家那里已经建立起了社会控制的比较完整的理论体系。吸收和借鉴儒家管理学的社会控制思想,对于我们今天建立科学的社会管理、社会控制理论,搞好社会主义国家的社会控制和管理,是具有十分重要的理论意义的。

（选自《孔子研究》1996 年第 1 期）

唐镜,中共中央党校研究生部。

《儒家社会管理学说评析》一文,正如作者所谓"从儒家述

'修身、治国、平天下'之道这一基本事实出发，站在现代管理学的角度从宏观上对儒家社会管理学说作一概要性的分析与梳理"。由于所取理论参照系为价值论、控制论、组织论等，使诠释更具现代意味。反映出大陆学术界长期以来以西方现代管理理论透析儒家传统管理思想理论这一事实。

儒商及其管理特质(节选)

葛荣晋

一、"以和为贵"与儒商的管理艺术

从管理本质角度,有些企业管理学家认为,"管理就是协调"。企业是一个以人为主体的多层次、多因素、多序列、多职能的有机结构。只有把企业内外的人与人之间、组织与组织之间的关系协调好,才能保证企业的成功。法国企业家法约尔把"协调"看成是企业管理的五种基本职能①之一,认为"协调,就是连接、联合、调和所有的活动及力量"。美国管理学家古里克也把"协调"看成是企业七种管理职能② 之一,认为"协调"就是"为了使企业各部门之间工作和谐,步调一致,共同实现企业的目标"。美国孔茨进一步把"协调"从一般的管理职能提升为"管理的本质"。在《管理学》一书中,他认为"协调是管理的本质"。美国管理学家德鲁克形象地比喻说:"管理者好比交响乐队的指挥,通过他的努力、想象和指挥,使单个乐器融合为一幕精彩的音乐演奏。"这些都说明"协调"在企业管理中的重要作用。能否把企业结构中的各种人际关系协

---

① 法约尔指出:"管理就是实行计划、组织、指挥、协调和控制。"

② 古里克认为七种管理职能是:计划、组织、人事、指挥、协调、报告、预算。

调好,是现代儒商的一种高超的管理艺术。

中国古代儒家对于管理本质的认识,早在先秦时期就注意到"和"在管理中的地位和作用,即通过协调管理中的各种矛盾因素,以达到最佳的和谐管理状态。孔子在《论语》中明确地提出了"礼之用,和为贵"(《论语·学而》)的命题,并在此基础上,主张"君子周而不比"(《论语·为政》),"群而不党"(《论语·卫灵公》),"四海之内,皆兄弟也"(《论语·颜渊》)。孟子主张"天时不如地利,地利不如人和"(《孟子·公孙丑下》)。荀子认为:"上不失天时,下不失地利,中得人和,而百事不废。"(《荀子·王霸》)汉代大儒董仲舒也认为"天地之美莫大于和"(《春秋繁露·天地阴阳》)。宋儒张载主张"太和所谓道"(《正蒙》)。历代儒家都肯定"和"在管理中的社会价值,强调人际关系和谐的重要性,认为"治人"如同"治身"一样,只有做到上下、左右的协调一致,才能达到管理的最佳和谐状态,这是极为重要的。

儒家提倡的"和为贵"观念,经过企业家的现代转换,在现代企业管理中,仍具有强大的生命力,成为现代儒商的重要管理艺术。在商业上,"和气生财"是一条重要的经营之道。有一家饮食店正厅悬挂着著名书法家的题辞:"饮和食德,财源广进。"正是儒家"以和为贵"思想在市场经济下的具体运用和阐发。要想赢得顾客,谋取利润,当以"和"字为先。不仅要求服务语言明确、易懂、得体,不讽刺、挖苦、烦躁、辱骂、恶语伤人,而且要求仪表整洁,举止大方,端庄朴实,给顾客以和蔼可亲的印象。这条经营之道,无论过去或现在,证明都是行之有效的成功之道。中国南德经济集团把商品经济中以金钱为代表的价值法则与儒家文化中所蕴含的仁爱精神和温暖的人际关系有机地结合起来,提出了"温和的金钱关系"的口号,既不否定商品经济中的等价交换关系,也不赞成资本主义原始积累时期那种赤裸裸的金钱关系。所谓"温和的金钱关系",就是有意建立一种"和睦平等大家庭式的内部凝聚,互惠互利造福社会的外部合作关系"。要求在企业内部,既有多贡献多取酬的分配制度,又有充满和睦亲情的家庭式的温暖的人际关系;在企业外部,在与合作伙伴的经济关系中,既应讲竞争、讲效益,又要有以让利为前提的协作精神,创造一种互利互惠的社会氛围,保持一种被儒家"以和为贵"伦理道德软化了的等价交换关系。香港山达有限公司董事经理林顺忠先生所以获得成功,他曾解释说:"我虽然是马来西亚籍,但我们是华人,受到家庭的教育,受东方思想的熏陶,所以对做人处事和管理员工方面,都是以和为贵。"日本著名的丰田集团祖孙三代都是把"人和"作为企业管理的座右铭。丰田纺织公司创始人丰田佐吉摘取《孟子》中的"人和"主旨,把"天、地、人"奉为企业的座左铭。第二代丰田喜一郎在"天、地、人"的基础上,取自《中庸》的"好学近乎知,力行近乎仁",加进了"知、仁"二字,把"天、地、人、知、仁"作为企业的宗旨,开创了丰田的汽车王国。第三代丰田章一郎在"天、地、人、知、仁"思想的基础上又取自《中庸》的"知耻近乎勇",加进了一个"勇"字,把"天、地、人、知、仁、勇"作为开拓丰田事业的精神支柱。韩国"双龙"集团① 在自己的经营活动中也是把"天时不如人和"作为企业发展的精神动力。"双龙"所以能够在短短的半个世纪,信誉满全球,正是儒家的这种"和谐共荣"的精神,使"双龙"在水泥、炼油、化工、建设、工程、重工业、造纸、纺织、机械等基础工业,以至于综合贸易、电脑软件、金融和尖

---

① "双龙"这一名称取于一个古老的传说:远古的时候,有两条潜心修炼的"龙",盼望有一天能升上天。到了一千年修炼期满,玉皇大帝降下一颗升天如意珠,但等了很久却不见龙升天。后来得知是因为如意珠只有一颗,二龙正在相互谦让。这种"互尊互让,和谐相处"的美德感动了玉帝,又破格降下一颗如意珠,让两条龙一同升天。

端技术工业等方面,都取得了令人瞩目的巨大成功。

如何才能达到和谐共处的目的呢?儒家曾提出过两条重要原则和手段:一是"君子和而不同",二是"洁矩之道"。这两条原则,在今天的企业管理中仍具有重要的借鉴意义。

"君子和而不同",是孔子在《论语·子路》篇中提出的一个重要命题。这里所谓"和"与"同",是两个内涵相异的哲学概念。"和"是指在承认矛盾、肯定差异基础上的和谐,"同"是指否定矛盾、抹杀差异的"同",二者是有原则区别的。在孔子之前,史伯从矛盾互补层面,曾对"和"与"同"概念作过论述,提出"以他平他谓之和"的命题,即通过不同事物之间的相互补充、相互配合而构成和谐整体。如"和六律"才有悦耳动听的音乐,"和五味"才有可口的美味,"杂五材"、"合十数"才有多样性的事物。如果"以同裨同",即以同样事物简单相加,势必造成"声一无听、物一无文、味一无果、物一不讲"(《国语·郑语》)的结果。齐国晏婴又从"相济"、"相成"的角度,补充与发展了"和"与"同"概念的内容。他以君臣为例论证说:"君所谓可,而有否焉;臣献其否,以成其可。君所谓否,而有可焉;臣献其可,以去其否。"(《左传·昭公二十年》)即君主认为对的,如果其中还有不对之处,臣子就应指出那不对的地方,"以成其可";君主认为不对的,如果其中还有对的地方,臣子就应指出其中对的部分,"以去其否"。如果不是采取这种"和而不同"的正确态度,而是"君所谓可,据以曰可;君所谓否,据以曰否",在政治上没有不失败的。如果只听相同意见,排斥不同意见,"若以水济水,谁能食之? 若以琴瑟之专壹,谁能听之?"这种"以同裨同"的形而上学态度,于国于民均无补益。孔子提出"君子和而不同"的命题,极力反对"小人同而不和",只知盲目附和,而丧失原则性的"乡愿"之风。他所谓的"君子和而不同",至少包含有两层意义:(一)强调在矛盾基础上的均衡和谐。认为这种人际关系的和谐必须是建立在承认矛盾、肯定差异的基础上经过调整而取得的。既讲原则性,又讲灵活性,既讲斗争性,又讲同一性,是原则性与灵活性、斗争性与同一性的有机统一。"和而不同"决不是不讲原则,不讲斗争的一团和气,而是通过协调矛盾而达到的一种和谐境界。(二)"以礼节和",即从适中性层面来说明"和"的内涵。无论是孔子还是荀子,都要求以礼义为手段,把人与人之间的关系化解为一种恰如其分的和谐状态,既反对"过",也反对"不及",力求避免矛盾激化。在现代企业中,大量存在的是人民内部矛盾,而处理人民内部矛盾的公式即"团结——批评——团结",与孔子提倡的"君子和而不同"的思想是一脉相承的。在现代企业中,不论其职位高低,都是平等的同志关系,都有发表不同意见的权利。但是,由于封建专制主义思想作怪,有些领导只爱听奉承话而听不进不同意见,喜欢搞"一言堂",排斥"群言堂"。今天重温孔子的"君子和而不同"的古训,对于提高儒商的管理艺术,必有裨益。

"洁矩之道",首见于《礼记·大学》篇。它是在孔子的"恕道"和孟子的"推恩"思想[①]的基础上概括出来的。对于"洁矩之道",《大学》篇写道:"所恶于上,毋以使下;所恶于下,毋以事上;所恶于前,毋以先后;所恶于后,毋以从前;所恶于左,毋以交于左;所恶于左;毋以交于右:此之谓洁矩之道。"对此,清代著名汉学家戴震解释说:"'所恶于上,毋以事下;所恶于下,毋以事上',以位之尊卑言

---

① 孔子在《论语·卫灵公篇》云:"子贡问曰:'有一言可以终身行之者乎?'子曰:'其恕乎!己所不欲,勿施于人。'"《论语·公冶长篇》云:"子贡曰:'我不欲人之加诸我也,吾亦欲无加诸人。'"《论语·雍也篇》指出:"夫仁者,己欲立而立人,己欲达而达人。"这就是孔子所提倡的"恕道"。《孟子·梁惠王篇》云:"老吾老,以及人之老;幼吾幼,以及人之幼,天下可运于掌。"这是孟子所说的"推恩"思想。

也；'所恶于前，毋以先后，所恶于后，毋以从前'，以长于我与我长言也；'所恶于右，毋以交于左，所恶于左，毋以交于右'，以等于我言也。"他认为无论是在统治者与被统治者之间，还是在上下辈之间，兄弟朋友之间，都应该推行"洁矩之道"，以求"情得其平"，达到平等待人、和谐共处之目的。戴震反映清代市民阶层的平等要求，进一步提出"以情洁情"论，指出"凡有所施于人，凡躬而静思之：人以此施于我，能受之乎？凡有所责于人，反躬而静思之：人以此责于我，能尽之乎？以我洁之人，则理明"（《孟子字义疏证》卷上《理》）。认为如果在人际关系上不能贯彻"以情洁情"的原则，势必会造成"遂己之好恶，忘人之好恶，往往贼人以逞欲"。使"强者胁弱，众者暴寡，智者诈愚，勇者苦怯，疾病不养，老幼孤独不得其所，此大乱之道也"（同上）。所以，只有"反躬者，以人之逞其欲，思身受之之情"，努力做到"遂己之欲者，广之能遂人之欲；达己之情者，广之能达人之情"，才能达到人际关系的和谐境界。

儒家提倡的"洁矩之道"虽是治国之道，属于政治学范畴，但是它也包含有重要的认识论意义和伦理学意义。从认识论看，所谓"洁矩之道"，是一种重要的思维方式——"换位思考"。主体在认识客观事物过程中，一般习惯于站在主位的立场进行单向思维，难免带有某些主观性、片面性和武断性，不能全面地、客观地达到真理性的认识。要想达到对主客体及其关系的全面认识，只有跳出单向思维方式，采取换位思考方式，即将认识立场从主位转换到客位和旁位进行思考，才能比较准确地认识客体与主体以及二者之间的关系。这是一种行之有效的辩证思维方式。从伦理学看，推行"洁矩之道"，促使人与人之间的相互理解与同情，求得人际关系的和谐，这也是一个重要的伦理学范畴。

在现代企业管理中，为了使企业内外达到和谐境界，促使企业发展，儒商将"洁矩之道"这一古代"范式"，转换成为两个富有时代精神的口号:一是"理解万岁",二是"角色互换"。现代企业是一个多元价值观并存的实体,如不能沟通,必定严重地妨碍人际关系的和谐,造成人际关系的疏远、冷漠、怨恨与对立。这是企业发展的大忌。只有人与人之间在感情上取得理解,达到情与知的沟通,才能产生亲切感、依赖感和信任感。正如《让世界充满爱》这首歌词所说:"如果你,如果我,失去理解和信赖,一切都将不存在,将不存在。"于是,人们喊出了"理解万岁"的时代呼声。如北京市委为了架起政府与人民的沟通理解之桥,从1988年起,先后推出了"同心工程"(包括38集系列专题片《同心曲》,举办"星期三热线办公",开设"市长电话热线追踪",增设"市府与市民"、"为您咨询"电视栏目,推出"逛北京,爱北京"等),加深政府与市民之间的感情交流,相互理解、相互信任,以促进北京市的现代化建设。在现代企业管理中,领导与群众之间的理解固然重要,领导成员之间的相互理解尤为重要。根据"理解"原则,有些儒商提出了五个"互相"原则:在人格上,互相尊重,不为难;在感情上,互相信任,不怀疑;在工作上,互相支持,不设卡;在困难上,互相帮助,不旁观;在成绩上,互相学习,不骄傲。只有在领导集团中认真贯彻"理解"原则,才能保证领导群体的最佳和谐。

"理解万岁"与"角色互换"两个口号是相互联系的。"角色互换"是达到人与人之间相互理解的重要方法之一。所谓"角色互换",就是根据儒家的"洁矩之道",设身处地理解他人,即设想自己若处在对方的境况下,会有怎样的心情,从而达到对他人理解的目的。也就是我们通常说的"将心比心"的方法。在我国许多企业中,正在开展的"如果我是一个顾客"、"假如我是一个旅客"、"假如我是一个厂长"、"假如我是一个工人"等活动,都是一种"角色互换"的方法。如北京有一段时间曾出现过抓药难的现象,在别处抓不到药的顾客纷纷涌向同仁堂药店,职工尽管全力以赴,在上班时间也难以抓完当天的药，顾客提出意见。针对这一情况，如何缴发职工的"患者第一"的责任感，是一个重要问题，于是，在全店开展了"如果我是患者抓不到药怎么办？"的讨论，使全店职工自觉克服各种困难，从清晨忙到深夜，直到送走最后一个购药者才关门。就企业而言，在我看来，至少有四种"角色互换"：一是领导自觉地站在群众角度上进行"换位思考"，这是企业"角色互换"的核心与关键。领导应设身处地替群众着想，客观地正确地对待干部与职工的思想情绪，将心比心地解决职工的实际困难，设身处地对待职工的合理要求，从而增强领导对职工的理解意识。二是引导群众站在领导的角度进行换位思考，体谅领导的困难，增强职工对领导的支持意识。三是引导企业内部各部门之间、职工与职工之间开展"换位思考"，解除误解，增进谅解，克服本位主义，树立全局观念，增强彼此之间的协作意识。四是引导企业职工站在消费者角度上进行换位思考，让全体职工站在顾客的立场上，无论是产品的种类、质量还是服务态度，都要处处为消费者着想，真正树立"消费者是上帝"的服务意识。实践证明，儒商在激烈的市场竞争中，要想赢得顾客，这种"换位思考"是极为重要的管理艺术。

（选自《儒道智慧与当代社会》，中国
三峡出版社，1996 年 8 月第一版）

葛荣晋，河南省济源市人。现为中国人民大学哲学系教授、博士生导师，兼任中国人民大学东方文化研究所所长等多种职务。主要学术论著有《王廷相生平学术编年》、《中国哲学范畴史》、《儒道智慧与当代社会》等。

本文选自作者《儒道智慧与当代社会》一书。儒商是中国传统文化中一个极其重要的商业概念，也是儒家经济管理中管理观念、管理思维、管理方法等的重要范畴。二十世纪末随着改革开放,儒商研究被重新提及,渐成热门学术话题。从所选文字中可以见出,作者不只是研究儒商的精神内涵和理论质里,也从"以和为贵"出发研究儒商管理艺术,拓展了儒商的研究空间、学术视角也非常新颖,"艺术"化的见解也揭示了当今人们借鉴学习的必要性和可行性。

海外华人经济发展与儒家文化（节选）

宫达非

从海外华人经济的整体发展来看，儒学的影响与运用是多方面的，我这里不可能作全面讨论与分析，只根据海外华人朋友所谈，综合几个问题，略述于下：

儒学对华人经济发展的影响首先表现在道德建设方面。道德哲学是儒学中最重要的理论构成，具有丰富的内涵与周密的体系。从先秦儒学一直到现代儒学，道德育人学说一以贯之，对社会的影响可谓无所不在。儒家道德学说以"仁义"为核心，强调"诚意、正心、修身、齐家、治国、平天下"，在人自身以及人与人，首先是人与家庭、人与集体、人与社会等各个方面形成一系列道德规范，这正是西方文化中所缺少的。海外华人将这种理念创造性地运用于经济运作当中，从而为处理家庭内部关系、企业内部劳资关系以及企业与企业之间的关系，特别是与居住国的关系，提供了适应的准则。华人家庭都具有中国传统的特质和儒家的伦理，华人企业家都非常重视家庭成员的教育培养，并把"齐家"看作是搞好企业（"平天下"）的基础。有了这一牢固稳定的基础，华人企业能够以家族经营为核心，从而在企业集团的经营管理和组织结构上，都染上一层亲缘和家族经营色彩。各个企业集团的核心领导层，都由对家族忠诚和具有责任感的财团家族成员或家族姻亲组成和控制，从而为资本初期积累奠定了基础，也为其进一步向世界市场拓展与竞争创造了条件。需要指出的是,这一切是在西方文化氛围下操作的,显然已经不是中国封建礼教的简单重复,而是一种新的创造。这其中很有学问,是值得我们认真加以研究的。华人企业家都具有擅长理财、遵守信用、适应力强、洞察力敏锐,特别是毅力坚强、勤奋节俭的特点,这些因素对其企业的发展往往产生巨大效果,都与他们从青少年时代所受的家庭伦理教育和熏陶分不开。马来西亚的"糖业大王"郭鹤年(净资产达 21 亿美元)曾经说:"从小我们就被灌输儒家的道德价值观。老人们经常教育我们要讲商业道德,重视信誉,言而有信。这一切都深深印在我心里。母亲还告诉我要注重口德,不要诋毁别人。"郭鹤年先生平生一直遵守这些教诲,为人行事,立家兴业,成为楷模。

在企业内部关系的处理方面,也像处理家庭关系一样,"有亲"、"有义"、"有序"、"有信"、"有别",明确上下级的关系、职责、责任。在处理与其他企业的关系时,则特别强调"有信",将信用、信誉看作企业的生命,重和睦、讲情谊、诚实不欺,在竞争中不失"仁义",不破坏规则。在企业经营之中也有竞争,但在困难时,又会发扬"守望相助、相互扶持"的美德。在商店日常营业中,贯彻童叟无欺、货真价实、广招往来、讲信义、和气生财、"买卖不成仁义在"等等。总之,儒家道德哲学贯穿在华人企业的各个方面,其特征就在于把家庭伦理扩大、应用到企业管理与经营当中。儒家哲理最大特点就是由近及远、由简至繁、由浅入深,把"亲亲"的道德理念宏展于社会事业。

其次,儒学对理想人格的注意,影响海外华人企业家将自己的理想人格追求定位为"儒商"(儒企)。"儒"本来是"学者"的意思,我国古代有"儒将"的讲法,是指有学者风度和涵养的将帅。"儒商"就是有学问的商人,他们不仅善于经营,还非常注重自身的文化修养和待人接物,出入"儒门",为人"儒雅",行为具有"儒风",与他人交接要讲"礼仪"。当然,更重要的内涵是在其商业经济生活中,要具有儒家道德规范。许多海外华人企业家在中国传统文化方面具有一定修养。他们有理想,有追求,在重视经营利润的同时,还秉承传统伦理"不义而富且贵于我如浮云"一类遗训,反对"不义而富",反对不顾一切地追求利润,把天人、理欲、义利联系起来,注重取之有道等等。总之,"儒商"(儒企)在世界上树立了东方企业家的形象,突出了德才兼备思想,这与现代经济模式要求企业家有高层次的文化素质是一致的。

其三,儒家的包融精神影响海外华人企业家积极吸收一切对他们有益的东西,将传统与现代有机结合起来。华人企业吸收了儒家的"诚"、"信"、"义"等许多理念,随着时代的发展,他们在经营管理中很自然采用了现代资本主义的运作方式,特别是在工业化、信息化与产业化的现代化过程中,吸收并运用西方各种先进的科技文化,顺应世情,开拓发展,这都与儒学的包融性、对外部世界的兼容并蓄性以及适应外部世界并广泛吸纳不同文化的可塑性是分不开的。儒家"五行"即仁、义、礼、智、信,其中"智"既含有智慧的意思,也含有学习、思考的意思。人要取得智慧,就需要学习、思考,就必须尊重知识,懂得不耻下问的道理。儒家经典中有"学以聚之,问以辨之"的讲法,有"博学之,审问之,慎思之,明辨之,笃行之"的讲法。就是说,只要是"善"的,都应该去"学",都应该去"聚",并运用到实际行动当中。不这样做,就是"不智"。海外华人能够把现代经济运作方式适时运用起来,不固步自封,这是很了不起的造就和建树。

其四,儒学的宗族群体观念直接为海外华人经济提供了发展动力。这一点,又集中体现在家族群体主义上面。曾有学者指出,东亚地区经济发展的成功,主要依赖于"家族集体主义"的社会秩序文化。这种企业文化,在日本和韩国为企业的经营管理提供了一个不同于欧美的自由企业制度,提供了一个包括每个成员及其家属生活方式的组织系统模式,使企业具有活力。儒家的"家族集体主义"思想,使得华人能够通过同乡、同族、亲友等血缘纽带形成互助网络,建立横向结构,团结互助,共同生存发展。海外华人具有的这一特点,正是在经济上取得成就的一个重要因素。同时还应看到,这种"家族集体主义"思想加强了企业的凝聚力,实际上壮大了企业的整体实力。

西方学者评称,当前世界发达的资本主义概括有四种形式:第一种是英美市场机制式;第二种是欧洲德法国家介入式;第三种是由社会民主党思想指导的斯堪的那维亚式;第四种是亚洲式(日本及"四小龙"),主要是由东方儒家文化为指导的资本主义,人的生存以企业为中心,劳资双方合作良好,把工厂变成一个大家庭,共成败,共兴衰,讲求集体利害。这种有儒家风范的资本主义的迅速崛起,为世界经济发展提供了新的模式,西方学者称之为具有"东方意识"的"亚洲模式"。这种模式和海外华人的经济作用,是不能低估的。

最后,我要特别强调的是,海外华人以儒家"和为贵"、"和而不同"的和谐精神,使自己能远处异国,安身立命,开创事业,应世前进,这是最值得称赞、最值得钦佩的。在初期,有些人是孑然一身,漂洋过海谋求生存,其艰辛之情,可谓血泪倾注。我在美国参观一些当年华人劳工营地,与"非洲黑奴贩卖营"完全一样。如果没有"坚韧不拔之志"、"忍常人所不能忍"者,是很难活下去的。及至事业有所发展,则又会与居住国产生新的矛盾。在诸多复杂情况下,不管遇到什么性质的问题,都能很好地处理,更能够在居住国内广交朋友,以至政界朋友。他们既热爱其祖籍国,又爱其居住国(在二战中,许多华人与居住国人民同仇敌忾,甚至毁家纾难者,比比皆有),并且能够成为居住国经济发展不可缺少的力量。这在东南亚国家中,表现得尤为充分。

目前,儒学的研究在中国大陆也正受到重视。中国特色的社会主义精神文明建设,以及"儒商"、"儒企"文明伦理道德的建设,也都试图在传统文化研究中去其糟粕取其精华。我觉得,海外华人企业家经济发展与儒家文化的关系,给予我们丰富的启发。对此,我们的研究还是远远不够的,希望今后能够得到专家的重视。我们正处于"地球村"信息时代,经济、文化、意识形态以及生活习尚,都在日新月异地变化发展。东西方经济、文化的碰撞已处于关键的时刻,海外华人经济、文化对世界的影响,已引起世界学者的重视。今后的年代不管人类社会如何发展,经历什么样的曲折,我想和平、友爱、自由、民主、文明、进步、公平、共同富裕,仍是全人类所追求的最高理想。在这时代的大潮中,海外华人自会有他们自己新的杰出的应时而进的创造。

（选自《儒学与工商文明》,首都师范大学出版社,
1999 年版。原文发表于《华人经济年鉴》1996 年）

宫达非,山东莱阳人,曾任外交部副司长、部长助理、办公厅主任、外交部副部长、外交部顾问等职,现任中国非洲友好协会会长,国际儒学联合会常务副会长,北京大学兼职教授。主要著作有《苏联剧变新探》等。

本文作者结合外交经历,通过中西文化等多方面的参照,指出儒家文化在海外经济管理中发挥了道德性、注重人格、包融精神、宗族群体观念等作用,从而极大推进了海外华人企业的发展,建立起具有儒家文化特色的东方经济管理思想体系,不只是为世界经济管理理论建立作出了突出贡献,亦为国内经济发展、企业管理提供了具体经验,产生了巨大启发教育作用。所论极切肯綮。

李觏的经济管理思想

吴 可

李觏,字泰伯,建昌军南城人(今江西省南城县),生于宋真宗大中祥符二年(1009),卒于宋仁宗嘉祐四年(1059)。他出身小地主家庭,从小勤奋好学,"六七岁时,调声韵,习字书,勉勉不忘","十岁知声律"(《直讲李先生年谱》,《李觏集》,中华书局,1981年,第493页),二十多岁即著书立说,涉及哲学、政治、经济、军事、法律以及诗词等各方面,在中国古代思想史上占有一席地位。但李觏仕途奋斗并不顺利,青年时代两次应试均未得中,直到公元1050年,即不惑之年,才经范仲淹推荐为太学助教,1058年任海门县主簿太学说书,次年即在家乡故去。他的一生主要从事教育事业,曾创办盱江书院,从学者常数十百人,"门人升录者千有余人",人称盱江先生,为宋时江南一知名学者。

李觏具有朴素的唯物主义哲学倾向和"康国济民"的进步思想。在北宋当时内外矛盾急遽发展的情况下,他以"愤吊世故,警宪邦国"之抱负,提出了一套革新主张,虽然未得践行,但由于深刻地反映了社会现实,对当时的"庆历新政"有着直接的影响,对稍后王安石实行的变法也提供了一定的理论前提。

下面我们主要对他有关经济管理思想作简要评介。

解"周礼"以致太平

北宋中期,社会生产得到了进一步发展。农业耕地增加,单位面积产量提高,耕作制度也有了改进;手工业扩大了规模,分工细密,生产技术和产品数量、质量也有了进步,出现了一批驰名全国的产品;商业日益兴盛,商人的地位得到了提高,商品经济较前有了较大发展,形成了许多"草市"和"镇市",十万户以上的大城市也有所增加。所有这些说明了北宋时在封建经济内部出现了一种新型的即资本主义经济的萌芽,它的出现表明封建社会内在矛盾加剧。

在农业方面,由于封建王朝采取"不抑兼并"政策,土地高度集中,地主阶级对农民更加残酷进行盘剥,使整个社会形成了"富者日长,贫者日削"的状况。"耕不免饥,蚕不得衣;不耕不蚕,其利自至"(《潜书》,《李觏集》,第 214 页)。两极分化极为严重。在商业方面,同样是巨商大贾兼并,他们操纵物价,贱买贵卖,"常规人之余,幸人之不足,所为甚逸而所得甚饶,此农所以困穷而未所以兼恣也"(《富国策第六》,《李觏集》,第 142 页)。在徭役和赋税方面,由于宋王朝骄奢淫逸,开支庞大,加之对外战争失利,年年向外纳贡进献,使国家财政日趋困难,于是加强了对人民的搜括,制定了两税法,既收货币,又敛实物,设立了名目繁多的徭役和赋税,"农不添田,蚕不加桑,而聚敛之数,岁月增倍"(《寄上范参政书》,《李觏集》,第 300 页)。

在对外问题上,宋王朝与当时辽、夏之间民族矛盾也很严重。战则因指挥无能,战场溃败;和则采取妥协投降的政策,甚至不惜贡献财物以求苟安,给国家和人民带来了深重灾难和耻辱,激起了人民和士兵的不满。

李觏生活在北宋这种社会危机之中,为了维护封建统治,虑亡国之祸,提出了一套改良主张,并多次上书献策,希望宋王朝开讳、备乱、审奸、防蔽,就土地问题、工商政策问题、财政税收问题,以及选才用人问题等实行改革。在《庆历民言》中他说:"亡国之君不皆恶,非桀非纣,则所由渐矣。渐者何也?基祸于彼,而受祸于此也。天下之势,一往而不反,若决河堤使东流也"(《庆历民言三十篇》,《李觏集》,第232页)。

李觏同古代一些改革者一样,为了解决现实的经济矛盾,托古代最为详尽的有关政治经济制度的政书——《周礼》为依据,并用自己的理解来注解,"撮其大略而述之"。他著有《礼论七篇》和《周礼致太平论五十一篇》,全面地阐述了他的经济管理思想。

第一,对"礼"的起源和产生作了新的解释。李觏认为,"礼"并非起始于抽象的理论教条,而是"顺人之性欲而为之节文者也"。"礼之大本"正是有关人们的"饮食,衣服,宫室,器皿,夫妇,父子,长幼,君臣,上下,师友,宾客,死丧,祭祀"(《礼论第一》,《李觏集》,第5页)等物质生活和社会生活的内容。他说:"人之始生,饥渴存于内,寒暑交乎外。饥渴寒暑,生民之大患也。食草木之实、鸟兽之肉,茹其毛而饮其血,不足以养口腹也。被发衣皮,不足以称肌体也。圣王有作,于是因土地之宜,以殖百壳;因水火之利,以为炮燔烹炙。治其犬豕牛羊及酱酒醴酏,以为饮食;艺麻为布,缫丝为帛,以为衣服。夏居橧巢,则有颠坠之忧;冬入营窟,则有阴寒重腿之疾,于是为之栋宇。取材于山,取土于地,以为宫室。手足不能以独成事也,饮食不可以措诸地也,于是范金斫木,或为陶瓦,脂胶丹漆,以为器皿。夫妇不正,则男女无别;父子不亲,则人无所本;长幼不分,则强弱相犯,于是为之婚姻,以正夫妇……"(同上书,第6页)。这就是"礼"最初产生的原因。显然,李觏的解释立足于物质生活的基础,而且把"礼"放在了现实之中,这是一种唯物主义倾向,同时也从中看出李觏要把"礼"运用于为他的经济改良主张服务。

第二,进一步强调"礼"的作用,扩大了"礼"的范围。李觏认为：“夫礼，人道之准，世教之主也。圣人之所以治天下国家，修身正心，无他，一于礼而已矣。”（同上书，第 5 页）他对传统观念中把礼、乐、刑、政，并列为天下之大法；把仁、义、礼、智、信并列为天下之至行，提出不同看法。他主张“一本于礼”，也就是说，乐、刑、政只是“礼之支也”；仁、义、礼、智、信只是“礼之别名也”。不仅如此，李觏对传统观念中“礼不下庶人”的说法也进行了驳斥。在《礼论第六》中说：“知礼者，生民之大也”，无论天子“正天下”，诸侯“治其国”，卿大夫“守其位”，庶人“保其生”，“无一物而不以礼也。穷天地，亘万世，不可须臾而去也”（《礼论第六》，《李觏集》，第 20 页）。

第三，把《周礼》看作是有关古代各种制度的最完备的政书，认为只有遵循《周礼》才能致太平。为此，他分别作了详细论述，记《内治》七篇，说明“女色阶祸，莫斯之甚”；《国用》十六篇，说明“利用厚生，为政之本，节以制度，乃无伤害”；《军卫》四篇，说明“备予不虞，兵不可阙，先王之制，则得其宜”；《刑禁》六篇，说明“刑以防奸，古今通义，唯其用之，有所不至”；《官人》八篇，说明“纲纪既立，持之在人，天工其代，非贤罔乂”（《周礼致太平论五十一篇》并序，《李觏集》，第 67 页）。而值得指出的是，李觏在论述这些伦理规范时，看到了物质生产和经济财富之作用。他还引证管子“仓廪实，知礼节；衣食足，知荣辱”，说明当人民还吃不饱肚子，穿不上衣服时，想教他们以礼节，这是很困难的。事实上，他有关经济管理的一系列改革建议和主张，正是包含在有关对《周礼》等著述之中。

治国之实，必本于财用

解《周礼》以治太平，其首要一条是摆正“义”和“利”的关系。儒家的传统观念是“贵义贱利”，只重抽象的教条，不讲经世致用。孔子说：“君子喻于义，小人喻于利”，孟子也说：“王何必曰利，亦有仁义而已矣!"李觏顺应社会发展之内在规律,反对讳言财理,提出"治国之实,必本于财用"。他说:"愚窃观儒者之论,鲜不贵义而贱利,其言非道德教化则不出诸口矣。然《洪范》八政,'一曰食,二曰货'。孔子曰:'足食,足兵,民信之矣。'是则治国之实,必本于财用。"(《国富策第一》,《李觏集》,第133页)他举出国家的建设,军队的给养,宗庙的祭示,人民的婚丧嫁娶等等,没有一项能够离开财的,"是故贤圣之君,经济之士,必先富其国焉"(同上)。如何才能富其国呢?李觏认为,不能靠对人民巧取豪夺,"厚取于民",而要靠"强本节用",这样才能达到"下无不足而上则有余也"。"强本"就是大力发展生产,物质财富增多了,才能做到"民人乐业,国家富强";"节用"就是节约开支,办事"以俭陋为是"。在这里他也谈到所谓"节用"并非指对所有的人和在任何时候都强调的。例如王和后所用之财就不应计较,否则就没有尊卑界限了。当财有余之时,用之可以盈礼,当财不足时,则宜深自菲薄,即因时而变。这说明李觏在论述这一问题时的局限性。

李觏不仅言不讳利,而且对合乎礼的"欲"也予以肯定。在《原文》中他有一段生动的对话:"利可言乎?曰:人非利不生,曷为不可言?欲可言乎?曰:欲者人之情,曷为不可言?言而不以礼,是贪与淫,罪矣。不贪不淫而曰不可言,无乃贼人之生,反人之情,世俗之不喜儒以此。"(《原文》,《李觏集》,第326页)为了进一步说明他这一富有战斗性的论点,李觏针对孟子"何必曰利"的片面观点,列述汤武以七十里、百里而王天下,"利"还小吗?孔子自己讲过,他七十岁时才做到"所欲不逾矩",不正说明他不是"无欲"的吗?《诗经》中更有讲男女之间爱情"以见一国之风"的,这些也是合乎人之常情的。儒家不能正确看待这个问题,所以失人心。

关于"义"和"利"的关系,这是李觏立足于现实生活,反对传统教条观念的一个重要问题,虽然他还不能完全摆脱旧的传统,而且基本上还是把"礼"看作是事物之依据的根本,但在当时情况下,把"利"和"欲"提到一定的高度,这是对封建统治阶级表面上满口仁义道德,而实际上过着荒淫无度寄生生活的抨击,同时也劝告封建统治者要"重财"、"理财",这可以说是李觏关于经济管理思想的出发点和主要内容,这种思想在当时是具有进步意义的,对后世一些有作为的政治革新家也有着深刻的影响。王安石就曾说过:"政事所以理财,理财乃所谓义也。一部《周礼》,理财居其半,周公岂为利哉。"(《王临川集》卷七十三)

民用富而邦财丰

李觏经济管理思想的目标是富国政策,他把这一点看作是维护封建王朝之本,也是仿效周礼以致太平的主要措施。

在《富国策第四》中他说:"一夫不耕或受之饥,一女不织或受之寒。而不耕者凡几夫? 不织者凡几女? 奈何民不饥且寒也? 百姓不足,君孰与足? 民饥寒而上不匮者,未之有也。"(《富国第四》,《李觏集》,第139页)

为了民富邦足,李觏针对不同阶层,提出了不同的政策。首先,他反对大商贾垄断市场,"断民物之命",损害中小地主和中小工商业者的利益。北宋当年,大商贾通过经营商业和手工业,放高利贷,牟取暴利,聚敛财物,而且他们多与官府勾结,隐产逃税,对中小工商业者百般欺凌。更有甚者,北宋当时,属于品官之家的官户直接经商之多,也是前所未有的。据历史记载,宋仁宗时,蔡襄曾上奏说:"臣自少入仕,于今三十年矣。当时仕宦之人粗有节行者,皆以营利为耻。虽有逐锥刀之资者,莫不避人而为之,犹知耻也。今乃不然,纡朱怀金,专为商旅之业者有之,兴贩禁物,茶、盐、香、草之类,动以舟车,懋迁往来,日取富足。"(《蔡忠惠公集》,《国论要目·废贪赃》)可见官户经商已非一般，他们依凭权力，违法犯禁，广第宅，营邸店，夺民利，不但于社会生产无益，而且助长了官吏之奸。李觏对此现象十分不满，认为照此下去，虽穷天地之产，安能以济一民之欲哉？"他主张对官商必须加以限制，否则廉让不可兴，和平不可致。

但是，李觏认为，中小工商业者却不相同，他们之所以能够致富，是因为"心有所知，力有所勤，夙兴夜寐，攻苦食淡，以趣天时，听上令也。"(《国用第十六》，《李觏集》，第90页)也就是说，中小工商业者是在封建秩序允许的范围之内，通过正常的经营活动，通过商品生产与流通，通过克勤克俭而致富的。对他们不但不能限制、打击，而且应该支持、保护。否则"疾恶之，则任之重，求之多，劳必于是，费必于是，富者几何其不黜而贫也。使天下皆贫，则为之君者，利不利乎？故先王平其繇役，不专取以安之也"(同上)。李觏在这里把大商贾、大地主，即既富且强的阶层，同中小商人和地主，即虽商不强的阶层区别开来。这同宋仁宗时范仲淹主持"庆历新政"时提出的"救弊十事"的主张是一致的。

至于对一些小商小贩，以及在"四民"(士、民、工、商)之外的"冗者"，李觏主张"行抑末之术"。他认为当时田之所以荒芜，租税之所以不增，就因为大地主阶级的土地兼并，使得贫民无立锥之地，"贫民之黠者则逐末矣，冗食矣。其不能者乃依人庄宅为浮客耳"(《富国策第二》，《李觏集》，第135—136页)。这样一来，从事农业的劳动力少了，故地力不可得而尽也。要改变这种状况只能驱游民，使之归田，"游民既归而兼并不行，则土价必贱。土价贱，则田易可得。田易可得而无逐末之路、冗食之幸，则一心于农。一心于农，则地力可尽矣。"(同上，第136页)

另一方面，李觏主张减少社会对商品的需要以迫使小商小贩改业为农。他说："欲驱工商，则莫若复朴素而禁巧伪。朴素复，则物少价;巧伪去,则用有数。利薄而不售,则或罢归矣。如此则工商可驱也。"(《富国策第四》,《李觏集》,第139页)利用限制消费以减少工商,这显然是一种消极措施,尽管这反映了李觏对当时大地主大商人奢侈无制,庐室舆服僭上的现象不满,但从发展商品生产的观点来看,确有不利的一面。这同北宋统治者,改变西汉以来轻商、抑商的政策,使得在自然经济与支配地位,商品经济有了较大发展的历史现实是不相适应的。

在对待冗食者问题上,突出的一点是,李觏从社会经济发展的角度提出排斥佛教、排斥道教的主张。在《富国策第五》中,他列述了它们有十大危害:男不知耕而农夫食之,女不知蚕而织妇衣之;男则旷,女则怨,上感阴阳,下长淫滥;幼不为黄,长不为丁,坐逃縣役,弗给公上;俗不患贫而患不施,不患恶而患不斋,民财以殚,国用以耗;诱人子弟,以披以削,亲老莫养,家贫莫救;不易之田,树艺之圃,大山泽薮,跨据略尽;营缮之功,岁月弗已,驱我贫民,夺我农时;材木瓦石,兼收并采,市价腾踊,民无室庐;明堂之饬,器用之华,刻画丹漆,末作以炽;惰农之子,避吏之猾,以佣以役,所至如归。去掉了这"十害"就可以得到"十利",这是让人民安居乐业,国家兴盛发达的"万世之策"。但是在排除佛道的方法上,李觏不用韩愈的强制办法,主张"止度人"、"禁修寺",以待原有的教徒死了,原有的庙宇坏了,佛、道也就不破自灭了。此所谓"渐而驱之之术也"。很显然,李觏这种主张是脱离实际,也不符合宗教本身发展规律的,因此这只能是一种空想。

财者,君之所理也

李觏经济管理思想的中心内容是劝告封建统治者重视"理财"。他说:"天之生物,而不自用,用之者人;人之有财,而不自治,治之者君。"(《国用第十一》,《李觏集》,第85页)民富邦足之关键在于统治者要采取措施,管理财政,否则商贾就会操井市之权,断民物之命。关于"理财",李觏主要提出了以下几点:

第一,"量入以为出","节用而爱人"。李觏从社会财富的来源,受天时、地利和人的能力限制,因而国家的收入也是有数的这一点出发,提出了这个原则。

所谓"量入以为出",就国家财政收入来说就是"取民于有制"。"一谷之税,一钱之赋,给公上者,各有定制"(《国用第一》,《李觏集》,第75页)。《安民策第九》中也说:"地之所生,各有其宜;贡之所入,各有其常。地宜则物得其性,靡不可用也;贡常则人知其期,靡不必有也。"(《安民策第九》,《李觏集》,第180—181页)如果不顾客观条件,以为征收越多越好,表面上好像有利于国家,实际上损害了人民的利益,这既不利于扩大再生产,也影响人民安居乐业,是十分危险的事情。"量入以为出"就国家财政支出来说就是"颁财以式法授之"。封建帝王的开支,诸侯大臣的用项,乃至冬官百工的取材等等,都应规定出由某项收入来支出,此所谓"凡其一赋之出,则给一事之费,费之多少,一以式法"(《国用第一》,《李觏集》,第76页)。

所谓"节用而爱人",主要是从财政收入方面讲的,意思是要多积累,支出时留有余地,以保证府库充实。"国家闲暇,要在多积,积贮之道,天下大命"(同上书,第75页)。

李觏提出上述理财原则,主要是针对当时重赋税的现象,同时也是对封建统治者任意挥霍,鱼肉人民,过着穷奢骄逸生活加以限制,以维护北宋王朝面临的社会危机。

第二,"观其丰凶,而后制税敛"。李觏认为税收虽是国家经济来源的重要支柱,但如何征收应有所规定。首先他提出,对那种怠废耕种者课以重税,这是符合"礼"的,因为社会各有分工,人们应

"各从其事","能其事而后可以食"。其次他提出,按行业的收入种类规定征税标准,不能"取之于非其地,求之于非其常"。反对重赋税。"役频农力耗,重赋女工寒",这是李觏对当时社会现实发出的感叹。其三,他提出,征收土地税不能年年"必求如法",即收什一税,而应根据丰歉而有所区别,"丰年从正,凶年则损也"。

第三,"纾贫窭而钳并兼"。北宋时随着商品生产的发展和商业的繁荣,市场上出现商贾操市井的现象,这对农业生产的发展有着很大的影响,李觏对此十分不满。他认为封建统治者手中应掌握一定的商品,以控制市场价格,调节好农商之间的关系。他提出,根据谷贱伤农,谷贵亦伤农的情况,实行"平籴法",以抑制大商贾贱买贵卖,根据市场的变化采取"不售之货则敛之,不时而买则与之,物楬而书,使知其价,而况赊物以备礼,贷本以治生"(《国用第十一》,《李觏集》,第85页)。这就是说,对市场的情况要有所了解,有所控制,眼前滞销的要收购,市场急需而缺货的要供应,同时还要实行赊欠和借贷,这样就可稳定物价,"纾贫窭而钳并兼"。这反映了李觏站在中小地主阶级立场上,对谷价的关心和忧虑,同时也说明随着商品生产和商品流通的扩大,小农经济面临着的严重局面。

第四,"去恶钱","销铜器"。货币是封建统治者进行剥削的重要手段。自宋朝削平诸国,一统天下之后,在经济上本应结束分裂局面,统一币制,然而事实上没能做到这一点,就是到了宋真宗时,大量铸铜钱,也未能改变许多地区铜铁钱兼用的问题,其原因是铜钱短缺。李觏针对这一情况提出金、帛、铜币虽都可作货币。但前两者其本身使用价值重大,不适宜作为流通的货币,何况当时将金银作饰器的日渐增多,出现了"金多而用不足的现象";同样"今也庶民之家,必衣重锦,厚绫罗縠之衣,名状百出,弗可胜穷"(《富国策第三》,《李觏集》,第137页),故丝虽多而帛不贱也。铜币则不同,使用价值较小,货币功能则大,所以,"堆泉布之作,百王不易之道也"。但是在当时旧铜币虽不毁,在流通领域中官铸铜币却减少,出现了"百货不通,人情窘迫,谓之钱荒"问题。这是因为有人偷偷销毁铜币,掺杂他巧,将一枚铜币改铸为四枚、五枚,此即为"恶钱"。恶钱的出现扰乱了市场,物价因此而大涨。另一方面那些淄黄之家,毁铸铜币改铸为铜像铜器,致使真正法定的铜币又大为减少。针对上述两种情况,李觏提出,对"恶钱"不能急于收缴,因为市场上"恶钱"已很多,不如定出限期,收恶钱,偿以铜价,避免"国既失实,民且伤财";对于改铸铜币的则"一取而消之,勿得复用也"。这显然同他反对佛、道的思想是密切相关的。

考能进贤,廓清吏治

北宋当时,官僚机构日益膨胀,官员人数与日大增,据载景德时有官员一万余,皇祐时升为二万余。他们俸禄优厚,享有特权,过着花天酒地的生活,而办事的能力却极其低下,冗滥老朽,得过且过,成为阻碍社会发展的赘病。

考查宋朝人仕的途径,大体有科举、荫补、吏人出职、富家"入资"和军功授封等,而其中前两项为主。以科举来说,宋时每次录取进士数额远远超过唐时,真宗时一次能达四、五百人,仁宗时一次竟赐礼部奏名进士诸科及第出身达一千七百多人。这些人一经及第,立即按成绩授官,这种不见其人,不知其能,只凭数百言即授官的情况,不仅录用了许多无能之辈,也难以发现真正的人才。不仅如此,北宋当时又实行凭资历迁升的制度,以维护封建社会严格的等级制,也致使那些虽无能然任职久的人也得以升迁。李觏嘲笑道:"三岁而进一官,是三岁而材一变乎? 如此,则牛马走抑可以久而用之矣!"(《精课》,《李觏集》,第 239 页)不求功实,而以日月为限,三年进一官,那么人要不死,岂不都能成为公卿了吗?

　　所谓"荫补",这是汉以来任子制的延续,唐时范围还比较小,到了宋真宗时形成了比较完整的一套制度。据载,当时文官从知杂御史以上,每年可奏荫一人;带职员外郎以上,每三年可奏荫一人;武臣从横行以上,每年可荫奏一人;诸司副使以上,每三年可荫奏一人。皇帝行"大礼"时可恩荫,皇帝诞日时可恩荫,官员退休时也可恩荫。这样一来,一大批官宦子弟乃至异姓、门客都能获得官衔或差遣,突出地反映了宋官僚政治的腐朽性和封建性。

　　李觏为了实行改革,刷新吏治,针对上述情况,在《周礼致太平论》中,以及《庆历民言》的《官人》八篇和《长江赋》中卓有见地提出了新的"用人"原则,这就是"考能"以进贤,凡贤者必用,不肖者必舍。他说:"官,名也。事,实也。有名而无实,天下之大患也。"(《效实》,《李觏集》,第 231 页)因此不能只有虚名而无真才实学。凡贤者,能者,首先要"试以事",然后才能"命其官","授以爵"。他提出:"凡百官府,旬终月终,皆考其治状。"(《官人第三》,《李觏集》,第 105 页)那就是不能只听其言,而要观其行,看他是否有政绩,看他是否与民知心。"吏知民心则明,明则政平矣;民知吏心则信,信则令行矣。"(《官人第四》,《李觏集》,第 106 页)经过"考能",凡有功之人提升,有过之人罢黜,无功无过者,仍职其旧,这样就可以劝功而惩过了。而由谁来"裁举"此事呢? 只有贤者,不能让不肖之徒高居其上来裁举,否则进贤更难。因此对裁举者的选择更为重要。从这里明显看出,李觏考能举贤的主张,是站在中小地主阶级和出身低下的人立场上,反对贵族统治阶级在用人问题上任人为亲,反对封建恩荫和科举制度,这在一定程度上反映了他本人的身世和坎坷人生,但从根本上说仍是为了挽救封建王朝的。

　　李觏有关经济改革的主张具有一定的历史意义和对后世的启发作用。但他是在封建制度允许范围内的"补国"、"补天",是不彻底的,而且充满着矛盾,这是阶级的局限,时代的局限。李觏这些主张所反映的是北宋社会面临的政治、经济危机,是对现实中权贵豪强的不满,是对贫困腐败封建国家发出的呼声,具有强烈的针对性,不失为务实之言。"倘当日大用其言,礼乐富强之效,必赫然一变"(《王谦李盱江先生文集原序》,《李觏集》,第533页)。清朝人王谦在为他文集所作序中,这句夸张、感叹之言,却也说出了李觏在历史上倾动名流的进步影响。

"高谈不待傍人笑,立事须知自古难"。李觏一生不得志,他的改革主张也无从实现,这并非个人原因或偶然的事情,事实上就在他生活的时代,以范仲淹为首的改革派,在宋仁宗的支持下,主持"庆历新政"也只一年有余即遭失败。接着宋神宗时,王安石两次作宰相,推行"熙宁新政"达九年之久,最后也遭罢相。这说明北宋时封建权贵势力强大,他们压制改革,诋毁新政,极力维护他们的利益和地位。尽管如此,李觏毕竟是中国封建社会中一位值得称赞的思想家、改革家。

(选自《孔子研究》1996年第3期)

吴可,中共中央党校出版社编辑。

李觏是宋代初期重要的思想家和学者。本文对其经济管理思想从纵横两个方面进行了深入剖析,从而指出就李觏经济管理思想的历史渊源和基础而言,是出于儒家所倡行的"周礼",认为"礼"是经济最为合理自然的规则制度,"礼"的实现既要以"礼"为过程,更要以"礼"为目的。所以在经济思想的体系中他重视儒家节用爱财,使民以时等思想的现实价值。该文对于理解宋代理学管理思想以及宋代整体社会经济制度,有重要参考价值。

论儒家管理思想与市场经济社会

孙思溟

传统思想的主流是儒家思想。管理思想是儒家思想的重要组成部分。儒家思想实际上就是一种广义的管理思想。儒家管理思想的精华观现代市场经济社会的管理有否积极作用，在很大程度上决定了建设当代精神文明要不要发扬优良的思想传统。阐明儒家管理思想及其与市场经济社会的关系不仅可以确立发扬优良传统的理论前提，而且也将为现代市场经济社会的管理提供有益的思想借鉴。

世有所谓儒将、儒商之称。将与商冠以儒字多是说明其具有品位高雅、德行素著和深谋远虑等过人之处。将管理思想冠以儒家二字，自然也可表明这种管理思想有高明过人之处。本文不想泛论儒家管理思想，只拟概论其独具特色和高明之处。儒家管理思想的独具特色和高明之处体现在那些渗透着道德精神的思想中。这些思想的每一条都有其特点和优点，都能够在当代市场经济社会的管理中游刃有余。试略举之于下：

第一，注重人和，即看重人际关系的和谐融洽。认为人和是导致成功的首要因素。如孟子说：

> 天时不如地利，地利不如人和。(《孟子·公孙丑下》)

人和意味着凝聚力的增强，有了团结一致便有了力量。故《易传》云：

> 二人同心,其利断金;同心之言,其臭如兰。(《系辞上
> 传》)

但人和不是人际简单的同一和无人格的迎合、雷同,而是独立主体之间的协调统一和优势互补。后者生气勃勃,前者路末途穷。故云:"夫和实生物,同则不继。"同时"和"也不是无原则的调和,"和"必须符合道义。否则便不是"和"而是"流",即同流合污。故云:"君子和而不流。"以道义为原则以独立人格为基础的"和"意味着人们符合群体利益的彼此协调的独立发展,同时也就意味着一种有原则的团结和公平合理的竞争。体现"和"的有序竞争乃是市场经济社会全面进步所必需的。

第二,实行道德。要取得人和,管理者必须实行道德,即实行以仁为核心的道德规范。表现在政治路线上,即是实行德治和仁政,亦即对被管理对象施行恩德和仁爱。其要点是富而且教。首先是从物质利益上给施政对象以关心。通过"养民也惠"(《论语·公冶长》)"因民之所利而利之"(《论语·尧曰》)使民众生活变得富足。其次是在思想和道德方面给予引导和教化:"导之以德,齐之以礼,有耻且格。"(《论语·为政》)"谨庠序之教,申以孝弟之义,颁白者不负戴于道路矣。"(《孟子·梁惠王上》)"不教而杀谓之虐;不戒视成谓之暴。"(《论语·尧曰》)

思想教化的关键是管理者必须立身中正,以身作则:

> 其身正,不令而行;其身不正,虽令不行。(《论语·子路》)
> 苟正其身矣,于正人何有? 不能正其身,如正人何? (同上)
> 仁言不如仁声(身体力行之效)之入人深也。善政不如善教(主要是身教)之得民也。喜政民畏之,善教民爱上;善政得民财,善教得民心。(《孟子·尽心上》)

实行道德便可以立于不败之地:

域民不以封疆之界,固国不以山溪之险,威天下不以兵革之利。得道者多助,失道者寡助。寡助之至,亲戚畔之。多助之至,天下顺之。以天下之所顺,攻亲戚之所畔,故君子有不战,战必胜矣。(《孟子·公孙丑下》)

儒家的富而且教思想,强调两个文明一起抓;其立身中正、以身作则的思想则强调领导者素质和榜样的力量;这些都是当今上至国家下至企事业单位管理思想中最可宝贵的财富。

第三,强调修身。要实行道德,必须强调修身,即加强管理者个人的道德修养。故修身乃是做好管理工作,进行齐家、治国、平天下的根本:"身修而后家齐,家齐而后国治,国治而后天下平。"(《大学》)"自天子以至庶人,壹是皆以修身为本。"(同上)

修身的关键是诚,即树立真心实意履行道德的心态。"诚者物之终始,不诚无物。"无诚则一切德行及其相应的效益都谈不上:

在下位不获乎上,民不可得而治矣;获乎上有道,不信乎朋友,不获乎上矣;信乎朋友有道,不顺乎亲,不信乎朋友矣;顺乎亲有道,反诸身不诚,不顺乎亲矣……(《中庸》)

要达到诚就要"明善",即认识道德的必然性和真知何为至善。这是一个"格物致知"即穷究事物之理以获得规律性认识的探寻过程。

其所谓修身并非闭门思过,而是一个既然完善自我又改造社会的道德实践和政治实践的过程,是一个由内向外,由近及远,辐射性的实践过程。不能设想修身可以离开管理实践而达于完善,或先修身完善再投身于管理实践:

康诰曰:"如保赤子。"心诚求之,虽不中,不远矣。未有学养子而后嫁者也。(《大学》)

统治者爱民之德虽不完善,但若诚心求之,并付之于管理实践,其德其业亦会离完善不远,久之必皆趋于完善。必待其德尽善再行实践,无异于一定要先学会养子而后嫁人生子,此必不成。当然也不能设想一个管理者的实践活动可以暂离修身而臻于完善,或修身可于某一时刻一劳永逸地完成,此后不必再留意。

儒家强调修身的管理思想给人的深刻启示是:管理者必须加强思想道德修养,管理实践必须与道德实践相结合。在当代市场经济社会,为了防腐倡廉,为了保证一切事业的社会效益和经济效益,为了维护人民群众的利益,为了在提高物质文明的同时提高精神文明以形成良好的社会风气,管理者尤应全面提高自己的素质,既要提高业务素质,又要特别注意提高思想道德素质,应自觉地将管理过程看作一个道德修养的实践过程。

第四,坚持义重于利。儒家道德的基本价值观是义重于利,故儒家修身成德的重要标准是义重于利。儒家认为,义为本,利为末;德为本,财为末。《大学》说:

> 是故君子先慎乎德。有德此有人,有人此有土,是土此有财,有财此有用。德者本也,财者末也。外本内末,争民施夺。是故财聚则民散,财散则民聚。是故言悖而出者,亦悖而入;货悖而入者,亦悖而出。

有德则得人心,得人心则得国土,得国土则不忧无财用。故德是本,财是末。先慎其德,务其本,则本末俱得。如果统治者本末倒置,不施其德而务逐其财,聚敛无度,无异于施以劫夺之教而使民争斗,如是则人心散,国危乱,财匮乏。故舍本逐末则本末俱失。施德散财则民聚而财足,聚财无度则民散而财空,悖人心而敛人之财货,必将悖己心而付出。因此儒家认为,坚持义重于利和德重于财反而是安享财利的可靠保证:

> 仁者以财发身,不仁者以身发财。未有上好仁而下不好义者也,未有好义其事不终者也,未有府库财非其财者也……小人之使为国家,灾害并至。(同上)

　　仁者重义,散其财以修其自身之德;不仁者重利轻义,不惜破坏其自身之德行以增殖其财富,甚至亡身以殉财。仁者好义,人终必报之以义,其府库亦必无悖出之患;不全者见利忘义,财必灾害并至。这就是说,为义则必利,而利不必。故管理者"不以利为利,而以义为利也。"义重于利的原则用于企业经营,便是不发不义之财,讲求社会效益,质量第一,信誉第一,货真价实,童叟无欺。这样做岂有不兴旺发达之理?

　　第五,要求为善行法,威德并用,宽猛相济。上述各条无非是以德化导致人和,从而将管理者的合理意图变成被管理者的自觉行动,将管理者的管理变成被管理者心悦诚服的自我管理。但德化不能代替一切,只有善德没有优良法度不足以给人的思想行为正确的引导和规范,也就谈不上良好的政治:

　　　　徒善不足以为政,徒法不足以身行……上无道揆(法度)也,下无法守也,朝不信道,工(官)不信度,君子犯义,小人犯刑,国之所存者幸也。(《孟子·离娄上》)

只有德化没有刑威不足以管理行为不良而不服德化者,故德化为主刑威为辅,二者相互为用不得偏废才是全面、正确的管理策略。所以孔子说:"宽以济猛,猛以济宽,政是以和。"(《左传·昭公二十年》)董仲舒说:"刑者德之辅,阴者阳之助也。"(《春秋繁露·天辨在人》)德与法、恩与威、宽与猛是管理者必备的两手政策,古今中外概莫能外,当今社会尤为重要。

　　第六,要求尊贤善听,群策群力。这是正确实现管理战略、达到管理目标的组织保证。首先要求尊贤。孔孟主张"举贤才"(《论语·子路》),"贤者在位,能者在职"(《孟子·公孙丑上》)。认为居于领导地位的贤者必须德才兼备;"举直措诸枉,则民服;举枉措诸直,则民不服。"(《论语·为政》)"惟仁者宜在高位,不仁而在高位,是播恶于众也。"(《孟子·离娄上》)因此又主张国君应对在位的贤者信任放手：

> 夫人幼而学之，壮而欲行之，王曰"姑舍女（汝）所学而从我"则何如？今有璞玉于此，虽万镒，必使玉人雕琢之。至于治国家，则曰"姑舍女所学而从我"，则何异于教玉人雕琢玉哉？（《孟子·梁惠王下》）

其次，要求善听。主张听言纳谏："若君自贤，臣不匡正，欲不危亡，不可得也。"（《贞观政要·君臣鉴戒》）"以铜为鉴，可正衣冠；以古为鉴，可知兴替；以人为鉴，可明得失。"（《新唐书·魏征传》）又主张周密调研，虚心体察下情，了解民意，作为决策的基础："君所以明，兼听也；所以暗，偏信也……君能兼听，则奸人不能壅蔽而下情通矣。"（同上）"左右皆曰不可，勿听。诸大夫皆曰不可，勿听。国人皆曰不可，然后察之；见不可焉，然后去（舍去）之。"（《孟子·梁惠王下》）这一条强调精英管理和民主管理，其现实意义当然是不言而喻的。

第七，重视人才的培养。前述种种，都体现了人的因素第一的思想。这种种思想最后必然落脚在对人才培养的关注上。儒家十分珍视人才，重视人才的作用：

> 舜有臣五人而天下治。武王曰："予有乱（治）臣十人。"孔子曰："才难，不其然乎？（《论语·泰伯》）

因此很重视人才的培养：

> "玉不琢，不成器；人不学，不知道，是故古之王者，建国君民，教学为先。（《礼记·学记》）

> 君子有三乐，而王天下不与焉。父母俱存，兄弟无故，一乐也。仰不愧于天，俯不怍于地，二乐也。得天下英才而教育之，三乐也。（《孟子·尽心上》）

在人才培养的方向方面，首先，坚持德才兼备。要求受教育者具有仁、知、勇"三达德"。其次，弘扬人的主体性。要求受教育者树立先忧后乐的社会责任心，"和而不同"的独立人格和"自强不息"的能动性。再次，尊重个性。反对"居上不宽"，主张"厚德载物"，"尊贤容众"，"躬自厚而薄责于人"。认可见仁见智，乐山乐水，要求用人不拘一格，"无求备于一人"。又次，不乏开拓创新精神。肯定"变化日新"，"穷则变，变则通，通则久"，赞扬"革之时"（适时革命）。如此等等，兹不赘述。

儒家不仅重视拔类人才的培养，而且也很重视一般的平民教育：

有教无类。（《论语·卫灵公》）

曰："既富矣，又何加焉？"曰："教之。"（《论语·子路》）

谨庠序之教，申以孝弟之义，颁白者不负戴于道路矣。（《孟子·梁惠王上》）

不富，无以养民情；不教，无以理民性……《诗》曰："饮之食之，教之诲之。"王事具矣。（《荀子·大略》）

儒家管理思想中的人才观，如认真借鉴之，可以培养出适应当代市场经济社会需要的更加完善的新人。其重教的思想，在当今这个经济和社会的发展就是人才竞赛的时代，自然显得更加有生命力。

第八，儒家管理工程的终极目标体现了人道精神和崇高理想。其终极目标从经济方面看乃是均富。就其理想而言，儒家反对贫富差别悬殊。孔子说：

有国有家者，不患寡而患不均（均，平，得当），不患贫而患不安，盖均无贫，和无寡，安无倾。（《论语·季氏》）

就是说，对国君和家主来说，最可怕的不是人民稀少（寡）和缺乏财用（贫），而是其家、国内的分配不当（不均），上下不能相安无事（不安）。若分配得当则不会始终贫穷；人们和谐相处，则不会始终人口稀少；上下相安则国家不会倾覆。董仲舒说：

　　孔子曰:"不患贫而患不均"……大富则骄,大贫则忧……
故其制人道而差上下也,使富者足以示贵而不至于骄;贫者足
以养生而不至于忧。以此为度而调均之,是以财不匮,而上下
相安,故易治也。(《春秋繁露·度制》)

但儒家又主张富民。孔子主张通过"其养民之惠"、"因其所利而利
之"、"施取其厚,敛从其薄","节用而爱人,使民以时"等措施达到
富民的目的。孟子认为,在"制民之产"的基础上,"易(治)其田畴,
薄其税敛,民可使富也。"(《孟子·尽心上》)荀子主张"节用裕民",
以实现"王者富民"。由此可见,儒家所谓均平,不是均贫,而是均
富。

　　儒家管理工作的终极目标,从政治上看,则是身修、家齐、国治、
天下平,以至于达到"天下为公"的世界"大同",即同心("为公")同
德("讲信修睦","不独亲其亲","不独子其子")同权同利("选贤与
能",人人皆"有所终"、"有所用"、"有所长"、"有所养"……)。在其太
平盛世中,人们的物质生活和精神生活都很充实,全社会富而且教,
足食而存信。人们在一种符合道义的社会秩序和人际关系中各得
其安生与和乐。

　　上述种种管理思想最显著的特色就是体现仁与公二字。如果
说儒家管理方法的重点体现了一个仁字,那么儒家的管理目标则
体现了一个公字。既仁且公,表现了手段与目标在本质上的高度
统一、个人与集体与社会的统一、经济效益与社会效益的统一、物
质生活与精神生活的统一。其基本精神可归结为民本主义——即
关心人民、重视人民、为了人民、依靠人民;亦可一言以蔽之曰:以
道德理想主义超功利的胸怀获致社会功利。

　　以上八条只是略举儒家管理思想中渗透着道德精神和富有特
色的部分,尚不足以窥视儒家管理思想的全貌。儒家认为,完善的
人格应具备仁、智、勇三达德。故其管理学对管理素质的要求,理

应具备仁、智、勇三个方面;其管理学应全面包括体现仁、智、勇三个范畴的管理思想。本文只是重点论述了其体现仁德的管理思想,并未详论其体现智、勇方面的管理思想。其实儒家也很重视智勇方面的管理思想。例如,要求一个管理者应具有自强不息的志气,百折不挠的勇气,变化日新的朝气,见机而作的深谋,居安思危的远虑,执中有权、因时制宜的睿智,如此等等。其管理思想十分丰富,若详论之则不胜枚举,而且多有现实意义。

以重德为特色的儒家管理思想精华之所以在市场经济时代不仅不过时,而且更具生命力,其根本原因就在于:市场经济社会如管理不当,容易造成私欲泛滥成灾;只有在发展经济、建全民主和法制的同时,充分发挥道德的制衡作用,才能保障经济和社会的健康发展。

发扬儒家充满道德精神的管理思想之优良传统,能够使一个管理者身处自己的本职岗位而心怀社会、人民的大目标,在激烈的市场竞争环境中,抵御黑色诱惑,避免误入歧途,成为"一个高尚的人,一个纯粹的人,一个有道德的人,一个脱离了低级趣味的人,一个有益于人民的人。"其道德力量加上智慧和勇敢,定会使之在事业上获得最大限度的成功。

当然我们也必须承认,在封建制度下形成的儒家思想,必然具有封建等级制、宗法制、君主专制等思想烙印。其思想虽有许多至今仍值得借鉴的民主性精华,但其民主精神对现代社会的要求来说,显然是不够的。因此我们在发扬儒家管理思想优良传统的同时,必须注意剔除糟粕,推陈出新,体现时代精神。

(选自《学术交流》1997 年第 3 期)

孙思溟,黑龙江大学哲学教授。

　　本文主要析理儒家管理思想中那些渗透着道德精神的高明之处和独具特色,指出它们在当前市场经济中的价值和作用,所论非常切实具体,具有较强的实践启发性,不失为儒家管理思想的现实推阐运用佳作。

儒家思想在社会管理中的作用（节选）

骆承烈　张　林

以孔子为代表的儒家思想对中国文化有着极其巨大而深远的影响。这种影响远及海外，特别是在亚洲。日本及所谓"四小龙"在经济上的兴起，引起人们对儒家思想的进一步思考。正因为儒学在后世影响巨大，所以今天用科学的态度，实事求是地评价孔子和以孔子为代表的儒家思想及其在历史上以至今天所起的作用，就是十分必要的了。

一、孔子及历代儒家的社会观

孔子是中国传统文化的先驱。他是一位伟大的思想家，儒学创始人。孔子不言天道，重视人道，建立了以仁、礼为核心的人道理论。对于博大精深的孔子思想体系，一般认为是由仁、礼、中庸等重要范畴构成的。仁是孔子思想的重要内容，是其伦理思想的根本。孔子把仁作为最高的道德原则。仁是关于人我关系的准则，其主旨是"爱人"，即爱护他人、尊重他人、同情他人、帮助他人的人道主义。仁的出发点是承认别人也是人，别人是与自己一样的人，强调"己欲立而立人，己欲达而达人"（《论语·雍也》），"己所不欲，勿施于人"（《论语·颜渊》）。孔子考察了仁与其他道德范畴的关系，认为仁包含礼、义、智、忠、信、恕、孝、悌、恭、宽、敏、惠、刚、毅、木、讷等诸德。他认为能行恭、宽、信、敏、惠五项于天下者为仁,提出"刚、毅、木、讷近仁"(《子路》)。这说明仁统摄了其他诸德,其他诸德都从属于仁。孔子的仁是一种人生理想,他认为人人应努力加强自身的道德修养,以期达到仁人的境界。总之,孔子仁的思想实质是研究人之所以为人的本质及人与人的关系的学问。它具有修己、爱人的内在自觉性和自强不息的精神。

礼是人们的行为规范。孔子很重视礼,他把礼看作社会人生中非常重要的东西,主张"为国以礼"(《论语·先进》)。治国靠礼,做人也要靠礼,"不学礼,无以立"(《论语·季氏》)。礼是行为规范,孔子讲"齐之以礼",用礼规范人的行为。孔子的礼是对《周礼》的继承和发展。他承认随着社会的变革,礼也会有所变化,对周礼有所损益。孔子把仁与礼紧密地结合起来,使二者互相制约,相辅相成。在孔子的伦理思想中,仁与礼是统一的,礼是形式,仁是其内容。孔子引仁入礼,礼成为实现仁的载体。礼的根本在于内心感情符合礼的要求。只有做到仁,才会真正遵守礼乐制度:"人而不仁,如礼何?人而不仁,如乐何?"(《论语·八佾》)另一方面孔子又用礼来规定仁,提出"克己复礼为仁",要求"非礼勿视,非礼勿听,非礼勿言,非礼勿动"(《论语·颜渊》)。在孔子思想中,仁是内心的德性,礼是外在的规范,仁与礼的结合是孔子伦理思想的特征。这既表现了他伦理观中的新旧交织,又表现了他重视道德情操与道德规范的统一。

孔子非常崇尚中庸。中庸被称为至德,是立身处世的最高标准,也是行事的重要方法。他说:"中庸之为德也,其至矣乎!"(《论语·雍也》)他要求君子在处事中既不能过,也不能不及,认为"过犹不及"(《论语·先进》),超过适当的标准,与没有达到标准,同样是违背了中庸。中庸思想以"和"为贵,提倡"和而不同":"君子和而不同,小人同而不和。"(《论语·子路》)所谓和,就是强调多种因素特别是对立因素的统一和谐。中庸思想就是一种强调矛盾的调和、统一以至和谐的矛盾和谐论。它包含着矛盾的对立统一(强调对立面的和谐)、适度、审时度势等内涵,具有朴素辩证法思想。它对于我们处理一些非对抗性矛盾具有积极的借鉴意义。

战国时期,儒学的影响不断扩大,其代表人物是孟子和荀子。孟子全面发展了儒家学说。他在孔子仁爱说的基础上,提出了中国历史上著名的"仁"政说。孟子仁政学说的中心思想是民为贵。孟子有一句名言:"民为贵,社稷次之,君为轻。"(《孟子·尽心下》)孟子还说:"天子不仁,不保四海"(《孟子·离娄下》),"保民而王,莫之能御也"(《孟子·梁惠王上》)。孟子的"仁"主要是对"民"来说的,为了得天下、保四海,就要行仁政,保人民。孟子仁政学说的具体内容主要有三点:①保证人民的基本生活条件。他强调让民有一点恒产,从而有恒心。这种有恒产才有恒心的思想,跟"经济地位决定政治态度"、"存在决定意识"有相通之处,值得肯定。保证人民正常生活所需要的物质条件是保证社会安定的重要因素,这是迄今都有借鉴作用的。②进行封建伦理教育。对于民众,孟子主张在民富之后,对其进行教化,"谨庠序之教,申之以孝悌之义"(《孟子·梁惠王上》)。他还提出了多种多样的教育方式:"君子之所以教者五:有如时雨化之者,有成德者,有达才者,有答问者,有私淑艾者。"(《孟子·尽心上》)说明孟子极重视伦理教育,把它看成是得民心行仁政的不可缺少的内容。③"尊贤使能,俊杰在位"。为了使人民生活富足,并对其实行行之有效的封建伦理教育,必须有干部路线的保证。于是孟子主张"尊贤使能,俊杰在位"(《孟子·公孙丑上》)。他说:"徒善不足以为政,徒法不能以自行。"(《孟子·离娄上》)这充分说明孟子对尊贤使能的必要性有深刻认识。孟子仁政说的基础是性善论。"孟子道性善,言必称尧舜"(《孟子·滕文公上》)。称尧舜是讲王道、讲仁政,是从政治方面讲的;道性善则是讲人的本质,是从心理角度讲的。性善论的中心,是所谓的四端说:"恻隐之心,仁之端也;羞恶之心,义之端也;辞让之心,礼之端也;是非之心,智之端也。人之有四端也,犹其有四体也。"(《孟子·公孙丑上》)孟子认为,人人都有仁、义、礼、智四端,只要好好体验、扩充,就能成为善人。

孟子对儒家学说的另一重大发展,是建构了一个天人合一的思维模式,以及与之相应的尽心、知性、知天的认识路线。他说:"尽其心者,知其性也;知其性,则知天矣。存其心,养其性,所以事天也。"(《孟子·尽心上》)由此,天和人在伦理修养的范畴内融通为一。这是带有神秘色彩的主观主义的天人合一论。这种天人合一思维模式,经汉儒董仲舒的加工改造,形成一种思维定势,并成为传统思维方式的一个重要特征,给中国传统文化以深远影响。

荀子作为战国时期儒家的集大成者,在继承孔子思想的同时也有其独立的见解。和孟子天人合一的思路不同,荀子主张天人相分。他提出"明于天人之分"的论题,没有走上孔门"死生有命,富贵在天"(《论语·颜渊》)的宿命之路,也没有步孟子天人合一之后尘;相反,他是要发挥人的主观能动作用,"制天命而用之"(《荀子·天论》)。这是对孔、孟思想的超越,给先秦儒家思想增添了积极的内容。在人性论上,荀子认为人性是恶的:"人之性恶,其善者伪也。"(《荀子·性恶》)这种性伪之分的观点贯穿荀子思想的始终。他认为:"今人之性恶,必将待圣人之治、礼义之化,然后皆出于治、合于善。"(《荀子·性恶》)荀子之所以强调人性本恶,须待教化才能为善,主要是为了突出圣人的作用和个人道德修养的重要性。荀子十分重视礼,把礼当作道德修养的标准和治国的根本。和孔、孟截然不同,荀子在讲礼时,是将其与法并提的,即不仅隆礼,而且重法,认为"隆礼重法则国有常"(《荀子·君道》)。他认为礼和法是同时产生、作用相同、密不可分的。他说:"礼义者,治之

始也"(《荀子·王制》),"法者,治之端也",把礼法都看成治理国家
的根本。荀子改造了孔孟重德轻刑的思想,吸取了法家的刑赏主
张,倡导礼、法并举,教化、刑罚兼施,为当时的新兴地主阶级提供
了一套维护其专制统治的理论,成为封建地主阶级德刑并举统治
思想的先驱。

　　综观先秦儒家思想,他们都主张仁义礼智,以仁爱为维系人际
关系、巩固社会制度的黏合剂,着重从情感心理上去打动人、控制
人,温柔敦厚的人情化的伦理亲情弥漫于整个社会。随着社会历
史的演进,礼的内涵有了变化,但以礼作为社会等级制度的准则和
人们行为规范的思维框架却一仍其旧。在天人关系问题上,从孔
子罕言天道到孟子天人合一再到荀子天人相分,人们对于人与自
然的关系的认识,由朦胧而清晰,由愚昧而明智。人的主观能动
性,由情绪化的"知其不可而为之",演变到"尽心则知天"的内在精
神的自我扩充,最后终于凝聚为"制天命而用之"的理性决断。这
些,始终没有超越天人合一的框架,没有脱离人情化的伦理亲情,
没有脱离对道德的自我追求和完善,从而奠定了中国传统文化的
雏型。

　　两汉是儒家伦理思想正统地位的确立及其定型化、神学化时
期。汉代的统治者接受秦王朝失败的历史教训,改变了对儒家的
政策。汉惠帝四年,下令解除挟书之禁。文、景之世,开始立《诗
经》学官。到了汉武帝时期,儒家经典《诗》、《书》、《易》、《礼》、《春
秋》都得到了整理,出现了经学昌明的形势。

　　在西汉,官方最重要的伦理思想家,是汉武帝时期的董仲舒。
他认为人伦关系最重要的是君臣、父子、夫妇三纲,这是得之于天
而体之于人的,把天人融为一体,对封建社会的人伦关系,作了"王
道配天"的神学说明。在儒学发展史上,董仲舒以儒家思想为主,
兼采阴阳、道、墨、名、法各家,建立了天人感应的神学目的论体系,

为汉代的谶纬神学提供了理论根据，影响颇大。董仲舒认为，仁义礼智是处理人伦关系的准则，是道的具体内容。仁是爱人，义是正己，礼是序尊卑、等贵贱，智是别等级、识人伦，信是诚于道、信于教。董仲舒不仅把仁义礼智看成是为政的主要手段，而且把它看成是道德评价的主要标准，君子修养的根本准则，道德教育的核心内容。这就是他的神学伦理观。

《白虎通》作为东汉王朝官方的文件，是官方最重要的儒家经典。它对封建纲常的论证，采取了神学化经学的形式。它把董仲舒以来的伦理道德思想官方化、定型化和神学化。《白虎通》首先把天、地、日、月、五星、五行道德化，用人间的社会秩序去描绘自然秩序，为其"王者法天"编造了神学依据。《白虎通》认为，人伦关系的核心是三纲六纪，指导三纲六纪关系的原则就是尊卑有别、长幼有序，强调一切礼数都要与三纲六纪相适应。

总之，两汉时期的儒家伦理思想，在官方的提倡下，形成了一个以三纲五常为核心的完整的道德体系，形成了一个以阴阳五行为骨架的神学道德哲学思想。

隋唐时期，意识形态领域内表现出错综复杂的情况，佛、道同时流行，表面上统治者儒道佛三教并用，事实上最注重的还是儒学，因为儒学能够巩固现实社会的君臣、父子、夫妇的纲常伦理秩序。唐太宗很清楚地对群臣说："梁武帝君臣惟谈苦空。侯景之乱，百官不能乘马，元帝为周师所围，犹讲《老子》，百官戎服以听。此深足为戒。朕所好者，唯尧、舜、周、孔之道，以为如鸟有翼，如鱼有水，失之则死，不可暂无耳。"（《资治通鉴纪五》）表明唐太宗对儒学的高度重视。

隋唐时期，正宗的儒家伦理思想代表人物，都具有"道统"思想。所谓道，指孔孟之道的政治伦理思想；所谓道统，指孔孟之道的传承关系。他们认为，孔孟之道是广大悉备、源远流长的，它由尧舜禹汤而文武周公,由周公而孔子孟子。隋儒对"道统"的具体讲法虽不尽相同,但提出道统说的目的则相同,是以维护孔孟之道的正宗地位为己任。这反映了隋唐时期把意识形态重新统一到儒家轨道的要求。韩愈和李翱是唐代儒家的主要代表,他们都尊儒排佛,极力推崇儒家道统。韩愈对儒家思想侧重义理的发挥,提倡修身养性,他对儒学的解释开宋代理学之先河。李翱极力维护儒家伦理纲常,说"列天地、立君臣、亲父子、别夫妇、明长幼、浃朋友,六经之旨矣"(《答朱载言书》)。他吸取佛理,丰富儒家性命之学的内容,以增强同佛教斗争的理论力量。著《复性书》,提出性善情恶论,说"人之性皆善",而"情有善有不善",人性由于七情的惑乱才昏暗而不明;说"桀、纣之性犹尧、舜之性也,其所以不睹其性者,嗜欲好恶之所昏也,非性之罪也";主张"无虑无思","心寂然不动",以"妄情灭息",以为如此可以复性,达到至诚的精神状态。李翱援佛入儒的做法为后世儒家所继承,所阐述的性命之学开北宋理学之先河。他提倡的复性,为宋明理学的"存天理,去人欲"开辟了端绪。

宋明理学时期是儒家伦理思想正统地位的恢复及其哲理化时期。理学和心学是宋明儒学的两大派别,他们从不同方面对儒家伦理思想发展作出了贡献,代表了儒家伦理思想的最高成就。

宋明理学形成于北宋,安定(瑗)、泰山(复)、徂徕(介)以及欧阳修可谓先驱,周敦颐被推为开山之祖。黄百家在《宋元学案·濂溪学案》按语中说:"孔孟而后,汉儒止有传经之学,性道微言之绝久矣。元公崛起,二程嗣之,又复横渠诸大儒辈出,圣学大昌,故安定、徂徕卓乎有儒者之矩范。然仅可谓有开之必先,若论阐发心性义理之精微,端数元公之破暗也。"宋明理学,即心性义理之学,由周敦颐开其端。他的《太极图说》,沟通性与天道,为儒家伦理寻找本体论依据,开始了儒家伦理哲学化的进程。张载、邵雍、二程在宋明理学发展中起了重要作用。宋明理学核心是天理人欲之辨，其源出于张载的"天地之性"与"气质之性"；邵雍则带动了王霸义利之辨。理学的真正奠基者是程颢、程颐兄弟，二程建立了以理为最高范畴的哲学理论体系。二程认为，天理是宇宙的最高本体，也是人类社会的最高原则。"人之所以为人者，以有天理也。天理之不存，则与禽兽何异矣。"(《二程粹言》卷二)儒家伦理的纲常名教都是天理的体现。"父子、君臣，天下之定理，无所逃于天地之间。"(《二程遗书》卷五)二程完成了儒家伦理哲学化的任务。宋明理学形成于北宋，发展在南宋，朱熹是理学的集大成者。他继承发展了二程的思想，建立了以理学为最高哲学范畴，以存天理、灭人欲、居敬穷理为特征的博大精深的理学伦理思想体系，不只是理学的集大成者，而且是孔孟以来儒家的集大成者。

二程的思想从总体上来说是一致的，但程颢多谈心的作用，程颐重视对理的阐发，程颢的思想已含有心学的端倪。与朱熹同时的陆九渊，发挥了程颢的思想，提出心即理的命题，建立了与朱熹相对的心学。明代的王阳明继承、发展了陆九渊的心学理论，建立了以致良知和知行合一为特征的心学伦理思想体系，使心学成为一时压倒程、朱理学而占统治地位的思想。

宋明理学的产生，显示了儒家思想的开放精神和强大生命力。从此，儒家的思想取代了佛、道，改变了隋唐以来儒、佛、道三教并重的局面。理学家在关心现实社会问题的同时，注重"天之上何物"等问题，对自然和社会之外的形而上的道体进行了不同层面、不同方位的探讨，建立了他们的理气、道器理论，把中国哲学推到了一个新的高度。

总之，孔子思想自先秦诸儒，经汉儒、唐儒及宋明理学的发展，一直长盛不衰，被统治者奉为正统思想。然而，孔子的原始儒学与后世诸儒已不尽相同，后世诸儒是在继承孔子思想的前提下，根据现实形势需要不断地发展了儒家学说。

二、历代王朝提倡的儒家思想成为正统思想

自从汉武帝独尊儒术以来,儒家思想的统治地位便一直保持到终封建社会之世。独尊儒术固然是出于董仲舒等人的建设和汉武帝的决策,但归根到底,它是社会经济、政治发展到一定阶段的理论表现。正因为儒家思想适应封建专制统治和社会经济的需要,才使历代王朝把它作为正统思想,加以推崇。甚至在少数民族建立的政权下,儒学也备受推崇。

自魏晋以降,凡有志于逐鹿中原的各少数民族,几乎毫无例外地要仿效汉族文化,吸收汉文化之长,改革旧制,改变原来的生活方式。北魏是中国历史上第一个统一了中原地区的少数民族政权,自道武帝建国定都之后,便"以经术为先,立太学,置五经博士,生员千有余人……于是人多砥尚,儒林转兴"(《魏书》卷八四《儒林传》)。后来的少数民族政权,辽、金、元、清等,设官授爵、礼仪典章等,都仿效汉中央王朝,对儒学大加尊崇,倡行尊孔读经,兴办书院。如辽太祖神册元年(916)春立皇太子时曾问侍臣:"受命之君,当今之时,要记大功大德者,当以谁以先?"侍臣回答说:"以祀佛为先。"太祖听后说:"佛非中国教。"太祖子耶律倍说:"孔子大圣,万世所尊,宜先。"太祖听后大悦,立即"下诏建孔子庙","诏皇太子春秋释奠。"(《辽史·太祖纪》)元世祖忽必烈即位后,任用大批汉儒官吏,行汉法,立朝仪,崇儒学,被汉族地主誉为"有汉唐英主之风"的贤主。清帝康熙终生苦研儒家,表倡程朱,政绩斐然可观。在佛教盛行的时代,历史上毁佛灭道之事多次出现,然而没有任何统治者采取废儒行动。可见儒家学说在中国一直维持着意识形态上的统治地位。

历代封建王朝为维持儒家正统地位,利用各种形式宣传、推广儒家思想。历代的官吏选拔制度就是以儒家思想为标准的。汉武帝独尊儒术之后,在汉代以儒术取士的察举就成为完备的选官制度。汉代察举的科目主要有孝廉、茂才、贤良方正、文学、明经、明法、尤异、治剧、兵法、阴阳灾异以及临时规定的其他特殊科目,其标准基本上是四科:"一曰德行高妙,志节清白;二曰学通行修,经中博士;三曰明达法令,足以决疑,能按章覆问,文中御史;四曰刚毅多略,遭事不惑,明足以决,才任三辅令,皆有孝悌廉公之行。"(《续汉书·百官志一》注引《汉官仪》)汉代选用人才制度是推行儒家伦理道德教育的重要手段。选用人才确定的贤才标准,为士人提供了"学而优则仕"的出路,对儒家伦理道德教育有重大的指导和制约作用。后汉时,光禄举四行的标准是敦厚、质朴、逊让、节俭,都是道德标准。东汉每年还有一次常科孝廉之举,重在选拔孝子廉吏。孝为立身之本,廉为从政之方,孝廉是儒家的重要道德信条,东汉统治者把它作为推行儒家思想教化的重要措施。桓帝曾下诏说:"孝廉、廉吏皆当典城牧民,禁奸举善,兴化之本,恒必由之。"汉代选用人才"皆有孝悌廉公之行",以利禄诱导人们磨砺志节,修养品德,大有益于名教风化。

两晋南北朝时期,虽选举重门第,九品中正制流行,但察举贤良、方正、直言诸科和岁举秀才、孝廉,在魏晋南北朝一直存在,而且州举秀才、郡举孝廉,一般需要策问考试。曹魏时,岁举要求"儒通经学,吏达文法",即其学识标准以经学为首。晋时颇重秀才之选。《官品令》规定,举秀才要求五策皆通,授郎中,若有一策不通不得中选;而孝廉只需答通一策。两晋之际,社会混乱,远方荐举来的秀才、孝廉,都不经策试就授给官职,后来东晋又恢复了试经。刘宋时,州举秀才、郡举孝廉都要策试,有时皇帝还亲临试场,说明统治者对举秀才、孝廉之重视。随着社会的发展,南北朝时逐渐废除门资,使选举制度日趋精慎,儒学的正统地位也日渐确定。

隋朝统一中国后,废除九品中正选官制度,建立进士科,用试策取士,一般把隋炀帝创立进士科,作为科举制度正式产生的标志。这个制度直到清光绪三十一年(1905)举行最后一科进士考试为止,在我国历史上经历了一千三百多年,对推广儒学、以儒学规范士人有着重要意义。

隋朝的进士与从前的孝廉、秀才相同之处是,他们都由州、郡地方长官推举;不同之处在于,进士由州、郡策试后,再由朝廷举行策试,以策试成绩作为录取标准。科举是一项新的政治措施,有利于统一思想,加强中央集权。唐代的科举制度比较完善,科举考试每年举行一次,其科目繁多,有秀才、明经、进士、明法、明字、明算,又有一史、三史、开元礼、道举、童子,而明经又分五经、三经、二经、学究一经、三礼、三传、史科。各科对人才的需求不同,凡博识高才、强学待问、无失俊选者为秀才,通三经以上者为明经,明娴时务、精熟一经者为进士。唐时诸科并行,士人所趋,明经、进士二科。明经所试不为人所重,进士独为矜贵,其所取中的人也愈多。进士科大大影响了唐代文官制度。隋唐科举制对后世也产生了广泛影响。

宋代的科举制正式确立了州试、省试和殿试的三级科举考试制度,在考试内容上也进行了改革。王安石反对以诗赋求士,主张以经义取士,不限于章句训诂,目的是要通经致用。熙平八年,宋神宗颁发王安石的《三经新义》(《周官义》、《诗义》、《书义》)和论、策取士,并把儒家经典中的《易经》、《诗经》、《书经》、《周礼》、《礼记》称为大经(主要经书),《论语》、《孟子》称为兼经(兼学经书),定为应考士子的必读书。传统是历史的惰力,当时读书人仍用记诵的老方法学习《三经新义》的章句,而不注重实际的应用。王安石的改革,难以扭转千年来的积习。其后,随着政治斗争形势的变化,《三经新义》被禁毁,科举考试内容又变换不定。直到元朝,才决定把诗赋和经义并作一科,在通考这两者之外,再加上策论考试。

以八股取士是明代科举考试的重要内容。明代科举制度,内容上规定专以四书、五经命题,行文要用古人的思想来阐述,根据程朱等宋儒的注疏来发挥,用八股文的体裁书写。朱元璋希望设科"取经明行修、博通今古、名实相称者"(《明史》卷七〇《选举志二》),使文臣均由科举出身。事实上科举亦能选拔一些有较高文化水平的儒生,相对其他任官方法有很大的优越性。但是,科举考试在很大程度上禁锢了士人的思想,使程朱理学成了加强封建专制主义的理论基础。

儒家思想成为封建正统思想的表现之二就是封建教育的儒学化。学校教育是人类文明发展的标志,学校教育制度是培养人才的制度。自汉代以来,历代统治者都非常重视兴教立学,一方面固然是培养统治人才的需要,另一方面也是移风化俗的需要。所以,教育在中国两千多年的专制政治中占有非常重要的地位。在中国教育史上,从汉武帝独尊儒术开始,儒家思想在教育领域中勿庸置疑地居于支配地位。西汉中后期,无论是太学、地方官学,还是私学,皆以儒家经籍为基本教学内容。儒学控制了教育,成为国家大力提倡而且唯一可以"学而优则仕"的学问,从而形成"天下学士靡然向风"(《汉书·儒林传序》)的局面,使儒家教育和思想影响遍及整个社会。

由汉至清,上下两千年,历代学校的名称、体制、规模虽不尽相同,经书的范围也有所扩大,但崇儒立学的教育方针却始终未变。即使在六朝时期,佛老之学风行天下,经学稍衰,但学校仍奉行经学教育,朝廷在考选人才时,经学也仍然是考试的唯一内容,佛老之学都未成为取士的标准。可以说,儒家经学教育是中国古代教育的最基本的内容,崇儒立学是历代统治者奉行不渝的文教政策,是中国两千年教育一以贯之的传统。统治者提倡大办教育,其目的就是为了普及经学教育,达到教化万民的政治目的,也培养出统治管理国家的政治人才,教育也因此而成为大一统专制的一个重要组成部分。

儒家思想成为封建正统思想的表现之三,是经学成为中国史学和文学的指导思想。随着汉代大一统专制政治的建立,儒学独尊,经学成了史官认识历史、编写历史的思想原则。东汉史学家班固曾指责司马迁的《史记》"是非颇谬于圣人,论大道则先黄老而后六经,序游侠则退处士而进奸雄,述货殖则崇势利而羞贱贫。"班固是一个正统史学家,他的《汉书》是儒家正统史学的代表,为后世史学家所效法。在汉以后历代纪传体史书中,以皇帝的本纪为中心,叙述皇亲国戚、文武将相、儒林人物、忠臣孝子、节妇烈女,无一不为具有儒家道德的人物歌功颂德。历代统治者还重视历史教育,以反映儒家道德伦理意识的历史来对臣民进行教化,从而使史学成为宣传儒家思想的工具。不仅经学控制史学,而且它对封建文学也有极大影响。中国古代文学受儒家实用理性的影响,因而也具有一种经世致用的实用主义传统,这就是"言志"与"载道"的主要意义。"言志"之"志"主要指"修身齐家治国平天下"的政治抱负。"文以载道"是传统文学的又一条基本原则,此"道"指孔孟之道,要求文人表现圣人经书的思想。因此,"言志"与"载道"集中体现了传统文学的基本精神,这是儒家实用理性在文学领域中的具体体现。而体现儒家伦理思想的文学作品对推广儒家思想无疑大有益处,因而文学也成为封建统治者对群众进行道德教化的工具之一。

历代封建统治者还大力表彰忠臣孝子,树立忠孝节义的榜样。榜样的力量是无穷的。封建统治者大力表彰讲究儒家名节、遵守封建道德的儒生,作为全国人民学习的榜样。封建皇帝对那些坚守儒家节操,不与时沉浮,忠君孝亲的人进行嘉奖,晓喻天下,目的在于树立遵守儒家名教的典范,让天下效法,激懦律贪,以廉隅自励,以节义相高。这也有力地推广了儒家思想。

历代封建王朝设官分职,以行政手段推广儒家教化。封建王朝从中央到地方各级行政长官都把儒家道德教化工作当作头等大事来抓。《后汉书·百官志》载:"凡有孝子顺孙、贞女义妇、让财救患,及学士为民法式者,皆遍表其门,以兴善行。"汉代还设有孝悌、力田,孝悌是遵守封建伦常、和睦家庭的典范,力田是生产劳动的模范。他们都受到皇帝的优待和嘉奖,鼓励民众修德行善。封建各级行政长官主要以师儒的身份从事仁爱教化工作,这符合孔子所谓"道之以德,齐之以礼"的原则,从而建立礼治或德治的秩序,使儒家伦理道德渗透到民间生活之中。

总之,历代王朝把儒家思想当作封建正统思想后,通过各种形式的宣传、推广,使儒家思想渗透到社会生活的各个方面,使儒家思想以一种无形的氛围印入人们的潜意识中,孕育、牵引着人们的思维模式、行为方式,强有力地雕捏控塑人们的灵魂。

三、儒家思想在中国人心中扎根、发展

随着儒家思想成为封建正统思想和儒学的普及,儒家思想在中国人心中潜移默化,使中国人对儒家礼教、社会秩序有一种强烈的依附、认同和归属感。其表现为如下几方面。

首先,全国修孔庙敬圣人。随着儒家思想独尊地位的确立,孔子的地位也日益提高,孔庙的建筑规模也越来越大,扩建、重修次数很多。孔子故里曲阜的孔庙是历代尊孔崇儒的主要场所。孔子死后第二年(前478),时人将其所居之屋立为庙,岁时奉祀。当时

仅有庙屋三间,内藏孔子生前所用的衣冠、车服、礼器。汉高祖开始以太牢祀孔子,东汉章帝、桓帝,魏文帝,东魏孝静帝时,都曾修建、增扩孔庙。唐代修庙5次,北宋修7次,金修4次,元修6次,明代共重修、重建达21次之多,清代又修建了14次,以雍正八年修成的孔庙最为富丽堂皇,亦即现今的规模。除曲阜孔庙外,衢州孔氏家庙是宋代所建,仅次于曲阜的孔庙。全国各地较大的孔庙还有北京孔庙、南京夫子庙、西安文庙、四川德阳孔庙等。从全国各地修建孔庙,可以看出对孔子的尊崇敬仰。历代封建统治者不断对孔子封谥,以示对圣人敬仰。汉平帝元始元年,追谥孔子为"褒成宣尼公",为历代对孔子封谥之始。此后魏文帝十六年(492)二月,改谥为"文圣尼父",告谥孔庙;十九年四月,"幸鲁城,亲祠孔子庙"。北周宣帝封孔子为"邹国公"。隋文帝封孔子为"宣父"。唐高宗封孔子为"太师",唐中宗封孔子为"隆道公",武则天封孔子为"隆道公",唐玄宗封孔子为"文宣王"。宋真宗封孔子为"玄圣文宣王",后又改为"至圣文宣王"。元武宗封孔子为"大成至圣文宣王"。明世宗封孔子为"至圣先师"。清世祖封孔子为"大成至圣文宣先师孔子",后改为"至圣先师";康熙帝以"万世师表"题孔庙大成殿额,后也以此称颂孔子。从以上封建皇帝对孔子的封谥可看出他们对孔子的崇敬。在统治者的带动下,出现了全国敬圣人的情形,使孔子地位不断提高,孔子形象也被不断神化,成为中华民族文化的象征。

不仅古代封建统治者对孔子大加褒奖,而且近代统治者在尊孔敬孔上也毫不逊色。近代尊孔社团有孔道会、孔教会、孔社、孔子祭典会、国教维持会、全国公民尊孔联合会、经史学社、国学会,这些名目繁多的尊孔社团都是以尊孔、敬孔为宗旨的学术团体,主张尊孔读经,大力宣扬孔子思想文化,反对一切激进的或外来文化。虽然对继承传统文化起了一定作用,但对中国近现代新文化运动起了阻碍作用。

四、儒家思想是历代封建王朝教民的主要内容

历代王朝通过各种形式的教化、宣传,使儒家道德成为人们一切道德评价的标准。首先,儒家经典是封建统治者化民的工具。由于儒家道德忠、孝、仁、义、信、恭、宽等等是从人之共性入手揭示人的本质,从人类自身发展和文明进步需要立意引导人心走向,从社会行政管理秩序和人际关系协调的需要规范人言人行的,所以其道德要求能使各种人所心悦诚服,为各种人所欢迎接受。这点早在汉代就被人们发现和重视。"教化行而风俗美",汉代统治者把儒家伦理道德教育作为建国安民、整饬风俗的根本措施,广开渠道,通过多种形式的教育和社会舆论的力量,使人们逐渐形成一定的信念、习惯、传统,用来约束人们的行为,调整个人和社会以及人们彼此之间的关系,以期收到维持封建政权长治久安之效。历代封建统治者把教育作为推行伦理道德教育的重要手段。学校是教化之本源,《礼记·学记》:"化民成俗,必由乎学。"儒家经籍既用于伦理道德教育,又可用作政治思想教育。《论语》和《孝经》是官学和私学的共同必修科目,尤其是《孝经》,更是历代教民化俗的工具。它不仅是太学、郡县官学教材,也是皇室宫学教材,还充当民间私学、家学、自学教材,对培养中国人的孝道起了积极作用。

其次,儒家道德是选才的标尺。众所周知,我国古代用人选才是有条件有标准的,一向看重德,德才兼备而以德居首。对于德,虽各个阶级、各封建王朝所提倡的内容不尽相同,但它脱离不了儒家伦理道德范畴。三纲五常成为历代封建王朝选拔人才的道德标准。重道德标准的思想具有维护儒学在政治上统治地位的作用。由于儒生习圣贤之言,践仁义之道,所以他们的道德水准从整体上

说要高于政府中那些不由学术进身而负责各种行政事务的吏员。早在汉代有识之士就猛烈抨击俗吏缺乏仁义道德,要求统治者多重用儒生,"文吏少道德,而儒生多仁义也"(王充《论衡·量知》)。人才标准以德行为重的主导思想起到了高度强调道德意识和行为的作用,而且也符合封建社会的时代特点和政治需要。

儒家道德是整个中国文化的基础。在西方,政治、经济、文学等很早就形成了各自独立的领域,在他们那里并不存在笼罩一切的观念,道德观念是被限定在人生范围之内的。中国则不同,在近代以前,政治、经济、文学等始终没有形成完全独立的领域,它们中间有一个共同的观念和尺度,即儒家道德观念和尺度。儒家的道德观念超出了人生的范围,弥漫于一切,成了中国文化的基础。所以中国传统的政治称"德政",军队称"仁义之师",文学的天职在于"文以载道",经济生活则"不患寡而患不均"。总之,道德价值高于一切,成了判断是非的唯一最高标准。

儒家思想多年来在中国人中潜移默化的结果,是让儒家道德观念渗透一切。中国人最强调个人的品德修养,不仅把实践道德视为人性的体现,而且把它看得比生命更可贵。因此,说中国传统文化是以伦理为本位,是伦理道德型的文化,是颇有道理的。

五、儒家思想与中国人的风俗、习尚

儒家思想在中国的普及,并深入人们的潜意识之中,指导着人们的思想和行为,对形成中国人共同的风俗、习尚产生了巨大的影响。

中国人具有聪慧好学的良好品质。儒家大力提倡在学业上勤勉求进。孔子否认自己是"生而知之",强调"我非生而知之者,好古,敏以求之者也"(《论语·述而》)。他认为对学习应抱的态度是

"不耻下问，学而不厌"。《礼记·中庸》提出："博学之，审问之，慎思之，明辨之，笃行之……人一能之，己百之，人十能之，己千之。果能此道矣，虽愚必明，虽柔必强。"要求人们勤奋好学，积极向上，坚韧不拔。在儒家看来，智慧来源于这种勤奋好学的精神。孔子一生勤奋好学，到了老年仍孜孜不倦地攻读和研究《易》。他一边读，一边作笔记、写心得，把用牛皮带子穿在一起的竹简不知翻了多少遍，以至牛皮带子一再断了又接上。这就是著名的"韦编三绝"。不仅古代学者具有勤奋好学精神，读书求知也是中国民众梦寐以求的事。他们认为，"人学始知道，不学亦徒然"，"智生识，识生断"，"不学无术，读书便佳"。中国历史上"头悬梁，椎刺骨"，"三年不窥园"，"凿壁借光"等好学典范并不少见。勤奋好学，以知识充实自己，以道德修养自己，不断上进，成为中国人的良好风尚。

　　勤劳勇敢也是中华民族的传统美德。中国是一个历史悠久的泱泱大国，在世界历史上产生过重要影响。中国古代社会的繁荣发达离不开广大劳动人民的辛勤劳动。封建时代男耕女织，"春耕夏耘，秋获冬藏，伐薪樵，治官府，给徭役；春不得避风尘，夏不得避暑热，秋不得避阴雨，冬不得避寒冻。四时之间亡日休息"（《汉书·食货志上》）。这些都是广大农民辛勤劳动的真实写照。正是由于广大劳动人民的辛勤劳动，才创造出了封建社会辉煌的物质和精神财富，使中华民族以创造了灿烂的文化而著称于世。

　　中华民族不仅勤劳勇敢，而且和平善良。中华民族的各族人民，都主张平等往来，以友好的态度与外族交往，反对外来的侵略和压迫。因此各民族历史上都出现了许多民族英雄。以汉族为例，在其漫长的历史上，就出现过像晋代的祖逖，宋代的岳飞、文天祥，明代的戚继光、郑成功等民族英雄。他们所代表的中国人民不畏强暴、反抗侵略、主张和平的精神，构成了中华民族同心同德、抗敌御侮的爱国情结。这从现代史上的抗日战争中可以反映出来。

从抗战一开始,全民族战争的意识和要求,就是十分鲜明的。在中国共产党的领导下,建立了包括各阶层的抗日民族统一战线,日本侵略者不管怎样一时气势汹汹,但它陷入了人民战争的汪洋大海,最终失败是不可避免的。可以说,在近代,帝国主义之所以没有灭亡中国,归根结底,这是勤劳勇敢、爱好和平的中华民族不屈不挠反抗强敌、争取和平独立的结果。

尊师重道也是中国传统的风尚。中华民族近 5000 年的文明史,社会之发展,人类之进步,国家之兴旺,无不包含着教师心血的浇灌。北宋学者胡瑗在《松滋县学记》中提出:"致天下之治者在人才,成天下之才者在教化,教化之所本者在学校。"古往今来,凡欲求知者,上至君主,下至庶民百姓,都从教师的传道、授业、解惑中受益。所以,尊师重道是中国人的传统风尚。郭沫若在《洪波曲·第十章》谈到中国风情时说:"中国社会是尊师重道的,每家的祖先堂上都供有'天地君亲师'的香位牌。"尊师重道,是社会需要,是人之常情,也是中华民族的传统美德。

自古以来,圣贤明哲、志士仁人无不求贤若渴,极为尊重人才,并且尽力录求有用之才,旨在安邦定国。儒家认为,对人才要看其主流、大节,不应苛求与苛责。《论语·微子》:"无求备于一人。"这是中国传统的识人用人的态度,无疑是正确的。明代薛瑄说:"用人当取其长而舍其短,若求备于一人,则世无可用之才矣。"充分说明世上没有至善至美之完人,用人要取长舍短。古代帝王刘邦、曹操等都"唯才是举",大力网罗各种人才,为其统治服务,他们的用人态度有其积极意义。只有对人不求全责备,才能充分发掘和利用各种人才,才能得人相亲,得人之用。今天,社会主义现代化建设的伟大事业,要求我们具有比古人更加宽阔的胸襟和度量,做到不记私怨,不苛求于人,尊重人才,用好人才,团结一致,共同奋斗。

艰苦奋斗是中国人的又一优良作风。一个国家要以自己的富强跻身于世界民族之林,有赖于全民族自强不息的坚韧进取,有赖于一代代人的前仆后继、艰苦奋斗。中华民族从远古走向今天,都向我们昭示着这一不变的真理。近代中国的历史是一部充满忧患与奋斗的历史。"国势危急,岌岌不可终日,有志之士,多起救国之思。"许多爱国的志士仁人为挽救民族危亡,不顾杀身灭族之祸,在极其艰难困苦的环境中不断奋发,义无反顾地奉献出自己的一切,谱写出一曲中华民族的壮歌。70余年来,中国共产党人更积极奋发,艰苦奋斗,前仆后继,做出了超越前人的伟业,建立了新中国,在古老的中国历史上写下了最光辉的一页。

实干精神也是中华民族的传统美德。孔子主张"知之为知之,不知为不知"(《论语·为政》),体现了儒家的求实精神。孟子提出的"知人论世",也是对孔子的务实精神的发展和具体运用。孔孟的务实精神,对形成中华民族的求实、务实、实干精神产生了积极影响,使中国人历来重实际,讲实用、实干,而轻浮华、贬空谈、鄙玄虚。自古以来,人们对巧言令色、光说不做之人是十分蔑视的,而对多做少说,"讷于言而敏于行"的君子是倍加赞赏的。我们今天所提倡的实事求是、"实践是检验真理的唯一标准"的思想原则,正是在继承古代务实精神的基础上发展起来的。在今天的经济建设中,我们更需要大批具有实干精神的人才,实干精神是促使我们的事业发达的一种重要民族精神。

以上都是儒家思想对中国人的良好影响。这些不仅是中国人的风尚,而且是他们的良好道德品质。这些良好的道德情操与品质,不仅是古人所崇尚的,而且也是我们社会主义时代的人立身处世之本,是社会主义新人必不可少的重要精神素质,对我们建设社会主义物质文明和精神文明都有十分重要的意义。

(选自《儒家思想与社会管理》第一章

《现代管理需要继承优秀传统文化》，
黄河出版社,1997年6月第一版)

骆承烈,山东省济宁市人,曲阜师范大学孔子文化学院教授,兼任中国孔子基金会儒家文物研究会副主任等职务。著有《曲阜史迹百题》等。

在《儒家思想与社会管理》一书中,作者从儒家基本思想与现代管理的内质关系,构建现代管理思想思维,借鉴传统思想的必要性,可行性进行了深入开掘。所选本节尤其对儒家社会管理思想如何在当前社会管理实践中具体运用实施做了全面而具体的提示说明,比较深刻地论述儒家管理思想现代全方位转换应用,提出可操作的实施方法。正如本书作者在《前言》中所谓:"可以供当今时代的各项事业参考。大能治国,小能理家。从提出大的治国方案,到具体入微的经济管理,从对民众的教化、诱导,到具体的文化措施,都有随时随地可以应用的普遍性、切实性。"

穆藕初的商业经营管理思想（节选）

丁孝智

穆藕初（1876—1943），名湘玥，上海浦东人。中国近代著名的民族实业家，被毛泽东誉为"新兴商人派"的代表之一。他曾于1909年自费赴美留学，先后获农学学士和企业管理学硕士学位。1914年回国后，积极倡导"实业救国"，相继创办了"德大"、"厚生"、"豫丰"等棉纺企业，并开设了上海纱布交易所、中华劝工银行等。穆藕初集企业家和理论家于一身，在创办实业的过程中，对自己的经营管理经验进行了及时的总结和整理，形成了丰富多彩的经营管理思想。在这些思想中，有关商业方面的内容更显得新颖独特，本文试就以下几个方面做一论述。

三、强调造就人才，推进商业现代化建设 事业之成功与否，人才发挥着至关重要的作用。这是近代民族实业家共同的思想认识，穆藕初对此更有切肤之感。他指出："人才与时会并重，得人者昌，为职业界历劫不磨之金言，无论何业，苟得有才识有毅力有素养之士为之主持，则各本业之节节进展也可以豫必。"（《今日农工商业致病之症结》）然而，若考察中国社会和商业界实况，他发现中国商业人才之缺乏令人瞠目，不仅人才数量很少，而且真正懂得现代商业知识的人更是凤毛麟角。"详考我国二十年来，累办新业，而累招失败之最大原因，莫不以缺乏实业人才故。"（《今日农工商业致病之症结》）为此，他衷衷告诫政府，要培养人才，爱惜人才，

"得济济多士为国家社会尽其职务","盼我政府暨长官等去已往之积习,为国家爱惜人才"(《惜人才》)。希望商科学生要努力学习,做到刻苦、精细、敏捷,尽快成为有用之才。他还劝导人们:"造就商业人才在今日之中国非常切要,人才愈多,则商业必愈发展。"(《在上海商科大学之演说辞》)

为了加速人才的培养,他主张在扩大商科教育的同时,对旧有商人进行现代商业知识的培训,以利于其由传统商人向现代商人的转化。具体办法是:(一)宣讲。由政府聘用商业通才,担任宣讲之职,"使服务于公私商业机关者,莫不知商人之道德之责任之义务"。(二)教授。改变过去学科内容与商业上之应用者南辕北辙的现象,减少普通学科,增加实用学科。(三)联络。以商会为媒介,与学校保持联系,互相提携,研究因果,编为教材。造就商业人才,事体很大,穆藕初提醒政府和社会各界人士,务必"群策群力",非此则"莫资挽救"(《增进商人智识以期发展商业》)。

穆藕初是泰罗《科学管理原理》的翻译者和推崇者。在泰罗的书中,虽然对人才在科学管理中的作用有所论及,但却没有作为专题提出,而穆藕初则不仅有专论,而且对人才在商业经营管理中的作用给予了非同寻常的关注。"人才为事业之灵魂",这正是他之所以能在强手如云的商场角逐中大显身手的秘诀。而且,特别值得称道的是:穆藕初关于人才培养方面的见解,说明他已充分认识到了人的素质与经济发展的内在逻辑关系,这显然是与现代"人力资本"理论相吻合的。

四、讲究营销策略和交易规范,增强市场竞争能力　穆藕初的市场营销策略,可以概括为八个字:"妙应时机"、"发在机先"。所谓"妙应时机",就是要紧紧抓住市场供求变化形势,掌握信息,作未雨绸缪之计,为商品进入市场创造条件,这是信息资源的搜集过程和决策的准备阶段。所谓"发在机先",是指在及时掌握信息、准确预测市场的前提下,主动出击,抢先占领市场。当然,要想稳固地占有市场,还必须具有良好的商业信誉和合格的商品质量。他指出:"夫商业之道,不外乎供求之相济。供求适合,则物价斯平,不致求过于供,供过于求,继长增高,日趋极端,而来社会经济破裂之险象。商业之能否发展,全视乎各业当局者,有无健全之脑力、敏锐之眼光,与灵活之手腕、坚固之信用、雄厚之力量而已。以上数者俱完备无缺矣,然后更进一步,在商业策画之实施上,问当局者能否妙应时机,发在机先,披人所好,所出物品,为大众所需要。"(《藕初五十自述》)按照穆藕初的看法,一个从商者如能真正灵活自如地运用上述策略,则必然会使商品"销路自畅","日进纷纷","多量卖出,利润之来,不求自至"(《藕初五十自述》)。

为了能形成规范化的市场营销机制,减少风险和增强竞争,穆藕初还积极倡议并发起成立了商品交易所等组织。他认为交易所之开设,对商业的发展有很大的益处,其一,"交易所内无论购进售出,须照定例存银若干,为物价变动时保全信用之余地","倘一旦市情激变,对方不致受亏"。其二,"在交易所买卖者又须具有实力,彼此交易,有实力,有保证,则正当营业正可从此进逐步发展之轨道。"其三,交易所由本业中人主持要政,"消息灵通,时机不致坐失,规划周密,市况得以保持"。其四,"本业自卫及力谋开拓之实权,完全在本业人手中,不致受外人操纵与挤轧。"(《论交易所之利弊》)他还主张动员各方面力量,完善各项法规,对所内重要人员加以监督和管理,以保证"交易非常公正","或买或卖,皆极可靠"(《交易所之性质责任及功效》)。穆藕初的上述见解是科学的和符合经济运行规律的,也正因他比较灵活全面地制定和运用了这些策略,才使他在商场搏击中游刃有余,进退有据,取得了巨大的成功。

（选自《西北师大学报》〔社会科学版〕
1997 年 5 月第 34 卷第 3 期）

丁孝智，西北师范大学历史系讲师。主要著述有《五四以来中国商业经济思想的发展》，《珠三角区域经济可持续发展与高职人才培养模式的转变》(与人合作)等。

中国近代史上，企业家借鉴儒家管理思想、振兴民族企业，是一个具有特殊历史意义的学术课题。尽管企业家们多所借鉴西方科学管理思想理论，如穆藕初就是泰罗《科学管理原理》一书的翻译者和崇拜者，然而由于受传统教育的影响极深，在他们所提出的许多商业企业经营管理创见中又不乏儒家传统管理思想的影子。丁文对穆藕初所做的个案析理探讨，深化了对近代企业家群体管理思想认识，完善了儒家管理思想史的历史环节。

耶律楚材的"以儒治国"思想（节选）

单 宝

耶律楚材（公元1190—1244），字晋卿，契丹族人。他是辽太祖耶律阿保机的九世孙，其父耶律履在金章宗时曾任礼部尚书、参知政事等官职。耶律楚材两岁时，父亲逝世，其母杨氏诲育备至。"稍长，知力学，年十七，书无所不读"。公元1215年，蒙古军攻占中都，成吉思汗闻耶律楚材名，征召之。公元1218年耶律楚材应召至漠北，成吉思汗接见了他，"处之左右，以备咨访"（《元文类》卷五七，《中书令耶律公神道碑》）。从此，他追随成吉思汗十年，虽与成吉思汗亲近，然而并不得志。窝阔台即位称元太宗，耶律楚材被委以重任，出任必阇赤（即中书令）。他是公元13世纪时辅助蒙古统治者进行改革的先驱者，是统一的元朝政权的奠基者。他提出的"以儒治国"思想影响尤为突出。

一、"以儒治国"思想的提出

首先，耶律楚材提出"以儒治国"是蒙古入主中原的客观需要。当时蒙古汗国的社会形态还处在奴隶制的发展阶段，进入中原以后，还不知道如何治理汉地，这主要表现在：有人主张在中原"悉空其人以为牧地"，企图照搬漠北的游牧生产方式；连太宗窝阔台也曾经打"裂州县赐亲王功臣"（《元史·耶律楚材传》）；掠夺和屠杀现象十分严重,甚至准备在攻下汴梁时实行屠城;那些依靠投降蒙古而昧于从政的汉人世侯,实行军阀割据。如果这样下去,中原必将出现历史的大倒退。于是耶律楚材向元太宗建策:"天下虽得之马上,不可以马上治。"(《元文类》卷五七,《中书令耶律公神道碑》)意思是说:在以武力夺取政权之后,要调整政策,从经济、政治、文化等方面治国,巩固政权;如果"以马上治"天下,势必丧失政权。元太宗采用了耶律楚材的建策,任用儒者,采行"汉法",从而促进了社会的进步,巩固了自己的统治。

其次,耶律楚材提出"以儒治国"是对历史经验的总结。耶律楚材关于"天下虽得之马上,不可以马上治"的名言,实际脱胎于刘邦同陆贾的对话。刘邦原来不尊重儒者,曾经拿儒冠作为溺器,骂儒生为"竖儒"。儒生陆贾向他宣传《诗》、《书》,他骂道:"乃公居马上而得之,安事《诗》、《书》!"陆贾反问他:"居马上得之,宁可以马上治之乎?"(《史记·郦生陆贾列传》)刘邦无法回答,使他实现了从"得天下"到"治天下"的思想转变,并改变承袭秦制所推行的农战政策为"与民休息"政策。这样,经过几代人的努力,出现了"文景之治"。秦亡汉兴的历史经验说明:要实现从得天下到治天下的转变,必须"以儒治国"。

再次,耶律楚材提出"以儒治国"也是为了施展个人抱负。在耶律楚材看来,"以儒治国"就是任人唯贤。他本人具有远大的抱负,也确实是个治国人才。他精通儒家治国平天下的学说,有"以仁义之道治四海"的抱负;他兼容并蓄,注意吸收整个汉文化的精华;他知识渊博,博古通今。总之,耶律楚材是个"通才",或全能型人才。由此可见,耶律楚材主张"以儒治国",实际上也是为了便于施展其个人抱负和才能。

二、"以儒治国"思想的主要内容

1. 采行"汉法"

成吉思汗初起时,"哥哥弟弟每商量定,取天下了呵,各分土地,共享富贵"(《元典章》卷九,《吏部三》)。蒙人入主中原后,又沿袭旧例裂土分民,赐与诸王、贵族等。这种封建领主式的分封,和中原地区占优势地位的地主经济不相适应,与封建中央集权制度相比显然是倒退。耶律楚材反对这样做,提出采行"汉法"主张。所谓"汉法",就是以儒家思想为主体建立起来的汉族所实行的一系列封建制度。对于不懂得封建统治方法的蒙民游牧民族来说,"汉法"是进步的。耶律楚材采行如下"汉法":

经济方面,采行赋税制度。蒙古征服者起初不懂得采取封建剥削方法,始则抢劫财物、俘掠人口,继而勒索榨取,谓之"撒花"。劫掠所得,只是献给大汗一部分,其余尽归自己;至于"撒花"所得,则完全归自己所有。因而蒙古政权一点积蓄也没有,"太祖西征之后,仓廪府库,无斗粟尺帛"。宦官别迭因此认为:"虽得汉人亦无所用,不如尽去之,使草木畅茂,以为牧地。"耶律楚材反对别迭的建议,他说:"夫以天下之税,四海之富,何求不得,但不为耳,何名无用哉。因奏地税、商税、酒、醋、盐、铁、山泽之利,周岁可得银五十万两、绢八万匹、粟四十万石。"元太宗采纳了他的意见:"诚如卿言,则国用有余矣,卿试为之。"(《元文类》卷五七,《中书令耶律公神道碑》)公元1230年,耶律楚材奏立燕京、西京、太原、真定、济南等十路课税所。次年秋8月,太宗至大同,见诸路课税所呈征得的银绢谷粟簿籍,知征敛所得,悉符耶律楚材原奏税额。窝阔台接受了耶律楚材的意见,于公元1236年颁行了赋税制度,主要是:其一,科差方面,此时只有丝料一项,每二户纳丝一斤输于官,每五户纳丝一斤输于本位;这里的"官"指朝廷,"本位"指领有封地的诸王贵族即封主。全部丝料均由朝廷征收,其中五户丝部分由朝廷赐与各封主。其二,税粮方面,地税上田亩税三升半,中田三升,下田二升,水田五升;商税三十分之一。

政治方面,立仪制、颁法令。在太宗窝阔台以前,蒙古朝中礼仪极简陋,诸王百僚出入宫禁很随便,而且常有"千户越万户前行"和"喧呼"的现象。耶律楚材按照儒家礼教为蒙古政权"立仪制",建立封建秩序。"时庶事草创,礼仪简卒,楚材始定册立礼仪,皇族诸王尊长,皆就班列以拜"(《续资治通鉴》卷一六四)。耶律楚材对窝阔台的一个哥哥察合台亲王说:"王虽兄,位则臣也,礼当班。王拜,则莫敢不拜。"于是,察合台率皇族及臣僚拜帐下,"国朝尊属有拜礼自此始"(《元史·耶律楚材传》)。耶律楚材"始立朝仪,皇族尊属皆拜,颁大札撒"(《元史·太宗纪》)。"大札撒"即汉语"大法令"之意。立朝廷仪制是向封建化进步的一个象征,颁布"大札撒"更使得蒙古政权上下从此有了典章可循。

文化方面,实行科举制度。为了向各处公府补充新的官吏,耶律楚材在元初率先实行科举选士,选中者免其赋役,并予任官。"太宗始取中原,中书令耶律楚材请用儒术选士。从之。九年秋八月,下诏命断事官术忽䚟与山西东路课税所长官刘中,历诸路考试。以论及经义、词赋分为三科,作三日程,专治一科,能兼者听,但以不失文义为中选。其中选者,复其赋役,令与各处长官同署公事。"(《元史·选举志》)不但蒙古人和色目人可以选考,而且规定汉人甚至被俘为奴者都可以参加,奴隶主不得阻拦。于是,蒙古政权在公元1238年首次举行科举考试,"得士凡四千三十人,免为奴者四之一"(《元史·耶律楚材传》)。被录取者除有田地须纳地税以外,免除一切科差杂役,其中不少人如杨奂、张文谦、赵良弼、董文用等成为元朝名臣。

2. 任用"儒臣"

蒙古是依靠强悍的、其他民族无法比匹的骑兵横扫欧亚大陆许多国家的，原先只懂得重武尚武，文治简直是一片空白。因此，金朝灭亡前后，中原知识分子的遭遇是凄惨的。《黑鞑事略》徐霆疏云："有亡金之大夫，混于杂役，随于屠沽。"知识分子不但被奴役，而且不免被屠杀。作为学者的刘因，伪称工匠，幸得免死。当时的大文豪元好问曾写信给耶律楚材，信中首先指出："夫天下大器，非一人之力可举，而国家所以成就人才者，亦非一日之事也。"继而言河朔士大夫王鹗、张德辉、李冶、刘祁、刘郁、商挺等人，皆为有用于世的人才，请耶律楚材安排任用这些人（《元文类》卷三七，《上耶律中书书》）。元好问在信中，针对时弊，呼吁重视教育，重视知识分子。其实，耶律楚材早就注意及此，他本人是个儒者，又借鉴了西汉初年刘邦的事迹，认为虽然用武力夺取了天下，但治理则必须用文臣，"制器者必用良工，守成者必用儒臣"（《元史·耶律楚材传》）。于是，他效仿中原汉族地主政权那套尊孔、用礼、学经的儒家传统，力图兴起文治。耶律楚材设置十路课税所时，课税使悉用儒士，他对窝阔台说："儒臣之事业，非积数十年，殆未易成也。"蒙古攻下汴京后，"楚材又请遣人入城，求孔子后，得五十一代孙元措，奏袭封衍圣公，付以林庙地。命收太常礼乐生，及召儒梁陟、王万庆、赵著等，使直释《九经》，进讲东宫。又率大臣子孙，执经解义俾知圣人之道。置编修所于燕京、经籍所于平阳。由是文治兴焉"（《元史·耶律楚材传》）。

（选自《中国管理思想史》，立信会计出版社，1997年10月第一版）

单宝，上海市财贸管理干部学院教师，主要致力于中国管理思想史研究工作，著述有《中国管理思想史》等。

　　本文为专著《中国管理思想史》中的一节，作者针对元代蒙古族入主中原后、及时调整治国策略、继承儒家社会管理思想、巩固国家政权的现实进行具体的分析介绍，一方面揭示出儒家传统思想在中国封建社会延绵不绝的事实，另一方面也从元代重臣耶律楚材的具体思想观点入手，对元代社会异族如何引入儒家管理思想做了深入具体的探讨，从一个侧面反映出儒家管理思想历史的规律性和现实性。

现代儒商论：企业管理者的道德修养（节选）

苏　勇

　　任何组织的管理,都是通过现实的人实现的,即使有了较好的经济体制和管理机制,组织的效能也要通过人的实际管理和活动体现出来。因此,人自身的素质问题必然影响到管理的现实状况。尤其是作为组织的管理者,由于其在一个组织中发挥着特别重要的作用,他的一举一动、一项决策,不仅关系到他本人,也不仅关系到几个员工,而是可能影响整个组织的命运,因此,管理者本人的素质、他的道德修养以及管理风格,就显得格外重要。

一、何谓"儒商"？

　　儒商,是近来在媒介中出现频率颇高的一个词汇。企业界有人提出"造就一代儒商"的口号,有的还直言自己为"儒商"或要将"儒商"作为自己的追求,一些地方还成立了一些关于"儒商"的研究机构。总之,围绕"儒商"这一中心议题,开始了许多有关的讨论。

　　"儒商",一时成为一个热门话题。

　　中国传统文化中,历来是鄙视商人的。"士农工商",商被排在四业之末,在社会诸行业中居于末尾,甚至更为绝对一些的,还有所谓"无商不奸"的说法。可见对于商人,包括从事实业的人的轻视程度。之所以会形成这样的看法,是和以儒家文化为代表的中国传统文化中"重义轻利"的价值观分不开的。由于长期封建社会的存在,老百姓日出而作,日落而息,自给自足,商品交换极其不发达,因此以从事商品交换为职业的商人在社会中的地位也就较低,不为社会所重视。当然,到了当代社会,实行了市场经济以后,"商"的地位有了明显的改变。但一个极端又发展到另一个极端,一时间出现了所谓"全民经商"的浪潮,商人,包括企业家,又成为全社会人人羡慕的职业。

如今,又有人把似乎和金钱毫不沾边的"儒"和专门与金钱打交道的"商"放在一起,提出了"儒商"这一概念,这又为管理伦理提出了新的课题。它针对管理者,主要是企业家的素质培养,提出了一种新的看法。

那么,何谓"儒商"?

从当前国内关于儒商讨论的一些见解来看,所谓儒商,就是指的从事商业活动的人,尤其是指企业家,虽然他所从事的是一种经济活动,但并不唯利是图,见钱眼开。这些人具有较高的社会责任感,具有较高的文化水平和较健全的文化结构,尤其是对中国传统文化领会较深,并具有较高的道德素质。他们在从事商业行为时,不忘自己的历史使命和社会责任,能较好地处理"义"和"利"的关系。他们所建立的是"温和的金钱关系",追求的是"阳光下的利润"。这就是新一代儒商的基本样式。

不论"儒商"这一提法是否准确,也不论"儒商"是否就完全包括了当前新时代对商人和实业家的要求。"儒商"的讨论和提倡我们认为在管理伦理学上是有着积极意义的,它在如何促使企业经营管理者提高自身素质,加强道德修养,追求更高的社会使命方面都给人以新的启示。

　　"儒商"概念的提出，首先要求我们当代的企业家，要具有崇高的历史使命感。而儒家文化在这一点上，历来是十分提倡的。历史上，佛家对人随机应缘，不问世事；道家专治乱世，功成身退。故治国平天下的担子就落在了儒家身上。而儒家思想对人的要求，就是无论从事何种行业，尤其对具有一定层次的知识分子而言，要有社会和历史使命感，要有"修身齐家治国平天下"的雄心壮志。"位卑未敢忘忧国"，"先天下之忧而忧，后天下之乐而乐"，这些传世的名句，都在教育和鼓舞着一代又一代中华儿女为社会和民族的发展作出自己的贡献，从中也发现自身的价值。而对从事经济工作的人来说，传统儒家伦理中一向主张的"见利思义""以义谋利"，也就是时时在警策他们在赚取利润之时，切不可忘记自己的社会责任和历史使命。这和如今社会主义市场经济体制对企业家的要求，是完全吻合的。企业家作为当今社会发展中的一支重要力量，担负着重大的责任。他们的责任当然是首先为全社会创造物质财富，为社会的物质文明作出贡献。但因为企业和社会的关系十分密切，企业可谓每时每刻都和社会发生着各种各样的联系，而企业的行动在很大程度上又是由企业家来决定的，所以企业家是否具有社会和历史使命感，直接影响着一个企业的文化样式和指向。企业的行动，又或多或少地对社会文化产生影响。这样，企业家的社会和历史使命感将直接对社会产生影响，为社会的经济繁荣、全面进步和人的全面发展服务，可谓是企业经营的最高价值目标，也是对我们的企业家，或曰新一代儒商的要求。

　　"儒商"概念的提出，还要求我们的企业家，必须具有较健全的文化结构和较高的文化水平。由于种种原因，中国目前的厂长、经理人员，绝大多数都是学理工科出身，这些企业家具有较高的技术水平，有的甚至是某一方面的权威或专家，他们对技术问题十分内行,有的在近年来也受过各种各样的管理培训。但这是远远不够的。当代社会所面临的问题越来越复杂。从本世纪初以来,各门科学知识向"统一论""整体论"融合,多学科的综合运用和研究风起云涌。而综观世界上企业领导体制的发展,主要经历了三个阶段,这三个阶段的发展,非常清晰地说明了由于社会发展不同的历史阶段和企业生产的不同特点,对企业家的不同要求:

(1)家长式领导体制阶段

在资本主义发展的初始阶段,企业规模小,技术装备落后,当时的企业主,既是企业财产的所有者,同时又是企业的经营管理者。他们在企业中的地位,等于家庭里的家长,一切活动都由他们说了算。他们的决策,往往凭个人经验进行。这一现象一直延续到19世纪中期。

(2)"硬专家"管理阶段

19世纪中期以后,随着商品经济的发展,企业出现了许多变化。一是规模不断扩大,二是技术水平提高,三是生产方式改变。社会化大生产的出现,使单凭个人经验的家长式领导体制已经不能适应企业发展的需要,代之而起的是以一些在企业中精通生产业务的技术专家,即所谓"硬专家"来进行管理。这些"硬专家"通晓技术,熟悉生产,具有较高的文化程度和一定的管理能力,他们比只凭个人经验的家长式领导要高明得多。

(3)职业"软专家"领导体制阶段

20世纪初以后,企业又有了很大的发展,主要表现在:第一,企业生产进一步社会化,企业之间或企业内部进一步专业化;第二,企业技术水平进一步提高;第三,企业经营的范围日益增大,任务日益繁重;第四,企业规模进一步扩大,内部结构更加复杂,与外部环境的联系也日益密切。企业发展的这些变化,使精通专业技术的"硬专家"也难以适应企业领导工作的要求,于是,以企业管理为职业的"软专家"就应运而生了。这些职业化的"软专家"经过系统经营管理培训，掌握各方面专业知识，具有经营领导才能，比从专业技术岗位上转行担任领导的"硬专家"要更加高明。职业"软专家"的出现，使企业的发展产生了一种巨大的推动力量。我们所熟知的艾柯卡，就是这样一个十分典型的"软专家"。他在被聘为克莱斯勒汽车公司的最高行政总裁之前，克莱斯勒公司正面临着糟糕透顶的状况，连续三个季度亏损达 1.6 亿美元，公司内外交困，濒于破产。而作为职业管理专家的艾柯卡上任之后，运用他丰富的管理知识和高超的管理技巧，采取了一系列措施，经过艰苦的奋斗，终于使克莱斯勒公司起死回生，重新复苏。

　　而我们认为，现代"儒商"应是一种"软""硬"结合的复合型人材。首先，他应该精通经营之道，并尽可能地成为某一专业领域的专家。其次，他需要掌握丰富的管理学知识，来应付企业发展中日益复杂的各种现象。因为管理学本身的发展越来越丰富，而管理在各项工作中的作用也越来越显著。有的西方管理学家曾经指出："一个发达社会的未来可以是光明的、有希望的和充满了指望的，也可能是黑暗的、没有希望的和充满了失望的，这要看你相信哪位'权威'了……不论这两种对立的东西——效率和生活质量之间的真正令人进退维谷的问题的结果是什么，惟一能够肯定的是，将来作出关键选择的是管理者。"[①] 此外，作为一个"儒商"，还需要掌握丰富的社会科学其他领域的知识，诸如心理学、社会学、伦理学等等，这对于一个企业家如何在各项管理和经营行为中，把握住社会和伦理的尺度，有效地行使管理的责任，是极其必要的。

---

　　①　小詹姆斯·H·唐纳利、詹姆斯·L·吉布森、约翰·M·伊凡塞维奇著《管理学基础——职能·行为·模型》第 11、12 页，中国人民大学出版社 1982年 1 月，第 1 版。

"儒商"概念的提出,还要求我们的企业家必须注重自身的道德修养。儒家文化历来十分注重管理者本人的道德修养,重视管理者以自己的模范行为来率先垂范。孔子就曾经提出管理者,还包括统治者,应该"以身作则","其身正,不令而行;其身不正,虽令不从。"孟子还就统治者与被统治者,也就是管理者与被管理者的关系,联系管理者本人的道德修养作了深刻论述:"君之视臣如手足,则臣视君如腹心;君之视臣如犬马,则臣视君如国人;君之视臣如土芥,则臣视君如寇仇。"正是在儒家伦理思想的指导下,中国历代统治者大多都不同程度地重视自身的行为规范与品行,或者说,至少在某些方面对自己要求比较严格。唐太宗李世民就曾总结了历史上各朝代,尤其是唐朝前面隋朝的统治教训,作《帝范》一书,其内容涉及到统治者各方面的行为要求。明太祖朱元璋在去世前三年,把他的统治心得编辑成《皇祖明训》,将皇帝、藩王、臣下这些统治者与被统治者,或曰管理者与被管理者所应遵循的行为规范一一列明。这都说明中国传统文化对管理者自身道德修养的重视。传统的说法叫做"修身"。"物格而后知至,知至而后意诚,意诚而后心正,心正而后身修,身修而后家齐,家齐而后国治,国治而后天下平。自天子以至于庶人,壹是皆以修身为本。"管理者只有自身道德素养提高了,才能在行动中把握住方向。

"儒商"概念的提出,当然最主要的还是对企业家们的行动要求。崇高的社会使命感、较好的文化结构、较高的道德修养,最终要落实在行动上,用行动来支撑起"儒商"这一涵义的实质性内容。

"儒商",既是儒又是商。作为商人,将本求利,追求利润,乃天经地义之事。但既然称为"儒商",就有别于一般的商人,它要求商人在努力追求利润的同时,心中时常揣着一个道德准则,不忘记用社会公认的优秀道德标准来经常检验一下自己的行为,倘若一旦道德标准和逐利行为发生冲突时，"儒商"的选择应该是舍利而求义，绝不能为了一己私利或自己一个企业的利益，而去干出损害或违反社会公德的事情。此外，作为"儒商"，在平时的商业交往中，也应该具有较好的道德规范，第一，要做到诚实守信。恪守信义，履行合同，讲求企业信誉；第二，要做到顾客至上。不论是最终商品的生产者，还是中间产品的生产者，都要把自己的用户——顾客，放在第一位，以顾客满意作为自己销售经营中的行为标准；第三，平等、互尊。在市场经济中，竞争是每时每刻存在的。而作为"儒商"，在竞争中要做到平等和互相尊重，不打击别人，来抬高本企业或企业的产品，也不用卑鄙的手段去挖对方墙脚或损害对方的利益。近来，有些企业通过高薪聘请的方式，来挖同行业其他厂的一些销售人员。而他们的醉翁之意不在酒，其目的是通过这些销售人员，来获取对方的销售渠道，借此来扩大自己产品的销售量，并使对方在竞争中处于弱势。作出这种行为的企业家，显然是不够"儒商"的标准的。

　　关于"儒商"的讨论，富有明显的积极意义。这里面涉及到对传统文化的反思，也涉及到对现代经营管理伦理的思考，更涉及到市场经济下新一代企业家的人格塑造和企业家阶层的崛起。这对于中国市场经济道德伦理的建立和完善，将具有重要的意义。

（选自《儒学与工商文明》，
首都师范大学出版社1999年版）

　　苏勇，经济学博士，复旦大学管理学院企业管理系经济管理研究所教授，博士生导师，主要著述：《智者口才致胜术》、《东亚企业管理》（主编）、《管理伦理》、《管理伦理学》、《管理沟通》（主编）等。

　　作者在"现代儒商论:企业管理者的道德修养"一节中,主要从现代企业管理者的素质修养出发,分析儒家传统"儒商"在当代经济经营中的应然性要求及作为。从而指出儒商不仅要有崇高的历史使命感,还要有较健全的文化结构和较高的文化水平。是专业性的"硬"、文化性的"软"结合的复兴型人才。只有这样的人才,才能在现代企业管理中作出更大的成绩。

万物之灵,儒学贵民与人本(节选)

张绍学

"民 为 贵"

民者,人也。在中国古代,民和人大体上可以通用。至于孔孟等儒学思想家是否将奴隶放在人的范畴之内,此处不打算作过多的探究,只需要从中引申出一点方法论式的结论就可以了。这就是,相对于至此之后存在的社会形态来说,奴隶社会在中华民族史上,无论是在其存在的长短上,还是在其发生影响的大小上,都要短得多、小得多。这与西方世界的情况根本不同。中华民族的历史发展,很少受奴隶制的影响,很少留有奴隶制的"辫子"或"尾巴"。把人不当人,可以说从来就不是中华民族发展史上的一项重要内容;当西方国家还在千方百计地寻找怎样通过贩卖奴隶来实现自己发财致富、营造所谓"文明社会"的时候,中华民族就早已提出"民惟邦本"(《尚书·五子之歌》)的伟大思想,并尽力践行之。在多数人的共同努力下,全世界最强盛的民族出现了,并长存了十数世纪而未衰,这不能不说是一个举世罕见的奇迹! 而这一奇迹的创造,又不能不说是由中华民族的多数人共同努力的结果。而要想发挥多数人的聪明才智和贡献热情,更加不能与"民为贵"的思想相分开。

中华民族从来就有重民的传统。早在《尚书·五子之歌》中,就有这样的论断:"民可近,不可下,民惟邦本,本固邦宁。"《春秋·穀梁传》也有"民者,君之本也"的论断,以肯定民众是君王治国之本。《左传·桓公六年》记载了季梁的一段话,他认为:"夫民,神之主也,是以圣王成民而后致力于神。"西周以来,不少思想家和治国者都顺应时代的要求,提出了诸如"抚民"、"亲民"、"恤民"、"安民"、"利民"、"惠民"、"保民"、"以德和民"等重民主张。由此可见,中华民族的民本(即人本)思想,决不是空穴来风,而是源远流长,有着敦厚的时代背景和深刻的思想意蕴。

在儒家学说中,重民、民本、民贵思想,一直是其基本的理论演化逻辑及重要的理论目标。因为人心向背,历来都是政治得失之关键,社会整治之要害。早在百家争鸣时期,儒、法两家就民心向背问题,表现出两种截然相反的理论思路及政策主张。

在法家看来,君与民的问题是一个截然不同的、其利益根本对立的问题。君王作为统治者,永远也得不到被统治者的爱戴和拥护。既如此,君王在从事政治统治时,就不需要考虑人心向背问题,没有必要得人心。"为政而期适民,皆乱之端也。"(《韩非子·显学》)一个国家的政治,希望到处都能适合民众的口味,那将是社会秩序大乱的开始。因此,法家的治国主张是,"君不仁,臣不忠",不要怕不得人心,重典完全可以使民众屈从。

但儒学思想家则与法家的主张完全相反。他们认为,民心向背是政治成败的关键。并旗帜鲜明地主张,欲得政必先得民心;在人与人之间,主张以仁爱之心相处;在治国上,应广施仁政,并以此来争取民心。《吕氏春秋》说:"主之本在于宗庙,宗庙之本在于民"(《务本》)、"人主有能以民为务者,则天下归之矣"(《爱类》)、"凡举事比先审民心,然后可举"(《顺民》)、"古之君民者,仁义以治之,爱利以安之,忠信以导之。"(《适威》)在《孔子家语》中也有这样的名言:"上者尊严而危,民者卑贱而神,爱之则存,恶之则亡,长民者比

明此之要。"(《入官》)

孟子更是注重民心归顺问题。他从历史上桀、纣覆灭的经验教训中，分析了天下得失的根本原因。他总结道："桀、纣之失天下也，失其民也。失其民者，失其心也。得天下有道：得其民，斯得天下也。得其民有道：得其心，斯得民矣。得其民有道：所欲与之聚之，所恶勿施尔也。民之归仁也，犹之就下、兽之走圹也。"(《孟子·离娄上》)可见，得民心者，得天下；失民心者，失天下。这也就告诉人们，获得天下是有规可循的！即，获得民众百姓的支持，便获得了天下。而获得民众百姓的支持，也是有规可循的。即，找出民众百姓的所欲所望，帮他们实现之；而民众百姓所厌恶的，就不要强加在他们头上！民众百姓向行仁德施仁政的治国者归附，就好像水之向下流、野兽向旷野奔走一样，自然而然，顺理成章。

孟子由此总结到，天地、民众、政事，乃是诸侯国之三件宝。他说："诸侯之宝三：土地、人民、政事。"(《孟子·尽心下》)而在这三件宝中，民众又是最重要的一件宝。他据此得出结论："民为贵，社稷次之，君为轻。"(《孟子·尽心下》)

荀子也指出："天下归之之谓王，天下去之之谓亡"、"得百姓之力者富，得百姓之死者强，得百姓之誉者荣。三得者具，而天下归之。"(《荀子·王霸》)与孟子一样，他的结论也是："君者，舟也；庶人之，水也。水则载舟，水则覆舟。"(《荀子·王制》)成书于汉的《孔子家语》，对荀子的这一结论，作出了恰如其分的注脚："舟非水不行，水入舟则没；君非民不治，民犯上则倾。"

之后，儒学理论家和遵循儒学的实践家，大都将民本理念作为治国的一条主线。汉唐时代贾谊有"民为政本"，唐代有为之君李世民有"国依于民"，理论家柳宗元有"吏为民役"，《三国志》有"夫民者，国之根也。诚宜重其食，爱其命，民安则君安，民乐则君乐"，直至明清时期，还有张居正的"知人安民"、明君康熙的"以足民为首务"、乾隆的"以养民为本",等等。尽管在实践中,民本思想并未得到很好地贯彻执行,但是,这种思想本身,无论在任何时代,都是一条颠扑不破的真理。任何一个清醒的统治者,都应该懂得,一个政权的获得,首先要合民意;其巩固,实现社会的和谐与安宁,更是要得乎民心,顺乎民意。失去民心,违背民意,必定是要垮台的。所以,千万不要忽视民众百姓在国家治理和发展中的根本地位和关键作用。这便是从儒学民本或人本思想中得出的合乎逻辑的结论。

综合儒学思想家的论述,可以将儒学"贵民"思想归纳为以下几个方面①:

第一,民贵君轻。关于民众与官吏(包括君王)的关系问题,在早期的人类社会,大都被颠倒了其真实位置,不自觉地接受"君权神授"的理念,认为官吏(包括君王)是人类社会的天然主宰,普天之下莫非王土,率土之宾莫非王臣。但包括儒学思想家在内的中国古代思想大师,则不赞成这种说法。他们明确地提出,为政之要,乃在于摆正民众与官吏包括君王的关系。总的讲,应该是:民为贵,以民众为主,即"君为民立";官吏应该为民众百姓服务,尽心尽力地为其谋福利,即时时处处以民为贵。

早在春秋时期,晋侯问乐师师旷说,卫国人把他们的国君驱逐了,这不太过分了吗?师旷断然回答道,不,是他们的国君太过分了!如果他们的国君对百姓行仁义,自然就会得到拥护和爱戴,不存在被驱逐的问题。反之,"百姓绝望,社稷无主,将安用之?弗去何为?天生民而立之君,使司牧之,……岂其使一人肆于民上,以其从淫,而弃天地之性?"(《左传·襄公十四年》)《六韬·文韬》补充

---

① 参见田广清主编:《古代治国方略》,第42—69页,成都,四川大学出版社,1995年。

说："天下非一人之天下，乃天下之天下也。"这就表明，正常的君民关系应该是：先有民后有君，君因民而立；民众是社稷之主，百姓绝望，就等于"社稷无主"；如果在借所谓"神授"统治权而"肆于民上"，大施淫威，则民众百姓就可以联合起来推翻他！这种"替天行道"，是顺乎天，宜乎的，这正是民贵君轻的现实表现。

荀子则从社会分工的角度，进一步摆正了君民关系及其各自存在的必要性。他说："人生不能无群，群而无分则争，争则乱，乱则离，离则弱，弱则不能胜物。……君者，善群也。"(《荀子·王制》)从管理学的角度讲，人类要征服自然，需要结群互助。官吏包括君王，乃是人们结群之后所推举出来的善于管理众人之人，狭义地被称之为统治者，广义地可以被称之为治国者或管理者。民需君"牧"，是因为只有这样，才能发挥联合的或"管理"的力量，以更好地认识、改造自然界和人类社会。但同时也就给官吏包括君王的个人素质，提出了更高的要求。他们应当是愿意主动地、不遗余力地为民众百姓谋福利。其首要职责，就是带领民众百姓走上联合之路，以众人之巧，取自然之利。一句话，切实地负起"善群"之责。而决不能假借所谓的"天意"、"神授"之名，大行中饱私欲之实。更不能成为"肆于民上"、"擅一国"之暴君，充当炮制猛于虎之苛政的酷吏。

不做酷吏而应做良吏。何为良吏？唐代思想家柳宗元认为，良吏的基本内涵是，"吏为民役"。他论证道："凡吏于土者，若知其职乎？盖民之役，非以役民而已也。凡民之食于土者，出其什一佣乎吏，使司平于我也。今我受其值怠其事者，天下皆然。岂为怠之，又从而盗之。向使佣一夫于家，受若值，怠若事，又盗若货器，则必甚怒而黜之矣。以今天下多类此，而民莫敢肆其怒与黜罚者，何哉？势不同也。势不同而理同，如吾民何？有达于理者，得不恐而畏乎！"(《送薛存义序》)

　　当然不能将儒学所谓"民为贵"、"民贵君轻"等,与今天的"人民公仆"、"为人民服务"等相提并论。但是,它与近代启蒙思想中的"主权在民"的先进理念,则有其相当程度的相通性。它对于人们正确理解管理中管理者与被管理者之间的关系,是颇具启发性价值的。

　　第二,得民心者得天下。儒学一再强调"道得众则得国,失众则失国"(《大学》)、"天下归之之谓王,天下去之之谓王"(《荀子·王霸》)。那么,统治者拥有了民众,是否就一定拥有了天下呢?不然。历史上,强夺土地城池者,强奸民意者,代代不绝,不胜枚举。他们一时占有了城池,暂时拥有了民众,但随之而来的,则是遭遇更加剧烈的反抗和斗争。何也?一言以蔽之:"得土地易,得人心难。"(《宋史·杨简传》)原来,这些暴君、阴谋家,无论如何,都无法得到民心。他们仅依其力,强夺天下,强奸民意。但是,"力可以得天下,不可以得匹夫匹妇之心。"(苏轼《潮州韩文公庙碑》)即使握有政权和军队,拥有土地和城池,统治着万千臣民,但如果得不到民众百姓的真心拥护和爱戴,这江山与地位,对于统治者来说,又有何益?只不过徒有虚名而已。正如《吕氏春秋·察徵》所讥讽的那样:"不达乎人心,位虽尊,何益于安也?"故而孟子总结道:桀、纣、幽、厉等昏君,之所以失去民者,盖源于"失去心也"。这就告诉人们:"得其民有道:得其心,斯得民矣。"(《孟子·离娄上》)民心不可违。得民心者得天下,失民心者失天下。这是儒学人本管理学所发现的亘古不易的真理。

　　第三,爱民、利民、富民。爱民,无疑是"贵民"或"民本"命题的应有之义。姜尚认为,爱民是整个治国之道的核心:"治国之道,爱民而已。"(刘向《说苑·政理》)孟子将爱民与行仁政相联系,认为所谓"行仁政",就是要与民亲,与民近,就是要爱民。他说:"'戒之戒之!出乎尔者,反乎尔者也'。夫民今而后得反之也。君无尤焉。

君行仁政，斯民亲其上，死其长矣。"(《孟子·梁惠王下》)荀子将爱民与任贤相并列，视为治国的两件大事，缺一不可："君人者，爱民而安，好士而荣，两者无一焉而亡。"(《荀子·君道》)而且，国力的大小与强弱，关键在于是否爱民："爱民者强，不爱民者弱。"(《荀子·议兵》)晋国大夫师旷甚至大胆地提出，君王若不爱民，民众百姓就可以将其拉下马来，另择仁君。前述，卫国君王卫宣公无道不仁，被民众逐出国门。师旷大发议论道：如果卫宣公能够"养民如子，盖之如天，容之如地"，那么，卫国民众百姓对待卫宣公就会"爱之如父母，仰之如日月，敬之如神明，畏之如雷霆，其可出乎？"(《左传·襄公十四年》)此处的类比，多有不妥之处，但师旷的主体思想，则是清楚而明白的。这就是：爱民之君，民则爱之；而苛民之君，民则可以团结起来，将其推翻，赶出国门。这在中国古代，无疑是一个闪光的思想火花。另外，《吕氏春秋》、《中庸》、《史记》等典籍中，关于爱民的训诫，可以说比比皆是，不胜枚举。"行德爱人，则民亲其上；民亲其上，则皆乐为其君死矣"(《爱士》)、"以爱利民为心，号令未出，而天下皆延颈举踵矣"(《精通》)、"子庶民，则百姓劝"(《中庸》)、"时使而诚爱之，则下应之如景响"(《礼书》)。

那么，上至君王下及一般官吏，应当怎样爱民呢？《六韬·文韬》说："善为国者，驭民如父母之爱子，如兄之爱弟，见其饥寒则为之忧，见其劳苦则为之悲，赏罚如加于身，赋敛如取己物，此爱民之道也。"就是要求治国者要居仁怀义，与民众百姓亲如兄弟，情同手足，设身处地，同甘共苦。当然，这在传统中国社会是根本不可能实现的。但儒学将其作为对治国者的道德规诫和对理想社会的向往，并作为其区分治国者素质好坏的标准，无疑是有其重要的理论价值和现实意义的。

爱民之心，固然可贵，但爱民应落在实处。儒学认为，爱民在实践中体现为利民。贵民，应该先利民。孔子认为，"圣人"的至圣之处,乃在于利民。"子贡曰:'如有博施于民而能济众,何如?可谓仁乎?'子曰:'何事于仁!必也圣乎!'"(《论语·雍也》)另有孟子请教子思:"牧民何先?子思曰:先利之。"(《孔丛子·杂训》)

既然利民如此重要,为"成圣"之标准,为"牧民之先",那么,怎样才能更好地利民呢?

首先,要正确认识利民与利国、利君的关系。王夫之认为,利民与利国具有一种内在的一致性,利民即是利国。他说:"规之利不宜计也,而必计利民。"(《读通鉴论》)对于君王来说也是一样的道理。有民才有君,利民即利君也。反之,"不利于民者,终亦不利于君"(郑观应《盛世危言·议院》)。所以春秋时的邾文公才说出这样的话来:"苟利于民,孤之利也。天生民而树之君,以利之也。民既利之,孤必与焉。"(《左传·文公十三年》)有了这样的正确认识,取民与予民的关系就很好摆正了。这就是荀子所说的:"不利而利之,不如利而后利之之利也。"(《荀子·富国》)

其次,治国者应为广大民众百姓的福利着想,为民谋利益,而不能与民争利。苛政、鱼肉百姓等恶行,既非君子所为,亦为治国者之大忌。孟子明确提出"薄赋敛"、"取于民有制",坚决反对"聚敛"和"重赋"。北宋年间,官府对盐民的劳动成果搜刮殆尽,盐民辛苦劳作,却了无收获,于是造成官逼民反。改革家王安石愤怒地对此谴责道:"一民之生重天下,君子忍与争秋毫!"(《收盐》)治国者要想真心实意地为民兴利,就应该干一些实实在在的事情,如兴修水利、开办公共工程等。譬如大禹治水,率民工千万,"开九州,通九渠,陂九泽,度九山。"(《史记·夏本纪》)治国者和百姓真是辛苦有加了。但是,禹无怨,民亦不觉得辛苦,何也?是因为"功成而利于民也"(贾谊《新书·修政语上》)。治国良吏林则徐在江苏任按察史和巡抚期间,十分重视水利建设。1834—1836年间,他不辞劳苦,想方设法,动员民众百姓挑疏所辖管区大小十数条河道,使地区即使遇上大雨、大旱，"岁仍报稔"，受到广大民众百姓的同声赞扬和衷心爱戴。

要兴利，就必须为民除害。为民兴利与为民除害，二者是一致的，是一个问题的两个方面。荀子认为，治国者应该"兴天下同利，除天下同害"（《荀子·王霸》）。《孔丛子》说："顾有惠百姓之心，则莫如一切除非法之事也。"（《杂训》）

关于富民，《论语》中有这么一个故事：孔子到卫国去，弟子冉有为其赶车。孔子说"卫国的人口可真不少啊！"冉有问"既庶之，又何加焉？"孔子不假思索地答道："富之。"即想方设法使民众百姓富裕起来。孔子在讨论另外一个话题时指出，治国者应当重视四个问题：民众、粮食、丧葬和祭祀。一句话，孔子认为富民乃是治国之本，亦是统治之目的。之后的儒学思想家和实践家，一直都谨记孔子关于富民的教诲。据记载，战国间，齐国派使者去问候赵威后。国书还未启封，威后便开口问齐国的年景收成、百姓生活。使者大不高兴，认为赵威后应该先问候齐王。赵威后根据孔子的儒学思想，即兴发挥道："苟无岁，何以有民？苟无民，何以有君？"（《战国策·齐策四》）

实际上，儒学也确实是将百姓的丰衣足食作为国家的头等大事。清代学者唐甄说："众为邦本，土为邦基，财用为生民之命。"（《潜书·卿牧》）既然财用是民众百姓的生存之必需，那么，满足民众的基本生存需求，想方设法富民，就应该成为治国者的头等大事；丢掉这件大事，一切行政措施都将失去其应有的价值。据此，富民，应该成为治国者、有为之君的首要职责。贾谊就说："为人臣者"，应当"以富乐民为功，以贫苦民为罪。"（《新书·大政上》）唐甄甚至进一步提出："廉者必使民俭以丰财，才者必使民勤以厚利。举廉举才，必以丰财厚利为征。"（《潜书·考功》）极力主张在提拔官员时，一定要把能否使民众百姓财物丰饶、经济繁荣作为其重要指标,施行"养民以论功"(《潜书·考功》)。

在富民方面,孟子的"制民之产"管理理念尤值一提。滕文公向孟子请教如何治理国家一事。孟子回答说,治理国家的事情,关心民众乃是最为紧迫的任务。能否关心民众,是民心向背的关键之所在。而要关心民众,核心又是制民之产。为什么这样说呢?"有恒产者有恒心,无恒产者无恒心。苟无恒心,放辟邪侈,无不为已。"(《孟子·滕文公上》)这就表明,让民众百姓拥有一定数量的恒产,是安定人心,稳定社会秩序的必要条件。如果丧失了这个条件,民无恒产,那么,人心就会骚动,百姓就会胡作非为,甚至会犯上作乱,使社会无法安宁。因此,明智的治国者应该从富民的立场出发,授予民众百姓一定的恒产,以确保其过上丰衣足食的美好生活,这便是仁君之品格及治国方略,"是故明君制民之产,必将以仰足以事父母,俯足以畜妻子,乐岁终身饱,凶年免于死亡,然后驱而之善,故民之从之也轻。"(《孟子·梁惠王上》)而一旦达到"老者衣帛食肉,黎民不饥不寒"的理想状态时,那些致使致力于富民的有为治国者"然而不王者,未之有也。"(《孟子·梁惠王上》)

第四,察民性,顺民情。民众百姓是国家的根本,是社会的主体,而他们都是一些有血有肉、有思想感情、有欲望需求的活生生的人。因此,治国者要想得民心顺民意,就必须了解民众的所思所想;要想做爱民之事、兴利民之举,首先必须掌握民众的欲望和感情。儒学认为这是治国理政的前提和关键。《孔子家语·入官》就说:"君子莅民,不可以不知民之性而达诸民之情。既知其性,又习其情,然后民乃从命矣。"徐幹引用儒典巧妙地比喻道:"大禹善治水,而君子善导人;导人必因其性,治水必因其性。"(《中言·贵言》)

尽管有少数流变中的儒学家主张禁欲,从"存天理,灭人欲"等荒谬的理念出发,要求治国者想方设法限制百姓的欲望。但绝大多数儒学家是力主公开承认、合理引导、尽量满足民众百姓的欲望的，并以此作为衡量一个治国者是否施仁政、政绩是否显赫的基本标志。

那么，民众百姓有哪些基本欲望呢？《吕氏春秋》指出了一点："民无常处，见利之聚，无之去。"（《功名》）孔子列举了两点："饮食、男女，人之大欲存焉。"（《礼记·礼运》）而荀子概括出了三点："饥而欲饱，寒而欲暖，劳而欲休。"（《荀子·性恶》）其他思想家还作了一些研究和概括。归结起来，诸如生活安定，能吃得饱、穿得暖、住得好，指望有劳有逸有娱乐，还企求荣耀与富贵，等等。这些欲望，大体上相当于马斯洛层次需要论中的生理需要和安全需要，属于低层次的需要。至于高层次的需要，如发挥自己的聪明才智而在事业上取得成就；参政议政管理国家大事；实现自我价值等，这类欲望或需要，在君权至上、漠视个人价值的封建专制社会，儒学家的思想也就被局限住了，没有人明确地将这类高层次的欲望或需要提出来。这是由儒学人本管理学的时代局限性造成的。

满足民众百姓欲望的方式及方法很多。其中最主要的，是治国者与民同欲、同利、同乐。《礼记》提出："民之所好好之，民之所恶恶之。"否则，"好人之所恶，恶人之所好，是谓拂人之性，菑必逮夫身。"（《大学》）如果不能很好地将治国者自己的欲望与民众百姓的欲望统一起来，一致起来，那肯定是要出乱子的。怎么办呢？根本的办法就是"与人同欲"。因为与民众百姓同欲，则"尽济"（《左传·昭公四年》）。"与人同忧同乐、同好同恶者，义也；义之所在，天下赴之"、"同天下之利者，则得天下。"（《六韬·文韬》）而与民同欲最关键的，就是要根据民众百姓的觉悟和意愿足之，而不能以"长官意志"去代替之或强求之："若责民所不为，强民所不能，则民疾，疾则僻矣。""故君子莅民，不临以高，不导以远，不责民之所不为，不强民之所不能。"（《孔子家语·入官》）

第五,取信于民。对民众百姓讲信用,使民众百姓信任官府朝廷,这既是治国成败的一个重要施政准则,又是民本思想的核心内容。前述关于儒学的诸多民本理念,都可以归结为这一点,或者说都是这一点在不同侧面的具体表现形式。

《论语·颜渊》中有一段话,清楚地表达出了孔子关于取信于民的主张:"子贡问政。子曰:'足食,足兵,民信之矣。'子贡曰:'必不得已而去,于斯三者何先?'曰:'去兵。'子贡曰:'必不得已而去,于斯何先?'曰:'去食。自古皆有死,民无信不立。'"在孔子看来,粮食充足、国防有保障、民众信任官府朝廷,是治国理政的三个基本条件。假若不得已需要去掉其中两条,那么宁肯去掉军备和粮食,也不能失去民众百姓的信任。因为,取得民众百姓的信任,是国家之宝,是政事之本。即所谓:"不宝金玉,而忠信以为宝"(《礼记·儒行》)、"信以结之,则民不背"(《礼记·缁衣》)、"诚者,君子之所守也,而政事之本也"(《荀子·不苟》)、"政莫大于信"(贾谊《新书·修政语上》)。

法家也讲取信于民。在《史记·商君列传》中,有一个"商鞅立木树信"的故事。该故事说:"孝公……以卫鞅为左庶长,卒定变法之令。……令既具,未布,恐民之不信,已乃立三丈之木于国都市南门,募民有能徙置北门者予十金。民怪之,莫敢徙。复曰:'能徙者予五十金。'有一人徙之,辄予五十金,以明不欺。卒下令。"这个故事的真实性,已无考证的必要。在此只想借此说明,赫赫有名的商鞅变法,乃是一件前无古人、震惊朝野的社会大改革。它不仅要触及、尤其要调整每个人的实际利益。它不仅要改变、尤其要使社会公众心悦诚服地接受、拥护,并积极地参与变法的行列中来。那么,怎样才能取信于广大民众百姓呢?作为胸怀大志的治国者商鞅,通过"立木树信",就很形象而令人叫绝地解决了这个重大问题。此一壮举,被刘禹锡称赞为"徙木之信必行,则民不惑,此政之先也。"(《答饶州元使君书》)被列宁称为"中国十一世纪时的改革家"王安石也赋一首《商鞅》诗，盛赞"立木树信"对治国者的启发意义："自古驱民在信诚，一言为重百金轻。今人未可非商鞅，商鞅能令政必行。"

后期的中国封建社会，民本思想走入了歧途。这时的民本思想，徒有其表，有名无实，仅仅将其挂在统治者们的口头上，而没有任何践行之具体措施。贪得无厌的大大小小的官僚政客们，满口华丽的"裕民"或"贵民"辞藻，但骨子里头却无时不在盘算着如何"役民"、"贱民"！他们对民众百姓的压榨和掠夺，比起其早期或中期的"朱门酒肉臭，路有冻死骨"、"苛政猛于虎"来，简直有过之而无不及！这显然是不正常的，是十分荒谬的，是逆人类文明而动，必须来一个根本性的改变！

（选自《以人为本——儒学爱民与现代管理核心》，
西南财经大学出版社，1998年8月第一版）

张绍学，西南民族大学处长、教授。主要著述有《公司财务理财学》等。

本节选自作者的《以人为本——儒学爱民与现代管理的核心》一书。在著作中，作者对儒学关于以人为本的理念进行了较为全面而系统的梳理，并且与西方管理学中人本化趋向相比较，从而得出儒家以人为本的管理核心观念。管理者出于"人"，被管理者亦出于"人"，从后一"人"出发，落实为"民为贵"的人本管理学命题。本节主要分析儒家"贵民"思想及其管理的机理性。对儒家管理思想作了较为深入的开掘和正面意义阐发，所论颇具新意。

20世纪儒学研究大系

传统易学与现代管理思想

一、《易》为管理之书

《周易》是由《易经》和《易传》两种不同性质的书所组成。《易经》大约形成于殷周之际,本为卜筮之书,属于巫术文化范畴。《易传》包括十翼,是对《易经》的一部解释性的著作,大约于战国末年经多人之手陆续完成,就其思想内容的基本性质而言,则是一部哲学之书,与《易经》本文的那种卜筮巫术大异其趣。但是,在几千年来的经学传统中,向来是经传不分,把《周易》看成是一部完整的著作,认为《易经》的卜筮与《易传》的哲学并不存在任何矛盾,而是有机地结为一体,具有统一的性质。按照这种看法,《周易》中的卜筮经过哲学的改造,是一种哲学化了的卜筮,而不同于原始的蒙昧的巫术,其中的哲学是在卜筮的基础上建立起来的,用以趋吉避凶,指导人们的决策行为,而不同于那些单以理性认识为目的的较为纯粹的哲学。这种看法实际上是把《周易》看做既非卜筮之书,亦非哲学之书,而是一部管理之书,尽管其中包含有卜筮与哲学两种不同的成分,却在管理思想上得到了有机的统一。由于这种看法是以《易传》的经典表述为依据的,所以在易学史上一直占据着主流地位,成为人们的共识。

《易传》反复强调,《周易》的阴阳哲学不仅是对客观世界的一

20世纪儒学研究大系

种纯理性的认识,而且与人们的决策管理活动紧密相连,具有强烈的实践功能。《系辞》说:"夫《易》何为者也?夫《易》开物成务,冒天下之道,如斯而已者也。是故圣人以通天下之志,以定天下之业,以断天下之疑。"所谓"开物"即开达物理,"成务"即成就事务。这是认为,《周易》是一部"开物成务"之书,其中的易道囊括了天地万物之理,可以启发人们的智慧,开通人们的思想,把这个易道用于处理实际的事务,就能通权达变,决断疑惑,采取正确的行动,做成一番事业。《系辞》进一步阐述这个思想说:"夫《易》,圣人之所以极深而研几也。唯深也,故能通天下之志,唯几也,故能成天下之务;唯神也,故不疾而速,不行而至。"所谓"神"即阴阳变化神妙不测的客观规律,"几"即阴阳变化的苗头,吉凶祸福的先兆。这是认为,《周易》这部书,其根本之点在于"极深而研几",教人深刻地掌握阴阳变化的客观规律,用来指导主体的行为,使之达到随机应变,应付自如的神妙境界。当人们有所行动,有所作为,面对着复杂变幻的客观形势而举棋不定、犹豫不决之际,只要向《周易》请教,就能得到满意的回答。因而《周易》这部书把认识客观规律和人们对这种规律的利用两者结合起来,指导人们根据形势的变化采取正确的决策,实质上是一部"开物成务"、"极深研几"之书,也就是一部关于决策管理之书。

　　从发生学的角度来看,关于决策管理的思想,早在人类文化发展的蒙昧阶段就已经有了萌芽。当时人们的思维水平极为低下,所掌握的知识也很贫乏,他们为了实践上的需要,迫切关心自己的行为所带来的后果,于是通过卜筮来预测吉凶祸福,作出估计和决定。虽然卜筮属于一种幼稚的宗教巫术,不可能正确地认识客观环境,但是表现了早期人类试图根据客观环境来决定主体行为的努力,其中包含着决策思想和管理思想的最初萌芽。大约到了殷周之际,人们把卜筮的记录再加上一些对客观环境的观察和生活经验汇编成书,用来指导人们的行为,解答诸如狩猎、旅行、经商、婚姻、争讼的一类问题,《易经》这部卜筮之书,就是一部以巫术文化为背景的决策管理之书。到了春秋战国时期,人们的思维水平提高了,所掌握的知识丰富了,能够把客观环境看成是一个由天道、地道、人道组成的大系统,并探索出支配这个大系统的根本规律是一阴一阳。这是认识上的一大飞跃。人们扬弃了《易经》的宗教巫术,而发展为《易传》的哲学思维。但是《易传》作为一部解经之作,并没有否定卜筮,只是站在阴阳哲学的高度对卜筮进行了创造性的转化,《易经》的那种把认识与行为紧密相连的思维模式是被完整地继承下来了,因此,《易经》和《易传》虽然产生的文化背景不同,所代表的思维水平不同,但就其用于决策管理的基本性质而言,是完全相同的。

　　汉代以后,易学分化成为"两派六宗"。历代的易学家,无论是属于何派何宗,都把《周易》看作是一部管理之书,并且结合具体的历史条件和时代需要来发挥其中的管理思想。比如汉代的易学认为,"凡《易》八卦之气,验应各如其法度,则阴阳和,六律调,风雨时,五谷成熟,人民取昌,此圣帝明王所以致太平法"(《易纬通卦验》)。魏晋时期,阮籍作《通易论》,称《周易》为变经,认为其中所讲的变化之道是决策管理所必须遵循的规律。"顺之者存,逆之者亡,得之者身安,失之者身危。故犯之以别求者,虽吉必凶;知之以守笃者,虽穷必通"。宋代是易学研究的繁荣时期,各家各派的易学都致力于发挥《周易》的安邦定国、经世济民的管理思想,强调《周易》的实践功能,比如胡瑗称《周易》为"明体达用"之书。李觏认为《周易》的主旨在于"急乎天下国家之用","君得之以为君、臣得之以为臣"(《易论》)。欧阳修指出:"六经皆载圣人之道,而《易》尤明圣人之用。吉凶得失动静进退,《易》之事也。"(《送王陶序》)程颐指出:"《易》,变易也,随时变易以从道也。""凡六爻,人人有用。圣人自有圣人用,贤人自有贤人用,众人自有众人用,学者自有学者用,君有君用,臣有臣用,无所不通。"(《易传序》,载《遗书》卷十九)杨万里在《诚斋易传》中进一步指出,《周易》不仅讲"变",而且讲"通变"。"变"是就客观事物的变化而言,"通变"则是指人们主观上的应变之方。客观事物的变化有得有失,有治有乱,并不尽如人意。圣人为此感到忧虑,从管理的角度研究使现实符合于理想的通变之道,这是作《易》的根本用心所在。这种通变之道能够启发人们的智慧,指导人们的决策,"得其道者,蚩可哲,愚可淑,眚可福,危可安,乱可治,致身圣贤而跻世泰和,犹反手也"。明代的改革家张居正就十分推崇《诚斋易传》。他在政务繁忙、日理万机之际,仍然抽出时间热心地研读,并从中汲取决策管理思想,指导自己的改革事业。他在《答胡剑西太史》的信中谈了自己的心得体会。他说:"弟甚喜杨诚斋《易传》,座中置一帙常玩之。窃以为六经所载,无非格言,至圣人涉世妙用,全在此书。"张居正所说的"涉世妙用"就是杨万里所说的"通变之道",也就是《系辞》所说的"开物成务","极深研几",总的意思都是指蕴涵于《周易》中的博大精深的决策管理思想。

由此可以看出,《周易》作为一部管理之书的基本性质为历代的易学家所一致认同,其中的思想精髓在以后的历史进程中不断得到新的阐释和发挥,最终形成了一整套的中国式的管理学体系。这个体系不仅拥有一系列决策管理的操作原则,而且提炼出一套具有普遍意义的管理学基本原理,并发展出了一种体现着东方智慧的管理哲学。易学管理思想作为中国传统文化的一部分,经历了几千年历史的反复锤炼,凝聚着中华民族的智慧,我们应当珍惜这份宝贵遗产,发掘出其中属于全人类的超越时代的普遍意义,使之在现代社会的生活中继续指导人们的思想和行动。

二、管理的最高目标

《周易》认为,管理所追求的最高目标就是"保合太和"。这是
《周易》的核心思想,它的一整套管理哲学都是以这个基本的价值
观念作为理论支点的。《乾卦·彖传》指出:"乾道变化,各正性命,
保合太和,乃利贞。首出庶物,万国咸宁。""太和"即最高的和谐,
包括人与自然的和谐以及人与人之间的和谐,"保合太和"即通过
人的主观努力,加以保合之功,不断地进行调控,使之长久保持,来
造就一种符合人所期望的万物繁庶、天下太平的良好局面。自从
《周易》提出了这个太和境界,在二千多年来的封建社会中,一直是
著名思想家和政治家奋力追求的境界。封建社会的所谓治世,就
是太和境界在某种程度上得到了实现。相反,如果太和境界被破
坏,就成了乱世了。中国的封建社会是在一治一乱的循环往复中
曲折地前进的,历代的思想家和政治家殚思竭虑地探索由乱到治
的转化,或者探索如何长久地保持治世的局面,防止它向乱世转
化,都是围绕着太和境界这个最高理想进行的。

《周易》对管理目标的这种设定,并非出于主观的一厢情愿,而
是根据对支配客观世界的阴阳规律的深刻理解,本着推天道以明
人事的精神而立论的。照《周易》看来,整个客观世界是由阴阳两
大势力组成,处于普遍的联系之中,是个一体化的大系统,表现为
大化流行的动态的过程,生生不已,变化日新,其内在的动力机制
则是阴与阳的协调并济,相反相成。阳之性为刚健,阴之性为柔
顺,阳之功能为创生,阴之功能为成全,阳居于领导地位,阴居于从
属地位,此两者的关系,既对立,又统一,相互依存,彼此感应,由此
而形成的"天地交泰",这就是宇宙的和谐,自然的和谐。但是,天
地无心而成化,鼓万物而不与圣人同忧,无计度,无目的,不会有什

么管理行为,管理行为是人类所特有的,必须设定一个价值取向,有计度有目的地来经营谋划,重新安排。天地无心,人类有心,天地无为,人类有为,这是宇宙的自然史与人类的文明史的根本区别所在。《泰卦·象传》说:"天地交泰,后以财成天地之道,辅相天地之宜,以左右民。""天地交泰"是指自然界的和谐规律,"裁成"、"辅相"是指人类的管理行为。管理之所以必要,是因为天能生物而不能辨物,地能载人而不能治人,天与人各有不同的分职。管理之所以可能,是因为人类可以推天道以明人事,顺应自然界的和谐规律来参赞天地之化育,促进事物的发展,并且谋划一种和谐的、自由的、舒畅的社会发展的前景,使得社会领域的君臣、父子、夫妇的人际关系能够像天地万物那样调适畅达,各得其所。因而按照本然之真来设定应然之善,把价值理性建立在科学理性的基础之上,就成为《周易》的管理哲学的一个基本着眼点。

　　《周易》用形象化的说法把人类的管理行为比喻为"经纶"。经纶的本义是指治理乱丝,理出头绪,使之由紊乱无序的状态变为井井有条的有序状态。《周易》认为,人类的管理行为也和这种治理乱丝的活动类似。《屯卦·象传》说:"云雷、屯。君子以经纶。"屯卦的卦象☳坎上震下,坎为云,震为雷,云在雷上,将雨而未雨,表示刚柔始交,阴阳尚未和洽,象征着屯难之世。就天象而言,这是天地造始之时,雷雨之动充盈于宇间,冥昧混沌,万物萌动,虽有蓬勃之生机,却是艰难丛生,整个世界呈现出一片紊乱的无序状态。就人事而言,情形也同样如此,和谐的秩序尚未建立,社会很不安宁。君子观此卦象,推天道以明人事,应该发扬刚健有为的精神,要像治理乱丝一样,理出丝绪,编丝成绳,使之由无序变为有序。"经纶"这个词用的引申义,指的是对国家政治的良好的管理。后来人们常常用"满腹经纶"来形容一个人具有卓越的政治智慧和管理才能。

　　"经纶"所指向的目标既是一种和谐的秩序,也是一种有秩序的和谐。秩序是结构性的原理,和谐是功能性的原理,由于阴与阳的关系分中有合,合中有分,所以秩序与和谐的有机的统一内在于阴与阳的关系之中,是易道的本质。照《周易》看来,宇宙自然的组织是由两个不同的方面共同构成,一方面是阴阳之分,一方面是阴阳之合,二者缺一不可。《系辞》上说:"天地絪缊,万物化醇;男女构精,万物化生。""天地"、"男女",指的是阴阳之分。"絪缊"、"构精",指的是阴阳之合。就阴阳之分而言,天尊地卑,男女有别,两两相对,各正其位,在结构上表现为一种有层次等级的正常秩序。就阴阳之合而言,天与地相互感应,男与女匹配交合,化育万物,生机盎然,在功能上表现为一种融洽无间结为一体的和谐。人类社会的组织是效法宇宙自然的组织建立起来的,不仅要强调阴阳之分,也要重视阴阳之合。如果人类社会的人际关系只有阴阳之分而无阴阳之合,就会像否卦的卦象所象征的那样,形成否结不通的状态,造成"上下不交而天地无邦"的后果,整个社会失去了联系的纽带,分崩离析,陷入解体了。相反,如果只有阴阳之合而无阴阳之分,就会上下不分,贵贱不明,秩序混乱,社会生活也难以正常地运转。因此,和谐必须以秩序为前提,秩序也必须以和谐为依归,人类社会的组织只有同时满足这两方面的要求才能合理,而所谓管理行为,其实质性的含义也就是尽可能地在阴阳之分与阴阳之合的错综复杂的关系中保持一种动态的平衡,对组织目标进行不懈的追求。

　　《周易》根据这个思想设计了许多理想的模型。比如节卦☵坎上兑下,其卦义为制度之名,节止之义。《彖传》解释说:"节亨,刚柔分而刚得中。苦节不可贞,其道穷也。说以行险,当位以节,中正以通。天地节而四时成,节以制度,不伤财,不害民。"从卦象来看,坎为刚,兑为柔,刚上而柔下。卦的六爻,三刚三柔平分均衡,而且九五、九三两刚爻又分居上下卦之中位。这就是"刚柔分而刚得中",象征着一种合理的制度。因为刚居于领导的地位,遵循中正之道的准则,柔服从刚的领导,诚心配合。刚与柔的配置有分有合,同时满足了秩序与和谐的双重要求,所以无往而不亨通。所谓"节",既是一种制度,也是一种衡量的标准,总的目的是要效法天道,做到"不伤财,不害民"。如果过分强调刚柔之分,以致为节过苦,就成了一种痛苦的制度,称之为"苦节",这是人们所不能忍受的,而且"苦节不可贞",这种制度也不可能维持长久。相反,如果着眼于和谐,则人们就会自觉地接受制度的约束,做到"安节"、"甘节",既能安于各自所应处的地位,又能普遍地感到心情舒畅。

在《周易》六十四卦中,既济卦☵坎上离下,六爻皆正而位当,六二、九五既中且正,象征社会组织系统把阴阳之分与阴阳之合这两个不同的方面结合得恰到好处,由结构生发出高效率的功能,而功能又反过来促进结构的稳定,是一种最理想的社会模型,所以称之为既济。既济就是万事皆济,所有的事情都已成功。既济卦的六爻,阳居阳位,阴居阴位,刚柔正而位当,象征着尊卑贵贱的等级秩序业已完全理顺,无丝毫颠倒混乱的现象。初与四,二与五,三与上,阴阳刚柔,彼此相应,象征着各种人际关系业已完全协调配合,事事亨通,没有丝毫抵触阻塞的现象。特别是六二柔而得中,既中且正,与九五之刚中相应,说明柔小者也获得亨通。柔小者既已亨通,则刚大者更是亨通,所以无物不通。很显然,六爻的配置既有刚柔之分,又有刚柔之合,既是一种秩序井然的等级制度,又是团结合作,和谐统一。从既济卦的卦象,可以具体地看出阳刚与阴柔发扬优势互补所形成的一种中和之美。"易道贵中和"。中和有不同的表现形式,唯有既济的卦象表现得最为完美。但是,由于阴阳变化不测,有序会朝着无序转化,所以尽管既济卦的爻位配置达到了最佳状态,仍然要本着《周易》所固有的忧患意识,居安思危,致力于调整,使之得以长久地保持。《象传》指出:"水在火上,既济。君子以思患而预防之。"这种"思患而预防之"的管理行为,目的就在于保持中和之美,也就是"保合太和"。因而"太和"、"中和"、"保合"这三个基本的价值观念,也就成为《周易》的管理哲学的核心思想和理论支点。

三、管理的操作原则

由于人类社会的组织是一个动态的结构,而不是封闭的体系,在阴阳刚柔两大势力不断推移运动的过程中,常常出现否塞不通、阳刚过头、阴柔太甚等等复杂的情况,甚至彼此伤害,不可调和,迫使安定转化为动乱,和谐转化为冲突,就既成的事实而言,人们每日每时所体验到的大多是这种违反心愿的动乱与冲突,而不是那种符合理想的太和境界。《周易》的忧患意识就是由这种事实与价值、现实与理想的严重背离激发而成的。为了克服这种背离,人类的管理行为必须一方面把太和境界树立为奋力追求的理想,根据理想来观察现实,评价现实,另一方面必须对现实处境进行清醒的理性的分析,以忧患之心思忧患之故,找出动乱冲突的根源,否则就根本无法采取正确的决策,拨乱反正,使现实符合于理想。

王弼在《周易略例》中指出:

> 夫卦者,时也;爻者,适时之变者也。夫时有否泰,故用有行藏;卦有大小,故辞有险易。一时之制,可反而用也;一时之吉,可反而凶也。故卦以反对,而爻亦皆变。是故用无常道,事无轨度,动静屈伸,唯变所适。

这是认为,卦以六爻为成,代表一种特定的"时运",一种由阴阳刚柔不同的排列组合所形成的具体的形势。爻则代表在此特定时运与具体的形势中的人们应变的行为。爻是服从于卦的,人们的行为是受总揽全局的形势所支配。就一时之大义而言,有时大通,有时否塞,有时正面的势力上升,君子道长,小人道消,有时反面的势力上升,小人道长,君子道消。这种总揽全局的形势是人们所不能随意左右的。但是,人们可以根据每卦六爻的排列组合对形势作出全面的估计,采取"适时之变"的对策。如果估计正确,行为得当,尽管形势不利,也可化凶为吉。相反,如果估计错误,行为不当,尽管形势有利,也会带来凶的后果。因此,"用无常道,事无轨度",管理的操作原则首先是要处理好人与时的关系,而这种关系也就是主体与客体的关系、行为与环境的关系、主观能动性与客观必然性的关系。顺时而动,必获吉利,逆时而动,将导致灾难。主体行为是否正当,并不完全决定于主体行为的本身,而主要决定于是否适应客观环境的需要。人们只有审时度势,认清形势,才能推动形势朝着有利的方向转化,对社会组织进行有效的管理。

在易学的管理思想中,时是一个极为重要的范畴,《艮卦·象传》说:"时止则止,时行则行,动静不失其时,其道光明。"《周易》六十四卦,每一卦代表一种时。历代易学家对此六十四卦之时十分重视,作了各种各样的分类。比如孔颖达从冲突与和谐相互转化的角度分为四类。他说:"然时运虽多,大体不出四种者,一者治时,颐养之世是也;二者乱时,大过之世是也;三者离散之时,解缓之世是也;四者改易之时,革变之世是也。"(《周易正义·豫卦》)李觏从时有大小的角度分为两类。他说:"是故时有大小。有以一世为一时者,此其大也;有以一事为一时者,此其小也。以一世为一时者,否、泰之类是也,天下之人共得之也;以一事为一时者,讼、师之类是也,当事之人独得之也。"(《易论》)李光地则根据时之所指分为四类。他说:"消息盈虚之谓时,泰、否、剥、复之类是也。又有指事言者,讼、师、噬嗑、颐之类是也。又有以理言者,履、谦、咸、恒之类是也。又有以象言者,井、鼎之类是也。四者皆谓之时。"(《周易折中》)这几种分类,虽然着眼点各不相同,但都把时看作是社会组织或人类事务在某一特定阶段上存在的状态,作为一种客观的因素制约着人们的行为。

既然人们的行为受到客观因素的制约,不能随心所欲,那么人们的决策管理活动也就只能追求一种相对的合理性,有限的合理性。如果说太和境界是管理的最高的价值理想,一旦落实到具体的操作过程使之与现实相结合时,就只有部分的实现,决不可能全部实现,即令暂时达到了天地交泰、万事皆济的状态,也要在客观因素的制约下向着反面转化,比如泰转化为否,既济转化为未济。从这个角度来看,管理的操作不在于追求绝对的完美,只能要求自己在与客观因素打交道的时候少犯错误,犯了错误能及时改正。孔子曾说:"加我数年,五十以学《易》,可以无大过矣。"(《论语·述而》)《系辞》指出:"爻也者,效天下之动者也,是故吉凶生而悔吝著也。""吉凶者言乎其失得也,悔吝者言乎其小疵也,无咎者善补过也。"欧阳修在《易童子问》中对这个思想作了很好的阐释。他说:"童子曰:君子亦有过乎? 曰:汤、孔子,圣人也,皆有过矣。君子与众人同者,不免乎有过也,其异乎众人者,过而能改也。汤、孔子不免有过,则《易》之所谓损益者,岂止一身之损益哉?"这是认为,任何人都不能保证自己一贯正确,谁都避免不了犯错误,《周易》教导人们自觉地迁善改过,不犯大的错误,这也就是易学管理思想的本质所在。

所谓吉凶是就行为的后果而言,失得是就行为的本身而言,这是一种因果关系,行为之失导致凶的后果,行为之得导致吉的后果。虽然易学强调行为必须"随时",只有联系到客观环境和具体处境的发展变化才能对行为的本身作出合理的判断,但并非主张面对着不合理的现实退让妥协,随波逐流,同流合污,做一个毫无理想追求的乡愿,而是主张把"随时"和"从道"有机地结合起来。

"随时"是手段,"从道"是目的,手段是为目的服务的,因而管理的操作既要"随时"又要"从道",判断行为之失得不仅要看它是否具有现实的可行性,而且要看它是否服从于作为组织目标的价值理想。

照《周易》看来,管理是一种普遍的参与,人人都要"随时变易以从道"。这是因为,在一个社会组织系统中,无论居于何种地位的人,其行为都会对整体产生直接的影响,维护社会整体的利益是每个人义不容辞的责任。基于这种考虑,《周易》通过象数结构中的爻位关系,把中正规定为一种普遍适用的制度化的行为准则和价值标准。一卦六爻,第二爻为下卦之中位,第五爻为上卦之中位,爻居中位,是为居中,履中,象征守持中道,行为不偏。一、三、五为阳位,二、四、六为阴位,凡阳爻居阳位,阴爻居阴位,是为得位,得位为正,象征行为合乎阳尊阴卑的等级秩序。按照这种规定,人际关系中的各种行为都可以用中正的标准来衡量,并且明确地区分为四种不同的类型,或者不中不正,或者中而不正,或者正而不中,或者既中且正。《周易》认为只有既中且正才是尽善尽美的,阴阳双方都应该使自己的行为趋向于这个标准,这也就是所谓"随时变易以从道"。这个道即通变之道,管理之道,无论处于何种形势,是顺境还是逆境,是治世还是乱世,中正都是人们共同的行为准则,应该始终坚持,毫不动摇。比如同人卦☲离下乾上,六二、九五既中且正,二者志同道合,于同人之时能以正道通达天下之志。如果社会组织系统遇到危机,处于蹇难之时,阴阳双方也只有"反身修德",使自己的行为合乎中正的准则,才能和衷共济,渡过难关,蹇卦☶艮下坎上,山上有水,蹇难之象,但是二、三、四、五爻皆当位,各履其正,特别是六二、九五,既中且正,相互应和,这就为匡济蹇难准备了有利条件。

中的规范是适应于阴阳交感的要求,强调阳的行为不能过于刚直,阴的行为不能过于柔顺,必须合乎中道,始能相辅相成。正的规范是适应于等级秩序的要求,强调阴阳各当其位,行为正直,不相伤害,合乎尊卑有序的原则。很显然,此二者都是从既有阴阳之分又有阴阳之合的社会组织中自然引申出来的,因而自然成为人人都应遵循的准则。如果阴阳双方的行为不中,便无从完成交感,组建社会;如果行为不正,就会贵贱不分,尊卑不明,失去应有的节制。因此,阴阳双方的行为是否中正,直接关系到秩序的稳定,社会的和谐。

就中与正这两个行为准则相比较而言,中比正更重要,中着眼于和谐,正着眼于秩序,这也就是说,在管理的操作过程中,和谐的原则比秩序的原则更为重要。因为由和谐而产生的诚信是阳刚阴柔两大对立势力团结合作的精神纽带,可以使整个组织系统笼罩着一种发自内心的敦实笃信的气氛而同心同德,彼此信赖,以和谐为基础来建立一种阴阳各当其位的秩序,自是顺理成章,不会有任何的困难。如果正而不中,只有秩序而无和谐,虽然也能建立一种“上守其尊,下守其卑”的有序的等级,但是由于缺乏组织系统赖以存在的精神纽带,就会产生“上下不交,卑不上承,尊不下施”的彼此隔绝的局面而离心离德,变成了否道。因此,管理的操作应该以中率正,以正求中,尽可能地做到“居不失其正,动不失其应”,在秩序与和谐之间保持一种动态的平衡。

四、易学与现代经营管理

《周易》以阴阳哲学为核心,对管理过程的两个重要环节进行了深入的研究,一是依据太和理想来确定管理的目标,二是依据现实的环境来选择管理的方法,由此而建构了一整套具有中国特色的管理思想的体系。但是这个体系毕竟是农业文明的产物,而不是以工业文明为基础的现代管理思想,加上历代易学大多把它用于国家政治的管理,没有也不可能联系现代工商企业管理的实际作出解释,用今天的眼光来看,自有其历史的局限性。虽然如此,由于这个体系凝聚了中华民族的智慧,具有普遍的哲学意义,只要我们善于发掘,进行创造性的转化,仍然可以使之在现代继续发挥其指导作用。

孔子曾说:"人能弘道,非道弘人。"《系辞》指出:"化而裁之存乎变,推而行之存乎通,神而明之存乎其人。"作为一个现代的企业家,生活在现代的市场经济的条件下,为了把易学用于现代的经营管理,关键在于发扬主体意识,联系到现代人所面临的实际问题去"化而裁之","推而行之","神而明之"。大致说来,《周易》作为古代的一部关于决策管理学的专著,对现代经营管理的指导作用可以从五个方面去深入发掘:一是"刚柔立本"的组织原则;二是"变通趣时"的达变原则;三是"圣人成能"的调控原则;四是"仁以守位"的用人原则;五是"崇德广业"的领导者自身的修养。

刚柔立本是《周易》成卦的基础,也是组建管理机构的一条总的原则。就组织系统的构成元素来说,不外乎阳刚与阴柔两个方面。阳刚发挥创始、主动和领导作用,阴柔发挥完成、实现和配合的作用,二者的作用虽然不同,却都具有同等重要的地位,只有当它们结成一种刚柔并济、阴阳协调的关系,才能组建为一个稳定的有效能的管理机构。卦有六位,位分阴阳,由刚柔两爻分别交杂而居之,蔚然而成章,有条而不紊,形成一种井然有序的状态。六爻在其各自所居之位,尽伦尽职,安排得当,配置合理,人尽其才,事称其能,既充分发挥每一个个体的固有的潜能,彼此之间又在整体上产生功能性的协调,这就是所谓"各正性命"。由于阴阳六位是固定不变的,刚柔两爻则是经常在流动变化,并不固定在某个一定的位置上,因而出现各种不同的组合情况,其组织结构也不会一成不变。是否自觉地遵循刚柔立本的组织原则,直接关系到企业经营成功与否及管理水平的高低。目前有许多企业的管理机构层次不分,职责不明,上下掣肘,动作失调,不能产生应有的效率而完成企业预定的计划,究其原因,多半是由于在设计组织之时处于盲目的状态,违背了刚柔立本的原则。

在把管理机构建成一个稳定、协调、有效率的系统之后,必须进一步研究变通趣时的达变原则,使管理系统能够适应外界环境的变化,变通趣时,立于不败之地,求得生存,求得发展。由于企业组织是一个开放的系统,不能脱离外界环境孤立地存在,而在现代化的市场经济中,环境的变化则是极为迅速,这就要求管理者必须全面地收集环境变化的信息,掌握市场的动向,采取变通的方法去主动地适应,提出正确的对策。当有利的时机悄然到来,应该毫不迟疑地紧紧抓住,去建功立业,争取企业有一个更大的发展。因为机不可失,时不再来。如果不能变通趣时,这个千载难逢的时机将会转瞬即逝,使垂手可得的功业失之交臂。当企业遇到不利的条件处于穷困之时,不必悲观消极、惊慌失措,应该冷静下来去谋求应变之方。因为"穷则变,变则通,通则久"。穷困只是暂时的现象,发展到极点总是要变化的,关键在于自己能否正确对待,发挥主观能动性,变不利为有利。唯有变通才能争取到企业长久的生存权,否则,将难逃衰亡的厄运。作为一个现代企业的管理者,必须对环境的变化有较为敏感的反应和很高的适应能力,无论是遇到有利的条件或不利的条件都应如此,做到与时偕行。这是维持企业在迅速变化的环境中得以生存和发展的重要原则。

企业的经营管理是一个动态的过程,要求企业的领导人随时根据新情况、新问题不断进行调控,以克服主观与客观之间的矛盾,使企业的运转始终保持一种良性的循环,能够顺利地实现自己的组织目标。由于主观与客观之间的矛盾是永恒存在的,人对客观规律的认识不能一次完成,因而决策和计划的实施总是会发生或大或小的"错误",与客观实际不相符合。所谓"调控",就是在信息反馈的基础上对这些"错误"进行修正,以求得主观与客观、动机与效果的统一。《系辞》指出:"天地设位,圣人成能。"成能就是成就天地不能成之功。天地自然的客观规律无思无为,对人事的吉凶祸福漠不关心,但人可以根据对客观规律的认识来谋求事业的成功。离开了人的努力,事业固然不能成功,违反客观规律而盲目行动,事业也是不能成功的。为了进行有效的调控,必须"顺天应人",同时照顾到两个方面。"顺天应人"是说上顺天理,下应人心。天理指客观规律,人心指人们的利益、要求和愿望。这两个方面有时会发生矛盾,或者顺天而不应人,或者应人而不顺天。一个最合理的调控原则是把两者有机地结合起来,既顺天又应人。如果能做到顺天应人,就可以把广大职工的积极性调动起来,群策群力,按客观规律办事,去制变宰物,对事物的发展进行有效地调控。

人才是决定一个企业兴衰成败的关键,韩愈曾说:"世有伯乐,然后有千里马,千里马常有,而伯乐不常有。"意思是说,人才是到处都有的,但是善于识别人才的人却不常有,因此,为了企业的兴旺发达,领导者应该知人善任,为人才发挥作用提供良好的精神条件和物质条件。《系辞》指出:"何以守位曰仁,何以聚人曰财。"这是说,只有以仁爱忠厚之心把人才荟萃于自己的周围,才能巩固领导者的地位,至于聚集人才的途径则是依靠财物。这句话把精神条件和物质条件两方面都提到了。就精神条件说,领导者应该豁达大度,有一个宽广的胸怀,能够容纳蓄养各种不同类型的人才,不可偏狭固执,妒贤嫉能,排斥异己,任人唯亲。其实,每个人都有一定的长处,因而每个人都可以说是一个人才,只是常常由于领导者不善于识别,没有把他摆在适当的岗位上,用其所长,以致埋没了人才。因此,领导者是否具有"容民蓄众"的宽广胸怀,是能不能广泛延揽人才的一个重要关键。就物质条件说,领导者必须"厚下安宅",关心职工的生活,使他们得到较为优厚的福利保障,从而安心工作,更好地发挥积极性。一个优秀的企业家,应该尽可能地创造条件,把企业的利益和职工的利益结为一体。如果领导者对职工的疾苦关怀备至,就会激发职工对企业的忠诚。反之,如果不闻不问,漠不关心,就会造成职工与企业之间的利益上的对立,从而挫伤职工的积极性。

在管理活动中,领导者的素质的高低,修养的好坏,对企业的兴衰成败具有决定性的作用。一个好的领导者常常能妙手回春,使一个濒临于破产的企业焕发生机,扭亏为盈。相反,一个差的领导却往往把一个运作正常的企业带入绝境,这个道理已经为大量事实所证明。易学十分重视领导者的修养问题。《系辞》指出:"夫《易》,圣人所以崇德而广业也。"崇德是就人的修养方面说,广业是从成就事功方面说。崇德是广业的必要条件,广业是由崇德所自然结成的硕果。因此,作为一个企业的领导,对自身的修养决不可等闲视之。易学认为,"自强不息"与"厚德载物"是领导者应该具备的两个最重要的品德,这两个品德也就是天地之德,乾坤之德。乾之德刚健,坤之德柔顺,刚健故积极进取,柔顺故宽厚博大。一般人通常只有其一而不得全,或偏于阳刚,或偏于阴柔。对于一个优秀的领导者来说,则应该提出更高要求,把阳刚与阴柔结合起来而成其中和之美,虽刚健但不刚愎自用,虽柔顺但不优柔寡断。此外,"革故鼎新"的开放改革精神也是领导者所不可缺少的。革故是改革旧事物,鼎新是建设新事物。一个领导者若无这种精神,因循保守,头脑僵化,蹈袭陈规,不思振作,将会落后于形势,跟不上潮流,最终为时代所淘汰。易学认为,"穷神知化"是领导者的修养所达到的最高境界。这是一种哲学的境界,一方面对事物的客观规律有着深邃的了解,另一方面对领导艺术有着很高的造诣,炉火纯青,出神入化,能够应付裕如,无往而不自得。如果达到了这个境界,这就由必然王国进入到自由王国了。

（选自《儒学与中国文化现代化》,中国人民大学出版社,1998年10月第一版）

余敦康,湖北汉阳人。中国社会科学院世界宗教研究所研究员,中国科学院研究生院教授,博士生导师。长期从事儒学、玄学及易学的研究。主要著作有《何晏王弼玄学新探》、《中国哲学论集》等。

作者在《易学中的管理思想》一文中,不但别辟蹊径提出儒家重要原典著作《易》为一管理之书,而且还分别就《周易》中的管理目标,管理操作原则等进行了多方面的论述。尤其分析易学中的精髓对现代经营管理的启发和作用,指出如何借鉴易学原理进行具体的经营管理操作。就其学术视角与探析深度而言,堪称儒家传统管理思想研究的独到创辟之作。

安人蓝图，现代管理根本目标（节选）

蒋永穆

1. 孔子的"内圣外王"

孔子的安人蓝图可以概括为四个字："内圣外王"。人们经过道德修养和道德践履，形成了内在的良好的思想道德品质，这就叫"内圣"。人们再把内在的"圣功"施于外而为"王政"，这就是"外王"。梁启超认为："内圣外王之道一语，包举中国学术之全体，其旨归在于内足以资养，外足以经世。"（《孔子研究》1987 年第 4 期，第 14 页）因此，孔子的"内圣外王"挑明了内在修养与外在事功的和谐统一关系。人君治国必须以个人德性修养为基础，要实现理想的社会秩序，就不能不将个人内在品德净化与完善，由此才能由我而化众，进入人我交融、安平乐富的理想社会。因此，孔子仁政德治之学，实质上是"内圣外王"之学。孔子说的"修己以敬"、"修己以安人"、"修己以安百姓"（《论语·宪问》），其中的"修己"就是"内圣"，其中的"敬"（认真工作）、"安人"、"安百姓"是"外王"。这几句，是由我而及人、及百姓，点出了内圣外王的真谛。《大学》所讲的治国之道，也就是内圣外王之道：

"大学之道，在明明德，在亲民，在止于至善……

"古之欲明明德于天下者，先治其国；欲治其国者，先齐其家；欲齐其家者，先修其身；欲修其身者，先正其心；欲正其心者；先诚其意；欲诚其意者，先致其知；致知在格物。物格而后知至，知至而后意诚,意诚而后心正,心正而后身修,身修而后家齐,家齐而后国治,国治而后天下平。自天子以至于庶人,壹是皆以修身为本。"

《大学》所说的"格物",是指推究事物的原理;"致知",是指获得知识。"格物"、"致知"、"诚意"、"正心"、"修身"是"内圣","齐家"、"治国"、"平天下"是"外王"。这就对先秦"内圣外王"的安人蓝图作了系统的理论化的总结,将"内圣、外王"各加以条理化,分出了格、致、诚、正,以及修、齐、治、平的实施层次,从而集中的阐发了统治者及天下百姓的个人修养与治国策略的内在联系。

孔子的内圣外王思想就其所体现的时代意义讲,是立足于封建宗法家族型的社会,要人从事大学之道,以个人的修养为核心,通过修身、治国、平天下的由内及外的步骤,以把个人的能量逐步释放于社会,来维持安定和谐的社会秩序,实现儒家理想的大同社会。先儒们处在春秋战国之际,战乱频繁,社会动荡,人心思定,孔子的安人蓝图,折射出他对动荡不安的社会现实的不满,表达了他对天下太平、人民安居乐业的向往和追求。《大学》发展了孔子的"内圣外王"思想,"格物、致知、诚意、正心、齐家、治国、平天下"的设计蓝图,系统地阐述了"穷理、正心、修己、治人"之道,这种宏观的结构就是:究天人之际,明修身之道,述治国宗旨,即从哲学的高度认识宇宙,以伦理准则规范人生,最后归结为封建社会的治国平天下。无论是从立论的高度,还是触及的深度,以及涉及的广度,都可以看出,儒家治国方略的这一套思想体系的博大精深。

2. 孟子的"养民模式"

说到孟子的养民模式,人们往往只注意到他为庶民们设计的"五亩之宅"、"百亩之田"的乐园。其实,孟子对养民模式的设计应包括政治、经济、精神三个方面。

在政治上,他主张"民为贵,社稷次之,君为轻"(《孟子·尽心下》)。按照朱熹的理解,就是"国以民为本。社稷亦为民而立,而君之尊又系于二者之存亡"(《四书章句集注》)。总之,民心的向背为国家政权安危所系,国君要把本身利害放在这一前提下来考虑。天子一旦失去民众,接着社会失去国家政权,无民无国也就是无君可言。孟子的主张是以历史的经验教训为据。他多次谈到汤伐桀、武伐纣的问题。桀、纣酷虐,施行暴政,受到民众的反对,虽然他们居于君位,但实际上失去了做天子的资格,最后被汤、武所灭。汤、武杀死他们,也只是杀死了一个"独夫"(残暴无道的独裁者)而已。而汤、武能"救民于水火",所以受到民众的爱戴和支持,终于得天下。可见,在孟子看来,政权的更迭,君王的易位,都取决于民众的态度。在社会的政治结构中,民众是基础和前提,甚至起着决定性的作用。

在经济上,他主张"制民之产","取于民有制"。他说:"五亩之宅,树之以桑,五十者可以衣帛矣。鸡豚狗彘之畜,无失其时,七十者可以食肉矣。百亩之田,勿夺其时,八口之家可以无饥矣。"意思是:"在五亩大的宅园中,种植桑树,那么,五十岁以上的人都可以有衣穿了。鸡狗与猪等家畜家家都注意繁殖饲养,那么,七十岁以上的人都可以有肉吃了。一家人有百亩的耕地,不去妨碍他们的生产,那么,几口人的家庭可以吃得饱了。"(《孟子·梁惠王上》)这就是制民之产。他又说:"贤君必恭俭礼下,取于民有制。"意即"贤明的君主一定认真办事,节省费用,有礼貌地对待部下,征收赋税有一定的制度(《滕文公上》)。这制就是"薄其税敛",说得更明确些,就是实行"井田什一"(即"每一方里的土地为一个井田,每一井田有九百亩,当中一百亩是公田,其余八百亩分给八家作私田)制,以减轻老百姓的经济负担。

孟子的"制民之产"是小农经济的产物。这种建立在手工劳动基础上的农业生产必然是以简单再生产的方式延续,世世代代生产规模都在同一水平上重复,自然无法满足人们不断增长的物质文化需求，有历史的局限性。尽管如此，他主张给人民一定的生产与生活资料，使人们能够上奉父母，下养妻子，过上较为温饱的生活，其主观愿望是非常好的。他的"井田什一制"也是不现实的。井田制是将一大片耕地划分为九个同面积的井型耕地，将它作为耕作和分配的制度，这是脱离实际的空想，根本不可能实施。以井田制为基础的"什一而税"即按收成的十分之一纳税也就是空谈。更何况，不因时因地因人因年成好坏实事求是的确定纳税比例，而把"什一而税"加以绝对化，凝固化，这也不合情理。不过，他的"什一而税"与孔子以"周公文典"责难季孙的"以田赋"一般，二者形成虽异，实质一样，即从推行仁政的目的出发，要求统治者不要竭泽而鱼，杀鸡取蛋的无限制搜刮，而应对老百姓剥削得轻一些。后来的封建社会中，儒家的开明人物大多引用孔孟的说法申明"省刑罚、薄税敛"的重要意义，形成所谓的"让步政策"，用以安定民心，维护封建统治。

有精神上，主张与民同忧乐。他说："乐民之乐者，民亦乐其乐；忧民之忧者，民亦忧其忧。乐以天下，忧以天下，然而不王者，未之有也。"意思是："以百姓的快乐为自己的快乐，百姓也会以国王的快乐为自己的快乐；以百姓的忧愁为自己的忧愁，百姓也会以国王的忧愁为自己的忧愁。和天下的人同忧同乐，这样还不能使天下归服于他，是从来不曾有过的事。"(《孟子·梁惠王下》)

孟子的与民同忧乐，是他仁政的组成部分，精神是要求统治者要关心民众的疾苦。孟子与齐宣王两次对话都强调了与民同忧乐的精神。在封建社会中，统治者的欢乐是建筑在生灵涂炭的基础上的。要他们关心民众疾苦，与民同忧同乐，从根本上讲，是不可能的。但孟子的这一思想对后世的影响却很深远，至少成了人民用来褒贬君主的一大原则。这对封建统治者不顾人民死活的思想言行有一定的遏制力量。少数"明君圣主"也利用孟子与民同忧乐的思想来争取民心以维护其统治地位,这在客观上对人民还是有利的。唐《贞观政要》上有一段比较可靠的史料:贞观二年,京城天旱,蝗虫大起。唐太宗到农村视察庄稼,看见蝗虫,顺手抓了几个。他对蝗虫说:"人以谷为命,而汝食之,这是危害百姓啊。百姓有过失,责任在我一人身上。你们这些蝗虫都是有灵性的,只当啃咬我的心,不要害百姓。"说着,就把蝗虫往嘴里送。左右急忙规劝说:"你吞下蝗虫恐怕要生病的,不能吃下去。"太宗说:"我希望把老百姓身上的灾难移到我身上,为什么要逃避疾病呢!"于是就吞下去了。唐太宗这一行为不能说没有受"与民同忧乐"的思想的影响。

以上就是孟子设计的养民模式。这种模式以他的民本思想为理论基础,中心内容是"安人惠民"以实现"保民而王"的王道主张。孟子这些思想在我国几千年的封建社会中起着协调社会矛盾的作用。可以说,孟子的民本主义思想像一根轴线,历代统治者的政策措施都是围绕这根轴线上下波动。当统治者注意了人民的重要作用,实行的政策与这根轴线接近时,社会的阶级矛盾就趋于缓和,人民的生活条件就有所改善,创造力能得到一定的发挥,社会生产力得到迅速发展。当他们偏离这根中心轴线较远时,社会的阶级矛盾就比较尖锐,生产力的发展就会停滞,甚至受到某种程度的破坏。我国几千年封建社会的历史,就是这样波浪式的曲折地前进的。

3. 荀子的"王道乐土"

荀子的"王道乐土"实际上是一种"大一统"思想。"大一统"出自《春秋公羊传》的传文中。古人因字义而生词义联想,将"大一统"附会成建立一个地域宽阔、民族众多、民主专制、中央集权的庞大帝国。荀子把"大一统"思想描绘成下面这个样子:"一天下,财万物,长养人民,兼利天下,通达之属,莫不从服,六说者立息,十二

子者迁化,则圣人之得势者,舜禹是也。"(《荀子·非十二子》)

　　大意是说:统一天下,管理万物,养育人民,使天下人民普遍受益,凡人迹所到之处,没有不服从的,六种邪说因而立即被制止,十二子也随着转变,这便是得到权势的圣人,舜和禹就是这样的人。荀子的"一天下"就是实现"大一统",核心是"安人"与"惠民"。"通达之属,莫不从服,六说者立息,十二子者迁化"是"安人","财万物,长养人民,兼利天下"是"惠民"。因此,荀子的"大一统"指的是重视(推崇)统一的政治社会,建立一个秩序化、合法化的基础,即这种统一必须是符合道德的王道大一统,而不是霸道或强道的大一统。王道大一统的国家,能够"财万富,长养人民,兼利天下",对天下百姓来说,这样的"大一统",当然是"王道乐土"了。

　　其实,盼统一不只是荀子,孔孟皆然。孔子为春秋晚期"礼崩乐坏"的动荡局面感到不安。他说:"天下有道,则礼乐征伐自天子出;天下无道,则礼乐征伐自诸侯出。……天下有道,则政不在大夫。天下有道,则庶人不议。"(《论语·季氏》)这段话道出了孔子的统一思想。很遗憾,他把统一的希望寄托在"复周礼"上,这是历史的倒退。孟子提出"定于一"的主张,他把"仁政"作为统一的法宝,这比孔子在统一的道路上前进了一步。而荀子"一天下"的方针是争取人心的归服。在这一点上,荀子比孔孟要进步得多。他说:"取天下者,非负其土地而从之之谓也,道足以壹人而已矣。彼其人苟壹,则其土地且奚去我而适它!"(《荀子·王霸》)就是说,所谓夺取天下,并不意味着别人要带着土地来跟随你,而是君主治国之道能够统一人心罢了。如果那些人被我们统一了,那么他们的土地怎么会离开我们,而到别的国家去呢? 所以,荀子主张修明政治,即"修政其所"来争取民心。荀子还用周公南征为例,说明修明政治、争取民心的重要及进行统一战争的正义性。荀子统一天下的总方略是:"齐言行,壹统类,而群天下之英杰,而告之以大古,教之以至顺。"(《荀子·非十二子》)就是说,要统一人们的言论、行动,统一治世的纲纪,把天下英雄集合起来,告诉他们上古帝王的业绩,并教导他们最高的治国道理。为统一制造舆论,制定法度,培养人才,这就是荀子"大一统"的方略。荀子为实现"王道乐土"的政治理想奋斗了一生。自此以后,荀子的"大一统"思想便成了我国千百年来的主导思想。荀子之后的进步思想家和有所作为的帝王无不接受荀子"一天下"的思想。历史反复证明,只有国家统一,民族团结,社会稳定,经济文化才能得到发展。在中华民族的历史上,统一是主流,分裂是暂时的。从公元前 221 年秦始皇统一中国算起,到 1840 年鸦片战争结束,在两千多年的历史中,祖国统一的时间占了一千三百多年。即使在暂时分裂的时期,一些忧国忧民之士也一直把祖国统一作为毕业奋斗的愿望。荀子是我国历史上坚持统一的先驱者。他坚持"大一统"的思想从积极的方面影响了中国两千多年,为中华民族的形成和发展提供了一份十分珍贵的遗产。

4.《礼记》的大同世界

与古希腊哲学家柏拉图的所谓"共产主义"差不多在同一时期问世的,是《礼记·礼运》篇中的"大同世界"。内容是:

大道之行也,天下为公。选贤与能,讲信修睦。故人不独亲其亲,不独子其子,使老有所终,壮有所用,幼有所长,鳏、寡、孤独、废疾者皆有所养。男有分,女有归。货恶其弃于地也,不必藏于己;为恶其不出于身也,不必为己。是故谋闭而不兴,盗窃乱贼而不作,故外户而不闭,是谓大同。

大意是:在实行"大道"的年代,是以天下为天下之人共有。选举贤能之士共同治理天下,人人讲求信义,相互帮助,不单单爱戴自己的父母,不单单把自己的儿女当成儿女,而是将慈爱推而广之,使社会上的老者得以享乐天年,壮者得以为社会贡献才力,幼儿得以生长在一个良好的环境中，鳏寡孤独之人及残废者都能得到丰厚的供养。男的各自尽力从事自己的职务，女的各有自己的家庭，既不把资源委弃了无用之地，也不将其据以自己独享；既不要有力不肯出力，但也不能光为自己干事。这样的话，就不会有损人利己，勾心斗角的事情发生了，也不会有偷盗劫夺、杀人越货的勾当出现了。虽有门窗，那也不过是为阻挡风雨的，而不是为了防坏人的，这样的世道便可以称之为大同了。

应该说，上面描绘的这幅图景是相当美妙的。它说明，中华民族自古以来就怀有天下为公、世界大同的崇高的社会理想。这种理想正是对人类进入私有制社会以来的种种丑恶现象的否定，表达了对古代传说中的三皇至尧舜时代，财产公有，没有剥削压迫的原始氏族社会或原始共产主义社会的怀念与向往。在《礼记·礼运》的作者看来，"大同"产生于遥远的过去，要重建"大同"，必须等到遥远的将来。要实现重建"大同"的远期目标，还得回过头来从恢复周礼，重建小康开始，因此，《礼运》篇在紧承"大同"的描绘之后，又勾勒小康社会的蓝图：

今大道既隐，天下为家，各亲其亲，各子其子。货力为己。大人世及以为礼，城郭沟池以为固，礼义以为纪。以正君臣，以笃父子，以睦兄弟，以和夫妇，以设制度，以立田里，以贤勇知，以功为己。故谋用是作，而兵由此起，禹汤文武成王周公，由此其选也。此六君子者，未有不谨于礼者也。以著其义，以考其信，著有过，刑仁讲让，示民有常。如有不由此者，在执者去，众以为殃。是谓小康。

大意是说，现在"大道"既已隐没，天下成了一家一姓的私有财产了，各人只顾爱戴自己的父母，各人只顾把自己的子女当成子女，资源和劳动力都成了私人所有，权力也变成世袭制了，别人不得染指。由于这样，为了保护自己的利益，便设置了坚固的城郭沟池的防御设备,制订了礼义,用以确立君臣的名分,强调父子之间的慈孝,兄弟手足之间的友爱,夫妇之间的和谐。同时还设立各种制度,以划分田里,以尊重勇力和智能。把功绩作为个人所有,于是欺诈取巧的各种谋略随之发生,相互间残杀的战争也跟随出现了。在这样的时代里,禹、汤、文王、武王、成王、周公算得上最了不起的人物了。这六位仁德君子,都能恪守礼制,并发扬光大其意义,考验信实,不隐过失,而且还以仁义为典范,讲求礼义,给人们指明行为的正轨。如有不遵从礼制的,虽然有权势,但也必定会被斥而逐之,让人们明白祸根罪首,这样的世道,可称之小康。

小康讲的是夏、商、周(早期圣王)三代的家天下制度。这时,产生了家庭,私有制、国家应运而生。礼法制度、军队、警察、监狱、法庭等国家机器也应运而生。禹、汤、文、武、成王、周公是学而为圣人,是修身而后齐家、家齐而后国治天下平的。"三代"虽未及"大同",但其礼义法纪仍然完美,人们仍是讲信修睦、"刑仁讲让"。所以,大同和小康都还是王道大一统。区别只在于前者用禅让,如尧让舜、舜让禹,而后者讲征诛。禹之后,汤、文、武、成王、周公都是以有道伐无道,通过征战杀伐,诛戮像桀纣这样逆天的暴君,然后建立王朝。受天命而改制,"替天行道",理所当然。

就这样,《礼记·礼运》的作者假托孔子之口,将古代理想社会划分为"大道之行,天下为公"的"大同"与"大道既隐,天下为家"的"小康"两个档次,并作为自己追求的远期目标和近期目标。没有近期目标,只有远期目标,容易陷于空泛而不实际;没有远期目标,只有近期目标,又容易追求近期效益而陷于鼠目寸光,不能有大的发展。可见,《礼运》大同,把实现理想分两步走,先实现小康,后实现大同,这样的考虑是相当合理的。《礼运》大同不只是指示了理想社会的彼岸,还指示了达到理想彼岸的道德途径。那就是《礼记·大学》所云:"意诚而后心正,心正而后身修,身修而后家齐,家齐而后治国,国治而后天下平。"意诚心正,指道德主体的理性自觉,修身齐家是道德实践,治国平天下是实现道德理想。可见,大同的宏伟目标要靠道德主体的理性自觉,并通过道德实践活动使之实现。

(选自《安人惠民——儒学事功与现代管理的效绩》,
西南财经大学出版社,1998年第一版)

蒋永穆,四川大学教授。

在专著中作者认为儒家"安人"学说是儒家管理思想中的重要范畴,对中国几千年的封建社会产生了深远影响,成为人们所共同向往的"仁政"、"王道"、"大同"、"太平世界"等理想境界,成了国家管理目标中的根本目标。在所选本节中作者通过对这一范畴的揭示描绘。突破了传统对于儒家政权统治论的见解,提升了儒家管理目标论的层次。同时就这一理念的现实性而言,可以推进社会的各种管理类别,不仅仅着眼于经济利益,同时要注重人性实现的绩效。

20世纪儒学研究大系

知 人 善 任

——儒学尚贤与现代管理用人之道(节选)

王世达

用人之道,道归何处?

在任何形式的管理中,用人都居于管理的中心地位,发挥着主导作用,用人是管理的管理,用人就是管理,用人论是管理之本论。

在管理文化的视野中,用人理想与管理理想相偕同驰,共同趋向于管理的理想状态;而管理的理想,归根结底是用人的理想,是一切基于人,一切为了人,一切服务于人的全面发展。

管理之道 归于用人

在本书中,我们反复强调论证的一个思想是,管理的成败固然取决于众多因素的作用与参与,关于管理成败得失的思索,眼光也有多种维度,但如果要探究管理最根本的东西为何,又都可以归为两个字:用人。人是管理的中心,用人是管理之道中起关键作用的因素。管理之道,归于用人。

一个重要的管理公设 儒家用人论过去是只在历史学和政治思想史的范围内讨论的,当我们现在在管理学的范围内研究它时,不能不注意到,它已是一个管理学内的"公设现象"。即是说,"管理之道,归于用人"的道理在所有管理者和管理理论那里,已是不必论证、不需论证、为经验所肯定的既成事实。这是一个重要的管理公设。公设是不需解释、毋须论证、先行假定为真的前提性的命题,它为经验直观所证实,其正确性真理性是不争的。

用人是管理的前提、基础、核心和决定性环节,既已成公理性的认识,本已不需我们多作强调,但我们既要全面审视儒家用人论,就不得不再进行一番辩析。

早在两千多年前,儒家智者便深刻地洞悉了"管理之道,归于用人"的至理。虽然儒家讲用人带有某种模糊、宽泛和不精确的色彩,与现代管理用人论有一定差距,但儒家言管理,最大的特点便是始终抓住用人这个根本的东西,将其置于关乎国家安危和事业成功与否这样的高度来认识和实践,这也是儒家管理用人论最重要的思想价值之所在。

孔子弟子宓不齐"治单父,弹鸣琴,身不下堂而单父治"。孔子对其给予了高度的评价,他说:"夫举贤者,百福之宗也,而神明之主也。不齐所治小也,不齐所治大者大,其与尧舜继也。"(《说苑·政理》)孔子认为,任用贤能是所有正确有利的措施中最根本的措施,任用贤能,则不仅单父这样的小地方可以治理,就是大国同样也可得到治理,而开创如同尧舜那样大治的伟业。

三国时曹操之所以在创业之初三次发布"唯才是举"令,就在于他认识到只有敞开选用人才的大门,才能在群雄争霸的局势中为实现统一大业奠定基础,因而具有"求贤之急"的紧迫感和不拘一格录用"贤人君子与之共治天下"的决心。曹操这一远见卓识可以从他与袁绍的一段精彩对话清楚地看到。据《三国志》记载,他们在论及今后事业"何所可据"时,袁绍以为"南据河,北阻燕、代,兼戎狄之众,南向以争天下",强调以"力"取胜。曹操则认为"任天下之智力,以道御之,无所不可"。袁绍仅仅以"力"(暂时的力量优势)取胜,结果是败亡;曹操"任天下之智力",结果大胜。历代的儒家学者充分肯定曹操将用人置于最重要地位的做法,肯定这是他事业成功的关键,肯定得人才者得天下。

　　唐太宗李世民,作为中国封建帝王中颇有建树的政治家,之所以能取得"贞观之治",其雄才大略的一个重要方面便是深黯用人之道,始终坚持"致安之本,惟在得人","能安天下者,惟在用得贤才"(《贞观政要·择官》)的原则选贤任能,从而造成"唐多能臣,前有汉,后有宋,皆所不逮"(《读通鉴论》卷二十)的盛世。回顾几千年治国平天下的风云,总结管理文化的成败得失,可以得出一个很重要的管理结论:成也用人,如宓不齐,如曹氏,如唐太宗;败也用人,如赵括纸上谈兵,如诸葛亮挥泪斩马谡。

　　对于成功的管理来说,资本和技术固然十分重要,但更为重要的是人。人在管理中起着最核心的作用。人可以创办一个公司,也可以毁掉一个公司,一个有高超技术的专业人才随时可能离开公司,去与其原公司竞争,甚至把人员挖去创办自己的企业。当现代社会向未来飞速前进的时候,管理最渴望得到的财富是人才,包括任何可能得到的人才。这导致组织的主导原则的巨大变迁,那就是"由控制企业的管理转变为造就最优秀的人才和能对变化迅速做出反应的领导"(约翰·奈斯比特《90年代大趋势预测》)。为了吸引并保留优秀人才,灵活性成为规范人事政策的座右铭。IBM公司的发言人迈克·肖尔就曾说过:"通过对全体职工调查,我们得出一个明确无误的信息,那就是灵活性。"美国坦德姆计算机公司的老板詹姆斯·特雷比格就把"共同奋斗而获成功"作为公司的格言,这位曾在惠普公司做过六年销售经理的老板,其成功很大程度上得益于他在惠普公司学到的以人为中心的管理方式。坦德姆公司首创了风行于硅谷的一些福利津贴形式,譬如星期五下午的啤酒欢宴、职工游泳池,每个职工都享有股票买卖特权以及一整套优厚的福利刺激办法。公司把明智地处理人员之间的关系与敏锐的观察力结合在一起:你再也不能只顾追求利润的最大化而猛榨公司的雇员。公司确实具有很大程度的平等,公司的战略是把雇员作为人来对待,因为公司认识到,在高技术公司中,脑力劳动是最为重要的资源。其实,从更广大的范围来审视这一点,结果是同样的。亚洲环太平洋地区的迅速发展,向世人清楚地表明,即便穷国,只要对人才资源进行足够的投资,置于核心的位置,哪怕没有丰富的自然资源,同样可以步入发达的世界行列。

统驭全局　在于用人　"管理之道,归于用人"之所以能在人们的经验直观中成为管理的公设性的东西,主要来自于用人对于管理全局的统驭性。让我们先从管理的定义说起。

现代人关于管理的概念有许多种:譬如管理是对整个系统运动、发展和变化的有目的、有意义的控制行为;管理是信息不断输入、输出和反馈的过程;管理是制定和运用数学模型与程序的过程;管理者所从事的是使环境和对象有序化、确定化的过程,在本质上就是一个负熵的过程;等等。这些定义由不同的学科概念范畴加以规定,都从一个特定的角度反映了管理的本质。由用人论的角度,我们亦不妨对管理加以定义:管理是获取、分配和利用一切资源以实现组织目标的过程。资源分为人力资源、物力资源及其他资源。很明显,人力资源支配其他一切资源。人是管理中起决定作用的要素,是管理资源中最重要的资源。一切工作总是靠人来完成的,管理的一切活动总是围绕用人的局部与全局、战略与策略的考虑来展开的。这是管理的人本性。管理的人本性,不只指管理要依靠人、服从于人的全面发展,而且指人及用人对管理全局的统驭性。管理的人本性导致几乎所有的管理理论都构建于关于人的种种假定的理论基础之上。

让我们再看看管理中诸要素的关系。管理可看作是由以下五个基本要素所构成的:管理主体、管理容体、管理目的、管理职能和方法,管理环境和条件。在这五个基本要素中,管理主体是决定一切的。管理就是在一定条件下,管理主体为了达到一定的目的,运用一定的职能和手段,对管理客体施加影响进行控制的过程。恰如荀子所言:"君子也者,道法之总要也,不可少倾旷也。"(《致士》)荀子固然未用今人那样明确的"要素语言"来说话,但他确乎指出了管理主体(君子)是客体和目的、手段、环境条件——"道法(路线、政策、法规)"的总揽和统驭,不可一时一刻放松。管理又可以看作是由以下五大基本职能组成的体系:计划、组织、指挥、协调、控制。这五大职能显然都具有统驭性,但跟管理用人比起来,其作用当然就相对弱化了。管理只有通过用人来计划、组织、指挥、协调、控制管理资源中的种种要素,才能使整个管理活动得以运行并实现管理活动的终极目标。用人既关乎管理主体,又关乎管理客体,既关乎管理职能和方法,又关乎管理环境和条件,更关乎管理目标的实现,它在管理活动中是无所不在,无时不有,贯串全局,涵盖始终的。同时,用人论又集中地反映着管理的难度、深度与高度,反映着管理的模糊性和不可测性,驾驭人之不易远远胜过驾驭物之不易。离开用人,管理只是一句毫无意义的空话。在此意义上,用人决定管理,用人即管理,管理论的实质就是用人论。

管理者总想追求最佳状态、最好境界即所谓管理理想。管理理想是社会理想的一个有机部分。管理理想乃至社会理想的追求与实现,更要依靠正确的系统化的用人政策和怎样用人的全面规划。从某种意义讲,理想的用人就是理想的管理。

用人之道　道不可穷

两千多年来,无以数计的儒家学者,写下了浩如烟海的论著、经解、论辩、语录、史书、奏议、书说、赠序、序跋、诏令、箴铭、传状、杂记、辞赋……孜孜不倦地思考着治理天下之道,其中包括用人之道。尽管因为历史的局限难免粗陋朴素,且充斥陈腐的糟粕,但精深的智慧和思想的闪光是随处可见的。探寻这一宝藏,将发现无穷的秘密;同时也将发现,作为人类管理社会和管理自己的经验性和理论性相结合的用人之道,从古迄今连成了一条绵绵不绝的有连续性互参互补性的漫漫长途,而伴随人类始终,对这条道路的探索导向无穷。

世事如棋局局新　儒家的至高理想,是要求人们自觉地、深思熟虑地从礼义道德的境地出发,中经家、国、天下的实践,再回归自身,得内心修养的最高的可能境界。《礼记·大学》中著名的公式便是这种境界的经典表达:"古之欲明明德于天下者,先治其国;欲治其国者,先齐其家;欲齐其家者,先修其身;欲修其身者,先正其心;欲正其心者,先诚其意……"结合前节的分析,不难看出,用人理想—管理理想—社会理想这三者在儒家既有其过程性也有其统一性。其统一性就在于起点和终点的一致性。因此,可以这样概括儒家的用人(管理)之道:以人格完善为治家治国的出发点,融才艺、道义伦常为一体,视人格完成、文化创造和社会责任为一事,去追求和实现用人与管理的理想。显然,儒家用人之道在理想层面上对人的规定是很高的:才德结合达到尽善尽美。无疑,合于此标准者近于完人。在儒家眼中能够企及这一境界的人的确不多,大约只有尧、舜、禹、汤、文、武、周公之辈的圣人吧。不过理想虽不可及,儒家毕竟提出了一些"理想范型",要人们去模仿,去学习,去追求(当然这些范型显得太迂不可及和模糊了),在管理学上自有积极意义。这类似于数学上的"极限"概念,极限永远达不到,但却可以无限地接近它。

由于世上理想的完人几如凤毛麟角,现实中的人们则是才有高下短长,秉性德行有善恶优劣,如果仅以理想化的用人模式去度量要求人,势必带来管理的难度和困惑。立足于此,在追求理想境界的前提下服从现实的条件和要求,因事取舍,因人制宜,惟才是用,才是用人的必然之途。儒家学者正是以操作层面的大量现实的思考来展现其用人之道,从而表现其理想层面的。

"世事如棋局局新",儒家用人之道在实践上,在操作层面上,恰如这一句诗所展示的内容一样,具有博大的包容性,是不断推陈出新和丰富多彩的。纵观儒家的用人思想史,我们发现,它包含着三种有不同侧重的倾向,构成儒家管理文化用人论各具特色的思想。

第一,注重事功,是一部分重实际、重实效的儒家学者所特别强调的用人倾向。

孔子言"敏则有功"(《阳货》),孟子言"功不至于百姓(不能使百姓得到实际的利益)"(《梁惠王上》)是讲事功,虽然还不算特别的强调用人讲事功。而后世儒家学者,自荀子(他的《臣道》中讲"安国之危,除君之辱,功伐足以成国之大利",即为国建功才是"明君之所尊厚"的)、汉初贾谊(他的《大政》认为能言能行之士才是"实",只能言或只能行之士都是偏才,要将能言能行之士和偏才们都用起来,国家才会大治)、后汉王充(他的《论衡·定贤》说一个人究竟算不算"圣人",不是自命的,而要看事功)、荀悦(他的《申鉴·时事》强调"有事考功,即考察人要看他办事的功效如何)起,直至清末,有大量的著作、丰富的思想讲到用人重事功。下面是两个较为典型的例证。

三国时代,曹操(他是一位大政治家,不能算儒家学者;但他的思想既受到包括很多儒家在内的前世和当世学者的影响,又为后世的儒家学者们研究,并受其影响,他的用人事迹也成为后世儒家学者重要的思想资料,则是事实)提出"治平尚德行,有事赏功能"的用才标准。"有事",就是说战争时期,非常时期,关键时刻,特别要强调用才的事功标准。他在建安十五年、十九年、二十二年屡次发布"唯才是举"的敕令,其指导思想就是用人重大节,用其所长,不为"偏短"所废。其中的"举贤无拘品行令",十分具有代表性,该令说：

从前伊挚、傅说都出身微贱，管仲是齐桓公的仇人，他们都受到重用而帮助君主治好国家。肖何、曹参原是县吏，韩信、陈平曾有坏名声，有受人讥笑的耻辱，但他们终于能辅佐刘邦成就王业，千古流芳。吴起贪图当大将，杀妻以取信于鲁国，舍财谋求官职，母亲死了也不回家安葬，可是他在魏国时，秦国就不敢东犯魏地；他在楚国时，韩、魏、赵也不敢南侵于楚。现在天下难道没有高尚品德的人被埋没于民间？还有勇猛不怕死，临战能奋力拼杀的人；或担任下级官吏，确有超人才能的素质优异的人，能胜任将军、郡守，或背上污名被人耻笑的人，或者被人诬为不仁不孝，却有治国用兵的才能的人：你们把知道的都举荐上来，不要遗漏了（参见《三国志·魏书·武帝纪注》）。

曹操认为，只要是能"临敌力战"，"堪为将守"或"有治国用兵之术"能"成就王业"、"用之以兴"，"声著千载"的能人，不管他以前干过什么，是"贼"还是"贱人"，是有"见笑之耻"，还是"不仁不孝"，都要大胆拔用，不能受名教的束缚。曹氏此求贤令，简直是事功用人派的宣言。

诸葛亮用人也是不拘一格。据《三国志·蜀书》记载：魏延很善于带兵，勇猛过人，但性格矜夸自傲，所以当时的人都让他三分。只有杨仪不买他的账，魏延对此非常恼火，两个人始终就像水火一样不能相容。可是诸葛亮却非常赏识杨议的才干和魏延的骁勇，心里经常想着他们二人之间的不和，但又不忍对他们之中的任何一个有所偏废，为他们写了《甘戚说》一文，劝戒他们。

从此文可以看出，诸葛亮看重的是用人的事功效果，至于德行高下并非关键因素。

第二，崇尚中庸原则，是大部分看重均衡、协调的儒家学者强调的用人倾向。

孔子早就提出"不得中行而与之,必也狂狷乎(得不到言行合乎中庸的与之相交,那就一定要交到偏激和守节无为的人,语见《论语·子路》)"。反对过(狂)和不及(狷)。中庸对用人的要求是德才兼备,以持中为标准。在孔子眼中,最得意的门生莫过于"孔趋亦趋,孔步亦步"的颜回,而不是表现狂狷的子贡、冉有、宰我、子路诸人。孔子之所以如此偏爱,是因为在他看来极则反,盈则亏,"人道恶盈而好谦",只有持中而行,才能合于道的要求。合于仁德而兼以贤能,不仅可以达到人身心修养的和谐宽丰,于治世亦无往而不利。所以,他把中庸的用人思想视为治世之武器,"人心向善"之法宝。"诸葛一生唯谨慎",诸葛亮用人总体上也主张持中而行,"亲(亲近)贤臣,远(疏远)小人"。他重用文武大臣如郭攸之、蒋琬、费祎、董允、向宠诸人,主要的着眼点就是"此皆良实,志虑忠纯","性行淑均"。由于品性中和,忠实可靠,由这些人主事能够"裨补阙漏","行阵和穆"(以上引语见《出师表》),维护朝廷的安稳。不过,由于用人是极其复杂的事,在现实中要达到德才完美的结合并不容易。谨慎执中,难免疏于用奇,既可能错失良机,也可能埋没人才。故而"蜀中无大将,廖化作先锋",或可说是诸葛亮用人得失之一种写照。

第三,主德行,是一部分看重忠义德行的儒家学者用人的一种考虑。

本着江山社稷安稳和社会伦理这个大前提,儒家历来十分注重以忠义德行取人。其中一部分儒家学者为此甚至宁可舍弃那些有才能但德行不全的人。在中国古代,上至君王,下至民众,都把忠义视为非常高尚的品质和巨大的人格力量,以德行取人在用人治世的许多方面都有不可低估的意义。孟子在那篇有名的与梁惠王的对话中宣称:"王何必曰利? 亦有仁义而已矣。"他认为"为人臣怀利以事君,为人子者怀利以事其父,为人弟者怀利以事其兄,是君臣、父子、兄弟,终去仁义,怀利以相接,然而不亡者,未之有也"(《孟子·告子下》)。孟子太偏激了,他不应该完全排斥"利";可是他指出,人们若都只是"怀利"就将带来很大的危害,却是正确的。荀子更力求全面:"义与利者,人之所两有也。虽尧舜不能去民之欲利,然能使其欲利不克其好义也……故义胜利者为治世,利克义者为乱世。"(《荀子·大略》)他把义与利的轻重问题直接与治、乱联系起来,且不论他的议论有多少正确性,毕竟为用人治世重义提出了一种理论准绳。至于后世一些儒家学者,譬如宋明理学家把贵义贱利推至戕性灭欲的极端境界,则可谓走火入魔,反倒于世无补了。在宋儒眼中,"公义"即"大理","私利"即"人欲","灭私欲则天理自明"(《二程集》)。朱熹更在自己讲学的白鹿洞书院里贴出如下"揭示":"正其谊不谋其利,明其道不计其功。"(《朱文公文集》卷七四)贵义贱利推至如此极端,其结果是可想而知的,那便是纲常名教的张扬,"奇技淫巧"的鄙弃,个人利益完全被吞噬,人的才能被束缚,终致人成为"虚伪群体"的工具,封建愚忠的傀儡。

在西方,管理用人思想同样源远流长,其用人之道,源于何处归于何处?虽则文化传统和社会发展阶段不同,概贤之下,却也可以发现与儒家用人之道的类同之处,而作为对前者的另一种诠释。用人之道,都是既归之于理想的设计,又归之于现实的操作的。

公元前430年,雅典帝国的领袖伯利克里在雅典阵亡将士追悼会上发表的演说词中就陈述了当时雅典民主政治用人讲究公平、美德,但更重功绩的原则:"虽然在私人争论中,法律须得保持对一切人的公平,但对美德的要求,也是必须承认的;同时,一个公民只要在某方面是杰出的话,就得优先予以公职,这不是作为一种特权,而是作为功绩的报酬。"

当时的著名哲人柏拉图则专门写了《理想国》一书,阐述自己对管理国家政治的思想。他认为最理想的国家是由三个等级的人组成的,一等是哲学王,他们是神用金子做的,通晓善的理念和治国的哲学,德性是智慧;二等是武士,他们是神用银子做的,职责是保卫国家,德性是勇敢;三等是农民和小手工业者,他们是神用铜做的,职责是从事生产劳动,德性是节制。如果这三个等级各安其职,国家就能"和谐一致",实行正义原则。显然柏拉图欣赏的是等级森严的精英管理,对智者来说,勇敢者和节制者只是一种工具。这是柏拉图的用人理想,也是他的管理理想和社会理想。

　　稍后的亚里士多德设计的"共和政治"的管理模式有别于柏拉图而带有中庸色彩。他把人的各种行为分成"过度"、"不足"和"适中"三种状态,认为过度和不足都是恶行的特征,只有中庸适度才是美德的特征,颇与孔夫子的过犹不及相类。在他看来,适中的勇敢是美德,过度的勇敢变得卤莽,过于缺乏勇气不免懦弱。可见在用人上他是倾向于德行与才能的中庸适度。

　　进入中世纪的西方,神学经院哲学成为至高无上的统治思想,万流归宗,一切皆离不开上帝,于是管理用人也不免罩上浓厚的宗教神圣色彩。那时,教会的信条就是政治的信条,也是管理的信条,按照神学的原则来处理管理用人问题成为不容怀疑的天理。教皇格列高里七世就称:无论对教会的事务,还是世俗的事务,教皇都有最高的权力,他有权罢免皇帝,教皇不仅高于任何世俗政权,而且高于任何宗教会议,教皇是永远没有错误的。随着资产阶级革命和近代工业革命的问世,这种秉承神权的管理寿终正寝,取而代之的是管理科学的兴起。自亚当·斯密、欧文、巴贝奇首开管理研究之先河以来,伴随经济与社会的发展,近现代西方管理思想呈现出学说纷陈、流派并立的复杂格局。在近代,皎皎者当推以泰罗为代表的科学管理学派,以法约尔为代表的行政控制学派,以马克思·韦伯为代表的行政组织学派,以梅粤为代表的人际关系学派。20世纪50年代以来,行为科学派(需要层次论、生存—交往

—发展论、双因素论、公平理论、期望理论、双向决定论、强化理论、X 理论、Y 理论、超 Y 理论、工理论、不成熟—成熟理论、团体力学理论、群体冲突理论、支持关系理论、领导行为的连续统一理论、管理座标理论、情境理论等)、社会系统学派(巴纳德)、管理科学学派(布来克林、西蒙)、科学分析学派(卡斯特、卢森威)、权变学派(莫尔斯、洛希)等所展示的研究内容更加复杂多样,令人眼花缭乱。而这些研究不论来自于何种角度,基于何种价值,都是学理化了的用人之道,他们既是管理理想的激励与追求,又是管理操作的要求与条理。

回顾管理文化的历史,观察用人之道的世界,我们可以看到,开初它的步履就像婴儿,缓慢而飘忽,随着岁月的推移,每一世代都加上它的赠品,好的或坏的,于是它走得更加稳健,语言也更加清晰,"故事"也更加丰富。犹如局局皆新的棋局,在那变化万千的管理图景之中,人们尽可索取种种教益和启迪,但却难以究尽它的奥妙,这也许正是用人之道带给人的魅力。

用人之道通向未来　尽管用人的历史总是按照它固有的逻辑向前发展,但用人之道所包含的文化经验和智慧谋略,却又是历史所不能限量的。这正如一个人的童年遭遇能够说明他后来的生活一样,历史由它过去的光辉照见现实和未来。儒家用人之道所拥有的经验智慧,之所以仍然为人们尊重和珍视,就在于他对今天的管理(国家管理、企业管理等等)乃至人际关系的调节始终具有积极的借鉴意义。譬如以人为本、治世重才、唯才是举、任人唯贤、德才兼备、秉公至诚等关键的用人信条,无不潜移默化地渗透到今天的管理文化的方方面面,并为社会推崇。这些东西对外部世界的影响也是相当广泛的。20 世纪 40 年代后,泰国文坛出现过一系列《三国》改编本,如《伶人本三国》、《咖啡本三国》、《评说本三国》、《三国内幕》、《三国计谋》、《孟获》、《终身总理曹操》。这套书在泰国影响颇大，不仅百姓欢迎而且是军人学习的兵书。乃维·西哇沙里耶依对此曾评价说，它的作用不仅限于军事意义，而且还广泛地被采纳用于处理人间关系。每当人们面临困难，它就能提供绝妙的意见。1989年推荐这套书的广告还声称："新的经营管理人员常问：'若要业务更好地开展，经理应不应该比雇员聪明？'回答是：'孔明比刘备聪明百倍，为何他愿为刘备鞠躬尽瘁，死而后已。'这是刘备治人的诀窍，这类诀窍在本书中比比皆是。"显然，《三国》中用人之道的谋略已被人们心领神会地应用于现代商业管理。无独有偶，在日本，《论语》一书始终畅销，儒家为人用人的信条，对他们修身治家显然影响不小。日本企业管理者们近年来也愈来愈重视儒家用人之道在这方面提供的经验。尽管儒家用人之道没有现代管理的记录，但却充溢着协调人际关系的经验智慧。例如，日本供高级企业家阅读的专门刊物《PREIDENT》，在80年代出版的"《史记》的领导学——日立公司研究特集"中，就从用人之道的角度，专门探讨了《史记》中许多人物的成败得失。这些现象从现代管理思想发展的角度来看，实质上反映了这样的管理文化倾向：仅仅热衷于规章制度、数学模式和管理原则的研究，实际上是一种见物不见人，甚至与人为敌的管理。管理应当以人为核心，成为以活生生的人为重点的带有感情色彩的管理模式。这种思潮与儒家用人之道的精神显然有不谋而合之处，也是儒家用人之道超越历史的积极价值之所在。

　　用人之道的价值决不仅限于它所拥有的经验和智谋，也深刻地体现在用人理想的追求上。这同样是一种智慧，甚至可以说是更大的智慧。"修齐治平"作为古代儒家的用人理想，其超越意义就在于它本质上即是儒家的管理理想和社会理想。它不仅为人们提供了用人的管理技巧，更重要的是提供了为人立极之学。这一为古人所憧憬的境界和柔韧有力的精神信条，导致他们在长达两千余年的漫漫历史长河中能够不断自我调节而适应不断变化的形势,并富于巨大的创造性。当然,"修齐治平"的用人理想归根结底是封建式的,并且它未曾具有如韦伯所谓的"系统化的自然主义思想"和"合乎理想的技术"的思想因子。但这并不意味其历史生命的终结。若我们剥离出这些封建的历史因素,以一种现代的眼光来看待人与社会的完善追求,那么它们对现代乃至未来的人们同样具有精神的支持意义。用人之道的理想设计当与管理及社会理想有机整合时,必然将人们的目光引向更高的层面,当人们在管理活动中将其视为不懈追求的目标时,这个过程的未来性便显露无遗了。着眼于物质生活日益丰富的现代社会,当人们日益陷于物欲之中而缺乏平衡精神的文化养料时,管理世界如何通过用人构建人的精神境界,不论在今天或是明天,都将是对人类智慧具有挑战性的发展课题。

　　人性之无穷,人性潜能的实现之无穷,社会发展之无穷,本身就预示着用人之道的探索没有尽头。面对永不停息的管理文化长河,用人之道的问题和答案不但是多彩缤纷的,更是绵亘不绝的,在我们生活周围的时时处处,都将会与它们不期而遇。如何用人?用人为何? 一方面我们必须向历史去寻找答案,另一方面我们必须向未来去寻找答案。这也许就是人类管理文化故事的精彩迷人之处。

　　　　　(选自《知人善任——儒学尚贤与现代管理用人道》,
　　　　　西南财经大学出版社,1998 年 8 月第一版)

　　王世达,中共四川省委党校哲学研究所副教授。主要致力于传统管理文化研究,著述有《古道今用,知人善任的管理智慧》等。

　　作者指出,儒学以知人善任为主要特征的"用人论"是儒家管理学说中的一个重要组成部分,有其特定的内涵、特殊的规定。不但对儒家的用人之道作了深入内质剖析。指出其理论的体系性、规定性。同时从历史纵的方面和从世界横的方面进行溯源析流,参照比较,指出其用人之道的历史经验和世界通理。从而指出用人之道与管理成功之道的关系,在借鉴历史与海外的基础上,论证了儒家尚贤人才之道真正成为现代社会管理的质因、成为可供汲取的理论资源的原因。

以 人 为 本
——现代管理的仁爱精神(节选)

钟 杨

重 视 民 众

重视民众是管理者在管理过程中应该首先树立的基本思想。也就是说,要想管理得好,管理者必须要懂得重民。重民思想在儒家的管理思想之中占有相当重要的地位。

《论语·颜渊》里有这样一段对话足以说明孔子的重民思想:"子贡问政。子曰:'足食,足兵,民信之矣。'子贡曰:'必不得已而去,于斯三者何先?'曰:'去兵。'子贡曰:'必不得已而去,于斯二者何先?'曰:'去食。自古皆有死,民无信不立。'"这段对话的大致意思是:有一天,孔子的学生子贡向孔子请教领导政治的道理。孔子一口气讲出了管理目标的三个重点:一是"足食",包括经济、政治、社会的安定,大家有饭吃、有衣穿、生活好。二是"足兵",即国防的建立。三是做到"足食足兵"之后,还要使人民对国家、对当政者信赖。从管理上讲,这三种事做起来是非常困难的,牵涉的范围非常之大。因此,子贡又问,假如时代和环境到了没有办法完全做到这三条,要在这三件事中少做一件的时候,应该先去掉哪一件? 孔子说,那就应该先去掉军事费用。子贡又问,万一碰到一个国家非常贫穷困苦,把军事费用撤销了都还不能维持,对于"足食"与立信这两条又应先去哪一条呢？孔子说，那宁可牺牲经济建设，哪怕大家穷，以至于没有饭吃都可以，唯有一个政治大原则中的"信"，必须坚守。人民对政府信任，有了信心，还怕不产生巨大的力量来建设国家，保卫国家吗？相反，人民对政府失去信任，没有了信心，无论如何也不可能产生凝聚力，国家不衰败、社会不混乱，那才是怪事！

孟子继承了孔子的重民的管理思想，他从三个方面提出了他的重民的观点。

首先，孟子认为统治者有三件宝贝，即土地、人民和政治，不重视这三件宝贝，而把珍珠宝玉看作宝贝的人，灾祸必将降临到他的身上，即他所说："诸侯之宝三：土地、人民、政事。宝珠玉者，殃必及身。"（《孟子·尽心下》）在他看来，一个国家要有土地，也要有人民，还要有保护人民在这块土地上正常生产和生活的政事。这是立国的三个基本要素，其中孟子是把人民放在中心位置，作为最重要的要素来看待的。诚然，从语序上看，"土地"在"人民"之前，但如联别的论述较为全面地研究孟子的思想，就会发现，他在对土地与人民关系问题上，仍是把人民放在第一位的。如他在《孟子·尽心下》评论梁惠王"不仁"时，弟子公孙丑追问其故。孟子回答说："梁惠王以土地之故，糜烂其民而战。"即驱使人民去争夺土地而战死，孟子认为这是很不仁的事，当然其政事也不会良好了，只有以人民为中心，把土地和政事都作为为人民谋利的因素，这样的政事才是"仁政"，这样的君子才是"仁君"。

其次，他在《尽心下》中，又从民、社稷、君三者关系再次提到了重民的观点。他说："民为贵，社稷次之，君为轻。是故得乎丘民而为天下，得乎天子为诸侯，得乎诸侯为大夫。诸侯危社稷，则变置。牺牲既成，粢盛既洁，祭祀以时，然而旱干水溢，则变置社稷。"意思是：人民是最重要的，其次便是社稷，君主要算最轻的了。因此，一个人只有得到了民众与百姓的拥护时才可以做天子，得到了天子信任才可以做诸侯,得到了诸侯信任的人才可以做大夫。诸侯危害社稷国家,就另外改立。倘若祭祀用的牛、羊、猪等牲口肥大而又符合标准,盛在祭器中的谷物也已收拾洁净,祭祀又是按时遵礼进行,可是仍然发生旱灾和涝灾,那就应另外改立土神和谷神了。在中国古代,"社"为土神,"稷"为谷神。凡是建国者,都要立祠庙祭祀它们。这样,"江山社稷"就成了"国家"的同义语和代名词。土地、谷物均是人类赖以生存的物质基础,因此不能不重视社稷神的供奉。但在民、社稷、君三者的关系中,孟子认为"民为贵,社稷次之,君为轻"。这实际就是要求国君应正确摆正自己与人民的位置,要重民贵民,为民众的生存着想;要认识到"得乎丘民而为天子"的道理,也就是要懂得得到人民的信任、拥护的人才能做国君的道理。否则,民亡或民众反对,又怎能做得成国君呢?

第三,在《离娄上》中,他再次在阐述"得民心者得天下"的道理时,重申了重民的观点。他说"桀纣之失天下也,失其民也;失其民者,失其心也。得天下有道:得其民,斯得天下矣。得其民有道:得其心,斯得民矣。得其心有道:所欲与之聚之,所恶勿施,尔也。"意即夏桀和商纣之所以会丧失天下,是因为失去了人民的拥护;而失去人民拥护的原因,又是因为失去了民心。要获得天下的办法是:赢得天下人民的拥护,便能获得天下。要赢得天下人民拥护的办法是:得到天下的民心,便能得到天下人民的拥护。要得到天下的民心办法是:人民所需的就尽量地满足他们,人民所讨厌的就不要强加给他们,这样就行了。由此看来,对于国君治国、稳定政局来讲,得民、得民心是最为重要的关键,不重民是办不到的。

重民思想在荀子的管理思想中体现得也是较为充分的。在谈到人民与管理者之间的关系时,他曾作过这样的论述:"马骇舆,则君子不安舆;庶人骇政,则君子不安位。马骇舆,则莫若静之;庶人骇政,则莫若惠之。选贤良,举笃敬,兴孝悌,收孤寡,补贫穷,如是,则庶人安政矣。庶人安政,然后君子安位。传曰:'君者,舟也,庶人者,水也。水则载舟,水则覆舟。'此之谓也。"(《荀子·王制》)按他的意思,马惊车了,坐在车内的君子就不安稳;人民惊惧政事,君子在官位上就不安稳。如果马要惊车,就没有比使它安静下来更好的了,人民惊惧政事,就没有比给施予他们恩惠更好的了。选择贤良的人,提拔忠诚而又严肃的人,提倡子孝父,弟敬兄,收养孤寡,补助贫穷的人,这样,人民就安稳于政事了。人民安稳于政事,然后君子就可能安稳于官位。古书上说:"君主好像船,人民好像水;水能使船安稳地行驶,水也能使船倾覆沉没。"说的就是这个道理。在这里,荀子把人民比作马虽不尽恰当,但把整段话联系起来看却反映了他把人民的力量看作是君主是否安稳于统治地位的关键的思想,这又是极具说服力的。他还从国家强弱的关系上来论证了他的重民思想,同样也看作是国家是否强弱的关键。结论是,治国必重民。比如他讲:"爱民者强,不爱民者弱。"(《荀子·议兵》)也就是说,君主爱护人民,国家就会强盛;君主不爱护人民,国家就会衰弱。又说:"民齐者强,民不齐者弱。"(同上)意即人民能够同心协力,国家就会强盛;人民不能同心协力,国家就会衰弱。又如:"用国者,得百姓之力者富,得百姓之死者强,得百姓之誉者荣。"(《荀子·王霸》)意即:掌握国家的人,得到人民竭尽能力的就富有,得到人民拼死打仗的就强大,得到人民称誉颂扬的就荣耀。

重民的管理思想在先秦以后的儒家中得到了大力的提倡,如汉代的董仲舒在其《春秋繁露·灭国》中就曾这样说道:"王者民之所往,君者不失其群者也。故能使万民往,而得天下之群者,无敌于天下。"意即人民归向治国君王,君子是不能失掉民众的。所以能使人民归向自己并且得天下群众的人,无敌于天下。在这里董仲舒强调了治国与得民的关系,也说明了治国、为君必须重民的道理。

汉代贾谊在《贾谊新书》中多次论证了"重民"的重要性,比如他说:"闻之于政也,民无不为本也。国以为本,君以为本,吏以为本。故国以民为安危,君以民为威侮,吏以民为贵贱。"(《贾谊新书·大政上》)意即:听说有关国家大政,无不都是以民为本。国家以民为本,君主以民为本,官吏以民为本。民强则国安,民弱则国危;民强则君主有威仪,民弱则君主受侮;民强则官吏高贵,民弱则官吏卑贱。他又说:"国以民为兴坏,君以民为强弱,吏以民为能不能,此之谓民无不为功也。"(同上)也就是说,国家因人民的勤奋与否而兴衰;君主因人民拥不拥戴而强弱,官吏因治理人民的好坏而显出有才与无才。这就叫做人民没有不影响政绩的。正因为如此,他又论证了人民与君主的关系,告诫统治者不能不"重心",他说:"夫民者,至贱而不可简也,至愚而不可欺也。故自古至于今,与民为仇者,有迟有速,而民必胜之。"(同上)按他的意思,人民的地位是极其低下的,但不能简慢他们;人民是极其无知的,但不可欺侮他们。所以,自古至今,凡是与人民为敌的,迟早都会被人民所战胜。又说:"国不务大而务得民心,佐不务多而务得贤者;得民心者而民往之,得贤者而贤者归之。"(《贾谊新书·胎教》)在这里,他要求国家不在于求大而在于求得民心,辅臣不在于求多而在于得贤者。认为只有得民心的人民才向往,只有得贤者的贤者才归服。

汉代桓宽在其《盐铁论》中也提出了他的重民思想。在他看来,从事国政管理首先要树立的思想就是为政必须救难除弊,为人民长远打算,即他所说的:"匡难避害,以为黎民远虑。"(《盐铁论·结和》)如果纵容强的,压制弱的,那么人民之间的平等就会消失,就像田地里的杂草茂盛而伤害庄稼生长一样,社会秩序哪有不乱之理? 正如他所说的:"强养弱抑,则齐民消;若众秽之盛而害五谷。"(《盐铁论·禁耕》)如果用权诈之术来对待有知识的人,像对待奴隶一样的对待人民,国家就会衰亡。即他所说:"兽连有言:'秦权使其士,虐使其民',故政急而去。"由此可见,桓宽在看待人民与政事好坏,人民与国家兴衰的问题上是比较强调民众的。也就是说,在桓宽这里,同先秦儒家一样,他是主张把人民作为国家社稷的根本的。

重民思想在宋代朱熹的思想中也是体现得较为充分的。在他看来,国家要以人民为根本,原因在于国家的政权也是因为人民而建立的,即他所说:"国以民为本,社稷亦为民而立。"(《四书集注·孟子集注》)所以他特别强调统治者在治理国事时必须做到平易近民,并把平易近民看成是治理政事的根本,也即:"平易近民,为政之本。"(《朱文公训政》)当然,"平易近民"并非是"不仁而求富",并非是"重敛而不知恤民",如果是这样,国君就不会受到人民的爱戴,官吏就不会受到人民的拥护。只有做到"君行仁政,则有司皆爱其民而民亦爱之矣"(同上),也就是说,如果国君推行仁政,知道爱民,那么官吏们就都会爱惜他们的人民而人民也会敬爱官吏。朱熹进一步认为,只有国君把人民的快乐当作自己的快乐,这样人民才会把他的快乐当作自己的快乐,因为这种快乐是以天下人民为出发点的,只有国君把人民的忧虑当作自己的忧虑,这样人民才会把他的忧虑当作自己的忧虑,因为这种忧虑也是以人民为出发点的。即他所说的:"乐民之乐而民乐其乐,则乐以天下矣;忧民之忧而民忧其忧,则忧以天下矣。"(同上)这才是真正的"平易近民"、爱民和重民。

儒家重民的管理思想在历史上许多开明的统治者那里是运用得较为充分的,他们的许多管理方针、政策、措施都包含着重民的气息。最具说服力的例子当数唐朝的第二任皇帝李世民,据说李世民做皇帝不久,其宰相魏征即用儒家"重民"的管理思想劝谏他,希望他能勤政恤民,并用"君者舟也,民者水也。水则载舟,水则覆舟"来说明暴君残害人民,必将被人民的愤怒之水淹死的道理。李世民也认真总结了隋朝二世而亡的经验教训,引以为戒,较为自觉地运用了儒家"重民"的管理思想。他说:"往昔补平京师,宫中美女珍玩,无院不满。炀帝意犹不足,征求无已,兼东西征讨,穷兵黩武,百姓不堪,遂致灭亡。"在这里唐太宗主要从政治腐败、赋税繁重、乱擅征伐方面揭示了隋炀帝的残暴和贪婪。他还指出:"君依于国,国依于民。刻民以奉君,犹割肉以充腹,腹饱而身毙,君富而国亡。故人君之患,不自外来,常由身出。夫欲盛则费广,费广则赋重,赋重则民愁,民愁则国危,国危则君丧矣。"意即做国君要依靠国家,而建立国家又要依靠人民。如果刻意要求人民来侍奉国君,那么就如同割己肉来填己腹一样,肚子填饱了而自身却死了,国君富贵了而国家却灭亡了。所以,国君的祸患并非是由外在因素带来的,而常常是由自身带来的。欲望太多,势必费用太大,费用太大,势必赋税就沉重,赋税沉重势必让人民愁苦,人民愁苦势必国家衰危,国家衰危势必导致国君的地位丧失。在这里,唐太宗从统治者不重民必然导致国衰君丧的道理中揭示出了管理必重民的思想。唐太宗正是在这种重民思想的基础上,确立了"安人理国"的根本方针的。这里"安"字主要是指对外不进行战争,减少人民的兵役负担;对内去奢省费,轻徭薄赋,使人民衣食有余等等。

唐太宗不仅提出了"安人理国"的方针,而且还亲自实践,为群臣做重民爱民的表率。他十分关心人民的疾苦,强调民以食为天,要求臣下引导人民发展生产。听到人民欠收,他常寝食不安。有一年,天旱无雨,关中数省闹蝗灾,农民的秧苗都快被蝗虫吃光了。太宗心忧如焚,一天他步入苑中,捉了几只祷告说:"民以谷为命,而汝食之,宁食吾肺肠。"说着就往嘴里放,欲吞下,以此为民消灾。左右侍臣一见,慌忙上前劝阻,说这是恶物,吃下去会伤龙体。唐太宗正色道:"朕为民受灾,何疾之避?"甘愿为保人民生存而伤害自己,说完就把蝗虫吃下,还真有点为民不惜牺牲的精神!

　　为使人民安居乐业,唐太宗很重视轻徭薄赋。他说:"民之所以为盗也,由赋役繁重,官吏贪求,饥寒切身,故不暇顾廉耻耳,朕当去奢省费,轻徭薄赋,选用廉吏,使民衣食有余,则自不为盗,安用重法耶!"意即:人民之所以有盗窃行为,是由于赋税徭役繁重,官吏贪婪求索,导致人民饥寒交迫的缘故,因此,已无时间来顾及廉耻了。我应当减少奢华节省费用,减轻徭役赋税,选拔任用廉洁奉公的官吏,使人民衣食有余了,人民自然不会再去偷盗,又何必要重用刑法呢! 可见他是清楚人民不足,天下不安的道理的。因此他决定轻徭薄赋,对鱼肉人民、乱征乱收的官吏严惩不贷。当然,唐太宗此举的目的是非常明确的,那就是起于爱民,落脚于巩固自己的统治。他为落实这一举措,采取了许多具体做法。如颁诏减免全国赋役一次,减免地区租赋二次。又如在租庸调法里,规定了依照灾情轻重减收或免收租庸调的具体办法。再如,以法律控制宫宇台阁的营造和乱摊徭役租赋。《唐律·非法兴造》条规定:"诸非法兴造及杂徭役,十庸以上坐赃论。"这里的"非法兴造",包括违法和非时兴造的项目,把违反农时的兴造视为非法,减少了人民额外"劳弊之事"和杂征的杂赋。为防止滥用民力,在《唐律·营缮令》里,对于民工的役使也从法律上加以约束①。

　　正是由于李世民在管理上切实贯彻了儒家的重民思想,吸取了隋朝灭亡的经验教训,注重恤民爱民重民,摆正了君民的位置,才赢来了史学家们所称道的"贞观之治",为中国社会的发展作出了较大的贡献。

　　无论是前面提到的儒家重民的管理思想也好,还是唐太宗治国重民的事例也好,其目的无非都是为了说明一点,那就是现代管

---

　　① 　唐志龙:《内圣外王——孟子谋略纵横》,第87—88页,北京,蓝天出版社,1997年。

理者同样在管理上面临着是否重"民"的问题。笔者以为,"重民"不应仅仅是国家管理的问题,同样可以牵涉到任何企业或组织的管理,而企业或组织中的管理对象,实际上就可以对应为"民"。既然历代儒家都强调民是治国之本,那么相对于现代管理者来讲,被管理者就应该是企业或组织管理的根本。古代的国君在治国时不重民不爱民,结果就如秦二世、隋二世一样,很快就招致国家的灭亡;国君重民爱民,结果就如唐太宗一样,迎来"贞观之治"。在现代企业管理中,如果管理者不能重视和爱护被管理者,他的行为必然会导致企业的衰败,相反,企业必将兴旺发达。从这个意义上讲,儒家的"重民"思想理应被现代管理者所采纳,并在管理中去认真实行,使之成为自身的基本素质。

在现代企业管理中,也不乏管理者重"民"、爱"民"的事例。例如,石家庄第二印染厂厂长崔志才在管理中就具备重民的素质。据说这个厂的整理车间有个女工,叫孙灵菊。她有一个特殊的家庭:母亲病故,父亲瘫痪在床,姊妹五个,她是大姐,下面有四个弟妹尚未成年,需要抚养。可以想象,仅是家务劳动就已经够她受了,而整理车间又是三班倒,上下班时间不固定,对孙灵菊来说,家务劳动和工作之间的矛盾十分突出。因为,她经常迟到早退,工作没精打采,根据厂规,她经常被扣减奖金,甚至扣发工资。这给她的生活增添了新的困难。但是,她毫无怨言,认为自己没有干好工作,就不该挣到那么多钱。

后来,孙灵菊的情况被厂长崔志才知道了,他立即召开了一次紧急厂务会议,专门研究孙灵菊的问题。会上,崔厂长首先介绍了孙灵菊的情况。接着,他讲了一段很有哲理的话:"纪律是手段,不是目的。纪律要严,但不是冷酷。"的确,企业不能没有制度和纪律,而且要严格执行,否则,管理就会无序并流于形式。但是,纪律、制度管理的是职工的工作态度,而不是生活困难的问题。纪律、制度解决的是共性的问题,而不是具有特殊意义的个性问题。对于个性问题,不能套用共性的原则来对待。同时,制度、纪律强调的是原则性。然而,在执行中还客观存在着灵活性。如何处理好这些矛盾,就是管理艺术的问题了。道理讲清楚了,崔厂长话锋又转到了孙灵菊的劳动状况上来,他说:"她是个没娘的孩子,也是万不得已呀!我们都是中国人,血浓于水!我们怎能在她本来就很困难的时候再用纪律、制度加以惩罚,给她'雪上加霜'啊!"很快地,厂务委员会作出了三条决定,让厂长立即执行。

第二天,厂长找到孙灵菊,首先向她作了检讨。接着向她传达了厂务委员会的决定:一、从即日起,她从整理车间调至后勤工作,也就是从三班倒变成长白班,使她能处理好家务和工作之间的矛盾;二、上班可以晚来早走,也就是可以迟到早退,以保证她完成必要的家务劳动;三、晚来早走,工资、奖金不受影响。当时,孙灵菊吃惊了,太出意外了,她一句话也说不出来。等厂长走后,情绪平静了一些后,她对身边的小姐妹说了这样一句话:"我们当工人的没有别的要求,只要在困难时领导能同情,能理解就行,哪怕一声安慰,一个笑脸,一个点头也就足够了。万万没有想到……"她呜咽了,说不下去了。在这句话中,我们可以看到,职工的要求并不高,她们只是希望管理者能真诚地关心和爱护她们。

春节前,厂领导又提着寿糕登门去看望孙灵菊久病在床的父亲。她父亲握着他们的手感动得直掉泪。过了一段时间,孙灵菊的父亲去世了。这时,虽然她还有不轻的家庭负担,但她还是主动提出:坚决要求从后勤部门调回生产第一线工作。用她的话来说就是:"再干不出个样来,就对不起厂长,对不起工厂。"从这里,我们可以看出,管理者以被管理者为重,被管理者必然给企业更大的情义和忠诚。

（选自《仁者无敌——儒学修身与现代管理者
素质》,西南财经大学出版社,1998年第一版）

　　钟杨,四川省教育学院教授。著作有《仁者无敌——儒学
修身与现代管理者素质》等。

　　作者从"仁"这一儒家思想的至高范畴出发分析如何才能
从其较高的心理境界,全面实施贯彻"以人为本"的原则,从而
达到爱人爱民的修养情操标准。指出具体的途径便是"重视
民众"、"富民养民"、"育才是兴"。作者所勾勒的这一理论践
行框架思路,科学地指出了儒家管理思想古为今用的途径,予
人以更有效的方法论启示,开启了理论与实践相结合的理路。

易学与现代管理的几个问题

郑万耕

《周易》是中国文化的源头活水之一。历代易学家和政治家都视《周易》为穷理尽性,开物成务,安邦治国,经世济民的教科书,认为只要把握了《易》道就能够"通天之志","定天下之业","断天下之疑",将事业引向成功。用现代语言说,就是将《周易》视为一部管理之书。经过历代思想家的不断阐扬,逐步形成了一整套管理思想体系。易学中的许多管理学的原理或原则,至今仍然闪烁着真理性的光辉,对现代管理具有很大的启发意义,值得我们认真发掘和总结。

管理,归根到底是对人的管理,其本质是协调个人活动与组织的总体行为之间的关系。因此,本文仅围绕人的问题,就易学与现代管理谈几点粗浅的想法。

一、保合太和——管理的最高目标

战国时期,《易传》阐发《周易》的思想,提出了人类最高的价值理想和社会管理最高目标,这就是"太和",即最佳的和谐状态。乾卦《彖传》说:"乾道变化,各正性命。保合大和,乃利贞。""乾道"即天道。"大和"即太和。是说万物因天道之变化各得其应有的本性与寿命;能够保全天时节气的变化及其和谐,风调雨顺,则万物皆受其利。这是以"保合太和"作为自己最高的价值理想。历代易学家都热衷于阐发这一"太和"理想。汉初的帛书《易传》极力反对"亢龙"太过,恒动不中,而主张"知毋过数而务柔和",强调只有"天地相率,气味相投,阴阳流形,刚柔成口",才是"和之至也"(《易之义》)。宋代著名哲学家张载,以阴阳二气的气化过程处于高度和谐的最佳境地为"太和",提出"太和所谓道"的命题。认为此境地中,涵有阳气清轻浮而上升,阴气重浊沉而下降,阳动阴静相互召感的本性。有此本性,方产生相互吸引,相互推荡,相互胜负,相互屈伸等运动形式。不处于此种气化的最佳境地,就不足以称为"太和"。因此,天地间一切现象皆以和谐为其归宿,此即"仇必和而解"(《正蒙·太和》)。明清之际的易学大师王夫之,进一步阐发张载的思想,以阴阳二气合一之实体为"太和"。其特征是"絪缊相得,合同而化"(《周易内传·系辞上》),即阴阳二气相互吸引,不相悖害,浑沦无间,融为一体。二者相互渗透,絪缊不息,乃生化万物的根本。所以,王夫之特别强调:"天地以和顺而为命,万物以和顺而为性。"只有和顺才能继善成性,"继之者善,和顺故善也。成之者性,和顺斯成矣",才能使人成其为人,物成其为物(参见《周易外传·说封》)。这样,经过历代学者的阐扬,"太和"就成了中国传统文化的最高价值原则。

有人可能会说,"保合太和"是一个价值命题,并不一定就是管理的最高目标。这是只知其一,不知其二。为了消除这一误解,我们不得不追溯一下历史,引述一些古人关于"和"的论述。《国语·郑语》记载史伯论"和同"说:"夫和实生物,同则不继。以他平他谓之和,故能丰长而物生之;若以同裨同,尽乃弃之矣。故先王以土与金木水火杂,以成百物。"这是把不同性质的事物的交杂、渗透称为"和",而以简单的同一为"同"。在中国思想史上,这似乎是第一次将"和"作为一个独立的范畴提出来加以使用。《左传》昭公二十年记载晏婴与齐景公讨论"和同"之异,以和羹、调声为例,阐发"和同之辨",基本上继承了史伯的观点。但他又以君臣关系为例说道,如果"君所谓可",臣亦说可,"君所谓否",臣亦说否,这就是"同"。相反,如果"君所谓可而有否焉,臣献其否以成其可;君所谓否而有可焉,臣献其可以去其否",这就是"和",亦即"相成"、"相济"。这样,不同的意见相成相济,就可以达到"政平而不干,上无争心"。这就把"和""同"范畴纳入了国家管理的范围。所以,孔子明确指出:"礼之用,和为贵。先王之道,斯为美,小大由之。有所不行,知和而和,不以礼节之,亦不可行也。"(《论语·学而》)"礼之用",指以礼仪规范、行政制度治国处事,处理人与人之间的各种关系。《大戴礼记·哀公问于孔子》引孔子之言说:"为政先礼,礼者,政之本与!"礼是治理国家的根本,而"和"为其最高准则。据此,我们完全有理由认为,早在春秋时期,以孔子为代表的古代哲人就把"和"作为社会管理的最高目标了。易学中的"太和"理想,正是继承这一思想而提出来的。

易学推崇"太和"价值理想,但这并不是乌托邦式的空想。它清醒地认识到,在现实生活中,到处充满着对立、磨擦、冲突、祸乱和危机。社会现实的不和谐,更加突显了追求和谐理想的重要性。管理之所以必要,就在于现实的不和谐必须改变。因此,它要求管理者们,要时刻保持忧患意识,终日乾乾,自强不息,以便化冲突为和谐。在易学看来,支配事物发展过程的内在机制是阴与阳协调配合,相互推移。"阴阳合德而刚柔有体","刚柔相推,变在其中"(《系辞传》)。独阳不生,孤阴不成,阴阳必相交合而始生。"天地交而万物通","天地不交而万物不兴"(《彖传》);"天地絪缊,万物化醇。男女构精,万物化生"(《系辞传》)。阴阳两个方面,"兼体而无累"(《正蒙·乾称》),"合同而不相悖害"(《正蒙注·太和》),相互联结,相互渗透,相互制约,相互推移,互济互补,协合为一,才是事物发展变化的规律,即"一阴一阳之谓道"。总之,谐调才是天地万物生存和发展的基本法则,阴阳排斥或斗争,只不过是达到谐调的一种手段,宇宙中的个体本质上是和谐一致的,而非彼此毁灭,此即"以气化言之,阴阳各成其象,则相为对。刚柔、寒温、生杀必相反而相为仇。乃其究也,互以相成,无终相敌之理"(《正蒙注·太和》)。

易学认为,"和"是与"中"联系在一起的,"中"是实现"和"的必要条件。只有中才能和,不中则不和。所谓"中",就是不偏不倚,既不过分,又无不及,是结合两个对立极端的最佳尺度,能够将各种矛盾关系处理得恰到好处。惟其如此,事物方能处于最佳状态,为其生生不已,不断更新,创造有利的环境和条件。所以,历代易学家有一个共识,都强调"《易》道贵中和"(惠栋《易例》)。《周易》解释卦爻辞,以"中"或"中正"作为一条重要原则,提出"中位"说,认为一卦六爻,二五爻居于上下卦之中位,一般情况下,中爻往往为吉。如《彖传》解释需卦:"位乎天德,以中正也";释讼卦说:"利见大人,尚中正也";释履卦说:"刚中正,履帝位而不疚,光明也";释小畜卦说:"健而巽,刚中而志行,乃亨";又释未济卦说:"未济,亨,柔得中也。"此类文句,充满着《彖传》文。推崇中道,是儒家学说的一贯思想。孔子赞赏"中庸"之德,批评"过犹不及";孟子说"孔子岂不欲中道哉! 不可必得,故思其次也"(《孟子·尽心下》);思孟学派的《中庸》一书,则对中道作了全面论述。《易传》以此种观念解释卦象和卦爻辞的吉凶悔吝,则将"贵中"思想推向了极致。后世易学家也都阐发这一思想,如宋代道学先驱周郭颐著《太极图说》,则以中正仁义为人道的最高准则,所谓"圣人定之以中正仁义而主静,立人极焉"。张载则说:"中正然后贯天下之道";"大中至正之极,文必能致其用,约必能感而通";"未正必矫,矫而得中,然后可大"(《正蒙·中正》)。"大"即包容天地、协合万类的天人合一的境界,亦即"太和"境界,如其所说"无所异者,和之极也"(同上)。这都是认为,中才能和,不中则不和。

易学的中和思想告诉我们:当人们依据"中"的原则,使阴阳两种势力相互配置得当,谐调相济,形成一种优化组合,就会出现和谐的局面,从而使事物得以亨通,顺利发展;相反,如果配置不当,阴阳失调,刚柔乖异,就会使和谐的局面受到破坏,以致发生冲突,从而使事物阻塞不通而出现危机。因此,《周易》把"保合太和"作为最高的价值理想和最高管理目标。这种观念经过历代易学家的阐发,渗透到中华民族的意识之中,成为人们处理各种矛盾关系的哲学基础,对现代管理也具有重要的指导意义。

二、尚贤养贤——管理中的用人原则

易学不仅提出了管理的最高目标和价值理想,而且十分重视管理的实际操作。从操作层面来说,管理的关键是人才问题。这似乎又是一个老生常谈。但易学中提出了许多不大引起人们重视的独到见解,而且在现实生活中又往往被高层管理者所忽略,这就使我们不得不令人生厌地聒噪一番。

《易传》除了提倡任用贤才的"尚贤"主张之外,更重要的是提出了"养贤"说。《象传》解释大畜卦说:"大畜,刚健、笃实、辉光,日新其德。刚上而尚贤……不家食吉,养贤也。"又解释颐卦说:"天地养万物,圣人养贤以及万民,颐之时,大矣哉!"其释鼎卦也说:"圣人亨以享上帝,而大亨以养圣贤。"这是说,不仅要崇尚尊重贤才,更重要的还要厚禄安养。此种学说也是儒家的共同思想。孔孟都提倡尚贤,而孟子于尚贤之外,又提出"养贤"说。《孟子·万章下》说:"悦贤而不能举,又不能养,可谓悦贤乎?"悦贤包括尚贤和养贤两个方面。孟子还讲了尧养舜的故事:尧发现了舜这个人才,就派他的九个儿子去侍俸舜,又将两个女儿嫁给舜,并配备了百官,准备了充足的粮食和大批的牛羊,把舜养育在畎亩之地,后来才举荐他做了大官。孟子评论说:尧才真正称得上是尊重贤才的人啊!照这个说法,养贤又是举贤的前提。《象传》关于"养贤"的论述,就是对孟子这一学说的进一步阐发。《系辞传》又说:"何以守位曰人,何以聚集人曰财。"只有把各种人才团结在自己的周围,才能巩固圣人君主的权位,做到身安国保,而聚集人才的途径则是依靠物质财富。也就是说,领导者不仅要对人才表示人格上的尊重,更重要的是要使他们在物质生活上有可靠的保证,也即要"养贤"。剥卦《象传》又提"上以厚下安宅",认为最高统治者要关心下属,使他们得到丰厚的物质待遇,生活上没有后顾之忧,从而安心工作,更好地发挥其辅弼君王、治国安邦的作用,这样,统治者的地位方能得到巩固。可见,在人才问题上,《易传》所强调的是厚禄安养。

　《易传》提倡的尚贤与养贤说,在易学史上影响很大,成为易学家们的热门话题。而宋初三先生之一胡瑗著《周易口义》,对此作了系统发挥。他认为,治国之道,首在安民,安民之道约而有三,为首的就是"求贤",并从求贤的意义、求贤的目的、求贤的途径、任贤的方法等不同角度作了全面论述。这里仅引其要者,以为参考。胡瑗以为,"天下之广,生灵之众,国君一人不能独治,惟有进用贤才以为辅佐,方能兴天下之利,除天下之害,生育天下民物"(《周易口义·大壮》)。即使国君有刚健之志,聪慧之才,居于至尊之位,而下无贤明之臣以为辅佐,则必"有倡而无和,有令而无从,有仁义而不能施于天下,有礼乐而不能宣布于四方",所以,贤明之君,"终日之间,焦心劳思","梦寐之间,孜孜以求"天下之贤(同上,《鼎卦九五》)。而宰辅之臣,"荷天子之重任,掌天下之繁务,其责至重,虽有刚明之德,亦不能独当之,必在广纳天下贤才以相辅助,然后可以成治也"(同上,《蒙卦九五》)。就是说,治国安民,必须广纳贤才。然而,要使贤才竭忠尽职,还必须"养"。其释《周易》鼎卦《彖传》文说:"以天下之大,四海之广,非一圣一贤之所能致,又非一耳一目之所能察,故圣人分其爵禄,大其优宠,以广求天下之圣贤,使皆得己之养。为养之大,莫大于此,故曰大亨。……圣人既尽养天下之贤,又当以巽顺之道下接之,是以天下之贤者皆乐其所养,尽其谋虑,竭其忠信,以辅于君,以成其政。"又说:"人君之治天下,必有贵爵重禄养于贤者,使天下之贤皆进于朝廷,受禄于国而食于家。故邪欲不行而正道自兴,以树成天下之治而获其吉也。"(《周易口义·大畜》)这是说,对于天下贤才要"贵爵重禄","大其优宠",厚赐安养,此乃兴正道,成治政的根本保证。所以其于颐卦注强调说,"圣人之有天下,必先养贤",然后方可及于万民也。

其实,任贤使能,尊贤养士,一直是中华民族古老的优秀传统。文王亲姜尚,终以成帝王;秦孝公用商鞅,国富民乐,诸侯亲服;齐桓公得管仲,九合诸侯,一匡天下;魏有信陵君,而削地复得;赵有蔺相如,而秦不敢出;蜀顾诸葛亮,而天下三分。孟尝君"食客数千人",吕不韦"招致士,厚遇之,至食客三千人",淮南王"养士数千,高才者八人"。即使到了现代,毛泽东也说,领导者的责任主要有两条,一是出主意,一是用干部;要任人唯贤,不要任人唯亲。邓小平也提出,"一定要在党内造成一种空气:尊重知识,尊重人才。"认为社会主义事业"成败的关键是能不能发现人才,能不能使用人才"。只是养贤养士的风气被忽略了。"马儿不吃草,还要马儿跑得好",几乎一度成为某些领导者的用人信条。"知识分子物美价廉",也曾成为社会舆论的笑谈。而在我们进一步深化改革,扩大开放,进入国际市场竞争的今天,人才的竞争越发显得突出起来。易学中所提倡的尚贤和养贤的用人原则,尤其值得引起现代管理学的重视和发扬。让我们期待着,"尊重知识,尊重人才"的口号,真正蔚为风气吧！

三、观民设教——提高管理效果的根本措施

管理既然是对人的管理，那么，管理行为就是管理者与被管理者之间的一种相互制约的双向行为。因此，在管理活动中，仅注意尊贤使能、唯才是举还是不够的，还必须注意提高被管理者，亦即广大民众的素质，开发他们的能力，方能取得管理的最佳效果，获得最大效益。在这方面，《周易》系统的典籍也为我们提供了不少借鉴。

在"尚贤"、"养贤"的基础上，《周易》又提出了"观民设教"，"观乎人文，以化成天下"的主张。其临卦《象传》说："泽上有地，临。君子以教思无穷，容保民无疆。"观卦《象传》说："风行地上，观。先王以省方观民设教。"国家的最高管理者看到这些卦象，从中受到启发，设立教化，不断地对民众进行培养教育，以保证国家的安定发达。观卦《彖传》又说："观天之神道而四时不忒，圣人以神道设教，而天下服矣。"圣人观察四时的运行，春夏秋冬秩序井然，从无过差，就像有神灵主宰一样，于是设立鬼神祭祀，推行教化，这样，天下万民也就都驯服了。贲卦《彖传》也说："观乎天文，以察时变；观乎人文，以化成天下。"进行人文教化，提高国民素质，是达到国泰民安，兴旺发达，也即"化成天下"的根本手段。

从古代管理思想的发展源流来看，观民设教以化成天下，也是儒家管理学说的一贯主张。孔子在论述政治管理的时候，就曾经提出过"富而教之"的观点。孟子在为齐宣王、梁惠王讲述他的理想的社会制度时，也将"富而教之"作为国家管理的根本措施。可以看出，《易传》所提出的"观民设教"思想，是对孔孟这一主张的进一步发挥。后来的易学家们也不断对此加以阐发。

宋代胡瑗在其《周易口义》中，提出了丰富的教民思想，并从教

20世纪儒学研究大系

民的目的,教民的内容,施教的方法诸方面作了全面论述。如其释贲卦《彖传》文"观乎人文,以化成天下"说:"若夫君圣臣贤,上行下化,仁义礼乐著于天下,是国之文也,父义母慈,兄友弟恭,男正位于外,女正位于内,闺门之内,和谐肃穆,是家之文也。圣人举此文明之道发于天下国家,以文成其治,使刑罚措而不用,兵革寝而不作也。使君明臣忠,父慈子孝,兄弟有礼,长幼有序,各得其正,故制作礼乐,施为政教,以化成天下,而成天下之治也。"胡瑗所列教育的内容,不仅包括礼乐之教,仁义之化,"养育其德",而且还包括开蒙启智,"使其性明志通"(《蒙卦·象》)。胡瑗作为一个著名的教育家,在其教育实践活动中,既注重提高受教育者的道德境界、知识水平,又注重培养他们的认识能力和专业技能。《宋元学案·安定学案》云:"瑗教人有法,科条纤悉备具,立'经义'、'治事'二斋,以求明体达用。'经义'则选择心性疏通,有抱负能任大事者,使之讲明《六经》;'治事'则一人各治一事,又兼摄一事,如治民以安其生,讲武以御其寇,堰水以利民生,算历以明天数俱是。"这不禁使我们又一次想起了早期儒家大师们"博学"、"多能"的谆谆教导。更耐人寻味的是,此种教育观念和方法与现代管理学中 Z 理论所提出的"雇员工作轮换制",或高层经理人员"非专业化的职业道路"的原则,有惊人的相似之处。当然,中国古代易学家们所提出并且推行的这些教育模式,为免粗陋幼稚,培养目标迥异,不能完全适应现代管理的需要,但在建设有中国特色社会主义市场经济的今天,对于如何加强人的塑造,如何提高国民素质,从而达到更好的管理效果,都具有一定的启发意义。

(选自《孔子研究》1998 年第 4 期)

郑万耕,北京师范大学哲学系教授,博士生导师。长期从事中国哲学方面的研究,尤其注重易学研究。主要著述有《易学与中国文化》,《传统与超越》,《中国哲学教程》,《司马迁哲学史观述要》等。

作者在文章中针对儒家传统管理思想源头著作《周易》的管理学说精髓,提出"易学中的许多管理学的原理或原则,至今仍闪烁着真理性的光辉"。从"保合太和"、"尚贤养贤"、"观民设教"三个方面作了较为深入的理论探讨和现实对接分析,从而勾画出《周易》的管理思想体系为管理目标,用人原则,根本措施,对深入认识理解《周易》的管理思想内涵具有启发意义。

哲人圣智，华夏管理谋略（节选）

黄德昌

以孔子、孟子为代表的儒家学派在中国传统文化中占据了极为重要的位置。儒家学派在长期的发展和演变中，吸取、改造了诸子百家的思想，成为一个"致广大、尽精微、综罗百代"的庞大思想体系，为汉以来的历代封建统治者所推崇，成为君主治国的指导思想。《论语》一书，堪称中国古代第一部行政管理学著作，可同中国古代第一部军事管理学著作《孙子》相媲美。由于《论语》中包含了丰富的治国思想、原则和方法，所以宋太祖赵匡胤的宰相赵普便自豪地宣称：我以半部《论语》辅佐太祖打天下，以半部《论语》辅佐太祖治天下。他一遇到治国难题，就回到府中，闭门谢客，攻读《论语》，从中寻找解决问题的方法和良策。由此可见，《论语》所包含的管理思想和智慧是何等丰富。以孔、孟为代表的儒家，虽然强调"仁政"，"礼治"，"德治"，注重以伦理道德教化百姓，从而达到天下大治的目的，但他们也不乏管理智慧，在管理方法上，频频使用巧妙的管理艺术与谋略，因为儒家的"仁"与"德"，在内涵和逻辑上就包含着"智"和"勇"。孔子就明确指出："知才不惑，仁者不忧，勇者不惧"（《论语·子罕》），主张"仁者"必须同时具备"智、勇"这两项品德和才能。他对仁者，智者作同样高度的评价："智者乐水，仁者乐山。智者动，仁者静。智者乐，仁者寿。"（《论语·雍也》）

这段话的大意是说，智者喜欢流动的水，仁者喜爱稳重的山。

智者性动，仁者性静。智者快乐，仁者长寿。孔子认为，智者尚权变，故喜欢流动不居的水；仁者重德行，故喜欢岿然不动的高山。孔子由此出发，主动张有德之人，应将仁、智与动、静融为一体，在治国时，既讲原则性，又讲灵活性，做到二者的高度统一。

从注重灵活性出发，就衍生了儒家的管理谋略。儒家的管理谋略表现在诸多方面，其突出者，表现为尚权变的谋略。孟子就首先提出了这一主张。儒家主张以礼义教化天下百姓，视礼义原则为"天之经，地之义"。有人就问孟子：按儒家的礼义原则，"男女授受不亲"，但嫂子掉入水中，作为小叔的男子怎么办呢？孟子断然回答："授之以手！"即伸出手去，将嫂子从水中救出来。那人又问：这不是违背了"男女不相授受"的礼义吗？孟子机智地回答说：男女不相授受，这是经，是一般情况下应遵循的原则，用手将嫂子从水中救出来，这是权，即特殊情况下所采取的变通方法啊。孟子由此出来，将"经权"理论运用于治国谋略。

有人问他：大舜为国君，治理天下。大舜的父亲瞽瞍犯了法，大舜作为孝子，应当怎么办呢？

孟子面对这一刁难的提问，洒脱地回答道："这很好办。大舜作为国君，应向全国发布通缉令，捉拿瞽瞍归案法办；作为孝子的大舜，应放弃天子之位，连夜逃回家中，背着父亲逃往海外，以保全父亲的生命，尽孝子的责任。"

孟子运用"经权"理论，巧妙地解决了作为国君和孝子双重身份的大舜，在对待犯罪父亲问题上的所遇到的难题，用现代法制的标准看，孟子这一方法不可取，但在古代宗法制社会中，这不失为一种解决治国和孝亲这一矛盾的方法。"权变"理论及其运用，典型地体现了儒家的管理谋略。

儒家的这种"权变"管理谋略也体现在孔子所倡导的"惠而不费"（《论语·尧曰》）的经济管理方法上。孔子认为，社会上层人士注重道德、精神因素,而庶民百姓只注重物质利益,即"君子喻于义,小人喻于利"(《论语·里仁》),因此,对庶民百姓进行教化和管理,在强调礼义的同时,应重视给予庶民"惠"和"利",使他们得到显而易见的物质利益,这样才能"惠则足以使人"(《论语·阳货》)。向百姓施加惠利,并不是要求统治者直接从国库中拿出财物恩赐他们,而是指统治者制定国策时,要"因民之所欲而从之","因民之所利而利之"(《论语·尧曰》),即考虑百姓的物质欲求,允许百姓从自己的求利活动中获得一部分实惠,国君不能全部掠为己有,做到"藏富于民",使百姓丰衣足食,从而使税收有源而府库丰盈。因此说德治、礼治是管理之"权",经权结合,使天下衰治而久安。

儒家的管理智慧和谋略在"无为而治"方面也显现出来。"无为而治"虽是道家的治国原则,但儒家亦很欣赏。孔子便称大舜是"无为而治"天下的明君。孔子认为,善于治理天下的君王和大臣,不一定事必躬亲,主要应加强自身的心性修养,以自身的表率行为来感动、熏陶被管理者,从而达到"己不劳而天下治"的目的。他一再强调"其身正,不令而行;其身不正,虽令不从"(《论语·子路》)。"苟正其身矣,于从政乎何有? 不能正其身,如正人何?"(《论语·子路》)当鲁国的当权者季孙肥问孔子怎样施政时,孔子回答说:"政者,正也。子帅以正,谁敢不正?"(《论语·颜渊》)"子欲善而民善矣。"(《论语·颜渊》)当季康子因鲁国多盗而问计于孔子时,孔子一矢破的地答道:"苟子之不欲,虽赏之不窃。"(《论语·颜渊》)孔子将管理主体自身的品质和行为对被管理者的熏陶、感化比喻成风和草的关系:"君子之德风,小人之德草,草上之风必偃。"(《论语·颜渊》)这种"风行草偃"的管理谋略,被历史和现实证明是行之有效的。

5. 管理谋略儒风

从理性思维、出奇用智而言,儒家的管理谋略同诸子的管理谋略有共通之处;从儒家思想本质同诸子思想之异而论,儒家的管理谋略同其他流派的管理谋略有显著的区别,形成了儒家管理谋略的独特品格、旨趣,我们将这种独特性,称之为"儒风"。就管理谋略的实施手段和透明度而言,儒家管理谋略属"阳谋",用堂堂正正之策,有别于道家、法家的"阴谋",多行胸中之术,而秘不授人;从管理谋略的内容而论,儒家管理谋略浸透着道德精神,而道家、法家的管理谋略充满着浓厚的功利色彩,前者重义,后者贵利的色彩非常明显。现在,我们根据这一原则,对儒家管理谋略的特色及其在近、现代管理过程中的应用和表现,作一梗概描绘:

第一,推崇道德,提倡诚信

儒家思想是一种政治伦理型的道德学说体系,提倡"仁义",奉行"诚信",堪称中国古代思想家之冠。儒家的管理谋略,突出地体现了诚信的原则。在其实施过程上,取得了举世瞩目的成功。

近代爱国实业家陈嘉庚(公元 1874 年—1961 年)在他的企业管理经营中,就十分重视这一谋略。他认为,企业对国家、社会的"诚",正是为了取得职工和社会对他企业活动支持的前提和策略。他十分明确地把企业对国家、社会的忠诚和职工对企业的忠诚联系起来,以爱国、爱社会的价值观启迪、培养职工忠诚于企业的理念。他以捐资兴办集美、厦门二校的事例勉励职工:公司营业的成功依靠全体职工的忠诚,公司的发展能影响和推动国家的振兴、社会的进步。因此,公司成员要有工作事业心,社会责任感,为企业作贡献,也就是为国家、社会作贡献。他说:"为本公司多谋一分利益,即为国家多培养一个人才";"热心为社会服务,未有不热心于本公司服务";"在公司能为好店员,在社会便为好公民"(《陈嘉庚公司分行章程》)。他再三指出,职工只有通过自己在企业内的努力工作,才能使报效祖国、服务社会的价值追求得以实现,"不为教育奋斗非国民,不为本公司奋斗非店员";"遵守本公司之职守,即为图谋社会之公益";"本公司是一社会之缩影,服务于本公司,即服务于公司"(《陈嘉庚公司分行章程》)。

　　陈嘉庚大力提倡儒家之诚,从企业、国家、社会利益的一致性,将职工忠诚于国家、社会的理念,引导、落实到企业的忠诚上去,这样一来,"诚"就成为维系、团结企业全体成员的精神支柱,在企业中形成了强大的凝聚力,使企业的指挥和管理得到增强,"实收指臂相使之效,宏建事业发展之初"(《章程序》)。陈嘉庚将以"诚"治厂的谋略巧妙地运用到商标上,他的橡胶制品以"钟"为商标,寓意警钟长鸣,唤醒民众,并以"钟"牌胶鞋奖励职工,捐献社会。广大民众怀着特殊的感情,热列欢迎这种体现中国人民爱国图强愿望的"钟"牌产品,从而使陈嘉庚公司的声誉传播海内外,产品销路大增,生产势头蒸蒸日上。

　　陈嘉庚恪守儒家所倡导的"无信不立"的原则,对外、对内都严守信用。他以"信"为管理谋略的手段,在人事管理方面,取得了很大的绩效。他认为,只有遵守"信"的道德原则,企业上上下下内求团结,形成相互合作,互相依赖的合作气氛,才能成功地向外发展。他说:"本公司之营业,托力于全部店员","各职员、店员,宜以互相敬爱为心,职务虽有高下,人格原是平等,凡侮慢倾轧种种恶德,皆宜摒陈"(《章程》)。他要求企业领导层对下属员工,要"以和婉态度,恳切指导,俾知所感,乐于往事"(《章程》)。在具体作法上,他采取了以下措施:

　　一方面是企业领导层要信守对职工的承诺,自觉地履行对职工所承担的义务,信赏必罚,做到"言必行,行必果";二是对职工的工作要充分信任,"用人不疑"。对那些具有真才实学和事业上有进取心之人,要格外扶持和鼓励,委以重任,信用不疑,将他们合理地安排到最能发挥自己才干的岗位上去,给他们以用武的机会。

　　如陈大使,本是企业中一名挑水工,由于聪明好学,才干出众,就受到陈嘉庚的赏识，仅五六年时间，就成了"益和"树胶公司的总经理。又如刘玉水，本在一布店当店员，陈嘉庚偶到该店，在与他的接触中，发现他工作干练，年轻有为，便向布店老板要人，老板不愿割爱，推说受到刘父委托，并培养刘玉水。陈嘉庚毫不客气地说："你培养还不如我培养。"千方百计地想法将刘玉水挖走。刘玉水到陈嘉庚公司才一年多，就被提拔为泰国分公司经理。不久，他又自己创建了"大成"橡胶公司，自任总经理。从"大成"二字，可以看出，刘玉水受儒家思想影响之深。刘玉水后来成为海外著名华人企业家，新马社会的商界领袖。

陈嘉庚认为，公司和职工之间，应相互信任。每个职工要做到取信于企业："视人委托之事，一若自己之事，办本公司之事，亦若办自己之事"（《章程》），应该从"信"的道德规范来指导，约束自己的行为，"受人委托，即当尽人之力，受本公司委托，即当替本公司尽职"（《章程》）。他强调职工的信用感，责任心，认为"本公司店员，有发展营业之责"，如果"作事敷衍"，则是"不负责任之表现"。他批评说："无责任之心亦非人也"，这种人不能任用。他指出，作为企业成员，应该确定以信为本，为本公司尽职尽责，积极承担义务，"不能尽职于公司，又何能尽职于自己"（《章程》）。

由于陈嘉庚将企业的规章制度植根于取"信"的基础上，道德理念的自我控制占了主导地位，因此，自律管理成了企业员工的内在信条，管理主体因此谋略的成功，而收到了事半功倍的效果。

取信于人，或以诚待人，这既是管理者的美德，也是管理谋略的艺术运用，这一原则受到现代管理学界的高度肯定。英国管理学家罗杰·福尔杰就说过："世界上最容易损害一个经理威信的，莫过于被人发现他在进行欺骗"，这句话颇有见地，同孔子所说的"人而无信，不知其可"有异曲同工之妙。管理者言出法随，以信为谋，势必收到奇效。

第二,以人为本,注重和谐

人本主义是儒学管理思想的基础和核心。以孔子为代表的儒家学派,将土地、政事、人民作为诸侯国的"三宝",宣称"民为贵","民为邦本",非常注重对人的管理,将人事管理置于财力、物力管理之上。在对人的管理上,他们承认人际关系的矛盾和冲突,主张以适当的方式和途径解决、缓和矛盾,使社会群体处于一种和谐状态,减少或消除内耗,从而聚集力量,实现管理目标。可以说,注重和谐的管理谋略,是儒家以人为本思想的集中体现。所谓"和",主要是指"人和",因为"天时不如地利,地利不如人和",唯有"人和",才能同心同德,众志成城,实现管理目标。

儒家学派提出了许多实现和谐的管理谋略,这在当代的管理活动中亦有很大的借鉴作用。一个企业,即使困难重重,一旦内部做到"人和",即可起死回生,重新振兴和运作起来。

如河南洛阳市色织一厂,是50年代初由合作社发展起来的企业,到1991年,全厂320台织布机仅剩一台转动,累计亏损730万元。银行贷款超过1000万元,1200名职工每月生活费仅靠一点救济金维持,走投无路之际,工厂或选择停产倒闭,或被别的企业兼并。在这种情况下,厂领导层将困境如实告诉职工,与大家群策群力,共商救厂大计,并召开职工大会,以无记名的方式投票表决工厂的前途。投票结果表明,绝大多数职工不同意被兼并,选出布机车间主任马明山当厂长,提出"生产自救"方案,退休工人孙仁富率先拿出2万元,捐献给厂方,并宣布:"只要厂子能保住,这钱我不要了!"在老工人的带动下,工人们纷纷集资,有的青工将准备结婚用的钱也拿了出来,不到二十天,全厂集资45万元。全厂职工团结一致,实行优化组合,精简人员,人人服从调动和安排,寻找信息、挖掘潜力、改造设备、调整产品结构、开发市场,生产出牛仔布系列和出口服装面料格绒,到1993年年底,实现了扭亏为盈,并引进了外资，到 1994 年 3 月，还兼并了另一家企业，出现了勃勃生机。

实践证明，"师克在和，不在众"，这是颠扑不破的真理，以人为本，注重和谐的管理谋略，是符合东方文化背景的上乘方法，在营造"和谐"气氛上下功夫，一定是大有收获的。

第三，义利合一，义以利生

儒家学派明于义利之辩，注重经济效益的道德价值。在经济管理活动中，他们主张"见利思义"，"利以义制"，"义以生利"。将义和利结合起来，以"义"作为经营管理的谋略，从而实现求利的目标。中国古代的一些商人，如陶朱公、计然，近代的徽商，都是实施以义生利谋略的高手。

这种义利合一，义以生利的经营管理谋略在倡导两个文明建设一齐抓的今天，更显出一种独特的魅力。如天津市"为民"副食商店，就是以义生利的典范。这家营业面积仅 50 多平方米，职工仅 33 人的小店，能量特别大，二十多年来，日以继夜地工作，无论严冬酷暑，地震或龙卷风，从未歇业。他们正确处理经济效益和社会效益的关系，将满足人民的生活需要放在第一位，对人民急需、无利或利微的商品，都优先使用资金，优先组织进货，优先安排运输，解决人民的燃眉之急。他们维护消费者的正当权益，严把进货关，杜绝伪劣商品，实行定价双人复核、磅称专人负责、包装商品复秤和值班经理检查的制度，遵守物价政策，被群众评为"信得过"商店。自 1978 年以来，连续十一年被评为市级劳模集体，特模集体，文明商店和最佳商店，先后被商业部和全国总工会命名为先进集体。顾客称赞他们"日夜为人民，温暖万人心"，在三年时间内，竟创利税十多万元，堪称是义以生利谋略成功的楷模。

（节选自《哲人圣智——儒学智慧与现代管理

谋略》,西南财经大学出版社,1998年第一版)

黄德昌,四川大学哲学系中国哲学教研室教授,硕士生导师,主要从事中国哲学和中国文化研究,主要著述有《观色悟空——佛教中观智慧》、《宗教与文明》(合作),《中国之自由精神》(总负责人)等。

儒家管理思想中的谋略研究是儒家管理思想研究的重要课题之一,黄德昌从"术"的角度深入剖析儒家管理谋略的内涵,指出儒家管理学说中不仅是一些道德规范的界定和启示,义理的阐释和运用,更是智慧的结晶,是一种具有特殊特点意义的管理谋略文化。作者分别从"和而不同"、"中庸之道"、"宽猛相济"、"必也正名"、"风行草偃"、"无为而治"、"学问思辨"几个方面进行了较为深入的探讨,从谋略学的角度和视野,对儒家文化作了新的阐释,揭示了儒学智慧所蕴涵的谋略价值,以及在现代管理中运用的必要性、可能性和现实性。在儒家管理思想研究方面,展现出较新的学术视角。

浅析儒家思想在企业经营管理中的运用(节选)

孙云峰

一、树立"家"的观念

中国传统思想历来提倡"天下一家","爱人","利群",四海之内皆兄弟的观念,这与当代所倡导的集体主义原则有异曲同工之妙。在"家"与"国"的关系上,孟子说的"国之本在家",指出了家是国的基础,有家才有国;国是家的外延和扩大,国强才能家富。儒学则把齐家作为治国平天下的前提,总的说来,传统文化史可以说是一部中华民族爱家爱国的历史,是"家"使亿万中华儿女走到一起,心心相印,并肩奋斗,形成一股合力,一股民族强大的凝聚力和向心力,为祖国的繁荣富强贡献力量。在以经济建设为中心的今天,能否把这种家庭意识嫁接于企业员工的思想中,使之嬗变为我国经济崛起的精神力量,是关系到企业能否继续生存发展的大问题。在经济领域中,一个公司、集团酷似一个家庭,为了"家"的荣誉和威望,为了"家"的富足和强盛,职员们就会确立强烈的主人翁意识,视厂如家,任劳任怨,尽职尽责,甚至忘掉自我与自己的小家庭。而与职员自身有着"一荣俱荣,一损俱损"关系的公司,其发展与壮大,会给职员带来物质上的犒劳和精神上的激励。当今的企业规模庞大,分工精细,像一个总公司可分为母公司和若干子公司等几级,它们呈现出纵式的亲子关系。这种纵式的亲子关系就像粘接剂,将公司的各个方面,各个部门粘合在一起,具有较强的凝聚力。这种家庭观念在社会各行各业中所体现出来的是集体主义的原则和精神,代表整个社会共同体的利益和价值取向。在"家"即集体观念的驱使下,在处理个人与集体关系的问题上,就会做到整体利益高于个人利益,全局利益高于局部利益,个人价值只有通过整体价值才能实现。由上所述可知,树立"家"的观念,对于培养职工克己奉公,先公后私的道德品质,对于培养职工兢兢业业的敬业精神,对于高扬集体主义观念,发挥群体智慧与力量,都是一笔宝贵的精神财富。

二、"以人为本"观

"以人为本"是旨在从理性的高度来诠释、升华人的独立人格、主体意志、生命存在的价值和意义的思想观念。儒学向来重视"究天人之际",把人视为存在的中心。孔、孟二"圣"认为人是具有内在个性魅力的人,而不是其他外在要素的附庸;荀子则极言人"最为天下贵";周敦颐从宇宙生成论上揭示:"惟人也,得其秀而最灵";而张载认为人"为天地立心"。此外,诸如人乃"天地之德","五行之端","万物之灵"的观点,皆言人之卓越,使儒学充盈着"人学"的思想特色。在对人力资源的开采、使用和管理方面,古今中外,仁者见仁,智者见智。儒家思想认为人力资源胜过物质资源,譬如,《大学》中所说的"有人此有土,有土此有财,有财此有用",即述此理。而西方传统的管理理论则将人视为"经济人",视为被动与消极的因素。这种管理理论将管理者和被管理者对立起来,最终压抑和消挫了广大职员的积极性和创造性,不利于劳动生产率和经济效益的提高。因为人不仅仅是"经济人"(即物质财富的创造者），同时还是"社会人"，是希望自我意识得到满足的人，是渴望发挥自己的潜能，施展自己的才华，努力超越自我的人。因此，企业领导人在经营管理过程中，不能只把眼光定格在资本、技术与短期的收益值上，而更要在"人"自身上做文章，要学会揣摩和体会职工的心理和感情，积极创造条件，为职工营造一个身心愉悦的工作环境，要因人、因事、因地制宜，转换管理职能，由原先单纯的指挥、监督与控制转为调动与激发职工的工作热忱和奉献意识，吸引其参与企业决策与管理。综上所述，儒学中的人本思想，给我们现代企业管理拓宽了思路，重视人的因素，着力塑造职工和企业甘苦与其的参与意识，这可以说是保持企业青春活力的一大法宝。

三、"以和为贵"观

翻开中国思想史的史册，我们可以发现，"和"的观念一脉相承，历万古而常新。春秋时期的史伯曾说："夫和实生物，同则不继。以他平他谓之和，故能丰长而物归之。"（《国语·郑语》）孔子主张的"礼之用，和为贵"（《论语·学而》），孟子阐释的"天时不如地利，地利不如人和"，体现了"和"之观在调节人际关系上所独具的功能与作用。在协调人与社会的关系方面，"和"的功能表现为，"和则一，一则多力，多则强，强则胜物"（《荀子·王制》），在这里，"和"是社会群体融为一体，讲信修睦的调节剂，是国泰民安、团结统一、克敌制胜的精神之源。现代经济的高速发展，科学技术的突飞猛进，使得各行各业之间的竞争日趋白热化，导致人际关系淡漠、紧张，导致许多意料不到的矛盾和冲突。"和"的思维方式在这些领域的运用，则不失为解决问题的明智之举。下面我们来探究一下"和"所实现的可能性和可操作性。

首先，这种和谐环境的营造，需要全体企业员工的积极参与和扶持，自觉养成热爱集体、热爱劳动、团结友爱、诚实谦让的道德风尚。

其次，这种氛围的营造，更需要企业领导者充分发挥其领导的魄力和管理的才华。邓小平同志曾说："领导就是服务。"作为企业的领导者，要时时以身作则，以其模范带头作用影响和感染自己的下属。周到考虑职工的福利待遇，多给职工以关怀和体贴，积极参加职工集体组织的娱乐活动，利用工作之便多和职工交流谈心等。从而改变领导和下属之间纯粹的上下级工作关系，取而代之的是彼此亲密，相互信任和了解的整体关系。这样，在企业里，原先的明确的等级指挥和控制，已被自我指挥和含蓄的控制所代替，领导和职工之间同呼吸、共命运，充分发挥自己的学识和才干，为提高企业的劳动生产率和经济效益作出贡献。因此，现代企业的经营和管理，要立足于培养和造就一种"人和"的大气候，摈弃以前的那种家长制式的领导体制，以形成企业员工对企业的一体感和"忠诚"意识，从而推进企业的前进和发展。

四、"义利合一"观

"义利之说"，乃"儒者第一要义"。荀子曰："义与利者，人之所两有也。"（《荀子·大略》）这里的"义"是指道德原则，"利"指物质利益，两者的关系是辩证统一的。一方面，义作为道德范畴受到物质经济条件的制约，所谓"仓廪实，则知礼节；衣食足，则知荣辱"（《管子·牧民》），讲的就是物质的富裕与条件的改善对人们道德意识的促进作用；另一方面，道德原则和规范又反作用于物质经济条件，所谓"夫义，所以生利也"（《国语·周语中》），讲的则是人们遵守道德原则和规范能够带来利益增长的效果。在中国千百年的义利之辨中，儒家思想在价值取向上重义轻利，但它并不否定人对财富与物质利益的创造和追求。孔子曾说:"富与贵,是人之所欲也","贫与贱,是人之所恶也"(《论语·里仁》)。还曾说:"学也,禄在其中也。"(《论语·卫灵公》)他甚至认为,"富而可求也,虽执鞭之士,吾亦为之"(《论语·述而》)。"执鞭之士"是古代君王出门之际替之开道的卑贱职业,孔子认为只要富而可得,这类卑贱职业也可以干。在大力发展社会主义市场经济的今天,义利矛盾尤为突出,主要表现为:重利轻义,舍义取利,逐利无"度",造成"物欲"、"利欲",一度呈放纵、泛滥态势,严重污染了我们的精神生活,污染了我们的社会风气,儒家思想为我们新时期解决义利关系问题,提供了参照系。在新时期则演绎为把儒家的伦理道德观的"义"与企业经济的"利"相结合,具有很大的实用价值。运用于工商业中,"义利合一"观就是要求工商业者以正当的手段即严格遵守工商业道德来获取利益。实际上,有经验、有远见的工商业者不仅仅看重眼前的有形资本,他们更为看重一种无形的资本——商业道德。因为个人或单个企业的资产是有限的,而商德尤其是信用,作为活用的资本是无限的,而严格按工商业上公认的原则规范办事,这本身就是一种具有巨大潜力的投资。相反,如果工商业者对产品质量不严格把关,不恪守商业信誉或违反商德进行投机、欺诈、贿赂等活动,只会降低自己在工商业界的声望和影响,进而导致产品出口额的剧减,导致工商业经济效益的大滑坡。而买卖双方诚信不欺,共得利益则为正确之举。另外,作为企业界的领导人不应该仅仅追求生产效率的提高或牟利暴利,还要加强内在道德修养,有高度的社会责任感和忧国忧民意识,力图以此达成国富民强和社会的和谐。

(选自《中国哲学史》1999 年第 1 期)

孙云峰,江苏省委党校党史党建教科室教师。

儒家思想在现代企业管理中的具体运用,这是一个广泛而繁杂的学术课题。本文从哲学的高度分析儒家思想的精髓内涵,从而指出应该树立"家"的观念,"以人为本"观,"以和为贵"观,"义利合一"观。对于从原理上把握儒家传统管理思想、运用儒家管理思想、提出了新的见解。也把传统儒家思想的研究推进到更为宏观的境界分析,确有一定启发教育意义。

中国儒家传统管理思想对现代企业管理的负面影响

胡燕祥

建国以来,在党的领导下,我们对旧中国的企业进行了全面的生产、制度改革,并大量引用了苏联的管理思想和理论,创造出一些符合我国国情的管理思想和方法,如"鞍钢宪法"。但是新的管理思想和方法的诞生,并不意味着传统的落后的思想会自动退出历史舞台。

众所周知,管理不是一种单纯的政治或经济行为,它是一定民族文化背景下的产物。在中国新民主主义革命完成之后,作为维护封建主义制度的经济基础已消亡,但那些已溶于民族血液中的伦理道德、思维方式、心理形态则将长期存在。由于我国自给自足的小农经济长期处于统治地位,加上封建社会多年的宗法专制统治和新中国成立后较长时间"左"倾思想对人们的束缚,使传统的儒家管理思想至今还深深影响着当代企业的管理意识和行为,具体表现在:

1. 重政治而轻效益的偏向。千百年来,中国奴隶主阶级和封建主阶级,为了建立和维护自己的政治统治,总把本阶级的政治利益置于首位,不惜阻碍破坏经济的正常发展。久而久之,"政治中心"成为了中国传统管理思想的一大特色。新中国成立后,在较长的一段时间内,由于我们党没有及时地把注意力转移到经济建设上来,"以阶级斗争为纲"的思想深深渗透到社会各地区、各部门中。使得我国企业管理工作上也披上了浓厚的政治色彩。

首先,企业行为政府化。企业成为了国家的行政组织或政府部门的附属物,缺乏独立的人格。企业的行为方式、价值取向、目标选择、经营观念等主要受国家,尤其是上级主管部门的控制和影响,为此,企业常常主动迎合上级行政部门的意愿,甚至不惜牺牲经济利益。

其次,企业内部结构行政化。政企不分、政经不分,组织机构和编制同国家行政机构对口,管理规章制度参照国家行政机构标准制定,企业行为中政治任务压倒一切的倾向较为严重,经济色彩大大淡化。

第三,企业管理方法和手段政治化。在生产经营中,领导者往往注重政治动员,行政命令,爱算政治账,不善于算经济账。过多地运用行政手段来管理经济工作,领导者常常凭主观理想办事,企业不遵循效益第一的原则。

2. 重专制而轻民主的偏向。两千年来,中国一直是封建专制管理的国家,民主管理的空气非常稀薄。在封建社会严重的宗法等级观念影响下,我国长期实行高度集权的管理方式。在企业中常常表现为领导者的个人决策,家长制、一言堂。在这种绝对权威面前,"上有所好,下必慎言","非我族类,其心必异"。使得一些敢于直言,富有才华的管理者被拒之外,任人唯亲的现象日益严重。广大职工的智慧和潜能受到压抑,权力的监督和约束机制难以形成。官僚主义,以权谋私等腐败现象难以杜绝。

3. 重人情而轻法制的偏向。中国儒家管理思想表现在企业管理机制上,常以非理性的伦理道德观念为原动力。它过分重视人情管理,忽视企业规章制度的作用。结果在现实生活中,无章可循,有章不循,违章不究的现象在企业中司空见惯。规章制度停留在嘴上,纸上,而不能见之于行动。这种"人情"虽在一定程度上给企业带来和谐和利益,但企业毕竟不是一个家庭。作为社会的经济组织,需要一种客观公正的标准对其成员的思想和行为约束和规范。

4. 重情意而轻利益的偏向。中国儒家管理学说显示出"贵义贱利"的明确意向。把封建统治阶级的管理思想行为规范和主体的物质欲望看作是水火不相容的两极。

一个时期以来,我们在"左倾"管理思想的影响下,脱离人民群众对实际生活的物质需求,抽象地谈论共产主义的道德(重义),幻想不去发展生产力和商品经济就能达到共产主义,这是十分可笑的。我们曾大力批判企业中"利润第一"的管理思想,排斥"物质奖励"的管理方式(轻利),这就从根本上压制了个人和企业对物质利益的追求。

党的十一届三中全会以后,我们在大力发展社会主义商品经济的同时,从根本上承认了"利"的合法性。当然,当代企业重"利",也提倡"义"。这个"义",广义讲是精神文明建设问题,狭义说是社会主义企业管理主体伦理意识的建设问题。当前我们讲"义",不再是脱离实际历史条件的管理思想,也不再是与"利"的尖锐对立,企业只有提倡合理的"义",才能正确地解决好国家、集体和个人的三者关系。

5. 重均同而轻个性的偏向。中国儒家思想是以人文精神为核心的,但与西方管理思想相比,恰恰又缺乏对个体地位的认同。它虽然处处讲人,但真正重视的是人所属的团体,尤其是国家利益。在"均同"思想影响下,总体是神圣的,至高无尚的,个体则是卑微的,微不足道的。这种总体对个体的排斥,构成了中国儒家管理思想的本质。在企业管理上具体表现在:

首先,在企业管理思想上,我们偏重于那些重总体,轻个体的学说。比如:建国后,重视对苏联管理思想的引进、吸收和探讨,而这种管理思想(尤其是斯大林时期)维护了一种总体至上的观念。反之,对西方国家比较强调个性和个人积极性的管理思想,弃之不顾或否定批判。

其次,企业在管理制度和方法上趋于共同,缺少特点。从前,由于企业是政府的附属物,不是独立自主经营的法人实体,没有自己独立的人格。因此,国家的方针目标就是企业的方针目标;国家的价值观念就是企业的价值观念;国家的管理文化就是企业的管理文化……所有企业同遵一旨,同出一源。一部《鞍钢宪法》在全国企业通用,一个大庆模式令全国企业仿效。

第三,在企业内部管理机制上,"铁饭碗"、"大锅饭",至今仍是许多企业改革发展的阻碍。具体表现就是讲攀比,不讲竞争;讲均同,不讲贡献;讲公平,不讲效率等等。长期以来这种"求和去异"的儒家管理思想,造成了人们根深蒂固的依附性和均同性思想,至今依旧顽强保护着人们的心理长城。

第四,在企业职工个性上,共同性胜于特殊性,群体性高于个性性。使职工个性长期处于抑制和闭锁状态,个人需要绝对服从国家的、集体的利益,极力排斥任何做法的"个人主义"。其结果,使企业从根本上失去了生机和活力。

6. 重生产而轻流通的偏向。在中国以农业为国民经济基础的产业特性影响下,中国的儒家管理思想长期以来重农轻商,在管理上明确提出了"农本工商末"、"工商众则国贫"的口号,这种管理思想对中国社会发展和经济繁荣障碍极大,影响极深。它使中国流通领域长期处于闭塞和萎缩状态,无法对生产产生促进作用。

建国以来,由于我们对马克思主义所说的生产是决定性要素的片面理解,在长期的计划经济体制和市场商品短缺的情况下,企业长期实行以生产为中心的策略,企业的管理制度和方法基本上是围绕着生产来进行,与外部市场没有多少联系。直到今天,在我国的经济体制和企业内外环境都发生了很大变化的情况下,仍有许多企业和企业领导人只习惯于产品经济下的"橄榄型"的生产管理方式,而对市场经济下的"哑铃型"的生产经营方式感到束手无策。

7. 重伦理而轻科学的偏向。中国儒家管理思想是以政治伦理为本的。因而历来不重视科学技术的研究。它们认为人是最根本的东西,精神世界的"仁义"修养是社会发展的根本动力。忽视科学技术推动生产力发展的巨大作用。在儒家管理思想中有一个基本概念,即主体人格的确立比知识的获得更为重要。管理伦理为"质",管理知识为"量",这种"重道轻艺"的倾向,使科学技术多高明也只是"粗迹",不懂不为耻。而"正心诚意"、"治国平天下"的大经纶,才最有价值。这种儒家管理思想和行为的畸形状态,阻碍了国家和企业探索客观世界,寻求科学真理,改造世界的雄心和锐气。

8. 重传统而轻变革的偏向。千百年来,中国农村的自然经济管理一直占主导地位。"以农立国,五口之家,百亩之地,几乎到处皆然。父传子,子传孙,亦皆历世不变"的生活中的真实写照。由此而产生的中国儒家管理思想,一面是家长制式的管理关系和纲常礼教,另一面则是"天不变,道亦不变"的传统守旧思想。尽管中国历史上,不乏一些反传统倡革新的思想家和勇士,他们的管理思想也产生过广泛影响,但最终多被儒家管理思想吞没。其根本原因是:首先,当维新者在管理意识上起来反传统时,却又常无意识地停留在传统之内,传统意识潜移默化地决定着他们的思考方向和界限。如:康有为从反孔到尊孔,章太炎从反儒到护儒。其次,历史上多次革新实践,革新者承担的风险远远大于继承传统者。商鞅、王安石,谭嗣同等许多著名改革家的结局告诉人们,宁求稳健而不务革新,可能是较明智的选择。这种因循守旧,知足长乐,处事退缩,不思进取的倾向至今仍深深影响着当代企业的管理思想和行为。从反到护,反则必险护则相安的历史教训和结局仍在当代许多企业的改革实践中重演。

(选自《理论前沿》1999 年第 8 期)

胡燕祥,曾任中国水产集团公司远洋股份有限公司监事会主席等职。

关于儒家管理思想的研究,长期以来人们大都从正面阐发其价值和意义,分析对于社会的促进推动作用。本文独辟蹊径从负面谈其对现代管理的影响。分析作为一种源远流长的传统核心思想所具有的伦理思想、思维方式,心理形态等消极因素,尤其是经历较长时间的"左"倾思想强化之后的特殊观念意识对于当前企业管理的不良作用。应该说,不仅学术视角比较新颖,现实意义尤不可低估。

中国管理文化论（节选）

朱明伟

任何管理方式的形成和实践，都是在特定的价值观指导下进行的，这也是导致管理差异的原因所在。因此，管理观念是管理文化的核心。研究中国的管理文化，首先要研究中国的管理观念。只有这样，才能深刻地认识中国式管理的形成和发展过程，才能正确地把握和运用这种管理方式。

根植于中国文化的管理文化，主要有人本观、和谐观、中庸观和义利观四大管理观念。

一、人　本　观

自古以来，中国的思想家和当政者都非常重视人的因素，认为社会的安定和国家的强大都有赖于人。因此，历代统治者都把"重民"作为一项基本的国策。《管子·权修》中认为："天下者，国之本也；国者，乡之本也；乡者，家之本也；家者，人之本也；人者，身之本也。"意思是说，天下以国家为根本，国家以乡为根本，乡以家为根本，家以人为根本，人以自身为根本。因此，《管子·霸言》中又指出："以人为本，本治则国固，本乱则国危。"要以人民为本，本治则国家巩固，本乱则国家危亡。可见，在那时已明确地提出了人本观。实际上，据《尚书》记载，早在商朝，第二十代君王盘庚为避免水患,复兴殷商,率领臣民把国都从奄(今山东曲阜)迁往殷(今河南安阳)后,就一再告诫群臣,百姓是国家的根本,要体恤民情,使人民安居乐业,并以此作为群臣奖赏和任用的依据。

(一)以民为贵

孟子在《孟子·尽心上》中提出了"民以贵,社稷次之,君为轻"的著名观点。他认为,百姓最重要,代表国家的土神、谷神其次,国君为轻。他把"民"放在三者之首,可见他认为"民"才是最重要的,是国家的根本,因此,也是当政者管理的中心。

为什么"民"如此重要呢?孔子在《荀子·哀公》中一语道破天机,"君者,舟也,庶人者,水也。水则载舟,水则覆舟。"他把君与民的关系形象地比作舟与水的关系。水可以载舟,也可以覆舟。这就是当政者为什么要重"民"的根本原因所在。孟子在《孟子·娄离上》中总结桀和纣失去天下的原因时说:"桀纣之失天下也,失其民也;失其民者,失其心也。得天下有道:得其民,斯得天下矣。"纵观古今中外,将人在管理中的地位和重要性提高到如此高度的,只有中国管理文化。在西方管理思想的发展过程中,19世纪末20世纪初以泰罗为代表的科学管理思想,并不把人作为管理的主要因素来看待,仅将其视为机器的附属物,当作一般的"劳动工具"。直到第二次世界大战以后,随着行为科学的兴起,才开始重视人的因素,并逐步形成了现代"以人为中心"的管理思想。

由此可见,"以人为中心"的管理观念早在我国古代就已经提出,并成为中国管理文化的重要理论基础。

(二)人性本善

"人性之善也,犹水之就下也,人无有不善,水无有不下"。这是孟子在《孟子·告子上》中提出的著名的"性善论"思想。他认为,人性向善,就像水往低处流一样。人性没有不善良的,水没有不往低处流的。

人性问题,是中国古代思想史一个十分突出且极为重要的问题。战国时期的思想家就人性究竟是善的还是恶的展开了激烈的论争,形成了各种派别,其中影响最大的是孟子提倡的"性善论"和荀子主张的"性恶论"。

孟子认为,人本性是善的,并在《孟子·告子上》提出了善性的具体内容,"恻隐之心,人皆有之;羞恶之心,人皆有之;恭敬之心,人皆有之;是非之心,人皆有之。恻隐之心,仁也;羞恶之心,义也;恭敬之心,礼也;是非之心,智也"。即仁、义、礼、智这"四心"是人皆有之的善性。正是基于这种观点,他认为人人都可以成为尧舜。既然人性本善,那为什么在现实生活中表现出来的人性都不完全是善的呢? 孟子对此作出了合理的解释,他认为性之善不是已成的,而是待成的。人虽先天有善性,但它是善的萌芽,必须由后天扩而充之,才能表现为善的德性。至于现实中许多人贪生怕死、见利忘义,这是由于他们受到外界不良环境的影响,人性受到玷污的缘故。因此,孟子强调要注重人自身的修养,注重对人的教育。孟子高扬人性善的旗帜,显示出他对于人性发展趋向的乐观态度,肯定了人的理性追求和人格的自我完善。"性善论"思想为当政者采用什么样的管理方式提供了理论依据。

荀子是战国末年赵国人,是战国后期儒家学派最重要、最伟大的代表人物。荀子思想的关键是"性恶论"。他在《荀子·性恶》中说:"今之人性,生而有好利焉,顺是,故争夺生而辞让亡焉;生而有疾恶焉,顺是,故残贼生而忠信亡焉;生而有耳目之欲,有好声色焉,顺是,故淫乱生而礼义文理亡焉。然则从人之性,顺人之性,必出于争夺,合于犯分乱理而归于暴。"这是说,现在的人性,生来有喜好私利的,顺着这种本性,于是人与人之间的争夺就发生,谦让便消失了。人生来有忌妒、仇恨的，顺着这种本性，于是残害忠良的事就发生，忠诚信用便消失了。人生来有耳目的欲求，喜好声音美色，顺着这种本性，于是淫乱的事就发生，礼义、等级和道德观念便消失了。既然这样，放纵人的本性，顺着人的情欲，必然会发生争夺，出现违反名分、破坏社会礼义秩序的事，从而导致暴乱。

既然人性是恶的，荀子认为就要通过圣人的示范、老师的教育、法律的强制、环境的熏陶和自我修身来改造人性。同时，荀子告诉人们，只要努力改造，沿着仁义走，便可以成为尧舜一样的人，自然也就是圣人了。

孟子认为保持和发挥善的本性，就能成为尧舜一样的人物；荀子认为努力改造自己的恶性，也可以成为尧舜一样的圣人。两派学说可以说是殊途同归。但"性善论"对管理文化的影响要远远大于"性恶论"。

（三）仁者爱人

提倡"性善论"的目的，是要求当政者推行"仁政"。孔子要求为政者做到"泛爱众，而亲仁"（《论语·学而》），即要广爱大众，有博爱思想。孟子则更明确地指出人的善性是施行仁政的基础，为政者应该充分认识和把握人性，根据人性的特点来施政。他在《孟子·公孙丑上》中说："人皆有不忍人之心，先王有不忍之心，斯有不忍之政矣。以不忍人之心，行不忍人之政，治天下可运之掌上。"只要有爱人的思想，施行爱人的管理政策，管理好一个国家就如小物行于掌中一样容易。这是因为，施行"爱人"的仁政，与人们生而具有的善性完全符合，从而能使民心归顺。正如孟子对梁惠王所说的："王如施仁政于民，省刑罚，薄税敛，深耕易耨，壮者以暇日修其孝悌忠信，入以事其父兄，出以事其长上，可使制梃以挞秦楚之坚甲利兵矣。"（《孟子·梁惠王上》）意思是说，大王如果对老百姓施行仁政，减免刑罚,少收赋税,深耕细作,让身强力壮的人抽出时间修养孝顺、尊敬、忠诚、守信的品德,在家侍奉父母兄长,出门尊敬长辈上级。这样,就是让他们制作木棒也可以打击那些拥有坚甲利器的秦国、楚国的军队了。此所谓"仁者无敌"。

"仁政"思想对于我们今天推行的人性化管理具有非常重要的指导意义。现代管理应该顺应人性的特点,重视采用鼓励、教育、奖赏、创造适当的工作环境等柔性管理方法,以充分发展和发挥人的智慧和潜能,调动人的积极性、主动性和创造性,以达到最高的管理境界。

二、和 谐 观

"和"是我国传统文化中最典型、最基本的范畴之一。它一直是指导人们处理人与人之间关系的准则,体现了中国传统的集体伦理观,成为中国管理文化的重要特征。

(一)以和为贵

在处理内部和外部关系时,坚持以"和"为贵,就能为企业的生存和发展创造一个良好的内外部环境,从而保证事业的成功。孟子在《孟子·公孙丑下》中提出了"天时不如地利,地利不如人和"的思想,他所谓的"人和",是指人民之间团结一致,以及统治者与人民之间的协调关系。他还把"得道者多助,失道者寡助"(《孟子·公孙丑下》),即人心向背看作是统治者是否具备"人和"的基本条件,并把它提到决定事业成败的高度来认识。人与人之间的关系,包括君臣、父子等伦常关系,也包括民族、国家之间的关系,以和谐为最高原则来处理人与人之间的关系大家就能同心同德,群策群力,实现国家的富强和社会的进步。

现代企业竞争力的强弱在很大程度上取决于内部是否互相协调和谐一致。正如诸葛亮在《将苑·和人》中所说的,"夫用兵之道,在于人和,人和则不劝而自战矣,若将吏相猜,士卒不服,忠谋不用,群下谤议,谗慝互生,虽有汤、武之智,而不能取胜匹夫,况众人乎。"只要内部和谐一致,士兵不用激励就能奋勇杀敌。否则,如果内部互相猜忌,勾心斗角,就只能是乌合之众,毫无战斗力可言。

(二)和而不同

孔子倡导"和为贵",同时又在《论语·子路》中进一步指出:"君子和而不同,小人同而不和。"意思是说,君子和谐相处却不盲目苟同;小人盲目苟同却不和谐相处。可见,"和"是通过各种不同因素的差异互补来寻求整体的最佳结合,这是处人、处事所采取的积极态度和方法。而"同"不讲差别,盲目追求一致、同一,没有自我,这是不可取的。

据《左传·昭公二十年》记载,齐景公问晏子:梁丘据这个人与我称得上是和吗? 晏子回答说:只能称同,称不上和。为什么呢?君说可以的事情,如果其中有不可以的地方,臣就应该提出不可以的意见予以完善;君说不可以的事情,如果有可以的理由,臣就应该提出可以的意见加以修正。梁丘据则不是这样的。君说可以的,他也说可以;君说不可以的,他也说不可以。就好像水与水做成的汤,有什么味道呢? 又好像五音只有一种,有什么听头呢? 由此可见,晏子认为,梁丘据阿谀附和,盲目苟同,唯齐景公之意是从,因此只能称是"小人同而不和"。

而唐太宗李世民则倡导"和而不同"。李世民问房玄龄、肖瑀说:隋文帝是一个什么样的国君呢? 房、肖回答说:他能约束自己的言行使之合乎礼的要求,他思考治理国家的事很劳苦,每天在金殿召见大臣,有时从早上一直到太阳西斜。五品以上的官,他亲自接见与他们议论国事。对守门的人，他亲手传递饮食给他们吃。隋文帝虽然不算心灵仁智圣明，也还是励精图治的国君。李世民听后说：两位先生看到了隋文帝的一个方面，还没有看到另一方面。这个人的本性是看事情过于细致，但内心并不圣明。心里不圣明，有的就看不透，连细尾末节都那么认真，对事物就产生许多怀疑。他自己用欺侮孤儿寡母的方法取得了天下，就认为群臣们都不可信任，大小事情都得由他亲自决定，虽然弄得精神疲劳面容憔悴，也没能把事情办得都合乎道理。大臣们已经知道隋文帝是这个意思，又不敢直说，结果使得宰相以下的官，只是应承接受他的意见罢了。我的观点不是这样，拿天下之大来说，岂能靠一个人思考、独断吗？我正在选拔天下的有用人才，干天下的大事，委托他们并提出要求，各尽其用，这样做与客观规律的要求也许差不多。于是，李世民给群臣下达了命令：皇帝下达的政令有不合时宜的地方，官吏们就应该提出意见来，不得死顺着上面的旨意去办（《旧唐书》卷一）。李世民要求官吏们发现朝廷下达的政令有不合实际的地方，应当提出意见，不得照抄照搬，当应声虫。这充分体现了李世民主张"和而不同"的思想。

（三）和而不流

如果说"和而不同"是讲差异性、灵活性和变通性的话，那么"和而不流"则是指不随波逐流去苟同别人的错误意见，表明了不可调和性，体现了"和"的刚的一面。孔子在《中庸》中回答子路时说："君子和而不流，强哉矫！中立而不倚，强哉矫！国有道，不变塞焉，强哉矫！国无道，至死不变，强哉矫！"这里，孔子认为，真正的强者是与人和平相处而又不随波逐流，不同流合污之人。他们保持中立而不偏不倚。国家太平、政治清明时，不改变志向；国家混乱，政治黑暗时，坚持操守，宁死不变平生的志节。可见，"和"中有刚,体现了"三军可夺帅也,匹夫不可夺志"的英雄主义气概。

三、中　庸　观

"中"是恰当、妥当、合乎客观实际;"庸"是不突出、不失常。因此,中庸的观念就是在对待人或事的关系时,要掌握最佳状态,恰到好处,正确、妥当地进行处理。孔子在《论语·雍也》中说:"中庸之为德也,其至矣乎!"这就是说,中庸作为人们本着仁的行为和处理一切事物的总的法则,是最正确而不能变易的了。可见,中庸被儒家视为待人处世的最高原则。在现代企业实践中,中庸是一种管理哲学。

(一)中正不偏

中正不偏,是指在处理问题时,要把握事物度量的准确性,避免走极端。孔子认为:"不得中行而与之,必也狂狷乎!狂者进取,狷者有所不为也。"(《论语·子路》)其意思是思想激进的人不顾一切地坚持向前,气度狭窄的人考虑问题主观而不恤人意。因此,孔子主张"过犹不及"。"狂"就是"过","狷"就是"不及",两者都不好。"中庸"既非"过",也非"不及",它是指人适中适度的行为,无过无不及。它实际上是对矛盾的双方既不绝对完全否定,也不绝对完全肯定,而是肯定双方正确的东西,否定双方错误的东西。

可见,中正不偏,对我们的工作具有普遍的指导意义。然而,在现实生活中,人们却往往忽视这一点,容易走上极端的道路。例如,在现代市场竞争中,企业的知名度是非常重要的,过去那种"好酒不怕巷子深"的时代已经一去不复返了。因此,现代企业总是想方设法来提高自己的知名度。但是,企业知名度只表示企业为公众所知晓的程度,它是一个数量概念,只有美誉度,即企业为公众所赞美的程度才能促使顾客对企业产生和保持忠诚感。美誉度是企业依靠产品质量、附加值和优质服务等途径获得的。可是,很多企业却把知名度和美誉度混为一谈,认为只要舍得花钱做广告,有了知名度,就会有顾客,有市场。因此,它们不惜血本做广告。殊不知,知名度并不等于美誉度,有时甚至会适得其反,秦池酒厂争标王就是其中的典型。

(二)把握中度

真理和谬误往往只是一步之差,因此,如何把握这个"度"就成为问题的关键。中庸并不是一物均分为二的折中点,不是两端的正中间,而是要达到适合于事物实际情况的中正,这就是"中度"。因此"中度"是中庸所追求的事物最佳状态,犹如人穿衣服要有最合适的尺寸、戴眼镜要有最合适的度数一样。而折中主义是一种无原则的表现,它不顾真理,不问是非,不考虑矛盾双方的相同或差异,认同一方又赞成另一方,一味谋求平衡。它违反社会生活和言行的理性原则与真理,与中庸并无共同之处。

中度思想由来已久,如《尚书·吕刑》中讲"明于刑之中",中是指量刑要恰当,要合乎法度。孔子在《论语·子路》所说的"刑罚不中,则民无所措手足"也是这个道理。孔子还把中度思想应用于学习之中,他在《论语·先进》中主张"不愤不启,不悱不发",要求不到学生似懂非懂的时候不要去提示他,不到学生想说而又说不出来的时候不要去开导他。这里的启和发的标准就是发而中节,适而中度。这是对中度思想的最好诠解。

那么,如何来把握事物的"中度"呢?

据《左传·庄公十年》记载,鲁庄公十年的春天,齐国军队进攻鲁国,鲁庄公准备出兵迎战。鲁国人曹刿请求进见庄公,要求助一

臂之力。曹刿见了庄公就问他凭什么条件同齐国作战。鲁庄公
说：衣食这些用来安生的东西，我不敢独自享用，总要分一些给百
姓，这样方可上下一心，共御敌人。曹刿说：这是小恩小惠罢了，而
且这些小恩小惠不可能让每个老百姓享受到，他们不可能和你同
心同德，誓死保国。庄公又说：祭祀祖先乃头等大事，所用牛、羊、
猪、玉器等，我决不虚报，以诚待民。曹刿感到庄公仍未说到点子
上，他说：这是小信，光看祭祀这一条如何能说明你心诚呢？神灵
不会因此保佑你打胜仗。庄公想了想，又说：国中大小投诉，我虽
不能一一亲审，但一定掌握分寸，处理得合情合理。曹刿笑道：这
才是处理问题的科学方法，也是你竭尽忠心恪于职守的表现，凭这
一点你便足以与齐国抗衡。作战时，请你让我跟你一道去。

　　两国兵士相遇，正处于相持状态。庄公见两军相峙箭在弦上，
便要下令击鼓进军。曹刿阻止说：等一等。这时齐军却擂响了战
鼓，见鲁军没有动静，他们再次强擂战鼓，但曹军仍按兵不动，等齐
军擂过第三次战鼓，曹刿说：可以进军了。结果齐军大败。鲁庄公
认为齐军已败便下令追击，曹刿又制止了他，并登高远望，然后说：
可以追击了。齐军由此被赶了回去。这就是著名的长勺之战。

　　战争结束后，鲁庄公问曹刿为什么要那样指挥，曹刿说：打仗
靠的是勇力，第一次击鼓，士气振作，第二次击鼓，士气就减了许
多，等击第三次鼓，士气就几乎消退了，乘他们士气消退之时进攻，
必胜无疑。齐国是个大国，它的实力和动态是难以推测的，一时的
乱却不一定是完全的败，恐有埋伏，所以那时追击时机未到。后
来，我看他们的车辙乱了，旗子也倒了，便可见敌人是真正乱了阵
脚，这时下令追击便恰到好处了。

　　曹刿认为，战争取胜的前提是国君要实事求是，取信于民，"上
下同欲者胜"，而指挥战争的关键则是要善于抓住时机，既不能提
前出击，也不能不摸清敌情过早追击。什么时候出击，什么时候追

敌,指挥员要善于把握时机,做到恰如其分,这就是作战的"中度"思想。

(三)权宜应变

"权"是在事物的变化中求得中道,是达中的最高手段。孔子在《论语·泰伯》中说:"天下有道则见,无道则隐",即根据变化的政治气候来决定自己是"出世"或"入世",国家政治清明就出来做官,政治黑暗就闭门隐居。这种"可以仕则仕,可以止则止,可以文则文,可以速则速"(《孟子·公孙丑上》)的权时思想,使孔子在当时沉乱之世,既能秉时参政而施展自己的抱负,又能知情而退以洁善其身。

因此,孔子在《论语·里仁》中指出:"君子之于天下也,无适也,无莫也,义之与比。"这是说,对于世界上的事情,没有规定要怎样做和不怎样做,怎样做合理,就怎样做。这是因为孔子看到所谓的中并不是一成不变的东西,它将随时间和条件的不同而不同。他还在《中庸》第一章说:"君子之中庸也,君子而时中。"时中即在不同的时机上采用中,在某种条件下是中的行为,在另一种条件下就不一定是中。要时时得中,便要审时度势,灵活处置。这就体现了管理方式和方法要随时间、地点、对象等因素的变化而变化的权变管理思想。

据《吕氏春秋·察今》记载,楚国人想袭击宋国,先派人在澭水可以渡人的地方设立了标志。不料河水突然上涨,楚国人不知道这种情况,仍沿着原来设立的标志渡河,结果淹死了一千多人,军队惊慌失措,损兵折将,不战自败。这个例子说明客观事物总是在不断变化的,那么,政策和策略也应该随之改变。任何因循守旧、教条主义、法古不变的人是注定要失败的。

要做到权宜应变,就应该做好调查研究,随时掌握事物发展变化的规律,以及时作出正确的决断。刘向在《说苑·奉使》记载了楚庄王准备讨伐晋国之前,先派豚尹去调查研究的故事。豚尹第一次调查回来告诉楚庄王说:现在不能攻打晋国。因为晋国的官员们忧虑国家大事,百姓们生活安乐,而且有贤臣辅助。这说明出兵的时机还没有成熟。第二年,楚庄王又派豚尹去调查。豚尹回来说:可以攻打了。因为晋国的贤人死了,谄媚阿谀的人大多在国君的周围,他们的国君爱好享乐而不讲礼仪,在下位的人处境危险,因而怨恨上级官员,上下之间离心离德。现在派军队去打他们,晋国的人民必然会响应起来造反。楚庄王抓住战机,迅速出兵,一举打败了晋国,取得了全胜。可见,这就是通过调查研究,根据实际情况作出正确决策的结果。

要做到权宜应变,还应该善于透过现象看本质,不能被表面现象所迷惑。《说苑·权谋》讲述了楚庄王进攻陈国的情况。使者回来说:陈国不可以攻打。楚庄王问他为什么,使者回答说:陈国的内外城墙高大,护城河深险,积蓄丰实,国家很安定。但是,楚庄王却认为陈国是可以攻打的。因为陈国是一个小国,积蓄丰实,必然是赋税繁重,定会引起老百姓怨恨国君。内外城墙高大,护城河深险,说明人民劳役沉重,疲惫不堪了。因此,他果断发兵攻打,顺利地占领了陈国。这个故事体现了楚庄王敏锐的洞察力,他透过表面现象,认定陈国统治者不得人心,是完全可以战胜的。

四、义　利　观

如何正确处理"义"与"利"的关系,这一直是人们争论的话题,特别是在市场经济条件下的今天,处理好这两者之间的关系,对社会价值观的取向和经济的健康发展都具有非常重要的现实意义。

（一）君子爱财

追求财富是人们的普遍欲望。孔子在《论语·里仁》中提出了"富与贵,是人之所欲也"、"贫与贱,是人之所恶也"的观点。可见孔子认为喜富恶贫是人的本性。因此,他自己也是"富而可求也,虽执鞭之士,吾亦为之"(《论语·述而》),直率地道出了只要是求富有道,就乐于躬求的心情。

我国古代著名的政治家、军事家和经济思想家管仲则进一步提出了富民思想。他在《管子·牧民》中提出了"仓廪实则知礼节,衣食足则知荣辱"的著名观点,认为只有人民生活富裕,丰衣足食,才会接受教化,拥护当政者。

《孟子·滕文公上》中也指出:"民之为道也,有恒产者有恒心,无恒产者无恒心。苟无恒心,放僻邪侈,无不为已。"意思是说,有固定产业和收入的人,就有坚定的道德观念和行为准则,没有固定产业和收入的人,就没有坚定的道德观念和行为准则。如果没有坚定的道德观念和行为准则,就会为非作歹,违法乱纪,无所不为了。可见,为了维护政权和社会的稳定,富民是多么的重要。

富国强兵更是历代统治者梦寐以求的目标。中国古代的富国之学,是从商鞅开始的。商鞅是战国时期杰出的法家政治家、改革家,他在秦国推行变革,实行富国政策,使秦国迅速强大起来。《商君书·立本》中认为:"富者必治,治者必富;强者必富,富者必强。"就是说,富裕的国家一定治理得好,治理得好的国家一定富裕,强大的国家一定富裕,富裕的国家一定强大。商君学派始终强调国富者强,而强必王。在他们看来,要想统一天下,必靠经济实力和军事实力,而军事实力,又是以经济实力的基础的。这样,富不仅成为强的基础,也是"王"的基础,要想在列国并立中逞强争霸,进而统一天下,没有强大的经济实力是不行的。于是,富国就自然成为商君学派的国民经济管理目标。

由此可见,我国古代思想家就充分肯定了利的重要性。他们认为,无论是从个人的角度还是从整个国家来说利都是基础,是首先需要解决的问题。

(二)取财有道

利是每个人所追求的目标,但获利的方式是多种多样的。因此,问题不在于得多少利,而在于如何得到利。而如何得到利,通过什么渠道,采取什么方式和手段,这是义的问题,需要认真研究。

1. 以义取利

儒家虽然认为人有求富的普遍性,要重视财富的获取,但尤为强调这些财富的增加是否符合伦理规范,是否有利于提高人的道德修养和社会人伦道德关系的和谐,并以"义"作为区分求利是否合理的标准。孔子在《论语》中一再强调,要"见利思义"、"见得思义",就是强调在面临问题时,一定要首先考虑这利本身和求利的方式是否合乎义。如果合乎义,就可以占有它,多取也不为贪。如果不合乎义,虽少也不能取。孔子在《论语·里仁》中告诫人们:"富与贵,是人之所欲也;不以其道得之,不处也。贫与贱,是人之所恶也;不以其道得之,不去也。"意思是说,金钱和地位,这是每个人都想要的,不通过正当的途径而获得它,君子不接受。贫穷和低贱,这是每个人都讨厌的,不通过正当的途径而获得摆脱,君子不摆脱。因此,他自己也是"不义而富且贵,于我如浮云。"(《论语·述而》)坚决反对不择手段地追逐财富。这里强调了利与义的一致性、统一性,这种思想观念有助于抑制个人主义,引导个人与群体的经济行为符合他人和社会的利益,以免发生那种损人利己、损公肥私的不道德经济行为。

2. 以利行义

孔子所讲的义,其最高标准是舍己为人,他主张勇于行义。他在《论语·为政》中告诫弟子们:"见义不为,无勇也。"勇于行"义",就是要主动积极地去作义事,而不是被动地去作义事。现代企业是商品生产经营者,承担着创造和实现商品的价值和使用价值的任务。同时,企业又是社会群体的一员,它们所从事的活动不仅具有经济功能,而且也具有社会功能,例如维护社会稳定、保护生态环境、影响人们的价值观念和生活方式、提高社会的生活质量、促进社会进步等。另一方面,企业是一个开放系统,它本身又是更为宽广的社会系统的一个分系统,它受环境的影响,也影响环境的变化,在与环境的相互影响中达到动态的平衡。企业的最终目标,不是单纯地为了和环境相协调,进行消极地适应。企业要遵循社会系统的要求,执行它所赋予的职能,遵守它所确定的准则,积极地完成社会系统所确定的目标,对社会系统作出贡献。这也是企业立足于社会的生存发展之本。因此,企业在制定和实施管理战略时,必须要考虑对社会的贡献,承担社会责任,即企业在生产经营过程中追求自身利益的同时,必须承担保护和改善社会公众利益的义务,表现为对社会的适应和参与。

(节选自《中国管理文化论》,立信
会计出版社,2000 年 5 月第一版)

朱明伟,浙江富阳人,管理学教授,杭州商学院工商管理学院副院长,企业管理硕士生导师。主要从事企业文化理论、东方理论学和中国管理文化的研究。主要著作有《中国管理文化论》、《东方管理学导论》(合著)等 6 部,发表论文 30 余篇。

　　在所选《中国管理文化论》一书"第一篇"中，作者以文化学的较高学术视角，分析论证中国传统管理思想理论观念的特质内涵。其中对于儒家管理思想与传统管理关系的开掘与探析尤为深刻细致，从而在一定意义上认定中国管理文化实际上是以儒家精神主体为基础建立的管理历史体系框架。为进一步认识儒家管理思想史，提供了一种较深的理论和角度。

儒家伦理与 21 世纪企业管理（节选）

李锦招

在研究儒家的伦理关系中，对儒者重视的礼与义是研究的核心。从"五四"以来现代人批判儒家讲礼是"吃人的礼教"（鲁迅语），是"封建的枷锁"，到秉承现代新儒家的霍韬晦教授则说："礼乐立足于人的真实性情"；"礼乐原于自己内在的呼声，并非来自父亲，并非来自社会，并非来自天子，乃至并非来自上帝，亦非来自一个法律的规定，而是来自你自己内心的最深处。因为你是人，你有一力量推动自己做一个有规矩的人，做一个有修养的人。这才是你的真实要求。所以他说：'人而不仁如礼何？人而不仁如乐何？'挖掘礼乐的根据，根据在哪里？根据在自己生命的最深处，即人的真实的性情。孔子称此为'仁'。由'仁'出发，于是可以上进，修养自己成为君子。"（霍韬晦《世纪之思——中国文化的开新》，第18—19 页）我们对儒家的传统礼乐应有更深的认识。人的守礼，守规矩，知进退，不是外在的要求，是人本身的要求，这才是自律原则，才能建立人的主体性。所以只讲"礼貌待客"；"礼是人们交往、沟通的共同语言"这一层是不够的，我们必须超越礼的形式，而在企业内培养出人人自发地做好份内事，以礼待人，而且从自身内心要求如此，而不是服膺于三纲五常的硬形式。

"义者，事宜也。"什么才是合义呢？现代学者常引用孔子语，"君子爱财，取之有道"。或更详尽之说："谋利的最根本动机是在人的物质欲望。依儒家,人的物质欲望本身并不存在善恶问题,儒家甚至肯定人的物质欲望有其正当的价值,但一旦人的物质欲望不受道德(义)的限制而无限膨胀,就可能违背义而成为一种恶。如果谋利活动均不受义的限制,世间正当的谋利活动亦不可能。故士魂商才的人格理想特别强调内圣的作用,如果企业家在自己的生命中真正做到士魂商才,真正以内圣的标准来要求自己,其谋利活动就会获得道德的指引与限制,变为一种有意义的义的活动,而不单纯是利的活动。"(霍韬晦《东方文化与现代企管》,第89页)义的标准是一种道德要求。应用这个定义于管理,就应如董仲舒所言,"春秋之所治,人与我也。所以治人与我者,仁与义也。以仁安人,以义正我。故仁之为言人也,义之为言我也,言名以别矣。仁之于人义之于人义之于我者,不可不察也。众人不察,乃反以仁自裕。而以义设人,诡其处而逆其理。鲜不乱矣。是故人莫欲乱。而大抵常乱。凡以暗于人我之分。而不省仁义之所在也。是故春秋为仁义法。仁之法,在爱人,不在爱我。义之法,在正我,不在正人。我不自正虽能正人,弗予为义。"(《春秋繁露·仁义法》)这是要求管理者以身作则,对自己有道德要求,以义正我,成为典范,才能建立儒家的"德治",而化解现代企业面对的人际关系的紧张情况。所以义之本在限制自己的利欲,不使其无限膨胀,而致弄权谋私,这是现代管理者应切实遵行的规律。

和而不同其根本在师友之道的发扬

现代人的相处,是一种多元价值的哲学,正如杜氏所提出的资讯导向组织就有多元的性质,每个专业个体或单位都成为独立的单元。但多元的结构,最终只能引致平面化,西方学者认为沟通能解决问题,但那是不切实际的,正如霍教授说:"20世纪后半叶是虚无的时代,韦伯称之为'世界的解咒'。结果我们对事物的存在只能纯知性地说,而不能探讨其价值或意义。即我们只有事实命题,问真假值(true or false),而不能问善恶或好坏(good or bad)。事件中立、现象中立,我们只能依其变动的经验来认知其秩序,乃至预测因果,但无所谓价值或意义。价值或意义只是我们自己主观的选择,因此只有相对性。现代社会把这种相对的价值观美其名为'多元'及'开放',其实是夸张了的。依我看,这只是一种平面化的多元,不但不能达致开放,反而造成个体价值观的封闭。我们只要看看这个社会为什么那么多人精神孤独、内心不安,需要心理治疗或精神治疗,就可以思过半了。"

要解决价值平面化而导致的相处问题,应效法儒家思想中和而不同的态度,而和而不同的基础在各人皆有独立之人格,互相尊重而根据"信必有守"的原则相处。"所谓独立人格,是道德的和理性的,这样他才能自主,才能为其神圣的一票负责。《论语》说'君子群而不党'、'和而不同',每一个人都是一个独立的主体,都可以明辨是非,都有他的理想,因此亦都有他的责任承担。彼此可以相交、相群、相应、相和,但不必相同,大家一个模样,更不必组党,以求力量的组合、壮大,以争取权位,最终争取利益。每个人都能自我站立,不必依赖组织,这就有一个深度,有一个道德上和理性上的根。""《论语》所谓'信近于义,言可复也',又说'自古皆有死,民无信不立',所根据的是'信必有守'的道德原则,而不是一法律性质的契约。"从这两段说话,可知和而不同的相处之道在诚信而各自具有独立人格。而和而不同的状态,唯有把儒家中兄弟朋友之道的扩展才能达致。孟子曰:"不挟长,不挟贵,不挟兄弟而友。友也者,友其德也,不可以有挟也。""用下敬上,谓之贵贵;用上敬下,谓之尊贤。贵贵,尊贤,其义一也"(《孟子·万章下》)。可知交友之道在友其德。贵贵、尊贤是态度。

理想是企业动力之源

《礼记·礼运篇》的大同思想一直是儒家理想社会的典范,亦是历代儒者努力之方向。为实现此一理想无数圣贤豪杰舍身忘我,纵使在历史上从未实现,也知不可而为之。如此动力,若贯注入企业生命之内,何惧动力不足?所以现代企管学者也明了企业必先有清晰的目标使命,才能具有无限活力。杜拉克在其《小构想威力大》一文中以"构思"一词来点出企业的动力之源,当然在西方学者的眼中,"新构想必须有经济效用"。但是,这不一定是普遍的要求,例如在日本,理想的内容可不一样。然而诚如一位日本学者指出日本的产品配销制度,严格说来,本来就不求效率。著名日本经济学及企业家鹤龟(Aki Tsurakame)分析道:"这根本就是日本的社会福利制度。"(约翰·瑞菲德《21世纪企业经营大师》,第56页,台湾中国生产力中心,1998年)可见东西方企业在理想的内容上可能不同,但能令企业成员拥有一个清晰的共同理想,则是一个不争的动力之源。

再者,儒家的"先天下之忧而忧,后天下之乐而乐",易曰"作'易'者其有忧患乎",都代表儒家的忧患精神,理想的另一面则是忧虑理想之不能实现而奋起承担。这种忧患精神事实上正是现代企业所应常常强调的"居安思危"及对市场变化的动向要时刻留意。杜拉克所说关于经营假说的改变及强调"研究本业以外的领域,特别是'非顾客'的部分",也是建基于这种忧患意识的。

企业与环境的关系:天人合一

儒家的核心观念在"和谐",这是伦理以至礼乐的最终要求。"君子和而不同"是透过发展师友之道可达致的,那是企业内部相处的处理。但企业与环境的关系又该如何呢？现代企业引致的环境污染及生态问题已众所周知，不用累言。但从社会学的角度，"现代组织却是破坏稳定的根源，它们必须为创新而创新。此一行为就像经济学家熊彼得(Joseph Schnmpeter)所描述的，是一种'创造性的破坏'(creative destruction)行为。现代组织的原始设计，就是要有系统地放弃已经建立、习惯、熟悉、令人感到安逸的产品、服务、程序、整套技能、人际关系与社会关系，甚至整个组织"。从上述观点，可知现代企业与所存在的社会组织必造成紧张。这个课题，引用当代中国企业管理人的一段话："我认为市场经济到了今天，它是一个'双赢'政策，'互利'政策，各个方面都会在这个硕大的蛋糕里面分得到自己扩大的这一块。从这一点来说，成功的策划必须建立在'利己绝不损人，利己也要利人'的基础上。"(王志刚《迎接一个"策划的年代"》，《与成功有约》论坛精选，1999 年增刊，南风杂志社)可见企业家已注意到互惠互利的原则，但儒家的要求不只要求"双赢"，更要求全方位的和谐：不违反大自然规律，人的活动要顺应天道运行的规则。企业的运作如违反大自然的规律则必招无可补救的损失，故此企业活动所引起的社会道德伦理问题绝不可掉以轻心，如近年发展的基因工程，复制动物的应用，实乃必须重新思考，以免企业家为谋私利，而破坏天地间之秩序而遗祸无穷，这确是企业经营者不可不察的。

（选自《儒学与 21 世纪中国——构建、发展当代新儒学》，学林出版社 2000 年 12 月第一版）

　　李锦招，香港德住文化书院副教授，主要致力于中西文化之比较及传统文化的现代转换研究。

　　儒家伦理精神不仅为大陆学术界和实业界所关注,也为港澳台和世界其他地区的人所思考的问题之一。李锦招《儒家伦理与21世纪企业管理》一文,主要从现代企业尤其是21世纪企业管理挑战出发,提出未来的企业管理将越来越凸显它的文化性,具有更浓挚的人文色彩,于是儒家"以人为本"的管理思想精神,不仅是未来企业所必需的,也是必然的,它必须从儒家学说中学到真实性情,师友之道,理想、天人合一等,才能够使企业获取更丰富有力的内动力。

论儒家管理思想及其对企业管理的现代价值（节选）

张　震

二、儒家管理思想的现代价值

儒家文化发源于中国，其影响范围十分广泛。以中国为发源地，以日本为直射点，以东亚为辐射面。

首先，儒家管理思想对日本企业经营方式的影响。日本虽然与中国一衣带水，属于不同的国家，但同处儒家文化圈，深受儒家文化影响。儒家文化对日本的影响最早可以追溯到唐宋时代，是通过官方和民间渠道而传入。日本圣德太子当政时所制定的《十七条宪法》就明确地把儒家伦理作为治国的指导思想，这种状况一直延续发展到明治维新。到了被誉为"日本近代工业之父"的涩泽荣一(1840—1930)，提出用儒家伦理来指导经济和商务活动的主张，倡导"论语加算盘"的经济伦理。在"二战"以后，日本在经济腾飞中更是深受儒家文化的影响。日本著名的企业家横山亮次(日本化成公司总经理)、小平浪平(日立集团创始人)和立石一真(立石电机公司创始人)分别把"礼和佛教的持戒"、"和与诚"、"和为贵，建立相爱相互信赖的夫妻式劳资关系"列为社训。认为"礼"与"和为贵"是同被西方人士誉为企业经营方式法宝的"保障职工终身就业，按工作年限和成绩提级增薪，在企业内部设立工会"三原则相对应的。"礼"

是前两条原则的体现,"和为贵"是第三条原则的体现。在此值得一提的是"本田"的经营思想。"本田"公司虽然没有直接用儒家文化某一条、某一款为社训,而是以"三现主义"为其工作要求,"以人为中心"为其主要经营思想,在形式的表达上有出入,但在经营方式中无不打上儒家文化的烙印。"以人为中心",认为一切的根本在于人,主张把公司办成一个"有人性味的集团"。"三现主义",指一切工作要从现场、现物和现实出发。要求各级领导者言传身教,注意密切与职工的关系。可见,"本田"的经营方式,是以人为企业管理的出发点,注重人的道德修养尤其是领导者的道德修养。因此,日本企业的经营思想,无论是直接用儒家的条款来表达,还是用其他形式来反映,都不同程度地蕴含着儒家文化的管理思想。

其次,儒家管理思想对新加坡企业经营方式的影响。新加坡从一个亚洲落后的国家一举变成经济发达的国家,从文化、伦理道德层面分析,主要与坚持了儒家价值观取向的企业文化有一定关系。新加坡的企业文化注重"培养家庭核心价值观"(新加坡《联合晚报》1994.10.19)。新加坡资政李光耀对此作了精辟的阐述。李光耀十分重视儒家家庭伦理,尤其是孝道。他说:"如果孝道不受重视,生存体现就会变得薄弱,而文明的生活方式,也会因此变得粗野。"(新加坡《南洋晚报》1982.1.24)其至还提出:"我们有必要立法规定,子女必须照顾或供养父母。"(新加坡《联合晚报》1994.10.19)此外,在涉及新加坡企业文化的家族主义时,有的专家作了深刻的分析。比如王庚武在《中国与海外华人》一书中对儒家文化与东亚海外华人经济发展的关系作了精辟的阐述。其大意:新加坡是一个华人占多数的国家。华人流移到新加坡,处于一个陌生的特殊环境,赖以生存的单位就是家庭、家族。一个人要是没有一定程度上的家庭支持或者属于一个家族并按家族规矩进行活动就无法开展生意。流移到东亚其他地区的华人也有类似的情形。可见,新加坡企业文化呈明显的家族性。

第三,儒家管理思想对韩国的影响。朝鲜半岛作为中国的近邻,历史上就与中国交往甚密。儒家的管理思想对朝鲜半岛的影响,据司马迁的《史记·朝鲜列传》记载可以追溯到春秋战国时代立国时。儒家文化通过官方和民间渠道传播到朝鲜半岛。朝鲜半岛在李朝时代,就把儒教定为国教,形成正统的儒学体制。韩国学者金日坤认为李朝保存并强化了纯粹儒教秩序原理,它所建立的儒教政治体制与思想教化,比在中国本土更为深入。维系了五百年之久的李朝政权使儒家伦理在朝鲜半岛深入人心,到了现代由于官方和半官方的导向,对于儒学的复兴起了很大的作用。原南韩专制总统朴正熙说过,正像家庭是一个人的集团组织一样,国家是一个大的共同体,无法期望一个不能保持健康家庭秩序的人能表明对国家的强烈奉献,一个把国家利益放在个人利益之上的社会比不这样做的社会发展更快。这种情形,必然波及到企业经营管理,其企业文化则受儒家思想影响。

第四,儒家管理思想对中国企业经营方式的影响。中国作为儒家文化之发源地,儒家文化对企业管理影响的程序和范围,是日本、东亚等受儒家文化影响的国家和地区无法比拟的。以全面质量管理为例。它是我国曾经实行的一种管理方法,是把市场调查、开发设计、生产制造、销售服务等各个环节联系起来,对产品的数量、质量、成本、交货期、售后服务等各个方面进行综合的系统管理。它是系统论在现代企业管理中的合理运用,促进了企业的生存、发展。它与儒家文化的整体观有惊人的类似,虽然前者远比后者精致得多,但二者有相同的出发点,都是从对象的整体性出发着眼于大系统的协调运行。可以说在全面质量管理中蕴含着儒家的整体观,是不足为奇的。又以注重企业人际关系为例。建国初期,国家在工商企业开展了民主改革和民主团结运动,使职工的民主意识大大增强,人际关系充满了团结友爱,生产得到迅速恢复和发展。1956年推行的"两参一改三结合"的鞍钢宪法管理模式是在此基础上的进一步发展,是儒家文化"仁爱、贵和"的充分体现。干部和工人实行"三同"(同吃、同住、同劳动),密切了干群关系,调动了职工群众的积极性。特别是在许多企业为了增强职工的参政意识,提高职工在企业中的地位,设立了职工代表大会,作为职工的代言机构和监督机构。职工代表大会不仅讨论生活福利、工资奖金等问题,而且讨论厂长或经理的工作报告,审议企业的重大决策。这一方面提高了职工参与管理决策的积极性,提高了审议企业重大决策的积极性;另一方面又促使企业的决策为群众所理解、掌握,提高了企业全体人员贯彻决策的自觉性。

此外,一些企业在经营管理方式上提出了企业宗旨。北京同仁堂药店的"兢兢小心,汲汲济世";民生实业公司的"公司问题,职工来解决;职工问题,公司来解决";久大盐业公司的"原则上绝对相信科学,事业上积极发展实业,行动上宁愿牺牲个人顾全团体,精神上以能服务于社会为莫大光荣"等(罗长海《企业文化》,中国人民大学出版社,1999年版,第473页),在其企业宗旨中企业文化直接体现了儒家管理思想给予的影响。可见,注重人际关系走群众路线、提高职工地位的措施,除受现实的社会环境所制约外,与儒家所主张的以人为社会管理的出发点,注重"仁爱"、"贵和",注重社会的整体调节,注重个人道德修养等儒家管理思想不无关系。

三、认识儒家管理思想及其对企业 管理现代价值的应有视角

儒家管理思想及其对企业管理的现代价值,是理论界探讨"传统文化与经济发展关系"的一个重要内容。怎样看待儒家管理思

想对企业管理的现代价值呢?

　　第一,辩证地看待儒家的管理思想。儒家管理思想对企业管理的现代价值,体现在日本、东亚和中国经济的发展上。但是,对企业管理也存在消极的一面。

　　以"大一统"的道德遗风为例。儒家管理思想除重视社会的整体调节积极作用的一面外,往往带来"大一统"的道德遗风,形成"大而全"、"小而全"的管理模式。这种模式事无巨细强调直接控制,忽视价值规律,把企业看成是政府机构的附属物,而不是相对独立的经济实体,往往采取"大会战"的方式组织活动。由于管理模式上的"大而全"、"小而全"使企业内部机构重叠,人浮于事,手续繁多,流通信息慢,"条"、"块"分割,使企业缺乏活力,缺乏个性,依赖心强,没有竞争意识、冒险意识。不仅如此,还割裂了道德权利与道德义务的关系,要么表现为单向义务的集体主义,要么表现为平均主义,从而扼杀了企业的活力。这种情形,虽然主要表现在我国的计划经济时代,但在从计划经济向市场经济转轨过程中仍应引起重视。

　　以企业家族化为例。日本、东亚企业管理模式,带有明显的企业家族主义色彩。企业的家族化曾经为经济的发展起到了积极作用,如今仍在发挥作用。积极作用主要是通过"集团意识"、"忠诚意识"和"参与意识"所表现出来,也是儒家管理思想中"整体主义"、"仁爱"、"贵和"和"修身"的具体体现。日本公司常常被叫做"会社"。而"会社"这个词本身就具有"大家赖以生存的集团"的意思。"忠诚心"是"集团意识"的核心,是"忠于天皇,拼死不挠的武士道精神为核心的'和魂'"在日本企业中的体现(《日本企业文化》,《深圳特区报》1989.10.14)。家族化也存在消极的一面。其一,封闭性。企业家族化,当以"集团意识"和"忠诚意识"形式出现时,对企业成员来说能自觉地维护其和谐,因而整个群体构成一个封闭的集团,呈现出明显的封闭性特征。反映在企业的活动上易使企业对外部群体采取敌视或排斥的态度。而这种对外部世界的"不合作"态度显然不利于企业自身的进步。其二,压抑性。由于集团意识强调协调,个体的行为必须追随大多数成员的行为方式。这样以来,那些特异而不随大流的个体往往被视为"精神不健全"、"狂妄"和"不和群"而受到歧视。无疑,这样"协调"极端化的结果会压抑个人创造性的发挥。因而在企业内部个体之间的竞争也是疲软的,即使是出类拔萃的个人也很少有机会脱颖而出。其三,"血缘亲情"的局限性。这主要表现在海外华人家族企业中。海外华人家族企业由于恪守"传子不传女"的传统观念,而导致企业式微或破产。像著名的王安电脑公司、印尼的谢建隆的阿斯特拉集团的破产就是其典型。此外,企业家族化的变异可能导致企业"近亲繁殖"。这主要表现在中国的一些"国有"和"集体所有"企业。出现诸如"夫妻床(机床)、父子车、婆媳班、父子兄弟班、姑嫂姐妹组和母女处等近亲繁殖"(《工人日报》1979.7.19),虽然也可以看作是"仁爱"和"贵和"儒家管理思想的一种"体现",但从企业的发展来看显然其负面影响超过正面价值。

第二,儒家管理思想是传统的还是"转型"的。儒家管理思想对日本、东亚和中国企业经营管理怎样产生影响的呢?从发生学的视角看,任何一种社会道德体系的形成,都有"源"和"原"两方面的综合因素。其中"原"即本原,指现实社会的经济关系、社会结构、政治状况;"源"即渊源,指历史地形成的传统伦理文化。依据马克思主义社会存在决定社会意识的理论,"原"决定"源"。在日本、东亚和中国企业经营管理中发生影响的儒家管理思想("源")是经过了日本、东亚和中国各自的社会存在("原")的检验和筛选而发生作用的。它是"转型"的而不是传统的。否则,无法解释同处儒家文化圈的其他东亚国家或地区有的为什么至今仍未经济崛起;无法解释在"五四"运动中遭受猛烈批判的儒家文化在今天构建中国企业文化时为什么会受到青睐。所以儒家管理思想能否给予企业经营管理以积极的作用,必须适应社会经济发展的需要,企业发展的需要,成为"时代的精神"才能完成这一任务。

第三,批判继承。儒家管理思想,具有鲜明的矛盾性和两重性。它既有民主性的精华,又有封建性的糟粕;既有积极、进步、革新的一面,又有消极、保守、落后的一面。而且在有些情况下,精华与糟粕又相互结合,良莠混杂,瑕瑜互见。对此的态度,既不能全盘否定,也不能全盘继承。正确的态度是以历史唯物主义为指导,坚持批判继承、弃糟取精和古为今用的方针。

以"修身"的批判继承为例。它是由"内修"到"外治"转换的关键。包含"个体道德修养"、"教化"和"统治者的道德修养"三层意思。在今天的中国仍有重要意义。当然"修身"的内容、目的,不再是封建的人伦道德,不再是维护封建的统治秩序;而是社会主义道德,维护的是社会主义国家的安定、和谐。就作用于企业来说,就是要通过社会主义道德教育,再配合政治思想教育、法制教育、职工民主意识教育和纪律教育("教化")等,让企业职工认清改革开放政策的连续性和稳定性;认识继续深化企业改革的必要性,以正确处理好国家、企业和个人三者利益关系为目的。尤其是作为领导干部要"廉"字当头,以"先天下之忧而忧,后天下之乐而乐"为己任,急群众之所急,想群众之所想;职工相应地也要"干"字当头,以"厂兴我荣,厂衰我耻"为己任,发挥自己的主动性、创造性(即"个人道德修养"),共创一个和谐奋进的集体,建立起具有中国特色的企业文化,从而促进企业的发展。

(选自《经济经纬》2000 年第 6 期)

20世纪儒学研究大系

张震,四川金堂人,四川省内江教育学院副教授,哲学博士,从事经济管理研究。

《论儒家管理思想及其对企业管理的现代价值》一文,从国外研究运用儒家管理思想的成功经验入手,以传统文化与现代经济发展关系为理论依据,不只是指出其正面积极意义与价值,同时具体分析其理论中的负面意义及有待梳理的内涵。对于正确判断和使用儒家管理思想观念具有较为全面的启发意义。

帝王学：从中国古代寻求管理经验（节选）

〔日本〕守屋洋

"修己治人"的政治哲学

难以培养有组织能力的领导者，可能是日本型中流社会的主要缺陷之一。缺乏责任心和自觉性的领导者太多了。

为什么会出现这种状况呢？这是因为这些领导者不愿意努力锻炼自己、提高自己。对这种现象的姑息容忍，或许就是中流社会所以成为中流社会的原因。

所谓"修己治人"，是宋代大儒朱熹提出的思想原则。

所谓"治人"，是对领导者来说的。站在这一立场上的人，首先必须努力"修己"。所谓"修己"，就是在人格和能力两个方面，力求具备与领导者身份相称的德行。

过去，在中国，具有这种德行的人被称作"君子"。有一次，孔子在一位名叫子路的弟子询问所谓"君子"是什么样的人时，也作出了与"修己治人"同样的回答。《论语》中是这样记述的：

"子路问君子。子曰：'修己以敬。'曰：'如斯而已乎？'曰：'修己以安人。'曰：'如斯而已乎？'曰：'修己以安百姓。修己以安百姓，尧舜其犹病诸！'"（《论语·宪问》）

随着子路"仅仅这样就可以了吗"（如斯而已乎？）的追问，孔子的回答逐渐深入。所谓"百姓"，与人民、国民的意义相同，为了使他们生活安全,连尧、舜这样的圣人也煞费苦心。

这暂且不论,值得注意的是,孔子针对君子即领导者的条件,也提出了"修己"的要求。

所谓"修己",也就是"修身"、"修养"。不过在战后我们的社会中,所谓"修身"或"修养",已经为人们所厌恶。这是合乎情理的。因为一听到"修身"或者"修养",往往立刻使人想到来自上面的压制和说教。无论是谁,对于任何形式的压抑,都会尽力去摆脱的。

但是,所谓"修身"或者"修养",原本并不是来自外界的压抑,而是为了提高自身素质而进行的自觉的努力。我们希望任何人都能够有这种自觉性,特别是对居于众人之上的领导者来说,更是不可缺少的条件。基于自觉的努力使自己具备领导者应当具备的"德",这可以说就是"修身"或"修养"。

《荀子》中有这样的话:

"事人而不顺者,不疾者也;疾而不顺者,不敬者也;敬而不顺者,不忠者也;忠而不顺者,无功者也;有功而不顺者,无德者也。故无德之为道也,伤疾、堕功、灭苦,故君子不为也。"(《荀子·臣道》)

译成现代语,大意是这样的:

"不被上级所器重,是因为工作不努力;工作努力仍不受器重,是因为对上级不很恭敬;对上级十分恭敬仍不受器重,是因为缺乏诚心;诚心已尽仍不受器重,是因为工作没有成绩;工作成绩卓著仍不受器重,是因为不具备应有的德行。不具备应有的德行,于是会销损勤勉、堕坏功业、湮灭辛苦,所以君子决不能够这样。"

关键在于自身所具备的"德"。

如果领导者缺乏德行,那么就无法使部下心悦诚服,也不可能期待得到周围的支持。总之,就不可能具备领导者应有的工作能力。

天生的理想的领导者是不存在的。应当经过不断的努力,尽可能地接近这一目标。这就是所谓"修己"。

超越"智"而追求"明"

那么，领导者所必须具备的"德"，究竟是什么呢？《中庸》这部书写道：

"知（智）、仁、勇三者，天下之达德也。"

所谓"达德"，就是在"德"的许多品项中最重要的内容。

我们可以以此为起点进行讨论。

首先是"智"。这一般是指理解较深、判断较准、预见较远。具有这样的能力则可以称为"智"。或许也可以说是远见卓识。

具体说明"智"的内容的，有以下两种说法：

"智者见于未萌。"（《战国策》）①

"智贵免祸。"（《三国志》）

所谓"未萌"，就是事情尚未发生的时候。在这种情况下能够察知动向，提出对策的，就是"智者"。正因为如此，才可以免除祸患。

当然，妥善处理各种疑难问题的能力，也可以称作"智"。不过，这即使算作"智"，也不过只是低水平的"智"。真正的"智"，是指在问题尚未纠结淆乱时，就能够明察关键之所在，提出适当对策的能力。显然，"智者"可以以极高的效率解决问题。《孙子兵法》中，也将这种"智"作为指挥员应当具备的首要条件。

《孙子兵法》强调"无胜算不战"②，分析敌我双方的实力，认为

① 《战国策·赵策二》："愚者暗于成事，智者见于未萌。"

② 译者注：《孙子兵法·始计》："夫未战而庙算胜者，得算多也；未战而庙算不胜者，得算少也。多算胜，少算不胜，而况于无算乎？吾以此观之，胜负见矣。"

可以取胜时才确定作战的决心。如果难以取胜,就不作战。这种判定有否胜算的能力,就是"智"。《孙子兵法》将"智"作为指挥员的首要条件,原因就在于此。

如果没有"智",不仅会使自己领导的组织崩溃,也不能确保自身的安全。"智",对于现代的管理人员来说,也可以说是必要的条件。

但是,"智"也会把人导向危险的陷阱。

正像夏目漱石所叹息的"恃智而骄横"那样,由于有"智",相反也会产生副作用。特别是如果炫耀卖弄这一点的话,就有可能很快导致败亡。

所以,即使有"智",也不宜过分地显露于外。

《老子》说:"知不知,上。"

知(智)而不显露出知(智),这是理想的态度。《菜根谭》中,也有如下的警告:

"聪明人宜敛藏,而反炫耀,是聪明而愚懵其病矣,如何不败?"

对于"智",不能炫耀,只能敛藏,这才是"德"。作为领导者,必须铭记这一人生哲学的要领。

同样,与"智"的含义有相近之处的语汇是"明"。"明",即有洞察力。关于"明",《老子》中这样说:

"知人者智,自知者明。"

一般说来,"自知"比"知人"要困难得多。因而,"明"处于比"智"更高的认识层次。或许也可以说,"智"是因后天的努力而具备的,而"明"是先天的资质。

孔子对于"明",曾经有这样的论述:

"浸润之谮,肤受之愬不行焉,可谓明也已矣。"(《论语·颜渊》)

所谓"浸润之谮、肤受之愬",意思是像水渗入土中那样的谗言,像灰尘沾落在皮肤上那样的中伤。无论是谁,只要判明这种谗言,保持高度警惕,就可以缩小其影响。可是,对于悄然缓慢地浸染自身的谗言,却难以时时保持戒备之心。对此加以识破并提出相应的对策,这就是所谓"明"。

领导者应当超越"智"而追求"明"。但是这种"明"也并非没有弱点。例如,"过于明以致体察入微因而多疑"(《近思录》),即对于细微末节过多地注意,导致了决断的迟钝。为了避免这种倾向,必须牢记"尽管'明'然而并不细察(《宋名臣言行录》)"。

"仁""勇"兼备

在三种"达德"之中,第二种是"仁"。

所谓"仁"是指什么呢? 将此作为人生之道而最为重视的是孔子,可是,孔子对于"仁"也有种种不同的说法,并没有提出确切的定义。

可以举一个例子。当一位名叫冉雍的弟子问什么是"仁"时,孔子这样回答:

"出门如见大宾,使民如承大祭。……在邦无怨,在家无怨。"(《论语·颜渊》)

意思是即使是同僚之间,也以郑重的态度相待,如同会见贵宾;使役民众,也以虔敬的态度相待,如同祭祀大典。待人无求无予,无论公共生活还是私生活,都能圆满地处理好人际关系。

如果这就是"仁"的话,恐怕"仁"应当理解为对别人心情与处境的关怀和体贴。

那么,为什么这又是作为领导者所必须具备的"德"呢? 这也可以用孔子的话来加以说明:

"知及之,仁能守之,不庄以莅之,则民不敬。"

即使"知(智)"的条件具备了,但是如若在"仁"的方面仍有欠缺，那么也难以得到人民的拥戴。

　　就是说，"仁"，是获得人们支持的必不可少的条件。

　　可是，"仁"也会把人导向危险的陷阱。领导者如果过于为"仁"所束缚，反而又有可能无所作为。"宋襄之仁"的故事就可以作为实例。

　　宋襄公在迎击楚国的大军时，有人建议乘敌军半渡时进击，宋襄公说："未可。"敌军渡河完毕，队列不整时，部下又建议急速攻击，宋襄公仍说："未可。"敌人列阵之后攻击，宋军大败。国人责备宋襄公，他却说："君子不重伤，不禽二毛。古之为军也，不以阻隘也。寡人虽亡国之余，不鼓不成列。"所谓"宋襄之仁"，就是对宋襄公这种愚蠢的作战方式的嘲笑。

　　这可能是一个极端的特例。但是，领导者如果过于为"仁"所束缚，则可能多少会发生一些类似的事件。最终可能导致身败名裂，组织崩溃的下场。

　　为了避免这种结局，应当具备"达德"中的第三种——"勇"。

　　"勇"指勇气，也可以说是决断能力。《礼记》这部古代典籍中，就有"临事而屡断，勇也"的说法（《礼记·乐记》）。

　　在决断时，能够果断而准确地下定决心，这就是"勇"。至于"仁"与"勇"的关系，《菜根谭》中有所谓"仁能善断"的说法，就是说，有仁心而富于决断力，这可以说是理想的状况。

　　但是，关于"勇"，必须留心的是决断的方向。我们容易将一味地前进、前进误认为就是"勇"。可是中国人却轻蔑地视这种"勇"为"匹夫之勇"。这不过是谁都能够做到的低水平的"勇"。

　　对于领导者来说，毋宁说必要的是后退之"勇"。当情况不利时，当确认无可取胜时，毫不犹豫地下撤退的决心，这种"勇"才是领导者所需要的。

　　《老子》中也说道："勇于敢则杀，勇于不敢则活。"虽然同样是勇气,向前进的勇气使自身毁灭,向后退的勇气使自身生存。

孔子也以轻蔑的口吻称只知向前的勇气为"暴虎冯河":

"暴虎冯河,死而无悔者,吾不与也;必也临事而惧,好谋而成者也。"(《论语·述而》)

"徒手与虎相搏,徒步想渡黄河死而不悔的人,我不能与他共事,我更愿意依赖谨慎小心,计划周密而成功率高的人。"

所谓"勇"与"智"、"仁"相合,构成领导者所应当具备的"德"。

上 善 若 水

一般说来,被认为有才干的领导者,失败的可能性却相当大。在现代也不乏类似的实例。

因为这样的人往往会矜持自己的能力而蔑视他人。所谓"君子有大道,必忠信以得之,骄泰以失之"(《礼记·大学》),说的就是这种情形。如果以诚实的态度处理事务则能够成功,而以傲慢的态度办事就往往难免失败。

孔子年轻时求学于老子。据说老子曾用这样的话劝诫他:

"聪明深察而近于死者,好议人者也。博辩广大危其身者,发人之恶者也。为人子者毋以有己,为人臣者毋以有己。"(《史记·孔子世家》)

而另一地方则是这样记录的:

"吾闻之,良贾深藏若虚,君子盛德容貌若愚。去子之骄气与多欲,态色与淫志,是皆无益于子之身。吾所以告子,若是而已。"(《史记·老子韩非列传》)

要将才识与能力秘藏于内,不要处处显示自己,乱出风头,必须谦虚谨慎。

这是所有的人都应当具备的"德",尤其对于领导者来说,更是不可缺少的条件。《老子》中这样说：

"不自是，故彰；不自见，故明；不自伐，故有功；不自矜，故长。夫唯不争，故天下莫能与之争。"

这段话的大意是：不自我肯定，反而为世人所公认；不自我夸耀，反而为公众所知；不自我表功，反而得到盛赞；不自我矜傲，反而受到人们尊重。不与杰出的人物相争，因此也没有人与自己相争。

《老子》中还有这样的内容：

"圣人欲上人，必以言下之；欲先人，必以身后之。是以圣人处上而人不重，处前而人不害，是以天下乐推而不厌。"

圣人要居于民众之上，言谈就表现出谦逊卑下的态度；要处于民众之先，行为就表现出礼让随和的风格。这样，圣人居于民众之上，而民众却不以为是重负；处于民众之先，而民众并不以为有所危害。天下都乐意拥戴归服。

《老子》称这种方式是所谓"不争之德"。

"善胜敌者不争，善用人者为下。是谓不争之德。"

按照《老子》的说法，最能集中体现所谓"不争之德"的，是水。

"上善若水。水善利万物，又不争。"

给予万物以恩惠而又无所争，总是向人所厌弃的低处流去，水的这种风格可以说是理想的风格（上善）。

这种谦虚的态度也是领导者所必须具备的素质，即"德"的基本内容之一。总是炫耀自己的能力，唯我独尊的人，是不会受到人们拥护的。关于唯我独尊的意识，有著名的"夜郎自大"的故事。

在汉代，西南边地有一个名叫夜郎的小国。有一次，汉朝的使节来到夜郎，夜郎国王问道："我国和贵国，哪个更大呢？"

汉朝与夜郎比较，当然是天壤之别。后来人们就用"夜郎自大"这一成语来比喻盲目自信妄自尊大的人。

于是,又出现了"自大是个臭字"的熟语。"自"和"大"相重叠,成为一个"臭"字。"自大"——这种荒谬狂妄的意识,就像散发出来的臭气一样,使人无法接近。

孔子也曾经这样说:

"夫仁者己欲立而立人,己欲达而达人。"(《论语·雍也》)

有了这种谦虚的态度,才能得到人们的支持。

"宽 而 栗"

所谓"宽",就是宽容。这对于领导者来说也是必要的美德。"宽"有两方面的意义。

例如,《菜根谭》中有这样的话:

"不责人小过,不发人阴私,不念人旧恶。三者可以养德,亦可以远害。"

不指责别人的小过失,不揭露别人的隐私,不记念往日的旧怨。做到这三条,不仅可以有益于自己的道德修养,同时也可以避免祸患。

最后所谓"远害"这一点,尤其值得注意。领导者陷于败亡的原因之一,就是由于周围人的中伤。这就是这里所说的"害"。如果有宽容的态度,就可以在相当大的程度上避免这种危害。

如果说这是"宽"在消极防范方面的意义的话,下面则是它在积极进取方面的意义。

《论语》中说:"宽则得众。"(《论语·阳货》)

《史记》中也有这样的话:"太山不让土壤,故能成其大;河海不择细流,故能就其深。"(《史记·李斯列传》,出自李斯《谏逐客书》)

对这些名言已经没有解释的必要。无论是谁,都不愿在器量狭小的人手下工作。只有宽容,才能够得到人们的广泛支持。

刘邦与项羽争夺天下霸权时,首先进入秦都咸阳的刘邦,发布"法三章"的公告,收揽了占领地的民心。而项羽则相形见绌,他为泄愤一把火烧了咸阳城,于是失去了人们的支持。

刘邦得到天下的原因之一,就是因为显示出这种宽容的态度从而得到了广泛的支持。领导者若没有宽容之心,便不会受到人们的拥戴。

对于部下也同样。领导者如果没有宽容的一面,就不能使部下尊重和服从。

例如,在批评部下时,如果不问青红皂白,只是就其缺点严加训斥,被训斥的人是很难想得通的。可是如果在指出他的缺点的同时,也注意赞扬他的长处,那么效果又将怎么样呢?

《孙子兵法》中有"围师必阙,穷寇勿追"的名言(《孙子兵法·军争》)。在对敌军施行包围时必须留个缺口,避免彻底的合围,对面临穷途末路的敌军不要急于追迫。因为如果这样,敌人就会拼死反击,显然,这不是高明的作战方式。

这也适用于人际关系的处理。在批评部下时,也以给对方预留一条出路为宜。

《菜根谭》中,也曾提出这样的警告:

"锄奸杜倖,要放他一条去路。若使之一无所容,譬如塞鼠穴者,一切去路都塞尽,则一切好物俱咬破矣。"

所谓"宽",对于领导者来说,无论是从争取人心还是从避免敌害的角度来说,都是必要的美德。可是另一方面,如果只是片面强调"宽",则容易在组织中导致产生懒怠涣散的倾向,使紧张振作的作风丧失殆尽。

为避免这种危险,有必要谋求《尚书》中所谓"宽而栗"(《尚书·舜典》)的政治效应。所谓"栗",即严肃恭谨。在"宽"的同时,必须严格谨慎。

声誉极高的贤明之君宋太宗，曾经这样谈到政治的要谛：

"治国之道，在乎宽猛得中。宽则政令不成，猛则民无措手足。有天下者，不敬之哉！"（《宋名臣言行录》）

政治的要谛在于保持宽与猛（栗）的均衡。

宋代著名政治家苏轼说到理想的领导者形象，也以为应当做到"宽而使畏，严而使爱"（同上）。

对于部下，一般以"宽"统率，则有爱戴之心，以"严"统率，则有畏惧之心。这应当说是通常的情形。然而苏轼所说的则相反。因而这是更困难的。领导者应当以形成这种相对难以实现的上下关系，作为努力的目标。

总之，如果"宽"没有"栗"（猛、严）作为补充，就不能说是高层次的成功的组织管理。

人各有所长各有所短。倾向于"宽"的领导者应当重视"栗"，倾向于"栗"的领导者应当重视"宽"。

（选自《帝王学中的管理韬略》第四篇。守屋洋著，王子今、马振智编译，科学技术文献出版社出版，1989 年 8 月第一版）

守屋洋，日本学者，主要著作有《帝王学中的管理韬略》等。

所选其"帝王学：从中国古代寻求管理经验"一节，主要分析如何从中国古代特别是儒家的社会思想理念中汲取合理的营养，从哲学的高度上构建出社会政治、人格、方式方法管理理论。由于作者是站在日本纯学理的角度来分析论证的，所以更具有切实运用的风格，可以从中见出日本学术界对传统儒家管理思想进行研究与借鉴的一般情形。

20世纪儒学研究大系

儒家思想与企业管理

〔新加坡〕吴德耀

　　华族后裔无论在海内外,年纪无论大小,多多少少受到儒家思想的熏陶,因为儒家思想是中华文化的主流,由身教、言教、口传,一代一代地传下来,甚至一丁不识的人,也可以引一两句孔子或孟子的话,但未必知道句子的来源。有的人一辈子力行孝道,但未必知道孝顺父母是儒家最推崇的美德。德又是儒家做人的最高理想,立德为先,立功为次,而立言居第三,以德字为名的人不计其数,儒家思想和价值观,潜移默化地流传民间,已是华族生活方式的指南。

　　儒家思想的主题乃是人,人是社会的基本单位,人是万物之灵。诚如荀子所说:

　　　　水火有气而无生,草木有生而无知,禽兽有知而无义。人有气有生有知而有义,故为天下之贵也。力不若牛,走不若马,而牛马为用,何也? 曰:人能群彼不能群也。

也正如孟子所说:"人为贵"。但是孟子也承认,人与动物的分别也"几稀",有时兽性的行为胜过人性行为,所以必须教他如何做人。儒家思想的第二主题就是教人如何做人。儒家的经典,《论语》、《孟子》、《大学》、《中庸》四书,就是教人如何做人的书。于是上至统治者,下至一般平民皆以修身为本。做人的主题是发扬人性,压制兽性,辨别是非,明白事的轻重本末,体会信用的重要,亲友的可贵。说的是：中国社会是以人为本的社会。

凡事无论大小，治国平天下，企业管理，大公司的行政，小公司的处理，总离不开人，决策者是人，受影响者也是人。儒家思想的另一个重点乃是人与人的关系。这人际关系，儒家用"仁"字表达。仁是由人和二两个字组成的，也就是说，人和第二个人的关系，也即人与人之间的关系，这是儒家思想最注重的课题。为此，列出五伦的关系，近亲远亲的名称，以示分别，不易错乱。人际关系以和睦相处为贵。一个国家，一个公司或企业的工作人员，从上到下，如果和睦相处，那么那个国家、公司或企业必定兴旺。和睦的气氛使大家合作，上通下达，目标一致，工作效率高，因此物产的质和量自然也会提高，公司和企业必然发达，这样一来，大家都获益，于是公司更加兴旺，这是理所当然的。

儒家思想的另一个主题是家，人类的"天然"组织，也是社会的基本组织。中国传统的想法，国是离开不了家的，国的基础在家，家庭安定，社会必然安定，社会安定，国家必然安定。这也是理所当然的。中国人认为一国之君，一国的统治者乃是一家之长，国家就好比一个大家庭，县官就是父母官，有责任保护并且照顾每一个成员。一间公司或一个企业的大老板也好，总经理也好，都是家长，有责任照顾每一位职员，每一位工作者。生意不好，大家同舟共济，甚至自动减薪。生意好，大家分享，年终分花红，以示庆祝。受儒家思想影响的国家和地区，如日本、韩国、台湾、香港和新加坡，一般公司很少裁员。这和家的观念有关。

这和西方的企业管理理论大不相同。西方企业管理靠两个法宝。一是法，二是制度；一切事情依法处理，一切规则按制度执行。工人不是人，只是工作单位，毫无人情可言，赚钱多是公司的，赚钱少即裁员，于是公司与工作人员之间没有什么感情可言。老板是雇主，工人是雇员，于是工人必得组织工会，以对付雇主，讨价还价,以保护自己的利益为主题,而不是以公司的利益为主题,罢工仍是常事,闹到动武也是常事。

(选自《儒学与工商文明》,国际儒学联合会学术委员会编,首都师范大学出版社 1999 年 9 月第一版。原文发表于 1991 年 9 月 2 日马来西亚《星洲日报》)

吴德耀,新加坡著名华人学者,曾任新加坡南洋大学代理校长,东亚哲学研究所所长等职。主要著述有《古今人对孔子的评价》、《东亚人与现代西方人的一个比较》等。

在《儒家思想与企业管理》一文中,作者从新加坡特殊文化背景和经济理念分析儒家传统思想与现代企业的关系,即人本位、人际关系、家观念,指出这些在当前企业经济管理中自然具有重要的价值和意义。此观点反映出华人海外企业借鉴传统儒家思想进行管理的基本观念现实状况。

家族集团主义的行为模式

〔韩国〕金日坤

忠、孝准则之下的集团管理

儒教认为,家族的中心是人际关系。所以,儒教中历来就保持着忠孝一体化的伦理体系。忠是对君主或国家的服从和奉献;孝是维系家族内部人际关系秩序的道德伦理。国家也可以看作是一个大"家庭",因而,忠孝一致成为儒教的行为模式。

儒教文化圈内的国家,长期以来就是在这种行为模式中发展而来的。直至今天,由忠孝支撑着的社会集团的生存方式,作为核心文化,仍原封不动地保留下来。现代化过程开始前,忠孝一体的人际关系已经变得僵硬,对经济的发展无疑是起了阻碍作用。

但是,现代化过程开始后,每个人在利益动机的驱使下,使私人财富逐渐增加,生活水平也有所提高,这时,忠孝秩序反过来对经济发展起到促进作用。尽管儒教国家发生了许多外在的变化,比如经济工业化、国家都市化等等,但在集团组织的管理方面,忠与孝维系的人际关系并没有大的变化,宗族、氏族乃至民族,仍在用儒家的思维方式和行为模式去支配自己的行动。这已成为当今儒教文化圈内国家在企业管理方面的一大特征。

而且,它们是由单一民族构成的国家,人们对国家有深入的了解,并且认为国家和民族是同等的概念。所有的集团,都以家族的方式联系在一起。所以,忠与孝相统一的行为模式在经济政策、对外贸易、企业经营等等方面,不仅依然存在,而且带来了高效率。

举 国 一 致

在具有儒教传统的国家,政府和企业之间、企业内部人们之间,保持着上下尊卑的关系,有一种置身家族之中的感觉。这是由于集团文化都是由忠孝伦理道德和家族一体化原理构成的。

政府发展经济的政策,极大地刺激了个人的经济活动;与此同时,政府和企业结为一体。传统的家族集团主义保证了稳固的社会秩序,当出现重大问题时,比较容易举国步调一致。

在欧美国家特别是美国,从来就没有重视政府的传统。政府依靠法律和政策来把握经济发展的基本趋向。但和企业之间保持经常性的对话,以求与企业之间的和谐统一,是不可思议的。传统的个人主义和自由经营制度,使企业完全按照自己的目的行事,政府只是宏观控制,对重大事务作出必要的限制。但是不能想象,因此政府和企业之间就可以融为一体。有些大企业和政府之间确实存在着相互联系,但一般来说,企业都有较强的自律性。

但是在儒教国家里,需要解决某些重大问题时,比如石油危机等等,在政府下达指令或制定法律以前,政府和企业之间能够互相理解,双方可以很自然地达成一致。这就体现了家族集团主义的传统。如果说这种关系有什么欠缺的话,那就是企业的自律性较差。

企业经营上的家族一体化

欧美国家和儒教文化圈内国家,即使是制造同一产品,在经营方法上也截然不同。当然,在使用新的经营技术和经营技巧方面,不会有什么差异。儒教文化圈国家的企业在经营过程中,也积极地引进最新技术。

所不同的是,在企业这类社会集团当中,人际关系不同。简单地说,儒教国家的企业当中,人们虽然地位不同,但有一种家族一体的感觉。而欧美国家的企业里,上下级之间没有密切的联系,人际关系中,完全是靠个人主义原则来处理的。

儒教文化圈内的国家,企业本身就是一个家族共同体,企业成员之间保持着宗族般的人际关系。在日本,企业当然是扩大了的"家庭"。

即使在韩国,许多企业也把职员们称为家族成员。与此相反,欧美国家对职员的评判完全是根据他们的能力,公司只是作为一个职能机构在运转。

欧美企业中,能力可以决定一切。具有杰出才能的人,可以出人头地。根据需要,把有能力的人聚集起来,依靠能力去发挥持续的运转机能和高效率。欧美国家的企业是能力、效率、机能的结合。这类企业如果和日本企业一对一地决一胜负的话,从道理上说,应该是欧美企业能取得胜利。

但是最近的情况表明,倒是日本一方获取了胜利。这是由两方面的原因造成的。一是整体效率;另一个是利益分配和投资问题。

在当今社会中,能力一般的人不可胜计,具有杰出才能的人却为数不多。当然,愚笨不堪的人也很少,大多数人能力平平。欧美国家企业运转是依恃有能力的人的,一些大企业把具有杰出才能的人笼络起来,可能会生发出惊人的效率,但就整个社会来说,不可能都是有才能的人聚集在一起。

在欧美国家,低能的人会毫不留情地被社会所抛弃,那是个冷酷可怕的社会。所以,作为个人,必须加倍努力,就这方面讲,有其优点。但是,作为社会整体,就未必会产生高效率。因为这样的社会机制往往会导致社会动荡。儒教文化圈内国家当然也重视才能,但更重视的是人性。即使能力不强,只要诚实地工作,也不会为社会所抛弃。不摒弃弱者,而是让他们做和他们能力相称的工作,使他们能和社会共同生存,这和家族成员不会轻易被逐出家族是一致的。这种家族集团主义,依靠礼义和人情把人们紧密地团结起来,构成长期稳定的社会机制。因此,从长远的眼光和全社会的角度看,这种社会机制将具有发挥持续稳定高效率的优点。

其次,欧美国家企业往往过分重视短期效益,对获取长期发展所必需的设备投资却并不在意。工作没有业绩,现任领导就要被解雇,所以,追求短期效益的现象在企业里很盛行。

这是资本主义私有制、追求利润和个人自由的原则所决定的。它完全脱离了人性本身。对利润的追求超过了对人的尊重,显示了资本主义社会的残酷。在构成企业的职员之间,人类的血肉温情也丧失殆尽。

而儒教诸国的企业,是以家族集团主义原则来经营的。因此,个别的、短期的效益也许并不能尽如人意,但企业结构是稳定的,全体人员是作为"人"从中发挥着作用。人的一生和企业是紧密相连的。因此,他们总是做着长期打算,具有驾驭新潮流的能力,也不惜对企业做必要的投资。

健康的劳动观和耐劳精神

人们如果不劳动,经济组织就会瘫痪。所以,人们以什么样的态度对待工作,人们在劳动中是否能勤劳认真,是经济发展的最关键因素。现在有一种流行的看法:儒教文化圈内国家的人们一般都具有正确的工作态度,而欧美社会的人们则只把劳动看成是一种痛苦。

欧洲过去实行的是奴隶制。希腊文化就是建立在奴隶劳动的基础上的。而儒教国家不存在那种毫无人身自由的严格奴隶制度。民众被称作"隶民",统治制度也并不十分严酷。欧洲进入现代社会以后,其经济学理论都是建立在劳动是一种痛苦的理论前提之下的。劳动供给曲线成了痛苦曲线。而儒教文化国家长期以来是以生产稻米为主的农业国,因此具有勤劳耕作的传统。再加上佛教的影响,使人们的劳动观和欧美国家不同。

欧美社会把劳动看作是一种痛苦,只要有可能,就不愿参加劳动。劳动的目的只是为了享受和生活得更愉快。但是,在儒教文化国家,劳动首先是为了自己的家族。欧美社会也有这类现象,但在程度上远不如儒教文化国家。儒教文化国家的人如果不辛勤地劳作,就没有饭吃。生产稻米的农业国具有很强的赡养人口的能力。因此,这些国家的人口密度极大,存在着人口压力。欧洲国家是以种植小麦和饲养牲畜为主,所以在勤劳的程度上与儒教国家的人们相去甚远。

另外,儒教的慈悲为怀、普渡众生的意识,使人们有可能把自己的劳动观和宗教意识结合起来,人们像佛门圣徒那样为了社会、为了他人而辛勤劳作。在日本,这一特点就更为突出。在那里,佛教已经世俗化、大众化,并且和神道结合在一起,使人们能够树立正确的劳动观。

其次,是劳资协调的问题。欧美社会,经理和干部劳动强度很大,而且,他们是企业的精英,工作中思维敏捷,精力充沛。但是他们和职员之间的关系是互相隔绝的。他们无法融为一体,因此,劳资之间存在着尖锐的对立。

儒教文化国家采用集团主义和家族主义原理,管理者和工人比较容易融为一体。公司的干部,也穿着工作服,在施工现场和工人们同甘共苦。他们心甘情愿地加班加点。这一切大多来自很久以前一直延续下来的家族连带关系。

日本的终身雇佣制和欧美国家的任职优先制也有不同。任职优先制虽使就业的机会均等,可毕竟是优先者有利,就业可以给他们带来安定的生活;可是对有能力的年轻人却十分不利,因此,这是一个造成社会不稳定的制度。

当然,终身雇佣制也很难说就一定可以提高劳动效率。比如日本,加班已成为一种美德,可是在欧美国家,这被看成是一种无能的表现。终身制可以有一个安定的居住环境。如果考虑到整个社会的稳定,考虑到儒教文化的传统,那么采用终身雇佣制,也未必不能够产生高效率。

（选自《儒教文化圈的伦理秩序与经济——儒教文化与现代化》,金日坤著,邢东田、黄汉卿、史少锋译,中国人民大学出版社,1991年1月第一版）

金日坤,韩国釜山大学研究室教授,日本名古屋大学经济部客座研究员。

本书就其研究的主要方向而言,旨在揭示中、日、韩等儒家文化圈中社会经济发展的文化选择。在本节中,作者通过较深入的理论分析,指出儒家所主张的伦理——以血缘关系为主体形成的家族制——在文化上对现代企业经营管理的意义。不仅是可行的,也有着与西方管理不同的内在优势,是一种具有较大内驱力的管理模式,是日韩许多企业兴盛的基础和条件。尽管在目前中国大陆经济中并无多大普遍意义,但不失为一种至深学理研讨。

21世纪俄国的儒学和社会管理

〔俄国〕L·B·波若罗莫夫

21世纪将是一个在世界上三个主要经济区域,即美国、西欧和亚太地区相互作用不断增强的世纪。从历史和地缘政治上看,俄国经济是这三个区域的联系点,在21世纪它的联系作用将进一步加强。俄国目前的状况是一种暂时现象,是一种成长的痛苦。俄国是一个富饶的国家,按照俄国学者的看法,它自己能解决90%自身经济问题。俄国有大量有才干的人,但当局却并不总是让他们运用自己的思想。我们现在的主要问题是改革工人们在政治文化方面水平不高。盖德及其一伙把美国和西欧看成是自己的发展模式,盖德还公开宣布中国的经济经验是不能适用于俄国的,他们没有考虑到俄国的特殊情况和它的社会制度。首先,俄国的社会制度不同于西方的社会制度,俄国有自己的社会和文化价值,在这个意义上,从理论上讲比西方的社会体制它更接近于东方国家,比如:中国。现在,不但有些学者,也有一些政治家开始把俄国称为欧亚国家,这一点并非巧合。第二,在过去70年中,俄国的文化传统受到破坏,这70年对于俄国,完全不同于中国的1972—1976年这四年的情况。在我看来,正是由于这两个明确的理由,当前的经济形势和社会意识状况已证明这一点,纯粹的西方模式已被证明对俄国的现代化是不合时宜的。俄国现在必须从头做起,用宗教来填补文化空白。然而,在过去教会和国家是分离的,在某个时期,甚至受到严厉的迫害,就像儒学在批林批孔运动中遭受迫害一样。现在,教会已开始成为国家机构的一部分,叶利钦总统最近宣布恢复基督教权威是"国家的重要任务"。国家当局对教会寄予很大希望,我把它视为俄国的复兴。在这一点上,教会的作用类似于儒学在中国的作用。无论在俄国还是在中国,这两者都被要求在 21 世纪中起到构建作用。在这方面中国的经验也许对我们是有用的,不幸的是俄国正教(社会意识也是如此)很少注意人际关系的艺术。在改革的年代已经出了人际关系,最重要的是个人与国家关系崩溃的端倪。个人不再把自己的幸福看成是与国家的幸福紧密相连的,个人对国家没有责任感。不幸的是在某些政治家中也能碰到这种态度。因此,越来越多的人——从普通公民到政府官员,开始把目光投向东方,首先是投向孔子文化圈的国家。有些所谓民主人士的政治家看好日本、南韩和台湾。戈尔巴乔夫这位改革的创始者访问了台湾,并把它视为改革的模式。其他所谓实用主义的政治家也研究了中国的经验。所有这些人都惊奇地发现:这些国家经济成功的背后有一个共同的基本原因,即儒家文化。在这些地区,社会在寻求最有希望的复兴之路,并希望在儒学中找到答案。为了表明这一点,我将指出在俄国社会意识方面令我惊奇,给我以鼓舞的反应。

在 1992 年至 1993 年,我出版了三本书:《孔子的世界》(1000页),翻译了中文的《尚书》第二次修订本(1000 页),和《孔子,他的生活、学说和命运,公元前 6 世纪——1990 年》(1000 页)。通常这类书籍只能在为专家服务的范围狭窄的学术刊物上出版,然而除了像《Voprosy Istorii》(1994 年第 4 期)、《远东时事》(1993 年第 4期)和《Vostok》(1994 年第 3 期)这些学术刊物外,这些著作还为一些大众出版物所用,如《Nezavsimaya》日报(1993 年 6 月 1 日印行),《Stolitsa》插图周刊(1993 年第 29 期),《图书评论》日报(1993

年 10 月 15 日）及俄文和英文版的商业季刊《Deloviye Liudy》（1993 年第 39 期）。莫斯科之声广播电台甚至把《孔子，他的生活、学说和命运》列入最受欢迎的书之一，当作比赛的奖品。

众所周知，书的价值是由出版社严格规定的。但现在，由于改革的原因，非秩序的图书市场在俄国出现，所有书的价格都由书店或书摊来定。我感到欣慰的是：《孔子，他的生活、学说和命运》一书在市场上与带有彩色插图的《中国的爱神》类的书卖同一个价钱。我想孔子本人也会因此而高兴。

还有一个大众媒介对论及儒家和法家书籍反应的例子。我将引用一段我与《Knizhnoye Obozreniye》日报记者 A. Shuplov 的谈话。他的文章的题目是："孔子学说帮助中国建设社会主义。"Shuplov 的问题引人注目：（1）你如何解释俄国对中国学术著作特别是古代著作的兴趣正在不断增长？（2）你能否简单谈谈孔子和商鞅对中国过去和现在的历史作用？最后，最有趣的问题是：你的英雄们的哪一种论点可以推荐给今天的俄国。这可以追溯到 1968 年，当时克格勃首领，后来成为苏共党总书记的安德鲁波夫，就研究了我翻译的《商君书》的第一段。现在，俄国的社会意识已发生了质的变化，人们已普遍地表现出这种兴趣，人们希望详细地了解中国传统文化的创立者们对那些他们今天关心的社会问题的见解。在负有社会责任，位于国家管理中心的知识分子中，哪些人表现出我的书的极大兴趣？我想是高等律师和社会管理专家。这并不是偶然的，因为今日的俄国在某种程度上类似于春秋战国时期的中国，那时儒家和法家都提出了管理国家的模式。在俄国，现今起着中国古代"士"的作用的是管理法专家。在为数不多的制定俄国新宪法文本的法学家中，有三名教授 A. Mishin、V. Tumanov 和 A. Vengerov 研究了我的著作。而且 Vengerov 教授在研究了《孔子，他的生活、学说和命运》一书后，接受了儒家"和"的原则。有一次在电视中,他承认在实际工作中受到了儒家"和"的原则的指引。在 Vengerov 与我的一次谈话中,他指出了我理解这位导师的实际语词有不精确的地方。然而,在西方"和"的概念被解释为"和谐",而这一概念是汉代提出的,在朱熹的注解中得到正统性。我提出一种完全不同的解释,根据我自己与史官的谈话,我援引了这样的论点:君子通过不同的观点寻求统一(和),小人通过服从而不是通过不同观点。Vengerov 教授相信把"和"译成"一致",把"同"译成"依从"更为精确。

中国民盟副主席,第 8 届人大常委冯之浚最近对"和"和"同"的原则差别做出了细致的研究,并得出了与我完全类似的结论,即"和"的原则代表了多元论思想,它是"具有丰富潜能的中国文化中的有价值的遗产"。

在高级法律专家对孔子发生兴趣的同时,俄国政界近来的动作也是完全可以理解的。俄联邦委员会的代表则直接转向孔子,这是我们政治文化中的新现象。Anatoly Dolgolatev 代表在他的文章开头写道:"握住两端,取其中间为人民。"这是对政治温和主义最精辟的隐喻。他还指出:"文士学派的创立者——孔子,把这一隐喻作为训导留给那些'最有智慧的统治者'。人们可能会说,在政府溃崩之后,俄国选择议会选举的条件下,我们总统发现,在产生动荡政治的孔子式的温和主义是自然应该采纳的。"我不知道这位代表用的是哪一种译本,所以无法论说其译文的准确性,但对孔子意思的表达是准确的,它所指的是"中庸"的原则。

我是如何看待今天孔子的思想进入俄国的政治生活呢? 由于过去我们的代表们是靠顾问搜集的精巧语录来提高自己的政治文化水平,而现在一个代表能亲自把这样一种思想恰如其分地运用于俄国当前的政治。就在同一时刻,俄总统正在准备他著名的协调俄与所有政党和社会组织的政令。总统本人也许并未意识到这种协调要求的根据就是中庸原则,然而一位俄联邦议会的议员向他指出孔子是第一个提出这一思想的人。

对孔子学说感兴趣的并不限于政治家,影响大众精神面貌的社会各阶层代表都日益暴露出对孔子学说的兴趣。引用孔子的话在记者和某些作家、电影导演、教士,甚至演员中,正在变得时髦。1994 年 5 月,在俄国首教,有一“周末清扫莫斯科”活动,在某家日报上发表了一幅摇滚明星手握铁铲的照片,记者问他为什么自愿出来清扫街道时,这位歌手引用了孔子的话:“如果你想要改变世界,就必须改变你自己。”亚历山大神父是一位天才人物,他把基督教原则传教给普通人,在知识界有很大影响。他经常在电视上露面,写过一些关于基督生活的书,还写了一篇通俗化的孔子传记。他在该书中引用了孔子《论语》中“民无信不立”这句话,他用的是 P.Popov(1910 年)译本,这句话被译为:“如果人民不忠实于政府,国家就不能生存。”然而,在孔子的话中,“信”这一术语指的不是“忠实”,而是“信任”、信心”,因此它完全改变了孔子的本意。当然,这种失误和那种把孔子从未说过的话归于他的情况相比,是微不足道的。在苏联,还有两部很流行的电影,一部是《不能改变会议地点》(是反犯罪的),另一部是《忏悔》(是关于斯大林主义的)。这两部影片的主角均由著名演员担任。两部影片均引用了孔子同样的论点,即:“在黑暗的屋子里抓黑猫是困难的,特别是猫不在那里的时候。”现在至少有三分之一的人知道这句话,但我至今没有在孔子的著作中发现这句话。

可以看出,孔子的学说,已经逐渐地在俄国的政治文化生活中发挥重要的作用。在 21 世纪,俄国将首先从孔子那些具有普遍意义的思想观点中获益。在这个意义上,我同意张岱年教授在 1991年《新华文摘》第 12 期第 156 页所发表的观点。在那篇文章中,张列出了一些今天我们保存孔子思想理论价值的必要条件。在我看

来,除了"和"和"中庸"原则之外,俄国政府在 21 世纪还可以发现另外两个有用的观点:

1."乱邦不居。"(《论语·泰伯篇》)

2."举直错诸枉。"(《论语·为政篇》)

为俄国提供它尚未具有的东西,即提供一个完全学术性的《论语》版本,是俄国汉学家的责任。

（选自《儒家与廿一世纪》〔下〕,中国孔子基
金会编,华夏出版社,1995 年 11 月第一版。

此文由毕爱萍译）

L·B·波若罗莫夫,俄国汉学学者。著作有《孔子的世界》、《尚书》(中译)等。

本文是 1996 年纪念孔子诞辰 2545 周年暨国际儒学讨论会上的一篇论文,主要是对儒家包括管理思想在内对 21 世纪俄国社会管理提出了前瞻性的设想,认为俄国已对孔子及其儒家社会管理思想具有了广泛的认同,在此基础上 21 世纪俄国政府还应该发现运用另外一些观点,如"乱邦不居"、"举直错诸枉",这对于俄国社会管理,政治经济生活的健康发展,将具有十分重要的现实指导作用。

论著目录索引

著　作

聂云台　《廉俭救国说》,国光印书局,1934年版

曾仕强　《中国管理哲学》,台湾东大图书公司,1981年版

朱伯昆　《先秦伦理学概论》,北京大学出版社,1984年版

曾仕强、刘君政　《中国的经权管理》,台湾,1984年版

廖庆洲　《日本企管的儒家精神》,台湾联经出版公司,1984年版

蔡麟笔　《我国管理哲学与艺术之演进和发展》,台湾中华企业管
　　　　理发展中心,1984年版

匡亚明　《孔子评传》,齐鲁书社,1985年版

国家经委经济管理研究所编　《中国古代管理与管理现代化》,云
　　　　南人民出版社,1985年版

曾仕强　《中国的经营概念》,台湾联经出版公司,1985年版

蒋一苇、闵建蜀等　《中国式企业管理的探讨》,经济管理出版社,
　　　　1985年版

陈德述　《盛德大业——儒学与企业管理》,四川人民出版社,1985
　　　　年版

何　奇、杨道南、伍子杰主编　《中国古代管理思想》,企业管理出
　　　　版社,1986年版

赵　靖　《中国古代经济管理思想概论》,广西人民出版社,1986
　　　　年版

叶钟灵　《孙子兵法、论语管理思想选辑》,山西人民出版社,1986年版

张福墀等著　《企业家精神》,企业管理出版社,1987年版

李安松、刘应时主编　《中国古代管理文选》,湖南文艺出版社,1987年版

徐伟编　《中国式管理的现代化》,香港星连出版社,1987年版

滕显间　《中国历代经济管理反思》,海洋出版社,1988年版

王海粟　《中国古代领导艺术》,安徽人民出版社,1988年版

张晋藩主编　《中国古代行政管理体制研究》,光明日报出版社,1988年版

刘含若、汤照连　《中国经济管理思想史》,黑龙江人民出版社,1988年版

中国企协古代管理思想研究会编　《中国传统管理思想的新探索》,企业管理出版社,1988年版

杨国枢　《中国人的管理观》,台湾桂冠图书公司,1988年版

张鸿翼　《儒家经济伦理》,湖南教育出版社,1989年版

李　飞、周克西　《〈三国演义〉与经营管理》,1989年版

张德胜　《儒家伦理与秩序情结》,台北巨流,1989年版

杨宗兰　《文韬武略——博大精深的中国古代管理思想》,国际文化出版公司,1989年版

刘德华主编　《中国教育管理史》,河南教育出版社,1990年版

刘云柏　《中国儒家管理思想》,上海人民出版社,1990年版

严缘华、施修华、庄民舜　《管理伦理学》,上海交通大学出版社,1990年版

韦政通　《儒家与现代中国》,上海人民出版社,1990年版

张连宝编著　《孙子兵法与管理心理》,1990年版

左言东、徐　诚　《中国古代行政管理概要》,浙江古籍出版社,

1990 年版

叶世昌 《中国古代经济管理思想》,复旦大学出版社,1990 年版

杨　敏 《儒家思想与东方型经营管理》,湖北人民出版社,1990 年版

虞祖光等著 《管理思想探源——中国传统文化与现代企业文化建设》,新华出版社,1990 年版

朱国宏 《中国生财理财的智慧》,浙江人民出版社,1991 年版

曲阜师范大学孔子研究会、曲阜师范大学孔子研究所编 《孔子·儒学与当代社会文集》,齐鲁书社,1991 年版

成中英 《文化·伦理与管理》,贵州人民出版社,1991 年版

苑广增等著 《中国古代管理思想荟萃》,科学技术文献出版社,1992 年版

李启谦、姜林祥主编 《孔子思想与当代社会》,天津社会科学院出版社,1992 年版

施忠连 《传统中国商人的精神弘扬》,海天出版社,1993 年版

曹锦清编选 《儒学复兴之路——梁漱溟文选》,上海远东出版社,1994 年版

苏　勇主编 《东亚企业管理》,复旦大学出版社,1994 年版

陈荣耀 《东方文化与管理》,广东人民出版社,1994 年版

侯家驹 《儒家思想与经济发展及其对台湾经济的贡献》,朱家桢等主编《东亚经济社会思想与现代化》,山西经济出版,1994 年版

杨文士 《管理学原理》,人民大学出版社,1994 年版

中华孔子学会编 《儒学与现代化》,人民教育出版社,1994 年版

潘乃樾 《孔子与现代管理》,中国经济出版社,1994 年版

张云飞 《天人合一——儒学与生态环境》,四川人民出版社,1995 年版

中国孔子基金会编　《儒学与廿一世纪》(上、下)，华夏出版社，1995 年版

潘亚墩、汪义德　《儒商列传》，暨南大学出版社，1995 年版

田广清主编　《古代治国方略》，四川大学出版社，1995 年版

王家骅　《儒家思想与日本现代经济》，浙江人民出版社，1995 版

冷成金　《中国权智》(上)，1995 年版

孔　健　《孔子的经营之道》，中国国际广播出版社，1995 年版

孔　健　《孔子的管理之道》，中国国际广播出版社，1995 年版

俞荣根　《儒言治世——儒学治国之术》，四川人民出版社，1995 年版

苏　勇　《管理伦理》，上海译文出版社，1996 年版

葛荣晋　《儒道智慧与当代社会》，中国三峡出版社，1996 年版

苏东水主编　《中国管理通鉴》，浙江人民出版社，1996 年版

潘亚墩、汪义德等著　《儒商学》，暨南大学出版社，1996 年版

贺雄飞主编　《儒商时代》，远方出版社，1996 年版

彭正惠　《孔子与商战伦理》，湖北人民出版社，1996 年版

陈荣耀　《东方文明与现代管理》，解放军出版社，1996 年版

鲍健强、蒋小东　《儒商之道》，浙江人民出版社，1997 年版

骆承烈、张林主编　《儒家思想与社会管理》，黄河出版社，1997 年版

沈永宏、苏　静　《隆礼至德——荀子谋略纵横》，1997 年版

徐兆仁　《中国韬略大典》(上、中、下)，1997 年版

周正舒、汪　彦　《天下归仁——孔子谋略纵横》，1997 年版

唐志龙　《内圣外王——孟子谋略纵横》，1997 年版

陈世骏　《中国古代管理思想与现代经营管理》，东北财经大学出版社，1997 年版

单　宝　《中国管理思想史》，立信会计出版社，1997 年版

黎红雷　《儒家管理哲学》,广东高等教育出版社,1997年版

方立天、薛君度　《儒学与中国现代化》,中国人民大学出版社,
　　1998年版

夏书章　《行政管理学》,中山大学出版社,1998年第二版

苏　勇　《管理伦理学》,东方出版中心,1998年版

陈德述　《道之以德——儒学德治与现代管理的道德性》,西南财
　　经大学出版社,1998年版

王世达等著　《知人善任——儒学尚贤与现代管理用人之道》,西
　　南财经大学出版社,1998年版

黄德昌等著　《哲人圣智——儒学智慧与现代管理谋略》,西南财
　　经大学出版社,1998年版

张绍学　《以人为本——儒学爱民与现代管理的核心》,西南财经
　　大学出版社,1998年版

蒋永穆　《安人惠民——儒学事功与现代管理的绩效》,西南财经
　　大学出版社,1998年版

钟　杨　《仁者无敌——儒学修身与现代管理者的素质》,西南财
　　经大学出版社,1998年版

单　纯主编　《儒商读本〈人物卷〉》,云南人民出版社,1999年版

国际儒学联合会学术委员会编　《儒学与工商文明》,首都师范大
　　学出版社,1999年版

周三多、陈传明、鲁明泓编著　《管理学——原理与方法》,复旦大
　　学出版社,1999年第三版

唐凯麟、曹　刚　《重释传统——儒家思想的现代价值评估》,华东
　　师范大学出版社,2000年版

朱明伟　《中国管理文化论》,立信会计出版社,2000年版

王仲尧　《易学与中国管理艺术》,中国书店,2001年版

戢斗勇　《儒商精神》,经济日报出版社,2001年版

20世纪儒学研究大系

李保强 《学校管理理论研究》,中央民族大学出版社,2001 年版

曲阜师范大学孔子文化学院、山东省儒学研究基地编 《孔子·儒学研究文丛》(一),齐鲁书社,2001 年版

祝瑞开主编 《儒学与 21 世纪中国——构建、发展"当代新儒学"》,学林出版社,2002 年版

〔日本〕佐佐克明 《企业帝王学》,钟文训译,台湾大展出版社,1984 年版

〔日本〕涩泽荣一 《论语与算盘》,台湾允晨文化事业公司,1987 年版

〔日本〕伊藤肇 《东方人的经营智慧》,琪辉编译,光明日报社出版

〔日本〕名和太郎 《经济与文化》,高增杰、郝玉珍译,中国经济出版社,1987 年版

〔日本〕松下幸助之 《实践经营哲学》,滕颖编译,中国社会科学出版社,1989 年版

〔日本〕守渥洋 《帝王学中的管理韬略》,王子今、马振智译,科学技术文献出版社,1989 年版

〔韩国〕金日坤 《儒教文化圈的伦理秩序与经济》,刊东田等译,中国人民出版社,1991 年版

李瑞智、黎华伦 《儒学的复兴》,范道丰译,商务印书馆,1999 年版

论　文

贡胜利 《我国古代的经营管理思想》,《机械工业管理》,1983 年第 3 期

马伯煌 《略论中国古代管理思想的发掘、整理和运用问题》,《上海社会科学院学术季刊》,1985 年第 1 期

成启绍 《〈周易〉中管理思想萌芽》,《上海工业经济报》,1985 年 4

月 29 日

张晋藩　《中国古代的行政管理与行政法》,《中国社会科学》,1985
　　　　年第 1 期

叶　坦　《司马光的财政管理思想》,《晋阳学刊》,1986 年第 1 期

宋锦绣　《孔子管理思想试探》,《辽宁商专学报》,1986 年第 3 期

刘长林　《儒家社会管理思想刍议》,《孔子研究》,1987 年第 2 期

陈　炜　《浅谈荀子的管理思想》,《河北财经学院学报》,1987 年
　　　　第 5 期

谢百川　《中国古代经济管理思想述略》,《江淮论坛》,1987 年第 5
　　　　期

马　傅　《孔子经济管理思想试探》,《河南财经学院学报》,1988
　　　　年第 1 期

沈　莘　《叶适反传统的国民经济管理思想》,《历史教学问题》,
　　　　1988 年第 3 期

刘含若　《张居正的经济管理思想》,《求是学刊》,1988 年第 3 期

张振孝　《试论〈尚书〉的管理思想》,《河北财经学院学报》,1988
　　　　年第 6 期

韩延明、李如密　《孔子教育管理思想探微》,《孔子研究》1988 年
　　　　第 4 期

沈星棣　《〈论语〉管理思想要素》,《江西大学学报》,1989 年第 3
　　　　期

汤照连等　《论康有为的宏观经济管理思想》,《中山大学学报〈哲
　　　　社〉》,1989 年第 3 期

裴　倜　《略论司马迁的经济管理思想》,《四川大学学报〈哲社〉》,
　　　　1990 年第 2 期

黎红雷　《"道之以德"与"齐之以礼"——儒家管理哲学的控制理
　　　　论》,《孔子研究》,1991 年第 4 期

唐祖尧　《中国古代管理思想研究十年回顾：兼论东亚地区经济合作的文化因素》，《经济动态》，1993 年第 9 期

曾仕强　《儒学的复兴是 21 世纪的管理主流》，《经济日报》，1994年 3 月 31 日

戴斗勇　《论社会主义市场经济的伦理精神》，《江汉论坛》，1994年第 2 期

傅允德　《试论孔子社会管理的目标模式》，《财经论丛》，1994 年第 5 期

孔冠臣　《孔子经济伦理的现代管理价值》，《山东师大学报》（社会科学版），1994 年第 4 期

韩延明　《孔子行政管理思想举要》，《中国行政管理》，1994 年第 6期

杨玉珍　《儒家思想与现代化的文化动因》，《东岳论丛》，1995 年第 1 期

郭俊义　《中国古代文化与现代企业管理》，《邢台师范高专学报》，1996 年

居敬波　《儒家传统及其现代取向——访知名学者杜维民教授》，《开放时代》，1996 年第 1 期

邵　虞　《〈论语〉与管理（上）：〈论语〉的管理思想基础——读潘乃樾〈孔子与现代管理〉》，《电子产品世界》，1996 年第 1 期

赵九运　《孔子管理思想论——〈论语〉新探》，《甘肃社会科学》，1996 年第 3 期

李贵如　《简论孔子的管理思想》，《中央财经大学学报》，1996 年第 4 期

向　文　《孔子管理思想介绍》，《中外企业文化》，1996 年第 2 期

吕志敏、张一农　《荀况的"人群明分"、"务本事"管理思想》，《河北经贸大学学报》，1997 年第 4 期

魏代增　《司马迁的经济管理思想管窥》,《临沂师专学报》,1997年第5期

李新庚　《孔子仁学管理思想的传统意义与现代价值》,《兰州大学学报》(社会科学版),1997年第2期

王　杰　《为政以德——孔子的为政观》,《人文杂志》,1997年第6期

程梅花　《孔子管理思想述评》,《淮北煤师院学报》(哲学社会科学版),1997年第3期

孟昭武、邵传瑞　《孔子的行政管理思想及其现实意义》,《吉首大学学报》(社会科学版),1997年第2期

李才远　《孔子的社会宏观管理目标论及其现实价值》,《中华文化论坛》,1997年第1期

郑绍增　《论丘浚的经济管理思想》,《海南大学学报(社科版)》,1998年第2期

叶显恩　《儒家传统文化与徽州商人》,《安徽师大学报》,1998年第4期

龙显昭　《孔子"富教"思想与汉晋地方管理模式》,《中华文化论坛》,1998年第2期

易永卿　《孔子社会管理思想的基本内涵及其影响》,《益阳师专学报》,1999年第1期

吕庆华　《孔子"中庸"思维方法与企业矛盾管理探讨》,《中共福建省委党校学报》,1999年第8期

刘奉光　《孔子的经济与军事管理思想》,《晋阳学刊》,1999年第2期

林一民、卢太宄　《商业传播中的儒家传统与现代规范——中国"老字号"与西方品牌的文化比较》,《南昌大学学报》,1999年第3期